中国留学人员创业年鉴

RETURNED CHINESE SCHOLARS PIONEER YEARBOOK

2021

教 育 部 留 学 服 务 中 心
科学技术部火炬高技术产业开发中心
人力资源和社会保障部留学人员和专家服务中心
中 国 国 际 人 才 交 流 中 心
致 公 党 中 央 留 学 人 员 委 员 会
北 京 海 外 学 人 科 技 发 展 中 心
编

中国致公出版社

《中国留学人员创业年鉴》编委会

《中国留学人员创业年鉴》编辑部

编辑说明

一、2020年，我们共同走过了一段不平凡的历程。以习近平同志为核心的党中央，团结带领全国各族人民进行了一场惊心动魄的抗疫大战，与全国各族人民共同经受了一场艰苦卓绝的历史大考。经过艰辛努力，我国统筹推进疫情防控和经济社会发展工作取得重大战略成果，经济发展稳定转好，生产生活秩序稳步恢复，在疫情防控和经济恢复上都走在了世界前列。同时，国际疫情和世界经济形势的严峻复杂，也使得我国需要在世界经济循环系统中重新定位竞争优势，加快形成以国内大循环为主体、国内国际双循环相互促进的新发展格局。科技创新创业和留学人才队伍在落实“六稳六保”和实施“双循环”战略中将发挥关键作用。近年来，我国采取一系列政策措施，积极主动地引进海外留学人才特别是高层次人才，促进提升国家自主创新能力，降低对他国技术的依赖程度。尤其是新冠肺炎疫情爆发以来，全球经济发展危险系数攀升，海外就业面临突发性困境，而一些限制性因素也影响到海外高科技领域人才的职业和生活选择。另一方面，中国成为世界经济增长的稳定器和动力源，同时中国的科技发展正处于战略机遇期，政策开放性和包容性不断加强，人才向心力和吸引力进一步提升。后疫情时代全球新一轮人才流动格局正在形成，出现了海外人才加速回流的“窗口期”。

为记录2020年度中国留学人员回国创新创业工作情况，展现留学人员创新创业环境与发展状况，为中央及各地政府有关部门和社会各界了解、研究我国留学人员创业群体及更好地开展留学人员回国服务工作，教育部留学服务中心、科学技术部火炬高技术产业开发中心、人力资源和社会保障部留学人员和专家服务中心、中国国际人才交流中心、致公党中央留学人员委员会、北京海外学人科技发展中心联合编纂出版《中国留学人员创业年鉴》2021年卷。

二、《中国留学人员创业年鉴》2021年卷是《中国留学人员创业年鉴》自2007年以来连续出版的第15卷。本卷年鉴共设综合篇、政策篇、园区篇、社团篇、机构篇5个部分。其中，综合篇重点收录了92项国家和地方海外引才计划实施情况，9项留学人员创新创业重要活动开展情况，以及2020年度在留学人员回国服务工作中具有推动作用的重大事件。政策篇整理汇编了现行的支持留学人员回国创新创业的各级各类政策信息共906条，以及部分失效或废止的相关政策文件索引。园区篇全新呈现了313家各地目前运行的留学人员创业园的成立时间、运营主体、行业资质等信息，并收录了《中国留学人员创业园区孵化基地竞争力报告（2021）》。社团篇和机构篇经修订，共收录各类留学人员团体80家，留学人员回国服务机构、中国驻外教育和科技机构、中国国际人才交流协会等相关信息300余条。

三、在中央有关单位的指导下，在全国各地教育、科技、人社、外专等职能部门以及致公党各地留学人员工作委员会、留学回国服务机构、留学人员创业园区、留学人员团体的大力支持与协助下，《中国留学人员创业年鉴》2021年卷顺利完成。在此，谨向有关单位致以诚挚的感谢！

四、由于本卷《年鉴》重新改版和编纂工作浩繁，难免会有疏漏和不足之处，望广大读者给予批评和指正。

《中国留学人员创业年鉴》编委会

2021年11月

目 录
Contents

第一部分 综合篇

上海市

江苏省

浙江省

安徽省

福建省

江西省

山东省

第二部分 政策篇

第三部分 园区篇

全国留学人员创业园区信息汇编

北京市

第四部分 社团篇

第五部分 机构篇

第一部分

综合篇

YEARBOOK
RETURNED CHINESE SCHOLARS PIONEER
2021

综合篇

各级海外人才引进支持计划一览

国家有关部门海外人才引进支持计划

教育部

长江学者奖励计划

“长江学者奖励计划”是国家重大人才工程的重要组成部分，是我国高等学校高层次人才队伍建设的引领性工程，与“青年英才开发计划”等共同构成国家高层次人才培养支持体系。

1998年8月，教育部和李嘉诚基金会共同启动实施“长江学者奖励计划”，设立特聘教授、讲座教授岗位制度和长江学者成就奖。2005年6月，奖励范围由内地高等学校扩大到港澳地区高等学校和中国科学院所属研究机构。2012年3月，教育部启动实施新的“长江学者奖励计划”，继续实施特聘教授、讲座教授项目，加大支持力度，扩大特聘教授人选规模，提高奖金额度，每年支持高校聘任150名特聘教授、50名讲座教授，同时更加注重国家项目的政策导向，充分发挥示范引领作用，优化人才结构布局，在评审和名额分配上，向人文社科领域倾斜，向高层次人才匮乏地区和中西部地区高校倾斜。2015年6月，“长江学者奖励计划”增设青年学者项目，重点支持高校面向海内外培养引进在学术上崭露头角、创新能力强、发展潜力大，恪守学术道德和教师职业道德的优秀青年学术带头人。

2018年是“长江学者奖励计划”实施20周年。计划实施以来，吸引集聚了一大批海内外高层次人才，在提升人才培养质量和学科发展水平、促进原始科技创新和关键领域核心技术突破、推动高校人才体制机制改革创新等方面取得了丰硕成果，为推动高等教育事业发展，推进科教兴国、人才强国和创新驱动发展战略实施提供了有力支撑。为进一步深入实施“长江学者奖励计划”，2018年9月，教育部制定发布《“长江学者奖励计划”管理办法》。新的《管理办法》规定，每年聘任特聘教授150名左右，聘期为5年；讲座教授50名左右，聘期为3年；青年学者300名左右，聘期为3年。教育部授予特聘教授、讲座教授“长江学者”称号，授予青年学者“青年长江学者”称号，在聘期内享受奖金。“长江学者奖励计划”实施经费由中央财政专项支持，特聘教授奖金标准为每人每年20万元，讲座教授奖金标准为每人每月3万元，按实际工作时间支付；青年学者奖金标准为每人每年10万元。同时，《管理办法》明确了“长江学者奖励计划”向改革倾斜、向一流倾斜、向西部和东北地区倾斜、向青年倾斜、向哲学社会科学倾斜等方向，并首次提出建立“长江学者奖励计划”退出机制，强制退出的学者不得再申报各类人才计划和荣誉称号。

自2019年起，“长江学者奖励计划”评选工作相关信息不再对外公布。

春晖计划

“春晖计划”是教育部于1996年设立实施的一项支持留学人员回国服务的重点引智项目，全称“教育部资助留学人员短期回国工作专项经费”，由教育部拨出专项经费资助在外留学人员短期回国工作。主要资助对象是获得博士学位并在本专业领域取得较突出学术成就的留学人员（包括已获得国外长期、永久居留权或留学再入境资格者）。申请者应已落实国内接待（邀请）单位和短期回国工作计划。主要资助形式包括回国的单程或双程国际旅费。主要资助范围有应邀回国参加学术会议；回国进行科研合作和学术交流；组织短期研讨班、讲习班，联合指导博士生；引进技术对贫困地区进行扶贫开发；参加国有大中型企业技术改造；教育部或驻外使（领）馆教育处（组）批准的其他短期回国服务活动。“春晖计划”专项经费常年受理，择优资助。申请者可直接向各使（领）馆教育处（组）查询教育部发布的当年资助目录，然后向使（领）馆教育处（组）提出申请。“春晖计划”实施以来，在驻外使（领）馆教育处（组）的密切配合下，在各地有关政府部门和高等院校的大力支持下，在广大在外留学人员的积极响应下，紧密结合国家改革和发展的战略，以多种方式为我国经济建设和社会发展提供知识贡献和人才支持，在留学人员中产生了广泛的积极影响，激发了广大在外留学人员的爱国热情和报国之志。至2006年底，“春晖计划”实施10年，共资助140多个留学人员团体、1.2万人次短期回国工作，并于2000年增设“春晖计划”海外留学人才学术休假回国工作项目。

2006年，教育部和科技部开始共同定期举办“春晖杯”中国留学人员创新创业大赛（简称“春晖杯”大赛）活动。通过“春晖杯”大赛和“春晖计划”资助，调动海外优秀留学人员回国创业热情，鼓励海外留学人员积极申报创新创业项目，创造条件支持参赛者与留学人员创业园、大学科技园和企业进行项目对接，根据项目技术水平、投资前景、效益预测和产业化情况，组织留学人员创业园、大学科技园、风险投资机构和国内企业家对项目进行评审、洽谈和择优颁奖，推动留学人员回国创办高新技术企业。作为国内第一个服务于海外留学人员回国创新创业的国家级综合服务平台，“春晖杯”大赛经过不断发展，构建形成了自项目遴选、引导、培育和对接到项目落地、孵化和产业化的一整套完整的服务体系，鼓励和吸引了一大批海外留学人员，特别是高层次留学人员投身国家建设，充分发挥了海外留学人员科技创新、自主创新、高端创新生力军的作用，得到广大留学人员和国内有关部门的一致认可，成为教育部留学回国工作的重要品牌项目。

截至2020年底，“春晖杯”大赛已连续举办15届，共遴选出3110个优秀留学人员创新创业项目，入围项目留学人员超过九成获得硕士及以上学位，超过半数在外获得博士学位，优秀落地企业覆盖了全国25个省、自治区、直辖市的76个城市。同时，大赛不断创新组织模式，采取主动“走出去”的方式，成功拓展了11个海外分赛区，涉及37个驻外使（领）馆教育处辖区，基本覆盖了全球主要留学目的地国家，进一步增强了大赛品牌效应和社会影响力。

高等学校学科创新引智计划

“高等学校学科创新引智计划”（简称“111计划”）于2006年启动，由教育部和科技部（国家外国专家局）联合组织实施，以建设世界一流学科创新引智基地为手段，加大成建制引进海外人才的力度，在高等学校汇聚一批世界一流人才，进一步提升高等学校引进国外智力的层次，促进海外人才与国内科研骨干的融合，形成国际化学术团队，开展高水平合作研究、高层次人才培养、高质量学术交流，重点建设一批具有自主创新能力的学科，提升高等学校的科技创新能力和综合竞争力。“111计划”的总体目标是瞄准国际学科发展前沿，围绕国家需求，结合高等学校具有国际前沿水平或国家重点发展的学科领域，以优势特色学科为基础，以国家、省、部级重点科研基地为平台，从世界排名前100位的大学、研究机构或世界一流学科队伍中，引进、汇聚1000名海外顶级学术大师以及一大批学术骨干，与国内优秀学科带头人和创新团队相互融合，形成高水平的研究队伍，重点建设100个世界一流的学科创新基地，努力取得具有重大国际影响的科研成果，提高高等学校的整体水平和国际地位。“111计划”以学科创新引智基地建设项目（简称“111”基地）的形式实施，基地建设周期为5年。2016年，为加大力度引进国外优秀人才智力，进一步规范和加强高等学校学科创新引智基地建设和管理，教育部和国家外国专家局重新制定了《高等学校学科创新引智计划实施与管理办法》，“111”基地的遴选范围由“211工程”“985工程”中央部属高校，拓宽为面向地方高等院校开放。

2019年，教育部办公厅、科技部办公厅联合开展了2020年度“高等学校学科创新引智计划”项目申报工作，并完成了2020年度地方高校新建学科创新引智基地审批立项，共有全国35所地方高校的创新引智基地获批立项。

科技部

创新人才推进计划

2011年，为贯彻落实《国家中长期人才发展规划纲要（2010—2020年）》，科技部、人力资源和社会保障部、财政部、教育部、中国科学院、中国工程院、国家自然科学基金委员会、中国科学技术协会8个部门联合发布《创新人才推进计划实施方案》，启动实施“创新人才推进计划”。该计划作为国家高层次人才计划体系的重要组成部分，旨在通过创新体制机制、优化政策环境、强化保障措施，培养和造就一批具有世界水平的科学家、高水平的科技领军人才和工程师、优秀创新团队和创业人才，打造一批创新人才培养示范基地，加强高层次创新型科技人才队伍建设，引领和带动各类科技人才的发展，为提高自主创新能力、建设创新型国家提供有力的人才支撑。到2020年，“创新人才推进计划”的主要任务包括：（一）设立科学家工作室。为积极应对国际科技竞争，提高自主创新能力，重点在我国具有相对优势的科研领域设立100个科学家工作室，支持其潜心开展探索性、原创性研究，努力造就世界级科技大师及创新团队。（二）造就中青年科技创新领军人才。瞄准世界科技前沿和战略性新兴产业，重点培养和支持3000名中青年科技创新人才，使其成为引领相关行业和领域科技创新发展方向、组织完成重大科技任务的领军人才。（三）扶持科技创新创业人才。着眼于推动企业成为技术创新主体，加快科技成果转移转化；面向科技型企业，每年重点扶持1000名运用自主知识产权或核心技术创新创业的优秀创业人才，培养造就一批具有创新精神的企业家。（四）建设重点领域创新团队。依托国家重大科研项目、国家重点工程和重大建设项目，建设500个重点领域创新团队，通过给予持续稳定的支持，确保更好地完成国家重大科研和工程任务，保持和提升我国在若干重点领域的科技创新能力。（五）建设创新人才培养示范基地。以高等学校、科研院所和科技园区为依托，建设300个创新人才培养示范基地，营造培养科技创新人才的政策环境，突破人才培养体制机制难点，形成各具特色的人才培养模式，打造人才培养政策、体制机制“先行先试”的人才特区。

截至2019年底，“创新人才推进计划”已评选8批，全国共有6804个单位及个人入选。2020年创新人才推进计划的申报工作于同年10月启动，具体情况未对外公布。

人力资源和社会保障部

中国留学人员回国创业启动支持计划

“中国留学人员回国创业启动支持计划”由人力资源和社会保障部于2009年9月正式启动实施。计划每年在全国范围内遴选一批创新能力强、发展潜力大、市场前景好的留学回国人员创办的企业，在创办初始阶段予以重点支持，以加快其科技成果转化，实现企业快速发展。

“中国留学人员回国创业启动支持计划”由各省级（含副省级市）人力资源社会保障部门负责组织符合条件的企业进行申报，人力资源和社会保障部对申报企业进行遴选。申报需同时具备以下条件：（一）企业法定代表人应为留学回国人员，一般应获得硕士以上学位；（二）拥有自主知识产权或发明专利，技术创新性强，具有市场潜力；（三）熟悉相关领域和国际规则，有经营管理能力，如有海外自主创业经验者可优先考虑；（四）企业注册时间不超过3年；（五）企业注册资金现金资产不低于50万元，留学人员出资额占企业注册资本的50%以上；（六）企业法人诚信守法，无违法犯罪记录。

“留学人员回国创业启动支持计划”项目经费作为人力资源和社会保障部项目支出管理，专门用于支持遴选出的留学回国人员创办的企业。对于经人力资源和社会保障部审批确定的重点创业项目，一次性给予创业支持资金50万元；对于确定的优秀创业项目，一次性给予创业支持资金20万元。相关地方应给予相应配套资金支持。创业启动支持资金一般用于留学人员企业科研创新和市场开拓以及贷款贴息、人员安置、团队建设等方面。

2010年，“中国留学人员回国创业启动支持计划”共确定支持创业项目34个；2011年支持创业项目48个，2012年支持创业项目51个，2013年支持创业项目66个，2014年支持创业项目68个，2015年支持创业项目66个，2016年支持创业项目60个，2017年支持创业项目62个，2018年支持创业项目92个，2019年支持创业项目94个。截至2019年底，“中国留学人员回国创业启动支持计划”已实施10年，累计支持创业项目达到641个。

2020年，“中国留学人员回国创业启动支持计划”于11月完成评定工作，具体情况未对外公布。

高层次留学人才回国资助计划

“高层次留学人才回国资助计划”启动于2002年，是人力资源和社会保障部为进一步加大吸引留学和海外高层次人才工作的力度，按照原人事部《开展高层次留学人才回国资助试点工作的意见》有关要求开展的一项工作。目前，该计划作为人力资源和社会保障部深入贯彻落实习近平新时代中国特色社会主义思想和党的十九大精神，聚天下英才而用之，鼓励留学人员智力报国而组织实施的人才项目，聚焦创新驱动发展战略，着眼“高精尖缺”，坚持需求导向，围绕国家发展重大战略及《国家引进海外高层次人才参考目录》确定的重点领域，重点引进关键共性技术、前沿引领技术、现代工程技术、颠覆性技术创新人才，加大对基础科学研究人才的支持。

“高层次留学人才回国资助计划”由各省级（含副省级市）人力资源社会保障部门负责组织符合条件的人选进行申报。申报条件为：（一）具有中国国籍。（二）在国（境）外获得博士学位。（三）回国时间达到5年以上。（四）在国内每年稳定工作9个月以上，有申报单位出具的证明；年龄一般在50周岁以下。对业绩特别突出的可适当放宽回国时限、年龄要求。同等条件下，择优推荐曾在国外跨国公司、国际组织、著名高校、科研院所等机构担任公司高级管理职务或相当于副教授（副研究员）以上职务，并取得显著成绩的留学回国人员。人力资源社会保障部组织专家评审，对审核确定的资助人选给予一次性资助资金30万元，申报单位按要求提供配套资金。

截至2019年底，“高层次留学人才回国资助计划”累计资助近260名高层次留学回国人才。2020年，“高层次留学人才回国资助计划”于11月完成选拔工作，具体情况未对外公布。

海外赤子为国服务行动计划

“海外赤子为国服务行动计划”（简称“赤子计划”），是人力资源和社会保障部在2009年提出的一项智力报国计划，是对原人事部1988年以来每年开展的留学回国专家服务团专项活动的拓展，旨在鼓励广大留学人员通过多种形式智力报国、为国服务、发挥作用。

“赤子计划”每年由各相关单位和部门根据人力资源和社会保障部制定的该年度“赤子计划”整体安排和重点资助方向，结合各自的留学回国工作重点申报1—2项为国服务活动，经地方人力资源社会保障部门推荐，由人力资源和社会保障部进行评估，遴选一批有代表性和示范性的为国服务活动列入该年度“赤子计划”。按照遴选结果，人力资源和社会保障部下发通知，公布入选“赤子计划”的各项为国服务活动，并划拨资助经费。入选“赤子计划”的各项为国服务活动由申报单位和部门具体承办。

2010年，“赤子计划”正式启动实施，在全国范围内共组织开展了36项为国服务活动，共吸引世界各地留学人才为国服务上千人次，促成上万项人才技术合作项目参与对接，在海内外产生了广泛的影响。

2011年，“赤子计划”规模继续扩大，将海外中国留学人员组织和华人华侨专业团体纳入资助范围，共开展39项活动。

2012年，“赤子计划”开展36项活动，共吸引各类留学人才为国服务上万人次，7000多个人才技术合作项目参与对接，达成合作意向2000多个。

2013年，“赤子计划”在河北、甘肃、陕西、西藏等省区重点开展了30余项留学人员为国服务活动，活动领域不断拓展。

2014年，“赤子计划”开展30项活动，共吸引各类留学人才为国服务近万人次，6000多个人才技术合作项目参与对接，签订合作协议600多项，签约总额达30多亿元。

2015年，“赤子计划”开展32项活动，共吸引各类留学人才为国服务超过1万人次，近6000个人才技术合作项目参与对接，签订合作协议或达成合作意向超过3000个。

2016年，“赤子计划”开展42项活动，共吸引各类留学人才为国服务超过2万人次，1.4万余个人才技术合作项目参与对接，签订合作协议或达成合作意向超过4000个。

2017年，“赤子计划”开展31项活动，共吸引各类留学人才为国服务超过2000人次，1.6万余个人才技术合作项目参与对接，签订合作协议或达成合作意向超过2000个。

2018年，“赤子计划”聚焦“高精尖缺”人才，开展30项活动，共吸引各类留学人才为国服务1万多人次，1.8万余个人才技术合作项目参与对接，签订合作协议或达成合作意向7000余个，举办培训讲座500余场，参训专业技术人员上万人次。

2019年，“赤子计划”聚焦创新驱动发展、“中国制造2025”、区域协调发展等国家战略，共开展40项活动。

2020年，“赤子计划”围绕中心，服务大局，聚焦创新驱动发展、区域协调发展等国家战略，从各地、各部门组织推荐申报的留学人员为国服务活动中遴选出42项予以资助支持。

留学人员科技活动项目择优资助

“留学人员科技活动项目择优资助”由原人事部设立于1985年，是鼓励留学人员回国工作或以多种形式为国服务的重要举措。其目标一是适应留学人员回国工作发展需要，鼓励和吸引留学人员回国工作，发挥留学人员在经济社会发展和科技创新中的重要作用；二是资助新近回国的留学人员从事科技研究，支持留学人员从事重点攻关项目、技术改造项目、具有广泛应用前景的新技术研发项目等，为推动我国经济社会发展作出贡献；三是鼓励和支持海外留学人员短期回国开展合作研究、学术技术交流、考察、讲学等为国服务活动，实现智力回归。

“留学人员科技活动项目择优资助”由各地人力资源社会保障部门负责组织申报、评审和予以经费资助。申报条件包括：在外留学一年以上，学有所成，新近回国工作；取得硕士以上学位或获得中级以上专业技术职称；具有自主创新能力，能独立主持研究开发工作，有培养发展前途；申报项目属于领先水平，具有应用开发前景，可产生良好的经济和社会效益。资助项目分重点、优秀、启动三类。其中，重点项目（10万—20万元）主要资助留学回国人员从事国家重点攻关项目、重大技术改造项目、具有广泛应用前景的技术创新等项目；优秀项目（5万—10万元）主要资助留学回国人员主持的省部级重点科技攻关或技术改造项目，或某一学科领域具有领先水平的研究开发项目；启动项目（2万—5万元）主要资助新近回国或即将回国的留学人员从事某一学科或技术领域的研究。

中国科学技术协会

海外智力为国服务行动计划

“海外智力为国服务行动计划”（简称“海智计划”）由中国科协与35家海外科技团体于2003年12月共同发起，2004年2月正式启动实施，是中国科协充分发挥党联系科技工作者的桥梁纽带作用，为贯彻实施科教兴国、人才强国战略，吸引和组织海外科技工作者以多种方式为国服务，实现报国志向，组织实施的引进海外高层次科技人才计划。“海智计划”项目围绕国家在“十三五”期间全面建成小康社会的宏伟目标和发展战略需要，发挥海外科技团体的优势和主体作用，从引进海外人才、智力入手，通过国家重大项目和政策咨询、专题研讨、项目合作、技术引进，以及兼职、考察、培训、回国参加国内学术交流和中介服务等方式为国服务。“海智计划”由中国科协总体协调，各全国学会、协会、研究会，各地方科协、各海外科技团体，围绕国家、地区科技与经济发展需要开展相应工作。作为我国引智工作的重要组成部分，“海智计划”得到了中组部、人力资源和社会保障部的支持，是国家重大人才工程的窗口之一。

截至2020年底，“海智计划”合作的海外科技团体已从最初的35家增至102家，遍及主要留学国家；聘请136名海外科技团体的代表作为中国科协海智专家，引入海外科技人才近3000人；设立海智计划示范项目41个；建立“海智计划”工作基地93个，每年接待海外科技人员从最初的几十人次到目前的累计近万人次；建立海外人才离岸创新创业基地21个、海外创新创业基地6个，各基地设立海外引智中心工作站200余个，成功引进数百个海外原创项目。

全国各省市海外人才引进支持计划

北京市

北京市“海外人才聚集工程”

2009年4月，中共北京市委出台《关于实施北京海外人才聚集工程的意见》，启动实施北京“海外人才聚集工程”（简称“海聚工程”），计划用5—10年时间，在北京市聚集10个由战略科学家领衔的研发团队；聚集50个左右由科技领军人才领衔的高科技创业团队；引进并有重点地支持200名左右海外高层次人才来京创新创业；建立10个海外高层次人才创新创业基地。“海聚工程”作为北京市聚揽海外高层次人才、打造人才之都的重要措施，经过不断完善和成长，目前已形成全职工作类、青年项目、短期项目、外专长期项目、外专短期项目、创业类、创业团队项目七大类别。通过评审的人才，北京市政府将给予一次性奖励100万元的资助以及其他扶持政策。

截至2018年底，“海聚工程”共分13批入选1168名高层次人才。自2019年起，“海聚工程”相关信息不再对外公布。

中关村“高端领军人才集聚工程”

2008年，北京市委、市政府出台《中关村高端领军人才聚集工程方案》（简称“高聚工程”），旨在聚集由战略科学家领衔的研发团队、由高端领军科技创新创业人才领衔的高科技创业团队、由高端领军创业投资家和科技中介人才领衔的创业服务团队等，以实现创新驱动发展。“高聚工程”目前重点围绕新一代信息技术、集成电路、医药健康、智能装备、节能环保、新能源汽车、新材料、人工智能、软件和信息服务、科技服务等产业领域，在中关村示范区内遴选企业首席科学家、企业创新领军人才、外籍创新人才、领军企业家、创业领军人才、投资家、创新创业服务领军人才七类高端领军人才。对“高聚工程”入选者将授予相应荣誉称号并颁发证书，同时提供职称评审直通车、优先办理人才引进、便捷医疗就诊、子女入学、人才公租房等配套政策和资金支持。其中，对入选的企业首席科学家给予每人200万元的一次性资金支持；对入选的企业创新领军人才给予每人100万元的一次性资金支持。

截至2017年底，中关村“高聚工程”共分10批认定高端领军人才336人（团队）。自2018年起，“高聚工程”相关信息不再对外公布。

北京市海淀区“海英计划”

2012年6月，北京市海淀区人民政府出台《海淀区促进创新创业人才发展支持办法》，提出实施“海淀区人才聚集和培育计划”（简称“海英计划”）。2012年7月，“海英计划”作为海淀区“1+10”政策体系之一正式发布并启动。计划配套1亿元人才发展专项资金，在战略性新兴产业领域重点引进一批高端创新、创业领军人才，加快培养一批青年英才，从项目、资金、生活等多个方面对入选人才给予有力的支持。入选“海英计划”的领军人才可享受最高30万元奖励、房租补贴、子女教育等支持，“青年英才”可获得30万元创业资金、股权投资等支持。截至2017年底，“海英计划”累计认定“海英人才”617人。2018年，该计划暂停。

2019年8月，中关村科学城管理机构揭牌，海淀区同时发布《中关村科学城促进人才创新创业发展支持办法》，推出“海英计划”升级版。“海英计划”升级版重点支持两大方向。一是创新创业人才（即“海英人才”），分为全球顶尖人才、创新领军人才、创业领军人才、科技服务领军人才、青年英才五类；二是人才引进与培育，包括海内外引才平台、“双站”平台（企业院士专家工作站、企业博士后科研工作站）、重点人才创新创业基地三类平台及“海英之星”奖学金项目。全球顶尖人才到科学城开展跨领域、跨学科、大协同的超前研究和创新攻关，提供一事一议的支持和服务；对创新领军人才、创业领军人才给予一次性奖励100万元，青年英才给予一次性奖励50万元；同时配套创新培育、创业扶持等支撑性、便利化服务。全球顶尖人才和创业领军人才可在一定时间内推荐数名团队骨干人才享受相关配套服务。外籍入选人才还可享受出入境、居留、工作许可等便利服务。

2020年，“海英计划”于10月启动申报，具体情况未对外公布。

北京市朝阳区“凤凰计划”

2010年，北京市朝阳区委、区政府针对在文化创意产业、服务业、金融业等重点产业上高端人才缺口仍较大的问题，建立“1+2”海外人才工作体系，实施“凤凰计划”，每年投入3000万元用于对海外高层次人才创新创业的奖励和扶持。被认定的海外高层次人才可获得不低于20万元奖励，创业类高层次人才创办企业可获得50万元资助，配套政策包括《朝阳区关于大力推进海外学人工作的实施意见》《朝阳区鼓励海外高层次人才创业和工作暂行办法》《望京留学人员创业园扶持办法》等，在创业资金、办公用房、贷款担保、市场开拓及教育、医疗等方面给予扶持。

截至2017年底，“凤凰计划”共分8批资助66家海外高层次人才创业企业，认定183名海外高层次人才。2018年和2019年，“凤凰计划”在项目设置上作出进一步优化，目前共设九类认定与资助，包括战略科学家、创业类海外高层次人才、工作类海外高层次人才（全职）、工作类海外高层次人才（短期）、领军人才创新创业团队、青年项目、初创企业开办费、引进留学人员资助和引进海外高层次人才资助。

2020年，“凤凰计划”相关信息未对外公布。

北京市通州区“灯塔计划”

2017年8月，北京市通州区启动海外高层次人才引进计划（简称“灯塔计划”）和高层次人才发展支持计划（简称“运河计划”）两大人才引进培养计划。计划5年内，陆续投入数亿元财政资金，通过大力支持高层次人才发展，着力打造“两高”人才工程，支持100名海外高层次人才、50支海外高层次人才团队创新创业，支持1000名国内高层次人才和100个高层次人才创新创业平台发展，加快推进北京城市副中心建设。其中，“灯塔计划”是主要针对海外高层次人才的引进计划，分为工作类、创业类两个子项目。对“灯塔计划”项目入选者，将给予每人100万元的奖励；对于创业类入选者，还将给予其创办的企业连续3年、每年最高50万元的研发经费。入选者还将享受特殊津贴、购房补贴、人才公寓等优惠政策和优诊医疗等服务。

截至2020年底，共有3批570余名高层次人才入选通州区“灯塔计划”和“运河计划”。

天津市

天津市“千人计划”

2009年12月，天津市委、市政府出台《天津市实施海外高层次人才引进计划的意见》和《天津市引进创新创业领军人才暂行办法》，启动实施天津市“千人计划”。计划从2009年起，在全市重点创新项目、重点学科和重点实验室、企业和商业金融机构、以高新技术产业开发和成果转化为主的各类园区等领域，引进并重点支持1000名左右能够突破关键技术、发展高新技术产业、带动新兴学科和新兴产业的国际一流科学家和科技创新创业领军人才，以及金融、文化、教育、社会工作、社会科学等领域业绩突出、知名度高的人才。对海外高层次创新人才资助每人100万元、引进创业人才资助每人300万元，并颁发“天津市特聘专家”证书，提供相关优惠政策支持。2015年，天津市专门成立了引进人才服务中心，设立“千人计划”服务窗口，建立高层次留学人员“联系卡”制度，依托人才“绿卡”经办体系，进一步优化各项服务。

截至2017年底，天津市“千人计划”共分13批引进创新创业人才800余人，其中创业类人才93名。自2018年起，天津市“千人计划”相关信息不再对外公布。

河北省

河北省“百人计划”

2009年11月，河北省委、省政府出台《关于实施海外高层次人才引进计划的意见》，启动实施河北省“百人计划”。计划从2010年起，用5—10年时间，主要围绕河北省“四大攻坚战”确定的工作目标，支持和引进100名左右能够突破关键技术、带动新兴产业、发展高新技术的海外高层次人才，重点引进河北发展战略性新兴产业和重点产业技术改造所急需的科技创新人才和高层次创业人才。对引进人才实行“省级特聘专家”制度，省财政将给予每人100万元的经费资助，并在配偶安置、子女就学、解决住房、社会保障等方面给予支持。

截至2019年底，河北省“百人计划”共分9批入选126人（团队）。2020年，河北省“百人计划”相关信息未对外公布。

山西省

山西省“百人计划”

2009年，山西省委出台《海外高层次人才引进计划实施意见》，相关厅局配套制定了《山西省引进海外高层次人才办法》，启动实施山西省“百人计划”。计划从2009年开始，用5—10年时间，在国家和省重点创新项目、重点学科和重点实验室、省属企业和商业金融机构、以高新技术开发区为主的各类创新创业基地等，引进并有重点地支持100名左右的高层次人才回山西创新创业，并建设10个左右海外高层次人才创新创业基地。省财政设立“山西省引进海外高层次人才专项资金”，每年拨付5000万元，各用人单位再配套5000万元，用于改善引进人才的工作和生活条件。2013年，山西省“百人计划”新增设青年项目、外专项目及合作建设项目3个子项目。至2015年底，山西省“百人计划”共分8批引进海外高层次人才353人，提前完成了预设的引才任务。

2016年，中共山西省委组织部印发《关于调整山西省引进海外高层次人才“百人计划”相关政策的通知》《山西省引进支持海外高层次人才创业创新团队暂行办法》，对相关政策进行调整和完善。经调整后的山西省“百人计划”突出“高精尖缺”，重点引进现代煤化工、高端装备制造、节能环保、生物医药、信息技术、新能源、新材料、人工智能等领域海外高层次人才，共设立创业人才项目、创新人才项目、外国专家项目、青年项目、合作建设项目、创新团队项目和“农谷”专项七类。其中，入选创业人才项目的，一次性给予工作生活补助200万元。

自2017年起，山西省“百人计划”相关信息不再对外公布。

内蒙古自治区

内蒙古自治区“草原英才”工程

2010年，内蒙古自治区开始实施“草原英才”工程。工程包括“两院”院士引进和培养工程、领军人才引进和培养工程等10个子项，由自治区党委组织部组织实施，围绕自治区科学发展大局，特别是优势特色产业发展的总体布局和趋势，用5年左右时间有计划、有重点、有针对性地引进一批海内外高层次领军人才和创业团队。同时，通过“以引进带培养，以培养促引进”的方式，加大高层次人才培养力度，全面提升自治区高层次人才队伍的自主创新能力，打造以呼和浩特、包头、鄂尔多斯“金三角”为中心区域的“草原硅谷”。2011年9月，自治区党委、自治区政府出台《内蒙古自治区“草原英才”工程若干政策规定（试行）》，在资金扶持、生活待遇、服务保障等方面，为各类人才在内蒙古创新创业提供有力支持和全方位服务。2013年5月，自治区党委组织部下发《关于进一步推进“草原英才”工程的实施意见》，提出要组织实施好“三大平台”建设和“十大百人计划”，每年新增培育“草原英才”150名。在人才资金方面，内蒙古自治区进一步加大投入力度，“草原英才”专项资金从2010年启动时的每年3500万元增长到2017年的近1亿元，各盟市人才专项资金陆续投入近10亿元。

2020年，内蒙古“草原英才”工程共评选出产业创新创业人才团队41个、人才引领支持计划项目14个、“草原英才”个人201名。截至2020年底，内蒙古“草原英才”工程已实施10年，累计支持产业创新创业人才团队716个、高层次人才创新创业基地82个，培养和引进“草原英才”1657人。

辽宁省

辽宁省“兴辽英才计划”

2018年3月，辽宁省委、省政府出台《辽宁省人才服务全面振兴三年行动计划（2018—2020年）》，启动实施“兴辽英才计划”。计划用3年时间，围绕辽宁振兴发展重大需求，特别是“五大区域发展战略”和“一带五基地”建设需求，着力培养集聚引进一批高层次创新创业人才和高水平创新创业团队，重点支持20名杰出人才、700名领军人才、700名青年拔尖人才、200个高水平创新创业团队。财政支持对入选“兴辽英才计划”的杰出人才给予300万元经费资助，对科技创新领军人才、科技创业领军人才给予100万元经费资助，对哲学社会科学领军人才、百千万人才工程领军人才、教学名师给予20万元经费资助，对青年拔尖人才给予50万元经费资助，对高水平创新创业团队按优先支持、重点支持、特别支持分别给予100万元、300万元、500万元项目资助，对特别支持中的一流创新创业团队给予1000万元项目资助。

2018年，首批“兴辽英才计划”共认定杰出人才10名、领军人才226名、青年拔尖人才273名、高水平创新创业团队48个。2019年，第二批“兴辽英才计划”共认定杰出人才6名、领军人才81名（科技创新领军人才51名、科技创业领军人才30名）、青年拔尖人才200名、高水平创新创业团队36个。

2020年，“兴辽英才计划”于6月启动申报，具体情况未对外公布。

大连市“海创工程”

2008年9月，大连市出台《大连市关于实施海外学子尖端人才归国创业工程的意见》，启动实施“海创工程”。目标是通过5年努力，吸引50位海外学子尖端人才到大连兴办高新技术企业，从而优化全市产业结构，转变经济发展方式，增强城市核心竞争力。2016年，新一轮大连市“海创工程”启动，进一步提升项目资助额度和政策支持力度，力争5年内吸引300名海外人才到大连创业，优选150个项目入围培育，精选50个项目重点扶持。立项项目按人才层次、技术领先性、融资情况、研发投入等要素分为4个类别，3年内可获得最高1000万元的立项资助，并根据项目的不同阶段给予全链条支持。项目申报阶段通过资格审核并落地后可获得6个月免费工位；项目入围后，连续3年获得100平方米内免费办公场地以及人才公寓1间，给予20万元启动资金，并提供“一站式”免费代理服务；项目立项后3年内给予100万至1000万元的研发资助，根据企业对区域贡献情况给予最高不超过200万元的科技研发奖励；对于年薪30万元以上的团队核心成员依据贡献进行全额奖励，并协助办理医疗、子女入学和配偶就业等事项；在加速发展期即项目立项后5年内，可列入大连高新区“华腾计划”和“育龙计划”储备项目，根据高新区现有科技扶持政策给予相应补贴。

截至2019年底，“海创工程”分10批共入选195个海外人才创业项目。2020年，第十一批“海创工程”未启动实施。

吉林省

吉林省“高层次创新创业人才引进计划”

2009年，吉林省委、省政府相继出台《引进高层次创新创业人才实施办法》《引进人才服务与管理暂行办法》等政策文件，启动实施“高层次创新创业人才引进计划”。对于引进的创办科技型企业的创业人才，由省财政给予每人（团队）不低于100万元的一次性资助，由落户园区提供不少于200平方米的工作场所和不少于150平方米的住房公寓，且3年内免收租金，并在资助资金、薪酬待遇、办公场所、股权分配、企业注册、财税金融、配偶就业、子女入学等11个方面提供政策支持。

截至2017年底，吉林省“高层次创新创业人才引进计划”共认定276人，其中86人入选国家重大人才引进工程。自2018年起，吉林省“高层次创新创业人才引进计划”相关信息不再对外公布。

上海市

上海市“千人计划”

2010年，上海市委、市政府出台《上海市实施海外高层次人才引进计划的意见》，启动实施该市“千人计划”，力争用5—10年时间，围绕国家重大战略和上海重点发展战略目标的人才需求，引进一批紧缺急需的海外高层次人才。上海市“千人计划”包括创新人才长期项目、创新人才短期项目、创业人才项目和“外专千人计划”项目。对入选人才，将授予“上海特聘专家”称号，至少可获得100万元的项目资助，并可享受居留和出入境、落户、资助、医疗、保险、住房、税收、配偶安置、薪酬、通关、子女就学、优化服务12个方面的特定生活待遇。

截至2017年底，上海市“千人计划”共有957名海外高层次人才入选。自2018年起，上海市“千人计划”相关信息不再对外公布。

上海市“浦江人才计划”

上海市人力资源和社会保障局和市科委于2005年设立“浦江人才计划”，每年出资4000万元（后增至4750万元），向回国的留学人员提供工作创业启动资金支持。“浦江人才计划”按照A（科研开发类）、B（企业创新创业类）、C（社会科学类）、D（特殊急需类）四种类型项目进行申报和资助。其中，A类项目资助以高等院校、科研院所等单位为依托的从事自然科学和技术研究的留学人员；B类项目主要资助以企业为依托的科技创新创业，包括创新和创业两类，其中创新类针对企业引进的留学人员，创业类针对自主创办科技企业的留学人员；C类项目资助在人文社科领域进行创新创业的留学人员；D类项目资助其他上海市紧缺急需的具有特殊专长的留学人员。根据实际情况，来沪工作创业的留学人员（团队）按照项目类别可以获得15万—50万元的资助。2020年12月，新修订的《上海市浦江人才计划管理办法》发布，对原政策作出进一步优化完善。

截至2020年底，“浦江人才计划”已累计资助留学人员4437人，资助总额近9亿元，吸引和培育了来自美国、英国、德国、法国、日本等30多个国家和地区的众多海外留学人员。

上海市浦东新区"百人计划"

2011年8月，上海浦东新区发布《浦东新区引进海外高层次人才意见》，启动实施浦东新区海外高层次人才引进计划（简称浦东新区"百人计划"）。浦东新区"百人计划"力争用5—10年时间，重点引进100名海外高层次人才，并给予引进人才相关配套政策，以鼓励其在新区从事创新和创业工作。截至2015年底，浦东新区"百人计划"共认定和引进44名海外高层次创新创业人才。

2016年，浦东新区人民政府印发关于修改《浦东新区引进海外高层次人才意见》的通知，启动新一轮浦东新区"百人计划"。新的浦东新区"百人计划"计划用5—10年时间，引进100名具有海外丰富从业经历、通晓国际规则和惯例、掌握核心技术、带动产业发展的海外高层次人才。一次性给予每位引进人才50万元的奖励。3年内，按照浦东新区相关行业人才政策个人贡献奖励最高标准给予一定奖励。5年内免费提供浦东新区范围内不超过150平方米的人才公寓供其使用。在此基础上，再提供50万元的安家补贴。

自2017年起，浦东新区"百人计划"相关信息不再对外公布。

江苏省

江苏省"双创计划"

2006年12月，江苏省委、省政府出台《关于加强高层次创新创业人才队伍建设的意见》，启动实施江苏省"高层次创新创业人才引进计划"（简称"双创计划"）。计划从2007年开始，省财政每年投入2亿元（2010年增至4亿元）专项资金，围绕江苏省优先发展的重点产业，每年面向海内外引进200名左右高层次创新创业人才或团队，着力打造一批竞争优势明显的高新技术产品群和企业群。"双创计划"经过10年发展，目前包括双创人才、双创团队和双创博士三大项目。双创人才项目分为创业、企业创新、高校创新、科研院所创新、卫生创新、文化创新、高技能创新七个类别；双创团队项目分为科技、战略性新兴产业、软件和互联网、教育、现代农业、服务外包、卫生、诺贝尔奖获得者、外国院士、"千人计划"研究院十个类别；双创博士项目分为创业、企业创新、企业博士后、县级医院创新、世界名校、科技副总、产业教授指导博士七个类别。在支持政策方面，对入选的双创人才，3年内省级财政给予50万元或100万元的创新创业资金资助，其中用于补助个人的不得低于30%，并且不得抵扣工资待遇。对入选的双创团队，在已获得各相关主管部门给予300万—3000万元的项目经费资助基础上，3年内省级财政给予300万—800万元的人才经费资助。如属世界一流水平的双创团队，或属由省政府直接组织建设的省级重大科技创新平台急需引进的团队，采取"一事一议"、特事特办的方式，给予特别支持。此外，对入选的人才或团队，优先推荐申报"国家特聘专家"，优先推荐申报省"科技企业家培育工程""333工程"等计划，优先向金融机构、担保公司、风险投资公司推荐融资项目，享受省各地、各部门制定的引进高层次人才相关优惠政策和待遇。同时，按照国家、省引进高层次人才有关政策，为引进的高层次人才提供工作条件、签证、落户、医疗、保险、税收、配偶安置、子女入学、驾照转换等方面的支持与服务。

截至2019年底，江苏省"双创计划"累计引进领军人才3900多名、创业团队360多个、双创博士近4000人，累计资助创业类人才12.28亿元。2019年，江苏省"双创计划"资助双创人才549名（创业类223名、创业创新类236名、高校创新类62名、科研院所创新类7名、卫生创新类6名、文化创新类7名、高校创新类8名）、双创团队45个、双创博士803名。2020年，江苏省"双创计划"于4月启动申报，具体情况未对外公布。

南京市"创业南京"英才计划

2011年，南京市委、市政府出台《领军型科技创业人才引进计划实施细则（试行）》，启动实施"321人才计划"。计划用5年时间，引进3000名领军型科技创业人才，重点培养200名科技创业家，加快集聚100名海外高层次创业人才。截至2014年底，"321人才计划"共分6批引进领军型科技创业人才2551人，注册企业

2336家。入选人才中，96%以上是硕士和博士，包括147名国家重大人才工程入选者和144名江苏省“双创计划”人才。

2015年11月，南京市委、市政府出台《关于“创业南京”人才计划的实施意见》。计划在“十三五”期间，聚焦创新型、服务型、枢纽型、开放型、生态型的“五型经济”主攻方向，重点集聚100名科技顶尖专家、培育200名创新型企业家、引进3000名高层次创业人才、引领2万名青年大学生创业，打造具有国际影响和独特优势的产业科技人才高地。其中，南京市级“高层次创业人才引进计划”作为“321人才计划”的改进升级版，将从2016年起，用5年时间，以区（园区）为主体，引进扶持3000名高层次创业人才；市级层面从中择优遴选并重点扶持1000名高层次创业人才。截至2017年底，“创业南京”人才计划共分两批入选554人，其中，科技顶尖专家33名，创新型企业家117名，高层次创业人才404名。

2018年，南京市委、市政府出台《关于建设具有全球影响力创新名城的若干政策措施》，进一步优化升级重点人才工程政策机制，加快打造国际化创新创业人才高地。在持续推进“创业南京”英才计划（即“创业南京”人才计划）的基础上，制定了《南京市关于优化升级“创业南京”英才计划实施细则》。《实施细则》提出，对入选的国家高层次人才计划和江苏省“双创团队”，将项目资助标准提高至500万元；对具有海内外行业领军企业高管任职经历、获得海内外高规格创业大赛奖项并落地本市、新创业2年内获得备案社会风创投高额融资等情形的，申报“高层次创业人才引进计划”时，均不再对其学历、职称等设置限定条件；对入选“高层次创业人才引进计划”的，在给予50万—150万元创业启动资金、3年免租金100平方米创业场所和100平方米人才公寓的基础上，所创企业自获利年度起，3年内对南京市经济发展贡献全部奖励企业。2019年，“创业南京”英才计划（南京市级高层次创业人才引进计划）首批共入选22人。

2020年，南京市委、市政府在发布《关于新发展阶段全面建设创新名城的若干政策措施》的基础上，对《“创业南京”英才计划实施细则》再次修订，对于通过区（园区）遴选认定的高层次创业人才，由区（园区）给予不少于50万元初创扶持；通过市级遴选认定的高层次创业人才，由市财政再给予100万元扶持。2020年，“创业南京”英才计划（南京市级高层次创业人才引进计划）于4月启动申报，具体情况未对外公布。

无锡市“太湖人才计划”

2006年5月，无锡市委、市政府启动实施“530”计划。计划在5年内引进不少于30名领军型海外留学人才到无锡创新创业。2008年，无锡市推出“后530”计划，2009年推出“泛530”计划，实施无锡市“千人计划”，相继出台20多个“530”计划配套文件，并提出打造集聚高层次人才、培育高新技术产业、发展高端服务业、具有高品质人居环境的“东方硅谷”。2012年，无锡市委出台《关于深化“530”计划，建设“东方硅谷”的意见》《关于推进“东方硅谷”建设的意见》，通过深化实施“530”计划，大力引进国际国内顶尖人才、科技创业领军人才、中介服务领军人才、科技创新领军人才、社会事业领军人才，加快“东方硅谷”建设步伐。截至2013年底，无锡市“530”计划累计注册企业1840家，吸引各类人才1.6万多名，包括国家重大人才工程入选者78名，江苏省“双创计划”人才224名。

自2014年起，无锡市“530”计划结合“东方硅谷”建设，将人才引进重点转向引进国际国内顶尖人才、社会事业领军人才、中介服务领军人才、高级经营管理人才以及企业柔性引进外国专家、海外智力。2015年，无锡市开始酝酿新的“太湖人才计划”。2016年5月，发布《关于实施“太湖人才计划”打造现代产业发展新高地的意见》，启动实施“太湖人才计划”。计划重点支持引进、培育产业升级创新领军人才、企业经营管理领军人才、先进制造技能领军人才、新兴产业创业领军人才、生产性服务业领军人才和优秀大学毕业生六类产业发展人才，全力打造以“智能化、绿色化、服务化、高端化”为核心内涵和鲜明特征的现代产业发展新高地。其中，对到无锡自主创业、兴办企业的科技领军人才，将给予最高1800万元的资助。

2017年，无锡市委、市政府出台《关于深化“太湖人才计划”的若干意见》，推出12条举措，对“太湖人才计划”在加大人才政策支持力度、创新人才工作机制、强化人才服务保障三个方面继续进行优化升级。《意见》提出，对于物联网、智能制造、现代服务业等重点产业领域引进的诺贝尔奖获得者、海内外院士、国家科学技术奖最高奖获得者以及与其相同层次的顶尖人才或领军团队，带技术、带项目、带资金到无锡创新创业，给予1000万—1亿元项目资金支持。对于重点产业发展急需、拥有核心技术和重大发明创造、处于行业领域高端和前沿的高层次人才，到无锡创办企业或创新发展，给予50万—150万元项目资金支持或购房补贴。2018年，无锡市委、市政府对应产业高质量发展的新目标，对“太湖人才计划”及其升级版再度优化提升，出台《关于实施“太湖人才计划”升级版2.0 打造国内一流具有国际竞争力人才发展高地的若干意见》。《意见》提出实施“国际人才特别支持计划”“产业人才优先支持计划”等4个计划。其中，海外留学生带项目、带技术、带资金到无锡市创业，符合该市产业发展方向的，视项目运行质量和预期效益，经评审给予最高500万元项目支持；对顶尖人才和团队实行“一事一议”和“一企一策”定制化服务，支持额度上不封顶。

2020年，“太湖人才计划”支持创业领军人才团队5个、创新领军人才团队3个，顶尖医学专家团队8个、高端医学专家团队1个，创业领军人才110名、创新领军人才43名，企业引进高级经营管理人才58名、高端会计人才5名，先进制造技能领军人才11名，优秀乡土人才12名，乡土人才大师工作室8个。

徐州市“彭城英才计划”

2009年7月，徐州市委、市政府出台《关于加强高层次创新创业人才队伍建设的意见》，启动实施“高层次创新创业人才引进计划”（即“彭城英才计划”）。计划在5年内，重点围绕该市优先发展的重点产业、重大项目和具有竞争优势领域，至少新引进10个高水平创新创业团队、100名创新创业领军人才、500名高层次创新创业紧缺人才。2014年，徐州市出台《徐州市高层次创新创业人才引进计划实施办法》，对全市高层次人才引进的对象条件和相关扶持政策进行了明确，在科技、融资、学术、生活、税费减免等方面提供集成扶持。对引进的创新创业团队，经省评审认定，按不同层次给予300万—3000万元项目经费支持，同时给予团队领军人才和核心成员50万—200万元的资助；对创业领军人才给予不低于200万元项目资金资助；对全职引进创新领军人才给予不低于100万元项目资金资助，对非全职引进创新领军人才给予50万—100万元项目资金资助；对高层次创新创业紧缺人才给予30万—100万元项目资金资助。同时，市级财政每年安排3000万元引导资金，联合其他创投机构成立“彭城英才创投基金”，对人才创业项目进行扶持。

2018年，徐州市委、市政府出台《关于加快建设淮海经济区人才高地的意见》，提出实施“彭城英才221重点人才计划”，计划到2020年，新引进培育诺贝尔奖、图灵奖等国际性重要科学技术奖获得者，国家最高科技奖获得者、中国或发达国家院士等顶尖人才（团队）20名（个），最高给予1亿元项目资助，给予顶尖人才个人最高500万元、核心成员最高100万元奖励；新引进培育国家级创新创业领军人才等掌握核心科技、引领产业发展、国际国内知名的领军人才（团队）200名（个），最高给予3000万元项目资助，给予领军人才个人最高300万元、核心成员最高100万元奖励；新引进具有博士以上学历、拥有自主创新成果、能够突破关键技术，有在国内外知名企业、高校、科研单位及相关机构工作经历的研发和管理人才以及金融服务、商贸物流、文化创意等领域的双创人才1000名，给予每人最高100万元的奖励。

截至2018年底，“彭城英才计划”共引进2056名高层次人才，其中海外高层次人才900余名、国家重大人才工程入选者70余名。2019年，徐州市通过实施“彭城英才计划”等人才培养和引进措施，共入选江苏省“双创团队”5个，省“双创人才”39名，省“双创博士”27名，获得资金资助5355万元。

2020年，“彭城英才计划”相关信息未对外公布。

常州市“龙城英才计划”

2011年8月，常州市在全面完成两轮“千名海外人才集聚工程”目标任务的基础上，启动实施“龙城英才计划”。“千名海外人才集聚工程”是常州市在2006年9月开始实施的大规模领军人才引进工作，两轮共引进领军型创新创业人才467名，并带动引进了2000多名海外高层次人才，有83人入选江苏省“双创计划”。“龙城英才计划”计划在未来5年，围绕重点培育和发展的新能源、新材料、高端装备制造、生物技术和新医药、节能环保、软件和服务外包、物联网和新一代信息技术七大新兴产业，引进并大力支持1000名领军型人才，由此带动1万名各类高层次人才。同时，整合政府资源，撬动各类资本对创业企业进行聚焦式投资，重点支持200家领军型人才创业企业实施股权融资，助推创业企业加速发展。

2015年12月，常州市委、市政府出台《关于深化人才工作体制机制改革，全力推进“龙城英才”创新创业的实施意见》，根据领军人才创业项目发展阶段性需求，构建“引进性资助、扶持性资助、激励性资助”相互支撑的分层分类支持体系。

2017年3月，常州市委、市政府出台《进一步深化“龙城英才计划”改革创新的意见》，并连续出台16项配套政策文件，对海内外精英人才、领军型创新人才、高端经营管理人才等14类人才的引进培育做了明确详细的规定，同时实施海内外精英人才攻坚、领军型创业人才提升等八项工程，从多方面激发人才创新创业活力。其中，对于高精尖人才、海内外精英人才到常州设立科研院所、领办创办重大人才企业、创新创业，给予最高1亿元的特别支持；对于领军型创业人才（团队）项目，给予100万—300万元的无偿创业资金资助和最高1000万元股权债权支持。

截至2019年，“龙城英才计划”共引进高层次创新创业人才项目2200多个，其中，创投机构投资500万元以上或重点企业投资1000万元以上的人才项目220多个，3家企业上市，30多家企业挂牌新三板，23个团队入选江苏省“双创团队”，376人入选江苏省“双创人才”。

2020年8月，常州市连续出台《关于在十大领域打造“龙城英才计划”升级版的实施意见》《关于加快“龙城英才计划”领军人才创业企业引进和培育的实施办法》和《关于引进海内外精英人才“一事一议”的实施办法（试行）》，更大力度集聚高层次领军型创新创业人才，强化以贡献为主要评价依据的产业人才扶持体系，根据创业企业的税收、就业、阶段性成果等综合贡献，给予100万—800万元创业资助资金。经网络申报、对接推荐、面谈评估、会议审定，最终确定119个项目入选“龙城英才计划”第十四批领军人才创业类项目。

苏州市“姑苏创新创业领军人才计划”

2007年，苏州市政府出台《关于实施姑苏创新创业领军人才计划的意见》。计划重点根据苏州产业发展布局和新兴产业规划，在新兴信息、生物、新能源、高端装备制造、新材料、节能环保、新能源汽车等战略性新兴产业领域，以及现代服务业、现代农业等重点领域，引进带项目、带技术、带资金在苏州创新创业的领军型人才。

2010年，苏州市全面推进“姑苏人才计划”，“姑苏创新创业领军人才计划”纳入“姑苏人才计划”体系。计划5年内择优资助1000名领军人才，对于创新创业领军人才，将给予50万—250万元的安家补贴；根据创业项目的规模和进度，给予100万—400万元的科研经费资助；提供不少于100平方米的工作场所并免3年租金；提供最高500万元的担保融资贷款、30万元科技保险费补贴、50万元贴息资助，等等。

截至2020年底，“姑苏创新创业领军人才计划”已累计立项资助重大创新团队22个、创新创业领军人才（团队）1780个，带动市县两级引进7800名人才在苏创新创业。目前，苏州全市人才总量超过300万，高层次人才总量突破30万，全市领军人才创办企业超过三分之一被认定为国家高新技术企业，培育的独角兽企业中有60%以上为领军人才企业，27家科创板上市企业中有18家领军人才企业。

南通市“江海英才计划”

2009年，南通市委、市政府出台《关于大力实施人才强市战略的意见》和《关于实施江海英才计划的意见》，启动实施引进高层次科技领军人才及团队的“江海英才计划”。计划5年内，面向海内外引进100名高层次创业领军人才、1000名工程技术关键人才、1万名紧缺专业人才。引进人才可根据条件给予50万—500万元的项目启动资金、20万—150万元的购房补贴、3年内每月1000—5000元的生活津贴；对落地创业人才3年内免费提供不少于200平方米的创业场所，并给予投融资、家属就业、子女就学等多方面的优惠。对特殊优秀人才，还可采取“一人一议”的灵活引才政策。同时设立“江海杰出英才奖”“留学回国人员成就奖”，分别给予100万元、20万元奖励。2018年，南通市委、市政府制定出台《南通“人才新政8条”》以及22个配套办法和实施细则。其中，对入驻市级以上众创空间并入选“江海英才计划”的人才创业项目，在创业扶持、项目补助上均有大幅提高。

2019年，南通市委、市政府印发《关于实施高层次双创人才倍增计划推动高质量发展的若干政策意见》《江海英才“一卡通”服务实施细则》等文件，加大高层次创业领军人才引进和支持力度。引进的高层次人才（团队）来南通创业，按人才层级最高可给予人才团队核心成员500万元的创业启动资助。经人才部门审核后，由项目落户所在地政府（园区）提供租住精装修人才公寓1套，3年内免租金；在南通购房自住的，按《南通市江海英才计划实施办法》确定的人才层级，给予40万—150万元的一次性购房补贴。

2020年，“江海英才计划”共资助高层次创新创业人才（团队）69名（个）。截至2020年底，“江海英才计划”累计资助高层次创新创业人才（团队）441名（个）。

连云港市“花果山英才计划”

2009年，连云港市委、市政府出台《加快引进高层次人才实施办法》和《关于实施创业创新领军人才集聚工程的意见》，启动实施“高层次创新创业领军人才集聚工程”。计划在5年时间里，采用招聘、调动、特聘等多种引进方式，从海内外高校、科研院所、世界500强企业和国内知名企业，引进500名左右高层次创业创新人才，其中，创业创新领军人才不少于50名。截至2015年底，“高层次创新创业领军人才集聚工程”累计支持86个领军人才项目。

2016年，为进一步推进高端人才引进，连云港市对“高层次创新创业领军人才集聚工程”进行改版升级，启动实施“港城英才计划”，增加了“双创博士”和“双创团队”项目，全面与国家重大人才工程和江苏省“双创计划”接轨。入选“港城英才计划”的高层次人才，可享受资金支持、项目推荐、配套服务等措施。其中，对入选的“双创人才”，给予30万—150万元的创新创业资金资助；对入选的“双创团队”，给予100万—300万元的人才经费资助；对入选的“双创博士”，给予15万元的创新创业资金资助。截至2017年底，“港城英才计划”共分4批入选海内外高层次创业创新人才198名。2018年3月，连云港市人才工作领导小组印发《连云港市“花果山英才计划”实施办法》，“港城英才计划”正式更名为“花果山英才计划”。

2019年，“花果山英才计划”共认定和资助双创团队2个、双创人才26名、双创博士66名。2020年，“花果山英才计划”于3月启动实施，具体情况未对外公布。

淮安市“淮上英才计划”

2013年2月，淮安市委、市政府出台《关于组织实施“淮上英才计划”的意见》。计划从2013年起，用3年左右时间，围绕淮安重点产业、重点领域和重点学科引进10个创新创业团队、100名创新创业领军人才、1000名创新创业急需人才。2016年，淮安市人才工作领导小组印发《关于组织实施淮安市第二期“淮上英才计划”的意见》，计划“十三五”期间，围绕淮安重点产业、重点领域和重点学科，引进具有核心关键技术、具备成果转化能力、符合淮安市经济社会发展需求的创新创业团队30个、创新创业领军人才300名、创新创业急需人才2000名。对入选的创新创业团队，按照不同层次给予创新创业资金资助。A类：由诺贝尔奖获得者，国内外科学院、工程院院士，获得国家最高科学技术奖或相当层次国际科技奖项的科学家领衔的创新创业团队，每个团队给予200万—1000万元创新创业资金资助，并可由淮上英才创投公司进行500万—1亿元的股权投资。B类：国家重大人才工程入选者、“万人计划”专家或同等层次人才领衔的创新创业团队，每个团队给予100万—500万元创新创业资金资助，并可由淮上英才创投公司进行300万—3000万元的股权投资。C类：经认定的其他创新创业团队，每个团队给予50万—300万元创新创业资金资助，并可由淮上英才创投公司进行300万—2000万元的股权投资。如属世界一流水平的创新创业团队，或属由市政府直接组织建设的市级重大科技创新平台急需引进的团队，采取一事一议的方式，给予特别支持。对入选的创新创业领军人才，给予30万—100万元创新创业资金资助，其中用于补助个人的不得低于30%，并不得抵扣工资待遇，同时可由淮上英才创投公司进行200万—1000万元的股权投资。此外，给予融资、税收、住房、创业场所等方面的支持，并协调解决引进人才的工作条件、签证、落户、医疗、保险、配偶安置、子女入学、驾照转换等问题。

截至2019年底，“淮上英才计划”累计引进资助创新创业团队40个、领军人才356名。2020年，“淮上英才计划”累计引进资助创新创业团队25个、领军人才192名。

盐城市“创新创业领军人才计划”

2009年，盐城市委、市政府出台《关于加强创新创业领军人才队伍建设的意见》，启动实施“创新创业领军人才引进计划”，重点引进“两院”院士、国家重大科研项目的主持人、国家级学科带头人、高层次创新型人才、科技型创业人才等该市急需的领军型高层次人才及团队。2015年3月，盐城市委、市政府印发《盐城市“515”人才引进三年行动计划》，“创新创业领军人才引进计划”纳入“515人才引进计划”体系。对自主知识产权和关键技术达到世界一流、国内顶尖水平的创新创业领军人才（团队），评审资助每个项目1000万—2000万元；对拥有国内一流、行业领先的自主知识产权和核心技术项目来盐城自主创业的领军人才（团队），评审资助每个项目100万—350万元创业启动资金；对带技术来盐城市企业开展创新工作的领军人才，评审资助每个项目30万—100万元。2018年，盐城市继续实施新一轮“515人才引进计划”。

截至2018年底，盐城市“创新创业领军人才计划”累计资助领军人才项目667个，发放资助资金5.5亿元，其中创业项目109个。2019年和2020年，盐城市“创新创业领军人才计划”分别于同年4月和6月启动申报，具体情况均未对外公布。

扬州市“绿扬金凤计划”

2010年，扬州市坚持“兴城先兴人”发展理念，围绕“新产业、新人才、新城市”，启动实施“绿扬金凤计划”。计划在3年内，市财政每年设立1亿元人才专项资金，引进100名创业创新领军人才、100名优秀博士人才。对创业领军人才，按照重点推荐项目、优先推荐项目、一般推荐项目，分别给予300万元、200万元、100万元资助；对创新领军人才，分别给予150万元、100万元、50万元资助。2013年底，扬州市集中出台“6+1”人才政策，深化实施“绿扬金凤计划”，在资金资助、金融支持、载体建设、住房保障、医疗保健、子女教育等方面加大支持力度。2016年，“绿扬金凤计划”新增设创业团队项目，给予入选团队600万—1000万元资助。2017年9月，扬州市委、市政府发布《关于深入实施“兴城先兴人”战略着力优化人才创新创业环境的政策意见》，提档升级“绿扬金凤计划”。围绕“12345”创新发展工程和三大创新板块发展需要，大力发展高新技术产业和战略性新兴产业，重点引进软件和互联网、机械及特色高端装备、汽车、食品等基本产业和先进制造业高层次创新创业人才（团队）。对引进的世界科技和产业发展前沿的顶尖人才（团队），按“一事一议”给予最高5000万元项目资助。每年重点引进和资助创新创业团队3个左右、领军人才100名左右、优秀博士200名左右，给予最高1000万元创新创业资金资助。

截至2020年底，“绿扬金凤计划”已实施11年，市、县两级财政先后投入7.6亿元，吸引包括国家重大人才工程专家在内的2191名（个）国内外高层次人才（团队）到扬州创新创业，其中双创团队11个、领军人才665名、优秀博士人才1155名。

镇江市“金山英才计划”

2008年8月，镇江市委、市政府制定出台《镇江市引进培育创新创业领军人才三年行动计划》，启动实施“331计划”。计划用3年时间，引进培育30个领军人才团队和100名领军人才。市、县两级财政共设立1亿元的专项资金，用于为领军人才提供创业扶持、安家资助和学术交流。截至2015年底，“331计划”共分8批引进资助559名（个）人才（团队），带动引进海内外高层次创新创业人才2000多名，其中，国家重大人才工程入选者89名、江苏省“双创计划”人才278名。

2016年2月，在“331计划”的基础上，镇江市启动实施“金山英才计划”。计划从2016年开始，用5年时间，重点引进支持600个以上产业发展领域的高层次领军人才（团队）。计划包括5个子项：顶尖人才专项计划，重点引进和支持15名（个）左右顶尖人才（团队），可给予1000万元资金资助，特别突出的，资助金额上不封顶；“镇江制造2025”领军人才计划，重点引进和支持240个左右带技术、带项目、带资金的制造业领军人才（团队），分两年给予200万元或100万元资金资助；现代服务业领军人才计划，重点引进和支持150个左右现代服务业领军人才（团队），分两年给予100万元或50万元资金资助；现代农业领军人才计划，重点引进和支持60名（个）左右现代农业领军人才（团队），给予100万元或50万元资金资助；高技能领军人才计划，重点支持150名（个）左右高技能领军人才（团队），给予20万元或10万元资金资助。同时，给予金融、税收等配套政策，并发放“金山英才卡”，提供医疗、子女就读、配偶就业等配套服务。

2020年，“金山英才计划”共有93人入选。截至2020年底，“金山英才计划”已实施5年，累计投入7.2亿元，引进支持领军人才605名，其中顶尖人才16名；引进培育国家级重大人才工程专家189名，江苏省“双创计划”人才396名、省“双创团队”26个。

泰州市海外人才“智汇凤城”计划

2018年11月，根据《泰州市政府印发关于进一步鼓励企事业单位聚才用才推进科技创新引领高质量发展若干政策的通知》，泰州市人才工作领导小组办公室、泰州市人力资源和社会保障局制定印发《泰州市海外人才“智汇凤城”计划实施办法》，启动实施海外人才“智汇凤城”计划。海外人才“智汇凤城”计划的总体目标是围绕泰州市“1+5+1”现代产业，每年引进500名左右海外人才到泰州创新创业。支持的海外人才包括外国专家、港澳台专家，留学回国人员，外国高技能人才、港澳台高技能人才。对列入国家、省高端外国专家项目的，分别给予30万元、10万元的配套资助；对列入国家、省普通引智项目的，按照国家、省资助额的1：1予以配套。建立市级引智项目计划，经评审立项的，每个项目资助1万—3万元。积极推荐海外人才申报国家、省等各类人才引进计划以及友谊奖、优秀留学回国人员等各类荣誉。同时，加大对用人单位引进海外人才、海外人才载体建设、海外人才中介机构和海智工作基地的奖补力度，并优化对海外高层次人才的服务，在签证、医疗、交通出行、社保、购房、子女入学等多个领域提供绿色通道。

2019年11月，泰州市海外人才“智汇凤城”计划启动首次申报，具体情况未对外公布。

宿迁市“千名领军人才集聚计划”

2011年12月，宿迁市委、市政府出台《关于进一步加强创业创新领军人才引进工作的意见》，在原“宿迁市百名创业创新领军人才集聚计划”完成的基础上，继续扩大实施“千名领军人才集聚计划”。计划到2020年，全市引进创业创新领军人才1000名左右，其中进入国家和省级计划支持的领军人才300名，带动引进各类高层次人才2000名左右。对创业领军人才，分别按A类300万元、B类100万元、C类50万元给予创业启动资金；对创新领军人才，分别按A类150万元、B类50万元、C类30万元给予创新启动资金。自主创业领军人才项目企业注册以后，提供股权融资、贷款贴息担保、生产及办公用房、物业服务等支持。此外，引进的领军人才在住房、子女入园入学、医疗、保险等方面享受优惠政策。

2020年，宿迁市“千名领军人才集聚计划”有118名（个）人才（团队）入选。截至2020年底，宿迁市“千名领军人才集聚计划”共引进资助领军人才（团队）549名（个），资金发放超过2亿元。

浙江省

浙江省“千人计划”

2009年7月，浙江省委、省政府出台《关于大力实施海外优秀创业创新人才引进计划的意见》，启动实施“海外高层次人才引进计划”（即浙江省“千人计划”）。计划通过5—10年时间，引进并重点支持1000名左右能够突破关键技术、发展高新技术产业、带动新兴学科的学科带头人、科技领军人才和高层次创业人才，争取其中300名左右入选中央海外高层次人才引进“千人计划”。浙江省“千人计划”包括创新人才长期项目、创新人才短期项目（即“海鸥计划”）、创业人才项目和“外专千人”项目。对入选创新、创业和“外专”项目的，授予“浙江省特聘专家”称号，享受相应的工作条件和特定的生活待遇，包括给予一次性100万元的科学技术人才奖励，地方政府相应配套奖励；发放《浙江省海外高层次人才居住证》，并根据有关规定享有相应权益。对入选“海鸥计划”的，给予一次性50万元的省政府科学技术人才奖励，根据引进人才实际需要，可为其提供出入境、医疗、保险等方面的优惠便利。

截至2017年底，浙江省“千人计划”共引进海外高层次创新创业人才1885名。自2018年起，浙江省“千人计划”相关信息不再对外公布。

杭州市全球引才“521”计划

2010年3月，杭州市委、市政府出台《杭州市全球引才“521”计划实施意见》。计划从2010年开始，用5年时间，面向全球引进20个以上海外优秀创业创新团队，100名以上带着重大项目、带领关键技术、带动新兴学科的海外高层次创业创新人才。2016年，杭州市启动实施新一轮“521”引才计划。计划用5年时间，在全市重点创新项目、重点学科和重点实验室、企业和金融机构、以高新技术产业开发和成果转化为主的各类园区等领域，引进并重点支持200名左右能够突破关键技术、发展高新技术产业、带动新兴产业发展的海外高层次人才；每年引进10名左右拥有海外学习工作经历，在高等院校、科研机构、科技企业和金融机构从事创新工作的青年人才。新一轮杭州全球引才“521”计划包括创新人才、创业人才和青年人才，入选者一般应在海外取得学位，入选后应全职在杭州连续工作5年以上，每年不少于9个月时间。入选“521”计划的人才，将被授予“杭州市特聘专家”称号，可享受优先推荐、创业支持、科研条件、职称评定、居留落户、安家补助、子女入学、医疗保障、公共服务等方面的待遇。创业项目经评审后，给予最高不超过500万元的项目资助资金；特别突出的创业项目可“一事一议”。入选创新人才项目、创业人才项目的人才，到岗后将给予80万元安家补助；入选青年人才项目的人才，到岗后将给予50万元安家补助。

截至2017年底，杭州市全球引才“521”计划共引进276名海外高层次创业创新人才。自2018年起，杭州市全球引才“521”计划相关信息不再对外公布。

宁波市“3315计划”

2011年5月，宁波市委、市政府出台《关于实施海外高层次人才引进“3315计划”的意见》。计划从2011年开始，用5—10年时间，围绕“六个加快”战略部署，以各类开发区、科研机构和留创园、研发园、创意园等为载体，引进并重点支持一批海外高层次人才来甬创新创业，新增海外创新创业人才5000名。截至2016年底，宁波市“3315计划”共引进358名海外高层次人才和120个高端团队，包括国家重大人才工程入选者198名、浙江省“千人计划”人才75名。

2016年6月，宁波市委、市政府印发《关于深化实施海外高层次人才和高端创业创新团队引进“3315计划”的意见》，围绕宁波市战略性新兴产业发展，力争到2020年累计引进1000名海外高层次人才和200个创业创新团队进入“3315计划”。对入选“3315计划”的高端创业创新团队，符合团队落户、建设要求的，3年内按A类、B类、C类三个层次，分别给予最高2000万元、1000万元、500万元创业创新资助经费。对全球顶尖人才领衔的高端创业创新团队实行一事一议，3年内给予最高1亿元创业创新资助经费。对入选“3315计划”的海外高层次人才，给予一次性100万元的人才资助经费。2017年，宁波市启动实施“泛3315计划”，支持重点拓展到九大领域人才。2018年，宁波市首次全面实施“3315系列计划”，包括“泛3315计划”“3315集聚先进制造人才计划”和“3315资本引才计划”。

截至2019年底，宁波市“3315计划”直接引进海外高层次人才1400余名，支持国家级、省级高层次人才535人、团队180个，支持人才创办企业345家，带动全市引育各类人才项目2317个、海外人才超1.3万名。2020年，宁波市“3315计划”于2月启动申报，具体情况未对外公布。

温州市“海外精英引进计划”

2011年3月，温州市委、市政府出台《温州市“580海外精英引进计划”实施办法》。计划从2011年开始，用5年时间，将面向全球遴选80名左右能够突破关键技术、发展高新产业、推动创新发展的海外高层次人才，助力“十二五”发展。截至2017年底，“580海外精英引进计划”共分6批引进219人，其中128人入选国家和浙江省人才计划。

2018年5月，温州市委、市政府出台《关于高水平建设人才生态最优市的40条意见》，从人才团队建设、创业项目扶持、服务机制、引才用才机制改革、平台建设、服务保障机制六个方面，打造温州人才政策的“一本通”。《意见》整合了原“580海外精英引进计划”“海外工程师”“海外智力项目”等引才计划，整合形成新版“海外精英引进计划”。“海外精英引进计划”主要面向海外人才和港澳台人才，设创新长期项目、短期项目、创业项目、海外工程师和海外智力项目五个项目。对创新长期项目、创业项目、短期项目入选者分别给予30万元、30万元、15万元个人奖励；对给予海外工程师、海外智力项目引进单位分别给予10万元、5万元引才奖励；给予创新长期项目、创业项目入选者分别给予60万元购房补贴；给予创业项目200万元创业发展资助。《意见》还对创新团队建设相关政策进行了优化整合，按“顶尖”“杰出”“领军”“优秀”四类分别给予科技型团队3000万元、1000万元、500万元、100万元资助，形成梯度明显的高水平创新团队支持政策。

自2018年起，温州市“海外精英引进计划”相关信息不再对外公布。

嘉兴市“创新嘉兴·精英引领计划”

2009年12月，嘉兴市委、市政府出台《关于加强创业创新人才队伍和创新团队建设的若干意见》《“创新嘉兴·精英引领计划”实施办法（试行）》和《嘉兴市重点创新团队遴选办法》，启动实施“创新嘉兴·精英引领计划”。计划从2010年起，用5年左右时间，引进培育100名具有省内、国内领先水平的嘉兴市创业创新领军人才，其中引进50名海外高层次人才，争取20名进入国家和浙江省海外高层次人才引进计划。同时，打造100个左右嘉兴市重点创新团队，由此带动各领域建设一批不同层次、方向明确、结构合理、开拓创新、团结协作、特色鲜明的创新团队。2017年，嘉兴市出台《关于打造最优人才生态促进人才优先发展的若干意见》，加大“创新嘉兴·精英引领计划”资助力度，对入选的创业人才项目从原来的100万—300万元提高到200万—500万元；对创新长期项目，资助金额从原来的一次性60万元提高到每年最高100万元，连续资助5年；新增加创新短期项目，每年最高给予50万元的资助，连续资助3年。

2019年，嘉兴市先后出台《中共嘉兴市委办公室、嘉兴市人民政府办公室关于更高质量建设人才生态最优市的若干意见》和《关于深化推进“创新嘉兴·精英引领计划”的实施办法》，开始实施第三轮“创新嘉兴·精英引领计划”，以全球眼光招揽海内外高端人才及团队项目。计划从2019年起用3年时间，围绕世界科技发展趋势和全市经济社会发展需求，面向海内外择优引进支持符合该市产业发展导向、能够突破关键技术、提升传统产业、引领新兴产业、增强区域核心竞争力的杰出人才团队15个左右，领军型创业创新团队40个左右，创业创新领军人才不少于350名。对杰出人才团队项目，实施“一事一议”，给予最高1亿元资助。对领军型团队项目A类、B类，分别给予1000万元、800万元资助。对创业领军人才项目，在原先A、B、C类的基础上增设A+类项目，给予500万—1000万元的资助。入选的创业领军人才、领军型创业团队注册企业入驻政府类平台的，可享受落户县（市、区）提供的3年内免收租金或奖金补助。

截至2018年底，“创新嘉兴·精英引领计划”实施10年来，累计投入财政资金13.7亿元，遴选领军人才1196名，近千名创业领军人才创办企业，实现销售收入500多亿元，纳税20多亿元。自2019年起，“创新嘉兴·精英引领计划”相关信息不再对外公布。

湖州市“南太湖精英计划”

2008年4月，湖州市委、市政府出台《关于推进创新团队和领军人才队伍建设的若干意见》和《“南太湖精英计划”实施意见》，启动实施“南太湖精英计划”。计划用5年时间，重点在生物医药、环保节能、电子信息、新材料、新能源和现代农业六大产业中引进一批带项目、带技术、带资金、具有自主创新能力的留学归国科技领军人才及其创新团队。2013年4月，《中共湖州市委办公室、湖州市人民政府办公室关于深化“南太湖精英计划”加快引进高层次创业创新人才的实施意见》发布，实施第二轮“南太湖精英计划”，计划从2013年起用5年时间，围绕先进装备、新能源、生物医药、金属新材、绿色家居、特色纺织和现代服务业、现代农业等重点发展产业，引进200名以上能够突破关键技术、引领新兴产业发展、提升特色产业优势的创业创新领军人才及其团队。截至2017年底，累计资助“南太湖精英计划”领军型创业创新团队和人才项目968个，全市“南太湖精英计划”创业人才新创办高新技术企业453家。自“南太湖精英计划”启动以来，全市已集聚海内外院士114名、国家重大人才工程入选者142名、浙江省“千人计划”人才205名。

2018年，湖州市出台《2018年度南太湖精英计划实施办法》，启动最新一轮的“南太湖精英计划”。《办法》完善了人才和团队的申报条件，提高了入选项目资助额度，给予领军型创业团队创业启动资金、领军型创新团队创新项目产业化配套资金扶持。其中，A+类1000万元、A类800万元、B类500万元、C类300万元。对特别优秀的人才团队、特别重大的项目实行“一事一议”，最高给予1亿元资助。还进一步明确对绩效评估优秀的领军型创业团队给予100万元的奖励。

2019年，新一轮“南太湖精英计划”共遴选资助领军型创业创新团队和人才项目279个。2020年，“南太湖精英计划”于2月启动申报，相关情况未对外公布。

绍兴市“海内外英才计划”

2010年3月，绍兴市委、市政府出台《绍兴市“330海外英才计划”实施办法》。计划从2010年开始，用3年时间，在绍兴市六大传统优势产业和先进装备制造、新材料、生物医药、节能环保、新能源、新兴信息等战略性新兴产业，引进能够突破关键技术、培育高新产业、推动创新发展的海外高层次人才。2016年6月，绍兴市委、市政府出台《关于加强高层次科技创业创新人才队伍建设加快推进创新驱动发展的意见》，提出深化实施“330海外英才计划”，突出“高精尖缺”导向，对入选“330海外英才计划”A类、B类、C类的创业人才项目，分别给予500万元、300万元、200万元资助。

2018年，中共绍兴市委人才工作领导小组印发《绍兴“海内外英才计划”实施办法》和《绍兴市人才新政操作细则》，将绍兴“330海外英才计划”拓展为“海内外英才计划”，面向海内外加大引才力度，着力集聚传统产业改造提升和新兴产业培育发展急需的高层次创业创新人才。2019年，重新修订出台《深化绍兴“海内外英才计划”实施办法》，对于领军型团队给予最高1000万元的资助。

截至2019年底，“海内外英才计划”（含原“330海外英才计划”）累计引进海外高层次人才776名，其中，国家级领军人才164名、省级领军人才132名，入选省特级专家6名、省领军型创新创业团队13个。2020年，“海内外英才计划”共有236名高层次人才入选。

金华市“双龙计划”

2010年4月，金华市启动实施“海内外英才引进计划”，鼓励高层次人才带技术、带成果、带资金到金华创业创新，对优秀创业项目给予最高500万元的资助。计划推出后，受到海内外人才热切关注，共引进落户18个领军人才项目。2012年11月，为进一步加大人才引进力度，金华市委、市政府决定在原政策基础上，实施创业创新领军团队和人才引进“双龙计划”。计划每年投入至少1亿元资金，面向海内外集聚一批达到国际先进水平的科技创新团队、一批行业地位突出的创业创新领军人才、一批专业技术发展潜力较大的后备领军人才。对新兴产业带动明显的科技创新团队，最高可获2000万元资助；对引进的“两院”院士或相当层级的国际顶尖人才，奖励（资助）不少于1000万元。另外，在税收优惠、人才住房和其他配套服务方面，也将享受多项优厚待遇。

截至2018年底，“双龙计划”共引进人才项目247个，其中，创业类项目139个，创新类项目108个。自2019年起，“双龙计划”相关信息不再对外公布。

台州市“500精英计划”

2011年9月，台州市委、市政府出台《关于扶持高层次人才创业创新的若干意见》及相关的配套政策文件，启动实施“500精英计划”。计划每年投入全市可用财力的1.5%，用5年左右时间，引进和扶持500名左右高层次人才到台州创业创新。

2019年，中共台州市委人才工作领导小组印发《台州市“500精英计划”人才项目管理实施细则》，设立创业人才（团队）、创新长期人才、创新短期人才、非华裔人才、青年人才项目、顶尖人才（团队）六个子项，加大对“500精英计划”管理和支持力度，并在原有的评审认定基础上，增加直接认定、以赛代评入选方式。经评审认定入选“500精英计划”A类、B类、C类创业人才的，给予最高500万元、300万元、200万元资助；经直接认定入选顶尖、领军、高端人才创业项目的，给予最高800万元、500万元、300万元资助；创业企业5年内实际投资额超过2000万元的，超出部分按20%予以资助，资助总额最高2000万元；企业成立5年内，给予最高1000万元的基准利率贷款贴息补助。产生销售额5年内，按每年销售额的1%给予奖励，累计最高500万元。顶尖人才（团队）可一事一议，最高给予1亿元资助。另可享受最高300万元的房票补贴，最高每月1万元的租房补贴，以及创业场所免租、补充养老保险、生活津贴、贷款贴息、医疗、子女就学、配偶就业等其他各项政策待遇。

截至2020年底，“500精英计划”共入选创业创新人才1095名，落地企业367家，注册资金30.5亿元。

安徽省

安徽省“百人计划”

2009年8月，安徽省委、省政府出台《关于加强引进海外高层次人才工作的实施意见》，启动实施安徽省引进海外人才“百人计划”。计划用5—10年时间，引进并重点支持100名左右能够突破关键技术、发展高新产业、带动新兴学科的科技领军人才到皖创新创业。对入选“百人计划”的海外高层次人才，将授予“安徽特聘专家”称号，省财政给予每人50万元的一次性补助，用人单位、主管部门和地方政府配套其他资金，用于改善引进人才的工作生活条件，并在准入政策、税收政策、工作待遇、生活保障等各个方面提供政策支持。

截至2017年底，安徽省“百人计划”共分7批入选142人。自2018年起，安徽省“百人计划”相关信息不再对外公布。

合肥市“百人计划”

2011年1月，合肥市委、市政府出台《中共合肥市委关于深入实施人才强市战略的意见》《“百人计划”工程建设实施方案》系列文件，启动实施引进海内外高层次人才“百人计划”。计划从2011年起，用5年时间，围绕合肥市优先发展的支柱产业、高新技术产业和现代服务业，面向海内外引进该市急需紧缺的能够突破核心技术、发展高新产业、带动新兴学科的创新创业领军人才100名。对创新型领军人才给予30万—50万元资助，对创业型领军人才给予100万—300万元资助，并可享受居留和出入境、落户、子女入学、配偶就业、医疗保险等方面的政策待遇。

截至2017年底，合肥市“百人计划”共分7批引进169名高层次创新创业人才。自2018年起，合肥市“百人计划”相关信息不再对外公布。

福建省

福建省“百人计划”

2010年1月，福建省委、省政府出台《福建省引进高层次创业创新人才暂行办法》，实施“引进高层次创业创新人才计划”（简称“百人计划”），重点支持国内外高层次创业创新人才和团队到福建创业工作。

2013年3月，福建省委、省政府在“百人计划”基础上，实施“海纳百川”高端人才聚集计划。计划在未来5年内，省、市、县三级财政投入人才经费100亿元，实施福建省引进高层次创业创新人才“百人计划”，每年评选100名福建省引进高层次创业创新人才，分别给予入选省引才“百人计划”的团队300万元、海外人才200万元、国内人才100万元补助；实施留学人员来闽创业启动支持计划，对经评审确定的重点创业项目和优秀项目，分别给予一次性创业支持资金50万元和20万元，各设区的市给予配套支持；实施福建省特殊支持高层次人才“双百计划”，每年评选200名科技创业人才、科技创新人才、企业高级经营管理人才、百千万工程领军人才、青年拔尖人才、哲学社会科学领军人才等各类高层次人才，作为福建省特殊支持的高层次人才由省人才专项经费给予特殊支持。

2016年9月，《中共福建省委关于深化人才发展体制机制改革的实施意见》发布，提出突出“高精尖缺”，更大力度实施省引才“百人计划”，完善引进高层次人才评价认定办法。对具有成长潜力但未入选省引才“百人计划”的创新创业预备项目团队，给予最高200万元资助。

截至2019年底，福建省“百人计划”共分7批入选高层次创业创新人才（团队）692名（个）。2020年，福建省“百人计划”相关信息未对外公布。

厦门市“双百计划”

2010年，厦门市委、市政府出台《厦门市引进海外高层次人才暂行办法》和《关于加快建设海西人才创业港，大力引进领军型创业人才的实施意见》，每年投入1.5亿元，计划用5—10年时间，引进100名海外高层次人才和300名领军型创业人才（即“双百计划”）。对引进的海外高层次人才，给予每人100万元补助，并在科研经费、职称评聘等方面给予支持；对引进的领军型创业人才，提供100万—500万元创业启动资金、100—500平方米的创业场所（5年免租金），并提供政府创投、贷款贴息等方面的支持。同时，在住房、配偶就业、子女就学、社会保险等方面可享受优惠待遇。

2017年7月，厦门市委、市政府印发《关于深化人才发展体制机制改革加快推进人才强市战略的意见》，调整“双百计划”评审导向，加大人才企业落地后跟进扶持力度。对主营业务收入3000万元以上的“双百计划”领军型创业人才创办企业，按其业务收入的1%给予奖励，奖励金额最高不超过企业当年上缴税款地方留成部分，奖励期限最长3年。

截至2019年底，厦门市“双百计划”共分12批入选1139人。2020年，第十三批厦门市“双百计划”共有47名高层次创新创业人才入选，其中，领军型创业人才40名，高层次创新人才7名。

江西省

江西省“双千计划”

2017年11月，江西省委人才工作领导小组印发《江西省引进培养创新创业高层次人才“千人计划”实施办法(试行)》，正式启动实施“双千计划”。“双千计划”作为江西省目前最高层次的人才工程，计划用5年左右的时间，预计投入经费至少20亿元，面向省外和国（境）外，引进1000名左右“高精尖缺”优秀高层次人才和100个左右高层次创新创业团队，面向省内重点培养1000名左右高层次人才。“双千计划”引进类项目分为创新领军人才长期项目（自然科学类、金融类、人文社科类、青年类）、创新领军人才短期项目（自然科学类、金融类、人文社科类）、创业领军人才项目、外国专家项目（长期、短期）、高层次创新创业团队项目（创新类、创业类）5个项目。培养类项目分为科技创新高端人才项目、科技创业高端人才项目、哲学社会科学领军人才项目、高技能领军人才项目4个项目。在项目资助上，对创新领军人才长期项目和外国专家项目入选者，自然科学类给予每人200万—300万元的项目资助，人文社科类给予每人20万—50万元的项目资助，金融类给予每人50万—100万元的项目资助；对创新领军人才长期（青年）项目入选者，给予每人100万元的项目资助；对创业领军人才项目入选者，给予每人200万—300万元的项目资助；对高层次创新创业团队入选者，给予每个团队500万—800万元的项目资助。另外，创新领军人才长期项目、创业领军人才项目和外国专家（长期）项目入选者还可提取不高于30%的资助资金用于改善个人生活条件。同时，从职务职称倾斜、落实税收优惠政策、解决后顾之忧、加强荣誉激励、优先上市融资等多个方面提供支持，优化配套服务。

2018年，首批江西省“双千计划”评出引进类创业领军人才项目28个、高层次创业团队项目12个。2019年，江西省“双千计划”评出培养类科技创新高端人才项目57个、科技创新高端人才（青年）项目71个、科技创业高端人才项目13个、哲学社会科学领军人才项目16个、哲学社会科学领军人才（青年）项目28个、高技能领军人才项目12个。2020年，江西省“双千计划”于7月启动申报，相关情况未对外公布。

南昌市“洪城计划”

2011年3月，南昌市委、市政府出台《南昌市建设“人才管理改革试验区”的十项举措》，启动实施“洪城计划”，面向海内外引进一批同时带项目、带技术、带资金、带团队的领军型创新创业人才到南昌创业。

2018年4月，《中共南昌市委、南昌市人民政府关于实施“天下英雄城聚天下英才”行动计划的意见》发布，启动实施“英雄城聚才计划”。计划未来5年，安排100亿元人才发展经费，通过体制机制创新，聚集100名国内外顶尖人才和国家级领军人才，500名地方级领军人才，2000名重点产业紧缺急需人才和社会事业紧缺急需人才，新增10万名技能人才，吸引50万名青年人才在南昌创新创业。根据《意见》，南昌市委组织部、南昌市科技局等制定了《南昌市“洪城计划”人才工程实施细则》，加大“洪城计划”组织实施和政策支持力度。“洪城计划”人才项目单位注册落户后，分三个层次对A类、B类、C类项目分别给予300万元、200万元、100万元的创新创业补助资金。产出重大技术成果的，按“一事一议”原则，给予最高2000万元追加支持。项目单位注册落户1个月内，所在县（区、开发区、新区）给予提供不少于100平方米建筑面积的创业场所、不少于100平方米的人才公寓，项目正常运行情况下可持续免费使用3年。项目负责人在南昌首次购买自用商品房的，A类、B类、C类项目分别给予30万元、20万元、10万元的购房补贴。项目获得银行贷款的，A类、B类、C类项目分别按贷款付息额的100%、70%、50%给予2年贴息补助，贷款贴息补助总额最高不超过1000万元。项目在未取得建设用地之前，优先入驻政府建设的孵化器，3年内每年补贴50%的场租费，补助金额最高不超过50万元；租赁厂房直接生产销售的，2年内每年补贴最高不超过200万元的房屋租赁费。同时，“洪城计划”人才项目团队及其引进的人才享受《关于实施“天下英雄城 聚天下英才”行动计划的意见》文件规定的各项优惠政策。

2020年，南昌市政府发布《南昌市高层次科技人才“洪城计划”实施办法》，“洪城计划”项目的遴选采取以赛代评的方式进行。每年由市科技局通过政府采购方式选择国内外具有3年以上专业资质、工作业绩突出的创业投资公司，面向国（境）外和省外，举办南昌市“洪城计划”创业大赛。通过大赛选出一等奖、二等奖、三等奖共10个项目（最多不超过10个），分别对应入选“洪城计划”A、B、C类三个项目层次。给予大赛一等奖项目奖金各30万元，二等奖项目奖金各20万元，三等奖项目奖金各10万元。从项目落户之日算起，A、B、C类项目在3年内可分别获得最高不超过600万元、400万元、200万元的创业扶持资金。

截至2019年底，“洪城计划”累计引进领军人才项目146个。2020年，共有10个项目通过创业大赛入选“洪城计划”。

山东省

山东省“泰山产业领军人才工程”

2014年，山东省委、省政府出台《进一步完善提升泰山学者工程的意见》和《实施泰山产业领军人才工程的意见》，将“泰山学者”工程进行优化拓展，突出服务产业发展导向。该工程的主要目标是：到2020年，以各类企业、园区、产业基地等为依托，面向海内外引进培养1000名左右“高精尖缺”产业领军人才，集聚形成1000个左右产业人才团队。工程重点支持产业创新类、科技创业类、产业技能类三类领军人才，其中，计划支持400名左右带技术、带项目、带资金到山东省创办科技企业的领军人才，形成400个左右的创业团队，培育一批高成长性的科技人才企业。对入选产业创新类、科技创业类、产业技能类的每名产业技能人才或团队，将分别给予300万—500万元、100万—500万元、50万元的经费资助。此外，各级各有关部门将在项目立项等方面，对领军人才给予优先支持；在领军人才居留落户、子女入学、家属安置、医疗保健等方面，按省级高层次人才待遇提供便利条件；对领军人才落地创办的企业，给予经费、公共技术服务平台、办公场地、投融资服务等方面的支持。

截至2018年底，山东全省共遴选“泰山学者”1375名、泰山产业领军人才767名。2019年，“泰山产业领军人才工程”共认定领军人才118名，其中，高效生态农业创新类人才25名、传统产业创新类人才30名、战略新兴产业创新类人才28名、现代服务业及社会民生产业创新类人才20名、工程产业技能类人才15名，“泰山产业领军人才工程”蓝色人才专项10名。2020年，“泰山产业领军人才工程”于5月启动申报，相关情况未对外公布。

济南市“泉城5150引才倍增计划”

2009年，为吸引海内外优秀创新创业人才到济南创业发展，济南市启动实施“5150引才计划”。计划用5年左右时间，面向海内外引进150名能够提高城市竞争力、推动高新技术产业发展的高层次创新创业人才。市财政设立每年规模为1亿元的人才引进专项资金，用于对引进人才的创业资助、科研补助、待遇补贴、住房安置、引进奖励等。截至2011年底，济南市“5150引才计划”共分5批引进高层次创新创业人才209名，提前完成计划目标。2012年6月，济南市在完成“5150引才计划”目标任务的基础上，启动实施海内外高层次人才引进倍增计划（即“5150引才倍增计划”）。计划用7—8年时间，围绕创新型城市建设、发展现代产业体系和经济结构调整，大力引进海内外顶尖人才和创新科技型人才、产业领军型人才和能够支撑现代服务业、现代农业发展的急需紧缺高端人才。

2016年6月，济南市出台“泉城双创”人才计划。计划在“十三五”期间，引进培育500名以上领军型创新创业人才、5000名以上重点产业重点领域紧缺人才，引领带动5万名左右各类优秀人才创新创业，加快构筑具有独特优势的区域性人才高地。该计划把加快引进创新创业高端人才列为首选，重点实施“泉城5150引才倍增计划”“泉城院士智力集聚计划”“泉城高端外专计划”和“泉城重点产业紧缺人才集聚计划”。“泉城5150引才倍增计划”将从2016年起，用5年时间，以各类企业、园区、产业基地等为依托，面向海内外重点引进并择优支持300名（个）左右“高精尖缺”领军人才（团队），着力打造拥有关键技术、引领新兴产业、带动转型升级的高端创新创业人才队伍。“泉城5150引才倍增计划”分高层次创新人才、创新团队、创业人才、创业团队四类。对创新团队分A、B两类给予100万—200万元启动工作支持经费；对创业人才分A、B、C三类给予100万—300万元创业启动资金支持，并可采取股权直投、跟投的方式给予支持。入选的人才（团队）优先推荐申报省级以上人才工程，优先提供科技成果转化、大型仪器设备共享、知识产权信息等平台服务，优先推荐申请风险投资资金支持。同时，为入选人才（团队）提供创业导师辅导及市场、融资、生产、管理等咨询服务和相关培训。

截至2017年底，“泉城5150引才倍增计划”共引进537名海内外高层次人才。自2018年起，“泉城5150引才倍增计划”相关信息不再对外公布。

青岛市“创业创新领军人才计划”

2012年11月，青岛市委、市政府制定出台“青岛英才211计划”及16项引才子计划，分高端人才、重点人才和支撑人才三个层次实施百万人才集聚行动，力争用10年时间，使全市人才资源总量突破240万。青岛市“创业创新领军人才计划”作为其中的高端人才计划，计划围绕新一代信息、新医药、新能源、新材料、高端装备、现代服务业、海洋产业等优先发展的重点产业，引进培育并择优资助2000名能够突破关键技术、发展高新技术产业、带动新兴学科和新兴产业发展的创业创新领军人才。2014年7月，青岛市科技局、市委组织部、市财政局联合制定了《青岛市科学技术局创业创新领军人才计划实施细则（试行）》，对“创业创新领军人才计划”的实施作出了进一步明确。根据入选青岛市“创业创新领军人才计划”的领军人才的创业创新水平及业绩、项目可行性、市场前景、预期经济社会效益、依托单位保障能力等评审结果，将分别给予

50万—400万元项目经费和30万—100万元安家补贴经费支持，以及提供办公用房、人才公寓、“一卡通”服务、入选“国家特聘专家”和山东省“泰山学者海外特聘专家”的配套资金等相关政策支持。

2019年，青岛市“创业创新领军人才计划”第五批共有48人入选，其中创新领军人才37名，创业领军人才11名。2020年，青岛市“创业创新领军人才计划”相关信息未对外公布。

淄博市“淄博英才计划”

2014年12月，淄博市委、市政府出台《淄博英才计划实施办法（试行）》，启动实施“淄博英才计划”，与山东省“泰山产业领军人才工程”相互衔接。计划到2020年，以企业为主体，围绕新材料、精细化工、新医药、新能源和节能环保、汽车及机电装备、电子信息等战略性新兴产业以及现代服务业、现代农业发展，引进并重点支持60名左右高层次科技创新人才、60名左右高层次科技创业人才。对入选人才作为项目负责人承担的科技创新项目，一次性给予30万—50万元科研成果产业化配套资金，从市级应用技术研究与开发专项资金中列支；优先纳入市产业发展基金扶持范围，以阶段性股权投资等方式对入选人才所在的企业给予支持；入选人才所在企业优先享受一次性创业补贴、创业岗位开发补贴；根据企业实际需求，由企业注册地所在区县负责提供不少于100平方米的办公及研发场所和不少于100平方米的住房租赁使用，3年内免收租金。2017年12月，淄博市委、市政府发布《关于进一步推进人才优先发展的若干措施》（即“淄博人才新政23条”）。根据《措施》，设立了“淄博市杰出精英创业启动资金”，对来淄博创业的顶尖人才（“两院”院士、长江学者及国家重大人才入选者）、高端人才（山东省“泰山学者”和“泰山产业领军人才工程”入选者）、高层次人才（“淄博英才计划”入选者），分别给予500万元、300万元、100万元的项目启动资金。

截至2019年底，“淄博英才计划”共分5批引进海内外高层次人才113名。2020年，“淄博英才计划”共引进高层次人才36名。

枣庄市“枣庄英才集聚工程”

2014年12月，枣庄市出台《关于实施枣庄英才集聚工程的意见》。计划用5年时间，投入1亿元，在重点产业和科技创新领域，面向海内外引进培养100名左右能够突破关键技术、发展高新技术产业、带动新兴产业和新兴学科的创新创业领军人才，包括科技创业类、产业创新类、学术研究类人才及团队。其中，对入选的科技创业人才及团队，将给予50万—300万元的经费资助，并在项目立项、政府采购、科技项目以及分配激励等方面优先保障。对全市产业发展产生重大影响，具有重大经济社会生态效益的领军人才及团队，经认定，可实行特事特办、一事一议，给予特别支持。

2018年5月，枣庄市出台《关于做好人才支撑新旧动能转换工作的实施意见》，更加精准有力地实施高端人才引育工程。包括：实施柔性引才“百人计划”，每年柔性引进高端人才100人以上。调整“枣庄英才集聚工程”支持范围，加大支持力度。实施海外引才“海纳计划”，对来枣庄市创办企业的海外人才，符合条件的直接给予20万元创业启动扶持资金；对新认定的市级留学人员创业园，市财政给予100万元资助，每增加1户留学人员创业实体即奖励10万元，入选省级和国家级的分别给予50万元、100万元配套奖励。

2020年，“枣庄英才集聚工程”有18人入选。

烟台市“双百计划”

2009年7月，烟台市委、市政府出台《关于实施高端人才引进“双百计划”的意见（试行）》。计划在未来5年内，围绕实施山东半岛蓝色经济区、胶东半岛高端产业聚集区和黄河三角洲高效生态区建设“三大战略”，突出重点产业发展、关键领域突破和科技创新需要，面向海内外引进100名高端创新人才、100名高端创业人才，其中海外优秀人才30名以上。

2015年12月，烟台市出台《关于深化拓展高端人才（团队）引进“双百计划”的意见》，对“双百计划”进行升级。根据《意见》，将围绕战略性新兴产业领域和现代服务业领域，引进100名高端创新人才和100名高端创业人才，围绕蓝色产业重点领域，引进30个蓝色产业领军人才创新团队和创业团队。入选全职创新人才第一、第二、第三层次的，分别给予600万元、200万元、100万元创新资助；入选兼职创新人才的，给予50万元创新资助；入选创业人才第一、第二、第三层次的，分别给予300万元、200万元、100万元创业资助。入选蓝色产业领军人才团队的，给予300万—600万元团队资助。此外，为入选的高端人才（团队）办理“烟台优才卡”，提供配偶安置、子女入学、医疗保健、居留与出入境、人才联谊等配套服务。对烟台科技进步、产业升级具有重大拉动作用的高端人才（团队），可一事一议，进一步加大支持力度。

2020年，烟台市人才工作领导小组印发《关于进一步加快人才集聚引领高质量发展的若干措施》的通知，鼓励人才带项目、带技术、带资金来烟创业，每年面向海内外遴选100个左右高层次人才创业项目，在烟落户就地转化的，根据项目实际投入和发展状况，每个给予最高100万元创业资助。对通过省、市特定创业大赛遴选的相应层次获奖项目负责人，符合条件的经评估认定可直接入选烟台市“双百计划”，给予最高300万元创业资助。创业项目入驻烟台高层次人才创业园的，可继续享受园区有关扶持政策。获得国家和省项目资助的留学人员创办企业，符合我市主导产业或战略性新兴产业发展规划的，给予 1：1 资金配套支持。

截至2019年底，烟台市“双百计划”共入选创新创业人才279名。2020年，烟台市“双百计划”入选人才39名。

潍坊市“鸢都产业领军人才（团队）工程”

2010年2月，潍坊市委、市政府出台《潍坊市高层次创新创业人才引进扶持计划》。计划用5年时间，重点引进和扶持100名左右高层次人才到潍坊创新创业。截至2015年底，潍坊市“高层次创新创业人才引进扶持计划”共分5批引进扶持114人，发放补助累计1.14亿元。

2016年3月，潍坊市启动实施“鸢都产业领军人才（团队）工程”，立足围绕该市构建“1669”现代产业体系人才需求，加快集聚一批具有国内外一流水平、能够突破关键技术、解决企业重大难题、增强企业自主创新和科技转化能力、引领和带动产业转型升级的“高精尖缺”领军人才（团队）。对新引进被认定为国内领先、国际先进的顶尖人才，依据综合评估结果给予项目500万—2000万元的经费资助；对新引进被认定为国家级产业领军人才的，在分别享受国家和山东省相关政策的基础上，市财政再按每人100万元给予项目经费资助。对市级产业领军人才团队给予300万元项目经费资助；对产业创新类、科技创业类领军人才给予100万元项目经费资助；对产业技能类领军人才给予20万元项目经费资助，同时享有融资支持和其他政策待遇。

2018年，潍坊市出台《中共潍坊市委、潍坊市人民政府关于支持人才创新创业的若干政策》（即“潍坊市人才新政20条”），对“鸢都产业领军人才（团队）工程”做进一步提升。围绕加快新旧动能转换和建设现代化经济体系所需，每年遴选50名以上鸢都产业领军人才（团队），给予每位领军人才100万元、每个领军人才团队300万元的经费资助；围绕培养高层次创新型学术学科或专科带头人，每年遴选10名左右鸢都学者，市财政给予每人40万元的经费资助。对国家级和省级开发区，以及连续2年实缴税费3亿元以上的高新技术企业，每年给予1—2个鸢都产业领军人才配额，专项用于新引进海外高端人才。对管理期满评估特别优秀的鸢都产业领军人才，可直接纳入下一管理期持续扶持。

截至2019年底，“鸢都产业领军人才（团队）工程”共分4批入选206人。2020年，“鸢都产业领军人才（团队）工程”入选37人。

济宁市“创业领军人才集聚计划”

2010年2月，济宁市委、市政府出台《关于实施海外人才引进“511”计划的意见》。计划从2010年起，用5年左右的时间，重点引进100名领军科研型、领头创业型、领办项目型海外高层次人才，着力打造100个高层次人才创新创业平台，力争海外人才总体引进数量达到1000人的规模。对人才带项目到济宁创新创业的，综合科技含量、市场前景、风险评估等因素，进行百分制评分，按A、B、C三个等级，由市财政分别给予100万元、60万元、30万元的创新创业启动资金。其中，创业人才所带项目属关键领域核心技术，开发价值特别重大的，给予300万元资金扶持或按个案专项扶持。截至2016年底，济宁市海外人才引进“511”计划共分5批引进91人，计划宣告结束。

2017年，中共济宁市委组织部牵头制定《济宁市创业领军人才集聚计划实施办法》，开始实施“创业领军人才集聚计划”。创业领军人才重点面向高端装备制造、能源化工、信息产业、纺织服装、文化产业、旅游业、现代农业、新材料、医养健康、现代金融等领域，同时应具备包括拥有自主知识产权或掌握核心技术，能够引领济宁市相关产业发展，具有良好的市场效益前景；所创办企业在济宁市注册企业成立时间一般为1年（含）以上5年（含）以内，具有独立法人资格，能够持续缴纳社会保险；个人所占股权比例不低于总股份的30%，且为企业第一大股东；所创办企业实际到位资金不低于100万元或上年度企业主营业务收入不低于500万元。按照人才及团队实力、创业项目科技含量、市场前景、产业化程度及企业规模等因素划分为A、B、C、D四个等级，按类给予资金扶持，其中，A类500万元、B类300万元、C类100万元、D类50万元。同时，创业领军人才享受“济宁市高层次人才服务绿色通道”服务，对其居留和出入境、落户、医疗、社保、配偶随调、子女入学等事项，采取一事一议、特事特办的方式提供“一站式”服务。

2018年，济宁市“创业领军人才集聚计划”首批共有19人入选，其中创业领军人才7人，创新领军人才12人。自2019年起，济宁市“创业领军人才集聚计划”相关信息不再对外公布。

河南省

河南省“中原百人计划”

2009年6月，河南省委、省政府出台《关于引进海外高层次人才的意见》，启动实施河南省海外高层次人才引进计划（简称河南省“百人计划”）。计划用5—10年时间，在国家和省重点创新项目、重点学科和重点实验室、重点企业和地方商业、金融机构、以高新技术产业开发区为主的各类园区引进并有重点地支持120名左右能突破关键技术、发展高新产业、带动新兴学科的领军人才到河南创新创业。对入选河南省“百人计划”的人才，将给予每人一次性奖金资助120万元，授予“河南省特聘专家”荣誉称号，纳入省委直接联系专家范围，在科技项目、资金支持等方面实行直通车申报和参与评审，并在税费、医疗、保险、住房、配偶就业、子女教育等方面给予特殊保障。

2017年4月，河南省委、省政府出台《关于深化人才发展体制机制改革加快人才强省建设的实施意见》，将“百人计划”升级为“中原百人计划”，增设外专项目、短期项目、青年项目等。2017年，“中原百人计划”共入选17人。

自2018年起，河南省“中原百人计划”相关信息不再对外公布。

郑州市“智汇郑州·1125聚才计划”

2015年5月，郑州市委、市政府出台《关于引进培育创新创业领军人才（团队）的意见》，启动实施“智汇郑州·1125聚才计划”。计划用5年左右时间，投入40亿元，重点引进1000名掌握核心技术资源、具有较强创新创业能力的领军人才和高层次创新创业紧缺人才，100个领军型科技创新创业团队；培养200名具有国际化视野和持续创新能力、拥有核心自主知识产权的科技创业企业家；汇聚50名以上顶尖专家型人才。对引进的创新创业领军团队，经评审认定，按不同层次给予支持。国家最高科学技术奖获得者、“两院”院士领衔的创新创业团队，每个团队给予2000万—3000万元项目产业化扶持资金资助；国家重大人才工程专家领衔的创新创业团队，每个团队给予500万—1000万元项目产业化扶持资金资助；经认定的市级以上其他创新创业团队，每个团队给予100万—300万元项目产业化扶持资金资助。创业领军人才给予200万元产业化扶持资金资助；全职引进创新领军人才给予100万元产业化扶持资金资助。配套出台的“1+7”政策体系，内容涵盖创新创业人才引进、专项资金管理、科技创业企业家培育、激励分配机制以及引进人才服务保障等七大方面。

截至2019年底，“智汇郑州·1125聚才计划”共分4批入选410名（个）人才（团队）。2020年，“智汇郑州·1125聚才计划”相关信息未对外公布。

洛阳市“河洛英才计划”

2015年6月，洛阳市委、市政府出台《关于实施“河洛英才计划”加快引进创新创业人才（团队）的意见（试行）》。计划5年内拿出不少于20亿元，用于引进和培育创新创业人才（团队），力争组织引进创新创业团队50个以上，吸引500名以上高层次人才到洛阳创新创业，创办科技型创新型企业200家以上。创新创业人才（团队）包括领军型创新创业人才（团队）、高层次创新创业人才（团队）、紧缺型创新创业人才（团队），经综合评估项目预期产值、税收、就业等经济社会效益指标后，将按不同层次给予支持。其中，给予领军型创新创业人才（团队）不低于5000万元的启动资助；给予高层次创新创业人才（团队）不低于3000万元的启动资助；给予紧缺型创新创业人才（团队）不低于1000万元的启动资助。截至2019年底，“河洛英才计划”共分4批引进创新创业团队28个。

2020年，洛阳市委、市政府印发《河洛英才计划（2020—2025年）》，着眼未来5年，引进50个创新创业人才团队，聚集500名顶尖及高层次人才。依据《洛阳市高层次人才认定和支持办法》，对经认定的全职新引进和新当选的A类、B类人才，市财政分别给予100万元、70万元的奖励补贴。每年引进培养一批具有重大技术突破和较强产业化能力的河洛创业人才（团队），采取“无偿资助+金融扶持”的方式对创业人才（团队）项目给予最高3000万元的综合资助，对入选的创业人才（团队）项目按不同层次分别给予500万元、300万元、100万元的财政资金扶持。同时建立“河洛海外英才”库，加大优秀海外留学人才引进力度，定期发布各类用人单位的人才需求目录，为优秀海外留学人才回洛工作提供快捷准确的人才需求信息咨询服务。

2020年，“河洛英才计划”于8月启动申报，相关情况未对外公布。

许昌市“许昌英才计划”

2016年4月，许昌市委、市政府出台《关于实施“许昌英才计划”的意见（试行）》，启动实施“许昌英才计划”。计划在“十三五”期间，设立不少于15亿元的“许昌英才基金”，实施引才聚才“5115工程”，围绕重点产业领域和社会经济发展领域，力争引进培育50个创新创业人才（团队），1000名高层次创新创业人才，创办市级以上创新型企业100家以上，引进培育500个优秀大学生创业项目，努力把许昌打造成为优势独特的产业科技人才高地。对引进的创新创业人才（团队），按领军型、高层次、紧缺型不同层级，分别给予不低于300万元、200万元、100万元的项目启动扶持资金，以及不低于3000万元、2000万元、1000万元股权投资基金，并给予融资扶持、风险补偿、场地支持等优惠政策。

2019年，许昌市委、市政府出台《关于深入实施“许昌英才计划”助推“智造之都、宜居之城”建设的意见》，配套《许昌市创新创业人才（团队）引进实施办法》等16个子政策，启动实施“许昌英才计划”2.0版。计划到2021年，全市新引进创新创业人才（团队）60个左右，新引进A类、B类、C类高层次人才80名左右，新引进D类、E类高层次人才500名左右，柔性引进一批带技术、带项目的顶尖人才、领军人才。其中，到许昌创办（合办）企业的创业类人才（团队），经评审认定后，按照领军型、高层次、紧缺型3个层级，可分别享受300万元、200万元、100万元的项目启动扶持资金。项目立项后，所在县（市、区）可免费提供不低于500平方米、300平方米、200平方米的创业场所。项目中期评估后或产业化初期，可申请最高不超过3000万元的“许昌英才股权基金”投资支持。

截至2019年底，“许昌英才计划”分3批共认定74名（个）创新创业人才（团队）、788名高层次人才，给予奖励和项目启动扶持资金总计2.07亿元。2020年，第四批“许昌英才计划”共认定184名高层次人才。

湖北省

湖北省“百人计划”

2009年6月，湖北省委、省政府出台《湖北省引进海外高层次人才实施办法》等配套人才引进措施，启动实施湖北省“百人计划”。计划用5—10年时间，从海外引进200名紧缺的高层次创新创业型人才，其中创业人才不低于50%，为支撑中部崛起战略提供人才保证和智力支持。在资金支持上，将对入选的海外高层次人才一次性给予每人100万元或50万元的补助，对创业人员的部分研发项目和规模生产项目给予贷款贴息政策，并享受八项税收优惠政策，包括免征某些个人所得税以及减免某些企业所得税和营业税等。同时，授予“湖北省特聘专家”称号，在出入境、居留、子女入学等方面享受相关优惠政策。2014年，湖北省“百人计划”新增创业团队项目，给予每个团队200万—300万元资金扶持。

截至2018年底，湖北省“百人计划”共分8批引进海外高层次人才512名。自2019年起，湖北省“百人计划”相关信息不再对外公布。

武汉市“武汉黄鹤英才计划”

2010年，武汉市委、市政府为推进人才强市战略，启动实施“黄鹤英才计划”。计划到2015年，引进和培养100名具有世界领先水平的领军人才，1000名具有国内领先水平的高层次创新创业人才。入选者在武汉领办、创办企业或研发机构，择优给予创业扶持资金。对入选的领军人才，按项目给予300万—500万元的资金支持；对入选的高层次人才，按项目给予50万—100万元的资金支持；科技创新和科技创业人才每人可获30万元资助，知识产权人才每人获10万元资助，用于项目研究、人才培养、团队建设等；民营企业入选人才参加出国培训班，进高校、访外企。此外，入选者在武汉创业活动给予贷款贴息支持，贴息总额最高可达100万元；优先申报国家、省、市专家和政府津贴评选等。截至2017年底，“黄鹤英才计划”共分5批入选324人，另有3批698人入选“黄鹤英才（专项）计划”。

2019年2月，武汉市出台《关于建立完善人才工作体系推动武汉高质量发展的实施意见》，提出实施“武汉黄鹤英才计划”，统筹推进各类人才队伍建设，引进集聚一大批具有国际水平的战略科技人才、产业领军人才、优秀青年人才和高素质技能人才。“武汉黄鹤英才”包括战略科技人才、产业领军人才、优秀青年人才三个类别，给予不同资助。战略科技人才给予100万元一次性奖励资金，项目在武汉落地后，可通过一事一议方式，采取“自由定方向、量身建平台、任务定经费”模式，提供不设上限综合资助；产业领军人才给予50万元一次性资金资助，重大人才项目可给予最高1亿元的股权投资支持，基金退出时收益部分无偿奖励给企业；优秀青年人才将纳入储备库跟踪重点培养，对留武汉创业就业的国内外知名高校博士毕业生给予每人6万元资助，对留武汉创业就业的优秀毕业生给予每人2万元资助。

自2019年起，“武汉黄鹤英才计划”相关信息不再对外公布。

襄阳市“隆中人才支持计划”

2009年4月，襄阳市委、市政府出台《关于实施隆中人才支持计划的若干意见（试行）》。计划通过创业资助、融资支持、科研资助、政府奖励、住房优惠等八个方面的优惠政策，引进和培育紧缺产业高层次人才和团队，对重点推荐项目、优先推荐项目、一般推荐项目分别给予企业300万元、200万元、100万元不等的创业启动资金，提供适宜工作场所并免3年租金；对高新技术开发或产业化生产项目给予150万—300万元担保贷款，并在税收优惠、政府奖励、科技扶持等方面予以支持。截至2016年底，“隆中人才支持计划”共认定资助43个项目，投入资助总额7500万元。

2017年7月，襄阳市发布《关于深入实施隆中人才支持计划的意见》，推出“隆中人才支持计划”升级版。新版“隆中人才支持计划”重点围绕新能源汽车、高端装备制造等战略性新兴产业，大力引进海内外高层次人才团队，优先引进拥有自主知识产权或高科技成果，具有较大市场潜力并能产业化的项目。采用“逐年遴选、梯次培育、分期资助”的方式，市财政对申报入选的项目进行无偿资助，支持周期为3年。第1年入选项目设为C类，给予每个项目50万元经费支持；第2年在C类项目中进行第二次遴选，遴选项目设为B类，再给予每个项目100万元经费支持；第3年在B类项目中进行第三次遴选，遴选项目设为A类，再给予每个项目200万元经费支持。对本市产业发展产生巨大带动效应的，实行一事一议，按照资金支持与带动效应所产生的效益相匹配的原则给予支持。

2020年，“隆中人才支持计划”共认定60个项目团队，其中，A类项目7个、B类项目16个、C类项目37个。

鄂州市“333”高层次创新创业人才计划

2016年9月，鄂州市委、市政府出台《关于深化人才发展体制机制改革促进人才创新创业的实施意见》和《“333”高层次创新创业人才计划实施办法（试行）》，围绕产业发展方向、重大战略部署和航空都市区建设，实施“333”高层次创新创业人才计划，5年内引进30名（个）国际顶尖人才（团队）、300名（个）国内领军人才（团队）、3000名省级领军人才。引进人才（团队）分国际顶尖人才、国内领军人才和省内领军人才三个层次。A类创业人才项目给予200万元资助，最高1亿元配套股权投资，3年内免费提供1000—5000平方米的办公场所；创新人才项目给予100万元资助。B类创业人才项目给予100万元资助，最高2000万元配套股权投资，3年内免费提供500—1000平方米的办公场所；创新人才项目给予50万元资助。C类创业人才项目给予50万元项目资助，最高500万元配套股权投资，3年内免费提供100—500平方米的办公场所；创新人才项目给予20万元资助。对科技水平世界领先、能引领鄂州产业发展、带来巨大经济和社会效益的重大人才项目，按一事一议原则制定扶持政策。入选的人才团队还可享受购房补贴、税收返还、子女入学、疗养休假等政策待遇。

2018年，首批鄂州市“333”高层次创新创业人才计划共认定12名（个）创新创业人才（团队）。2019年，第二批鄂州市“333”高层次创新创业人才计划共认定12名（个）创新创业人才（团队），发放人才项目资助990万元。

2020年，第三批鄂州市“333”高层次创新创业人才计划共认定6名（个）创新创业人才（团队）。截至2020年底，鄂州市“333”高层次创新创业人才计划共分3批认定创新创业人才（团队）30名（个）。

湖南省

湖南省“百人计划”

2009年，中共湖南省委人才工作领导小组发布《关于引进海外高层次人才的实施意见》，启动实施湖南省海外高层次人才“百人计划”。计划围绕湖南经济社会发展战略目标，用5年左右时间，在湖南省重点创新项目、重点学科和重点实验室、国家级科技合作基地、省属国有企业、以高新技术产业开发区为主的各类园区等，引进100名左右能够突破关键技术、发展高新产业、带动新兴学科的海外高层次人才。对引进的人才，省财政将按照每人60万元的标准给予资助，并发放永久居留证，同时通过由12个部门联合组成的引进海外高层次人才服务窗口对引进专家实行“一站式”服务，发放“一本通”服务手册，以全程代理方式办理居留、出入境、落户、配偶安置、子女入学、医疗、保险、住房、税收等各项政策待遇手续，及时帮助解决实际问题。

2018年6月，湖南省发布《湖南省海外高层次人才引进计划管理办法(试行)》，推出“百人计划”升级版。新的湖南省“百人计划”由创新项目、创业项目、青年项目、团队项目、外专项目等子项目构成，其中，创新项目主要引进高层次科研创新人才，创业项目主要引进填补国内、省内产业空白的战略性新兴产业人才，青年项目主要引进具有较大发展潜力的高层次青年创新人才，团队项目主要依托重大项目和重大创新平台引进顶尖人才团队，外专项目主要引进急需紧缺的非华裔专家人才。入选“百人计划”的，湖南省将在经费、工作和生活待遇上给予支持，包括对创新项目全职引进人才和创业项目引进人才每人支持100万元，对创新项目非全职人才每人支持60万元，对青年项目引进人才每人支持50万元，对团队项目每个团队支持500万元，人才和团队可自主使用经费来改善住房、出行等生活条件；入选人才在职称评审、项目申报、重大人才工程参评等工作中可享有优先权；子女就学可享受本地户籍学生待遇，等等。《办法》对引进人才的管理和考核也更加严格，人才或团队需根据引进及申报时的工作计划，在入选“百人计划”18个月后接受中期考核，考核指标不合格者要退回全部的资助经费。

截至2018年底，湖南省“百人计划”共分10批引进海外高层次人才269人，人才及其团队主持和参与科研项目392项，获得授权专利400多个，创办或领办企业50余家，累计创造产值超过100亿元，缴纳税收超过20亿元，带动就业5万多人。自2019年起，湖南省“百人计划”相关信息不再对外公布。

长沙市"芙蓉英才星城圆梦"推进计划

2009年，长沙市开始实施《长沙市引进国际高端人才三年行动计划（2009—2011年）》（即"313"计划），计划从2009—2011年，3年内引进100名高端人才、30个高端人才团队。截至2012年底，长沙市"313"计划共有102人、17个高端人才团队入选。

2014年2月，长沙市制定和启动了新的《长沙市引进紧缺急需和战略性人才计划》（即"3635"计划），面向全球引进紧缺急需和战略型人才。计划用3年时间，支持鼓励以企业为主体的用人单位，在工程机械、汽车及零部件、生物医药、电子信息及现代物流、新能源及新材料、文化创意6个重点产业领域，引进500名左右经济社会发展紧缺急需和战略型人才。其中，领军人才50名左右，高级经营管理和研发人才100名左右，专业技术骨干人才350名。截至2017年底，长沙市"3635"计划共分4批引进人才350名，包括领军人才52名、高级经营管理和研发人才201名、专业技术骨干人才97名。

2017年6月，长沙市委、市政府出台《长沙市建设创新创业人才高地的若干措施》（即"长沙人才新政22条"），实施"芙蓉英才星城圆梦"推进计划，包括高精尖人才领跑工程、紧缺急需人才集聚工程、青年人才筑梦工程、"长沙工匠"铸造工程、国际化人才汇智工程五大工程。其中，精尖人才领跑工程在未来5年，围绕优势主导产业和战略性新兴产业，重点引进培养10名国际顶尖人才、50名国家级产业领军人才、200名省市级产业领军人才。对三类领军人才分别给予200万元、150万元、100万元奖励补贴，同时分别按200平方米、150平方米、100平方米标准以区域同期市场均价给予全额购房补贴。采取"一事一议"方式，通过股权投资与资金资助结合，对产业领军人才及团队可给予1000万元项目资助；对本市产业发展有重大贡献、能带来重大经济社会效益的产业领军人才及团队，最高可给予1亿元项目资助。紧缺急需人才集聚工程在未来5年，围绕打造国家智能制造中心、国家创新创意中心、国家交通物流中心，重点在智能制造、文化创意、现代服务、社会民生等领域，引进培育2000名高层次紧缺急需人才。根据人才类别分别给予50万元、30万元、15万元奖励补贴。国际化人才汇智工程在未来5年，支持各类用人主体多渠道引进2000名海外专家、20000名留学归国人员。每年选出10个高端外国专家项目，给予30万元的经费资助，对于符合条件的其他海外专家引智项目，根据项目情况分别给予5万元、10万元、15万元的经费支持。支持归国留学生来到长沙创新创业，对归国留学博士给予10万元生活补贴，对硕士、本科毕业生给予国内高校毕业生同等待遇。

2019年，"芙蓉英才星城圆梦"推进计划共入选首批高精尖人才领跑工程31人、首批紧缺急需人才集聚工程27人，另有24人被认定为科技创新创业领军人才。2020年，"芙蓉英才星城圆梦"推进计划相关信息未对外公布。

广东省

广东省"珠江人才计划"

2008年，广东省出台《广东省引进创新科研团队评审暂行办法》《广东省引进领军人才评审暂行办法》，并于2009年11月启动实施"珠江人才计划"，首次面向海内外引进创新创业团队、领军人才。其中，对引进的世界一流水平、对广东省产业发展有重大影响、能带来重大经济效益和社会效益的创新创业团队，省财政给予8000万—1亿元的专项工作经费；对引进的国内顶尖水平、国际先进水平的创新创业团队，省财政给予3000万—5000万元的专项工作经费；引进国内先进水平的创新创业团队，省财政给予1000万—2000万元的专项工作经费。对引进的领军人才，省财政提供每人500万元专项工作经费和100万元住房补贴。

2017年1月，广东省委印发《关于我省深化人才发展体制机制改革的实施意见》，提出优化提升人才引进工程。大力实施"珠江人才计划"，加大企业引才力度，继续引进创新创业团队，给予单个团队最高1亿元资助；大力引进领军人才、企业家、金融人才和青年拔尖人才，对引进高层次人才实施更加优惠的补贴政策，根据当年申报公告规定的准入条件和工资薪金收入及相应个税标准直接认定引进人才资助对象，对符合条件的人才按实际年工资薪金收入的1倍提供生活补贴，每年最高不超过100万元。对从事应用研究和技术开发的，连续资助5年；对从事基础研究的，连续资助10年。实施海外专家来粤短期工作资助计划，来粤工作50—60天的，给予最高不超过25万元生活补贴；来粤工作61天以上的，给予最高不超过40万元生活补贴。实施海外青年人才引进计划，支持外籍（境外）和有留学经历的博士毕业生在广东省从事博士后研究工作，省财政分两年给予进站博士后每人60万元生活补贴，出站后留在本省工作的，省财政给予每人40万元住房补贴。对引进居世界领先水平的创新创业团队和战略科学家,可一事一议、特事特办。

截至2017年底，“珠江人才计划”共分7批引进创新创业团队214个、领军人才170多名。自2018年起，“珠江人才计划”相关信息不再对外公布。

广州市“广聚英才计划”

2017年12月，广州市人民政府办公厅发布《关于实施鼓励海外人才来穗创业“红棉计划”的意见》，启动实施鼓励海外人才来穗创业“红棉计划”。“红棉计划”作为中国海外人才交流大会暨中国留学人员广州科技交流会（简称“海交会”）的配套专项人才政策，从2018年起，每年通过海交会平台的“春晖杯”创新创业项目大赛、“智创未来”海外创新创业大赛等渠道评选出不超过30个创新创业项目，在创业项目资助、融资渠道支持、优化市场环境、知识产权保护、落实税收优惠政策、离岸创业基地建设、完善人才绿卡制度、创业载体建设、政府采购支持、创业服务支持10个方面提供创新创业全链条政策扶持。在创业项目资助方面，对入选“红棉计划”的创业项目，将分别给予200万元创业启动资金资助和一定额度的场租补贴；对获得B轮以上融资的创业项目，再给予最高不超过100万元的奖励。2018年和2019年，广州市“红棉计划”共分两批入选项目40个。

2019年5月，广州市委、市政府正式发布《关于实施“广聚英才计划”的意见》，提出了19项创新举措，优化整合“红棉计划”“岭南英杰工程”等现有人才项目，实施“广聚英才计划”。对成长性好或业绩突出的产业人才团队，予以滚动支持或追加资助，探索整合产业、科技、土地、金融等多方面政策，按“一人一策”“一企一策”方式量身创设发展条件。同时探索实施“人才投”“人才贷”“人才保”项目，开设“人才服务银行”，为高层次人才创业提供最高2000万元免抵押、免担保的人才信用贷款。

2020年，“广聚英才计划”相关信息未对外公布。

深圳市“孔雀计划”

2011年4月，深圳市委、市政府出台《关于实施引进海外高层次人才“孔雀计划”的意见》及5个配套文件。计划在未来5年，重点引进并支持50名（个）以上海外高层次人才（团队）和1000名以上海外高层次人才到深圳创业创新，吸引带动1万名以上各类海外人才到深圳工作，并每年投入3亿—5亿元，用于海外高层次人才配套服务和创新创业专项资助。纳入“孔雀计划”的海外高层次人才，按照《深圳市海外高层次人才认定标准》，市财政对A类、B类、C类分别给予300万元、200万元、160万元直接奖励补贴，龙华区、宝安区、坪山区给予1：1等额配套资金，龙岗区给予1：1或2：1等额配套资金，光明新区给予配套资金15—100万元，其他各区也有相应的激励政策。同时，对入选人才给予配偶就业促进、子女入学优惠、学术研修津贴、医疗保健、文化信息服务等方面政策支持。

截至2018年底，深圳市“孔雀计划”共认定海外高层次人才超过4000名。自2019年起，深圳市“孔雀计划”相关信息不再对外公布。

珠海市“珠海英才计划”

2013年8月，珠海市委、市政府出台《关于“蓝色珠海高层次人才计划”的实施意见》。计划从2014年起，用5年时间，从海内外引进和培养60个掌握先进创新成果、拥有自主知识产权、产业化前景广阔的创新创业团队，500名在某一领域造诣较深、业内普遍认可且为该市急需紧缺的各类高层次人才来珠海创新创业，以此提升珠海市中高端产业竞争力。计划面向创新创业团队和高层次创新创业人才，给予项目经费扶持、优先推荐申报国家和省级计划、工作场地租金补贴、研发费用补贴、住房保障、工作津贴补助，以及补充养老保险和特定医疗保障等16个方面支持政策。截至2017年底，“蓝色珠海高层次人才计划”入选高层次人才416名、青年优秀人才1044名。在“蓝色珠海高层次人才计划”的推动下，全市引进和培养国家重大人才工程入选者85名，引进诺贝尔奖得主2名、发达国家院士5名，享受国务院政府特殊津贴专家59名，入选广东省“珠江人才计划”“特支计划”人才5名，首届“南粤突出贡献奖”获得者1名，广东省创新创业团队5个。

2018年，珠海市委、市政府出台《关于实施“珠海英才计划”加快集聚新时代创新人才的若干措施》，计划未来5年，市财政平均每年在人才方面投入超过10亿元，实施顶尖人才引育计划、高层次人才支持计划、创新创业团队支持计划、海外留学人才引进计划等9个人才引进培育计划。对引进的诺贝尔奖获得者、国家最高科学技术奖获得者以及中国或发达国家院士等顶尖人才，全职引进的顶尖人才，可享受200万元奖励，还可申请600万元住房补贴或选择免租入住200平方米左右的人才住房。经评审认定的一、二、三类高层次人才，分别享受100万元、60万元、30万元奖励，还可申请200万元、140万元、100万元住房补贴。给予创新创业团队最高1亿元资助。择优给予留学人才创业项目15万—100万元资助和最高30万元贴息贷款，对特别优秀的项目给予最高500万元资助。对进驻留学生创业园的留学人才创办企业，给予最高300平方米、最长3年的场地租金补贴等。

自2018年起，“珠海英才计划”相关信息不再对外公布。

惠州市“天鹅惠聚工程”

2013年10月，根据惠州市委、市政府颁布的“人才双高计划”“人才双十行动”，惠州市人才工作领导小组发布《引进领军人才和创新团队“天鹅计划”实施方案》。计划从2013年起，力争5年内引进100名左右高水平的科技领军人才和30个以上具有省内领先水平以上的科技创新团队来惠州创新创业，以进一步优化该市支柱产业和战略性新兴产业领域的人才队伍结构，提升企业自主创新能力。对被认定为第一类领军人才的，在到惠州工作并签订资助协议后给予100万元一次性专项工作经费资助，对已入惠州户籍的给予50万元一次性住房补贴，在与用人单位签订的工作合同期内给予每月1万元人才津贴补助；对被评审确定为第一类（具有国际先进水平）科技创新团队的，在到惠州工作并签订资助协议后分批给予共1000万元专项工作经费资助。2016年，惠州市“天鹅计划”升级为“天鹅惠聚工程”，计划到2020年，引进200名以上高水平的科技领军人才和50个以上具有省领先水平以上的科技创新团队。

截至2018年底，“天鹅惠聚工程”共引进领军人才109名、创新团队51个，包括国内外院士7名、国家重大人才工程入选者19名、“长江学者”和国家杰出青年科学基金获得者10名、广东“特支计划”专家13名。自2019年起，“天鹅惠聚工程”相关信息不再对外公布。

东莞市“创新创业领军人才引进计划”

2009年5月，东莞市政府出台《关于加快引进创新创业领军人才的实施意见》。计划围绕东莞市“三重”建设、园区建设、特色区域建设需求，每年面向海内外，着重引进战略性新兴产业、先进制造业、优势传统产业、现代服务业、现代农业等产业领域，取得先进创新成果、拥有自主知识产权、产业化前景广阔的创新创业领军人才。对引进的创新领军人才，给予100万元创新启动资金扶持；已获立项支持的，项目实施2年后根据其营业额和税收、技术创新推进、行业带动、技术项目绩效等目标完成情况给予100万元创新奖励。对引进的创业领军人才，给予200万元创业启动资金扶持；已获立项支持的，项目实施2年后以其营业额和税收为主要指标，结合其高层次人才集聚、行业带动等目标完成情况给予最高300万元创业奖励。此外，创新创业领军人才在住房、医疗、社保、税收、通关、配偶安置、子女入学等方面享受特殊待遇和政策支持。

截至2019年底，东莞市“创新创业领军人才引进计划”共分9批累计引进创新创业领军人才110名。2020年，东莞市“创新创业领军人才引进计划”相关信息未对外公布。

广西壮族自治区

广西“八桂学者”计划

2010年，广西壮族自治区党委、自治区人民政府出台《关于加快吸引和培养高层次创新创业人才的意见》等“1+3”人才政策文件，实施“八桂学者”计划，重点和优先解决制约区域发展的高层次人才短板，并启动一批重大人才工程。计划到2020年，争取累计设置“八桂学者”岗位100个，引进和培养100名高层次领军人才，培育100个以上以“八桂学者”为核心、400—600名中青年科研技术骨干为中坚的高水平科研创新团队。“八桂学者”处于广西高层次人才开发“金字塔”格局中的塔尖位置，每2年面向海内外公开选聘一次，每轮聘期5年，实行动态管理。在科研经费上，自治区财政每年给每位“八桂学者”及其科研团队提供科研补助经费，自然科学类60万元，人文社科类20万元；每轮聘期设岗单位提供的科研配套经费，自然科学类不低于500万元，人文社科类不低于50万元，其中启动经费分别不低于200万元和20万元。在岗位津贴支持方面，每年给予每位全职“八桂学者”20万元税后岗位津贴，每年给予每位“八桂学者”所带科研团队提供20万元税后岗位津贴，由“八桂学者”根据团队成员实际贡献大小自主决定分配。在安家待遇上，对于从自治区以外引进的全职“八桂学者”，一次性给予100万元税后安家费（住房补贴）；区内受聘“八桂学者”未享受房改优惠政策的，参照执行。

截至2019年底，“八桂学者”计划共分5批从海内外聘任“八桂学者”153名、“八桂青年学者”32名。2020年，“八桂学者”相关信息未对外公布。

南宁市“邕江计划”

2018年7月，南宁市委、市政府出台《南宁市深化人才发展体制机制改革打造面向东盟的区域性国际人才高地行动计划》，实施创新创业领军人才“邕江计划”。计划围绕南宁市重点产业及战略性新兴产业发展，市财政每年投入不少于3000万元，用于培育和引进行业领先的海内外领军人才及其为核心的高层次创新创业人才团队，力争5年内引进、培育100名领军人才，集聚1000名高层次创新创业人才。经评审的领军人才及其创新创业团队，给予50万—500万元项目资助，对能引领产业发展、带来重大经济和社会效益的世界一流人才团队，最高可给予1000万元项目资助。引导本市设立的各类政府性投资基金优先支持获得资助且成长性好、业绩突出的人才团队及项目。入选“邕江计划”的领军人才及其团队分别授予“南宁市创新领军人才（团队）”“南宁市创业领军人才（团队）”称号，获得创新创业项目资助的领军人才直接认定为南宁市C层次及以上的高层次人才，享有相对应的子女入学、医疗服务、住房保障等全方位服务。

截至2019年底，“邕江计划”共分两批入选42个人才（团队），其中，A级项目3个、B级项目7个、C级项目22个、D级项目10个，共获得5700万元资助。2020年，“邕江计划”于11月启动申报。

钦州市领军型创业人才“520”计划

2011年7月，钦州市委、市政府出台《关于加快引进领军型创业人才的实施意见》。2012年11月，出台《钦州市实施“520”计划引进领军型创业人才工作方案》，启动实施钦州市领军型创业人才“520”计划。计划从2012年开始，力争用5年时间，围绕该市打造石化、装备制造两大千亿元产业和电子信息、新材料、新能源、生物技术等战略性新兴产业，以及中马钦州产业园区主导产业，力争引进领军型创业人才20名。对引进的每个领军型创业人才，给予“2个100、2个300”的重金资助政策，即资助不低于100万元的创业启动资金和提供不少于100平方米的创业场所，给予不低于300万元的创业风险投资和不低于300万元的融资担保。此外，还将提供产业政策、作价入股、场所支持、个税奖励等政策扶持，以及住房待遇和安家费补贴、配偶就业、子女入学、落户、社保、居留和入境等方面生活扶持。截至2019年底，钦州市领军型创业人才“520”计划共引进创业人才项目10个，累计资助650万元。领军型人才企业累计完成工业总产值超过15亿元，产生利税过亿元。

2019年，钦州市出台《钦州市领军型创新创业人才团队引进培育计划》，启动实施新的“领军型创新创业人才团队引进计划”。对入选人才团队及其创办企业，市财政将给予人才创新创业资助资金50万元；往后3年内，所创办企业固定资产投资（不含土地）超过1000万元的，市财政按10%的比例给予人才创新创业奖励，累计奖励最高不超过200万元。根据人才团队及企业的发展需要，优先在相关产业园区或科技企业孵化器为落户的企业安排创业场地，可享受场地现有的优惠政策。受资助企业列入钦州市引进急需紧缺人才企业名录，团队成员符合我市高层次人才政策的，可享受相应的人才生活补贴以及周转住房、落户、子女入托入学、随迁配偶就业安置、个人所得税等方面的优惠政策。

2020年，钦州市“领军型创新创业人才团队引进计划”有3个高层次人才团队入选。

海南省

海南省“千人专项”引才计划

2009年8月，为推进海南国际旅游岛建设，海南在全省范围内开展“海南省高层次创新创业人才”的申报和评审工作。通过评审、确认资格的受资助人才，将享受包括一次性拨给100万—200万元的创新创业启动经费在内的六项优惠政策、六项重点支持和六项优先服务。截至2017年底，“海南省高层次创新创业人才”共认定33人。

2018年5月，海南省委印发《百万人才进海南行动计划（2018—2025年）》，实施百万人才集聚计划、大师级和杰出人才引进计划、千名领军人才引进计划等人才工程。根据该行动计划，于2019年制定了《海南省“千人专项”引才计划实施方案》，围绕海南自由贸易试验区和中国特色自由贸易港建设需要，面向国内外引进并重点支持一批重点领域、重点产业急需紧缺的高层次人才，以及重大创新项目、重点实验室、重点学科、重点专科等平台的大师级人才、杰出人才、领军人才。入选人才分别按不超过200平方米、180平方米、150平方米标准提供免租金、可拎包入住的人才公寓，全职工作满5年赠予80%产权，满8年赠予100%产权。大师级人才、杰出人才直接纳入省委联系服务重点专家范围，领军人才优先推荐参加省委联系服务重点专家遴选，对应享受落户、子女教育、配偶就业和医疗保障等方面的服务保障待遇。

2019年，海南省“千人专项”引才计划共入选17人。2020年，海南省“千人专项”引才计划相关信息未对外公布。

重庆市

重庆市“百人计划”

2009年11月，重庆市委组织部发布《重庆市百名海外高层次人才集聚计划实施办法》，启动实施重庆市“百人计划”。计划从2009年起，用5年时间，在重点创新项目、重点学科和重点实验室、重点企业、重点园区等，引进100名左右海外高层次人才到重庆创新创业。入选人才将被授予“重庆市特聘专家”称号，纳入市委直接联系的高级专家范围，作为国家重大人才工程优先推荐人选以及各类政府奖励候选人，并按类别对应享受《重庆市引进高层次人才若干优惠政策规定》所列的相关待遇，并在签证、居留、落户、社会保险、医疗保健、配偶就业、子女就读等方面给予服务保障。

截至2019年底，重庆市“百人计划”共分9批引进167名海外高层次人才。2020年，重庆市“百人计划”相关信息未对外公布。

四川省

四川省“千人计划”

2009年4月，四川省出台《关于实施海外高层次人才引进计划的意见》，启动实施海外高层次人才引进“百人计划”。计划用5—10年时间，分批引进并重点支持200名左右海外高层次人才到川创新创业。截至2012年底，四川省“百人计划”共分4批引进232名海外高层次人才、9个顶尖创新创业团队，提前完成目标。

2013年，四川省正式启动海内外高层次人才引进“千人计划”，作为“百人计划”的拓展。计划到2020年，面向国（境）外和省外发达地区，引进并重点支持1000名左右能够突破关键技术、发展新兴产业、引领创新发展的高层次人才和100个左右高层次创新创业团队。2015年，四川省“千人计划”在原创业领军人才、创新领军人才、创业团队、创新团队项目的基础上，新增青年人才、人文社科专项、贫困地区专项3个项目。2016年，又新增顶尖人才、创新领军人才海外短期项目、军民融合专项、金融财税专项、省校省院省企合作专项5个项目。四川省“千人计划”以个体引进、团队引进、专项引进3个类别12个项目为主的引才体系基本成型。2017年3月，中共四川省委组织部等10部门印发《四川省引进海内外高层次人才“千人计划”实施办法》，对四川省“千人计划”引才体系和支持政策进行重新梳理。《办法》规定，对四川省“千人计划”引进人才，由省委组织部、财政厅依托“天府英才”工程专项资金，分别给予每人50万—200万元资助，其中，对顶尖人才给予每人200万元资助，创业领军人才给予每人100万元资助，创新领军人才短期项目给予每人20万元资助，其他项目给予每人50万元资助。对四川省“千人计划”引进团队，按创新团队、创业团队分别给予每个团队200万元、300万元资助，其中，对科技含量高、发展前景广阔的创业团队，可给予500万元资助。对创新创业团队中经评估具有重大产业化前景的战略发展项目，集成各部门政策资源，采取项目资助、创业扶持、股权投资、贷款贴息等方式，可给予最高5000万元综合资助。

截至2017年底，四川省“千人计划”共支持引进1008名海内外高端人才和92个高层次创新创业团队。自2018年起，四川省“千人计划”相关信息不再对外公布。

成都市“蓉漂计划”

2011年5月，成都市出台《引进高层次创新创业人才实施办法》，每年投入1.2亿元的专项引才资金，启动实施“成都人才计划”。计划用5—10年时间，在高新技术产业和战略性新兴产业领域引进1000名左右高层次人才来成都创新创业。对入选的高层次创新创业人才，每人给予100万元补助，同时，用人单位和区（市）县政府分别给予配套资助，并享受相关优惠待遇。2012年9月，“成都人才计划”拓展实施海外短期项目、青年项目和顶尖团队项目，给予青年项目及海外短期项目引进人才各50万元资助，给予顶尖创新创业团队项目入选团队总额500万元资助，形成了海外人才梯次引进、立体开发的政策体系。截至2017年底，“成都人才计划”累计引进海外高层次人才463名、顶尖团队47个。

2018年6月，成都市人才工作领导小组印发《关于做好“蓉漂计划”（原成都人才计划）申报工作的通知》，启动实施“蓉漂计划”。计划5年内引进和培育100个顶尖创新创业团队和1000名高层次创新创业人才。引进的高层次创新创业人才分为长期项目（国际顶尖人才A类、国家级领军人才B类、地方高级人才C类）、海外短期项目、青年项目、顶尖创新创业团队项目四类，以及市校（院、企）地合作专项、军民融合专项、金融人才专项三个专项。入选长期项目的，给予A类人才300万元资助、B类人才200万元资助、C类人才120万元资助；青年项目和海外短期项目人才60万元资助；顶尖创新创业团队500万元资助。对诺贝尔奖获得者等国际顶尖人才（团队）来蓉创新创业，给予最高1亿元的综合资助；对“两院”院士、国家重大人才工程入选专家等来蓉创新创业或作出重大贡献的本土创新型企业家、科技人才，给予最高300万元的资金资助。

截至2020年底，成都市“蓉漂计划”（含原成都人才计划）累计引进高层次创新创业人才799名、顶尖创新创业团队78个，累计兑现人才资助资金超过8亿元。

贵州省

贵州省“百人领军人才计划”

2013年6月，贵州省人才工作领导小组发布《贵州省“百千万人才引进计划”实施办法》，重点围绕新材料、高端装备制造、生物医药、节能环保、电子信息、新能源等战略性新兴产业和特色优势产业、现代农业、现代服务业发展，大力实施“百人领军人才计划”“千人创新创业人才计划”和“万人专业技术人才计划”，引进领军人才100名左右、创新创业人才1000名左右、专业技术人才10000名左右，形成一批具有核心竞争力的创新创业人才团队和人才集群。其中，“百人领军人才计划”作为“百千万人才引进计划”的顶层设计，面向在重点领域掌握核心技术，具有原始创新或集成创新能力，能够引领和带动某一专业领域科技进步和产业发展；或具有成果转化能力，来贵州创办企业、领办企业，实施科技成果产业化，引领和带动某一重点领域产业发展；或者在现代物流、金融投资、信息服务、旅游文化、商贸流通等现代服务业领域有重大创新突破并取得显著效果的人才和团队。“百人领军人才计划”引进的人才，引进当年给予每人100万元的奖励；第二年、第三年项目达产并实现预期效益目标，经考核认定，继续给予每人100万元的奖励，并发放“百人领军人才计划”人才服务绿卡，在配偶安置、子女入学、医疗等方面给予保障，以及享有优先推荐各类项目申报、贷款贴息补助等扶持待遇。

截至2019年底，贵州省“百人领军人才计划”共分6批认定“百人领军人才”45名、“千人创新创业人才”76名。2020年，贵州省“百人领军人才计划”相关信息未对外公布。

云南省

云南省“千人计划”

2009年，云南省委、省政府出台《关于做好海外高层次人才引进工作的实施意见》和《云南省引进海外高层次人才暂行办法》，启动实施“海外高层次人才引进计划”。计划用5—10年时间，引进100名左右能够突破关键技术、发展高新产业、带动新兴学科的海外高层次人才。省财政厅设立专项经费，给予经评审认定的引进人才每人一次性100万元的工作生活资助，用人单位、主管部门和州（市）政府配套其他资金，用于改善引进人才的工作和生活条件。同时，为引进人才提供居留、出入境、落户、医疗、子女入学、配偶安置、税收、海关等方面的优惠待遇。截至2017年底，云南省“海外高层次人才引进计划”共引进海外高层次人才205名。

2018年，云南省委办公厅、省政府办公厅颁布《“千人计划”实施办法（试行）》，并配套出台6个专项实施细则，旨在围绕云南省发展战略要求，用5—10年时间，重点引进一批自然科学、工程技术、人文社科、管理咨询以及其他急需紧缺人才。云南省“千人计划”整合“云岭英才计划”“海外高层次人才引进计划”等项目，设高层次人才、高端外国专家、人文社科人才、产业人才、青年人才、党政青苗人才、高层次创新创业团队7个专项。入选人才团队可获得最高200万元一次性工作生活补贴，最高500万元项目支持经费，最高3000万元高层次创新创业团队项目支持经费，最高1000万元科学家工作室支持，最高50万元购房补贴，并将享有27项绿色通道服务。

自2019年起，云南省“千人计划”相关信息不再对外公布。

昆明市“春城计划”

2011年4月，昆明市启动实施引进海外高层次人才“三五工程”。计划从2011年开始，用5年时间，面向全球，在重点创新创业项目、重点产业园区、重点学科领域引进50名左右海外高层次人才。对引进的创业人才，给予A类项目100万元的一次性创业启动资金资助；给予B类项目60万元的一次性创业启动资金资助；给予C类项目40万元的一次性创业启动资金资助。对引进的创新人才或团队，将给予50万元的一次性创新研发经费资助。同时，根据有关规定享受住房补贴、医疗保健、社会保险、配偶安置、子女就学和永久居留或多次往返签证等相关政策待遇，并优先列入市科技部门重点扶持项目，优先安排申报国家、省各类科技计划项目。截至2017年底，昆明市引进海外高层次人才“三五工程”共有107人入选。

2018年8月，中共昆明市委办公厅、昆明市人民政府办公厅印发《“春城计划”高层次人才引进实施办法》等5个文件的通知，启动实施“春城计划”。计划用5—10年时间，重点引进一批自然科学、工程技术、人文社科、管理咨询以及其他紧缺急需的高层次人才。“春城计划”作为云南省“千人计划”的具体落地政策，下设春城高层次人才专项、春城高端外国专家专项、春城人文社会科学人才专项、春城产业人才专项、春城青年人才专项、春城高层次创新创业团队六个专项。入选“春城计划”的人才将获得最高200万元的一次性工作生活补贴，高层次创新创业团队最高可获得3000万元项目经费支持，同时在特设岗位、基金扶持、科研经费、成果转化、住房保障等方面给予入选人才团队政策支持。

2020年，昆明市首批“春城计划”引进培养高层次人才89名，其中，高层次人才引进4名、培养85名。

陕西省

陕西省“千人计划”

2009年5月，陕西省委、省政府出台《陕西省引进高层次人才暂行办法》，启动实施引进高层次人才“百人计划”，鼓励和吸引高层次人才到陕西创业工作。计划从2009年开始，省财政每年安排不少于5000万元专款，用5—10年时间，引进并重点支持200名高层次人才。引进人才由省财政给予每人50万元的一次性资助，并授予其“特聘专家”称号，为其提供相应的生活待遇。此后，随着陕西省“百人计划”逐步发展完善，扩展为包括创新人才全职项目、创新人才短期项目、创业人才项目、“青年百人计划”在内的引才体系。截至2017年底，陕西省“百人计划”累计引进780名高层次创新创业人才。

2017年12月，中共陕西省委办公厅、陕西省人民政府办公厅印发《陕西省“千人计划”实施办法》，启动实施陕西省“千人计划”。计划用5年左右时间，重点引进2000名左右自然科学、工程技术、哲学社会科学与文化艺术等领域高层次创新创业人才。作为“百人计划”的提升工程，陕西省“千人计划”下设创新人才长期项目、创新人才短期项目、创业人才项目、青年项目、外国专家项目、顶尖人才和创新团队项目、文化艺术人才项目、区域人才项目8个子项。创新人才长期项目、创业人才项目、外国专家项目入选者将获得100万元的经费补助，并授予其“陕西省特聘专家”称号；创新人才短期项目（含非华裔外国专家）、区域人才项目入选者将获得50万元的经费补助；青年项目入选者将获得60万元的经费补助；文化艺术人才项目入选者按照创新人才长期项目和创新人才短期项目标准获得资助；顶尖人才和创新团队项目入选者将获得200万元的经费补助，并在科学研究、成果转化、人才培养等方面，按照一事一议方式给予特殊支持。同时，入选者在签证居留、落户、住房、医疗保健、子女入学、交通出行、保险等方面可享受优惠政策。

2018年，陕西省“千人计划”共有210人（团队）入选。自2019年起，陕西省“千人计划”相关信息不再对外公布。

西安市“5531”计划

2010年4月，西安市出台《引进海外高层次人才实施办法》，启动实施引进海外高层次人才“5211”计划。计划从2010年开始，用5—10年时间，引进符合国家重大人才引进工程条件的海外高层次人才20名左右；引进符合陕西省“百人计划”条件的海外高层次人才100名左右；以“五大主导产业”人才需求为重点，在高新技术产业、现代装备制造业、旅游业、现代服务业、文化产业，以及航空航天、生物工程、新能源、新材料、金融、管理、法律等领域，围绕西安市重点工程和项目引进1000名左右急需紧缺的海外高层次人才。进入国家重大人才引进工程和陕西省“百人计划”的人才，分别给予每人50万元和30万元的配套资助，给予“市级引进人才”每人10万元的一次性资助。用人单位和主管部门也将酌情给予资金配套支持，用于改善引进人才的工作生活条件。截至2017年底，西安市“5211”计划共引进海外高层次人才125名。

2017年12月，西安市颁布《大西安（西安市—西咸新区）国民经济和社会发展规划（2017—2021年）》和《西安市引进培养高层次人才“5531”计划实施办法》，启动实施“5531”计划。计划从2017年起，用5年时间引进和培养国内外顶尖人才（A类）50名左右、国家级领军人才（B类）300名左右、地方级领军人才（C类）100名左右。同时，建立重点实验室和博士后工作站100个，引进优秀创业团队和创新团队1000个。对引进的A类人才给予每人500万元项目配套奖补，对B类人才给予每人300万元项目配套奖补，对C类人才给予每人100万元项目配套奖补。

2018年，西安市“5531”计划共引进国内外顶尖人才（A类）13名、国家级领军人才（B类）42名、地方级领军人才（C类）65名，其他高层次类人才4000余名。自2019年起，西安市“5531”计划相关信息不再对外公布。

青海省

青海省“高端创新人才千人计划”

2016年4月，《青海省“高端创新人才千人计划”实施方案》出台，启动青海省历史上力度最大的高端人才培养引进工程。计划从2016年起，每年引进和培养5名左右杰出人才、35名左右领军人才、160名左右拔尖人才。到2020年，引进和培养1000名左右高端创新人才，建设一支能够突破关键技术、带动新兴产业、建设新兴学科的高端创新人才队伍。引进的杰出人才、领军人才和拔尖人才可分别享受150万元左右、100万元左右和40万元左右的特殊支持。引进创新创业团队成员按照入选引进层次可享受特殊支持，引进团队可享受20万元建设经费支持。柔性引进的高端创新人才，参照在青海工作时间和业绩贡献，享受相应比例的特殊支持。引进人才同时可享受薪酬、落户、住房、社会保险、医疗保障、税收、配偶安置、子女教育、创办企业、职称评审、人员编制、激励奖励等方面的优惠政策。

截至2019年底，青海省“高端创新人才千人计划”共分4批确定引进和培养人才734名、团队39个。2020年，青海省“高端创新人才千人计划”相关信息未对外公布。

宁夏回族自治区

宁夏“海外引才百人计划”

2009年，宁夏回族自治区出台《引进海外高层次科技人才创新创业暂行办法》，启动实施“海外引才百人计划”。计划从2009年开始，自治区政府每年专门安排1000万元，用5—10年时间，在自治区重点创新项目、特色产业、优势学科和重点实验室、工程技术研究中心、大中型企业和国有商业金融机构、以高新技术产业开发区为主的各类创新创业园区等，引进并有重点地支持200名左右海外高层次科技人才到宁夏创新创业。对引进的创新人才，自治区财政给予引进单位30万—50万元的补助，用于改善引进人才的工作和生活条件。对带高新技术成果、项目到宁夏实施转化或从事高新技术项目研究开发的，符合宁夏产业发展方向的，自治区财政给予一定数额的创新创业扶持资金。此外，对引进的高层次人才在居留和出入境、落户、医疗、保险、住房、职称评审、子女入学、配偶安置等方面给予特殊优惠。

截至2018年底，宁夏“海外引才百人计划”共分5批引进49人。自2019年起，宁夏“海外引才百人计划”相关信息不再对外公布。

新疆维吾尔自治区

新疆“天池百人计划”

2012年4月，新疆维吾尔自治区出台《自治区高层次人才引进暂行办法》，实施国家海外高层次人才引进计划新疆项目，采取差别化引才政策，计划用3年时间引进100名青年海外创新创业人才。同时，实施“自治区高层次紧缺人才引进工程”，到2020年，引进600名能够带动项目资金、突破关键技术、发展重点产业、引领新兴学科的战略科学家、科技领军人才及创新创业团队来新疆创新创业。

2014年12月，《新疆维吾尔自治区高层次人才引进工作实施细则》出台，明确了自治区引进高层次人才的扶持政策、生活保障措施、需求发布和申报等，启动实施“自治区高层次人才引进工程”。引进高层次人才分为全职创新人才、全职创业人才、柔性引进人才三类，自治区给予引进的创新人才、创业人才每人40万元的经费支持，对柔性引进人才每人给予30万元的经费支持，并享受医疗、保险、落户、配偶工作、子女入学等方面的生活保障待遇。2017年，“自治区高层次人才引进工程”新命名为“天池百人计划”。

2019年，新疆“天池百人计划”（自治区高层次人才引进工程）共有83人入选，包括全职引进人才50名、柔性引进人才33名。2020年，新疆“天池百人计划”相关信息未对外公布。

综合篇

2020年度留学人员创业重要活动

2020年全国大众创业万众创新活动周

一、活动简介

为进一步营造良好社会氛围，在更大范围、更高层次、更深程度上推进大众创业万众创新，国务院决定从2015年起设立全国大众创业万众创新活动周（简称“活动周”），每年设置不同主题，通过搭建“双创”展示平台，推动形成新一轮创业创新热潮，为实现创新驱动发展汇聚智慧和力量。活动周期间，将在各地举办政策宣传、展览展示、经验交流、信息发布、文化传播、互动对接、投资交易、成果转化等活动，促进各类创业创新要素聚集交流对接，在全社会营造良好创业创新氛围。2015年10月19日，首届活动周在北京中关村开幕。

2020年活动周以“创新引领创业，创业带动就业”为主题，于2020年10月15—21日举行，采用线上线下相结合的方式，在全国各省、自治区、直辖市及计划单列市、新疆生产建设兵团同步展开。活动周以习近平新时代中国特色社会主义思想为指导，全面贯彻党的十九大和十九届二中、三中、四中全会精神，坚持新发展理念，紧紧围绕决胜全面建成小康社会、决战脱贫攻坚目标任务，扎实做好“六稳”工作，全面落实“六保”任务，通过云启动、云展览、地方云上分会场、部委活动专区等平台开展系列活动，展示我国创新创业的新进展、新成效，多渠道促进就业创业，进一步营造有利于创新创业创造的良好发展环境，释放全社会创新创业创造动能，助力形成以国内大循环为主体、国内国际双循环相互促进的新发展格局。

在新冠肺炎疫情防控常态化背景下，活动周开设云展厅，以5大展区160多个项目全面展示全国创新创业取得的新成果。除线上展览外，有关部门和地方还在活动周期间举办了返乡创业论坛、5G应用创新高峰论坛、中国创业投资行业峰会、创客之夜等丰富多彩的系列活动。通过线上线下结合、政府与企业联动、创新创业者广泛参与，全方位、多渠道、立体式地呈现创新创业成效，讲述创新创业故事，传播创新创业文化，打造全国联动、广泛参与、永不落幕的活动周。

二、组织机构

（一）主办单位

组长单位：国家发展改革委

副组长单位：科技部、人力资源和社会保障部、财政部、工业和信息化部、教育部、国资委、中央宣传部、中国科协、共青团中央

成员单位：其他推进大众创业万众创新部际联席会议成员单位，各省、自治区、直辖市政府，新疆生产建设兵团

（二）承办单位

部委活动由推进大众创业万众创新部际联席会议成员单位承办；地方活动由地方各级人民政府承办。

三、重点活动

（一）活动周启动仪式

2020年10月15日，2020年全国大众创业万众创新活动周在北京人民大会堂举行启动仪式，通过互联网连线方式在国家和各地分会场同步启动。中共中央政治局常委、国务院总理李克强出席活动，发表重要讲话，并宣布活动周正式启动。

李克强说，今年全国大众创业万众创新活动周在“云上”启动，大家在线上见面，但创业热情如在咫尺，创新活力触屏可及。双创在中华大地蓬勃发展，彰显了亿万人民勤劳实干、勇于创新的精神。

李克强指出，近年来，面对错综复杂的国内外形势，在以习近平同志为核心的党中央坚强领导下，我们持续深化改革开放，深入实施创新驱动发展战略，广泛开展双创，收到了显著成效。双创催生了量大面广的

市场主体，创造了大量就业岗位。今年在疫情和世界经济衰退的冲击下，我国经济能够稳住基本盘、较快实现恢复性增长，是上亿市场主体的强大韧性发挥了基础支撑作用。近几个月来，新增市场主体、初创企业大幅增长，有力支撑了就业，其中双创发挥了重要作用。双创培育了接续有力的新动能，中小微企业蓬勃发展，很多大企业通过双创汇聚各方资源加速升级。双创以鼎新推动革故，促进了“放管服”等改革，成为提升创新效率和能力的重要抓手。

李克强说，当前我国发展既面临复杂严峻的环境，又具有强大韧性和潜力，要坚定发展信心，正视困难挑战，坚定不移抓好发展这个第一要务，推动改革、扩大开放，增强发展动力，做好“六稳”工作、落实“六保”任务，推动高质量发展，构建以国内大循环为主体、国内国际双循环相互促进的新发展格局。下一步巩固经济稳定恢复增长态势，实现全年正增长，还是要在保住上亿市场主体的基础上，让它们进一步活跃起来，这样增长才有支撑。这方面双创可以发挥独特而重要的作用。要落实好规模性纾困政策，加大对广大中小微企业、个体工商户和双创主体的帮扶。大企业要发挥优势，搭建更多双创平台，与中小微企业和创客融通创新，提高双创质量和效率。要深化“放管服”改革，打造市场化、法治化、国际化营商环境，持续提高开放水平，对中外企业一视同仁，让中国始终成为全球创业创新的沃土。

李克强强调，创业创新是国家赢得未来的基础和关键。双创由“众”而积厚成势，因“创”而破茧成蝶。要尽心支持每一次创业，悉心呵护每一个创新，使更多创意在碰撞中结出成果、让更多创客靠奋斗人生出彩，激励越来越多的人勇于创业、善于创新。各地区各部门要坚持以习近平新时代中国特色社会主义思想为指导，认真贯彻党中央、国务院决策部署，强化创新驱动，增强发展后劲，推动经济行稳致远。

开幕式上，两位创业创新代表发了言。李克强还通过视频巡视双创企业，对丰谷源公司创新农业发展模式助力精准脱贫、三个阿姨公司发展智慧家政带动十几万人就业、南科新材公司开发防护产品支持抗疫予以肯定，勉励他们创新产品和服务，满足市场需求，国家会进一步研究政策支持初创企业。

（二）北京分会场

2020年全国大众创业万众创新活动周北京分会场暨中关村创新创业季活动聚焦“创新引领创业，创业带动就业”主题，精心组织启动仪式、展览展示、专题活动等系列重点活动，充分体现“京彩聚力创享未来”的良好双创氛围。以云平台为载体，首次采用全线上展览展示，设立“云上展厅”，让科创中心创新引领、新基建新应用赋能、精准助力“战疫”、双创带动就业升级四大板块100余个重点创新创业项目触屏可及；通过“双创活动直播”专栏统筹呈现线上线下重点活动，打破时空界限，拓展活动覆盖范围；开设“双创数字档案馆”专栏延伸服务功能，设置“双创知识科普小游戏”环节增强互动体验，打造“企业探秘”栏目挖掘企业价值，设立“双创示范基地”特色专栏展示基地示范带动创新创业发展成效。与此同时，广泛发动重点园区、高校院所、社会组织、骨干企业、服务机构等各方力量，开展“创响中国”海淀站、REITs产业发展论坛、科技成果直通车等30余场线上线下重点活动，有效汇聚了政策、企业、服务机构、就业岗位、高层次人才等双创资源，进一步促进各类资源高效协同、精准对接，提升了双创活动周助力创新创业、提振发展信心、稳定和扩大就业的效果和功能。北京自2015年作为首届全国双创周主会场以来，每年举办双创周北京会场活动，创新创业动力持续增强，创新创业发展深刻转变，创新创业环境日益改善。未来，北京市将进一步打造更具创新活力和创造力的创新创业生态，最大限度释放全社会创新创业创造的新动能，持续引领大众创业、万众创新发展浪潮。

（三）上海分会场

2020年全国大众创业万众创新活动周上海分会场设在徐汇西岸，主题为“创新创业，一沪百应”，旨在进一步营造上海创新创业良好氛围，提升创新创业意识和能力，激发和培育优秀企业家精神，推动创业政策、创业服务与创业个人、团队和企业更有效对接。上海分会场云上展示平台包括活动、短视频、项目、政策、创投基金、人才招聘六大板块，累计超过700条参展信息。其中，活动板块包括赛事活动、人才招聘等近50项活动；短视频板块包含创业人物、创新企业、众创空间、双创活动精编等70余项信息；项目板块包括就业新模式、创客新面貌、基地新风采、科学新发现、产业新高地、数字新基建六大主题，展示商汤科技、联影医疗、中微半导体、喜马拉雅、徐汇区国家双创示范基地等近300个项目；政策板块包括人才、就业、产业等市区两级相关政策共120余条；创投基金板块包括约20只基金；人才招聘板块与猎聘网合作提供近500个和创新创业相关的工作岗位信息。

（四）陕西省暨西安市分会场

2020年全国大众创业万众创新活动周陕西省暨西安市分会场在西安高新区嘉会坊设置主会场，在碑林区、西咸新区、经开区、浐灞生态区、航天基地设分会场，以线上和线下相结合的形式，举办“1+11”系列活动。活动周期间，创业嘉年华暨嘉会坊三周年双创成果展、2020中国（西安）数字发展论坛、“雁归西安”返乡入乡农民工就业创业暨就业扶贫日活动、造趣节、“西引力·创新π”西安创客菁英荟、突破边界5G人工智能国际峰会、“科创西安”第一届国际合作高峰论坛暨投融资对接会、智能物联与工业互联网创新发展峰会等活动轮番上演，不仅给广大创新创业者们带来一场双创盛宴，也让“西安双创”与“全国双创”同频共振，让海内外的各界人士进一步了解并汇聚融入西安的创新创业格局。根据国家统一部署，陕西省西安市分会场以“2020年全国大众创业万众创新云上活动周”为载体，充分利用云上分会场进行主题活动和双创成果的线上展示，并与国家云上活动周平台实现链接互动，通过360° VR全景技术，还原线下活动场景，演讲者和嘉宾即使远隔千里也能实时参与到活动现场，同时实现多城市亿万人共同参与的会议体验，所有内容也将永久沉淀、分享，打造永不落幕的双创活动周。

（五）江苏分会场

2020年全国大众创业万众创新活动江苏分会场的主题是“苏聚时代，创育新机”。活动周期间，江苏省各区市、各部门、双创示范基地和各企业、高校、社会组织通过创客交流、论坛对接、双创成果展示、文化传播、创业竞赛、就业对接等形式，举办创业带动就业成效宣传、政策解读交流发布会等各类主题突出、特色鲜明的活动近150场。按照疫情防控的要求，充分运用数字化手段，采用三维虚拟现实技术和多媒体互动手段叠加图文、音视频、直播等多种形式同步在线上进行展示，打造全省联动、广泛参与、永不落幕的双创活动周。

（六）山西分会场

2020年全国大众创业万众创新活动周山西分会场依托“创响山西”网络平台设立“云上活动周”，布置8个展区，展出395个典型项目，聚焦“六新”发展，全面展示山西省创新创业的新进展、新成效，突出展示“111”“1331”“136”等重大创新成果。线下举办论坛峰会、群众性竞赛、专题培训、项目路演等26场活动，面向高校毕业生、返乡农民工、退役军人等重点就业创业群体，发挥带动功能，提供全方位公共就业服务。活动还突出“智创山西、引领未来”主题，专题设置山西智创城板块，全面展示了智创城1-8号建设成果，助力山西省打造创新创业高地。

（七）湖南分会场

2020年全国大众创业万众创新活动周湖南分会场通过启动仪式、主题展示、云上活动周分会场等八大专项活动、“创响中国”系列活动、湖南科技论坛暨院士专家张家界行等预热活动和企业“创新达人”评选及宣讲活动，第二届巾帼创新创业大赛等两大后续活动，宣扬共创共享理念，弘扬创新创业创造精神，彰显创新创业创造迭代升级的新特点。活动周期间，湖南分会场在举办线下展览的同时，首次运用数字化手段，采用三维虚拟现实技术和多媒体互动手段叠加图文、音视频、直播等多种形式，针对成果展示、人才对接、创投路演等重点活动，建设云上活动周平台，全方位、立体化呈现展会全貌，为民众带来伴随式、沉浸式体验，打造足不出户、永不落幕的云端展览。

（七）厦门分会场

2020年全国大众创业万众创新活动周厦门分会场以“创新引领创业，创业带动就业”为主题，线上线下同步举办一系列双创活动，展示厦门创新创业的新成就、新成果、新技术。厦门市从2020年5月初开始，已陆续举办55场各类预热活动，活动周启动当日举办了“凤凰谷双创大赛”和“双创展”。其中，“凤凰谷双创大赛”作为经过前期比赛，共有18个创业项目进入决赛路演，涵盖人工智能、生物医药、移动互联、先进制造、新材料等多个领域；“双创展”有近30项企业创新创业成果展出。活动周启动后到12月底，厦门市还持续举办了双创培训、网络招聘、论坛沙龙、政策宣讲等20多场活动，全部免费向市民开放。

四、活动成果

据国家发展改革委召开新闻发布会介绍，2020年全国大众创业万众创新活动周紧扣“创新引领创业，创业带动就业”主题，以云上活动周平台为载体，充分利用数字技术等新手段，汇聚各部门、各地方的各类特色活动，向全社会充分展示了我国近年来创新创业积淀的潜力和动能，展示了创新创业为我国经济社会发展带来的强大韧劲，展示了创业带动就业的独特作用和突出成效，成功打造了一届全国联动、广泛参与、永不落幕的活动周。2020年活动周主要有四个特点：

一是主题更聚焦，功能进一步增强。本届活动周着力拓宽就业空间，提升就业能力，改善就业品质，云展览167个优秀项目，从多个维度，全方位展示创业带动就业的魅力和活力。活动周期间，发展改革委举办推动返乡入乡创业高质量发展论坛，科技部开展科技创业助力高质量就业专项行动，各地方组织了网上招聘、创业合伙人招募、创业培训、社会服务领域双创带动就业主题论坛等活动，更接地气、更有成效，更加坚定了大学生、农民工等重点群体创业就业的信心。同时，通过路演对接、成果展示、竞赛评比等形式，举办了一系列丰富多彩的创新创业活动，为广大中小企业和创客团队提供了交流展示、协同创新和获得融资等优质服务的舞台。

二是形式更活泼，载体进一步丰富。本届活动周在“云上”举办。除全国性的云上展览外，北京、湖北等地方也利用虚拟现实等数字化技术，举办沉浸体验式的云端展览。同时，各地大量举办线上展示、云上对接活动，全方位、立体化呈现双创成效。

三是气氛更热烈，影响进一步扩大。据初步统计，活动周期间，全国各地举办了1100多场活动，线上线下有5000多万人参加。很多地方把活动周与当地招商引资、招才引智、培育新动能的工作结合起来，政企互动更多了，群众参与性更强了。活动周期间，光谷创业大赛欧洲赛区、全球数字技术论坛等国际性活动在网上举行，提升了我国创新创业的国际影响力。

四是预热更充分，效果进一步彰显。为积极应对疫情给经济发展带来的影响，从2020年6月开始，各地就按照统筹疫情防控和经济社会发展的总体要求，围绕创业带动就业举办丰富多彩的双创活动周预热活动。企业云上招聘、外国专家云签约、直播带岗、“百校联动”网上招聘、退役军人创业大赛等活动，有效解决重点群体创新创业难题。国家发改委联合国资委、教育部、人力资源和社会保障部举办双创示范基地创业就业“校企行”活动，带动20多万大学生就业。

2020第九届中国创新创业大赛

一、大赛简介

中国创新创业大赛是由科技部、财政部、教育部、国家网信办和中华全国工商业联合会共同指导举办的一项以“科技创新，成就大业”为主题的全国性创业比赛，旨在落实党中央、国务院提出的大众创业、万众创新的重大部署，深入实施创新驱动发展战略。

大赛秉承“政府主导、公益支持、市场机制”的模式，既有效发挥了政府的统筹引导能力，又最大化聚合激发了市场活力，通过聚集和整合各种创新创业资源，引导社会各界力量支持创新创业，搭建服务创新创业的平台，弘扬创新创业文化，激发全民创新创业的热情，掀起创新创业的热潮，打造推动经济发展和转型升级的强劲引擎。

大赛由地方赛、专业赛和全国赛组成。其中，第一阶段的地方赛由各省级科技管理部门组织举办，是各地评选“明星企业”的广阔舞台，也是各地优秀企业入围全国总决赛的晋级通道。地方赛事的兴盛，最能体现我国大众创业、万众创新的繁荣景象。大赛从2012年首届的5个赛区，如今已拓展至实现对全国所有省、自治区、直辖市、计划单列市和新疆生产建设兵团的地方赛全覆盖，真正成为全国各地推动大众创新创业的公共政策和公共产品。第二阶段的全国赛由大赛组委会办公室组织举办，分半决赛和总决赛，按初创企业组和成长企业组比赛。全国赛自2016年起，中央财政通过“以奖代补”的形式普惠2100余家企业，总金额近6亿元，并带动地方财政投入超过30亿元，还针对参赛企业在科技金融、培训辅导、融通创新、落地考察、宣传展示等需求，举办了诸多特色活动。通过举办大赛，从地方到中央支持创新创业的制度环境不断优化，市场活力不断释放，普惠政策不断加码。

2020第九届中国创新创业大赛由科技部、财政部、教育部、中央网信办、全国工商联、致公党中央、共青团中央等共同指导和支持，继续采用逐级遴选的方式，通过地方赛、专业赛、全国赛的竞技模式选拔优秀企业。与以往不同，本届大赛聚焦国家战略和重大需求，突出产业核心技术攻关、关注产业重大创新需求，设立了高端装备制造、新材料、生物医药、节能环保、新能源、新能源汽车、新一代信息技术七大战略性新兴产业赛。同时，还增设了新冠肺炎疫情防控技术创新创业、大中小企业融通、产业技术创新、科技计划项目产业化四大主题专业赛，力图通过创新创业大赛让关键核心技术、前沿技术内容实现转化和产业化，解决卡脖子问题。对于参赛企业，大赛将择优推荐给国家中小企业发展基金设立的子基金、国家科技成果转化引导基金设立的子基金、科技型中小企业创业投资引导基金设立的子基金、中国互联网投资基金等国家级投资基金；大赛合作银行择优给予贷款授信支持；择优推荐参加“创新人才推进计划”等相关计划评选以及相关展览交流等活动。

本届大赛于5月28日启动至11月5日落幕，共吸引了全国3.5万多家企业报名参赛，有32个省、自治区、直辖市以及5个计划单列市积极参与。自2012年以来，中国创新创业大赛连续举办9届，累计有21万家创业企业和团队报名参赛，已发展成为国内最具影响力的创新创业品牌活动，也成为国内最大的众创空间和最强的众扶平台。

二、赛事安排

大赛设立组委会，负责大赛组织实施。组委会办公室设在科技部火炬高技术产业开发中心，负责大赛各项工作具体执行。大赛由地方赛、专业赛和全国赛组成。

（一）地方赛：由省级科技管理部门负责牵头组织，着力围绕战略性新兴产业重点领域，支持服务本地区广大中小微企业围绕新技术、新产品、新模式和新业态开展创新创业。地方赛产生的优胜企业按分配名额入围全国赛。鼓励国家高新区围绕主导优势产业积极承办地方赛相关赛事，助推“一区一产业”发展。

（二）专业赛：由大赛组委会办公室负责牵头组织，举办新冠肺炎疫情防控技术创新创业专业赛、大中小企业融通专业赛、产业技术创新专业赛、科技计划项目产业化专业赛、技术融合专业赛，着力集聚龙头企业和社会资本力量支持科技型中小企业开展产业关键技术创新。专业赛产生的优胜企业按分配名额入围全国赛。专业赛按专场举办，采用网上赛方式。

（三）全国赛：由大赛组委会办公室负责牵头组织，分全国半决赛和总决赛两个阶段，按初创企业组和成长企业组比赛。全国半决赛采用网上评审方式进行。全国总决赛根据疫情防控工作要求，采用线下或网上公开路演方式进行。

三、重点活动

（一）新冠肺炎疫情防控技术创新创业专业赛

2020年3月25日，第九届中国创新创业大赛新冠肺炎疫情防控技术创新创业专业赛决赛全程通过“中国高新区科技金融信息服务平台”举办。决赛首次采用网上多方远程实时视频互动模式，企业在线路演展示答辩，评委在线点评评选，成绩实时公布，比赛全程网上直播，企业、创投机构评委以及众多专业人士和观众共同参与了一场“网上”创新创业大赛。比赛由科技部火炬中心主办，深圳证券交易所协办，深圳证券信息有限公司提供网络信息平台支持，招商银行中国创新创业大赛公益基金提供公益支持。23家晋级企业经过公开竞争比选，上海伯杰医疗科技有限公司等6家企业脱颖而出，分别荣获一、二、三等奖，17家企业荣获优秀企业奖。专业赛获奖企业将纳入中国创新创业大赛荣誉榜范围，获得全国行业总决赛获奖企业同等扶持服务政策。

决赛中，企业聚焦新冠肺炎疫情防控主题，展示了一批新冠病毒快速检测试剂与设备、新冠肺炎防治药物与疫苗以及新冠疫情相关安全防护、智能预警等先进技术成果，许多技术产品在疫情防控阻击战中得到应用。新冠病毒检测技术项目在比赛中尤为突出，涉及新冠病毒核酸及抗体的多种检测技术，上海伯杰医疗科技有限公司和广州和信健康科技有限公司的相关产品已通过国家药监局应急审批。

为贯彻党中央、国务院关于做好新冠肺炎疫情防控工作决策部署，落实科技部党组有关指示精神，科技部火炬中心于2月20日优先启动新冠肺炎疫情防控技术创新创业专业赛，得到中小微企业积极响应，收到1157家企业报名材料。912家企业通过参赛资格审查进入网上书面评审初赛，23家企业晋级网上路演决赛。参赛企业均为全国统一登记的科技型中小企业或中小型高新技术企业，参赛项目涵盖新冠肺炎疫情防控中智能预警、新型安全防护、快速诊断检测、治疗药物与设备方向。专业赛全程网上进行，汇聚了一大批新冠肺炎疫情防控相关技术成果、产品和服务，彰显了科技型中小微企业在科技抗疫中的积极作用。

第九届中国创新创业大赛新冠肺炎疫情防控技术创新创业专业赛获奖企业名单

序号	企业名称	奖项
1	上海伯杰医疗科技有限公司	一等奖
2	上海思路迪生物医学科技有限公司	二等奖
3	广州微远基因科技有限公司	二等奖
4	广州恩宝生物医药科技有限公司	三等奖
5	甫康（上海）健康科技有限责任公司	三等奖
6	康码（上海）生物科技有限公司	三等奖
7	北京伟德杰生物科技有限公司	优秀奖
8	北京顶象技术有限公司	优秀奖
9	华清科盛（北京）信息技术有限公司	优秀奖
10	中科天玑数据科技股份有限公司	优秀奖
11	上海钛米机器人科技有限公司	优秀奖
12	安源医药科技（上海）有限公司	优秀奖
13	苏州奥特铭医药科技有限公司	优秀奖
14	江苏飞慕生物科技有限公司	优秀奖
15	苏州艾利特机器人有限公司	优秀奖
16	杭州比格飞序生物科技有限公司	优秀奖
17	科技谷（厦门）信息技术有限公司	优秀奖
18	武汉奥绿新生物科技股份有限公司	优秀奖
19	广东和信健康科技有限公司	优秀奖
20	深圳华迈兴微医疗科技有限公司	优秀奖
21	蓝网科技股份有限公司	优秀奖
22	成都普诺思博科技有限公司	优秀奖
23	成都电科慧安科技有限公司	优秀奖

（二）大中小企业融通专业赛

为深入推进大众创业、万众创新，促进大中小企业打通产业生态，鼓励大企业打破边界，开放创新资源，促进创新创业企业发展，第九届中国创新创业大赛大中小企业融通专业赛举办中国中车、百度、京东、美年大健康、华为等专场赛事，充分发挥龙头骨干企业在新兴产业中的引领示范作用，让参赛的优质项目有更多机会走近头部企业，协同参与构建生态。

2020年9月9日，第九届中国创新创业大赛大中小企业融通专业赛（首届中国中车专场）决赛工作全部结束。经过参赛资格审核、初赛、复赛、决赛等环节，共产生6家获奖企业和6家优秀企业。此次大赛由中国中车股份有限公司、中国创新创业大赛组委会办公室共同主办，国家高速列车青岛技术创新中心、青岛轨道交通产业示范区共同承办，是全国首次举办的轨道交通行业技术创新创业国家级赛事。为进一步突出科技创业和协同创新，大赛从“双创”主体的科技含量、创新水平、协同能力、人才层次等方面提出高标准。中国中车首次接轨中国创新创业大赛，聚焦国家战略，深入开展轨道交通技术创新创业，向参赛企业释放产业重大需求。国家高速列车青岛技术创新中心，作为汇聚全球轨道交通技术创新资源的科研高地，牵头组织中国中车各子机构的行业及创投专家，与参赛企业开展交流对接。大赛聚焦轨道交通装备制造产业，面向全社会公开招募高成长潜力的科技企业。经过前期一个多月的参赛征集，全国报名企业达135家。大赛按照评审流程，在互联网上逐步展开轨道交通产业的技术比拼和项目路演，最终有12家企业脱颖而出，进入决赛阶段。最终，中车工业研究院（青岛）有限公司和北京泓慧国际能源技术发展有限公司分别获得初创企业组和成长企业组一等奖。

第九届中国创新创业大赛大中小企业融通专业赛（首届中国中车专场）获奖企业名单

序号	企业名称	奖项
1	中车工业研究院（青岛）有限公司	初创组一等奖
2	华驰动能（北京）科技有限公司	初创组二等奖
3	上海蛮酷科技有限公司	初创组三等奖
4	陕西博志金钻新材料有限责任公司	初创组优秀奖
5	深圳市上欧新材料有限公司	初创组优秀奖
6	宽衍（北京）科技发展有限公司	初创组优秀奖
7	北京泓慧国际能源技术发展有限公司	成长组一等奖
8	上海英磁新能源科技有限公司	成长组二等奖
9	中电智能科技有限公司	成长组三等奖
10	北醒（北京）光子科技有限公司	成长组优秀奖
11	深圳市航智精密电子有限公司	成长组优秀奖
12	建德华明高纳新材料有限公司	成长组优秀奖

2020年9月12—14日，由中国创新创业大赛组委会办公室指导，百度公司主办，百度智能云、国科创新创业投资有限公司承办的第九届中国创新创业大赛大中小企业融通专业赛（百度专场）全国总决赛，在北京2020全球硬科技嘉年华期间上演了收官之役。本届赛事以“智竞未来”为主题，致力于考察优质企业通过人工智能、互联网、物联网、云计算、大数据等技术手段为智慧城市建设提供包括智慧公安、智慧应急、智慧城管、智慧交通等行业应用的产品、服务和解决方案。共有来自全国20余个省市地区近400家科技企业报名参与此次赛事，邀请到国信证券、启迪创投、大河资本等50家投资基金、服务机构、知名企业等方面代表参与了专业评审、创业辅导、企业服务等工作。大赛通过资格审查、集中评审、初赛选拔等方式层层筛选，共有

90个项目入围总决赛，20家企业获得晋级全国总决赛排位赛的资格并获得“大赛优秀企业”称号，南京凯瑞德信息科技有限公司最终摘得本届大赛桂冠。在总决赛举办期间，第二届全球硬科技嘉年华活动同期进行，举办了包括科技文化潮流节、中德未来出行产业论坛、智能汽车产业论坛、Future造物市集、先锋科技新品发布等丰富的会议活动，让参赛企业在参与紧张赛事的同时有了更多收获。

第九届中国创新创业大赛大中小企业融通专业赛（百度专场）获奖企业名单

序号	企业名称	奖项
1	南京凯瑞德信息科技有限公司	一等奖
2	北京彩智科技有限公司	二等奖
3	四川宝天智控系统有限公司	二等奖
4	宁波美童智能科技有限公司	三等奖
5	蔚复来（浙江）科技股份有限公司	三等奖
6	杭州睿沃科技有限公司	三等奖
7	鉴真防务技术（上海）有限公司	优秀奖
8	上海树融数据科技有限公司	优秀奖
9	秦皇岛视翼科技有限公司	优秀奖
10	心鉴智控（深圳）科技有限公司	优秀奖
11	超晶维（苏州）光电科技有限公司	优秀奖
12	西咸新区矩阵住宅工业有限公司	优秀奖
13	开采夫（杭州）科技有限公司	优秀奖
14	北京青麦科技有限公司	优秀奖
15	南京易自助网络科技有限公司	优秀奖
16	珞石（北京）科技有限公司	优秀奖
17	北京中测智绘科技有限公司	优秀奖
18	中车工业研究院有限公司	优秀奖
19	天津驭金机器人科技有限公司	优秀奖
20	健图科技（深圳）有限公司	优秀奖

2020年10月20—21日，第九届中国创新创业大赛大中小企业融通专业赛（京东专场）全国总决赛在重庆南岸举行。大赛围绕“人工智能+物联网”技术创新创业，以京东为数字技术创新体系的“流量”入口，为产业转型升级提供新鲜血液，为中小企业的科技创新提供顶层资源，为重庆南岸打造高质量智能产业链搭建新平台。自7月启动报名以来，大赛获得科技型中小企业的广泛关注，报名数量达182家。经网络初审，入围全国总决赛的企业共计98家。大赛聚焦智能供应链、智能物流、智能客服、智能硬件技术创新等领域，80个项目针对产业、区域的共性技术，与京东在大赛现场开展联合攻关。通过激烈角逐，广州科慧健远医疗科技有限公司和陆泽科技有限公司分别获得初创组和成长组一等奖。在总决赛举办期间，京东智联云“SaaS加速器”计划正式启动。该计划是中小企业走向智能化的数字经济服务平台，全面集成了京东优势产业场景能力，对中小企业来说，不仅拥有AI、智能供应链、大数据、区块链、物联网、无人机等技术赋能，还拥有扶持补贴、BCG端用户、生态伙伴、产业、市场、培训等专项资源赋能机会。

第九届中国创新创业大赛大中小企业融通专业赛（京东专场）获奖企业名单

序号	企业名称	奖项
1	广州科慧健远医疗科技有限公司	初创组一等奖
2	湖南羽丰智联科技有限公司	初创组二等奖
3	湖南爱智营健康科技有限公司	初创组三等奖
4	幻真（湖州）科技有限责任公司	初创组优秀奖
5	广州豪度物联网科技有限公司	初创组优秀奖
6	深圳燕广生物科技有限公司	初创组优秀奖
7	陆泽科技有限公司	成长组一等奖
8	广州良医信息科技有限公司	成长组二等奖
9	深圳市壹鸽科技有限公司	成长组三等奖
10	沈阳普泽众康医药科技有限公司	成长组优秀奖
11	辽宁中成永续水工科技有限公司	成长组优秀奖
12	深圳市怡美电器科技有限公司	成长组优秀奖

2020年11月3日，第九届中国创新创业大赛大中小企业融通专业赛（美年大健康专场）全国总决赛在厦门翔安数字经济产业园举行。通过激烈角逐，慧威医疗科技（台州）有限公司和绍兴梅奥心磁医疗科技有限公司在近260个报名企业中脱颖而出，分别获得初创组和成长组冠军。大赛围绕大健康生态链打造，开展技术的交流碰撞和资源互通，竞技领域涵盖医学影像、基因检测、快速诊断检测三大方向，为中小企业搭建从创新竞争到产业竞合的众创平台。在总决赛举办期间，还组织了翔安数字经济产业园产业论坛、2020创新创业高峰论坛、行业公开课、2020健康产业大企业创新需求“一对一”对接等配套活动。

第九届中国创新创业大赛大中小企业融通专业赛（美年大健康专场）获奖企业名单

序号	企业名称	奖项
1	慧威医疗科技（台州）有限公司	初创组一等奖
2	杭州稀昱科技有限公司	初创组二等奖
3	杭州方略生物科技有限公司	初创组三等奖
4	北京睿思昆宁科技有限公司	初创组优秀奖
5	怡早医学科技（南京）有限公司	初创组优秀奖
6	吉派德生物医药科技（河北）有限公司	初创组优秀奖
7	绍兴梅奥心磁医疗科技有限公司	成长组一等奖
8	成都美杰赛尔生物科技有限公司	成长组二等奖
9	精微视达医疗科技（武汉）有限公司	成长组三等奖
10	成都微康生物科技有限公司	成长组优秀奖
11	安徽达健医学科技有限公司	成长组优秀奖
12	杭州质子科技有限公司	成长组优秀奖

2020年12月24日，由中国创新创业大赛组委会办公室指导，华为技术有限公司主办，东莞松山湖高新技术产业开发区管委会、国体智慧体育技术创新中心、华为终端有限公司联合承办的第九届中国创新创业大赛大中小企业融通专业赛（华为专场）暨2020年松山湖创新创业大赛运动健康行业赛决赛举行。本次大赛历时2个月，共计115个项目报名参赛，项目范围涉及智慧体育、健康医疗、运动健康场景服务等领域的多个环节。经过层层筛选，15个项目站上决赛舞台，并通过现场路演答辩的方式一决高低。最终，东莞市宇朔泰合健康科技有限公司摘得本次大赛桂冠。

第九届中国创新创业大赛大中小企业融通专业赛（华为专场）获奖企业名单

序号	企业名称	奖项
1	东莞市宇朔泰合健康科技有限公司	一等奖
2	苏州国科盈睿医疗科技有限公司	二等奖
3	河南赛诺特生物技术有限公司	二等奖
4	青岛瑞思德生物科技有限公司	三等奖
5	启明无障碍科技（东莞）有限公司	三等奖
6	湖南伊鸿健康科技有限公司	三等奖

（三）产业技术创新专业赛

为推动产业创新发展，聚焦细分领域，突出关键技术，发掘高水平创新项目，引导社会资本支持产业关键技术创新，助推国家高新区“一区一产业”发展，第九届中国创新创业大赛产业技术创新专业赛举办了工业机器人技术专场、氢能汽车技术专场、体外诊断技术专场，分别产生22家、15家、23家获奖企业。

第九届中国创新创业大赛产业技术创新专业赛（工业机器人技术专场）获奖企业名单

序号	企业名称	奖项
1	珞石（北京）科技有限公司	一等奖
2	陕西丝路机器人智能制造研究院有限公司	二等奖
3	上海同星智能科技有限公司	二等奖
4	北京创想智控科技有限公司	三等奖
5	江苏磐一智能装备有限公司	三等奖
6	陕西欧卡电子智能科技有限公司	三等奖

第九届中国创新创业大赛产业技术创新专业赛（氢能汽车技术专场）获奖企业名单

序号	企业名称	奖项
1	上海骥翀氢能科技有限公司	一等奖
2	北京氢璞创能科技有限公司	二等奖
3	苏州科润新材料股份有限公司	二等奖
4	佛山市清极能源科技有限公司	三等奖
5	西安凯立新源化工有限公司	三等奖
6	苏州瑞驱电动科技有限公司	三等奖

（四）科技计划项目产业化专业赛（湖北专场）

2020年8月28日，由中国创新创业大赛组委会办公室和湖北省科技厅联合举办，湖北省高新技术发展促进中心、湖北省创业投资引导基金管理中心承办的第九届中国创新创业大赛科技计划项目产业化专业赛（湖北专场）决赛在武汉举行。科技部为支持湖北疫后重振，特别举办了本次专场赛，为助力科技型中小企业快速复苏提供投融资增值服务绿色通道和广阔平台。专场赛面向承担湖北省相关科技计划项目的企业定向征集，分为初赛和决赛，初赛后选出22家企业进入决赛。进入决赛的科技企业中有72%获得过“科技助力经济2020”重点专项立项，100%获得湖北省科技计划项目支持，充分体现了赛事聚焦产业链、完善创新链、融通资金链的创新生态模式。赛评审组以创投、银行专家为主，评委公开打分，当场公布成绩。其中，中船重工安谱（湖北）仪器有限公司的高性能紧凑型傅里叶红外光谱仪项目夺得头名，排序靠前的10家企业同时获得入围中国创新创业大赛全国行业总决赛的资格。

（五）第九届中国创新创业大赛全国半决赛、总决赛

2020年10月17—22日，第九届中国创新创业大赛全国半决赛完成并产生晋级决赛名单。共有1480家企业参加全国半决赛，分初创组和成长组两个大组，再分别按高端装备制造、新材料、生物、节能环保、新能源、新能源汽车、新一代信息技术等7个战略性新兴产业分小组进行比赛。初创12个小组，成长22个小组，每个组第一名晋级总决赛，共34家企业晋级总决赛，同时产生612家全国赛优秀企业。

11月4—6日，第九届中国创新创业大赛全国总决赛在杭州举办。共产生3个初创组获奖企业，6个成长组获奖企业。最终，深圳凤鸣翔天科技有限公司和杭州索元生物医药股份有限公司从34强总决赛企业中成功突围，分获初创组和成长组一等奖。

第九届中国创新创业大赛全国总决赛获奖企业名单

序号	企业名称	奖项
1	深圳凤鸣翔天科技有限公司	初创组一等奖
2	无锡利普思半导体有限公司	初创组二等奖
3	杭州维坦医药科技有限公司	初创组三等奖
4	杭州索元生物医药股份有限公司	成长组一等奖
5	苏州纳飞卫星动力科技有限公司	成长组二等奖
6	北京中科闻歌科技股份有限公司	成长组二等奖
7	深圳普瑞金生物药业有限公司	成长组三等奖
8	成都国星宇航科技有限公司	成长组三等奖
9	盛元医药广州有限公司	成长组三等奖

第十五届“春晖杯”中国留学人员创新创业大赛

一、大赛简介

为加快推进国家科教兴国战略、人才强国战略和创新驱动发展战略，满足广大在外中国留学人员回国发展需要，2006年教育部会同科技部共同设立“春晖杯”中国留学人员创新创业大赛（简称“春晖杯”大赛），由教育部留学服务中心负责大赛具体实施工作。

截至2020年，在“春晖杯”大赛各主办、协办、合作单位以及驻外使（领）馆和留学人员社团组织的大力支持和配合下，“春晖杯”大赛已连续成功举办15届，并在全球建立了11个海外分赛区，鼓励和吸引了数万名在外留学人员回国成功创业或就业。大赛遴选出优秀留学人员创新创业项目3110个，涵盖生物医药、电子信息、先进制造与自动化、新能源与节能、新材料、资源与环境、高技术服务和现代服务业等多个行业领域，涉及30多个全球主要留学目的地国家和地区，入围项目留学人员超半数在外获得博士学位。

15年来，“春晖杯”大赛与国内地方人才服务部门、留学人员创业园、风险投资机构以及企业等各类留学人员服务机构紧密合作，持续为在外留学人员回国创新创业提供支持和帮助，形成了功能完善、便捷有效的服务体系和工作机制。通过大赛回国发展的留学人员在各自的研究领域取得了突出成果，所创办的近千家高新技术企业遍布全国76个城市，大赛品牌效应和社会影响力不断提升，得到广大留学人员和国内有关部门的广泛认可，成为留学回国服务工作的重要品牌。

随着我国经济社会的发展和国际地位的提高，广大在外中国留学人员回国发展的热情不断高涨，留学人员回国数量逐年增加，为留学人员回国创新创业提供更加专业化、个性化服务平台的需求日益迫切。“春晖杯”大赛将进一步聚焦国家战略，不断创新工作模式、努力提高服务质量，充分利用网络汇聚海内外优质资源为留学人员搭建综合性创新创业服务平台，使海外人才、技术、项目和国内政策、环境、资本可以高效对接，充分发挥留学人员在我国经济社会发展和产业升级进程中科技创新、自主创新、高端创新生力军的重要作用，为加快建设科技强国贡献力量。

二、组织机构

（一）主办单位

教育部、科技部

（二）承办单位

教育部留学服务中心、科技部火炬高技术产业开发中心、中国留学人员广州科技交流会组委会办公室、中国海外学子创业周组委会办公室、中国留学人员创业园联盟、中国驻美国大使馆教育处、中国驻纽约总领馆教育处、中国驻旧金山总领馆教育处、中国驻洛杉矶总领馆教育处、中国驻休斯敦总领馆教育处、中国驻芝加哥总领馆教育处、中国驻加拿大大使馆教育处、中国驻多伦多总领馆文化教育处、中国驻温哥华总领馆教育文化处、中国驻蒙特利尔总领馆教育科技文化处、中国驻英国大使馆教育处、中国驻曼彻斯特总领馆教育处、中国驻法国大使馆教育处、中国驻德国大使馆教育处、中国驻瑞士大使馆文化教育科技处、中国驻荷兰大使馆教育处、中国驻西班牙大使馆文化处、中国驻日本大使馆教育处、中国驻新加坡大使馆教育处、中国驻悉尼总领馆教育处、中国驻墨尔本总领馆教育处

（三）支持单位

驻外使（领）馆教育处（组）、在外留学人员社团组织

（四）协办单位

神州学人编辑部、北京海外学人中心、中国北京（海淀）留学人员创业园、北京中关村生物医药园、北京望京留学人员创业园、北大留学人员创业园、北京理工留学人员创业园、中国人民大学文化科技园、北京工业大学留学人员创业园、北航留学人员创业园、启迪之星（北京）科技企业孵化器、怀柔科学城、上海张江国家留学人员创业园、上海莘闵留学人员科技创业园、上海杨浦海外高层次人才创新创业基地、留学人员广州创业园、深圳清华大学研究院、中国中山留学人员创业园、苏州留学人员创业园、张家港市沙洲湖科创园、常熟大学科技园、无锡市科学技术局、无锡市锡山区经济技术开发区管委会、江苏昆山留学人员创业园、宁波市海外人才服务中心、宁波市北仑区人才综合服务中心、嘉兴市人力资源和社会保障局、厦门市留学人员服务中心、厦门留学人员创业园（厦门高新技术创业中心）、包头稀土高新区科技创业服务中心、烟台留学人员创业园区

三、大赛进程

报名阶段：2020年第十五届“春晖杯”中国留学人员创新创业大赛报名时间为3月31日—7月31日，在线

报名网址为“春晖杯”大赛官方网站。大赛报名条件为正在国外学习或取得国外正规院校学位后在外工作的中国留学人员（已取得学士及以上学位），每位参赛留学人员限申报一个项目。本届“春晖杯”大赛报名系统共收到来自30个国家和地区的报名参赛项目538个，经过初审进入评审环节的参赛项目367个，涉及26个国家和地区，其中英国91个、美国63个、日本43个、澳大利亚42个、德国20个、法国19个、新加坡16个、加拿大12个、瑞士11个、韩国11个、俄罗斯6个、意大利6个、泰国5个、新西兰4个、荷兰4个、爱尔兰2个、比利时2个、中国香港2个，以及马来西亚、葡萄牙、沙特阿拉伯、丹麦、匈牙利、瑞典、西班牙、中国澳门各1个。分赛区报名参赛项目约占参赛项目总数的88%。

在线答疑：2020年，受新冠肺炎疫情的影响，大赛常规线下活动无法正常举办。“春晖杯”大赛组委会特别加大了线上服务、线上辅导、线上对接洽谈等线上活动的工作力度，邀请国内地方留创园区和人才工作负责人等同海外分赛区连线，与有意参赛的留学人员沟通交流。为了鼓励更多在外留学人员积极参与，更好地帮助留学人员知晓“春晖杯”大赛日程安排，及时获取相关参赛信息，了解国内创业环境，深入学习创新创业知识，解答留学人员创新创业过程中遇到的问题，大赛组委会于2020年6月13日在北京怀柔科学城举办在线访谈活动，通过“春晖杯”大赛官方网站和神州学人网站以视频与图文直播的形式与在外留学人员进行在线交流。30余位来自留学人员创业园、投融资机构代表、创新创业领域专家以及大赛组委会工作人员，解答了留学人员在报名参赛过程中遇到的相关问题，并就如何写好商业计划书、怎样选择合伙人、如何评估自己项目的技术门槛等初期创业者容易面临的困难和误区等数十个问题进行了详细解答。本次“在线访谈活动”还特别推出了地方政策推介环节的“加强版”，充分利用互联网的便利，将北京、上海、江苏、浙江、福建、广东、山东等多个省市的留学人员创业园及人才工作负责人“云”集在一起，将祖国大江南北的创新创业条件、高层次人才引进帮扶政策等整体打包，一次性分享给海外留学人员。6月8日—7月17日，“春晖杯”云课堂之创业必修课系列在线辅导课程陆续上线，其中创业认知、商业计划书写作、如何打造核心团队、新冠疫情下海外留学生的创业抉择、“春晖杯”获奖项目的IPO之路及小微企业的知识产权布局6期课程可以登录大赛网站进行回看。

海外推广：受新冠肺炎疫情影响，第十五届“春晖杯”大赛海外赛区工作任务展团暂停出访任务。“春晖杯”大赛组委会根据工作需要，联合相关海外分赛区及相关合作机构推进线上宣讲工作，与我驻外使领馆教育处共同举办了澳大利亚悉尼、加拿大、英国曼彻斯特、法国、日本5场“云访谈”系列活动，向当地留学人员介绍本届“春晖杯”大赛日程安排和报名注意事项，回答参赛者关心的项目落地、初创企业融资等相关问题，并邀请往届参赛者分享参赛经验与心得。

对接阶段：本届“春晖杯”大赛后续对接活动将主要以“云路演”和“云对接”等形式在线上举办。“春晖杯”大赛组委会办公室征询入围项目参赛人参加项目路演、项目对接等系列活动的意向，同时协调大赛各协办单位、各地方招才引智部门、中国留学人员广州科技交流会办公室等机构，于11—12月在线上举办“春晖杯”大赛入围项目路演、项目展示、项目对接等系列活动，并根据疫情防控形势，组织已经回国的入围项目第一参赛人，根据相关单位和机构的需求，适时开展线下项目对接活动。

四、重点活动

（一）第十五届“春晖杯”中国留学人员创新创业大赛启动

2020年3月31日，由教育部和科技部共同主办，教育部留学服务中心承办的第十五届“春晖杯”中国留学人员创新创业大赛正式启动。作为国内第一个服务于海外留学人员回国创新创业的国家级综合服务平台，“春晖杯”大赛自2006年设立以来已连续成功举办14届。经过14年的发展，大赛已经构建起自项目遴选、引导、培育和对接到项目落地、孵化和产业化的一整套完整的服务体系，鼓励和吸引了一大批海外留学人员，特别是高层次留学人员投身国家建设，充分发挥了海外留学人员科技创新、自主创新、高端创新生力军的作用。目前大赛已发展成为海外留学人员了解国内创新创业环境和政策的重要窗口、发现和培育海外创新创业人才和项目的重要平台、集聚创新创业要素资源的重要载体和国内地方政府引智招商的重要渠道，得到广大留学人员和国内有关部门的一致认可，成为教育部留学回国工作的重要品牌项目。2020年，考虑到新冠疫情影响，第十五届“春晖杯”大赛将依托大赛在线服务平台，加大对留学人员创新创业项目的在线辅导和在线对接洽谈等线上服务的工作力度。同时，将报名时间由往年的100天延长至120天。

（二）第十五届“春晖杯”大赛在线访谈活动

2020年6月13日，第十五届“春晖杯”中国留学人员创新创业大赛在线访谈活动在北京怀柔科学城举行。本次活动由教育部留学服务中心主办，神州学人编辑部和北京怀柔科学城管理委员会共同承办。教育部国际合作与交流司、教育部留学服务中心、北京怀柔科学城等单位领导出席活动并致辞。30余位来自各地方政府招才引智部门负责人，留学人员创业园、孵化器和投融资机构的代表对在外中国留学人员提出的各类问题进行了在线解答。答疑释惑、分享经验、政策宣介，在线访谈是每届“春晖杯”大赛报名阶段至关重要的一个环节，自2006年首届以来从未间断，是留学人员知晓赛事流程安排、获取相关重要信息、了解国内创业环境、学习创新创业知识、解答实际困惑问题的有效途径。今年考虑到新冠肺炎疫情的影响，“春晖杯”大赛组委会特别加强了线上服务、线上辅导、线上对接洽谈的力度，邀请国内地方留创园区和人才工作负责人等同海外分赛区连线，与有意参赛的留学人员沟通交流。同时开设系列“云课堂”，帮助留学人员提升应对创新创业中问题困难的能力，充分利用现代科技手段，尽最大努力为留学人员创新创业、回国发展铺平道路。因此，本届大赛在线访谈环节的意义和价值也显得格外突出。

（三）第十五届“春晖杯”大赛评审活动

2020年9月6—9日，第十五届“春晖杯”中国留学人员创新创业大赛评审活动在雄安新区成功举办。本次活动由教育部留学服务中心主办，启迪之星承办，旨在贯彻落实教育部“四点一线一面”教育现代化战略布局，更好地支持雄安新区创新发展示范区建设，同时与雄安新区进一步探讨共同建立“春晖杯”留学人员创新创业基地等具体合作事宜。本届“春晖杯”大赛评审团由来自全国各相关地方政府人才引进部门、留学人员创业园、相关创业载体和风险投资机构的58位评审专家组成，按照不同项目领域分成15个评审组。专家们经过项目初审、路演、专家组会评和通审大会等环节，对参赛项目进行了认真细致的评审。为帮助参赛人员更好地展示创业项目，更直接地得到评审专家的创业建议，将大赛的创业培育功能前置，本届“春晖杯”大赛评审活动首次增加了线上路演环节。367个参赛项目中有340个项目参加了9月7日的线上路演，与评委们在线交流。路演结束后，评委们纷纷表示，路演环节有助于更充分地了解项目和创业团队的真实情况，并能对商业计划书中表述不够清晰的内容进行提问。在9月8日的评审大会上，各评审组的评审专家代表对本组项目进行了综合评述，尤其对较为优秀的项目和未入围的项目进行说明，并将评审结果提交“春晖杯”大赛评审委员会审议。评审专家们普遍认为本届大赛参赛选手准备十分充分，商业计划书撰写较为规范，项目科技含量较高。随着我国对外开放程度越来越高，国内外交流日益频繁，在外留学人员较以往能更及时、全面地了解和掌握国家发展动态，因此，本届参赛项目不仅一如既往地在技术上具备领域内国际领先水平，更有很多项目精准地把握了国内创业政策、市场导向以及行业发展情况，具备较强的项目落地能力。经过评审和后期公示，第十五届“春晖杯”共产生入围项目281个。

（四）“春晖杯”大赛15周年工作座谈会

2020年12月18日，“春晖杯”中国留学人员创新创业大赛组委会办公室（教育部留学服务中心）在广州举办“春晖杯”大赛15周年工作座谈会，回顾15年来的工作历程，总结经验，并广泛听取各承办、协办单位及海外留学人员代表，对如何进一步做好海外人才回国创新创业服务的意见建议。会议总结和提出，15年来，“春晖杯”大赛作为教育部服务广大留学人员创新创业的品牌活动，影响力不断扩大，有效激发了留学人员创新创业热情，促进了相关成果在国内的孵化，经济和社会效益日益凸显。截至2020年底，“春晖杯”大赛已建立11个海外分赛区，共遴选出3110个优秀留学人员创新创业项目，逾千项目回国落地，遍及25个省、自治区和直辖市，已发展成为海外留学人员了解国内创新创业环境和政策的重要窗口，发现和培养海外创新创业人才的重要平台。面对新冠肺炎疫情影响和复杂多变的国际形势，“春晖杯”大赛应勇于担当作为，调整工作思路，健全工作机制，优化政策环境，拓展服务内涵，把握机遇，持续加大宣传推广力度，坚持助推产业转型升级，不断提升服务能力和办赛水平，推动“后疫情时代”海外留学人员回国创新创业内涵式发展。

五、入围项目

序号	项目编号	项目名称	所属行业
1	202000001	机器人无人厨房及其配餐运输系统	高技术服务
2	202000005	智能无线自供电分布式气候控制系统	新能源与节能
3	202000006	基于人工智能识别的垃圾全自动分拣和打包成套设备	资源与环境
4	202000007	新型大健康产品：血糖稳定型医药食品功能大米	生物与新医药
5	202000014	基于计算机辅助分析的药物研发外包服务（CRO）——药用辅料创新	生物与新医药
6	202000021	微通道陶瓷过滤膜	新能源与节能
7	202000025	超喵CheckMeOut购物无人车	现代服务业
8	202000026	基于人工智能的现代农业自主决策系统	高技术服务
9	202000031	阿尔茨海默病（老年痴呆）生物医药开发	生物与新医药
10	202000036	新型高效个性化肿瘤疫苗研发平台	生物与新医药
11	202000037	英国毫米波人工智能远程安防雷达落地中国	电子信息
12	202000038	Dr.Chain	电子信息
13	202000039	蓝色能源盐差能的开发和利用	新能源与节能
14	202000041	水文模型对海绵城市防洪能力和成本效益评估	资源与环境
15	202000042	LittleMoochi（小摩奇）——基于人工智能的少儿健康饮食应用平台	高技术服务
16	202000043	基于知识图谱的医护协同平台	高技术服务
17	202000045	大体积柔性疏水气凝胶产业化应用	新材料
18	202000050	空降计划	现代服务业
19	202000055	巡航式智能移动充电桩	新能源与节能
20	202000056	基于工业4.0的智能工业物联网的整体解决方案	高技术服务
21	202000058	Voyapal创新旅游平台	现代服务业
22	202000061	小狮子赛几	其他高新技术领域
23	202000067	开票OpenTicket——旅游景区门票在线预约订购平台	现代服务业
24	202000069	AcaWorld	现代服务业
25	202000070	油田环保钻井油泥废弃物处理系统	新能源与节能
26	202000071	基于固废处置的低碳节能多梯度墙材系统	资源与环境
27	202000072	诱导铁死亡的抗肿瘤先导化合物的高内涵筛选	生物与新医药
28	202000073	激光表面复合强化系统	先进制造与自动化
29	202000075	Interlart洲艺全球艺术品交易平台	电子信息

续表

序号	项目编号	项目名称	所属行业
30	202000076	物语智联	电子信息
31	202000079	欧米商城	现代服务业
32	202000080	求索赴源技术交流平台——开源生态	电子信息
33	202000081	舞蹈纪——全国舞蹈综合服务平台	现代服务业
34	202000083	AGIA Building System智能装配建筑	先进制造与自动化
35	202000085	一种智能销售系统取送货装置	先进制造与自动化
36	202000088	Uget APP——时尚跨境电商服务平台	电子信息
37	202000089	艾背	生物与新医药
38	202000090	开放式教育社交平台——U频网	电子信息
39	202000092	天鲜互动	现代服务业
40	202000095	沼气提纯制取生物天然气	新能源与节能
41	202000096	基于多孔介质传热的计算流体动力学软件开发	新能源与节能
42	202000101	动力电池梯次利用储能平台AlitaPower	新能源与节能
43	202000102	梅花鹿鹿角盘提取液抗炎产品的开发与利用	生物与新医药
44	202000104	软式内窥镜缝合器	生物与新医药
45	202000106	由我教育——由我人生设计	现代服务业
46	202000112	微型柔性传感器在智能穿戴设备中的应用	其他高新技术领域
47	202000113	教育教学质量提升SAAS平台	高技术服务
48	202000116	地质灾害岩体结构特征智能立体测量	资源与环境
49	202000117	爱侣AI——人工智能婚恋配对平台	现代服务业
50	202000122	癌症靶向基因药物研发	生物与新医药
51	202000128	爱玩特智能AI全自动金融大数据分析	电子信息
52	202000130	一种恶性胶质瘤生物标志物的应用	生物与新医药
53	202000132	用于航空航天零组件维护的手持式动态补偿激光清洗技术及装备	先进制造与自动化
54	202000135	由区块链技术驱动的数字艺术估值与版权管理和交易平台	高技术服务
55	202000136	智慧实验室综合管理平台	电子信息
56	202000138	红外热成像芯片的研究与开发	电子信息
57	202000139	数魔科技	电子信息
58	202000140	物联网云智能机器人系统集成服务	先进制造与自动化
59	202000141	毫米波雷达在交通领域的应用	先进制造与自动化
60	202000143	农林废弃物气化—活化联用技术及产业化	资源与环境

续表

序号	项目编号	项目名称	所属行业
61	202000144	物联网用锂氟电池项目	新能源与节能
62	202000145	打开AI深度学习黑盒子	高技术服务
63	202000146	大规模个性化中医药优质资源云智慧健康服务平台	电子信息
64	202000149	自主可控光电子器件TCAD软件及红外光电子器件整体方案咨询	其他高新技术领域
65	202000154	留学酱：一站式全场景海外高等教育知识服务平台	电子信息
66	202000155	Leviosa混合动力垂直起降飞行器	先进制造与自动化
67	202000158	新冠疫情下高效健康的新一代医用空气净化消毒机	其他高新技术领域
68	202000159	译墨投顾SaaS供应链系统	电子信息
69	202000160	企数科技——企业数字化资产管理解决专家	电子信息
70	202000161	钙钛矿图案化绿色工艺及其产业化	电子信息
71	202000162	分子信号转换基因治疗平台技术	生物与新医药
72	202000163	高性能光催化产氢材料的开发与推广	新材料
73	202000164	地球鹰眼系统	电子信息
74	202000165	血液检测机器人	先进制造与自动化
75	202000166	基于动作高精刻画的姿势疾病辅助诊疗系统	生物与新医药
76	202000168	3D打印协作机器人及远程操作平台	先进制造与自动化
77	202000170	基于人工智能技术的工笔画数字化建设	电子信息
78	202000172	锐达电动科技项目	先进制造与自动化
79	202000174	二维码多语种海外点餐系统	现代服务业
80	202000175	5G射频前端芯片	电子信息
81	202000177	BI人工智能	高技术服务
82	202000180	春晖老年人再就业康养平台	现代服务业
83	202000181	农业科技环保资源再生项目之农场有机垃圾和城市厨余垃圾/污泥收集再利用	资源与环境
84	202000191	混凝土抗裂性能的全新检测技术与工程应用	先进制造与自动化
85	202000193	BLOX营养格子	其他高新技术领域
86	202000197	基于机器学习的定制数字油画	电子信息
87	202000198	进阶帕金森基因治疗	生物与新医药
88	202000199	纳米半导体智能测量系统	先进制造与自动化
89	202000200	钛管高品质双枪TIG焊智能装备与虚拟制造系统	先进制造与自动化
90	202000201	芝士马达——汽车专业人士的在线学习平台	现代服务业

续表

序号	项目编号	项目名称	所属行业
91	202000203	德莱哲	生物与新医药
92	202000205	BIM数字孪生柔性智造微系统	电子信息
93	202000206	AI识别客户需求与程序语言转换	电子信息
94	202000210	农林废弃垃圾可持续循环利用	资源与环境
95	202000212	高效低能耗低污染合成气生产方案	新材料
96	202000213	大学生兼职APP	电子信息
97	202000215	智助游	其他高新技术领域
98	202000218	新型商业学术在线百科全书	现代服务业
99	202000219	教育戏剧市场应用与研究	其他高新技术领域
100	202000220	智能商船视觉环境感知警报与决策辅助系统开发	先进制造与自动化
101	202000221	Chez Chef（厨师家）——半成菜配送	现代服务业
102	202000222	美国万悉科技公司：另类大数据分析	其他高新技术领域
103	202000226	研发多功能膀胱水囊扩张导尿管应用于膀胱挛缩患者治疗	生物与新医药
104	202000227	英国初高中国际课程线上平台	现代服务业
105	202000228	基于CMT电弧增材制造铜铝合金零部件的智能装备系统开发	新材料
106	202000229	EventPlus	电子信息
107	202000230	值场	现代服务业
108	202000233	Heimer阿尔茨海默症患者智慧服务平台	电子信息
109	202000238	SILK蚕丝计划——网课教育扶贫社会企业	现代服务业
110	202000241	基于激光3D打印技术的智能控温随形冷却模具	先进制造与自动化
111	202000243	端粒测量与生命健康	生物与新医药
112	202000245	新型光子波导材料太阳能发电窗	新能源与节能
113	202000246	智能跟随载物小车	高技术服务
114	202000247	九州算术——中国式数学教育的西行之路	现代服务业
115	202000248	抗菌中药有效成分筛选、提纯、鉴定以及工业合成和药效评价完整生态产业链的建立	生物与新医药
116	202000249	“德米特计划”多元化产业处理餐厨垃圾的可持续方案——再生昆虫蛋白	资源与环境
117	202000251	柔性科技	新材料
118	202000252	基于深度学习的知识图谱结构智能健康监测云平台	电子信息

续表

序号	项目编号	项目名称	所属行业
119	202000254	知留社——赴日深度游学策划	现代服务业
120	202000255	面向智慧城市的5G AI城市建筑外立面健康检查系统	其他高新技术领域
121	202000258	编程大乱斗游戏	电子信息
122	202000259	Health Manager（定制健康）	高技术服务
123	202000260	Utiku非遗教育——可持续鱼皮材料与艺术时尚的结合	现代服务业
124	202000261	生物免疫因子的研发及产业化——借助人工智能和高通量筛选生物表面活性剂合剂	生物与新医药
125	202000262	基于新型图像分割算法和神经网络的木材缺陷智能检测系统研究	其他高新技术领域
126	202000264	高端纳米材料的连续生产工艺开发及产业化	新材料
127	202000265	胰岛素无痛递送系统	其他高新技术领域
128	202000266	基于图像引导的动脉介入手术导航	生物与新医药
129	202000268	基于隐私计算的去中心化数据协作平台	电子信息
130	202000273	悦牧未来——智慧牧场监测解决方案	高技术服务
131	202000274	GSI全享信息	电子信息
132	202000275	基于边缘计算的全栈部署解决方案	高技术服务
133	202000276	基于人工智能的国际顶尖药物筛选及疫苗研发平台	生物与新医药
134	202000277	基于多维水动力计算机仿真模拟与机器学习的实时洪水预报系统开发与应用	其他高新技术领域
135	202000278	一种分布式甲烷制氢模块	新能源与节能
136	202000279	吞咽易SeniorDeli——老年人吞咽障碍食品工程和产品	生物与新医药
137	202000280	逍遥词——基于游戏化设计的汉语词汇学习应用	现代服务业
138	202000283	无接触语音化电商	高技术服务
139	202000284	君行一站式留学服务平台	现代服务业
140	202000285	聚焦精神状态调控的闭环脑机接口系统	生物与新医药
141	202000288	派瑞科技——基于人工智能的CT分析系统	电子信息
142	202000289	TSnail	电子信息
143	202000291	极猎科技信息咨询有限公司	高技术服务
144	202000294	EP云校园——基于共享经济的校园打印平台	高技术服务
145	202000295	“享学习”自学教育开放空间	现代服务业
146	202000300	肌肉电信号神经网络仿生灵巧手	其他高新技术领域
147	202000301	玩童自然科普文创工作室	现代服务业

续表

序号	项目编号	项目名称	所属行业
148	202000304	低碳环保超稳定新“芯”燃动电池	新材料
149	202000305	ANOVATION智能跨境税务	现代服务业
150	202000306	MASK ATM	现代服务业
151	202000308	橘子留学教育——以职业规划为导向的互联网留学教育平台	电子信息
152	202000309	基于在线学习的交通稳定化自适应自动驾驶系统	其他高新技术领域
153	202000312	医用增材制造技术：个性化可降解式骨科医疗植入物以及相关定制式医疗器械	生物与新医药
154	202000313	共享仓储式跨境交易平台（WCTP）	高技术服务
155	202000314	武汉抗疫最前线AI算法系统	电子信息
156	202000315	易记中文	现代服务业
157	202000316	NEURALSURGE——中风康复辅助系统	电子信息
158	202000318	Navibo无线定位追踪技术	电子信息
159	202000321	“4.0汉泰云译客”——打造全球最专业的汉泰区块链	现代服务业
160	202000328	无想茶园	现代服务业
161	202000330	基于互联网的智慧健康护理服务	电子信息
162	202000331	下一代工业控制系统——类脑智能控制系统	先进制造与自动化
163	202000332	基于模型系统工程支持企业数字化转型	高技术服务
164	202000333	LaBridge科技成果商业化平台	现代服务业
165	202000335	WeNote为学	现代服务业
166	202000336	血细胞智能辅助筛查系统	生物与新医药
167	202000340	区块链浏览器	电子信息
168	202000341	白鹿智慧安全校园平台	电子信息
169	202000342	“同学来了”自习室	现代服务业
170	202000343	形貌可控纳米多孔高分子材料的研发及应用	新材料
171	202000346	ShadeMe智能天眼遮阳装置	其他高新技术领域
172	202000347	Major Master教育科技平台	现代服务业
173	202000348	柔性水系锌离子电池	新材料
174	202000349	设施农业土壤生态环境改良	资源与环境
175	202000350	UNIK留学私塾	现代服务业
176	202000352	中国历史文化的海外市场化推广	现代服务业
177	202000353	登登PTE	现代服务业

续表

序号	项目编号	项目名称	所属行业
178	202000358	Deep Neural Design	其他高新技术领域
179	202000359	CollegeDirect在校生	现代服务业
180	202000360	全球化智慧城市大型基建创新治理EMBA项目	现代服务业
181	202000361	EMOTIVE+多媒体动态情绪识别系统	高技术服务
182	202000362	VICINA小程序SaaS项目——欧洲第一家多端小程序SaaS平台	现代服务业
183	202000363	中红外光导纳米水凝胶在透皮贴剂中的应用	生物与新医药
184	202000368	基于人工智能的电子病历分析与精准医疗服务平台	高技术服务
185	202000369	园区安全管家	其他高新技术领域
186	202000370	儿童青少年体适能体育心智解决方案	现代服务业
187	202000373	智慧海绵城市解决城市“看海”问题	资源与环境
188	202000375	数字化高通量电化学生物传感器单芯片片上系统（SOC）研发	电子信息
189	202000376	CuET纳米制剂——靶向抗肿瘤的“新希望”	生物与新医药
190	202000377	耳见西藏	现代服务业
191	202000378	智能卷曲压力垫	其他高新技术领域
192	202000383	曙光动力——微型航空发动机创业项目	先进制造与自动化
193	202000384	若河魔镜	高技术服务
194	202000385	足超核心系统	现代服务业
195	202000386	iMSR科技——智慧医疗服务机器人	其他高新技术领域
196	202000387	基于网络地图（WMS）的自助式辅助制图网站	新能源与节能
197	202000389	抗菌肽机器人	生物与新医药
198	202000390	非结构场景空地协同自主无人系统	其他高新技术领域
199	202000391	精准医疗——基因诊断脑肿瘤与神经系统退变性疾病	生物与新医药
200	202000395	改性褐煤制备廉价催化剂低温催化生物质制备合成气	资源与环境
201	202000397	儒兮Rocy	现代服务业
202	202000398	投光（TOE）：一站式、成体系的知识分享社交平台	电子信息
203	202000400	区块链赋能的冷链商品智能产运销平台	电子信息
204	202000402	筛查与预测精神类疾病多领域平台的构建与应用	生物与新医药
205	202000403	四海有家——人工智能中欧旅居大数据平台	电子信息
206	202000407	基于社区获得性肺炎诊断呼吸监测的智能可穿戴柔性无创贴片	新材料

续表

序号	项目编号	项目名称	所属行业
207	202000408	橡胶弹性体动态力学模拟器	新材料
208	202000410	岩习君	其他高新技术领域
209	202000411	澳大利亚建筑外墙测试和火灾风险分级技术	高技术服务
210	202000414	Talko在线教育平台	电子信息
211	202000416	“城市记忆仓库”文创项目	现代服务业
212	202000417	互联网+虚拟现实教育娱乐软件	电子信息
213	202000419	环保轻巧型纸陶瓷产品开发	新能源与节能
214	202000420	以简零代码——基于云计算的RPA零代码软件开发平台	电子信息
215	202000421	行吧！GoodGo——欧洲线上旅行项目	现代服务业
216	202000423	邻客民族文化教育服务综合平台	现代服务业
217	202000425	C+wellbeing希家心理	现代服务业
218	202000426	烟雨客栈国风文化主题餐饮酒店	现代服务业
219	202000427	Otaro	高技术服务
220	202000431	C2A澳洲综合留学服务平台	电子信息
221	202000434	璞灿文传	现代服务业
222	202000438	基于化学信息学的药物开发及化学类教育平台的设计	高技术服务
223	202000441	清越科技	资源与环境
224	202000442	高品质创新型定制化（PIC）热水系统的研发及产业化	新能源与节能
225	202000444	基于情绪识别的精神认知助理机器人Emobot	高技术服务
226	202000445	基于大数据的免费技能交换平台	高技术服务
227	202000446	基于B2C的卫星遥感大数据交易平台	高技术服务
228	202000447	Seshat人工智能学术写作辅助平台	现代服务业
229	202000450	日本留学升学信息平台	电子信息
230	202000452	基于傅里叶转换的运动特征仿真技术应用	高技术服务
231	202000459	基于脑胶质瘤切除术中引导OCT技术	电子信息
232	202000462	Pmaster农业科技咨询	高技术服务
233	202000465	英伦小口袋	现代服务业
234	202000466	基于感情和需求的主动交互型聊天对话系统	高技术服务
235	202000468	升玮教育	现代服务业
236	202000470	PURE	电子信息
237	202000471	中英新兴时尚品牌与文化线上贸易与交流HYPERREALITY	现代服务业
238	202000472	奥吉：一个有爱有态度的特殊教育平台	高技术服务

续表

序号	项目编号	项目名称	所属行业
239	202000475	风氢扬大功率长寿命燃料电池系统	新能源与节能
240	202000476	“当归”——留日学子归国就职服务平台	现代服务业
241	202000482	Dancemon在线舞蹈学习及社交平台	现代服务业
242	202000483	“老娘最美”——网购实时虚拟3D试衣软件	现代服务业
243	202000485	Deep computer-aided diagnosis system	电子信息
244	202000488	智能养老服务信息管理系统	现代服务业
245	202000490	自调度的共享汽车平台系统	现代服务业
246	202000491	3D体外线粒体疾病模型助力药物开发和精准医疗	生物与新医药
247	202000492	世界音乐市场“中国制造”计划	高技术服务
248	202000493	启点教育株式会社	现代服务业
249	202000496	意大利大型实景光影水秀整体制作	高技术服务
250	202000497	智能建筑群落能源管理系统	新能源与节能
251	202000499	穿戴式智能睡眠呼吸仪	电子信息
252	202000500	宫颈癌智能筛查与临床决策支持系统	高技术服务
253	202000502	分布式自由流水力发电	新能源与节能
254	202000503	StellarX：虚拟现实内容创作工具与STEAM教育应用	电子信息
255	202000504	大数据人工智能生态系统	其他高新技术领域
256	202000505	英团网	现代服务业
257	202000510	我学汇精英成长方案	现代服务业
258	202000514	熊猫宝贝&美国CwK少儿编程中国市场拓展	高技术服务
259	202000515	智能客服芯	电子信息
260	202000516	基于区块链的疫情传播途径追溯系统	其他高新技术领域
261	202000521	智能城市用户隐私协议整体解决方案	电子信息
262	202000524	足球逻辑	其他高新技术领域
263	202000525	樱桃智能宠物厕所	先进制造与自动化
264	202000526	星城科技——基于计算机视觉和遥感技术的智慧城市项目	电子信息
265	202000529	环境友好型阻燃超疏水纺织品的设计与应用	新材料
266	202000530	组织特异性仿生生物胶水	新材料
267	202000531	RESIGHT仿生视觉系统	生物与新医药
268	202000533	克服假阴阳性、零系统误差ION-PCR联用生化检测仪产业化	先进制造与自动化
269	202000535	灵曜人工智能工业生产监测管理平台	先进制造与自动化

续表

序号	项目编号	项目名称	所属行业
270	202000536	OIpreCure——基于类器官的感染性疾病精准免疫防治创新技术平台	生物与新医药
271	202000537	科技与你同乐——专注于“一站式空间智慧化改造”的腾沐智能	高技术服务
272	202000538	Improve health智能医疗保险平台	高技术服务
273	202000544	专利成果协同开发转化及侵权诉讼	现代服务业
274	202000549	趣慕（KIMU）琴童练习APP	电子信息
275	202000551	小海豚海外华人生活服务平台	电子信息
276	202000553	Cell4D 人工智能细胞辨识芯片	其他高新技术领域
277	202000554	帝国传媒PR宣传计划	其他高新技术领域
278	202000558	无人化智慧电商仓储解决方案	先进制造与自动化
279	202000560	Life Keeper应急教育	现代服务业
280	202000561	中韩跨境电商的智能化仓储	电子信息
281	202000563	Astronomia互联网——中欧品牌对接平台	现代服务业

2020中国海外人才交流大会
暨第22届中国留学人员广州科技交流会

一、大会简介

中国海外人才交流大会（简称“海交会”）前身为自1998年开始举办的中国留学人员广州科技交流会（简称“留交会”）。留交会在全国率先开启了大规模引进留学人员回国创新创业服务的先河，并经过10多年的发展，成为国内规模最大、层次最高、影响力最强的海外人才创新创业交流活动平台，被誉为“中国海外留学人员交流第一品牌”。2016年，为进一步提升留交会作为国家级海外人才回国创新创业枢纽平台的国际影响力，扩大海外引智范围，提高办会水平和实效，吸引更多的海外高层次人才回国创新创业发展，大会进行了全方位的升级，并正式命名为“中国海外人才交流大会暨中国留学人员广州科技交流会”。

2020中国海外人才交流大会暨第22届中国留学人员广州科技交流会于2020年12月18—19日在广州举行。本届“海交会”继续以“智汇、创新、共赢”为办会主题，以“面向海内外，智汇大湾区”为办会宗旨，采用“线下主阵地+线上广传播+海外分会场”的办会形式。线下主会场设在广州白云国际会议中心，组织开幕活动、高端论坛、展示推介、项目和人才交流、专题活动、实地考察6大板块活动，线下参会近3.5万人次，共有英国、美国、澳大利亚、日本、加拿大、法国、新加坡、俄罗斯、韩国、意大利等31个国家和地区的5000余名海外人才参会。线下主会场有开幕活动、高端论坛、展示推介、项目和人才交流、专题活动、实地考察6大板块活动，展览展示面积约25000平方米，共吸引全国30个省和自治区的88个城市（包括直辖市、特别行政区）的政府代表团，550家高校、科研院所和科技企业参展参会，带来合作项目超3800个，完成了一系列合作签约、揭牌、发布等50余场仪式。

中国海外人才交流大会暨中国留学人员广州科技交流会作为国家级的海外人才交流平台，已经成功举办22届，大批海外人才通过这个平台，踏上回国创新创业的圆梦之旅。据不完全统计，历届大会共吸引海内外高层次人才近5万名，覆盖全球140多个国家和地区，向全国各地输送近5万个项目。

二、组织机构

（一）主办单位

教育部、欧美同学会（中国留学人员联谊会）、广州市人民政府

（二）协办单位

北京、天津、上海、重庆等29个城市（机构）

三、重点活动

（一）高端论坛

本届海交会首次打造系列品牌节目《湾区论坛》，以“归·创”为主题，聚焦留学人员关注的国际政治经济局势、全球人才发展路径、科技创新趋势、大湾区招才引智政策等，展开对话。论坛邀请到中国科学院院士、数学家、信号与信息处理专家，西安交通大学教授，琶洲实验室主任徐宗本；中国科学院院士、复旦大学常务副校长、复旦大学上海医学院院长金力；复旦大学生命科学学院院长、遗传工程国家重点实验室主任、粤港澳大湾区精准医学研究院（广州）执行院长林鑫华；浙江大学医学中心副主任、浙江省科协副主席田梅；视频编解码专家于燕斌，他们分别就后疫情时代下人才跨国流动、新时代创新人才培养、海外人才创新创业政策等主题发表了演讲。围绕“新就业形态”主题，《湾区论坛》还进行了一轮论坛对话，邀请全国政协外事委委员、全球青年创新领袖共同体促进会（PILC）会长曾钫，腾讯安全生态总经理王艳茹，海聚科技投资有限公司董事长孙琦琳等嘉宾进行了分享与讨论。此外，在《湾区论坛》上，“海创人才南方创业服务中心”“海归新就业形态赋能中心”正式揭牌成立，将进一步为海外留学人员来华创新创业发展铺路架桥。在大会举办期间，中国留学人员回国创业专家指导委员会举办2020年度“最具成长潜力的留学人员创业企业”榜单发布仪式，同时发布的还有“2020年最具影响力新兴海归创业企业”“2020年海归及国际人才吸引力城市”及“2020年中国留学人员创新创业50人”榜单。

（二）展示推介

作为海交会的重磅内容，线下展览展示包括国内城市创新展、海外人才项目展、科技创新成果展和创新创业服务展。明珠科学园、4个重大科技基础设施、4个省级实验室、2家高水平创新研究院，以及全国30个省、自治区、直辖市、特别行政区的88个政府代表团亮相，通过线上线下结合的方式向海内外人才展出科研成果、招聘岗位和政策环境。其中，国内城市创新展围绕粤港澳大湾区、长江三角洲区域、京津冀区域等国家重点发展战略布局，为各省市提供一个展示创新创业环境、人才政策、发展优势、城市规划以及城市间交流合作的平台。共设3个主题分展区：国内各省市展区、湾区城市群展区、广州及各区展区。海外人才项目展以人才支撑为根本，构建全球顶尖智力高地。通过集聚展示优秀的海外人才和项目，搭建国内企事业单位与海外人才和项目的交流对接平台，吸引更多的海外高层次人才回国创新创业发展。共设3个主题分展区：国家高层次海创人才创新技术与产业应用展区、侨界海归人才和项目展区、独联体国家人才和项目展区。科技创新成果展以科技创新引领战略性新兴产业发展。围绕轨道交通、高清显示、集成电路、新能源、区块链、生物医药、航天航空等新兴产业，展示科技创新最新成果；通过集聚国有重点企业，充分展现其科技研发实力和科技创新能力；通过展示最新科技成果在疫情防控和复工复产中的实际应用，突显科技创新阻击疫情和推动经济社会高质量发展的磅礴力量。共设3个主题分展区：科技创新成果展区、高科技重点企业展区、防疫抗疫高科技成果展区。创新创业服务展汇聚国内外优秀的创新创业服务机构，搭建集政策咨询、融资撮合、成果转化、合作对接、落地实施为一体的创新创业服务链，为参会留学人员和海外人才、项目提供优质服务，促进人才和项目落地。共设4个主题服务区：科技金融服务区、知识产权与技术转移服务区、科技企业孵化服务区、人力资源服务区。

三、大会成果

（一）市场化转型，市场主体激发引才活力

本届海交会依托市场化办会机制，调动各类市场主体多元投入。一是拓展人力资源渠道，436家企业发布岗位需求29475个。大会针对不同专业、层次、领域的海外人才，开设线上线下招聘活动，聚集了华为、广药、美的等优质企业，鹏城、生物岛、琶洲、深圳湾等实验室，中科院广东空天院、广东智能无人系统研究院等科研院所。其中，视频招聘涵盖美国、英国、澳大利亚、新加坡、日本、中国香港6个国家和地区。二是拓展各类合作机构，258家投融资、创业孵化等科技服务机构联合搭建平台。组织项目路演23场、路演项目160个；国家特聘专家团队携300多个技术项目参会，达成30余项意向合作；独联体专家团队带来200多个参展项目。彬复资本、比邻资本、国仟医疗、北美创投孵化器等一大批国内外著名风创投机构，采取项目路演、现场对接等手段，实现优质项目和社会资本的有效对接，“纸电池驱动的一次性医疗器件产品和市场化”“高性能锂金属电池产业化项目”等一批项目达成落户意向。三是强化广州科技金融支撑能力，启动2020年科技金融服务周。从12月18日起，联合金融机构为科技企业开展项目路演、投贷对接、论坛等多场活动，为企业提供更全面、更精准、更高效、更开放的科技金融服务，打造“创、投、贷、融”科技金融生态圈。

（二）国际化升级，着力布局海外分会场

大会采用“线下主阵地+线上广传播+海外分会场”的办会形式，为广大海外人才来华创新创业发展铺路架桥。一是海外分会场合理布局，受到广泛欢迎。美国旧金山湾区、日本东京湾区，英国、德国、比利时、以色列、白俄罗斯举办9场海外分会场活动，覆盖主要海外人才聚集地。其中，德国分会场有人工智能、智慧医疗、新能源、工业4.0等重点领域的200余位院士专家、科技创新领域机构代表，围绕前沿产业发展、人才服务等开展交流合作。英国分会场收到英国40余所高校的500余份求职申请，92.6%以上为硕博学位；1200多名海外人才线上参会，30余家企业和科研院所展开了连线对接。以色列分会场设立展区和圆桌交流会，对中以两国在人才、教育、科技等方面的合作创新进行分享，中国留学以色列同学联合会粤港澳大湾区分会借此揭牌。二是海内外机构参与踊跃，获得广泛支持。早稻田大学、东京大学、澳门科技大学等高校，德国国家科学院、英国社会科学院、白俄罗斯国家科学院等境外科学院，牛津大学衍生公司、中以新创机器人有限公司等国外单位，欧洲货币机构投资者集团、埃森哲等13家投行机构参展参会。

（三）专业化提升，打造人才项目交流盛宴

围绕生物医药、人工智能、海洋经济、航天航空、科技金融等重点领域，大会策划了32个专业论坛活动，搭建了一个多领域、多层次的交流合作平台。一是科技大咖云集，论坛主题专业化。主论坛《湾区论坛》以“归•创”为主题，围绕新时代人才流动、人才培养、人才创新创业等话题，中国科学院徐宗本、金力等院士专家发表主旨演讲。各分论坛围绕药物研发、脑科学等专业领域，中国工程院姚新生、加拿大皇家科学院王玉田、国际欧亚科学院李世鹏、日本工程院李颉等院士做主题分享。鹏城实验室“人工智能”专题分论坛聚焦人工智能、无人机及未来网络等探讨前沿热点、未来发展趋势。琶洲数字岛人才交流会在全国率先发布数字经济人才标准，广州琶洲试验区“智聚”平台正式启动。二是黑科技产品云集，项目产品专业化。包括隔离床、新冠检测设备、VR摩托车、海风智能机器人、魔镜AI面试系统、5G纳米材料、柔性显示屏、全国首创的民航安全应急管理技术等生物医药、人工智能、新材料、新一代信息技术产品亮相大会。三是高端单位云集，展览展示专业化。广州“1+4+4+N”战略创新平台、鹏城实验室、松山湖实验室等单位集聚亮相。国家高层次海创人才创新技术与产业应用展，汇集展示了神经技术、生物技术、VR、区块链、人工智能等战略新兴产业近1500项黑科技产品。

（四）品牌化效应，打造独具吸引力的海外人才交流平台

大会已经成功举办了22届，国家级招才引智平台作用凸显，成为“人才强国”国家战略的生动实践。一是汇聚多个品牌活动，支持海外人才回国创新创业发展。例如，广州市“菁英计划”留学项目10年来选拔资助了350多人赴国外攻读博士学位，半数以上学员回国，其中69.81%担任技术研发职务，获得国家、省市项目资助或荣誉奖项142项、专利授权72项。全新打造湾区论坛、海创大讲堂、粤港澳大湾区国际青年人才创新创业发展论坛等系列活动，汇聚各层次海外人才，让他们共享回国创新创业发展经验。“春晖杯”中国留学人

员创新创业大赛已连续15届深度参与海交会，132名项目持有人来穗参会。新引进的金博奖大赛是国内第一个国家支持、民间发起并组织实施的科技创新顶级赛事，吸引了全球616个博士项目报名，举办高校、区域以及海外专场16场次，36个项目入围全球总决赛。二是着力提升“中国留学人员第一品牌”效应，社会关注度和影响力持续提升。大会对视觉形象进行了全新升级，搭建官方公众号、视频号、微博等传播平台。据不完全统计，会期2天，中央主流媒体以及地方媒体、自媒体等150余家海内外媒体发布海交会相关报道2000余篇，网络点击量超1000万次。

（五）智能化办会，搭建全链条人才项目服务交流平台

本届大会广泛采用各种信息技术，推动传统办会方式向数字化转型，着力提升智能化办会水平。一是引才平台成效初显。“云海汇”智能化平台集政策咨询、融资对接、交流合作、人才招聘为一体，提供全终端“线上海交会”服务。二是线上办会形式丰富多样，通过线上展览、直播等方式，举办线上活动11场，展示项目106项。三是采用人脸识别、数字信息认证、实名登记小程序、核酸检测二维码等智能手段，实现全程无纸化登记，提高了服务效率。

2020中国海外学子创业周

一、活动简介

中国海外学子创业周（简称“中国海创周”）源于2000年开始举办的“中国海外学子辽宁（大连）创业周”，2010年起升格为国家级引智平台，正式更名为“中国海外学子创业周”。从2014年开始，中国海创周开始转型以项目为核心，市场化、专业化运作并突出国际化特色，坚持国际化视野、“走出去”战略，形成了项目对接、人才对接、资本对接、信息交流四个功能平台，实现了从中国品牌向国际品牌的飞跃。

历经20年积累与沉淀，中国海创周已经成为海内外高层次人才了解国内创新环境、寻求创业机会的重要窗口，国内招贤纳士的重要渠道，在海外高端项目引进、科技与资本精准对接、聚拢海内外学子创业兴业、推动“双创”走向国际化和振兴东北老工业基地方面均取得显著成果。20年来，中国海创周共吸引来自63个国家和地区的近4万余名留学人员、3000余位国外客商参会，与2万多家企业、高等院校、科研院所等单位进行合作洽谈，签订合同8900余份；3500余名海外学子回国就职，7000余名海外学子回国创业，共创办企业4900余家，企业获专利8500多项，累计创造产值7300多亿元，取得了可观的经济和社会效益。同时，旨在为海外学子到大连创新创业提供全方位支持的“海创工程”，10批累计入围近200个项目，70余个项目成功立项，投入扶持资金超过1亿元。

二、主要内容

2020年6月29日—7月1日，2020中国海创周集中3天组织146个优质海归项目进行云端路演，从大连高新区视频连线国内相关省市，以及欧美、日韩多个国家，举办人社部“最具成长潜力的留学人员创业企业”线上路演、“海创工程”项目路演共21个专场活动，再掀引才引项目新风潮。

受疫情影响，今年海创周首次以网上的形式举办。自3月10日，2020网上海创周海外直通车活动启动以来，已有不少项目初步达成落户意向，正全面对接产业资源、拓展国内市场，力促快速落地发展。

在此次为期3天的项目路演中，除人社部“最具成长潜力的留学人员创业企业”项目路演专场外，还有“海创工程”项目路演的生命科学专场、洁净能源专场、数字文创专场、智能科技专场、新一代信息技术专场、半导体项目专场、俄罗斯项目专场。当前形势下，海外引才引项目工作稳步推进、成效显著。

2020中国海创周以数字经济为基础，围绕洁净能源、生命健康、数字文创、智慧海洋、智能制造等重点产业方向，面向海内外发动征集200多个项目报名，筛选一批高成长海归创业项目参与路演评审，优选30个项目进行重点跟踪，助推10－15个项目落地。通过一系列线上活动，打破地域和时间限制，把平台做大，把战线拉长，切实服务高科技产业快速发展。上半年主要开展线上活动，组织海外工作站项目进行线上专场路演、国内重点城市海归创业项目线上路演、国内投资机构线上对接交流。下半年主要进行线上线下对接交流，适时举办海创周成果发布会，以及国内重点城市线上融资路演、工业物联网产业系列活动、大小企业对接、高成长企业大连行、技术交流等活动。

2020网上海创周启动后，针对疫情对企业发展带来的冲击，大连高新区千方百计帮助企业排忧解难，并拿出2400万元“海创工程”专项资金，支持海归企业发展。与此同时，紧锣密鼓修订新一轮政策，继续优化“海创工程”实施意见和实施细则，努力把握引才、留才等一系列竞争的主动权。今年，共有12个项目入围第十批“海创工程”，有的具有领先核心技术和明显技术壁垒，有的具有广阔市场前景且已开始市场化，有的已完成PRE-A轮融资。大连高新区对其中6个项目给予提前立项资格，减少复审环节，根据项目投入、业务开展等情况，直接确定立项类别和资金支持额度，以最短时间将项目引入发展“快车道”。

第十八届中国国际人才交流大会

一、大会简介

中国国际人才交流大会于2001年经国务院批准，由国家外国专家局创办。第一至第四届由国家外国专家局和江苏省人民政府、南京市人民政府共同主办；第五届由国家外国专家局和国务院振兴老东北工业基地办公室、辽宁省人民政府、沈阳市人民政府共同主办；自2007年第六届起，由国家外国专家局和深圳市人民政府共同主办，长期落户深圳，是中国面向国（境）外专家组织、培训机构、科技创新人才开放的大规模、高规格，集人才、技术、项目、资金和管理于一体的国家级、国际化、综合性的人才与智力展洽盛会。

大会以“融全球智力，促共同发展”为主题，以“国际化、高端化、专业化、精品化、市场化、信息化”为目标，规模不断扩大，规格不断提升，内容不断丰富，效果不断深化，逐渐发展成为中国乃至全球人才与智力交流的重要平台。2007—2019年期间，大会累计吸引来自75个国家和地区的机构，4.15万余名国（境）外专家、海外留学人员和专业人才，2.4万多个国内人社、引智、教育、科技部门的单位，5200多个专家组织、培训机构、专业协会、科研机构、人才中介、科技企业；举办近600场签约、推介、研讨、论坛活动，签署2.5万多项人才与引智合作协议，达成3.65万个职位招聘意向。通过专业化的服务、精准化的对接，大会成为外国专家和海外人才的交流平台、创新成果交流互鉴的重要窗口、国家引才引智的门户枢纽。

二、组织机构

（一）主办单位

科学技术部（国家外国专家局）、深圳市人民政府

（二）承办单位

科学技术部国外人才信息研究中心、中国国际人才交流中心、深圳市人力资源和社会保障局

三、主要内容

第十八届中国国际人才交流大会于2020年9月7日开幕。受新冠肺炎疫情影响，科技部和深圳市政府共同决定将网上大会作为第十八届中国国际人才交流大会的主要形式，通过网络平台开展展览展示、论坛研讨、对接交流等活动。

网上大会设置了“虚拟展厅”“项目对接”“主宾国”“线上招聘”“在线服务”5大功能区，打造国际科技创新合作和国际人才交流的新平台，为参会各方提供开展务实共赢合作的新渠道。为带给观众更加直观、更加新颖的观展体验，本届网上大会将133个展位划分为“国际科技合作成果展示专区”“主宾国展示专区”“‘一带一路’建设板块”“京津冀协同发展板块”“粤港澳大湾区建设板块”“深圳先行示范区建设

板块”等18个区域，以突出不同主题。同时借助AR/VR/3D等最新信息技术手段，为参展单位搭建街景式虚拟展厅，以多媒体形式展示各参展单位风采。其中，以“科技创新 合作共赢”为主题的“国际科技合作成果展示专区”，通过“科技政策法规”“国际科技合作进展和成果”“外国专家风采”三大部分内容，多维度展示中国在科技创新领域开展国际合作取得的积极进展和重要成果。为了献礼中俄科技创新年，网上大会还设置专馆，集中展示中俄科技创新合作和科技人文交流领域的进展和成果。

俄罗斯是本届大会的主宾国，为此网上大会设置了“主宾国展示专区”。在对俄罗斯在国际合作方面的政策、环境等进行介绍的同时，邀请78家俄罗斯高等院校、科研院所、科技企业设展进行展示，并对183项俄罗斯科技创新和人才交流项目进行集中推介。除主宾国俄罗斯外，本届网上大会还邀请了来自20个国家和地区的79家海外机构组成“国（境）外人才交流机构展示专区”，充分体现网上大会国际化、多元化特点。共有3453家各类用人机构参加，发布16671个岗位信息，注册收集求职简历约11152份。同时，网上大会还在长沙、苏州、盐城、北京、上海、珠海、成都、深圳南山区及龙岗区等地开设了海归云聘会城市招聘专场。

作为俄中科技创新年框架下的重要活动，本届大会俄罗斯主宾国活动持续到12月9日闭幕，举办了“俄罗斯主宾国活动周”、高科技论坛、主题圆桌会议、双边会晤洽谈等9场重要活动，两国500多位知名专家、专业学者和企业负责人参加，线上线下参与活动人数超过80万，俄罗斯重点大学和科研机构集中展示了近150个合作项目、科研成果和人才培养方案，为促进中俄人才双向流动，深化成果转化、创业投资等务实协作取得了突破性进展，为未来缔结进一步合作协议打下了坚实的基础。

2020（第六届）中国海归创业大赛

一、大赛简介

中国海归创业大赛是在国家科技部（国家外国专家局）、教育部、人力资源和社会保障部、致公党中央的共同指导和支持下，由中国技术创业协会留学人员创业园联盟发起举办的一项专门面向海归创业的全国性活动，旨在深入落实科教兴国战略、人才强国战略和创新驱动发展战略，以及党中央、国务院对海外人才工作的指示精神和重要部署，凝聚社会力量，构建良好生态，鼓励、支持和带动更多留学人才回国创业发展。

大赛以“创新驱动·海创中国”为主题，秉持“以赛事为平台，以服务为核心”的发展理念和“共建、共享、共用”的组织原则，凝聚社会力量，整合资源要素，发挥政府部门、行业协会、创业园区、大型企业、投资机构、高等院校等多方作用，选拔和扶持优质海归项目，构建创新创业全链条服务体系，打造投融资对接和市场拓展协同平台，加速科技成果转化和企业成长进程，推动高质量海归创业，赋能科技创新，促进产业升级，助力区域发展。大赛自2015年首次举办以来，得到了全国300多家留学人员创业园区、100余所高校以及160多家投资机构和有关单位的参与和支持，共吸引了2898个海归创业项目。通过组织培训、路演、论坛、展览、考察及对接交流等服务活动，成功帮助一批参赛海归创业团队和企业完成融资，实现加速发展。在六届大赛173个入围决赛的项目中，已有荣湃半导体、圆周率软件、极元科技、诺领科技、中存超为等70多个项目获得投资及各类支持，累计金额超过23亿元，成为激发海归创业活力、鼓励支持海外留学人员回国发展的重要平台。

2020（第六届）中国海归创业大赛在国际疫情和国内外经济形势严峻复杂，以及海外留学人员生存生活环境发生变化、人才加速回流的背景下，通过创新办赛机制、提升服务效能，致力于打造更高质量平台，发挥更多承接、输送、扶持、带动作用，激发留学人员回国创新创业创造活力，推动“后疫情时代”海归创业高质量发展，为实施创新驱动发展战略和中国经济行稳致远提供助力。本届大赛于2020年8月启动，共发动征集621个海归项目团队参赛，138个项目团队入围复赛。其中，有超过100支入围项目团队参加了在厦门火炬高新区举办的复赛、决赛和对接洽谈活动。最终，有22个项目晋级决赛，10个项目分别获得一、二、三等奖，12个项目获得优胜奖。

二、组织机构

（一）指导单位

科技部火炬高技术产业开发中心、科技部外国专家服务司、教育部国际合作与交流司、教育部留学服务中心、人社部留学人员和专家服务中心、中国国际人才交流中心、致公党中央联络部、致公党中央留学人员委员会

（二）主办单位

中国技术创业协会留学人员创业园联盟

（三）地方联合主办

厦门火炬高新区管委会、厦门市科技局、厦门市人力资源和社会保障局、中国致公党厦门市委员会

（四）协办单位

中国北京（海淀）留学人员创业园、中关村国际孵化器、济南高新技术产业开发区管委会、烟台经济技术开发区管委会、常熟经济技术开发区管委会、天津东丽湖管理委员会

（五）支持单位

中国技术创业协会、中国国际人才交流基金会、各地孵化器协会、各地留学人员创业园区、各地回国服务机构、海内外留学生团体

三、大赛进程

报名阶段：2020（第六届）中国海归创业大赛报名时间为2020年8月4日—9月20日。大赛以项目为评选对象，主要面向高新技术产业和现代服务业领域，企业和个人均可以项目团队或个人形式报名参赛。要求参赛项目持有人或团队中至少有1人具备海外（含港澳台、外籍人士）学习经历或出国访问研修经历。每个参赛人或团队只能申报一个参赛项目。参赛项目应符合国家产业、技术政策，无知识产权纠纷，且具备一定的前瞻性、创新性，有清晰的商业模式、良好的市场发展前景和预期经济效益。通过大赛组委会对报名材料进行初筛，到报名时间截止，共遴选出符合参赛要求的项目621个。

评审公示：2020年10月，大赛评审委员会对符合参赛要求的621个项目，重点从团队、技术、市场、财务四个能力指标进行了评估。根据专家评审意见和公示，有138个项目入围复赛。

复赛决赛：2020年11月24—27日，2020（第六届）中国海归创业大赛复赛、决赛暨项目对接洽谈会在厦门火炬高新区举行。参加复赛的项目按参赛报名行业分为4组，进行了现场路演和专家评审，22个项目晋级决赛。经过决赛现场评审，最终有10个项目获得一、二、三等奖，12个项目获得优胜奖。同期还举行了项目培训会、合作交流会、对接洽谈会、地方环境考察等活动。

四、重点活动

（一）2020（第六届）中国海归创业大赛新闻发布会

2019年4月26日，2020（第六届）中国海归创业大赛在京召开新闻发布会，宣布正式启动报名。大赛指导单位、主协办单位、创业园区、投资机构、孵化机构、专家导师、往届大赛获奖者及新闻媒体等代表参会。在国际疫情和世界经济形势严峻复杂，海外留学人员工作生活环境发生变化的背景下，本届大赛在组织管理、服务支持、资源结合等多个方面进行优化升级，呈现出新的亮点。

健全管理机制。大赛组委会新制定《中国海归创业大赛管理办法》，通过规范管理，提高组织效率和办赛质量。中国技术创业协会留学人员创业园联盟组建中国海归创业导师团，发挥导师的指导和带动作用，加强大赛的组织和服务保障。

加强多方联动。大赛采用国家部委指导、行业协会运作、地方联合支持的办赛机制。北京、济南、烟台、常熟、天津等地政府部门和单位参与协办，各地孵化器协会、产业联盟、留学人员创业园区、回国服务机构、高校院所和海内外留学生团体等300多家单位共同支持赛事。

扩大奖励范围。为鼓励更多留学人员参与大赛，激发创业热情和活力，本届大赛将提升奖金总额，扩大

奖励范围，惠及更多创业项目。大赛设一等奖1名、二等奖3名、三等奖6名、优胜奖10名，分别给予10万元、5万元、1万元、3000元奖金奖励。

深入了解需求。为进一步发挥大赛平台作用，在本届大赛启动后，组委会将全面开展对参赛项目的调研，通过实地考察等方式，深入了解项目团队的情况和需求，为做好精准服务提供支撑。

推进园区合作。大赛主办方将发挥行业组织和大赛平台作用，不断深化与全国300余家留学人员创业园区的合作，在管理、投资、项目、渠道等方面为园区和在孵企业引入更多优质资源，同时发挥各地留创园的政策、产业、环境和专业孵化优势，丰富大赛服务体系，实现互促共赢。

加大投资支持。中国技术创业协会留学人员创业园联盟联合投资机构，设立规模10亿元的大赛专项基金，对参赛项目给予投资支持。同时推动在科技部主管的“国家科技成果转化引导基金”下，成立“留学人员科技成果转化投资引导基金”，对初创小微留创企业进行重点投资。

贯通服务链条。启动全新的“海创邦”线上创业服务平台建设，探索大赛与全国留学人员创业园网络年会、中国留学人员创业园最具成长性企业评选活动等行业交流和创新创业活动进行整合，贯通产业链、供需链和服务链，构建形成资源富集、链条完整、服务精准、线上线下联动的海归创业一体化平台。

新闻发布会上，来自大赛指导单位、协办单位、国内高校、投资机构以及往届大赛参赛团队的代表，分别做了讲话和发言。

（二）2020（第六届）中国海归创业大赛复赛、决赛暨项目对接洽谈会

2020年11月24—27日，由中国技术创业留学人员创业园联盟和厦门火炬高新区管委会、厦门市科技局、厦门市人力资源和社会保障局、中国致公党厦门市委员会共同主办的2020（第六届）中国海归创业大赛复赛、决赛在厦门火炬高新区举行。来自全国的100余个海归创业项目登台亮相，22个项目晋级决赛，南京楚航科技团队的“基于77GHz毫米波雷达的高级辅助驾驶与自动驾驶系统”项目最终夺冠。

本届大赛于2020年8月启动，以“创新驱动·海创中国”为主题，致力于打造更高质量平台，发挥更多承接、输送、扶持、带动作用，激发留学人员回国创新创业创造活力，推动“后疫情时代”海归创业高质量发展，更好融入国家发展战略，服务构建新发展格局。大赛采用部委指导、协会运作、地方支持的办赛机制，厦门、北京、上海、济南、烟台、常熟、天津等地有关政府部门和单位加入联合主办和协办，并得到了中国技术创业协会、各地孵化器协会、留学人员创业园区、投资机构、服务机构等400多家单位的参与和支持。在各方共同努力推动下，本届大赛参赛项目数量再创历史新高，共有621个海归项目团队符合参赛条件，138个项目团队入围复赛。其中，有超过100支入围项目团队参加了在厦门火炬高新区举办的复赛、决赛和对接洽谈活动。

在为期4天的活动里，举办了项目培训会，两位创业导师围绕知识产权保护、人力资源管理等方面为参赛团队进行辅导。各项目团队按行业领域分为4组逐一路演，来自知名投资机构的15位专家评委从团队、技术、市场、财务四个主要方面对项目进行了现场评审。在随后举办的“海创中国·厦门之夜”对接交流会上，公布了入围决赛的项目名单。在决赛中，22支项目团队再次登场亮相，来自财通创新、复星资本、华泰创新、华软资本、中科开发、中留联创、杉杉创投的7位专家评委对项目进行了评定。最终，“基于77GHz毫米波雷达的高级辅助驾驶与自动驾驶系统”项目夺得桂冠。“云+AI打造未来IT”“基于大数据实时分析的智能健康险风控闭环系”“新型隧道荷载智能调节装置的研发及产业化”3个项目获得二等奖，“森为特土体改性黑科技”等6个项目获得三等奖，另有12个项目获优胜奖。

在复赛和决赛期间，为促进参赛项目在技术、融资、市场及产业上下游开展合作，由中共厦门市委组织部、厦门火炬高新区管委会、厦门市人力资源和社会保障局、中国致公党厦门市委员会共同主办了2020（第六届）中国海归创业大赛人才技术资本对接洽谈会。参赛团队与厦门市招商部门、骨干企业、投资机构、服务机构等单位进行了对接洽谈。同时，组织未入围决赛的项目团队考察了厦门火炬高新区，并为他们颁发了入围复赛证书。

11月27日，在第21届全国留学人员创业园网络年会上举行了大赛颁奖典礼。大赛指导单位和主协办、承办单位有关领导为获奖团队颁发了奖杯、奖金和证书，2020（第六届）中国海归创业大赛圆满落下帷幕。

五、获奖项目

2020（第六届）中国海归创业大赛获奖项目名单

序号	项目名称	奖项
1	基于77GHz毫米波雷达的高级辅助驾驶与自动驾驶系统	一等奖
2	云+AI打造未来IT	二等奖
3	基于大数据实时分析的智能健康险风控闭环系	二等奖
4	新型隧道荷载智能调节装置的研发及产业化	二等奖
5	森为特土体改性黑科技	三等奖
6	灵巧智能机器人	三等奖
7	抗菌肽的研发与应用	三等奖
8	早期胰腺肿瘤定量分子检测技术	三等奖
9	新一代新能源车—轨道交通—石油装备用驱动系统产业化	三等奖
10	通信数据在金融风控领域的创新应用	三等奖
11	真实维度智能微创手术机器人	优胜奖
12	微生态精准医疗——菌群移植	优胜奖
13	基于银负载锌离子溶液分步组装生长纳米线在柔性智能器件及军用装备涂装隐身的应用	优胜奖
14	高难度污水处理新技术应用	优胜奖
15	AI智酶	优胜奖
16	基于本体的多源异构数据融合系统	优胜奖
17	超饱和气液相融技术产业化	优胜奖
18	特种装备智能控制系统	优胜奖
19	智能乐器	优胜奖
20	一种抗慢性乙肝病毒药物的长效缓释片	优胜奖
21	太赫兹智能光电系统	优胜奖
22	优卡思教育	优胜奖

第21届全国留学人员创业园网络年会

一、会议背景

为贯彻落实党和国家的留学工作方针以及对海外人才工作的重要部署和指示精神，加强全国留学人员创业园间的交流与合作，促进管理服务创新，推动实现升级发展，在科技部（国家外国专家局）、教育部、人力资源和社会保障部、致公党中央等部委部门的共同指导下，自2000年起开始举办全国留学人员创业园网络年会。年会以“新时代、新趋势、新作为”为主题，结合时代的特征、变化与趋势，邀请国家有关部委部门、各地留学人员创业园区以及科技、人才管理相关部门单位的领导、专家和代表参会，通过报告、论坛、展览、表彰等形式，总结交流园区建设成果经验，研究探讨留学人员创业园转型升级发展思路。至2020年，年会已连续举办21届，有全国19个省共20个市的留学人员创业园参与承办，有超过5000人次的园区管理服务工作者参会，成为推动留学人员回国服务工作、促进留学人才创新创业发展的一项重要活动。

为总结留学人员创业园当前建设成就与问题，探索新时代园区发展路径，中国技术创业协会留学人员创业园联盟经指导单位同意，定于2020年11月27日在福建省厦门市举办第21届全国留学人员创业园网络年会。本届年会深入探讨疫情下国内外经济形势和留学人员发展环境的变化与趋势，以及“后疫情时代”留学人员创业园转型升级思路，更好地推动海归创业高质量发展，助力中国经济行稳致远。在会议期间，同期举行中国技术创业协会留学人员创业园联盟第四届第一次成员代表大会，以及2020（第六届）中国海归创业大赛颁奖仪式、第三批“中国留学人员创业园区孵化基地”授牌仪式和“2020中国留学人员创业园最具成长性创业企业”颁奖仪式等活动。

二、组织机构

（一）指导单位

科技部火炬高技术产业开发中心、科技部外国专家服务司、科技部国际人才交流中心、教育部国际合作与交流司、教育部留学服务中心、人力资源和社会保障部留学人员和专家服务中心、致公党中央联络部、致公党留学人员委员会

（二）主办单位

中国技术创业协会留学人员创业园联盟

（三）联合主办

厦门火炬高新区管委会、厦门市科学技术局、厦门市人力资源和社会保障局、中国致公党厦门市委员会

（四）承办单位

厦门高新技术创业中心有限公司（厦门留学人员创业园）、厦门市留学人员服务中心

三、主要内容

2020年11月27日，以“新时代、新趋势、新作为”为主题的第21届全国留学人员创业园网络年会在厦门召开。全国政协常委、港澳台侨委员会副主任，致公党中央副主席闫小培出席会议并讲话，厦门市人民政府副市长黄晓舟致辞。科技部、教育部、人力资源和社会保障部、致公党中央和福建省、厦门市当地有关部门领导，以及各地留学人员创业园、创业服务机构、留学人员企业代表等200余人参会。

2020年，新冠肺炎疫情的突发对中国经济社会造成多方面影响，尤其中小企业受冲击较大。当前国际疫情和世界经济形势的严峻复杂，使得我国需要在世界经济循环系统中重新定位竞争优势，加快形成以国内大循环为主体、国内国际双循环相互促进的新发展格局。本次会议深入学习贯彻习近平新时代中国特色社会主义思想和党的十九届五中全会精神，结合疫情下国内外产业经济形势和留学人员发展环境变化与趋势，就“后疫情时代”留学人员创业园升级发展思路进行探讨交流。

闫小培在讲话中指出，留创园经过长期发展和遭受此次疫情影响，目前面临着服务支撑能力不足、后续增长动能不强、同业资源流动不畅、支持政策效力衰减、行业品牌效益趋弱等方面的困难与问题。希望留创园能把握住疫情带来的“人才机遇窗口”“产业机遇窗口”和“变革机遇窗口”，加大力度吸引留学人员回国创新创业，助推产业升级，培育壮大新的增长点，加快数字化转型，提升服务能力，在构建新发展格局中实现更大作为。

会上，举行了2020（第六届）中国海归创业大赛颁奖典礼，大赛指导单位和主协办、承办单位有关领导为获奖团队颁发了奖杯、奖金和证书。本届大赛共有621个海归项目团队报名参赛，138个项目入围复赛，参加了11月24—26日在厦门火炬高新区举办的复赛和决赛。南京楚航科技团队的“基于77GHz毫米波雷达的高级辅助驾驶与自动驾驶系统”项目最终夺冠，3个项目获得二等奖，6个项目获得三等奖，12个项目获得优胜

奖。大赛举办六届累计吸引2898个海归项目团队参赛，已成为激发海归创业活力、鼓励支持海外留学人员回国发展的重要平台。

会上还举行了第三批“中国留学人员创园区孵化基地”授牌仪式和“2020中国留学人员创业园最具成长性创业企业”颁奖仪式，分别对7家留学人员创业服务机构、30家留学人员企业进行了授牌和表彰。截至目前，中国技术创业协会留学人员创业园联盟共分三批授牌“中国留学人员创园区孵化基地”48家；连续举办十届“中国留学人员创业园最具成长性创业企业”评选活动，累计表彰企业514家。

会议同期举行了中国留学人员创业园联盟第四届第一次成员代表大会。联盟理事长赵新良做第三届理事会工作总结报告，回顾了近4年来联盟开展的主要工作。大会审议通过了联盟章程修改草案，选举产生了新一届理事会，北京市留学人员海淀创业园被推举为理事长单位，选举出副理事长单位29家、理事单位44家。同时邀请联盟原理事长赵新鸣、李军任名誉理事长。

大会还发布了联盟与首都科技发展战略研究院共同组织编制的《2020中国留学人员创业园区孵化基地竞争力报告》，研究院执行院长颜振军博士介绍了对41家孵化基地进行调研和综合评价的排名情况，分析了孵化基地的竞争实力，提出了留创园区在发展中存在的主要制约和升级思路。据介绍，前两批评价的41家孵化基地分布在全国20个省区市，在园留创企业近2900家、留学人员6000余名，累计孵化留创企业近15000家，培育引进国家和省市各级创业人才数千名，在人才集聚、科技创新、产业促进等方面成为区域发展的重要力量。

科技部火炬中心产业集群处处长魏谷做会议报告，解读后疫情时期全球产业链、供应链的变化，以及我国创新型产业集群开启新一轮高质量发展，为留学人员回国创新创业和留创园发展带来的影响。中科院科技战略咨询研究所、中科院创新发展研究中心创新研究部主任蔺雷，就危机下通过内创业等方式推动留创园升级发展发表主题演讲。优秀留创企业清源科技（厦门）股份有限公司董事长洪伟代表厦门留创园企业做了交流发言。与会者还考察参观了厦门火炬高新区和重点企业，交流学习了在创新创业环境建设和企业培育等方面的工作经验。

2020中国留学人员创业园最具成长性创业企业评选活动

一、活动简介

为深入贯彻落实党和国家的留学工作方针，弘扬创新精神，展现留学人员创业园建设成果，自2010年起，中国技术创业协会留学人员创业园联盟在科技部（国家外国专家局）、教育部、人力资源和社会保障部、致公党中央的共同指导下发起举办“中国留学人员创业园百家企业”评选活动（以下简称“评选活动”）。为进一步强化定位、深化品牌、突出示范带动作用，自2018年起对活动内容进行优化整合，并更名为“中国留学人员创业园最具成长性创业企业”评选活动，每年举办一次。

评选活动以全国留学人员创业园在园企业为主要评选对象，重点评选表彰成立3年以内、具有较为出色的发展潜力的初创期留学人员企业，以及成立10年以内，具备一定经营规模和业绩，近年来在技术创新和市场开拓方面有着显著成长的留学人员企业。

评选活动到2020年已成功举办10届，累计有来自全国24个省、48个市的477家在园创业的优秀留学人员企业入选。据统计，截至2021年6月，入选企业存活率达到94.3%；被认定为国家高新技术企业320家，占比67.1%；公开获得融资企业197家，占比41.3%；另有药石科技、激智科技、剑桥科技、圣湘生物、赛诺医疗、山石网科、安集科技等52家企业上市或挂牌，有效发掘了一批具有自主创新能力和有望引领行业发展的明日之星。

“2020中国留学人员创业园最具成长性创业企业”评选活动于2020年8月启动，经申报推荐、资格审查、专家评审和公示，有28家企业入选。

二、组织机构

（一）指导单位

科技部火炬高技术产业开发中心、科技部外国专家服务司、科技部国际人才交流中心、教育部国际合作与交流司、教育部留学服务中心、人社部留学人员和专家服务中心、致公党中央联络部、致公党中央留学人员委员会

（二）主办单位

中国技术创业协会留学人员创业园联盟

（三）评选委员会

评选委员会由风险投资机构的职业投资人、业内相关专家和学者、留学人员创业园相关负责人、财务专家和相关媒体负责人担任。

评选委员会下设办公室，办公室设在中国技术创业协会留学人员创业园联盟秘书处。办公室作为常设机构和执行机构，负责评选的组织、协调、宣传、会务等工作，对评选委员会负责。

三、入选企业

序号	企业名称	推荐单位
1	北京推想科技有限公司	北京市留学人员海淀创业园
2	北京迈微科技有限公司	北京市留学人员海淀创业园
3	北京壬工智能科技有限公司	北京市留学人员海淀创业园
4	顶诺微电子（北京）有限公司	北京理工留学人员创业园
5	北京杨娜科技发展有限公司	北京理工留学人员创业园
6	北京小白和他的朋友们科技有限公司	北京望京留学人员创业园
7	联医医疗科技（北京）有限公司	中国科学院中科海外人才创业园
8	中科飞通科技（北京）有限公司	中国科学院中科海外人才创业园
9	天津海河标测技术检测有限公司	天津经济技术开发区留学生创业园
10	天津华放科技有限责任公司	天津经济技术开发区留学生创业园
11	上海杉互健康科技有限公司	上海张江留学人员创业园
12	上海派兰数据科技有限公司	上海张江留学人员创业园
13	上海洛启生物医药技术有限公司	上海张江留学人员创业园
14	烟台魔技纳米科技有限公司	烟台留学人员创业园区
15	烟台清科嘉机器人联合研究院有限公司	烟台留学人员创业园区
16	山东孚德环保有限公司	烟台留学人员创业园区
17	山东中颖智超数据科技有限公司	淄博留学人员创业园
18	武汉瀚海新酶生物科技有限公司	武汉留学生创业园
19	武汉睿健医药科技有限公司	武汉留学生创业园
20	无锡凯乐士科技有限公司	无锡留学人员创业园
21	无锡识凌科技有限公司	无锡留学人员创业园

续表

序号	企业名称	孵化园区
22	陕西识代运筹信息科技股份有限公司	西安留学人员创业园
23	郑州埃文计算机科技有限公司	河南留学人员创业园
24	厦门爆米花科技有限公司	厦门留学人员创业园
25	厦门睿优智造科技有限公司	厦门留学人员创业园
26	成都考拉悠然科技有限公司	成都留学人员创业园
27	成都恒创新星科技有限公司	成都留学人员创业园
28	成都绿信诺生物科技有限公司	成都留学人员创业园
29	成都未有科技有限公司	成都留学人员创业园
30	广州启合科技有限公司	中山大学留学人员创业园

综合篇

2020年度创新创业工作大事回顾

2020年度创新创业工作大事回顾

1月

10日 2019年度国家科学技术奖励大会

1月10日上午，中共中央、国务院在北京隆重举行国家科学技术奖励大会。习近平、李克强、王沪宁、韩正等党和国家领导人出席大会并为获奖代表颁奖。李克强代表党中央、国务院在大会上讲话。韩正主持大会。中共中央总书记、国家主席、中央军委主席习近平首先向获得2019年度国家最高科学技术奖的原中国船舶重工集团公司第七一九研究所黄旭华院士和中国科学院大气物理研究所曾庆存院士颁发奖章、证书，同他们热情握手表示祝贺，并请他们到主席台就座。随后，习近平等党和国家领导人同两位最高奖获得者一道，为获得国家自然科学奖、国家技术发明奖、国家科学技术进步奖和中华人民共和国国际科学技术合作奖的代表颁发证书。曾庆存院士于1956年公派留学苏联，1961年毕业获得苏联科学院副博士学位，回国后进入中国科学院地球物理研究所工作。中共中央政治局常委、国务院总理李克强在讲话中代表党中央、国务院，向全体获奖人员表示热烈祝贺，向全国广大科技工作者致以崇高敬意，向参与和支持中国科技事业的外国专家表示衷心感谢。中共中央政治局委员、国务院副总理刘鹤在会上宣读了《国务院关于2019年度国家科学技术奖励的决定》。黄旭华、曾庆存代表全体获奖人员发言。2019年度国家科学技术奖共评选出296个项目和12名科技专家。其中，国家最高科学技术奖2项；国家自然科学奖46项，其中一等奖1项、二等奖45项；国家技术发明奖65项，其中一等奖3项、二等奖62项；国家科学技术进步奖185项，其中特等奖3项、一等奖22项、二等奖160项；授予10名外籍专家中华人民共和国国际科学技术合作奖。

10日 2020年全国科技工作会议

1月10—11日，2020年全国科技工作会议在北京召开。会议深入学习贯彻习近平新时代中国特色社会主义思想和党的十九大及十九届二中、三中、四中全会精神，深入贯彻中央经济工作会议精神，总结2019年工作，部署2020年重点任务，深入实施创新驱动发展战略，决胜迈进创新型国家行列，以优异成绩助力全面建成小康社会、实现第一个百年奋斗目标。科技部党组书记、部长王志刚做工作报告。王志刚要求，2020年要重点做好以下十方面工作。一是统筹推进研发任务部署，强化关键核心技术攻关和基础研究。二是编制发布中长期科技发展规划，形成跻身创新型国家前列的系统布局。三是优化创新基地布局，打造国家实验室引领的战略科技力量。四是加快新技术新成果转化应用，培育壮大新动能。五是大力发展民生科技，为创造美好生活提供支撑。六是构建优势互补高质量发展的区域创新布局，增强地方创新发展水平。七是深化创新能力开放合作，主动融入全球创新网络。八是深化科技体制改革，提高创新体系效能。九是激发人才创新活力，加快培育高水平人才队伍。十是加强作风学风建设，营造良好创新生态。

3月

31日 第十五届“春晖杯”中国留学人员创新创业大赛启动

3月31日，由教育部和科技部共同主办、教育部留学服务中心承办的第十五届“春晖杯”中国留学人员创新创业大赛正式启动。作为国内第一个服务于海外留学人员回国创新创业的国家级综合服务平台，“春晖杯”大赛自2006年设立以来已连续成功举办14届。经过14年的发展，大赛已经构建起自项目遴选、引导、培育和对接到项目落地、孵化和产业化的一整套完整的服务体系，发展成为海外留学人员了解国内创新创业环境和政策的重要窗口，发现和培育海外创新创业人才和项目的重要平台，集聚创新创业要素资源的重要载体和国内地方政府引智招商的重要渠道，得到广大留学人员和国内有关部门的一致认可。截至2019年，大赛共遴选出2829个优秀留学人员创新创业项目，落地成功企业覆盖了全国25个省、自治区、直辖市的76个城市，涉及的留学人员近半数成功入选国家及各地方人才计划。特别是党的十八大以来，大赛不断创新组织模式，采取主动走出去的方式，成功拓展了11个海外分赛区，涉及37个驻外使（领）馆教育处（组）辖区，基本覆盖了全球主要留学目的地国家，海外留学人员参赛项目的数量和质量显著提升，进一步增强了大赛品牌效应和社会影响力。考虑到新冠疫情影响，第十五届“春晖杯”大赛将依托在线服务平台，加大对留学人员创新创业项目的在线辅导和在线对接洽谈等线上服务的工作力度，同时将报名时间由往年的100天延长至120天。按照大赛流程，第十五届“春晖杯”大赛分为网上报名、在线访谈、项目评审、入围项目回国对接洽谈和颁奖大会等主要活动。

5月

9日 2020年“创响中国”系列活动启动

5月9日，中国科协办公厅、国家发展改革委办公厅印发有关通知，正式启动2020年“创响中国”系列活动。“创响中国”活动作为贯彻落实党中央、国务院实施创新驱动发展战略的重大行动，由国家发展改革委、中国科协会同相关部门、地方政府和有关机构共同推动，动员组织全国双创示范基地等各类主体，开展形式多样的公益性活动，促进创新创业高质量发展。自2016年活动设立以来，在社会各界的支持下，实现了对全国各省区市的全覆盖，累计举办活动上万场，参与人数近千万，已成为讲好中国创新故事、展现创新创业风采、宣传相关政策和工作成果的重要窗口。据中国科协统计发布，2019年“创响中国”系列活动共有全国120家双创示范基地和12家社会主体举办105站约8000场次活动，累计吸引68万人次、3.7万家企业参与，带动项目签约1260个，成交金额285亿元，带动新就业人数约65000名，主流媒体报道18000余次。

15日 首届HICOOL全球创业者峰会暨创业大赛启动

5月15日，由北京海外高层次人才协会主办、北京海高创新科技服务有限公司承办的首届HICOOL全球创业者峰会暨创业大赛启动。本次大赛由阿里云与奇绩创坛作为战略合作机构，百度、小米、字节跳动、红杉资本、高瓴资本、IDG资本、北极光创投、FESCO、富华国际集团等作为合作机构。大赛的整体赛程规划了6个阶段，充分保障海内外项目的参赛时间。5—7月进行项目报名和初审，7月下旬到8月下旬分阶段进行国内和海外项目的初赛，并公布进入复赛的项目名单，9月在北京举行复赛及决赛。本次大赛致力于面向全球寻找优质项目，助力其在北京快速发展，覆盖北美、欧洲、亚太等区域，重点聚焦在人工智能、生物健康、新一代信息技术等高精尖科技领域，具有奖金数额高、获奖席位多、配套资源全等特点。大赛共设置100个获奖席位，总奖金高达8000万元，同时匹配10亿元创投资金，获奖项目可获千万元风险投资直投。

28日 第九届中国创新创业大赛启动

5月28日，由科技部、财政部、教育部、中央网信办和全国工商联共同举办的第九届中国创新创业大赛启动报名。大赛由地方赛、专业赛和全国赛组成。其中，地方赛由省级科技管理部门负责牵头组织，着力围绕战略性新兴产业重点领域，支持服务本地区广大中小微企业围绕新技术、新产品、新模式和新业态开展创新创业。专业赛由大赛组委会办公室负责牵头组织，采用网上赛方式，举办新冠肺炎疫情防控技术创新创业专业赛、大中小企业融通专业赛、产业技术创新专业赛、科技计划项目产业化专业赛、技术融合专业赛，着力集聚龙头企业和社会资本力量支持科技型中小企业开展产业关键技术创新。全国赛由大赛组委会办公室负责牵头组织，分全国半决赛和总决赛两个阶段，按初创企业组和成长企业组比赛。全国赛半决赛按行业进行分组，采用网上评审方式评选出600家左右大赛优秀企业和30家左右晋级总决赛企业。全国总决赛采用“现场答辩、当场亮分”的评选方式，根据疫情防控工作要求，采用线下或网上路演方式进行，初创企业组产生一等奖1名、二等奖1名、三等奖1名；成长企业组产生一等奖1名、二等奖2名、三等奖3名。对于参赛企业，大赛将择优推荐给国家中小企业发展基金设立的子基金、国家科技成果转化引导基金设立的子基金、科技型中小企业创业投资引导基金设立的子基金、中国互联网投资基金等国家级投资基金，大赛合作银行择优给予贷款授信支持。同时择优推荐参加“创新人才推进计划”等相关计划评选以及相关展览交流等活动。自2012年中国创新创业大赛创办以来，前八届大赛累计超过18万家企业和团队报名参赛，已发展成为国内最具影响力的创新创业品牌活动。

6月

16日 第13届中国留学人员南京国际交流与合作大会

6月16—17日，第13届中国留学人员南京国际交流与合作大会在南京国际博览会议中心举行。本届大会以“宁聚海智英才，共圆创新梦想”为主题，聚焦泛长三角和南京都市圈产业发展、科技创新和人才引进需求，突出高端化、国际化、融合化、专业化，着力促成海内外创新资源落地转化、融合互动，持续推进南京在泛长三角城市群和南京都市圈的影响力和集聚度。大会主要内容包括开幕式、展览展示、创新创业展示和交流对接、系列专题活动等，重点开展了北美、欧洲、澳洲、亚洲等海外分会场人才项目视频路演对接，2021海外赤子南京对接会、“聚留学人才·融资本助力·促产业发展”投融资对接会、海内外博士项目对接会，以及2021年度“赢在南京”海外人才创业大赛总决赛、首届国际区块链人才交流峰会、中欧人工智能产创融合主题峰会、全球生物科技技术和医学产业创新发展论坛等活动，吸引了近2000名海内外留学人员和博士参会。大会自2008年以来已举办12届，每年吸引近2000名海内外高层次人才参会，累计为国内企事业单位引进海内外人才6000多名，促成了2300多个技术项目落地对接合作，成为内地城市中连续举办时间最长、吸引海外人才最多、对周边城市辐射最强的区域性国际人才交流平台之一。

7月

10日 2020年（第十二届）苏州国际精英创业周

7月9—12日，2020年（第十二届）苏州国际精英创业周成功举办。在疫情常态化防控新形势下，本届国际精英创业周秉持“汇聚全球智慧，打造创业天堂”的主题，创新活动联动模式，首次设置“主会场+10个县（市）区分会场+14个海内外分会场”，开展同时段、跨区域、全球化的招才引智。同时创新对接模式，采用“线上+线下”“常态对接+重点呈现”的形式，打破人才项目对接时空局限。创业周期间，共有1720名人才携带1822个项目参会，其中拥有博士学历的人才占49.8%；14个海内外分会场、15家国内外创客育成中心、31家海外合作组织参与活动，组织和发动海内外人才开展“云端”洽谈对接。截至活动结束当日，已完成签约项目1581个，其中创业投资项目1432个、创新合作项目149个，包括云上签约项目339个，达成初步合作意向项目1297个。对接量和签约数均超过往年水平，实现了逆势攀高的预期目标。国际精英创业周作为苏州市重点打造的重大招才引智活动，自2009年起每年举办一届，举办12届累计吸引2.95万名海内外高层次人才参会，引进落户项目7287个。在已落户的创业项目中，年销售额过亿企业达到30家，上市企业4家，新三板挂牌企业12家，入选市独角兽培育企业数量占全市总量近三成。

8月

4日 2020（第六届）中国海归创业大赛启动

8月4日，2020（第六届）中国海归创业大赛召开新闻发布会，正式启动报名。本届大赛以“创新驱动·海创中国”为主题，继续聚焦海归创业，以项目为评选对象，主要面向高新技术产业和现代服务业领域，企业和个人均可以项目团队或个人形式报名参赛。大赛采用国家部委指导、行业协会运作、地方联合支持的办赛机制，北京、济南、烟台、常熟、天津等地政府部门和单位参与协办，各地孵化器协会、产业联盟、留学人员创业园区、回国服务机构、高校院所和海内外留学生团体等300多家单位共同支持。本届大赛提升奖金总额，扩大奖励范围，惠及更多创业项目。大赛设一等奖1名、二等奖3名、三等奖6名、优胜奖10名，分别给予10万元、5万元、1万元、3000元奖金奖励。此外，中国技术创业协会留学人员创业园联盟联合投资机构，设立规模10亿元的大赛专项基金，对参赛项目给予投资支持。中国海归创业大赛是在科技部、教育部、人力资源和社会保障部、致公党中央的共同指导和支持下，由中国技术创业协会留学人员创业园联盟发起举办的一项专门面向海归的创业活动，自2015年首次举办以来，五届大赛共吸引2277个海归项目团队参赛。在前五届大赛151个入围决赛的项目中，目前已有70多个项目获得投资及各类支持累计超过20亿元。

24日　2020中美青年创客大赛全国总决赛

8月24日，2020中美青年创客大赛总决赛颁奖仪式在线上举办。中美青年创客大赛是由教育部主办的中美两国青年交流的最高级别创客赛事，已纳入首轮中美社会和人文对话联合声明，受到两国政府的高度重视。大赛连续举办6届，共吸引了中美两国2万余名青年创客参与。2020中美青年创客大赛于6月16日启动，设立中国、美国两个赛区，中国赛区包括北京、天津、上海、南京、厦门、深圳、成都、西安、温州、海口、沈阳、苏州、武汉13个分赛区，共吸引了近9000名青年创客参赛，收到报名项目2400多个。在新冠肺炎疫情在全球持续蔓延的背景下，2020中美青年创客大赛首次采用线上比赛、线上评审、线上颁奖的方式进行，经过各分赛区评选，共有75个参赛团队晋级决赛并获得奖项。

9月

7日　第十八届中国国际人才交流大会网上大会启动

9月7日，第十八届中国国际人才交流大会网上大会启动仪式在北京、深圳、莫斯科三地以视频连线方式举行。受新冠肺炎疫情影响，科技部和深圳市人民政府共同决定将网上大会作为本届大会的主要形式，通过网络平台开展展览展示、论坛研讨、对接交流等活动。本届大会继续以“融全球智力、促创新合作、谋共同发展”为主题，设置了虚拟展厅、项目对接、主宾国、线上招聘、在线服务5大功能区，打造国际科技创新合作和国际人才交流的新平台，为参会各方提供开展务实共赢合作的新渠道。为带给观众更加便捷、新颖的观展体验，大会将133个展位划分为国际科技合作成果展示专区、主宾国展示专区、“一带一路”建设板块、京津冀协同发展板块、粤港澳大湾区建设板块、深圳先行示范区建设板块等18个区域，突出不同主题。并借助AR、VR、3D等最新信息技术手段，为参展单位搭建街景式虚拟展厅，以多媒体形式展示各参展单位风采。大会特别邀请俄罗斯作为主宾国参会，共同举办以中俄科技创新合作为主题的系列活动，介绍俄罗斯在国际合作方面的政策环境，邀请78家俄罗斯高等院校、科研院所、科技企业设展，并对183项俄罗斯科技创新和人才交流项目进行集中推介。大会还邀请了来自20个国家和地区的79家海外机构组成“国（境）外人才交流机构展示专区”。到2020年底，大会还将在北京、深圳、上海、哈尔滨、南京、武汉、西安等地开设“海归云聘会城市招聘专场”及举办一系列丰富的在线交流活动，充分体现网上大会国际化、多元化特点，服务各方开展国际科技创新合作和人才交流。

12日　首届HICOOL全球创业者峰会暨创业大赛落幕

9月12日，首届HICOOL全球创业者峰会暨创业大赛在北京落幕。本届峰会以“创想未来”为主题，包含全球创业大赛年度颁奖典礼、全球顶级企业家和投资人主题演讲、知名专家与企业家圆桌论坛等活动环节以及展览展示，邀请自全球不同国家而来的创业者、投资人、业内领袖，就当前创投领域的投资方向和发展趋势展开深度讨论。其中，HICOOL全球创业者大赛自5月启动以来，集聚了82个国家和地区的3085名创业人才和团队参赛，征集创业项目2026个。大赛在北美、欧洲、亚太和中国四大赛区11个城市举办初赛，行业赛道设定6大产业领域，每个领域分为创客组和成长组，共遴选出250个项目进入复赛，20个项目进入决赛。大赛设置一、二、三等奖及优胜奖总计100个获奖席位，其中一等奖200万元5个、二等奖100万元15个、三等奖50万元

30个、优胜奖20万元50个，总奖金达8000万元。同时匹配10亿元创投资金，获奖项目可获千万元风险投资直投，并可获得办公空间、企业注册、孵化培训、产业对接以及在京落户等多项服务。

19日 第三届中国·济南新动能国际高层次人才创新创业大赛落幕

9月19日，第三届中国·济南新动能国际高层次人才创新创业大赛成功落下帷幕。本届大赛以“创新创业·筑梦泉城”为主题，由中共济南市委、济南市人民政府主办，旨在大力引进海内外高层次人才和团队来济南创新创业，集聚一批济南十大千亿级产业发展亟须的原创性、独创性、引领性高科技项目，密切结合济南“四个中心”建设、新旧动能转换、乡村振兴、自由贸易试验区等重大发展战略需要，加快科技创新和产业发展，为夺取疫情防控和经济社会发展“双胜利”、建设“大强美富通”现代化国际大都市提供人才智力支撑。根据新冠肺炎疫情防控情况实际，针对项目征集、报名、海选初审、预赛和决赛等环节，大赛开通线上运行平台，预赛和决赛均通过线上路演线下评审的形式进行。大赛预赛设欧洲、美洲、澳洲、亚洲以及国内南方、北方六大赛区，共有1769个项目参赛，涵盖大数据与新一代信息技术、智能制造与高端装备、生物医药与医疗康养、现代高效农业四个领域。大赛历时近5个月，有来自49个国家和地区的205个优秀项目成功入围决赛。经过激烈竞逐，48个项目脱颖而出荣获奖项，其中一等奖8个、二等奖16个、三等奖24个。自2018年以来，济南以创新创业大赛为窗口，已引进落地包括白俄罗斯、比利时、澳大利亚、英国等国家和地区的11个院士团队，以及各类高层次人才510余名。

19日 2020中国·宁波海外留学人才创业行

9月18日，由中共浙江省委人才工作领导小组、中共宁波市委、宁波市人民政府主办的2020中国浙江·宁波人才科技周开幕。作为科技周的重要主题活动之一，2020中国·宁波海外留学人才创业行活动于国际会展中心1号馆举办。因为疫情影响，众多海外留学人才无法回国参加活动，海外留学人才创业行首次采用“线上+线下+全球直播”联动推进的形式。线下组织举办约100名浙籍海外学子宁波行活动、海外人才（项目）政策展示和海外人才（项目）对接洽谈活动；线上开设“全球直播”“智慧宁波”“活动指南”“项目风采”“海外站点”“政策服务”“海外BBS”和“教育部春晖杯”8个板块，并现场连线海外人才举行“海外人才（项目）云路演”“海外人才（项目）云洽谈”“海外人才引才政策云访谈”和“宁波市创业创新政策全球直播推介会”。线上线下共有来自25个国家和地区的200余名高层次海外留学人才（项目），与宁波市近100家企事业单位、高校科研院所开展对接洽谈，达成初步对接意向170余项，取得显著成效。

25日 第八届内蒙古“草原英才”高层次人才合作交流会

9月25日，第八届内蒙古“草原英才”高层次人才合作交流会暨呼包鄂乌人才创新创业周呼和浩特主会场活动开幕，同时发布了内蒙古人才工作“云展厅”，举办了人才项目签约仪式。本届交流会以“一心多点聚才智，科教兴区助发展”为主题，围绕打造“一心多点”人才工作新格局，依托呼包鄂乌人才管理改革试验区平台，以“四地联动、一主三分”形式举办。主会场设在呼和浩特市，包头市、鄂尔多斯市、乌兰察布市三地设分会场，为期4天的活动中，四地将陆续举办人才发展主题交流研讨、招才引智、人才项目对接、创新创业大赛等5大类32项活动，部分活动通过“云”形式进行。据介绍，内蒙古“草原英才”工程实施10年来，累计支持产业创新创业人才团队716个，高层次人才创新创业基地82个，培养和引进“草原英才”1657名。2020年内蒙古“草原英才”工程共评选出产业创新创业人才团队41个，人才引领支持计划项目14个，“草原英才”个人201名。

27日 第七届海归论坛

9月27日，以“海聚湘江，智造未来”为主题的第七届海归论坛在湖南长沙开幕，留学归国人员代表，部分省、市、区海归协会负责人，相关园区及企业负责人等350余人出席开幕式。本届海归论坛为期3天，由致公党中央留学人员委员会、中国致公党湖南省委员会、湖南省人民政府侨务办公室、湖南湘江新区管委会、湖南省归国华侨联合会、湖南欧美同学会·湖南留学人员联合会联合主办，包括开放兴湘海归谈、人才洽谈、项目路演、考察交流等专场活动，重点围绕湖南省“创新引领，开放崛起”战略实施以及对外经贸发展建言献策。在充分整合线下功能的基础上，本次论坛搭建了线上平台，为参会各方提供便捷高效的渠道，助力留学归国人员创新创业和人才、项目、资金、技术的精准对接。同时创新办会模式，邀请符合湖南省重点行业和产业需要、有意向来湘就业创业的留学归国人员参加洽谈。开幕式上，致公党湖南省委员会、岳麓山国家大学科技城等单位现场签约了战略合作框架协议，活动期间还进行了项目路演，涉及人工智能、生物医药、新材料、大数据、智能制造等领域。自2014年以来，致公党连续举办七届海归论坛，为实施国家人才战略建言，为海外归国留学人员搭建创业就业的平台，为人才交流及科研成果共享提供新动力。

10月

12日 2020年“津洽会”人才智力引进活动

10月12日，2020年“津洽会”人才智力引进活动在“云上津洽会”平台举行。本次活动围绕“加快集聚海内外英才、服务京津冀协同发展”的主题，开展人才政策成果展示、云上人才招聘两大板块活动。人才政策成果展示活动重点宣传天津市人才引进政策和工作成果，搭建人力资源服务展示交流平台。其中“海河英才”行动计划专区，展示“海河英才”行动计划、“项目+团队”支持服务、人才引进落户全流程网上办理、企业家和创业人员人事档案专库等有关政策。信创和新动能创新成果展示专区，通过“海河英才”高层次人才新动能创新项目云超市，展示创新创业成果。人力资源服务机构云集汇活动专区，汇集天津市及周边地区20余家人力资源服务机构，集中展示品牌特色、服务领域、服务产品和服务能力，促进人力资源服务机构与企事业单位业务对接。“云上人才招聘活动”设4个专区，突出京津冀三地人才协同发展，搭建人才智力对接交流平台，发布近万个岗位延揽海内外人才。京津冀暨环渤海招聘专区，邀请区域人才服务中心、人才协作联盟成员及相关企事业单位开展线上招聘。信创产业和新动能引育重点产业高层次人才招聘专区，发布信创产业、生物医药、新能源、新材料、航空航天等重点产业的高层次人才需求。“项目+团队”招聘专区，发布市级重点“项目+团队”的岗位需求。外籍人才招聘专区，重点延揽外籍高层次人才。

13日 2020年广东“众创杯”创业创新大赛之科技海归领航赛决赛

10月13日，2020年广东“众创杯”创业创新大赛之科技海归领航赛决赛在珠海举行。“众创杯”是经省人民政府同意，由省人社厅联合有关部门共同举办的大型创业赛事，科技海归领航赛是“众创杯”创业创新大赛八大赛事之一，具有项目领域宽、科技含量高、社会影响广等特点，由珠海市人力资源和社会保障局承办。本届大赛分团队组、企业组两个参赛组别，获奖项目将获得5万—20万元不等的奖金以及“12+N”的创业支持措施。大赛自6月1日启动以来，共吸引海内外近600个创业项目报名，项目涉及新一代信息技术、生物医药、新材料、节能环保、智能制造等科技新兴领域，展示了科技创新最前沿实力。自2016年起，珠海市已连续5年承办“众创杯”科技海归领航赛，前四届累计吸引近3000个项目报名参赛，评选出84个省级优秀创业项目。

14日 第十一届中国·山东海内外高端人才交流会暨首届人才发展大会

10月14日，第十一届中国·山东海内外高端人才交流会暨首届山东人才发展大会在山东省济南市开幕。本次大会以“汇聚海内外智力、助推高质量发展”为主题，采用线上线下相结合、以线上为主的方式，时间持续到10月30日，组织人才推介、项目对接等活动30余场，涉及近20个国家和地区。活动主要包括引才宣讲、人才高峰论坛、人才对接洽谈活动、高端专家服务基层四大板块。其中，引才宣讲16场，由山东省16市有关领导同志宣讲推介各市的人才政策；人才高峰论坛10个，由省内高校或科研院所组织，邀请海内外的知名专家学者和优秀青年人才参加；人才对接洽谈活动和高端专家服务基层活动12项，根据基层发展需求，邀请海内外的高端专家通过线上线下的形式开展对接服务。此外，还将举办2020年“留学回国人员来鲁创业大赛”，遴选优秀海归人才创业项目，集成全省创业政策、服务、平台资源，支持更多留学回国人员在山东创办企业、落地发展。大赛报名从9月30日开始在线上进行，初赛于10—11月进行，决赛于12月上旬举行。中国·山东海内外高端人才交流会每两年举办一届，至2019年已成功举办10届，累计引进留学人才5000余名、高新技术项目3500多个，落地留学人员企业800多家。

15日 2020年全国大众创业万众创新活动周

10月15—21日，经国务院批准，2020年全国大众创业万众创新活动周举行。本届活动周以“创新引领创业，创业带动就业”为主题，采用线上线下相结合的方式，在全国各省、自治区、直辖市及计划单列市、新疆生产建设兵团同步展开。在新冠肺炎疫情防控常态化背景下，本届活动周紧紧围绕决胜全面建成小康社会、决战脱贫攻坚目标任务，扎实做好“六稳”工作，全面落实“六保”任务，通过云启动、云展览、地方云上分会场、部委活动专区等平台开展系列活动，展示我国创新创业的新进展、新成效，多渠道促进就业创业，进一步营造有利于创新创业创造的良好发展环境，释放全社会创新创业创造动能，助力形成以国内大循环为主体、国内国际双循环相互促进的新发展格局。活动周开设线上展览，以5大展区160多个项目全面展示全国创新创业取得的新成果。除线上展览外，有关部门和地方举办返乡创业论坛、5G应用创新高峰论坛、中国创业投资行业峰会、创客之夜等丰富多彩的系列活动。通过线上线下结合、政府与企业联动、创新创业者广泛参与，全方位、多渠道、立体式呈现创新创业成效，讲述创新创业故事，传播创新创业文化，打造全国联动、广泛参与、永不落幕的活动周。

27日 2020年度“赢在南京”海外人才创业大赛总决赛

10月27日，2020年度“赢在南京”海外人才创业大赛总决赛在南京市举行。本届大赛以“链动全球聚合共生赢在南京”为主题，聚焦南京市“4+4+1”主导产业，共有来自中国、美国、英国、日本、澳大利亚等国家的380位海内外人才报名参赛，项目涉及新型电子信息、高端智能装备、生物医药、人工智能等南京重点打造的主导产业和新兴产业领域。大赛总决赛采取“云上和线下路演”相结合的形式进行，来自欧洲、亚洲、北美和国内4个赛区的30个项目参加角逐。“赢在南京”海外人才创业大赛自2012年设立以来，已连续成功举办八届，来自世界27个国家和地区的2000多名海外人才报名参赛，140人获得总决赛奖项，88人入选南京市重点人才引进计划，100多人创办的科技企业落户南京。

11月

6日 2020第九届中国创新创业大赛全国总决赛落幕

11月6日，2020第九届中国创新创业大赛全国总决赛在杭州圆满落幕。经过两天的激烈角逐，杭州索元生物医药股份有限公司获得成长组一等奖，深圳凤鸣翔天科技有限公司获得初创组一等奖。第九届中国创新创业大赛是由科技部、财政部、教育部、中央网信办、全国工商联指导的全国性双创赛事，由省级地方赛、专业赛和全国赛组成。本届大赛聚焦国家战略和重大需求，突出产业核心技术攻关、关注产业重大创新需求，设立了高端装备制造、新材料、生物医药、节能环保、新能源、新能源汽车、新一代信息技术七大战略性新兴产业赛，同时增设了新冠肺炎疫情防控技术创新创业、大中小企业融通、产业技术创新、科技计划项目产业化四大主题专业赛，力图通过创新创业大赛让关键核心技术、前沿技术内容实现转化和产业化，解决卡脖子问题。大赛吸引了全国35788家企业报名参赛，比去年增加了18%，再创历史新高。大赛历时2个多月，在37个省级地方赛和专业赛的逐层选拔下，共有近1500家科技型中小企业入围全国半决赛。经投资专家以市场化角度评审，最终34支参赛团队脱颖而出进入决赛。

8日 2020杭州国际人才交流与项目合作大会

11月8日，由中共浙江省委、浙江省人民政府主办，浙江省委组织部、浙江省人力资源和社会保障厅、中共杭州市委、杭州市人民政府承办的2020杭州国际人才交流与项目合作大会在浙江省杭州市开幕，活动吸引了来自35个国家和地区的人才线上线下参会，67位海内外院士出席活动。本次大会围绕国内国际双循环新发展格局，突出长三角一体化发展国家战略，举办包括2020中国留学生论坛、中国人才50人论坛、长三角人才云市场高层次人才招聘大会、“揭榜挂帅”发布路演等35场内容丰富的系列活动，打造汇集国内外智力资源的全球人才蓄水池。开幕式上，2019年“魅力中国——外籍人才眼中最具吸引力的中国城市”榜单正式发布，上海、北京、深圳、杭州位列榜单前四名。本届大会积极拓展国内国际技术、人才交流合作渠道，现场举行了世行全球数字金融中心（杭州）、欧盟研究与创新杭州中心揭牌仪式，杭州市全球引才顾问聘请仪式，并颁发了首届杭州金巢奖。在云上招聘会上，长三角11.2万家单位推出74.3万余个岗位。线下交流会现场，近300家优秀单位参会，推出硕士以上需求岗位1.3万个，国内62所高校组团参会应聘。作为大会的品牌活动，“创客天下·杭向未来2020杭州海外高层次人才创新创业大赛”在大会当天迎来总决赛，从1658个海外报名项目中，经海选、复赛、专项决赛遴选出的9个留学人员项目和3个外国人项目同场竞技。杭州国际人才交流与项目合作大会自2009年举办以来，已成功举办11届，累计吸引58个国家和地区的5770名海外人才携5700多个项目参会，累计签约项目1797个，签约总金额达到256.24亿元，成为浙江省和杭州市招引高层次人才的“金名片”。

8日 2020中国留学生论坛

11月8日，由欧美同学会（中国留学人员联谊会）与杭州市委市政府联合主办，以“启航、远航、归杭”为主题的2020中国留学生论坛在浙江省杭州市举行。本次论坛旨在搭建中国留学生与政府、企业、学术界的沟通桥梁，帮助中国留学生了解中国政策与机遇，呼吁更多中国留学生归国贡献所学，为高质量发展注入海归新动能。论坛发布了《2020中国留学生发展白皮书》，举行了杭州全球青年人才中心启动仪式，施一公、詹启敏、王坚3位院士参加了圆桌论坛讨论环节，来自哈佛大学、康奈尔大学、哥伦比亚大学等海外知名高校的500余名留学生现场参会，有4.07万名观众线上参会。

13日 2020（第14届）全球创业周中国站开幕

11月13日，2020（第14届）创业周暨全球创业周中国站开幕。本届创业周活动为期6天，由科技部、教育部、共青团中央、上海市人民政府等作为指导单位，上海市大学生科技创业基金会主办，以“共生”为主题，针对性打造长三角主题日、新材料/智能制造主题日等超过50场创业主题活动，从创新创业的角度，将“长三角一体化”落到实处，为深化区域服务长三角地区的能力提供新思路，服务长三角地区以及有意向落地长三角的早期科技创业者。在本届创业周，“长三角创业地图”2.0版本正式发布，助力创业者实现创业服务的线上对接。在开幕式上，10家优秀创业企业获颁2020“天使基金雏鹰奖”。在疫情防控常态化之下，组委会设置了云上创业周会场，除了实时转播线下活动外，还云集政府园区、创投机构、投资人、创投媒体等创投生态圈的服务机构，在线发布创业资源内容。全球创业周是全球创业领域的盛会，迄今已覆盖约170个国家，有超过1000万青年创业者关注并参与；在国内17个省、123个城市、160多所高校举办100余场主题创业活动，累计参与者超过41万人。

19日 第二十届华侨华人创业发展洽谈会

11月19—20日，第二十届华侨华人创业发展洽谈会（华创会）在武汉东湖国际会议中心举行。本届华创会由中央海外高层次人才引进工作小组指导，湖北省人民政府、国务院侨务办公室、武汉市人民政府共同主办，有来自全球46个国家和地区的300余名海外华人华侨以及部分国内代表参会。大会以“万侨同心，重振共赢”为主题，紧扣中部地区崛起、创新驱动发展、长江经济带等重大战略，通过武汉论坛、智慧城市高质量发展暨“一带一路”国际化论坛、湖北科技走进俄罗斯等活动，引导侨智侨资参与中国建设发展，全面对接“一带一路”倡议。为适应常态化疫情防控新形势，本届华创会增加了许多“云”环节，把展台搬到网上云端，线上线下引智引资。本届华创会对接洽谈海内外参会项目995个，达成签约项目80个，总金额达505.9亿元，其中过亿元项目59个、过10亿元项目18个，20个重点项目签约金额达249亿余元。“华创杯”创业大赛吸引了来自国内外具有华侨华人背景的140多个创新创业团队报名参赛。自2001年首届举办以来，华创会主会场共签约引进项目2400多个，邀请了来自100个国家和地区的海外华侨华人专业人士、侨商等代表2万余人次参会，成为凝聚侨心、汇集侨智、发挥侨力的重要平台，成为广大侨胞共同实现中华民族伟大复兴中国梦、分享祖国发展机遇、实现合作共赢的重要舞台。

20日 第五届云南国际人才交流会

11月20日，由中共云南省委、云南省人民政府主办的第五届云南国际人才交流会在昆明开幕。本届交流会以“聚天下英才，促跨越发展”为主题，围绕“搭平台、促交流、引贤才、聚项目、助合作”目标，促成人才智力交流合作。在疫情防控常态化背景下，本届交流会以网上视频大会为主要形式，采用“线上+线下”双线融合和“互联网+会展”双向互动新模式办会。线上举办高校高端人才招聘会暨云南省高层次人才引进计划招聘会、2020年南亚东南亚大学联盟人才培养合作论坛、新动能科技论坛、生态优先绿色示范论坛等，线下举办云南人才周——国家高层次人才云南行等活动。云南国际人才交流会自2016年起已成功举办4届，累计参会规模达8000多人次，吸引了50多个国家和地区的1200余位高层次人才参会，共引进海外高层次人才320名，促成270余项人才智力项目落户云南，已逐步成为面向南亚东南亚地区较有影响力的人才盛会，是云南和世界在更深层次、更广领域开展人才智力交流合作的重要平台。

21日 2020重庆英才大会

11月21—22日，由中共重庆市委、重庆市人民政府主办的2020重庆英才大会举行。此次英才大会采取线上与线下相结合的方式举行，线上以重庆英才大会官网和重庆英才网作为活动的平台，线下以重庆悦来国际会议中心为主会场，并在有关区县设多个分会场。大会主会场活动包括重要活动、人才引领发展专题活动、人才项目引进洽谈3个板块，举办“会、展、赛、论、演”等17项活动。除开幕式和闭幕式外，还举行嘉宾主题演讲、成渝地区双城经济圈建设暨西部科学城高峰论坛、全国博士后学术交流暨成渝地区双城经济圈创新发展座谈会、2020独角兽企业重庆峰会、新时代西部大开发人才发展峰会、市校合作创新发展研讨会、成渝地区双城经济圈紧缺优秀人才云上洽谈会、博士后科研站招收活动、重庆市事业单位高层次紧缺人才专场考核招聘会等多项活动。本次英才大会用五个字来概括就是“会、展、赛、论、演”，包括了会议、展览、比赛、论坛、路演等一系列活动内容。其中，人才云上洽谈会等6项人才项目引进洽谈活动从7月启动，将一直延续到年底，不断扩大交流合作成果。在开幕式上，举行了“城市化与区域创新极发展研究中心”与“重庆人才发展研究院”揭牌仪式和“重庆市杰出英才奖”获奖者代表、“重庆英才计划”入选者代表颁奖仪式。闭幕式上，180名引进人才、20个引进项目代表在现场集中签约，1000余个引进人才及引进项目通过线上“云”签约方式签订合作协议。据统计，大会期间有超过4万人以不同形式参会，云上观会观展5600余万人次，大会网络直播观看7700万人次。

24日 2020（第六届）中国海归创业大赛落幕

11月24—27日，2020（第六届）中国海归创业大赛复赛、决赛在厦门市举行。本届大赛以“创新驱动·海创中国”为主题，共有621个海归项目团队符合参赛条件，138个项目团队入围复赛，22个项目晋级决赛，南京楚航科技团队的“基于77GHz毫米波雷达的高级辅助驾驶与自动驾驶系统”项目最终夺冠。中国海归创业大赛是在科技部、教育部、人力资源和社会保障部、致公党中央的指导下，由中国技术创业协会留学人员创业园联盟发起举办的一项专门面向海归的全国性创业活动。自2015年首次举办以来，六届共吸引2898个海归项目团队参赛，组织培训、路演、考察、论坛、展览等数十场服务活动，开展对接和交流洽谈1500余对次。在国际疫情和世界经济形势严峻复杂，海外留学人员工作生活环境发生变化的背景下，本届大赛以“创新驱动·海创中国”为主题，在组织管理、服务支持、资源结合等多个方面进行优化升级，致力于打造更高质量平台，发挥更多承接、输送、扶持、带动作用，激发留学人员回国创新创业创造活力，推动“后疫情时代”海归创业高质量发展，更好融入国家发展战略，服务构建新发展格局。本届大赛于8月启动，采用部委指导、协会运作、地方支持的办赛机制，厦门、北京、上海、济南、烟台、常熟、天津等地有关政府部门和单位加入联合主办和协办，并得到了中国技术创业协会、各地孵化器协会、留学人员创业园区、投资机构、服务机构、高校院所等400多家单位的参与和支持。

24日 2020“海外英才北京行”活动启动

11月24日，由北京市人才工作局指导，北京海外学人中心主办的2020“海外英才北京行”活动开幕式暨新时代海外英才论坛在京举行。此次活动以“集聚创新、精准服务”为特色，重点聚焦创新人才，前期面向全球发布了首都科研机构、医院、高等院校等单位的500余个高端职位，从全球18个国家的上百名海外人才中进行选择，邀请部分青年学者参加“北京行”活动期间举办的生命科学、智能科技、新材料和环境建筑与设计等分论坛。12月初，主办方还召开了相关工作交流会，为人才和单位全面介绍北京及各区创新创业环境及引才工作计划，以吸引更多全球人才。据悉，“海外英才北京行”自2010年以来已举办10届，共吸引了来自全球30多个国家和地区的1000余名海外人才参加，其中有30余人入选国家或市级人才计划，上百位海外人才通过此项活动来京或来华创新创业。

27日 第21届全国留学人员创业园网络年会

11月27日，由中国技术创业协会留学人员创业园联盟和厦门市人民政府共同主办的第21届全国留学人员创业园网络年会在厦门市召开。会议以“新时代、新趋势、新作为”为主题，结合疫情下国内外产业经济形势和留学人员发展环境变化与趋势，就留学人员创业园升级发展思路进行探讨交流。全国政协常委、港澳台侨委员会副主任，致公党中央副主席闫小培出席会议并讲话。会上举行了2020（第六届）中国海归创业大赛颁奖典礼，还举行了第三批“中国留学人员创园区孵化基地”授牌仪式和“2020中国留学人员创业园最具成长性创业企业”颁奖仪式，分别对7家留学人员创业服务机构、30家留学人员企业进行了授牌和表彰。会议同期举行了中国留学人员创业园联盟第四届第一次成员代表大会，审议通过了联盟章程修改草案，选举产生了新一届理事会。会议围绕后疫情时期全球产业链变化，以及我国创新型产业集群开启新一轮高质量发展，为留学人员回国创新创业和留创园发展带来的影响等议题做了主题演讲和研讨，同时发布了《2020中国留学人员创业园区孵化基地竞争力报告》。

27日 第三批“中国留学人员创业园区孵化基地”授牌

11月27日，2019年第三批“中国留学人员创业园区孵化基地”授牌仪式在第21届全国留学人员创业园网络年会期间举行，有7家单位获得授牌。孵化基地评价由中国技术创业协会留学人员创业园联盟组织，到2020年共分3批评出48家具备较强的人才集聚能力、完备的创业服务功能、优异的企业孵化业绩的留学人员创业园区及海外人才创业服务机构。截至2020年底，48家孵化基地集聚超过1.1万名留学回国人员，自主培育和引进国家级创业领军人才750多名，在孵留学人员企业超过3700家，累计孵化企业超过1.5万家，培育上市和挂牌企业超过200家，在人才集聚、科技创新、产业促进等方面成为区域发展的重要力量。

27日 2020 “中国留学人员创业园最具创业成长性企业”评选活动颁奖

11月27日，2020“中国留学人员创业园最具创业成长性企业”评选活动颁奖仪式在第21届全国留学人员创业园网络年会期间举行，有30家企业获得表彰。“中国留学人员创业园最具创业成长性企业”评选活动由中国技术创业协会留学人员创业园联盟发起主办，其前身是自2010年起举办的“中国留学人员创业园百家企业”评选，2018年进行了内容优化和全新命名，重点表彰成立3年以内、具有较大发展潜力的初创期留学人员企业，以及成立10年以内、具备一定经营规模和业绩、近年来在技术创新和市场开拓方面显著成长的留学人员企业。评选活动到2020年已成功举办10届，遴选表彰了447家在园创业的优秀留学人员企业，发掘出一批具有自主创新能力和有望引领行业发展的明日之星，其中有超过50家入选企业已上市或挂牌，起到了良好的示范促进作用。

12月

1日 “留chuang上海”全球留学人员创新创业大赛决赛

12月1日，由上海市人力资源和社会保障局主办的“留chuang上海”全球留学人员创新创业大赛决赛成功举行。大赛自10月20日启动，通过硅谷、多伦多、汉诺威、新加坡等多地海外人才工作站在海外留学人员群体中广泛征集，共推荐近300个留学人员创业项目参赛。参赛项目经专业线上评审打分后评选出50个优质项目入围复赛，随后经过两场复赛的激烈角逐产生15个项目进入决赛。决赛获胜的6名优胜者将直接获得2021年浦江人才计划资格及配套30万元创业支持资助，同时作为代表参加2020年“科创投”杯海聚英才创业大赛总决赛。其余9位入围者，将获得2021年浦江人才计划复评资格，有机会获得30万元创业支持资助。此外，参赛的优秀项目还将获得由上海市12家留学人员创业园为创业者提供的“一对一”跟踪落地对接服务，且落地上海的留学人员创业企业享受团队核心成员落户便利条件。据悉，上海市建设了12家产业特色鲜明的留学人员创业园，留学人员目前在沪创办企业5300余家，注册资金超过8亿美元，大多分布在留学人员创业园内。

12日 2020台州国际人才合作洽谈大会

12月12日，2020台州国际人才合作洽谈大会在台州国际会展中心召开。本次大会以“才涌东海·同台竞发”为主题，主会场和分会场安排各类活动33场。开幕式上，台州市“科创中国”试点城市创建暨全球顶尖人才招贤令发布，并有5项院士对接项目进行了现场签约，顶尖人才团队项目落户台州可获得最高2亿元的项目支持，特别重大的上不封顶。本次大会专门开展了人才项目+民企民资合作交流洽谈活动，其中包括“500精英计划”综合评审人才项目、创业人才项目、社会事业人才、高端人力资源服务机构等洽谈区，同时设立了人才创业成果展和高技能人才成果展。为了推进科技成果转化和平台合作，大会特别设立长三角高新科技成果交易洽谈会、院士项目对接会和机构小型对接会3场对接会，开展精准对接，推动人才、企业、机构深度合作。2020“500精英”人才系列创业大赛总决赛同日举行，制造领域人才项目专场路演、高端装备制造领域海外创业创新项目专场路演、博士乡贤台州行暨专场路演等多场专场路演活动贯穿大会全程。此外，大会还组织开展穆勒论坛暨光电技术项目对接交流会、人力资源服务业发展论坛、系列讲座论坛和对接会等一系列活动。台州国际人才合作洽谈大会自2012年以来，已经成功举办8届，共邀请3100多名人才和115个外国专家组织、海外高层次人才社团组织、高校院所携项目参会，累计引进“500精英计划”人才1095名、创业项目367个，注册资金30.5亿元。

18日 2020中国海外人才交流大会暨第22届中国留学人员广州科技交流会

12月18—19日，2020中国海外人才交流大会暨第22届中国留学人员广州科技交流会在广州举行。本届大会由教育部、欧美同学会（中国留学人员联谊会）、广州市人民政府共同主办，北京、天津、上海、重庆等29个城市（机构）协办。大会以“智汇、创新、共赢”为题，采用“线下主阵地+线上广传播+海外分会场”的办会形式，聚焦人工智能、集成电路、生物医药、数字经济、海洋经济、新能源、航天航空等新兴产业人才需求，促进人才对接和项目落地，共吸引了来自31个国家和地区的5000余名海外人才参会，线下参会近3.5万人次。线下主会场设在广州白云国际会议中心，包括开幕活动、高端论坛、展示推介、项目和人才交流、专题活动、实地考察6大板块活动，展览展示面积约25000平方米，共吸引全国88个城市的政府代表团，550家高校、科研院所和科技企业参展参会，带来合作项目超3800个，完成了一系列合作签约、揭牌、发布等50余项，另有436家企业发布岗位需求2.9万多个。鉴于疫情状态下部分人员无法亲临线下会场参与活动的实际情况，大会开设线上会场，通过全新的数字信息技术实现“智慧展览展示”“项目对接”“论坛直播”“在线招聘”等功能，同时在粤港澳大湾区、美国旧金山湾区、日本东京湾区、英国、德国、比利时、以色列、白俄罗斯等国家和地区开设分会场，举办项目展示、海外人才招聘、对接交流等线上和线下活动，为海外人才搭建全方位的、可对接的交流平台，帮助海外人才深入了解国内各地创新创业环境、人才政策和科技创新成果。

第二部分

政策篇

政策篇

留学人员创新创业现行政策汇编

中共中央 国务院

文件标题：中共中央、国务院《关于改进和加强出国留学人员工作若干问题的通知》
文　　号：中发〔1986〕11号
发文单位：中共中央、国务院
发布日期：1986年5月4日
内容摘录：努力创造条件，充分发挥回国留学人员的作用。安排好留学人员回国后的工作，以充分发挥回国留学人员的作用是整个出国留学人员工作的重要环节，也是我国落实知识分子政策的重要方面，必须引起各有关方面的重视。今后留学人员回国后，应按学以致用的原则分配和使用。对于确属学非所用的，应该及时在本系统内，甚至跨系统进行调整。各单位在选派出国留学人员时，就要认真地细致地考虑他们回国后的工作和使用，及时准备必要的工作条件和生活条件。广大留学回国人员要学习老一辈留学回国人员艰苦创业的精神，以主人翁的态度，与所在单位共同努力，创造条件，开展工作。

文件标题：国务院办公厅《关于在外留学人员有关问题的通知》
文　　号：国办发〔1992〕44号
发文单位：国务院办公厅
发布日期：1992年8月20日
内容摘录：欢迎留学人员回国工作。公派在外学习人员有义务在学成之后回国服务。所有在外学习的人员，不论他们过去的政治态度如何，都欢迎他们回来，包括短期回国进行学术交流合作，以及探亲、休假。对在国外说过一些错话、做过一些错事的，一律不予追究。即使参加了反对中国政府的组织、从事过危害国家安全、荣誉和利益的人员，只要他们退出这些组织，不再从事违反我国宪法和法律的反政府活动，也都一律欢迎回国工作。

文件标题：国务院办公厅转发公安部、外交部等部门《关于为外国籍高层次人才和投资者提供入境及居留便利规定》的通知
文　　号：国办发〔2002〕32号
发文单位：国务院办公厅
发布时间：2002年4月29日
内容摘录：对需多次临时入境的外国籍人士，可办理2—5年多次入境有效、每次停留不超过1年的F字（访问类）签证（以下简称“长期多次F字签证”）。对需在中国工作并长期居留的外国籍人士，可办理2—5年有效的外国人居留证件以及相同期限的多次返回Z字（工作类）签证。持L字（旅游类）签证、F字签证以及X字（学习类）签证入境的外国籍人士，可根据实际需要将所持签证变更为Z字签证，办理2—5年有效的外国人居留证件以及相同期限的多次返回Z字签证；持L、X字签证入境的外国籍人士，可将所持签证变更为长期多次F字签证。

文件标题：国务院办公厅关于转发人事部、教育部、科技部、财政部等部门《留学人员回国服务工作部际联席会议制度》的通知
文　　号：国办发〔2003〕11号
发文单位：国务院办公厅
发布时间：2003年2月27日
内容摘录：吸引海外留学人员回国服务工作是我国实施科教兴国战略和人才战略的重要内容。为建立有效的吸引留学人员回国服务工作机制，加强各有关部门的协调配合，提高效率，更好地开展工作，经国务院同意，建立留学人员回国服务工作部际联席会议制度。

文件标题：《中共中央、国务院关于进一步加强人才工作的决定》
文　　号：中发〔2003〕16号
发文单位：中共中央、国务院
发布时间：2003年12月26日
内容摘录：加大吸引留学和海外高层次人才工作力度。继续贯彻“支持留学、鼓励回国、来去自由”的方针，鼓励留学人员以不同方式为祖国服务。按照拓宽留学渠道、吸引人才回国、支持创新创业、鼓励为国服务的要求，制定和实施留学人才回归计划，重点吸引高层次人才和紧缺人才。采取团队引进、核心人才带动引进、高新技术项目开发引进等方式，建立符合留学人员特点的引才机制。建立全国统一的留学人才信息系统和留学人才库，完善留学人才的评价认定制度，提高吸引高层次留学人才工作的针对性和实效性。加大对高层次留学人才的回国资助力度，切实解决留学回国人员的实际困难和问题。制定鼓励和支持留学人员回国创业政策，大力加强留学人员创业基地建设。健全留学人才为国服务的政策措施，鼓励他们以多种形式为国家建设作贡献。

文件标题：国务院关于印发《国家中长期科学和技术发展规划纲要（2006—2020年）》的通知
文　　号：国发〔2005〕44号
发文单位：国务院
发布时间：2005年12月26日
内容摘录：加大吸引留学和海外高层次人才工作力度。制定和实施吸引优秀留学人才回国工作和为国服务计划，重点吸引高层次人才和紧缺人才。采取多种方式，建立符合留学人员特点的引才机制。加大对高层次留学人才回国的资助力度。大力加强留学人员创业基地建设。健全留学人才为国服务的政策措施。加大高层次创新人才公开招聘力度。实验室主任、重点科研机构学术带头人以及其他高级科研岗位，逐步实行海内外公开招聘。实行有吸引力的政策措施，吸引海外高层次优秀科技人才和团队来华工作。

文件标题：国务院关于印发实施《国家中长期科学和技术发展规划纲要（2006—2020年）》若干配套政策的通知
文　　号：国发〔2006〕6号
发文单位：国务院
发布时间：2006年2月9日
内容摘录：积极引进海外优秀人才。制定和实施吸引优秀留学人才和海外科技人才回国（来华）工作和为国服务计划，结合国家自主创新战略、重大科技专项和重点创新项目，采取团队引进、核心人才带动引进等多种方式引进海外优秀人才。海外高层次留学人才回国工作不受用人单位编制、增人指标、工资总额和出国前户籍所在地限制。外籍杰出科技人才申请来华工作许可、在华永久居留的条件可适当放宽，在其居留证件有效期内可办理多次入境有效签证。制定保障具有永久居留资格的在华外籍高层次人才合法权益的办法。妥善解决好海外优秀人才回国（来华）工作的医疗保险、配偶就业、子女上学等问题。

文件标题：中共中央办公厅转发《中央人才工作协调小组关于实施海外高层次人才引进计划的意见》的通知
文　　号：中办发〔2008〕25号
发文单位：中共中央办公厅
发布时间：2008年12月23日
内容摘录：中央层面的海外高层次人才引进计划，要围绕国家发展战略目标，重点引进一批能够突破关键技术、发展高新产业、带动新兴学科的战略科学家和科技领军人才。从2008年开始，用5—10年时间，在国家重点创新项目、重点学科和重点实验室、中央企业和国有商业金融机构、以高新技术产业开发区为主的各类园区等，引进并有重点地支持若干名海外高层次人才回国（来华）创新创业。

文件标题：《国务院关于进一步促进中小企业发展的若干意见》
文　　号：国发〔2009〕36号
发文单位：国务院
发布时间：2009年9月19日
内容摘录：完善中小企业政策法律体系。落实扶持中小企业发展的政策措施，清理不利于中小企业发展的法律法规和规章制度。深化垄断行业改革，扩大市场准入范围，降低准入门槛，进一步营造公开、公平的市场环境。加快制定融资性担保管理办法，修订《贷款通则》，修订中小企业划型标准，明确对小型企业的扶持政策。

文件标题：中共中央、国务院印发《国家中长期人才发展规划纲要（2010—2020年）》
文　　号：中发〔2010〕6号
发文单位：中共中央、国务院
发布时间：2010年4月1日
内容摘录：实施更加开放的人才政策。大力吸引海外高层次人才回国（来华）创新创业，制定完善出入境和长期居留、税收、保险、住房、子女入学、配偶安置，担任领导职务、承担重大科技项目、参与国家标准制定、参加院士评选和政府奖励等方面的特殊政策措施。建立海外高层次人才特聘专家制度。鼓励海外留学人员回国工作、创业或以多种方式为国服务。加强留学人员创业园区建设，提供创业资助和融资服务。建立统一的海外高层次人才信息库和人才需求信息发布平台。完善外国人永久居留权制度，吸引外籍高层次人才来华工作。

文件标题：《国务院关于加快培育和发展战略性新兴产业的决定》
文　　号：国发〔2010〕32号
发文单位：国务院
发布时间：2010年10月10日
内容摘录：增强自主创新能力是培育和发展战略性新兴产业的中心环节，必须完善以企业为主体、市场为导向、产学研相结合的技术创新体系，发挥国家科技重大专项的核心引领作用，结合实施产业发展规划，突破关键核心技术，加强创新成果产业化，提升产业核心竞争力。要充分发挥市场的基础性作用，充分调动企业积极性，加强基础设施建设，积极培育市场，规范市场秩序，为各类企业健康发展创造公平、良好的环境。

文件标题：《国务院关于进一步支持小型微型企业健康发展的意见》
文　　号：国发〔2012〕14号
发文单位：国务院
发布时间：2012年4月19日
内容摘录：支持创新型、创业型和劳动密集型的小型微型企业发展。鼓励小型微型企业发展现代服务业、战略性新兴产业、现代农业和文化产业，走“专精特新”和与大企业协作配套发展的道路，加快从要素驱动向创新驱动的转变。充分利用国家科技资源支持小型微型企业技术创新，鼓励科技人员利用科技成果创办小型微型企业，促进科技成果转化。

文件标题：《中共中央、国务院关于深化科技体制改革加快国家创新体系建设的意见》
文　　号：中发〔2012〕6号
发文单位：中共中央、国务院
发布时间：2012年9月23日

内容摘录：统筹各类创新人才发展和完善人才激励制度。深入实施重大人才工程和政策，培养造就世界水平的科学家、科技领军人才、卓越工程师和高水平创新团队。改进和完善院士制度。大力引进海外优秀人才特别是顶尖人才，支持归国留学人员创新创业。加强科研生产一线高层次专业技术人才和高技能人才培养。支持创新人才到西部地区特别是边疆民族地区工作。支持35岁以下的优秀青年科技人才主持科研项目。鼓励大学生自主创新创业。鼓励在创新实践中脱颖而出的人才成长和创业。重视工程实用人才、紧缺技能人才和农村实用人才培养。

文件标题：《国务院办公厅关于多措并举着力缓解企业融资成本高问题的指导意见》
文　　号：国办发〔2014〕39号
发文单位：国务院办公厅
发布时间：2014年8月5日
内容摘录：从中长期看，解决企业融资成本高的问题要依靠推进改革和结构调整的治本之策，通过转变经济增长方式、形成财务硬约束和发展股本融资来降低杠杆率，消除结构性扭曲。围绕使市场在资源配置中起决定性作用和更好发挥政府作用，继续深化政府职能转变，推进国有企业改革和财税改革，简政放权，打破垄断，硬化融资主体财务约束，提高资金使用效率。落实对小微企业的税收支持政策，切实增强小微企业核心竞争力和盈利能力。

文件标题：《国务院关于扶持小型微型企业健康发展的意见》
文　　号：国发〔2014〕52号
发文单位：国务院
发布时间：2014年10月31日
内容摘录：充分发挥现有中小企业专项资金的引导作用，鼓励地方中小企业扶持资金将小型微型企业纳入支持范围。鼓励各级政府设立的创业投资引导基金积极支持小型微型企业。积极引导创业投资基金、天使基金、种子基金投资小型微型企业。符合条件的小型微型企业可按规定享受小额担保贷款扶持政策。

文件标题：《国务院办公厅关于发展众创空间推进大众创新创业的指导意见》
文　　号：国办发〔2015〕9号
发文单位：国务院办公厅
发布时间：2015年3月2日
内容摘录：加快构建众创空间。总结推广创客空间、创业咖啡、创新工场等新型孵化模式，充分利用国家自主创新示范区、国家高新技术产业开发区、科技企业孵化器、小企业创业基地、大学科技园和高校、科研院所的有利条件，发挥行业领军企业、创业投资机构、社会组织等社会力量的主力军作用，构建一批低成本、便利化、全要素、开放式的众创空间。发挥政策集成和协同效应，实现创新与创业相结合、线上与线下相结合、孵化与投资相结合，为广大创新创业者提供良好的工作空间、网络空间、社交空间和资源共享空间。

文件标题：《中共中央、国务院关于深化体制机制改革加快实施创新驱动发展战略的若干意见》
文　　号：中发〔2015〕8号
发文单位：中共中央、国务院
发布时间：2015年3月13日
内容摘录：发挥金融创新对技术创新的助推作用，培育壮大创业投资和资本市场，提高信贷支持创新的灵活性和便利性，形成各类金融工具协同支持创新发展的良好局面。研究制定天使投资相关法规。按照税制改革的方向与要求，对包括天使投资在内的投向种子期、初创期等创新活动的投资，统筹研究相关税收支持政策。围绕建设一支规模宏大、富有创新精神、敢于承担风险的创新型人才队伍，按照创新规律培养和吸引人才，按照市场规律让人才自由流动，实现人尽其才、才尽其用、用有所成。围绕国家重大需求，面向全球引进首席科学家等高层次科技创新人才。建立访问学者制度。广泛吸引海外高层次人才回国（来华）从事创新研究。

文件标题：《国务院关于进一步做好新形势下就业创业工作的意见》
文　　号：国发〔2015〕23号
发文单位：国务院
发布时间：2015年4月27日
内容摘录：发挥小微企业就业主渠道作用。引导银行业金融机构针对小微企业经营特点和融资需求特征，创新产品和服务。发展政府支持的融资性担保机构和再担保机构，完善风险分担机制，为小微企业提供融资支持。落实支持小微企业发展的税收政策，加强市场监管执法和知识产权保护，对小微企业亟需获得授权的核心专利申请优先审查。

文件标题：《国务院关于大力推进大众创业万众创新若干政策措施的意见》
文　　号：国发〔2015〕32号
发文单位：国务院
发布时间：2015年6月11日
内容摘录：支持境外人才来华创业。发挥留学回国人才特别是领军人才、高端人才的创业引领带动作用。继续推进人力资源市场对外开放，建立和完善境外高端创业创新人才引进机制。进一步放宽外籍高端人才来华创业办理签证、永久居留证等条件，简化开办企业审批流程，探索由事前审批调整为事后备案。引导和鼓励地方对回国创业高端人才和境外高端人才来华创办高科技企业给予一次性创业启动资金，在配偶就业、子女入学、医疗、住房、社会保障等方面完善相关措施。加强海外科技人才离岸创业基地建设，把更多的国外创业创新资源引入国内。

文件标题：《国务院关于加快构建大众创业万众创新支撑平台的指导意见》
文　　号：国发〔2015〕53号
发文单位：国务院
发布时间：2015年9月23日
内容摘录：大力发展专业空间众创。鼓励各类科技园、孵化器、创业基地、农民工返乡创业园等加快与互联网融合创新，打造线上线下相结合的大众创业万众创新载体。鼓励各类线上虚拟众创空间发展，为创业创新者提供跨行业、跨学科、跨地域的线上交流和资源链接服务。鼓励创客空间、创业咖啡、创新工场等新型众创空间发展，推动基于“互联网+”的创业创新活动加速发展。

文件标题：《国务院办公厅关于加快众创空间发展服务实体经济转型升级的指导意见》
文　　号：国办发〔2016〕7号
发文单位：国务院办公厅
发布时间：2016年2月14日
内容摘录：加强众创空间的国际合作。鼓励龙头骨干企业、高校、科研院所与国外先进创业孵化机构开展对接合作，共同建立高水平的众创空间，鼓励龙头骨干企业与国外创业孵化机构合作建立投资基金。支持众创空间引进国际先进的创业孵化理念，吸纳、整合和利用国外技术、资本和市场等资源，提升众创空间发展的国际化水平。大力吸引和支持港澳台科技人员以及海归人才、外国人才到众创空间创新创业，在居住、工作许可、居留等方面提供便利条件。

文件标题：中共中央印发《关于深化人才发展体制机制改革的意见》的通知
文　　号：中发〔2016〕9号
发文单位：中共中央
发布时间：2016年3月20日
内容摘录：完善海外人才引进方式。实行更积极、更开放、更有效的人才引进政策，更大力度实施海外高层次人才引进计划，敞开大门，不拘一格，柔性汇聚全球人才资源。对国家急需紧缺的特殊人才，开辟专门渠道，实行特殊政策，实现精准引进。支持地方、部门和用人单位设立引才项目，加强动态管理。鼓励社会力量参与人才引进。

文件标题：《国务院关于促进创业投资持续健康发展的若干意见》
文　　号：国发〔2016〕53号
发文单位：国务院
发布时间：2016年9月20日
内容摘录：牢固树立和贯彻落实创新、协调、绿色、开放、共享的发展理念，着力推进供给侧结构性改革，深入实施创新驱动发展战略，大力推进大众创业万众创新，使市场在资源配置中起决定性作用和更好地发挥政府作用，进一步深化简政放权、放管结合、优化服务改革，不断完善体制机制，健全政策措施，加强统筹协调和事中、事后监管，构建促进创业投资发展的制度环境、市场环境和生态环境，加快形成有利于创业投资发展的良好氛围和“创业、创新+创投”的协同互动发展格局，进一步扩大创业投资规模，促进创业投资做大做强做优，培育一批具有国际影响力和竞争力的中国创业投资品牌，推动我国创业投资行业跻身世界先进行列。

文件标题：《国务院办公厅关于创新管理优化服务培育壮大经济发展新动能加快新旧动能接续转换的意见》
文　　号：国办发〔2017〕4号
发文单位：国务院办公厅
发布时间：2017年1月13日
内容摘录：提升面向创业创新主体的服务水平。为企业开办和成长“点对点”提供政策、信息、法律、人才、场地等全方位服务，密切跟踪新生市场主体经营发展情况，促进新生市场主体增势不减、活跃度上升。打破制约企业跨所有制、跨行业创新合作的限制，促进生产要素和生产流程共享，加快跨界融合、系统整合的创业创新生态圈建设。强化对重大科研设施和仪器、科研数据信息等开放共享的考核评价和政策激励机制。支持和鼓励有条件的质检技术机构面向社会开放，为各类科技园、孵化器、众创空间等提供全生命周期质量技术基础服务。

文件标题：《国务院关于做好当前和今后一段时期就业创业工作的意见》
文　　号：国发〔2017〕28号
发文单位：国务院
发布时间：2017年4月13日
内容摘录：促进留学回国人员就业创业，实施留学人员回国创新创业启动支持计划，鼓励留学人员以知识产权等无形资产入股方式创办企业。简化留学人员学历认证等手续，降低服务门槛，依法为全国重点引才计划引进人才及由政府主管部门认定的海外高层次留学人才申请永久居留提供便利。实施有效的人才引进和扶持政策，吸引更多人才回流，投身创业创新。

文件标题：《国务院关于强化实施创新驱动发展战略进一步推进大众创业万众创新深入发展的意见》
文　　号：国发〔2017〕37号
发文单位：国务院

发布时间：2017年7月21日
内容摘录：实施留学人员回国创新创业启动支持计划，吸引更多高素质留学人才回国创新创业。继续推进两岸青年创新创业基地建设，推动内地与港澳地区开展创新创业交流合作。深入开展“万侨创新行动”，支持建设华侨华人创新创业基地，探索建立华侨华人创新创业综合服务体系，为华侨华人高层次专业人才和企业家出入境、停居留以及申办外国人永久居留身份证件提供便利。推动来内地创业的港澳同胞、回国（来华）创业的华侨华人享受当地城镇居民同等待遇的社会公共服务。继续推进海外人才离岸创新创业基地建设。

文件标题：《中共中央、国务院关于营造企业家健康成长环境弘扬优秀企业家精神更好发挥企业家作用的意见》
文　　号：中发〔2017〕25号
发文单位：中共中央、国务院
发布时间：2017年9月8日
内容摘录：企业家是经济活动的重要主体。改革开放以来，一大批优秀企业家在市场竞争中迅速成长，一大批具有核心竞争力的企业不断涌现，为积累社会财富、创造就业岗位、促进经济社会发展、增强综合国力作出了重要贡献。营造企业家健康成长环境，弘扬优秀企业家精神，更好地发挥企业家作用，对深化供给侧结构性改革、激发市场活力、实现经济社会持续健康发展具有重要意义。

文件标题：《国务院办公厅关于进一步压缩企业开办时间的意见》
文　　号：国办发〔2018〕32号
发文单位：国务院办公厅
发布时间：2018年5月14日
内容摘录：简化企业登记程序，提升便利化水平。推进企业名称登记管理改革，扩大企业名称自主申报范围，除涉及前置审批事项或企业名称核准与企业设立登记不在同一机关外，企业名称不再实行预先核准，申请人可在办理企业登记时，以自主申报的企业名称一并办理。广泛推行企业登记全程电子化应用，努力提升无纸化、智能化程度。进一步精简企业登记文书表格材料。将办理企业设立登记的时间压缩至5天以内。

文件标题：《国务院关于推动创新创业高质量发展打造“双创”升级版的意见》
文　　号：国发〔2018〕32号
发文单位：国务院
发布时间：2018年9月18日
内容摘录：提升归国和外籍人才创新创业便利化水平。深入实施留学人员回国创新创业启动支持计划，遴选资助一批高层次人才回国创新创业项目。健全留学回国人才和外籍高层次人才服务机制，在签证、出入境、社会保险、知识产权保护、落户、永久居留、子女入学等方面进一步加大支持力度。

文件标题：《国务院关于促进国家高新技术产业开发区高质量发展的若干意见》
文　　号：国发〔2020〕7号
发文单位：国务院
发布时间：2020年7月13日
内容摘录：吸引培育一流创新人才。支持国家高新区面向全球招才引智。支持园区内骨干企业等与高等学校共建共管现代产业学院，培养高端人才。在国家高新区内企业工作的境外高端人才，经市级以上人民政府科技行政部门（外国人来华工作管理部门）批准，申请工作许可的年龄可放宽至65岁。国家高新区内企业邀请的外籍高层次管理和专业技术人才，可按规定申办多年多次的相应签证；在园区内企业工作的外国人才，可按规定申办5年以内的居留许可。对在国内重点高等学校获得本科以上学历的优秀留学生以及国际知名高校毕业的外国学生，在国家高新区从事创新创业活动的，提供办理居留许可便利。

中共中央组织部

文件标题：中共中央组织部关于印发《引进海外高层次人才暂行办法》的通知
文　　号：中组发〔2008〕28号
发文单位：中共中央组织部
发布时间：2008年12月25日
内容摘录：引进的人才应在海外取得博士学位，不超过55岁，引进后每年在国内工作不少于6个月，并符合下列条件之一：（一）在国外著名高校、科研院所担任相当于教授职务的专家学者；（二）在国际知名企业和金融机构担任高级职务的专业技术人才和经营管理人才；（三）拥有自主知识产权或掌握核心技术，具有海外自主创业经验，熟悉相关产业领域和国际规则的创业人才；（四）国家急需紧缺的其他高层次创新创业人才。

文件标题：中共中央组织部印发《关于为海外高层次引进人才提供相应工作条件的若干规定》的通知
文　　号：组通字〔2008〕56号
发文单位：中共中央组织部
发布时间：2008年12月19日
内容摘录：引进人才可担任高等院校、科研院所、中央企业、国有商业金融机构中级以上的领导职务（外籍人士担任法人代表的除外）或者高级专业技术职务。引进人才可担任国家重大科技专项、863、973、自然科学基金等项目负责人。对于涉及国家安全的，须另行批准。引进人才可申请政府部门的科技资金、产业发展扶持资金等，用于在中国境内开展科学研究或生产经营活动。有关部门要简化手续，优先办理。必要时，有关部门应以特别项目形式给予支持。

文件标题：中共中央组织部等部门印发《关于海外高层次引进人才享受特定生活待遇的若干规定》的通知
文　　号：组通字〔2008〕58号
发文单位：中共中央组织部、外交部、科技部、教育部、公安部、财政部、人力资源和社会保障部、住房和城乡建设部、卫生部、中国人民银行、国务院国有资产监督管理委员会、海关总署、国家税务总局
发布时间：2008年12月22日
内容摘录：外籍引进人才及其随迁外籍配偶和未成年子女，公安机关在受理申请的50天内，为其发放《外国人永久居留证》，作为其在中国的合法身份证件，享有中国法律规定的基本民事权利和义务。具有中国国籍的引进人才，可不受出国前户籍所在地的限制，选择在国内任一城市落户。中央财政给予引进人才每人人民币100万元的补助。用人单位、主管部门和地方政府配套其他资金，用于改善引进人才的工作生活条件。引进人才享受医疗照顾人员待遇，由卫生部或本人工作（居住）地卫生行政部门为其发放医疗证。引进人才配偶一同回国（来华）并愿意在中国就业的，由用人单位妥善安排其工作；暂时无法安排的，用人单位可参照本单位人员平均工资水平，以适当方式为其发放生活补贴。

文件标题：中共中央组织部、人力资源和社会保障部关于转发《中央人才工作协调小组关于建立"特聘专家"制度的意见》的通知
文　　号：组通字〔2009〕36号
发文单位：中共中央组织部、人力资源和社会保障部
发布时间：2009年6月2日
内容摘录：对通过中央、国家有关部门和地方、有关企事业单位海外高层次人才引进计划引进的各类海外高层次人才，分别授予国家特聘专家、地方和部门特聘专家、用人单位特聘专家的相应称号，纳入中央和地方各级党委联系专家的范围，实行分层联系、分类管理。制定并落实具体措施，为"特聘专家"解决居留、落

户、就医、子女就学、配偶安置等方面的困难和问题。中央和地方有关部门设立专门服务窗口，在用人单位协助下，为“特聘专家”提供优质服务。

文件标题：中共中央组织部关于印发《青年海外高层次人才引进工作细则》的通知
文　　号：组通字〔2010〕63号
发文单位：中共中央组织部
发布时间：2010年11月4日
内容摘录：申请青年海外高层次人才引进计划的人选，须具备以下条件：（一）属自然科学或工程技术领域，年龄不超过40周岁；（二）在海外知名高校取得博士学位，并有3年以上的海外科研工作经历；（三）申报时在海外知名高校、科研机构或知名企业研发机构有正式教学或科研职位；（四）引进后全职回国工作；（五）为所从事科研领域同龄人中的拔尖人才，有成为该领域学术或技术带头人的发展潜力。对博士在读期间已取得突出研究成果的应届毕业生，或其他有突出成绩的，可以破格引进。中央财政给予引进人才每人人民币50万元的一次性补助。

文件标题：中共中央组织部、人力资源和社会保障部关于印发《国家特聘专家服务与管理办法》的通知
文　　号：组通字〔2012〕19号
发文单位：中共中央组织部、人力资源和社会保障部
发布时间：2012年4月9日
内容摘录：用人单位应为国家特聘专家履职提供科研场所、科研经费、科研团队等必要的工作支持，为其充分发挥作用提供良好条件。国家特聘专家可依照有关法律规定，担任高等院校、科研院所、中央企业、国有商业金融机构中级以上的领导职务或高级专业技术职务。国家特聘专家可不受国籍限制，申请国家项目、政府基金资金，参与政府项目咨询论证、重大科研计划和国家标准制订、重点工程建设，参加国内各种学术组织，担任国家科技项目负责人，作为政府奖励候选人。涉及国家安全或有特殊规定的，按相关规定办理。

文件标题：中共中央组织部关于印发《国家海外高层次人才引进计划管理办法》《国家高层次人才特殊支持计划管理办法》的通知
文　　号：组通字〔2017〕9号
发文单位：中共中央组织部
发布时间：2017年2月24日
内容摘录：科技创业领军人才申报人应当为企业主要创办者和实际控制人（为企业第一大股东或者法人代表），运用自主知识产权创建科技企业的科技人才，或者具有突出经营管理才能的高级管理人才。创业项目符合我国战略性新兴产业发展方向并处于领先地位。企业创办时间一般不超过5年，特殊情况可适当放宽。建立入选者退出机制。对弄虚作假骗取入选资格的，违反职业道德、学术不端造成不良社会影响的，或者触犯国家法律法规的，应当予以退出。

教育部

文件标题：《教育部关于妥善解决优秀留学回国人员子女入学问题的意见》
文　　号：教外留〔2000〕1号
发文单位：教育部
发布时间：2000年1月3日

内容摘录：优秀留学回国人员在此一般是指在国外正规大学及其他高等教育机构取得博士学位的优秀尖子人才，其中既包括学成后回国工作的人员，也包括已取得国外永久居留权或已加入外国国籍后短期回国工作的人员。对上述人员的子女在我国内地入学时遇到的实际困难，各地教育行政部门应在当地条件许可的情况下，本着“适当照顾、特事特办”的原则，尽可能地提供优惠和便利条件加以解决。

文件标题：教育部国际合作与交流司《关于办理高层次海外留学人才身份证明的通知》
文　　号：教外司留〔2002〕1号
发文单位：教育部国际合作与交流司
发布时间：2002年1月4日
内容摘录：申请者应为下述人员：被我高等院校或科研院所聘为校级领导职务的，正、副教授或研究员（含特聘、讲座、名誉、客座等）的，海外专家的已入外籍的留学人才；与我高等院校、科研院所签有1年以上执行其他教学、科研、学术活动合作协议需经常回国的已入外籍的留学人才；在国内企业或在国内本人创办的公司内担任高级管理（副总经理以上）职务的已入外籍的留学人才；执行中央和地方政府与国外签署的国家级、省、部级科技项目、重点工程协议的已入外籍的留学人才；来华投资数额为在本地投资额中上线的已入外籍的留学人才；赴西部地区从事教学、科研、创办企业等为国家西部大开发战略服务的已入外籍的留学人才。

文件标题：《教育部关于进一步加强引进海外优秀留学人才工作的若干意见》
文　　号：教外留〔2007〕8号
发文单位：教育部
发布时间：2007年3月2日
内容摘录：加大教育部“春晖计划”支持海外优秀留学人才短期回国服务的力度。鼓励海外优秀留学人才利用“春晖计划”资助短期回国服务，通过合作促成软着陆，最终实现部分优秀留学人才长期回国工作。加强留学人员创业园、大学科技园、创业基地和服务机构建设，大力实施“春晖杯”中国留学人员创新创业大赛。

文件标题：中共教育部党组关于印发《“长江学者奖励计划”管理办法》的通知
文　　号：教党〔2018〕51号
发文单位：中共教育部党组
发布时间：2018年9月21日
内容摘录：“长江学者奖励计划”实行岗位聘任制，支持高等学校设置特聘教授、讲座教授、青年学者岗位，面向海内外公开招聘。特聘教授、青年学者项目面向全国高校实施；讲座教授项目面向中西部、东北地区高校实施，中西部、东北地区的范围参照《中西部高等学校基础能力建设工程》执行。每年聘任特聘教授150名左右，聘期为5年；讲座教授50名左右，聘期为3年；青年学者300名左右，聘期为3年。教育部授予特聘教授、讲座教授“长江学者”称号，授予青年学者“青年长江学者”称号，在聘期内享受奖金。“长江学者奖励计划”实施经费由中央财政专项支持。

文件标题：教育部办公厅关于取消《留学回国人员证明》的通知
文　　号：教外厅函〔2020〕19号
发文单位：教育部办公厅
发布时间：2020年9月23日
内容摘录：为推进“放管服”改革，简化留学人员办事程序，根据《国务院办公厅关于做好证明事项清理工作的通知》（国办发〔2018〕47号）和《教育部等八部门关于加快和扩大新时代教育对外开放的意见》（教外〔2020〕8号），我部决定自2020年11月1日起，取消开具《留学人员回国证明》的服务，并已于9月17日公告社会。

科技部

文件标题：科学技术部、人事部、教育部《关于组织开展国家留学人员创业园示范建设试点工作的通知》
文　　号：国科发火字〔2000〕257号
发文单位：科学技术部、人事部、教育部
发布时间：2000年6月21日
内容摘录：对于选定的示范试点单位，科技部、人事部、教育部将协调支持，加强联系和指导，并将于近期共同出台关于促进留学人员创业的有关政策，加快留学人员创业园的建设。推动留学人员创业园建设，是新形势下我国发展高新技术产业的一项重要措施。各地政府有关部门要加强指导，采取有力措施和扶持政策支持留学人员创业园的建设，更多、更快、更好地吸引留学人员回国创业，为中国高新技术产业的发展作出贡献。

文件标题：科学技术部、人事部、教育部《关于确定北京、上海等留学人员创业园为国家留学人员创业园示范建设试点的通知》
文　　号：国科发火字〔2000〕468号
发文单位：科学技术部、人事部、教育部
发布时间：2000年10月26日
内容摘录：根据科技部、人事部、教育部国科发火字〔2000〕257号文件《关于组织开展国家留学人员创业园示范建设试点工作的通知》的要求，在有关省市政府推荐留学人员创业园的基础上，经研究，确定北京市留学人员海淀创业园、上海留学人员创业园（包括嘉定创业园和张江创业园）、成都留学人员创业园、大连留学人员创业园、西安留学人员创业园、宁波保税区留学人员创业园、苏州留学人员创业园（含昆山创业园）、福建留学人员创业园、济南留学人员创业园作为国家留学人员创业园示范建设试点。

文件标题：科学技术部、人事部、教育部、国家外国专家局《关于确定天津、沈阳等留学人员创业园为国家留学人员创业园示范建设试点的通知》
文　　号：国科发火字〔2001〕186号
发文单位：科学技术部、人事部、教育部、国家外国专家局
发布时间：2001年6月8日
内容摘录：天津新技术产业园区留学生创业园、沈阳海外学子创业园、长春海外学人创业园、武汉海外学子创业园、杭州市留学人员高新区创业园、合肥留学人员创业园、烟台留学人员创业园、厦门留学人员创业园、留学人员广州创业园、哈尔滨海外学人创业园已具备试点的条件，同意确定为国家留学人员创业园示范建设试点。

文件标题：国家外国专家局关于落实《关于为外国籍高层次人才和投资者提供入境及居留便利的规定》相关问题的通知
文　　号：外专发〔2003〕47号
发文单位：国家外国专家局
发布时间：2003年5月26日
内容摘录：根据《规定》的精神，我局决定对《外专家证》的时效作相应的调整：（一）对已持Z字（工作类）签证来华服务的外国籍高层次人才，聘用单位需要长期聘请的，可根据聘用合国为其办理2—5年有效期的《外国专家证》或相应期限的《外国专家证》延期；（二）对已持L字（旅游类）、X字（学习类）、F字（访问类）签证来华的外国籍高层次人才，聘用单位确需长期聘请的，可凭聘用合同为其办理2—5年有效期的《外国专家证》；（三）对我国经济和社会发展作出重大或突出贡献并获得省（部）级以上奖励或荣誉称号的外国专家，可根据聘请单位与专家签订的合同办理2—5年有效期的《外国专家证》或相应期限的《外国专家证》延期。

文件标题：科学技术部关于印发《中国海外科技创业园试点工作指导意见》的通知
文　　号：国科发火字〔2003〕316号
发文单位：科学技术部
发布时间：2003年9月24日
内容摘录：中国海外科技创业园通过为入驻园区创业与发展的企业提供全面、高效的服务和保障，推动我国高新技术产业的国际化。中国海外科技创业园的主要职责：（一）为我国高新技术企业到所在国的创业与发展提供入驻咨询、相关代理或委托代理服务；（二）协助企业解决在境外创业与发展中出现的各种困难，提供科研、商务和工作、生活等方面的咨询与援助；（三）吸收海外留学人员到科技园创办企业，并为他们回国创业或为国服务搭建平台、提供咨询服务；（四）为推动我国高新技术企业的产品出口以及引进境外先进技术、人才、资金等，搭建国际化服务平台。

文件标题：科学技术部、财政部关于印发《科技型中小企业技术创新基金项目管理暂行办法》的通知
文　　号：国科发技字〔2005〕60号
发文单位：科学技术部、财政部
发布时间：2005年3月2日
内容摘录：科学技术部是创新基金的主管部门，财政部是创新基金的监管部门。科学技术部科技型中小企业技术创新基金管理中心负责具体管理工作。创新基金以贷款贴息、无偿资助和资本金投入的方式支持科技型中小企业的技术创新活动。

文件标题：《科技部关于进一步促进科技型中小企业创新发展的若干意见》
文　　号：国科发政〔2011〕178号
发文单位：科技部
发布时间：2011年5月12日
内容摘录：实施有利于科技型中小企业吸引人才的政策。结合创新人才推进计划、海外高层次人才引进计划、青年英才开发计划和国家高技能人才振兴计划等各项国家人才重大工程的实施，支持科技型中小企业吸引和凝聚创新创业人才。针对科技型中小企业的人才需求，提供信息咨询、专业培训等服务。鼓励科技型中小企业与高等学校、职业院校建立定向、订单式的人才培养机制。探索对符合条件的科技型中小企业聘用人才给予适当补助支持。

文件标题：科技部等部门关于印发《国家中长期科技人才发展规划（2010—2020年）》的通知
文　　号：国科发政〔2011〕353号
发文单位：科技部、人力资源和社会保障部、教育部、中国科学院、中国工程院、国家自然科学基金委员会、中国科协
发布时间：2011年7月26日
内容摘录：深入推进海外高层次人才引进计划实施。加快高层次人才创新创业基地建设，为海外高层次人才来华（回国）创新创业提供条件、营造环境。依托国家重点实验室、国家高新技术产业开发区、国家重点学科等平台以及国家重大科技专项，重点围绕国家发展战略目标，引进一批能够突破关键技术、发展高新技术产业、带动新兴学科的战略科学家、创新创业领军人才和创新团队。

文件标题：科技部关于印发《国家高新技术产业开发区创新驱动战略提升行动实施方案》的通知
文　　号：国科发火〔2013〕388号
发文单位：科技部
发布时间：2013年3月12日

内容摘录：鼓励国家高新区建设科技企业孵化器、留学人员创业园和大学科技园等孵化服务机构，并把孵化体系建设的质量和水平作为国家高新区发展的重要考核内容；建设一批新型创业孵化机构，创新孵化模式，实现科技企业孵化器由政府主导向多元产权组织形式的转变，实现投资主体多元化；提高孵化器运营机构的服务能力和管理水平，鼓励其在服务空间、服务内容、服务手段、商业模式创新等方面开展新业务。落实国家中长期人才发展规划，切实发挥人才高地的作用，继续完善人才引进和培育的政策和机制，加快人才队伍建设，进一步优化人才政策，建立和完善以市场需求为目标的人才选拔机制、用人机制和评价机制；培养和支持一批中青年科技创新创业人才，引进一批海外高层次人才回国（来华）创新创业，集聚一批由高端人才领衔的创业投资、科技中介等创业服务团队。

文件标题：《科技部关于进一步推动科技型中小企业创新发展的若干意见》
文　　号：国科发高〔2015〕3号
发文单位：科技部
发布时间：2015年1月10日
内容摘录：支持创办科技型中小企业。鼓励科研院所、高等学校科研人员和企业科技人员创办科技型中小企业，建立健全股权、期权、分红权等有利于激励技术创业的收益分配机制。支持高校毕业生以创业的方式实现就业，对入驻科技企业孵化器或大学生创业基地的创业者给予房租优惠、创业辅导等支持。

文件标题：科学技术部火炬高技术产业开发中心、中关村科技园区管理委员会关于印发《“创业中国”中关村引领工程（2015—2020年）》的通知
文　　号：国科火字〔2015〕51号
发文单位：科学技术部火炬高技术产业开发中心、中关村科技园区管理委员会
发布时间：2015年2月2日
内容摘录：积极在全球范围内吸引和延揽优秀人才到中关村创新创业，构建由跨境人才联络、跨境合作创业等平台组成的创业人才生态圈，形成具有国际竞争力的创业人才发展生态环境，持续开发世界一流的高端创业人才及团队。打造海外人才创业平台，通过中关村高端人才创业基地、中关村海外人才创业园、中关村留学人员创业园等创业服务机构，贯通国际创新要素的流动渠道，优先支持海外创业人才入驻，重点支持一批具有国际视野、持有核心技术的创业团队。

文件标题：科技部、财政部、国家税务总局关于修订印发《高新技术企业认定管理办法》的通知
文　　号：国科发火〔2016〕32号
发文单位：科技部、财政部、国家税务总局
发布时间：2016年1月29日
内容摘录：依据本办法认定的高新技术企业，可依照《企业所得税法》及其《实施条例》《中华人民共和国税收征收管理法》及《中华人民共和国税收征收管理法实施细则》等有关规定，申报享受税收优惠政策。

文件标题：科技部关于印发《“十三五”国家科技人才发展规划》的通知
文　　号：国科发政〔2017〕86号
发文单位：科技部
发布时间：2017年4月13日
内容摘录：实施更积极、更开放、更有效的创新人才引进政策，更大力度引进急需紧缺人才，聚天下英才而用之。加强重点领域海外高层次人才引进。发挥政府投入引导作用，鼓励企业、高等学校、科研机构、社会组织、个人等有序参与人才资源开发和人才引进。围绕国家科技创新重点领域和发展方向，大力引进能够引领国际科学发展趋势的战略科学家，从事科学前沿探索和交叉研究、具有创新潜质的优秀科学家，以及开展

重大产业技术应用基础研究的科学家。着力引进具有推动重大技术创新能力的科技领军人才。注重引进适合领衔国家重大科研任务、重大工程建设的领军人才。重视港澳台杰出科技人才的引进和使用，注重引进青年人才。制定并不断完善国家引才指导目录，更大力度实施国家引进海外高层次人才计划，吸引万名海外高层次人才回国（来华）创新创业。

文件标题：科技部关于印发《国家高新技术产业开发区“十三五”发展规划》的通知
文　　号：国科发高〔2017〕90号
发文单位：科技部
发布时间：2017年4月14日
内容摘录：鼓励发展多种创新型孵化器。以“新服务、新生态、新潮流、新概念、新模式、新文化”为导向，提升各创业服务中心、留学人员创业园运营服务能力。鼓励探索“互联网+”创业服务。鼓励社会力量参与建设一批“孵化器+宿舍”“孵化器+商业空间”等新型创业空间。引进海外高端创新创业人才团队。依托海外高层次人才引进计划、“长江学者奖励计划”“百人计划”等国家和地方重大人才计划，着力引进一批从事国际前沿研究、带动新兴学科发展的杰出科学家、顶尖科技人才和创业团队。加强与我国驻外使领馆、外国驻华使馆、外国商协会、国际科技园区等的合作，建立面向全球的高层次人脉网络，推动跨区域创业者、技术移民、企业家等来国家高新区创新创业。

文件标题：科技部办公厅关于印发《国家科技企业孵化器“十三五”发展规划》的通知
文　　号：国科办高〔2017〕55号
发文单位：科技部办公厅
发布时间：2017年6月29日
内容摘录：加快孵化器国际化步伐。鼓励我国孵化器开拓国际业务，设立海外孵化器，通过与国外高校、研究院所和国际技术转移机构合作，对接海外创业团队、投资机构，优选高科技项目。吸引外国孵化机构在中国设立分支机构或共建孵化平台，充分吸收和借鉴国外创业孵化的先进理念与模式。引导各类型孵化器注重链接全球创业资源，广泛开展海外资本、高层次人才、技术项目、跨境孵化等国际化交流与合作，鼓励在孵企业参与国际孵化行业的各项活动和创业大赛。积极推动留学人员创业园升级发展，通过海创大赛等活动，搭建人才引进与借船出海的双向平台，推动形成海外人才协同创新创业网络。

文件标题：科技部、全国工商联印发《关于推动民营企业创新发展的指导意见》的通知
文　　号：国科发资〔2018〕45号
发文单位：科技部、全国工商联
发布时间：2018年5月18日
内容摘录：加快发展科技企业孵化器、加速器、众创空间、星创天地等创新创业孵化载体，提高为民营小微企业的公共服务能力。支持行业龙头民营企业围绕主营业务，创新模式，建立一批特色鲜明、创客云集、机制灵活的专业化众创空间。建立民营企业双创导师队伍，开展灵活多样的创新创业服务。支持民营技术转移机构发展，推动建立专业化运营团队，为技术交易双方提供成果转化配套服务。依托各地科技领军人才创新驱动中心，组织高水平科技领军人才和创新团队为民营企业转型升级提供技术咨询等智力支持。推动民营小微企业参与“中国创新创业大赛”，弘扬创新创业文化。

文件标题：科技部关于印发《科技企业孵化器管理办法》的通知
文　　号：国科发区〔2018〕300号
发文单位：科技部
发布时间：2018年12月14日

内容摘录：孵化器的主要功能是围绕科技企业的成长需求，集聚各类要素资源，推动科技型创新创业，提供创业场地、共享设施、技术服务、咨询服务、投资融资、创业辅导、资源对接等服务，降低创业成本，提高创业存活率，促进企业成长，以创业带动就业，激发全社会创新创业活力。

文件标题：科技部印发《关于新时期支持科技型中小企业加快创新发展的若干政策措施》的通知
文　　号：国科发区〔2019〕268号
发文单位：科技部
发布时间：2019年8月5日
内容摘录：完善创新创业孵化体系建设。加强专业化众创空间在重点地区和细分领域的梯次布局，推动专业化众创空间提升服务能力，在若干行业领域推动建立专业孵化器联盟，支撑科技型中小企业培育孵化。鼓励科研人员创新创业。推动出台支持科研人员离岗创业的实施细则，完善科研人员校企、院企共建双聘机制。支持持有外国人永久居留证的外籍高层次人才创办科技型企业，给予与中国籍公民同等待遇。

文件标题：科技部火炬中心关于印发《关于深入推进创新型产业集群高质量发展的意见》的通知
文　　号：国科火字〔2020〕85号
发文单位：科技部火炬中心
发布时间：2020年4月29日
内容摘录：培育聚集人才，强化人才战略。支持建立符合创新型产业集群发展特点的人才评价方式。鼓励集群企业及研发机构建立各类高层次专业技术人才工作平台。探索建立人才柔性工作支持政策，鼓励外地人才通过各种方式为集群建设提供服务，在科研立项、成果转化、表彰奖励等方面与本地人才享受同等待遇。支持在集群中建立青年留学回国人员实习基地，吸引海外留学人员回国参与创新型产业集群建设。加强开放创新，参与国际合作。积极参与“一带一路”建设，探索建立“一带一路”创新型产业集群国际合作交流机制。鼓励集群领军企业按产业链布局需要，在境外设立代表处、办事处等境外机构。鼓励集群内具备条件的企业，采取投资入股、收购兼并等方式，通过资本纽带与产业链中境外优秀机构快速融合，补齐发展短板。

工业和信息化部

文件标题：《工业和信息化部、财政部、国家工商行政管理总局关于大力支持小型微型企业创业兴业的实施意见》
文　　号：工信部联企业〔2012〕347号
发文单位：工业和信息化部、财政部、国家工商行政管理总局
发布时间：2012年7月12日
内容摘录：放宽对经营场所的限制。按照法律法规规定的条件、程序和合同约定，允许创业者将家庭住所、租借房、临时商业用房等作为创业经营场所。申办个体工商户无法提交经营场所产权证明的，申请人可以持市场主办单位、各类园区的管委会（居委会、村委会）出具的同意在该场所从事经营活动的相关证明，办理注册登记。

文件标题：工业和信息化部办公厅、财政部办公厅关于发布《支持打造大中小企业融通型和专业资本集聚型创新创业特色载体工作指南》的通知
文　　号：工信厅联企业函〔2019〕92号
发文单位：工业和信息化部办公厅、财政部办公厅
发布时间：2019年4月22日

内容摘录：小微企业创业创新基地、众创空间、孵化器是支撑创新创业的重要载体。各地应围绕支持中小企业创新发展，积极引导打造各具特色的创新创业特色载体，促进提升资源配置质量与效率，培育更多“专精特新”和“小巨人”企业。着力支持引导创新创业特色载体向专业化精细化方向升级；着力支持打造“龙头企业+孵化”的大中小企业融通型载体；着力支持打造“投资+孵化”的专业资本集聚型载体。

公安部

文件标题：公安部、人力资源和社会保障部《关于规范留学回国人员落户工作有关政策的通知》

文　　号：公通字（2010）19号

发文单位：公安部、人力资源和社会保障部

发布时间：2010年4月15日

内容摘录：对于回国后欲在原户口注销地恢复户口的留学人员，辖区派出所可以凭回国留学人员最后一次回国时持用的中国护照，依据原户口注销登记直接办理恢复户口手续；理由正当，需要在本市、县内其他派出所辖区登记户口的，落户地派出所可以凭回国留学人员最后一次回国时持用的中国护照及原户口所在地派出所出具的户口注销证明（证明中应载明户口注销前户口登记的详细内容），办理落户手续。

财政部

文件标题：财政部、工业和信息化部、科技部《关于支持打造特色载体推动中小企业创新创业升级工作的通知》

文　　号：财建〔2018〕408号

发文单位：财政部、工业和信息化部、科技部

发布时间：2018年8月8日

内容摘录：鼓励开发区发展以聚集高端人才为核心要素的特色载体，发挥人才引进政策作用，支持引导载体利用综合体运营商拥有的物理空间、共享设施等资源，拓展创业辅导、资源对接、市场开拓等孵化功能，提供专业化服务；集聚国际顶尖人才、海外留学人才、高技能人才、大企业高管、优秀青年人才等知识型、技能型、创新型人才创办企业，将个体居住转为聚集创业，加快形成“人才+孵化”的智力转化机制，提升人才资源引领创新创业的质量与效率。

人力资源和社会保障部

文件标题：人事部印发《关于鼓励海外高层次留学人才回国工作的意见》的通知

文　　号：人发〔2000〕63号

发文单位：人事部

发布时间：2000年7月6日

内容摘录：海外高层次留学人才是指我公派或自费出国留学，学成后在国外金融机构、跨国公司、国际组织、著名高校、科研院所等从事金融、工程技术、教学、科研、管理等工作，取得显著成绩，并为国内急需的中青年高级经营管理人才、专业技术人才、学术技术带头人，拥有具有产业化开发前景的专利、发明或专有技术等人才。

文件标题：人事部关于印发《留学人员创业园管理办法》的通知
文　　号：人发〔2001〕7号
发文单位：人事部
发布时间：2001年1月15日
内容摘录：留学人员创业园享受高新技术开发区和经济技术开发区内孵化机构的优惠政策。允许引进和建立若干专业化风险资金或创业基金；支持有条件的创业园尽快建立旨在为留学人员提供创业资本支持和融资担保的种子资金和担保资金；为创业园内企业在吸引国际创业投资和争取上市方面创造条件。

文件标题：人事部关于印发《留学人员科技活动项目择优资助经费申请与管理办法》的通知
文　　号：人发〔2001〕33号
发文单位：人事部
发布时间：2001年4月6日
内容摘录：资助经费分以下五类：（一）重点项目资助，额度为10万—20万元人民币。资助回国留学人员从事国家重点攻关项目、重大技术改造项目、具有广泛应用前景的新技术研究开发等项目；（二）优秀项目资助，额度为5万—10万元人民币。资助回国留学人员主持省部级重点科技攻关或技术改造项目，或某一学科领域具有领先水平的研究开发项目；（三）项目启动资助，额度为2万—5万元人民币。资助新近回国或即将回国的留学人员，从事某一学科或技术领域的研究。研究课题学术思想新颖，具有重要科学价值或较好应用开发前景；（四）为国服务活动资助，额度视项目情况确定。资助海外留学人员短期回国开展合作研究、学术技术交流、考察、讲学等活动；（五）小额资助，额度视项目情况确定。资助留学回国人员出国参加国际学术会议、购买科研必需的仪器零部件、化学试剂、药品、耗材和图书资料等。

文件标题：人事部、教育部、科技部、公安部、财政部印发《关于鼓励海外留学人员以多种形式为国服务的若干意见》的通知
文　　号：人发〔2001〕49号
发文单位：人事部、教育部、科技部、公安部、财政部
发布时间：2001年5月14日
内容摘录：鼓励海外留学人员以专利、专有技术、科研成果等在国内进行转化、入股，创办企业；或以专有知识、技能、信息等开办专业性咨询公司；可以自有资金或引进资金在国内投资。国家支持各地区、各部门和用人单位为海外留学人员为国服务创造良好工作和生活条件。鼓励到国内各经济开发区、高新技术开发区、留学人员创业园进行科技开发和科研成果转化，享受优惠政策。在国内创办企业的，各有关部门给予必要支持，在企业注册、土地使用、工商、税务、商检等方面，简化手续，减少环节，提供服务。

文件标题：人事部《关于人事部与地方人民政府共建留学人员创业园的意见》
文　　号：人发〔2002〕84号
发文单位：人事部
发布时间：2002年8月26日
内容摘录：人事部与地方人民政府共建留学人员创业园的目标是：贯彻落实“支持留学，鼓励回国，来去自由”和鼓励留学人员回国工作或以适当方式为国服务的方针，按照发展高科技实现产业化的要求，积极构筑留学人员创业园服务体系，提高创业园管理水平，盘活各方有效资源，形成一批规模较大、管理科学、服务完善的骨干创业园，充分发挥其示范、导向、带动作用，进一步推进全国留学人员创业园发展。

文件标题：人事部关于印发《开展高层次留学人才回国资助试点工作的意见》的通知
文　　号：国人部发〔2003〕45号

发文单位：人事部
发布时间：2003年11月30日
内容摘录：高层次留学人才回国工作资助金额度暂定为每人30万元，资助人选从试点地区或部门推荐的人选中择优产生。申请高层次留学人才回国工作资助金的人员须同时具备以下条件：（一）具有中国国籍；（二）在海外（国外、境外）获得博士学位；（三）在国外跨国公司、国际组织、著名高校、科研院所等主持过重要科研项目，取得过重要科研成果、主管过重要高新技术工程、担任过高级管理职务或相当于副教授（副研究员）以上专业职务，具有显著成绩或拥有较好产业化开发前景的专利、发明或专有技术；（四）国家急需并能在国内每年稳定工作9个月以上；（五）新近回国工作不到1年。

文件标题：人事部、教育部、科技部、财政部印发《关于在留学人才引进工作中界定海外高层次留学人才的指导意见》的通知
文　　号：国人部发〔2005〕25号
发文单位：人事部、教育部、科技部、财政部
发布时间：2005年3月22日
内容摘录：根据《关于鼓励海外高层次留学人才回国工作的意见》的有关规定，引进海外高层次留学人才一般是指：我公派或自费出国留学，学成后在海外从事科研、教学、工程技术、金融、管理等工作并取得显著成绩，为国内急需的高级管理人才、高级专业技术人才、学术技术带头人，以及拥有较好产业化开发前景的专利、发明或专有技术的人才。

文件标题：人事部、教育部、科技部、财政部等部门印发《关于建立海外高层次留学人才回国工作绿色通道的意见》的通知
文　　号：国人部发〔2007〕26号
发文单位：人事部、教育部、科技部、财政部、外交部、国家发展改革委、公安部、商务部、人民银行、国资委、国务院侨办、中科院、国家外专局、海关总署、税务总局、工商总局
发布时间：2007年2月15日
内容摘录：高层次留学人才回国创办企业，按照国家的产业和区域税收政策享受相应的税收优惠。其中，创办高新技术企业的，享受国家高新技术企业优惠政策。对我国经济科技发展具有战略意义的重点项目，经有关部门审批，可专门立项，按照有关规定给予支持。留学人员创业园区要大力引进海外高层次留学人才回国创业，配备专门人员，为高层次留学人才创业提供服务，简化审批手续，提供厂房、设备和配套设施，并在房租等方面给予优惠；建立健全包括政府资助、银行贷款、创业投资、技术产权交易等在内的投融资机制，帮助他们解决资金困难；发挥国家级留学人员创业园的示范引导作用，不断探索在政策、人才、信息、培训、资助等方面对海外高层次留学人才创业提供支持的新途径。

文件标题：人力资源和社会保障部《关于实施海外赤子为国服务行动计划的通知》
文　　号：人社部发〔2009〕103号
发文单位：人力资源和社会保障部
发布时间：2009年8月27日
内容摘录：“海外赤子为国服务行动计划”具体包括以下六类：（一）人力资源社会保障部组织的示范性留学人员为国服务活动；（二）人力资源社会保障部留学人员和专家服务中心组织的留学人员为国服务活动；（三）人力资源社会保障部与各地方人民政府联合主办大型留学人员人才项目交流及为国服务活动；（四）人力资源社会保障部资助支持由地方人力资源社会保障部门具体组织的留学人员为国服务活动；（五）人力资源社会保障部资助支持由有关部门具体组织的留学人员为国服务活动；（六）人力资源社会保障部资助支持由海外留学人员团体具体组织的为国服务活动。

文件标题：人力资源和社会保障部《关于印发实施中国留学人员回国创业启动支持计划意见的通知》
文　　号：人社部发〔2009〕112号
发文单位：人力资源和社会保障部
发布时间：2009年9月21日
内容摘录：实施中国留学人员回国创业启动支持计划，即每年在全国范围内遴选一批创新能力强、发展潜力大、市场前景好的留学回国人员创办的企业，在创办初始启动阶段予以重点支持，以加快其科技成果转化，实现企业快速发展。对于经人力资源社会保障部审批确定的重点创业项目，一次性给予创业支持资金50万元；对于确定的优秀创业项目，一次性给予创业支持资金20万元。相关地方应给予相应配套资金支持。

文件标题：人力资源和社会保障部、公安部、海关总署《关于海外高层次留学人才回国工作绿色通道有关入出境及居留便利问题的通知》
文　　号：人社部发〔2009〕113号
发文单位：人力资源和社会保障部、公安部、海关总署
发布时间：2009年9月9日
内容摘录：当地公安机关出入境管理部门对持有人力资源社会保障部专业技术人员管理司出具的海外高层次留学人才身份证明，或教育部国际合作与交流司、各省级政府人力资源社会保障部门等一类授权单位公函的高层次留学人才，按规定对其个人及其外籍配偶、未满18周岁子女受理审批签发2—5年外国人居留许可或多次F签证。

文件标题：中共中央组织部、人力资源和社会保障部印发《关于支持留学人员回国创业意见》的通知
文　　号：人社部发〔2011〕23号
发文单位：中共中央组织部、人力资源和社会保障部
发布时间：2011年2月23日
内容摘录：要结合经济社会发展和产业结构调整的需要，研究制订专项创业支持计划，有针对性地重点引进一批本地区发展急需和紧缺的留学人员回国创业。各地区要积极加强创业载体建设，依托当地经济技术开发区、高新技术产业开发区、留学人员创业园、大学科技园、农业科技园区等创业载体，大力吸引留学人员回国创业。国家实施留学人员回国创业启动支持计划，对创新能力强、发展潜力大、市场前景好的留学人员企业，在创办初始启动阶段予以重点支持。有条件的地区可为留学人员回国创办企业提供一定数量的创业启动资金，并为领军型回国创业留学人员及其创业团队成员提供一定数额的安家费或租房补贴。

文件标题：《人力资源和社会保障部关于加强留学人员回国服务体系建设的意见》
文　　号：人社部发〔2011〕46号
发文单位：人力资源和社会保障部
发布时间：2011年4月19日
内容摘录：完善留学人员回国服务政策。积极创新有关服务政策，着力在入出境、居留、户籍管理、社会保险、计划生育、配偶就业、子女上学等生活待遇，以及职业资格、项目申请、经费资助、收入分配、税收、表彰奖励、知识产权保护、创办企业、投融资等工作条件方面创新完善有关优惠政策，不断完善“回国工作、回国创业、为国服务”三位一体的留学人员回国服务工作政策体系。

文件标题：《中共中央组织部、人力资源社会保障部等五部门关于为外籍高层次人才来华提供签证及居留便利有关问题的通知》
文　　号：人社部发〔2012〕57号
发文单位：中共中央组织部、人力资源和社会保障部、外交部、公安部、国家外国专家局

发布时间：2012年9月28日

内容摘录：提供签证及居留便利的措施：（一）需多次临时入、出境的，可办理5年多次有效、每次停留不超过180天的长期多次签证；（二）需在中国工作或长期居留的，可办理工作签证或2至5年有效的外国人居留证件；（三）符合办理永久居留条件的，可申请办理永久居留手续；（四）符合条件的，颁发来华定居专家证或外国专家证。

文件标题：《中共中央组织部、人力资源社会保障部等五部门办公厅（室）关于为外籍高层次人才办理签证及居留手续有关事项的通知》

文　　号：人社厅函〔2013〕341号

发文单位：中央组织部办公厅、人力资源社会保障部办公厅、外交部办公厅、公安部办公厅、国家外专局办公室

发布时间：2013年7月5日

内容摘录：有海外人才引进计划（以下简称引才计划）的中央和国家机关部委、直属机构、中央企事业单位干部人事部门、引智归口管理部门，各省、自治区、直辖市和副省级市党委组织部、政府人力资源社会保障或外国专家部门对所开展的引才计划进行梳理，将符合《通知》要求的引才计划报人力资源社会保障部或国家外国专家局审核。其中，高层次留学人才引进计划报人力资源社会保障部专业技术人员管理司审核；高层次外国专家引进计划报国家外国专家局办公室审核。

文件标题：中共中央组织部办公厅、人力资源社会保障部办公厅、国家外专局办公室《关于为外籍高层次引进人才提供签证及居留便利备案工作有关问题的通知》

文　　号：人社厅函〔2014〕432号

发文单位：中共中央组织部办公厅、人力资源和社会保障部办公厅、国家外专局办公室

发布时间：2014年10月28日

内容摘录：纳入全国重点引才计划的实施部门和单位按照《中共中央组织部、人力资源社会保障部等五部门关于为外籍高层次人才来华提供签证及居留便利有关问题的通知》（人社部发〔2012〕57号）精神以及《中共中央组织部、人力资源社会保障部等五部门办公厅（室）关于为外籍高层次人才办理签证及居留手续有关事项的通知》（人社厅函〔2013〕341号）规定的程序和要求，为引进的外籍高层次人才和家属办理人才签证、人才居留和来华定居专家等手续。

文件标题：人力资源社会保障部办公厅《关于做好留学回国人员自主创业工作有关问题的通知》

文　　号：人社厅函〔2015〕19号

发文单位：人力资源和社会保障部办公厅

发布时间：2015年1月16日

内容摘录：在国外接受高等教育并获得本科以上学历的留学回国人员比照国内高校毕业生，享受高校毕业生自主创业优惠政策。符合政策规定条件的留学回国人员可凭国外学历学位证书和教育部国外学历学位认证，在创业地人力资源社会保障部门留学人员回国服务机构登记备案，可按规定享受创业指导、创业培训、工商登记、融资服务、税费减免、场地扶持、人事代理、档案保管、职称评定、社会保险办理和接续等各项服务和政策优惠。

文件标题：《人力资源和社会保障部关于充分发挥市场作用促进人才顺畅有序流动的意见》

文　　号：人社部发〔2019〕7号

发文单位：人力资源和社会保障部

发布时间：2019年1月11日

内容摘录：构建更加开放的国际人才交流合作机制。实行更加积极、更加开放、更加有效的人才引进政策，面向全球引进处于国际产业和科技发展前沿，具有世界眼光和深厚造诣、对华友好的各类优秀外国人才。积极开辟高端引才聚才渠道，建立国际人才资源对接平台。研究探索精准定向引进人才和“走出去”培养人才的有效策略和机制。简化优化出入境管理机构外国人签证证件审批，对符合条件的外国人才提供办理人才签证、工作许可和长期居留许可的便利，完善外国专家人才住房、教育、医疗等服务保障措施。加强职业资格国际互认，推进职业资格双边或多边互认。支持鼓励优秀外国留学生毕业后直接在我国创业就业。鼓励支持留学人员回国创新创业，实施留学人员回国创业启动支持计划，鼓励各地探索建立青年留学回国人员实习基地。

海关总署

文件标题：《中华人民共和国海关对回国服务的留学人员购买免税国产汽车管理办法》

文　　号：署监二〔1992〕1678号

发文单位：海关总署口岸监管司

发布时间：1992年10月27日

内容摘录：本办法适用于在国外正规大学（学院）注册学习毕（结）业和进修（包括出国进修、合作研究）期限在1年以上回国工作购买免税国产汽车的留学人员。上述人员购买免税国产汽车，应事先由本人到所在地海关（下称备案地海关）申请办理免税手续。上述人员购买的免税国产汽车，视同免税进口车辆，海关监管年限为6年。从提货之日起2年内不得过户转让。免税车辆在海关监管年限内过户转让，车辆所有人须事先报经海关批准并补税。

文件标题：《海关总署关于对留学回国人员携带进境行李物品管理问题的通知》

文　　号：署监〔1994〕459号

发文单位：海关总署

发布时间：1994年7月18日

内容摘录：对留学人员携带进境的行李物品，海关验凭我驻外使领馆开具的《留学回国人员证明》和本人护照以及毕（结）业证书，或有关的学历证明，比照因公出国人员的有关规定办理验放手续。对留学回国人员所持证明、证件不符要求，或在留学期间临时进出境，或自毕（结）业之日起在外滞留时间超过1年回国的，海关验凭其所持护照，按《海关对中国籍居民出入境行李物品管理规定》办理。

文件标题：《海关总署关于对留学回国人员携带行李物品验放问题的通知》

文　　号：署监〔1999〕819号

发文单位：海关总署

发布时间：1999年12月13日

内容摘录：对留学回国人员，包括在国外学习期间曾经临时进出境的留学回国人员携运进境的行李物品，海关均按其实际在外学习时间（从注册入学之日起至毕结业之日止）予以验放，连续在外每满180天可免税购买《旅客行李物品分类表》第三类物品一件。对临时进出境留学回国人员，其在境内停留时间不超过30天的，按连续在境外计算验放时间。对上述人员学成回国时最后半年不满180天但超过150天的，也可按180天验放。

文件标题：《中华人民共和国海关对高层次留学人才回国和海外科技专家来华工作进出境物品管理办法》

文　　号：海关总署第154号令

发文单位：海关总署
发布时间：2006年12月26日
内容摘录：回国定居或者来华工作连续1年以上（含1年，下同）的高层次人才进境本办法所附清单（见附件1）范围内合理数量的科研、教学物品，海关依据有关规定予以免税验放。回国定居或者来华工作连续1年以上的高层次人才进境本办法所附清单（见附件2）范围内合理数量的自用物品，海关依据有关规定予以免税验放。上述人员可以依据有关规定申请从境外运进自用机动车辆1辆（限小轿车、越野车、9座及以下的小客车），海关依据有关规定予以征税验放。

文件标题：海关总署关于实施《中华人民共和国海关对高层次留学人才回国和海外科技专家来华工作进出境物品管理办法》有关问题的通知
文　　号：署监发〔2006〕622号
发文单位：海关总署
发布时间：2006年12月31日
内容摘录：考虑到高层次人才的实际需要，《管理办法》除适用高层次人才以随身携带、分离运输行李、邮递、快递等非贸易渠道方式进出境工作用科研、教学物品外，也适用于其进出境生活自用物品。《管理办法》第二条明确，高层次人才的身份一律由人事部、教育部或其授权部门认定，具体是指人事部专业技术人员管理司、教育部国际交流合作司以及各省、自治区和直辖市人民政府人事、教育主管部门。

文件标题：《海关总署关于留学回国人员购买国产免税车辆委托事项有关问题的通知》
文　　号：署监函字〔2015〕58号
发文单位：海关总署
发布时间：2015年7月29日
内容摘录：为进一步方便留学回国人员购买免税国产汽车，简化和规范海关手续，现就有关事宜明确如下：（一）留学回国人员购买免税国产汽车，仍按照现行规定由留学回国人员本人向海关提出申请并办理相关海关手续；（二）如留学回国人员委托他人或企业和其他法人、组织代为办理领取海关关封等事宜，海关应当验核留学回国人员与受委托人签订的委托代理协议、留学回国人员本人身份证明和受委托人证明，其中，委托代理协议应当留存正本，身份证明和受委托人证明应当留存复印件；（三）对代为留学回国人员办理海关手续的企业、其他法人、组织，海关不得指定或限定范围。

国家知识产权局

文件标题：《国家知识产权局关于知识产权支持小微企业发展的若干意见》
文　　号：国知发管字〔2014〕57号
发文单位：国家知识产权局
发布时间：2014年10月8日
内容摘录：支持创新成果在国内外及时获权。完善专利审查快速通道，对小微企业亟需获得授权的核心专利申请予以优先审查，并按照《发明专利申请优先审查办法》规定的程序办理。充分利用电话讨论、远程会晤等方式指导小微企业合理缩短实质审查时间。开展小微企业专利审查高速路（PPH）推广帮扶项目，编制针对小微企业的海外获权指导手册，建立小微企业国外专利申请—获权援助渠道，支持小微企业在海外快速获得专利权。

北京市

文件标题：北京市科技干部局关于印发《北京市留学人员身份认定办法》的通知
文　　号：京科干留〔1999〕69号
发文单位：北京市科技干部局
发布时间：1999年5月19日
内容摘录：凡获得国外大学本科以上学历的公派、自费留学人员，在国内已取得中级（含中级）以上专业技术职务任职资格并到国外高等院校、科研机构进修、访问、合作研究1年以上的访问学者和进修人员均可作为留学人员予以认定。

文件标题：北京市公安局关于印发《为外籍高层次人才投资者和海外留学人员提供入境及居留便利实施办法》的通知
文　　号：京公境管字〔2003〕90号
发文单位：北京市公安局
发布时间：2003年1月24日
内容摘录：根据需要申请2—5年多次入境有效的、每次停留不超过1年的“F”（访问类别）签证。需要在京长住的，可以申请2—5年有效的《外国人居留证》以及相同期限的多次返回“Z”（职业类别）签证。在京任职的留学归国人员中的外籍高科技、高层次管理人才须持教育部国际合作与交流司或人事部专业技术人员管理司出具的身份确认函或北京市人事局签发的《留学归国人员工作居住证》。

文件标题：北京市人事局关于印发《北京市留学人员专项资金管理办法（试行）》的通知
文　　号：京人发〔2003〕21号
发文单位：北京市人事局
发布时间：2003年3月24日
内容摘录：专项资金主要用于北京市鼓励留学人员来京创业、为国服务工作，其开支范围包括：留学人员科技活动择优资助经费、留学人员创业奖奖励经费、留学人员来京工作安置经费、留学人员创业园管理经费、留学人员创业经费及与北京市鼓励留学人员来京创业工作有关的费用。留学人员创业经费用于资助、扶持留学人员兴办企业和对留学人员的自主成果（经国内同行专家、业务主管部门鉴定）进行示范和规模化推广工作，包括创业启动费、成果宣传费、举办成果推广培训班费用和业务费等。

文件标题：《北京市人事局、北京市科学技术委员会关于促进留学人员创业园发展的若干意见》
文　　号：京人发〔2004〕110号
发文单位：北京市人事局、北京市科学技术委员会
发布时间：2004年12月6日
内容摘录：符合下列条件的留学人员创业园，经北京市人事局与北京市科学技术委员会认定，可命名为“北京留学人员创业园”，并统一授牌：（一）拥有5000平方米以上场地且有一定面积的共享区间和公共服务设施；（二）拥有不少于100万元的创业扶持资金并具有为园内留学人员企业进行融资支持的能力；（三）70%以上管理人员具有大专以上学历；（四）园内留学人员企业超过30家。

文件标题：《中共北京市委、北京市人民政府关于建设中关村国家自主创新示范区的若干意见》
文　　号：京发〔2009〕11号
发文单位：中共北京市委、北京市人民政府

发布时间：2009年4月2日

内容摘录：实施“中关村高端领军人才聚集工程”，大力引进海外高层次人才回国（来华）创新创业，参与国家重大专项的技术攻关。积极吸引在国外著名高等院校和科研院所从事前沿科学研究的专家学者，在国际知名企业和金融机构担任高级职务的专业技术人才和经营管理人才，拥有自主知识产权或掌握核心技术、具有海外自主创业经验、熟悉相关产业领域和国际规则的创业人才。创新体制机制，支持由战略科学家领衔的研发团队，在生命科学、信息技术、新材料、节能环保、新能源等领域建设具有世界一流水平的科学研究机构（研究中心）。聚集一批由高端领军科技创新创业人才领衔的高科技创业团队、一批由高端领军创业投资家领衔的创业服务团队。按照国家和北京市的有关规定，给予高端领军人才政策支持。

文件标题：中共北京市委办公厅印发《关于实施北京海外人才聚集工程的意见》的通知

文　　号：京办发〔2009〕11号

发文单位：中共北京市委办公厅

发布时间：2009年4月8日

内容摘录：北京海外人才聚集工程，要围绕北京市重点发展产业、行业、学科的建设目标和中关村科技园区建设国家自主创新示范区的重大任务，重点聚集一批具备较高专业素养和丰富海外工作经验，掌握先进科学技术、了解国际政治经济、熟悉国际市场运作，具有广泛的国际联系，能够突破关键技术、发展高新产业、带动新兴学科的战略科学家、科技创新人才和产业领军人才；着力研发和转化国际领先的科技成果，做强做大一批具有全球竞争力的创新型企业；培育一批国际知名品牌，全面提高首都自主创新能力。

文件标题：北京市人民政府关于印发《北京市鼓励海外高层次人才来京创业和工作暂行办法》和《北京市促进留学人员来京创业和工作暂行办法》的通知

文　　号：京政发〔2009〕14号

发文单位：北京市人民政府

发布时间：2009年5月13日

内容摘录：留学人员来京创办企业，可凭护照直接注册登记，注册资本金可按国家有关法律法规规定的最低标准执行。通过北京海外学人中心评审的，政府提供10万元企业开办费。海外高层次人才来京创办企业，凭《北京市海外高层次人才工作居住证》享受留学人员创业园优惠政策和其他优惠待遇，在企业注册、土地使用、工商、税务、商检等方面给予便利服务。海外高层次人才来京创办企业，通过北京海外学人中心评估的，由市级财政给予一次性资助，市政府各类创业投资引导基金给予优先支持。

文件标题：《北京市留学人员创办企业开办费资助资金管理暂行办法》

文　　号：海学通〔2010〕7号

发文单位：北京海外学人中心

发布时间：2010年6月20日

内容摘录：企业开办费来源为市财政，北京海外学人中心根据留学人员来京创办企业情况，提出拟资助企业数量，编制年度经费预算，报市财政局批准。企业开办费为一次性资助，留学人员只能申报一次。每个企业资助额度为人民币10万元。企业开办费用于企业租用场地、购买办公设备、支付员工工资以及市场推广所需费用。

文件标题：中关村科技园区管理委员会、中共北京市委组织部等部门关于印发《关于中关村国家自主创新示范区人才公共租赁住房建设的若干意见》的通知

文　　号：中科园发〔2010〕50号

发文单位：中关村科技园区管理委员会、中共北京市委组织部、北京市发展和改革委员会、北京市财政局、

北京市国土资源局、北京市规划委员会、北京市住房和城乡建设委员会
发布时间：2010年12月23日
内容摘录：具备以下条件之一的人员可优先申请：（一）入选国家海外高层次人才引进计划、“北京海外人才聚集工程”“中关村高端领军人才聚集工程”的人员，及上述人员所创办企业的人员；（二）列入示范区“十百千工程”“百家创新型试点”“瞪羚计划”等范围内的企业人员；（三）在海外有5年以上学习工作经历，回到中关村工作时间不超过2年，并在中关村创新创业或就业的人员；（四）属于中央或北京市重点引进的高层次创新人才、开发性创业人才、战略性新兴产业人才。

文件标题：北京市科学技术委员会等部门关于印发《北京市关于进一步加强科技孵化体系建设的若干意见》的通知
文　　号：京科发〔2010〕721号
发文单位：北京市科学技术委员会、北京市发展和改革委员会、北京市教育委员会、北京市经济和信息化委员会、北京市财政局、中关村科技园区管理委员会
发布时间：2010年12月24日
内容摘录：支持引进海外高层次人才，对孵化机构引进或为其入驻企业引进的符合条件的海外高层次人才，积极推荐申报国家海外高层次人才引进计划、“海聚工程”“百名科技领军人才工程”“科技新星计划”等有关人才政策，享受相关政策支持。鼓励建设各类孵化联盟。鼓励孵化机构根据所在区域、专业领域、产业链条等因素，成立孵化联盟，建立优势互补、资源共享的利益机制，开展实质性业务合作。

文件标题：中共中央组织部等15个部门与中共北京市委、北京市人民政府印发《关于中关村国家自主创新示范区建设人才特区的若干意见》的通知
文　　号：京发〔2011〕5号
发文单位：中共中央组织部、国家发展和改革委员会、教育部、科技部、工业和信息化部、公安部、财政部、人力资源和社会保障部、商务部、中国人民银行、海关总署、国家税务总局、中国证券监督管理委员会、国家外国专家局、国家外汇管理局、中共北京市委员会、北京市人民政府
发布时间：2011年3月4日
内容摘录：建设全新的创业孵化机制，改革现有大学科技园、留学人员创业园、科技企业孵化器的运行机制，建立从创业项目植入到转化发展的全过程服务体系，安排专门区域，为“海归”人才创业和推广新产品提供空间。新建若干海外学人科学园，探索多种形式的科研成果孵化模式。统筹考虑现有科研布局和科技资源情况，推动创意实验室建设，配设科研设备、实验助手等，为国内外各类尖端项目的深化研究提供服务平台。高层次人才创办的企业在京建设总部、研发中心和产业化基地，可根据项目研发生产的需求，代建实验室、生产厂房等基础设施，以租赁方式供企业使用，北京市给予一定的租金补贴，企业可适时回购。

文件标题：中共北京市委组织部、北京市人力资源和社会保障局、北京市科学技术委员会《关于开展“北京留学人员创业园”评价命名工作的通知》
文　　号：京人社调发〔2011〕194号
发文单位：中共北京市委组织部、北京市人力资源和社会保障局、北京市科学技术委员会
发布时间：2011年6月23日
内容摘录：贯彻落实“鼓励海外留学人员回国工作或以适当方式为祖国服务”方针和“拓宽留学渠道，吸引人才回国，支持创新创业，鼓励为国服务”要求，完善首都留学人员创业服务体系，优化留学人员创业发展环境，推动我市留学人员创业园健康发展。召开评价命名大会，公布认定、复核结果，为新命名“北京留学人员创业园”授牌，对认定的前十名优秀留学人员创业园给予一定资金支持。对于命名“北京留学人员创业园”的单位，在人才引进、职称评定、创业孵化等方面给予全方位的人事人才支持。

文件标题：《中共北京市委、北京市人民政府关于深化科技体制改革加快首都创新体系建设的意见》
文　　号：京发〔2012〕12号
发文单位：中共北京市委、北京市人民政府
发布时间：2012年9月29日
内容摘录：健全科技人才引进和培养机制。拓宽高层次、创新型科技人才引进渠道，积极落实国家海外高层次人才引进计划、“北京海外人才聚集工程”等重大人才工程，依托重大项目、创新平台、产业联盟、创业基地等吸引海内外高层次科技人才和外国专家。支持科技人才和创新团队承担国家和本市重大科技任务，特别要支持优秀青年科技人才（团队）主持科研项目，深化实施“科技北京百名领军人才培养工程”“北京市科技新星计划”和“中关村高端领军人才聚集工程”，促进国际人才、技术和项目在京落地，培育和储备高端科技领军人才团队和战略性科技后备人才。以科研院所、高等学校、科技园区、产业基地、创新型企业为载体，建设创新人才培养示范基地。

文件标题：《北京市人力资源和社会保障局等九部门关于进一步加大创业孵化基地扶持力度鼓励创新创业的意见》
文　　号：京人社服发〔2014〕83号
发文单位：北京市人力资源和社会保障局、北京市教育委员会、北京市科学技术委员会、北京市经济和信息化委员会、北京市财政局、北京市金融工作局、中关村科技园区管理委员会、共青团北京市委员会、中国人民银行营业管理部
发布时间：2014年4月4日
内容摘录：以吸引海外创新创业人才为导向，加强留学人员创业园建设。市人力社保部门加强留学人员创业园建设，实施海外人才聚集工程，鼓励和吸引海外高端留学人才来京创新创业，不断增强支撑世界城市建设的人才竞争优势。

文件标题：中共北京市委组织部、北京市公安局、北京市财政局、北京市人力资源和社会保障局、中关村科技园区管理委员会关于印发《中关村高端领军人才聚集工程实施细则》的通知
文　　号：中科园发〔2015〕3号
发文单位：中共北京市委组织部、北京市公安局、北京市财政局、北京市人力资源和社会保障局、中关村科技园区管理委员会
发布时间：2015年1月29日
内容摘录：“高聚工程”主要包括：创新领军人才、创业领军人才、领军企业家、投资家、创新创业服务领军人才5类。给予创业领军人才100万元人民币的一次性补助。依托中关村相关产业投资基金、科技成果转化股权投资基金及并购基金，对人才创业项目予以优先支持。根据北京市在中关村示范区开展新技术新产品推广应用的政策，对创业领军人才所在企业落实相应的支持措施。

文件标题：北京市人才工作领导小组办公室关于印发《中关村国际人才创新创业生态系统建设工程》的通知
文　　号：京人才发〔2015〕3号
发文单位：北京市人才工作领导小组办公室
发布时间：2015年3月17日
内容摘录：深入贯彻落实国家海外高层次人才引进计划、北京“海聚工程”，持续加大海外高层次人才引进力度，制定吸引和支持国际顶尖人才及其创新团队的政策。深入实施中关村“高聚工程”，逐步加大引进外籍高端人才比例。启动实施北京高校“高精尖创新中心建设计划”，依托学科优势，引进国际顶尖领军人才及创新团队，支持顶尖科学家到中关村转化前沿技术成果。推动“科技北京百名领军人才培养工程”等市级重大人才工程向中关村倾斜政策资源，进一步支持国际创新创业人才引进工作。

文件标题：《中共北京市委关于深化首都人才发展体制机制改革的实施意见》
文　　号：京发〔2016〕15号
发文单位：中共北京市委
发布时间：2016年6月13日
内容摘录：实行更具竞争力的海外人才引进政策。适度放宽引进海外人才的条件，加强对海外人才在项目申请、成果推广、融资服务等方面的支持。探索外籍人才担任新型科研机构事业单位法人代表、相关驻外机构负责人的制度。实施“全球顶尖科学家及其创新团队引进计划”，建立人才与项目的对接机制。深入实施“北京高校高精尖创新中心建设计划”，依托高校引进一批战略科学家，形成国内外创新资源深度融合、前沿基础研究与应用技术创新紧密结合的体制机制。运用大数据、云计算等手段动态绘制“全球高端人才分布地图”，建立海外人才供需精准对接机制。发挥外事、侨务、外专、海外人才服务机构等渠道作用，建立海外联络机构协同运行机制。进一步完善引才配套政策，逐步建立与国际接轨的保障机制，切实解决引进人才在任职、社会保障、户籍、子女教育、住房等方面的问题。

文件标题：中关村国家自主创新示范区领导小组关于印发《中关村国家自主创新示范区发展建设规划（2016—2020年）》的通知
文　　号：中示区组发〔2016〕1号
发文单位：中关村国家自主创新示范区领导小组
发布时间：2016年8月18日
内容摘录：大力引进全球高层次人才。深入落实海外高层次人才引进计划、“海聚工程”“高聚工程”、中关村国际人才创新创业生态系统建设工程。依托中关村硅谷创新中心、中关村渥太华孵化器等平台引进海外人才。推动国际人才港建设，打造国际化高端人才创新创业聚集区。支持高校院所、领军企业或中介服务组织等共建一批国际化人才创新创业基地。

文件标题：中共北京市委、北京市人民政府印发《关于率先行动改革优化营商环境实施方案》的通知
文　　号：京发〔2017〕20号
发文单位：中共北京市委、北京市人民政府
发布时间：2017年9月16日
内容摘录：完善高端人才引进政策。落实《关于引进全球顶尖科学家及其创新团队的实施意见》，为顶尖科学家及其团队成员引进做好服务保障。开通“绿色通道”，为本市产业发展急需或创新创业潜力较大的外籍投资人才办理最高期限为5年的《外国人工作许可证》。修订人才引进政策标准，大力引进优秀投资人才和创新创业人才，符合条件的可以申请办理《北京市工作居住证》或人才引进落户。研究下放“三城一区”办理《北京市工作居住证》核准权限。研究设立外国人才类《北京市工作居住证》，在外籍人才集中区域合理布局外国人出入境服务大厅，探索将中关村外国人才办理出入境试点政策措施向全市推广。在中关村大街、未来科学城、新首钢高端产业综合服务区和望京地区试点建设国际人才社区，进一步聚集国际要素，吸引海外人才来京工作生活。

文件标题：北京市人民政府印发《关于优化人才服务促进科技创新推动高精尖产业发展的若干措施》的通知
文　　号：京政发〔2017〕38号
发文单位：北京市人民政府
发布时间：2017年12月31日
内容摘录：鼓励海外人才来京发展。对于具有重大原始创新能力的海外科学家、具有重大技术革新能力的海外科技领军人才、推动科技成果转移转化的海外投资人、提升项目运营管理水平的海外职业经理人、海外创新创业服务团队等高层次人才，推荐办理5—10年的多次往返人才签证（R字签证）。为高层次海外人才办理最长期限的工作许可，并在申请办理在华永久居留方面提供便捷服务。高层次海外人才可担任本市重大科研项目主持人或首席科学家。探索建立高层次海外人才担任事业单位性质的新型研发机构和民办非企业单位法定代表人制度。

文件标题：北京市人力资源和社会保障局关于印发《北京市引进人才管理办法（试行）》的通知

文　　号：京人社调发〔2018〕38号

发文单位：北京市人力资源和社会保障局

发布时间：2018年2月28日

内容摘录：建立优秀人才引进的“绿色通道”，符合以下条件之一的人员来京工作的，可快速办理引进手续：（一）国家海外高层次人才引进计划和“海聚工程”的中国籍入选专家；（二）“万人计划”“高创计划”、中关村“高聚工程”的入选人；（三）国家最高科学技术奖获奖人，国家自然科学奖、国家技术发明奖、国家科学技术进步奖二等奖及以上奖项的主要获奖人，本市科学技术奖一等奖及以上奖项的主要获奖人。

文件标题：中关村科技园区管理委员会关于印发《中关村国家自主创新示范区优化创业服务促进人才发展支持资金管理办法》的通知

文　　号：中科园发〔2019〕20号

发文单位：中关村科技园区管理委员会

发布时间：2019年4月15日

内容摘录：支持海外人才创业园发展。根据海外人才创业园新注册海外归国人才企业每家5万元，新注册外籍人才企业每家10万元的标准给予一次性资金支持；每家创业服务机构每年度获得该项支持的额度不超过100万元。支持开展海外人才创新创业专项服务。对于海外人才创业园开展人才代办服务、调查研究、海内外政策宣讲、对接考察国际知名企业及服务机构、投融资服务、人才培训交流等专项服务。根据实际资金投入的50%，按照每个专项服务不超过20万元的标准给予资金补贴。每家创业服务机构每年度获得该项支持的额度不超过100万元。每家海外人才创业园每年度获得支持资金总额度不超过150万元。

文件标题：中关村科技园区管理委员会关于印发《中关村国家自主创新示范区优化创业服务促进人才发展支持资金管理办法实施细则（试行）》的通知

文　　号：中科园发〔2019〕23号

发文单位：中关村科技园区管理委员会

发布时间：2019年4月15日

内容摘录：对海创园在吸引新注册企业和专项服务方面给予补助。申请新注册企业补助的，需满足以下条件：（一）新注册企业为海外归国人才企业或外籍人才企业；（二）新注册企业为当年度成立的科技型企业；（三）海外归国人才或外籍人才须担任企业主要负责人（法人或第一大股东）；（四）海外归国人才或外籍人才具有学士及以上学位。海外归国人才主要包括以下几类人才：经教育部留学人员服务中心、北京海外学人中心等权威机构认定的留学人才；在海外国际知名企业或中国知名企业海外机构工作两年及以上的各类人才；长期侨居海外的华侨人才；其他经相关部门认定的海外归国人才。

文件标题：北京市科学技术委员会等部门印发《关于持永久居留身份证外籍人才创办科技型企业的试行办法》的通知

文　　号：京科发〔2020〕6号

发文单位：北京市科学技术委员会、北京市人力资源和社会保障局、北京市市场监督管理局、中关村科技园区管理委员会、北京天竺综合保税区管理委员会、北京市大兴区人民政府

发布时间：2020年5月28日

内容摘录：在试点区域，外籍人才可凭其持有的外国人永久居留身份证（外国人永久居留证）作为创办科技型企业的身份证明，与中国籍公民持居民身份证作为身份证明创办科技型企业享受同等待遇。试点区域行政管理机构对持有外国人永久居留身份证（外国人永久居留证）的外籍人才创办科技型企业，可以在法定权限内提供费用减免、用地指标保障、公共服务等便利化政策措施。鼓励持有外国人永久居留身份证（外国人永久居留证）的外籍人才以自有知识产权、专有技术等非货币财产作价出资创办科技型企业。外籍人才可以外国人永久居留身份证（外国人永久居留证）作为有效身份证件办理参加社会保险各项手续。

朝阳区

文件标题：北京市朝阳区人民政府关于印发《中国北京（望京）留学人员创业园扶持办法》的通知
文　　号：朝政发〔2008〕7号
发文单位：北京市朝阳区人民政府
发布时间：2008年5月27日
内容摘录：区政府设立留学人员创业扶持资金，每年额度为1000万元。创业扶持资金用于支持和鼓励留学人员创业，由共建中国北京（望京）留学人员创业园管理委员会负责管理。创业扶持资金重点支持留学人员人才引进、技术创新和公共服务平台建设，鼓励和支持留学人员技术研发、专利实施以及成果转化；对入驻留学人员创业园的留学人员企业给予办公用房房租补贴等。

文件标题：中共北京市朝阳区委办公室关于印发《朝阳区关于大力推进海外学人工作的实施意见》的通知
文　　号：京朝办发〔2009〕34号
发文单位：中共北京市朝阳区委办公室
发布时间：2009年9月29日
内容摘录：为海外高层次人才提供特殊政策支持。出台《朝阳区鼓励海外高层次人才创业和工作暂行办法》，实施“朝阳区引进海外高层次人才计划”（“凤凰计划”），重点鼓励符合区域重点产业发展方向的高层次海外学人以各种方式服务朝阳。对经过认定、纳入“凤凰计划”的海外高层次人才，给予不低于20万元的一次性奖励。对朝阳区重点引进的海外高层次人才，将进一步加大一次性奖励。对海外高层次人才创办的企业，给予一次性创业资助。对海外高层次人才或海外高层次人才创办企业符合朝阳区留学人员创业园、重点发展产业、科技专利等相关政策的，在兑现相应政策的基础上给予进一步政策优惠。

文件标题：北京市朝阳区人民政府关于印发《朝阳区鼓励海外高层次人才创业和工作暂行办法》《朝阳区优秀海外人才引进资助暂行办法》的通知
文　　号：朝政发〔2013〕14号
发文单位：北京市朝阳区人民政府
发布时间：2013年9月30日
内容摘录：实施“朝阳区引进海外高层次人才计划”（“凤凰计划”），经认定的海外高层次人才给予20万元的一次性奖励。对于重点引进的海外高层次人才，将适当提高一次性奖励的额度。经认定的创业类海外高层次人才所创办的企业，给予50万元的一次性资助。由优秀海外人才创办、成立时间距申报日期不超过1年、注册资本金中现金资产不少于50万元的企业，申报人或其留学人员创业团队出资的现金资产额度不少于30万元，给予企业最高不超过10万元的创业资助。

文件标题：北京市朝阳区委、北京市朝阳区人民政府《关于深化科技体制改革加快朝阳区科技创新体系建设的实施意见》
文　　号：京朝发〔2018〕3号

发文单位：北京市朝阳区委、北京市朝阳区人民政府
发布时间：2018年4月13日
内容摘录：促进科技创新人才集聚，营造适合国际人才创新发展、和谐宜居的类海外环境，积极推进望京国际人才社区建设。进一步完善高层次人才认定体系，大力推进国际商务人才、“凤凰计划”等人才认定，引进掌握世界前沿技术的顶尖人才和人才团队落地创新创业。支持企业博士后科研工作站、创新实践基地等创新创业服务载体建设。

海淀区

文件标题：北京市海淀区人民政府关于印发《海淀区促进企业创新发展支持办法》的通知
文　　号：海政发〔2010〕32号
发文单位：北京市海淀区人民政府
发布时间：2010年6月21日
内容摘录：鼓励创业创新人才的引进和培育。对成功推荐、引进国家海外高层次人才引进计划、“高聚工程”以及“海聚工程”等高端人才的组织机构给予相应的奖励，对海外留学人才回国创业给予资助，加强企业博士后流动站在促进校企联合、培育优秀青年创业创新人才方面的先锋作用。

文件标题：北京市海淀区人民政府关于印发《海淀区高层次人才聚集服务实施办法（试行）》的通知
文　　号：海行规发〔2010〕24号
发文单位：北京市海淀区人民政府
发布时间：2010年10月10日
内容摘录：大力实施海外人才聚集工程，积极落实《北京市鼓励海外高层次人才来京创业和工作暂行办法》（京政发〔2009〕14号）规定的各项优惠措施，创造条件吸引海外高层次人才到核心区创新创业。吸引优秀留学人员来核心区创新创业，积极落实《北京市促进留学人员来京创业和工作暂行办法》（京政发〔2009〕14号）规定的各项优惠措施，鼓励和吸纳优秀留学人员到核心区创业和工作，凡符合核心区人才引进和接收条件的，优先报批办理引进和接收手续。

文件标题：北京市海淀区人民政府关于印发《本区激发科技创业活力支持办法》的通知
文　　号：海行规发〔2014〕8号
发文单位：北京市海淀区人民政府
发布时间：2014年6月30日
内容摘录：加大对“海英人才”的支持力度。鼓励各类人才（团队）在核心区创新创业，经认定纳入“海英人才”予以支持。根据“海英人才”的创新成就、区级贡献等，给予最高30万元（团队最高50万元）奖励，连续实施3年；同时对“海英人才”等高端人才给予公租房配租、医疗、子女教育、房租补贴等方面支持。

文件标题：《中共北京市海淀区委、北京市海淀区人民政府关于加快推进中关村科学城建设的若干措施》
文　　号：京海发〔2018〕1号
发文单位：中共北京市海淀区委、北京市海淀区人民政府
发布时间：2018年1月22日
内容摘录：分领域绘制全球高端人才图谱，研究制定国际人才认定和支持办法，加大对海外顶尖人才及创新团队的引进和支持力度。根据中央和北京市人才工作新形势、新要求，适时调整“海英人才”评选方向、扩大评选范围、改革评选认定方式，逐步打破年龄、资历、职级、职称等限制。

通州区

文件标题：中共北京市通州区委、北京市通州区人民政府关于印发《通州区加强高层次人才队伍建设五年行动计划》的通知
文　　号：京通发〔2016〕13号
发文单位：中共北京市通州区委、北京市通州区人民政府
发布时间：2016年7月5日
内容摘录：实施“通州区海外高层次人才引进计划”和“通州区高层次人才发展支持计划”。通过实施“通州区海外高层次人才引进计划”（简称“灯塔计划”），力争到2020年聚集100名海外高层次人才，50支具备国际先进水平的高层次人才创新创业团队。通过实施“通州区高层次人才发展支持计划”（简称“运河计划”），力争到2020年重点支持1000名高层次人才创新创业，支持100个具有较高科技研发能力、产业转化能力和人才承载力的高层次人才创新创业平台发展。

文件标题：中共北京市通州区委办公室、北京市通州区人民政府办公室关于印发《“通州区海外高层次人才引进计划”和“通州区高层次人才发展支持计划”实施细则》的通知
文　　号：京通办发〔2017〕2号
发文单位：中共北京市通州区委办公室、北京市通州区人民政府办公室
发布时间：2017年1月13日
内容摘录：对“通州区海外高层次人才引进计划”（简称“灯塔计划”）”创业类项目入选者，由区财政给予每人100万元的奖励，奖励资金分3年发放，第一年发放20%，第二年发放30%，第三年发放50%。给予其创办的企业连续3年，每年最高50万元的研发经费（以项目申报经费为准）。入选者可根据《通州区高层次人才享受政府特殊津贴和购房补助的若干规定》《通州区人才公寓管理办法》，享受政府特殊津贴、购房补贴和人才公寓等优惠政策。

文件标题：北京市通州区人民政府办公室关于印发《通州区扶持高层次人才创新创业平台建设实施细则》的通知
文　　号：通政办发〔2017〕19号
发文单位：北京市通州区人民政府办公室
发布时间：2017年7月21日
内容摘录：为每个新认定的留学人员创业园提供一次性30万元的留创园建设支持经费；为处于投资建设中关村孵化器初创阶段的产业园区，提供最高100万元的一次性资金扶持；为入驻孵化器的每家初创科技中小企业提供最高10万元的房租补贴；为经中关村科技园区管理委员会认定的中关村示范区创新型孵化器，提供最高200万元的一次性资金扶持。

文件标题：北京市通州区人民政府办公室关于印发《通州区引进高层次人才创新团队实施细则》的通知
文　　号：通政办发〔2017〕26号
发文单位：北京市通州区人民政府办公室
发布时间：2017年8月7日
内容摘录：对获立项的创新团队，我区将视团队的层次给予相应经费资助。对于被评定为世界一流、对我区产业发展有重大影响、能带来重大经济效益和社会效益的创新团队（A类），给予300万元的经费资助；对于被评定为国内顶尖水平、国际先进水平的创新团队（B类），给予200万元的经费资助；对于被评定为国内先进水平的创新团队（C类），给予100万元的经费资助。首次发放经费总额的40%，剩余的60%按项目计划从第3年起逐年等额支付，年度考核合格后，在下一年的第一季度下达。

大兴区

文件标题：北京市大兴区人民政府关于印发《大兴区推进大众创业万众创新的实施办法（2019年修订）》的通知
文　　号：京兴政发〔2019〕12号
发文单位：北京市大兴区人民政府
发布时间：2019年4月15日
内容摘录：鼓励外籍青年和归国留学人员创新创业。对上年度在大兴区创办科技企业的外籍青年和归国留学人员，分别给予一次性10万元资金支持。其创办企业须符合区域产业发展方向，并在大兴区完成工商注册、税务登记、统计登记且实际经营。港澳台籍青年在本区创办符合上述条件科技企业的，适用本条款。

昌平区

文件标题：中共北京市昌平区委、北京市昌平区人民政府关于印发《昌平区深化人才工作机制改革创新推进高层次科技人才集聚发展工程实施意见》的通知
文　　号：京昌发〔2016〕14号
发文单位：中共北京市昌平区委、北京市昌平区人民政府
发布时间：2016年8月8日
内容摘录：研究制定《昌平区支持“昌聚工程”高层次科技人才暂行办法》，开展“昌聚工程”高层次科技人才评价认定，实施区级人才工程，统筹开发国外和国内智力资源。主动对接国家海外高层次人才引进计划、“万人计划”，北京市“海聚工程”“高创计划”和中关村“高聚工程”。在“昌聚工程”高层次科技人才评价中，实施分类认定支持。对入选“昌聚工程”的高层次科技人才，实施专项资金奖励、科研项目支持、系列配套服务等区级政策。

文件标题：昌平区人才工作领导小组办公室关于印发《昌平区支持“昌聚工程”高层次科技人才暂行办法》的通知
文　　号：京昌人才办发〔2020〕1号
发文单位：北京市昌平区人才工作领导小组办公室
发布时间：2020年11月23日
内容摘录：“昌聚工程”人才（团队）是指在能源、医药健康、人工智能、科技服务等昌平区主导产业和文化创意、金融等北京市重点引才领域，为地区产业转型升级和经济社会发展作出较大贡献的人才（团队）。人才（团队）评选工作每两年进行一次。对入选“昌聚工程”的各类人才（团队），给予奖励资金，用于改善人才（团队）工作生活条件。创新类、创业类、海外类人才最高可获得奖励资金50万元；青年类人才最高可获得奖励资金20万元；对重点引进的拔尖领军人才，最高可给予奖励资金100万元。

天津市

文件标题：《天津市人事局等关于建立人才柔性流动机制进一步做好引进国内外优秀人才智力工作的意见》
文　　号：津人〔2001〕43号
发文单位：天津市人事局、天津市经济委员会、天津市教育委员会、天津市科学技术委员会、天津市公安局、天津市财政局、天津市地方税务局、天津市建设管理委员会

发布时间：2001年6月20日
内容摘录：来津领办、创办科技型企业的，可享受本市有关支持、鼓励科技人员创办、领办科技型企业的相关政策。海外留学人员到本市留学生创业园投资创业的，享受创业园的相关优惠政策。

文件标题：《中共天津市党委办公厅、天津市人民政府办公厅关于鼓励海外留学人员来津工作或为津服务的若干规定》
文　　号：津党办发〔2001〕72号
发文单位：中共天津市党委办公厅、天津市人民政府办公厅
发布时间：2001年9月14日
内容摘录：留学人员来津以外汇投资创办企业，可凭护照和《留学回国人员证书》注册登记，享受外商投资企业的待遇。创办高新技术企业，可申请天津市科技风险投资基金的支持。从事技术转让、技术开发和与之相关的技术咨询、技术服务取得的收入，免征营业税。对留学人员创办企业，在企业注册、土地使用、税务、商检等方面，简化手续，减少环节，天津市外国投资服务中心为留学人员创办企业提供“一条龙”服务。留学人员在天津经济技术开发区、天津新技术产业园区留学创业园创办企业，在税收、场租、资金扶持和信息服务等方面享受所在区的优惠政策。

文件标题：天津市人事局关于落实《关于鼓励海外留学人员来津工作或为津服务的若干规定》有关问题的通知
文　　号：津人外〔2002〕1号
发文单位：天津市人事局
发布时间：2002年3月28日
内容摘录：留学人员来津以外汇投资创办企业，可凭护照和《留学回国人员证书》到天津市外国投资服务中心注册登记，享受外商投资企业的待遇。亦可委托天津市留学服务中心代为办理手续。留学回国人员创办高新技术企业，可申请天津市风险投资基金的支持。

文件标题：天津市人民政府关于印发《天津市引进创新创业领军人才暂行办法》的通知
文　　号：津政发〔2009〕7号
发文单位：天津市人民政府
发布时间：2009年1月16日
内容摘录：设立天津市引进创新创业领军人才专项资金，每年2亿元，其中市财政1亿元，引进领军人才的区县、委局筹集1亿元。对批准引进的创新创业领军人才给予一次性经费资助300万元，其中项目资助费200万元，安家资助费100万元，由市财政和引进领军人才主管区县、委局各投入50%。

文件标题：中共天津市委员会、天津市人民政府关于印发《天津市实施海外高层次人才引进计划的意见》的通知
文　　号：津党发〔2009〕7号
发文单位：中共天津市委员会、天津市人民政府
发布时间：2009年1月25日
内容摘录：全市层面从2009年开始用5—10年时间，围绕打造新滨海、建设新天津、实现新跨越的目标任务，在全市重点创新项目、重点学科和重点实验室、企业和商业金融机构、以高新技术产业开发和成果转化为主的各类园区等领域，引进并重点支持200名左右能够突破关键技术、发展高新技术产业、带动新兴学科和新兴产业的国际一流科学家和科技创新创业领军人才（简称“百人计划”），以及金融、文化、教育、社会工作、社会科学等领域业绩突出、知名度高的人才。

文件标题：《天津经济技术开发区人才引进、培养与奖励的规定》
文　　号：天津经济技术开发区管理委员会令第138号
发文单位：天津经济技术开发区管理委员会
发布时间：2009年2月17日
内容摘录：建立滨海留学归国人员创新创业基地，鼓励扶持海外留学人员到开发区创业发展。海外留学归国人员在开发区创办的科技型企业，经管委会审核批准，可享受《天津经济技术开发区促进高新技术产业发展的规定》中相应条款的优惠。

文件标题：天津市人力社保局、天津市外国专家局关于印发《天津市留学人员来津创业房租补贴申领办法》的通知
文　　号：津人社局发〔2015〕26号
发文单位：天津市人力社保局、天津市外国专家局
发布时间：2015年4月1日
内容摘录：回国时间不超过5年，在我市各区县租用经营场地创办企业，或在市、区两级认定的留学人员创业园或专业孵化器内注册企业且本人为该企业的法定代表人，企业运营良好的，可以申领来津创业房租补贴。来津创业房租补贴依据创业者和招用人员数量，按照每人10平方米、每平方米每天补贴1元、最多不超过60平方米的标准计算，最长补贴24个月。

文件标题：天津市人才工作领导小组办公室关于印发《天津市留学人员创业园建设和管理办法》的通知
文　　号：津人才办〔2015〕8号
发文单位：天津市人才工作领导小组办公室
发布时间：2015年7月27日
内容摘录：留创园享受国家、我市有关留学人员以及支持科技孵化平台建设的各项优惠政策。市人才发展基金对市级留创园给予相应资助，主要用于支持各留创园为新入园的留学人员企业提供政策咨询、创业指导、产品推介等方面的专业服务。按照《市人力社保局等七部门关于印发贯彻落实进一步加快民营经济发展意见的实施细则的通知》（津人社局发〔2014〕20号）有关规定，对在留创园注册的留学人员企业，经相关申请和认定程序，由市就业专项资金为每家留学人员企业提供租房补贴。补贴标准为每平方米每天补贴1元，每个企业最高补贴60平方米，补贴期限一般为2年。

文件标题：天津市人才工作领导小组办公室关于印发《天津市留学人员科技活动启动项目择优资助计划实施办法》的通知
文　　号：津人才办〔2015〕9号
发文单位：天津市人才工作领导小组办公室
发布时间：2015年7月27日
内容摘录：择优资助计划所资助的天津市留学回国人员科研启动项目（以下简称“启动项目”），应为新近回国的留学人员主持或作为研发团队核心成员参与，知识产权清晰，技术领先，并与我市重点发展领域契合紧密的科研项目。启动项目主要分为三个类别：（一）重点类启动项目。该类项目应符合国家和我市发展重点及科研支持方向，技术水平国内领先，具有较好的研究基础和较高的应用价值。重点类启动项目资助金额为每项10万元人民币。（二）优秀类启动项目。该类项目应与所在行业的发展重点和科研方向关联紧密，技术水平市内领先，具有一定的研究基础和应用前景。优秀类启动项目资助金额为每项6万元人民币。（三）一般类启动项目。该类项目应与本单位的发展重点一致，技术具有创新性，成果预期好。一般类启动项目资助金额为每项3万元人民币。启动项目的申报评审工作每年组织一次，每年资助的项目一般不超过50个，其中重点类不超过总数的20%，优秀类不超过总数的30%。

文件标题：天津市人力社保局、天津市外国专家局关于印发《天津市“十三五”期间引进海外人才智力规划》的通知
文　　号：津人社局发〔2015〕100号
发文单位：天津市人力社保局、天津市外国专家局
发布时间：2015年12月31日
内容摘录：“十三五”期间，力争引进留学人员1.5万人，新引进留学人员企业1000家，在津留学人员总数达到4.3万人。引进各类外国专家10万人次。选派5000名优秀人才出国（境）培训。力争实施引智项目2000项，形成优秀引智成果500项。引进的外国专家中，经济技术类专家达到60%，高层次专家力争达到30%。引进的留学人员中，高层次人才力争达到20%。滨海新区引进海外人才数量占全市引进总量的比例力争达到40%。海外人才在我市应用基础和前沿技术研究、新兴产业和智能制造发展、现代服务业培育、都市型农业发展方面的贡献水平明显提升。留学人员、外国专家承担的科技项目、开发项目，以及创新成果获得奖励、申报专利、发表论文数较“十二五”期间有明显的增长。

文件标题：《天津市外国专家局关于调整天津市留学人员来津创业房租补贴申领办法的通知》
文　　号：津外专发〔2016〕21号
发文单位：天津市外国专家局
发布时间：2016年6月12日
内容摘录：依据《市人力社保局、市财政局关于进一步完善就业创业政策的通知》（津人社局发〔2015〕47号）相关规定，将天津市留学人员来津创业房租补贴由按人员数量计算逐季发放的方式，调整为固定金额逐月发放的形式。按照每个留学人员注册企业、每月1800元的标准给予房租补贴，最长不超过24个月。

文件标题：中共天津市委办公厅、天津市人民政府办公厅关于印发《天津市引进人才“绿卡”管理办法》的通知
文　　号：津党厅〔2017〕122号
发文单位：中共天津市委办公厅、天津市人民政府办公厅
发布时间：2017年6月1日
内容摘录：人才“绿卡”是由市人才主管部门发放给符合条件的引进人才，用于办理相关手续，享受配套服务和待遇的特殊凭证。按照引进人才的不同层次，人才“绿卡”分为“A”“B”和“C”三类，有效期为3年。持“A”“B”卡的人才，可获得一次性交通补贴，并可凭卡免费参观市属文化场馆，优先申请人才公寓、获得小客车增量指标配置摇号（竞价）资格，以及办理子女入园入学手续。持“A”“B”卡的人才，属于国内人才的，可以凭卡办理工作关系接转、本人及家属落户手续；属于留学回国人员的，可以办理来津工作派遣、本人及家属落户、国（境）外学习及工作年限认定、科研及教学用品免税通关手续；属于外籍人才的，可以办理住房公积金，符合相关条件的，可以申请外国人永久居留证。

文件标题：《天津市人民政府关于做好当前和今后一段时期就业创业工作的实施意见》
文　　号：津政发〔2017〕28号
发文单位：天津市人民政府
发布时间：2017年8月12日
内容摘录：促进留学回国人员就业创业，对留学人员来津创办企业的，按规定享受创业培训、创业担保贷款、房租补贴、社保补贴、岗位补贴等大学生创业政策。留学人员以知识产权等无形资产入股方式来津创办企业的，经相关机构评估后，其知识产权等无形资产按评估价值计入公司注册资本实缴额。鼓励简化留学人员学历认证等手续，降低服务门槛，依法为全国重点引才计划引进人才及由政府主管部门认定的海外高层次留学人才申请永久居留提供便利。

文件标题：《天津市科学技术委员会、天津市发展和改革委员会关于强化实施创新驱动发展战略进一步推进大众创业万众创新深入发展的实施意见》
文　　号：津科创〔2017〕155号
发文单位：天津市科学技术委员会、天津市发展和改革委员会
发布时间：2017年12月11日
内容摘录：吸引留学回国人员来津创新创业。实施留学人员回国创新创业启动支持计划，吸引高素质留学人才回国创新创业。推进我市两岸青年创新创业基地建设，支持现有天津两岸青年创业基地享受我市大众创业万众创新等同扶持政策，组建津台青年创业联盟，鼓励和支持台湾青年来津就业创业。开展“万侨创新行动”，探索建立华侨华人创新创业综合服务体系。为华侨华人高层次专业人才和企业家出入境、停居留以及申办外国人永久居留身份证件提供便利。大力发掘、引荐华侨华人高端人才，重点推进“侨梦苑”侨商产业聚集区和华侨华人创新创业基地建设，扶持一批创新创业示范企业。加快推进天津（滨海）海外人才离岸创新创业基地建设，提升改造留学人员创业园，探索人才创新成果异地转化的运行机制和服务模式。

文件标题：天津市人才工作领导小组关于印发《天津市进一步加快引育高端人才若干措施》的通知
文　　号：津人才〔2018〕1号
发文单位：天津市人才工作领导小组
发布时间：2018年1月8日
内容摘录：扶持创业英才。对拥有自主知识产权或具备产业化前景创新成果的国内外高端人才来津创办科技型企业，本人为企业第一大股东且个人实际投入超过50万元的，给予最高50万元创业启动资金支持。对符合条件的高端人才创办的科技型企业，正常运营5年内，按其贷款额度的50%，给予连续3年每年最高100万元贴息支持，并按企业创新产品销售合同额的5%给予连续3年每年最高100万元奖励资助；在创造经济效益或社会效益方面贡献突出的，给予连续3年每年最高50万元奖励资助。

文件标题：天津市人才工作领导小组办公室关于印发《天津市进一步加快引育高端人才若干措施》相关实施细则的通知
文　　号：津人才办〔2018〕2号
发文单位：天津市人才工作领导小组办公室
发布时间：2018年2月4日
内容摘录：重点类项目。企业所开发和生产的主要产品符合国家和我市的重点支持方向，产品具有自主知识产权，核心技术处于国际领先，具有较强竞争优势，企业实到资金在200万元以上。对纳入重点类项目的给予一次性启动资金50万元。优秀类项目。企业所开发和生产的主要产品与所在区域的发展重点关联紧密，产品具有自主知识产权，核心技术处于国内领先，具有较好的市场潜力，企业实到资金在100万元以上。对纳入优秀类项目的给予一次性启动资金20万元。

文件标题：中共天津市委、天津市人民政府关于印发《天津市海河英才行动计划》的通知
文　　号：津党发〔2018〕17号
发文单位：中共天津市委、天津市人民政府
发布时间：2018年5月13日
内容摘录：支持创业领军人才。对战略性新兴产业等领域，来津创办具有自主知识产权的科技型企业并担任董事长或总经理的顶尖人才、领军人才，给予最高1000万元科技成果转化资金补助和最高200万元奖励资助。扶持高端创业人才。对拥有自主知识产权或具备产业化前景创新成果，来津创办科技型企业的高端人才，给予最高50万元创业启动资金支持。对高端人才创办且稳定运行的科技型企业，连续3年按企业贷款额度50%给予每年最高100万元贴息支持；贡献突出的，经认定给予高端人才每年最高50万元奖励资助。

文件标题：天津市人力社保局、天津市财政局、天津市外国专家局《关于下放天津市留学人员来津创业房租审核拨付权限的通知》
文　　号：津人社办发〔2018〕212号
发文单位：天津市人力社保局、天津市财政局、天津市外国专家局
发布时间：2018年7月20日
内容摘录：将天津市留学人员来津创业房租补贴政策办理权限和补贴发放管理一并下放到各区，由各区人力社保部门和财政部门按照管理权限组织实施。权限下放后，留学人员申请来津创业房租补贴的，应当向创业企业注册所在地区人力社保部门提出申请，填写《天津市留学人员创办企业房租补贴申请表》，留学人员来津创业房租补贴适用范围、补贴标准及申报材料按照《市人力社保局、市外专局关于印发天津市留学人员来津创业房租补贴申领办法的通知》（津人社局发〔2015〕26号）和《市外专局关于调整天津市留学人员来津创业房租补贴申领办法的通知》（津外专发〔2016〕21号）相关规定执行。

文件标题：天津市人民政府《关于推动创新创业高质量发展打造“双创”升级版若干措施的通知》
文　　号：津政发〔2019〕16号
发文单位：天津市人民政府
发布时间：2019年5月11日
内容摘录：提升归国和外籍人才创新创业便利化水平。深入实施“海河英才”行动计划，大力支持海外高端人才和留学回国人才来津创业。持续推进外国人工作许可证、居留许可证、永久居留证“三证联办”服务机制。完善留学回国人才和外籍高层次人才社会保险费相关征收管理政策。

文件标题：天津市人才工作领导小组关于印发《天津市“项目+团队”支持服务实施办法（试行）》的通知
文　　号：津人才〔2019〕18号
发文单位：天津市人才工作领导小组
发布时间：2019年12月19日
内容摘录：在市级重点支持的“项目+团队”基础上，按项目技术水平、团队带头人潜质、产业发展前景等标准，每年遴选200个左右团队重点培养，分A、B、C三级资助，其中A级10个、B级50个、C级150个，创业和创新团队按7：3比例确定。给予团队建设资助，创业A级200万元、B级60万元、C级20万元；创新A级100万元、B级50万元、C级10万元。对A、B级创业团队带头人，按本人实缴个人所得税金额50%，连续3年分别给予每年最高50万元、30万元奖励资助；各区根据团队技术水平、项目发展前景，按照实缴个人所得税的一定比例，给予团队其他核心成员相应奖励资助，核心成员人数和具体奖励额度，由各区人才办确定。A、B级创业团队可评价入选我市“瞪羚”“雏鹰”企业，入选后可享受相应的支持政策。连续3年给予A、B级创业团队所在企业贷款额度50%、每年最高100万元的贴息资助。

武清区

文件标题：天津市武清区人才工作领导小组印发《武清区关于进一步抢抓京津冀协同发展机遇加快建设创新创业人才聚集地的若干措施》的通知
文　　号：津武人才〔2018〕1号
发文单位：天津市武清区人才工作领导小组
发布时间：2018年2月5日
内容摘录：大力支持高层次创新创业人才带项目、带资金、带技术、带团队创办、领办科技型企业。对经申请并由区人才工作领导小组认定的高层次创新创业人才所带项目，经评审分级给予20万—100万元项目启动资助经费。对享受项目启动资助的京津冀高层次人才，3年内依据创办、领办企业的税收贡献和综合效益情况，

可再享受最高200万元的人才特殊贡献奖励。加大对高层次创业人才的信贷支持，对企业当年因科研投入而新增的银行贷款，经评审一次性给予利息总额50%的贴息支持，最高10万元。人才自主创业可申请最高20万元的全款贴息创业担保贷款。

滨海新区

文件标题：滨海新区人才工作领导小组办公室关于印发《滨海新区引进创新创业领军人才暂行办法》的通知
文　　号：滨人才〔2015〕15号
发文单位：滨海新区人才工作领导小组办公室
发布时间：2015年11月12日
内容摘录：实施引进创新创业领军人才工作，重点围绕新区产业发展需要，用5至10年时间，引进300名左右创新创业领军人才和若干人才团队，促进一批具有自主知识产权的重大科技项目实现成果转化和产业化，孵化一批高成长性的科技型企业，打造一批快速发展、技术领先、具有核心竞争力的高新技术产品群和企业群。对引进的创业型领军人才，一次性给予经费资助150万元；对引进的创新型领军人才，一次性给予经费资助50万元。资助经费由区财政和引进人才所在功能区各投入50%。

文件标题：中共天津市滨海新区委员会、天津市滨海新区人民政府关于印发《滨海新区关于进一步集聚人才创新发展的若干措施》的通知
文　　号：滨党发〔2017〕1号
发文单位：中共天津市滨海新区委员会、天津市滨海新区人民政府
发布时间：2017年1月12日
内容摘录：实施顶尖人才引进计划。经评审认定的海内外高层次人才“团队+项目”，给予最高1亿元项目经费资助。对引进的诺贝尔奖获得者、国家“两院”院士、发达国家院士和在世界一流大学、科研机构、世界500强企业担任过相当于终身教授、首席技术官等职务的著名专家，给予最高1200万元工作经费和生活补贴。实施领军人才引进计划。对经新区推荐认定的入选国家、天津市、新区人才工程（计划）的引进人才，给予最高300万元经费资助。对已入选国家、省部级人才工程（计划）领军人才项目或担任创新平台学术技术带头人、重大科研项目主要负责人的引进人才，给予20万—60万元经费资助。

河北省

文件标题：河北省人民政府关于印发《关于鼓励留学人员来河北工作和为河北服务暂行规定》的通知
文　　号：冀政〔2001〕47号
发文单位：河北省人民政府
发布时间：2001年8月29日
内容摘录：为强化对留学回国人员的服务功能，在省人事厅设立“河北省留学人员工作站”（与专家管理处合署办公）。各级政府要加大留学人员创业园建设力度，加强园区基础设施建设，扩大规模，提高档次，不断完善鼓励留学人员创业的各项优惠政策。要进一步强化留学人员创业园的功能，为留学人员创办高新技术企业提供优质服务。

文件标题：河北省人力资源和社会保障厅关于印发《河北省引进留学人员资助经费使用管理办法》的通知
文　　号：冀人发〔2006〕20号

发文单位：河北省人力资源和社会保障厅
发布时间：2006年4月11日
内容摘录：资助经费分为五项。（一）引进海外留学人员来省工作启动资助：用于引进高层次留学人员带项目、带科研成果来我省主持科技攻关或技术改造开发研究，额度为10万—20万元；引进博士留学人员来我省主持某一学科或技术领域的开发研究，额度为3万—5万元。（二）优秀科研项目资助：用于资助留学回国人员主持我省重点科技攻关项目、重大技术改造项目和具有广泛应用前景的新技术研究开发项目等，额度为3万—8万元。（三）小额资助：用于资助特邀海外留学人员短期来省开展考察讲学、合作研究、学术技术交流等；资助我省优秀留学回国人员参加国际学术会议，购买科研必需的仪器零部件、化学试剂、药品、耗材和图书资料等。我省资助额度，按照不低于人事部当年下拨的小额资助数额，安排小额资助经费。（四）留学人员创业园资助：用于资助工作业绩突出的留学人员创业园开展留学人员引进、项目研发、高新技术企业孵化和进行学术技术交流等活动，额度为4万—6万元。（五）优秀留学回国人员表彰奖励经费：用于对我省经济建设、社会发展和科学技术进步作出突出贡献的优秀留学回国人员进行表彰奖励。奖励办法另行制定。

文件标题：《中共河北省委办公厅、河北省人民政府办公厅关于实施海外高层次人才引进计划的意见》
文　　号：冀办发〔2009〕42号
发文单位：中共河北省委办公厅、河北省人民政府办公厅
发布时间：2009年
内容摘录：根据我省经济社会发展需要，紧紧围绕构建现代产业体系，从2010年开始，用5—10年时间，支持和引进100名左右能够突破关键技术、带动新兴产业、发展高新技术的海外高层次人才（以下简称“百人计划”），同时对引进人才实行“省级特聘专家”制度。按计划引进的海外高层次人才和已列入国家海外高层次人才引进计划并在我省企事业单位工作的海外高层次人才，省财政给予每人100万元的资助，划拨到用人单位，专款用于相关项目研发。有关部门和地方提供其他配套支持，并报省财政备案。

文件标题：《河北省人力资源和社会保障厅关于加强河北留学人员回国服务体系建设的意见》
文　　号：冀人社发〔2011〕47号
发文单位：河北省人力资源和社会保障厅
发布时间：2011年6月8日
内容摘录：完善留学人员来冀服务政策。积极创新有关服务政策，着力在出入境、居留、户籍管理、社会保险、计划生育、配偶就业、子女上学等生活待遇，以及职业资格、项目申请、经费资助、收入分配、税收、表彰奖励、知识产权保护、创办企业、投融资等工作条件方面创新完善有关优惠政策。各级留学人员回国工作部门要根据中央和省政府政策精神，结合本地本部门实际，进一步完善相关领域配套政策措施，努力为吸引留学人员来河北工作、创业和为河北服务营造良好政策环境。

文件标题：中共河北省委办公厅、河北省人民政府办公厅《关于实施高层次创新创业人才开发“巨人计划”》的意见
文　　号：冀办发〔2011〕41号
发文单位：中共河北省委办公厅、河北省人民政府办公厅
发布时间：2011年9月28日
内容摘录：强化财政税收支持措施。对评为“巨人”的创新创业团队及其领军人才省财政给予200万元创新创业支持资金，主要用于改善科研条件或开展研发活动，资助出国培训进修和参加国内外重要学术技术交流活动等。评为“巨人”的当年给予一次性支持资金100万元，其余100万元视今后年度考核情况，对如期完成目标任务的每次拨付一定数额的支持资金；各地同时配套相应的资金支持。“巨人”中的领军人才和团队骨干成员年薪在10万元以上的，其个人所得税形成的地方财政收入，3年内奖励给个人。

文件标题：河北省科学技术厅、中共河北省委组织部部门印发《关于支持鼓励科技人员创办科技型企业的实施办法》的通知
文　　号：冀科政〔2013〕15号
发文单位：河北省科学技术厅、中共河北省委组织部、河北省教育厅、河北省财政厅、河北省人力资源和社会保障厅、河北省人民政府国有资产监督管理委员会、河北省国家税务局、河北省地方税务局、河北省工商行政管理局
发布时间：2013年12月4日
内容摘录：支持鼓励留学归国人员和省外科技人员携带科技成果来我省创办科技型企业。科技成果转化项目经设区市科技管理部门审核，可优先入驻省级以上高新技术产业园区和经济开发区等园区，由当地政府优先安排建设用地。科技成果转化项目符合国家重点支持范围、符合河北省产业化发展方向的，可优先纳入省市各类科技、人才支持计划项目；对技术水平高、市场前景好创办初期的科技型企业，省科技部门会同省财政部门、有关金融机构，制定贷款风险补偿等机制，优先给予不超过100万元贷款支持。创办的科技型企业，经省级科技、财政、国税、地税等部门审核认定为国家需要重点扶持的高新技术企业的，减按15%的税率征收企业所得税，国家有其他规定的，从其规定；产品符合政府采购要求的，可纳入采购名录，优先推荐使用。

文件标题：《中共河北省委、河北省人民政府关于深化科技体制改革加快推进创新发展的实施意见》
文　　号：冀发〔2015〕14号
发文单位：中共河北省委、河北省人民政府
发布时间：2015年9月30日
内容摘录：完善吸引国内外高层次和急需紧缺人才到我省工作的激励机制，对带技术、带成果、带项目在我省实施科技成果转化的国内外高层次领军人才及其创新创业团队，符合条件的优先纳入我省“巨人计划”、科技英才“双百双千”推进计划，视项目情况给予100万—1000万元的项目支持资金。实施好“百人计划”等省高端人才引进计划，依托我省企业事业单位驻外机构、海外侨团或科研团体等资源，根据我省产业发展需要，在发达国家和地区设立河北引才引智工作协作机构，重点引进产业升级和学科发展急需的海外高层次人才和工作团队。

文件标题：《河北省人民政府关于大力推进大众创业万众创新若干政策措施的实施意见》
文　　号：冀政发〔2015〕41号
发文单位：河北省人民政府
发布时间：2015年10月26日
内容摘录：鼓励海内外高端人才到我省创业。对拥有先进技术和自主知识产权的人才或团队到我省实施成果转化的项目，经评审后给予科研经费支持；对回国领军人才、高端人才创办的科技型中小企业，优先安排省、市财政资金补助。对引进的高层次人才优先推荐列入省管优秀专家、青年拔尖人才、省政府特殊津贴专家、“三三三人才工程”“双百双千”等人才工程支持。启动“外专百人计划”，大力引进各类高层次和急需紧缺高端人才。放宽来冀外国专家永久居留证条件，列入省重点人才工程的外国专家，其本人及其外籍配偶和未满18周岁外籍子女，可申请办理永久居留手续，享受与中国公民同等待遇。

文件标题：河北省人民政府办公厅印发《关于提高城市国际化建设水平实施方案》的通知
文　　号：冀政办〔2018〕91号
发文单位：河北省人民政府办公厅
发布时间：2018年10月30日
内容摘录：引进高层次国际人才。以高层次、创新型和高技能人才为重点，制定国际高端紧缺人才开发目录，建立海外高层次人才信息库，深入实施国家、省“千人计划”和国外引智引才计划，大力引进国际英

才。积极争取简化外籍高层次人才居留证件、人才签证和外国专家申办程序，放宽海外人才引进政策。创建海外人才离岸创新创业基地，支持海外人才开展离岸研发、创业，促进创新项目预孵化和成果转化。各市要预留一定比例的城市公租房，满足国际人才居住需求。

文件标题：《河北省人民政府关于推动创新创业高质量发展打造“双创”升级版若干政策措施》
文　　号：冀政字〔2019〕13号
发文单位：河北省人民政府
发布时间：2019年2月14日
内容摘录：吸引留学和外籍人才创新创业。雄安新区和京冀交界地区合理确定留学归国人员落户条件，其他地区实行“零门槛”落户，在签证、出入境、社会保险、子女入学等方面提升便利化水平。对外籍高层次人才给予最长5年的工作类居留许可；对符合条件的外籍高层次人才可以办理永久居留。推进保定市海外人才离岸创新创业基地建设。

文件标题：《河北省人民政府关于促进高新技术产业开发区高质量发展的实施意见》
文　　号：冀政字〔2020〕52号
发文单位：河北省人民政府
发布时间：2020年9月30日
内容摘录：引进培养一流创新人才。支持高新区面向全球招才引智，聚焦人工智能、新一代信息通信、前沿材料等未来产业，引进一批国际高端创新人才和团队。规划建设一批外国专家公寓，省财政资金给予奖励性补助，提升国际高端人才的服务水平。鼓励高新区自主制定引进急需紧缺的高层次专业人才或特殊人才政策，提供住房保障、户籍办理、创业投资、医疗保险、子女入学、出入境等方面“一站式”服务。对带技术、带成果、带项目在高新区实施科技成果转化的省外高层次人才及其创新创业团队，符合条件的可申报河北省科技英才“双百双千”工程。在国家高新区内企业工作的境外高端人才，经设区的市级以上政府科技行政部门（外国人来华工作管理部门）批准，申请工作许可的年龄可放宽至65岁。

石家庄市

文件标题：《中共石家庄市委、石家庄人民政府关于石家庄市引进海外高层次人才意见》
文　　号：石发〔2006〕12号
发文单位：中共石家庄市委、石家庄市人民政府
发布时间：2006年
内容摘录：海外高层次人才凭市委人才办公室核发的《石家庄市海外高层次人才证》，享受公安、工商、税务、教育等有关部门的“一证通”便捷服务。要加大留学人员创业园建设力度，加强园区基础设施建设，扩大规模，提高档次，不断完善鼓励留学人员创业的各项优惠政策。要进一步强化留学人员创业园的功能，为海外高层次人才创办高新技术企业、进出口代理、商务、公用事业、劳动人事等方面提供优质服务。

文件标题：《中共石家庄市委、石家庄市人民政府关于大力引进高层次科技创新创业人才的意见》
文　　号：石发〔2015〕4号
发文单位：中共石家庄市委、石家庄市人民政府
发布时间：2015年5月8日
内容摘录：对拥有先进技术和自主知识产权的人才或团队来我市实施科技成果项目转化的，经评审后分别给予100万—300万元的科研经费支持；对掌握国际领先技术、生成重大项目并带动新兴产业的，经评审后分别给予1000万—5000万元的项目支持资金。为人才或团队研发、孵化和项目落地提供有力支持。人才或团队拥

有的项目或技术在未取得建设用地之前，可优先到各类孵化器创业，2—3年内免除50%的租房费用，当年最高不超过50万元；租赁厂房直接生产销售的，2年内解决房屋租赁费用问题，当年最多不超过200万元；条件成熟时到产业园区内落地的，在项目选址、配套条件、要素成本等方面给予保障。

文件标题：中共石家庄市委办公厅、石家庄市人民政府办公厅印发《关于实施现代产业人才集聚工程的若干措施》的通知

文　　号：石办发〔2018〕8号

发文单位：中共石家庄市委办公厅、石家庄市人民政府办公厅

发布时间：2018年4月8日

内容摘录：支持人才创新创业。对带技术、带成果、带项目来我市创新创业和转化成果的人才或团队，每年由市科技局牵头组织认定，评为“市引进高层次科技创新创业人才”的，给予100万—500万元科研经费支持；在市区内购买首套自用商品住房的，按人才层次分别给予100万元、80万元、60万元购房补贴，分5年拨付；租住房屋的5年内每年补助最高5万元的租房费；获得银行贷款的，2年内每年按不同贷款额度分别给予50%—100%、最高1000万元的贷款贴息补助；在未取得建设用地之前，优先入驻政府建设的孵化器，3年内每年补贴50%、最高50万元的租房费；租赁厂房直接生产销售的，2年内每年补贴最高200万元的房屋租赁费。

唐山市

文件标题：《中共唐山市委、唐山市人民政府关于进一步加强人才工作若干政策的实施意见》

文　　号：唐发〔2008〕9号

发文单位：中共唐山市委、唐山市人民政府

发布时间：2008年3月1日

内容摘录：依托留学人员创业园，为留学人员来唐创办企业优惠提供场地和服务。协助留学人员企业获得风险投资、担保基金的支持。各级中小企业借贷担保机构优先为留学人员企业提供担保。留学人员在唐创办企业持续经营5年以上的，市人事局每两年进行一次综合考核评定，对其中效益显著的，由市人才开发专项资金给予5万—10万元的经费资助。外国专家和留学回国人员所承担的科研项目获国家部委、省厅经费资助的，市人才开发专项资金按1：1的比例给予匹配。在本市立项的外国专家和留学回国人员科研项目，由市人才开发专项资金给予2万—3万元的经费资助。

文件标题：《唐山市委人才工作协调小组关于实施海外高层次人才引进计划的意见》

文　　号：唐办发〔2010〕5号

发文单位：唐山市委人才工作协调小组

发布时间：2010年

内容摘录：对来唐创办高新技术企业，其项目具有独立自主知识产权，技术成果国际领先、能够填补国内空白，并具有较高科技含量、良好市场潜力和产业化条件的，由市财政给予50万—300万元的创业启动资金；从事符合唐山市重点发展领域的科技开发项目，并由海外高层次人才控股或拥有不低于20%股权的企业，由市财政提供50万—200万元的科研启动资金；海外高层次人才自行开发、自行实施科技成果转化的，经审核，可按照不低于30%的比例享受转化后的收益；承担国家重大科研项目、获得国家发明专利或省级以上科技进步奖的海外高层次人才，根据项目层次、成果水平、预期效益，市财政给予5万—10万元的一次性奖励。

文件标题：《中共唐山市委、唐山市人民政府关于实施“凤凰英才”计划加快建设人才强市的意见（试行）》

文　　号：唐发〔2018〕11号

发文单位：中共唐山市委、唐山市人民政府

发布时间：2018年4月8日
内容摘录：实施留学人员来唐创业支持计划。引进的中国“两院”院士或发达国家院士及相当层次人才（团队），给予1000万元的科研经费补贴和200万元安家费，根据贡献情况最高给予1亿元综合资助。引进的国家海外高层次人才和长江学者特聘教授及相当层次人才，给予200万—1000万元科研经费补贴和100万元安家费。引进的省“百人计划”及相当层次人才，给予100万元科研经费补贴；引进的省“巨人计划”人才（团队），按省补贴标准给予1：1配套支持。对能够带动转型发展的立市项目，根据其贡献度专门制定一揽子扶持政策。

文件标题：中共唐山市委办公厅、唐山市人民政府办公厅关于印发《唐山市实施凤凰英才服务卡制度暂行办法》的通知
文　　号：唐办传〔2018〕36号
发文单位：中共唐山市委办公厅、唐山市人民政府办公厅
发布时间：2018年6月25日
内容摘录：凤凰英才服务卡是我市对特定重点人才集成化服务的重要载体，是体现人才重要价值和业绩贡献的荣誉证件，是高层次人才享受相关服务的有效凭证。唐山为持有英才卡人才提供以下服务项目：（一）户籍管理服务；（二）出入境停居留服务；（三）配偶随迁服务；（四）子女入学服务；（五）医疗保健服务；（六）社会保险服务；（七）住房保障服务；（八）工商税务服务；（九）金融服务；（十）交通旅游服务。

文件标题：唐山市人民政府办公厅关于印发《唐山市科技创业创新领军人才管理办法（试行）》的通知
文　　号：唐政办字〔2019〕1号
发文单位：唐山市人民政府办公厅
发布时间：2019年1月3日
内容摘录：每年选拔20名左右科技创业创新领军人才，其中青年科技人才不低于50%，经评审入选的领军人才，给予最高100万元科研项目经费资助。入选的科技创业创新领军人才，享受《唐山市实施凤凰英才服务卡制度暂行办法》规定的相应待遇。对于符合条件的青年科技领军人才，优先推荐申报国家“万人计划”“创新人才推进计划”、河北省科技英才“双百双千”推进工程等国家、省相关高层次人才计划。

山西省

文件标题：山西省人民政府印发《关于鼓励出国留学人员回省和来晋工作的规定》的通知
文　　号：晋政发〔1994〕92号
发文单位：山西省人民政府
发布时间：1994年9月23日
内容摘录：本规定所指留学人员是指本省教育、科技和经济建设急需并取得突出成绩的各类留学人员。有关部门对留学人员可按“双向选择”的原则确定工作单位。对回省和来晋工作的留学人员一律尊重本人意愿，工作时限可长可短。他们可以定居从事教学、科研、企业管理、技术指导、技术承包等工作；也可以流动方式进行合作研究、技术入股，合资办厂，合作兴办学校，科技机构等。

文件标题：山西省人民政府关于印发《山西省引进优秀人才暂行办法》的通知
文　　号：晋政发〔2004〕24号
发文单位：山西省人民政府

发布时间：2004年6月22日

内容摘录：对硕士以上留学回国人员进入留学人员创业园（区）研究开发的高新技术项目，择优从专项资金中资助5万—10万元。加强留学人员创业园（区）建设，为留学人员归国创业营造良好的环境。省里每年在科技三项经费中安排一定比例，用于资助进入创业园（区）的回国留学人员从事高新技术项目的研究开发及高新技术成果的转化。留学人员创办企业，注册资金可按最低标准执行，并可在1年内分步到位；创办高新技术企业的，可享受本省高新技术企业的各项优惠政策；以专利或其他技术成果形式投资的，其专利、技术成果作价占注册资本的比例由投资各方约定。

文件标题：山西省人民政府办公厅关于印发《鼓励海外留学人才来晋创业和工作的暂行规定》的通知

文　　号：晋政办发〔2007〕137号

发文单位：山西省人民政府办公厅

发布时间：2007年12月26日

内容摘录：海外留学人才凭用人单位证明或所投资企业的工商营业执照向县级以上人事部门申领《山西省海外留学人才回国工作证》；其中对已加入外国国籍的留学人才，按国家规定由有关部门发给《外国专家证》或《外国人就业证》。留学人才可凭上述证件享受相关待遇。高新技术产业开发区和经济技术开发区，要积极创造条件设立留学人员创业园区。对入驻留学人员创业园区的高新技术企业和科研机构，可同时享受国家及我省对高新技术企业和科研机构有关优惠政策。

文件标题：中共山西省委组织部关于印发《山西省引进海外高层次人才办法（试行）》及八个配套《暂行办法》的通知

文　　号：晋组发〔2009〕9号

发文单位：中共山西省委组织部

发布时间：2009年8月20日

内容摘录：组织实施“百人计划”，围绕我省发展战略目标，从2009年开始，用5—10年的时间，在国家和省重点创新项目，国家和省重点学科、重点实验室，省属企业和省属商业金融机构，以高新技术产业开发区为主的各类创新创业园区（基地）等，引进并有重点地支持100名左右海外高层次人才回省（来晋）创新创业，建立10个左右海外高层次人才创新创业基地。

文件标题：山西省财政厅关于印发《引进海外高层次人才专项资金使用管理暂行办法》的通知

文　　号：晋财厅〔2009〕420号

发文单位：山西省财政厅

发布时间：2009年12月31日

内容摘录：专项资金主要用于以下事项：（一）用于一次性补助引进海外高层次人才或人才团队所需的经费；（二）用于资助引进的海外高层次人才启动创新创业项目所需的经费；（三）用于为引进的海外高层次人才提供特定生活待遇，以解决海外高层次人才在居留和出入境、落户、资助、薪酬、医疗、保险、住房、税收、配偶安置、子女就学等所需经费；（四）用于助所引进的海外高层次人才或人才团队创新创业课题研究和改善科研条件等资需经费；（五）用于领导小组办公室引进海外高层次人才的评审、宣传等综合服务所需经费；（六）用于领导小组办公室开展引进海外高层次人才工作其他支出所需的经费。

文件标题：山西省人民政府关于印发《山西省大力推进大众创业万众创新实施方案》的通知

文　　号：晋政发〔2015〕49号

发文单位：山西省人民政府

发布时间：2015年12月10日

内容摘录：吸引海外高层次人才来晋创业创新。支持“海智计划”工作基地建设，推动建立外籍高端人才来晋创业管理数据库。认真落实扩大申请永久居留外国人工作单位范围，为外籍高层次人才提供签证及居留便利，以更加灵活的方式吸引海外人才来晋创新创业。对来晋工作的符合我省规定条件的海外高层次人才，给予一定数额的创业资金资助，统筹解决好其配偶就业、子女入学、医疗、住房、社会保障等问题，为其创新创业提供良好的生活环境。

文件标题：山西省海外高层次人才引进工作领导小组、中共山西省委组织部、山西省人力资源和社会保障厅《关于调整山西省引进海外高层次人才“百人计划”相关政策的通知》

文　　号：晋组通字〔2016〕86号

发文单位：山西省海外高层次人才引进工作领导小组、中共山西省委组织部、山西省人力资源和社会保障厅

发布时间：2016年9月30日

内容摘录：山西省“百人计划”引进人才经批准后，与用人单位签订正式的合同书（创业人才除外），经当地公证部门公证，报山西省海外高层次人才引进工作专项办公室审定后，由省财政下达相应的一次性工作和生活补助。创业人才项目，一次性给予工作和生活补助200万元。高校、科研院所和企业（包括金融机构、民营企业）创新人才项目，长期引进的，一次性给予150万元工作生活补助；短期引进的，一次性给予70万元工作生活补助。人才引进后，用人单位需配套50万元以上的科研资助。青年人才项目，一次性给予100万元工作生活补助，用人单位需配套必要的工作和科研设施。

文件标题：山西省海外高层次人才引进工作领导小组、中共山西省委组织部、山西省人力资源和社会保障厅关于印发《山西省引进支持海外高层次人才创业创新团队暂行办法》的通知

文　　号：晋组通字（2016）87号

发文单位：山西省海外高层次人才引进工作领导小组、中共山西省委组织部、山西省人力资源和社会保障厅

发布时间：2016年10月9日

内容摘录：入选的创业创新团队，按团队的实际情况，给予整个团队300万—500万元的资金资助。创业团队成员个人补助份额由团队根据其成员职责和任务自行分配；创新团队成员个人补助份额由团队负责人根据团队人员构成统筹分配。团队中已经引进或即将引进的省“百人计划”专家，其个人资助部分在团队资助经费中统筹，不再另计。团队资助经费必须专款专用，全部用于团队成员引进和科研创新，不得挪作他用。

文件标题：《中共山西省委、山西省人民政府关于强化实施创新驱动发展战略进一步推进大众创业万众创新深入发展的实施意见》

文　　号：晋政发〔2017〕51号

发文单位：中共山西省委、山西省人民政府

发布时间：2017年9月30日

内容摘录：创新人才引进政策。鼓励企事业单位设立人才发展专项资金，企业引才所需费用可全额列入经营成本，事业单位引才费用可从事业经费中列支。建立山西省外国人永久居留服务管理联席会议制度，出台关于加强外国人永久居留服务管理的实施意见。启动实施山西留学人员创新创业支持计划，推进留学人员创新创业基地建设，制定留学人员回晋创新创业扶持政策。高校可自主组织到高层次人才集聚地区或单位进行专项招聘。

文件标题：山西转型综合改革示范区管委会关于印发《山西转型综合改革示范区鼓励留学人员创新创业办法（试行）》的通知

文　　号：晋综示发〔2017〕224号

发文单位：山西转型综合改革示范区管理委员会

发布时间：2017年10月23日
内容摘录：中国山西留学人员创业园是我省唯一的省部共建国家级留学人员创业园，为留学人员在示范区创新创业提供全链条、专业性孵化服务。示范区管委会设立“留学人员创新创业专项资金”，纳入示范区财政年度预算，每年度安排不低于2000万元人民币用于鼓励和扶持留学人员来示范区创新创业。专项资金主要用于留学人员企业研发资助、办公及研发场地租金补贴以及留创园创新创业环境营造。

文件标题：山西转型综合改革示范区管委会关于修订《示范区促进新兴产业发展扶持办法》等九项政策的通知
文　　号：晋综示发〔2019〕28号
发文单位：山西转型综合改革示范区管理委员会
发布时间：2019年2月28日
内容摘录：对主持开展示范区科技研发、科技成果转化等项目的人才及团队，可按照示范区对其项目的年扶持资金到位金额的10%给予生活补助。A类人才及团队不超过50万元；B类人才及团队不超过40万元；C类人才及团队给予不超过30万元；D类人才及团队给予不超过20万元；E类人才及团队不超过10万元；F类人才及团队不超过5万元。支持符合条件的人才入驻示范区留学人员创业园，经留学人员创业园入驻程序审核，给予不超过200平方米的办公及研发场地，最多不超过3年。

文件标题：《山西省人民政府关于推动创新创业高质量发展打造“双创”升级版的实施意见》
文　　号：晋政发〔2019〕8号
发文单位：山西省人民政府
发布时间：2019年3月22日
内容摘录：进一步提升归国和外籍人才来晋创新创业便利化水平。对留学回国人员的科技项目择优资助，支持留学人员创新创业。对来晋创新创业的外籍华人，可按规定签发5年以内多次入境有效签证。为外籍人员出境提供即时受理审批便利，提供网上办证材料查询、业务咨询智能回复及网上预约受理服务。为外籍高层次人才及亲属、来晋访问者及投资者提供签证及居留便利。留学归国人员在我省城镇区域内有合法稳定住所（含租赁）的，可以按规定在居住地申请登记常住户口。对来晋创新创业的留学回国人才和外籍高层次人才，在子女入学方面进一步加大支持力度。

太原市

文件标题：太原市人民政府关于印发《吸引海外留学人员来并创业服务暂行规定》的通知
文　　号：并政发〔2004〕23号
发文单位：太原市人民政府
发布时间：2004年7月27日
内容摘录：市政府设立吸引海外留学人员创业专项资金。主要用于高层次留学人员的科研启动经费，短期回国讲学、技术服务、学术交流、项目合作等的国际旅费，优秀留学人员的奖励经费和高层次留学人员购买住房补贴。对决定长期在太原定居需购买商品房、经济适用房等住房，且具有博士后和博士、硕士、学士学位的回国留学人员，分别给以5万元、3万元、1万元的购房补贴。

文件标题：太原高新区管委会关于印发《太原高新区鼓励留学人员来区创新创业办法（暂行）》的通知
文　　号：并高新管〔2012〕95号
发文单位：太原高新技术产业开发区管理委员会
发布时间：2012年11月30日
内容摘录：海外留学归国领军型科技创业人才来高新区投资创业的，经审核，高新区给予每个创业投资项目200万元创业启动资金，并提供不少于200平方米工作场所和不少于100平方米人才住房，3年内免收租金。新认定的留学人员企业在高新区创业，高新区资助20万元创业启动资金，并可免费使用留学人员创业园孵化场地60—100平方米1—3年，超过100平方米以上的按市场价格收取，收费场地最大面积不超过200平方米。

大同市

文件标题：《大同市人民政府办公厅关于继续深化我市户籍制度改革进一步拓宽落户通道的实施意见》
文　　号：同政办发〔2017〕112号
发文单位：大同市人民政府办公厅
发布时间：2017年7月10日
内容摘录：全面放开对高校毕业生、技术工人、职业院校毕业生、留学归国人员的落户限制。留学归国人员一般应向原户口注销地派出所申报恢复户口登记，辖区派出所可以凭留学归国人员本人书面申请、最后一次回国时持用的中国护照和原户口注销登记直接办理恢复户口手续；对符合就业地、居住地或亲属朋友落户条件的，落户地派出所可以凭本人书面申请、回国留学人员最后一次回国时持用的中国护照及原户口所在地派出所出具的户口注销证明办理落户手续；对于不具备上述条件的申请人，准予其凭上述证明在当地保存其档案的人才交流中心落户。

阳泉市

文件标题：阳泉市人民政府关于印发《阳泉市大力推进大众创业万众创新的实施方案》的通知
文　　号：阳政发〔2016〕16号
发文单位：阳泉市人民政府
发布时间：2016年6月7日
内容摘录：吸引海外高层次人才来我市创业。推动建立阳泉籍海归和外籍高端人才来我市创业管理数据库。认真落实扩大申请永久居留外国人工作单位范围，为外籍高层次人才提供签证及居留便利，以更加灵活的方式吸引海外人才来我市创新创业。对来我市工作的阳泉籍海归和符合我市规定条件的海外高层次人才，给予一定数额的创业资金资助，统筹解决好其配偶就业、子女入学、医疗、住房、社会保障等问题，为其创新创业提供良好的生活环境。

长治市

文件标题：长治市人民政府关于印发《长治市推进大众创业万众创新实施方案》的通知
文　　号：长政发〔2016〕21号
发文单位：长治市人民政府
发布时间：2016年5月23日
内容摘录：吸引海外高层次人才来创业创新。开展海外招才引智活动，吸引海外人才、留学人员和团队来我市创新创业。对入选国家海外高层次人才引进计划、山西省“百人计划”的人才带项目来我市创业工作，在国内首次落地的，经评审后分别给予一定的科研经费支持。对来我市工作的符合我省规定条件的海外高层次人才，按照《长治市人才开发专项资金管理使用实施办法》有关规定给予创业资金资助，按照有关政策规定，统筹解决好其配偶就业、子女入学、医疗、住房、社会保障等问题，为其创新创业提供良好的生活环境。人才或团队家属有就业愿望的，在政策允许前提下，最大限度地满足本人就业意愿。子女接受义务教育的，由当地教育行政部门协调安排学校就读。有落户要求的，即报即批。

晋城市

文件标题：晋城市人民政府关于印发《引进海外留学人才来我市创业服务暂行办法》的通知
文　　号：晋市政发〔2006〕9号
发文单位：晋城市人民政府
发布时间：2006年3月23日
内容摘录：新上高新技术项目，从投产之日起，2年内由财政按其实现所得税地方留成和新增增值税地方留成的10%奖行奖励；年销售额达到1亿元以上的，3年内由同级财政部门对该产品新增增值税的地方留成部分按50%的比例奖励。鼓励海外留学人才进入晋城经济技术开发区创业服务，享受开发区制定的各项优惠政策。来我市创业服务的海外留学人才，可以申报本市设立的优秀人才方面的各项奖项。

文件标题：晋城市人民政府关于印发《晋城市招商引资十条优惠政策》和《晋城市招才引智十条激励政策》的通知
文　　号：晋市政发〔2017〕12号
发文单位：晋城市人民政府
发布时间：2017年6月9日
内容摘录：对引进的驻晋城工作院士给予1000万元科研经费、200万元安家费、每年40万元工作津贴、20万元生活补助。对引进的国家特聘专家等高层次领军人才给予1000万元科研经费、100万元安家费和每年20万元工作津贴、10万元生活补助。对引进的国家级重点学科、重点实验室、工程技术研究中心学术技术带头人给予1000万元科研经费、100万元安家费和每年10万元工作津贴。对引进的海内外高层次紧缺急需人才给予50万元安家费和每年10万元工作津贴。

文件标题：《晋城市人民政府关于推动创新创业高质量发展打造“双创”升级版的实施意见》
文　　号：晋市政发〔2019〕21号
发文单位：晋城市人民政府
发布时间：2019年11月15日
内容摘录：进一步提升归国和外籍人才来晋城创新创业便利化水平。对留学回国人员的科技项目择优资助，支持留学人员创新创业。鼓励外国专家在我市承担科研项目，对外国专家承担的科技项目择优资助。对来我市创新创业的外籍华人，可按规定签发5年以内多次入境有效签证。为外籍人员办理签证证件提供快速受理审批便利，提供网上办证材料查询、业务咨询智能回复及网上预约受理服务。为外籍高层次人才及亲属、来晋城访问者及投资者提供签证及居留便利。留学归国人员可以按照我市城镇范围内合法稳定住所（含租赁）、合法稳定就业或学历人员相关规定，申请登记常住户口。对来我市创新创业的留学回国人才和外籍高层次人才，在子女入学方面进一步加大支持力度。

忻州市

文件标题：中共忻州市委办公厅、忻州市人民政府办公厅印发《关于吸引和留住高层次人才的暂行办法》的通知
文　　号：忻办发〔2014〕29号
发文单位：中共忻州市委办公厅、忻州市人民政府办公厅
发布时间：2014年7月7日
内容摘录：来忻创新创业的人才可享受以下重点支持：（一）对携带重要科技成果和优秀项目的人才及团队，可一次性给予不少于100万元生活补助、不少于50万元的科研项目经费。（二）对紧缺急需的人才应给予一定

数额的生活补助，用于改善生活条件，补助金额按以下标准掌握：国家有突出贡献的专家20万元、省部级重点学科带头人和创新型人才15万元、海外高层次人才10万元、博士8万元、硕士5万元，谁引进、谁出资。

内蒙古自治区

文件标题：内蒙古自治区人民政府关于印发《内蒙古自治区鼓励留学人员来区工作或以多种方式为区服务若干规定》的通知

文　　号：内政发〔2001〕134号

发文单位：内蒙古自治区人民政府

发布时间：2001年12月7日

内容摘录：留学人员到我区创办企业，凡被认定为高新技术企业的，享受高新技术企业的优惠政策；取得外国国籍或有外国长期（永久）居留权的留学人员来我区创办高新技术企业，可参照华侨、华人和港澳台同胞来我区投资及外商投资企业的有关优惠政策执行。留学人员可用护照（中国护照和外国护照）作为申办企业的身份证明。

文件标题：中共内蒙古自治区委员会办公厅、内蒙古自治区人民政府办公厅关于印发《“草原英才”工程实施方案》的通知

文　　号：内党办发〔2010〕23号

发文单位：中共内蒙古自治区委员会办公厅、内蒙古自治区人民政府办公厅

发布时间：2010年11月9日

内容摘录：以带动我区产业发展的呼和浩特、包头、鄂尔多斯“金三角”地区为核心区域，通过高新技术开发区、高层次人才创新创业基地、核心技术研发机构、重大项目等载体和平台建设，加大人才资金投入力度，有效整合区域资源，发挥整体优势，实施“人才特区”政策，不断创新工作机制，营造良好环境，吸引和聚集一大批海内外高层次人才创业和工作，努力将呼包鄂打造成我国西部地区独具特色和有强大集聚力、影响力的人才高地——“草原硅谷”。

文件标题：中共内蒙古自治区委员会办公厅、内蒙古自治区人民政府办公厅关于印发《内蒙古自治区“草原英才”工程 若干政策规定（试行）》的通知

文　　号：厅发〔2011〕64号

发文单位：中共内蒙古自治区委员会办公厅、内蒙古自治区人民政府办公厅

发布时间：2011年9月6日

内容摘录：从区外选拔引进“草原英才”，一般应具有博士学位或正高级专业技术职务，年龄一般不超过55周岁（院士不受限制，创业人才学历、年龄可适当放宽）。刚性引进：通过调入或聘用方式到我区连续工作5年以上；柔性引进：通过合同约定的方式来我区连续工作5年以上，且每年工作不少于3个月。从区内选拔“草原英才”，一般应具有全日制硕士以上学位或副高级以上专业技术职务，年龄一般不超过55周岁（院士不受限制，创业人才学历、年龄可适当放宽）。

文件标题：《内蒙古自治区党委组织部关于进一步推进“草原英才工程”的实施意见》

文　　号：内组发〔2013〕12号

发文单位：内蒙古自治区党委组织部

发布时间：2013年5月10日

内容摘录：大力实施产业创新创业人才团队、高层次人才创新创业基地培育计划，围绕全区特色产业发展聚集和支持高端人才创新创业，围绕自治区“五大基地、两个屏障、一个桥头堡和经济带”建设，每年建设100个自治区创新创业人才团队和20个创新创业基地。进一步吸引和用好海外高层次人才，力争入选国家级领军人才3人。做好联系服务专家工作，开展专家休假、体检、联谊、慰问等活动。做好“西部之光”访问学者、“博士服务团”“草原之光”硕士创业行动等工作。

文件标题：《内蒙古自治区人民政府关于大力推进大众创业万众创新若干政策措施的实施意见》
文　　号：内政发〔2015〕120号
发文单位：内蒙古自治区人民政府
发布时间：2015年10月26日
内容摘录：加快发展创业孵化服务。加快创业孵化体系建设，重点打造包头稀土高新区科技创业服务中心、内蒙古软件园、留学人员创业园、内蒙古大学科技园、赤峰蒙东云计算科技企业孵化器等50个国家级和自治区级科技企业孵化器。鼓励和引导各地区盘活闲置的商业用房、工业厂房、企业库房、物流设施和家庭住所、租赁房等资源，大力发展创新工场、车库咖啡、创客空间等新型孵化器，推动建设100个众创空间，为创业者提供低成本办公场所和居住条件。

文件标题：《中共内蒙古自治区委员会关于深化人才发展体制机制改革的实施意见》
文　　号：内党发〔2017〕16号
发文单位：中共内蒙古自治区委员会
发布时间：2017年6月1日
内容摘录：构建海外人才引进机制。贯彻落实中央《关于加强新形势下引进外国人才工作的意见》，加大外国人才引进力度，实施“海外高层次人才引进计划”，5年内争取引进100名海外高层次创新创业人才。在海外人才密集地区，建立海外人才工作站，构建常态化的引才联络网。

文件标题：《内蒙古自治区人民政府关于强化实施创新驱动发展战略进一步推进大众创业万众创新深入发展的实施意见》
文　　号：内政发〔2018〕14号
发文单位：内蒙古自治区人民政府
发布时间：2018年4月16日
内容摘录：进一步加大人才引进力度。强化人才引进工作，创新人才引进政策，支持携带拥有自主知识产权、具有国际先进或国内一流水平科技成果的区内外高层次科技人才和团队到我区开展科技成果转化，对符合条件的团队分类给予扶持。

呼和浩特市

文件标题：呼和浩特市人民政府关于印发《呼和浩特市鼓励留学人员来呼创业为呼服务暂行规定》的通知
文　　号：呼政发〔2002〕28号
发文单位：呼和浩特市人民政府
发布时间：2002年3月27日
内容摘录：在呼和浩特市经济技术开发区建立呼和浩特市留学人员创业园区，为留学人员创业活动创造良好的工作条件和生活环境，并实施特殊的优惠政策。设立留学人员创业专项资金。在我市创业的留学人员在产品、技术开发研究和生产过程中，可申请资金扶持。进入创业园区留学人员的未成年子女，需要上中小学的，可以择校入学，免收择校费用。

文件标题：呼和浩特市人民政府关于印发《呼和浩特市培养引进使用高层次人才规定》的通知
文　　号：呼政发〔2013〕128号
发文单位：呼和浩特市人民政府
发布时间：2013年9月1日
内容摘录：高层次人才申请国家和自治区重大科研项目、参与重点科技计划和产业项目、实施科技成果转化项目、组建创新创业团队、申报国家重点人才培养计划等，市政府相关部门予以优先支持，并优先推荐为自治区“草原英才”工程人选。市政府每年拨付一定资金用于资助进驻“中国呼和浩特留学人员创业园”且符合我市产业结构调整目标、从事高新技术转化、发展潜力大、发展前景好的企业。

文件标题：中共呼和浩特市委组织部、呼和浩特市人力资源和社会保障局关于印发《呼和浩特市推进人才优先发展战略的若干措施（试行）》的通知
文　　号：呼党发〔2018〕6号
发文单位：中共呼和浩特市委组织部、呼和浩特市人力资源和社会保障局
发布时间：2018年5月2日
内容摘录：大力集聚海内外高层次创新创业人才。围绕首府重点产业发展需要，5年内计划引进培育50支高层次创新创业团队和500名高层次创新创业人才。对来呼创办企业或开展成果转化，预期能够产生重大经济社会效益的下列4类人才给予重点支持。诺贝尔奖获得者、“两院”院士及相当层次的国内外顶尖人才，采取“一事一议”的方式，给予最高1亿元的综合资助，并给予个人500万元奖励；国家级领军人才给予最高1000万元的综合资助，并给予个人200万元奖励；全国副省级城市以上高层次人才工程入选者及相当层次的地方级领军人才，给予最高500万元的综合资助，并给予个人50万元奖励；省（部）级技术能手、工匠大师及相当层次的地方高级人才，给予最高30万元的综合资助。对符合上述资助条件的高层次人才，按类别免费提供不低于200平方米、150平方米、120平方米、80平方米的人才公寓；选择在呼购房的，以货币化形式分别给予最高120万元、80万元、50万元、20万元的购房补贴。

文件标题：呼和浩特留学人员创业园关于印发《呼和浩特留学人员创业园入驻企业管理办法（试行）》的通知
文　　号：呼开创发〔2019〕62号
发文单位：呼和浩特留学人员创业服务中心
发布时间：2019年12月13日
内容摘录：留学人员企业是指海外留学人员以专利、科研成果、专有技术等回国创办企业。留学人员企业一般要由留学人员担任企业法人代表，或者留学人员自有资金（含技术入股）及海内外跟进的风险投资占企业总投资的30%以上。入驻留学人员创业园并符合国家重点扶持和鼓励类产业的企业，经税务机关认定后减免15%的企业所得税；留学人员入驻创业园创办新能源、新材料、新产品等新技术企业，1—6年内享受财政奖励政策；入驻留学人员创业园拥有核心技术自主知识产权的企业，进入中试和产业化阶段，由呼和浩特经济技术开发区给予50万—100万元的产业化扶持资金。

文件标题：呼和浩特留学人员创业园关于印发《呼和浩特留学人员创业园入园孵化企业毕（肄）业认定工作流程》和《呼和浩特留学人员创业园入园孵化企业退出工作流程》的通知
文　　号：呼开创发〔2020〕14号
发文单位：呼和浩特留学人员创业服务中心
发布时间：2020年4月22日
内容摘录：毕业企业应具备以下条件中至少一条：（一）经国家备案通过的高新技术企业；（二）累计获得天使投资或风险投资超过500万元；（三）连续2年营业收入累计超过1000万元；（四）被兼并、收购或在国内外资本市场挂牌、上市。对于入驻期限已到，但未达到毕业条件的企业，认定为肄业企业。

包头市

文件标题：包头开发区党工委办关于印发《内蒙古自治区留学人员创业园管理办法》的通知
文　　号：包开党工办发〔2006〕14号
发文单位：包头开发区党工委办
发布时间：2006年4月24日
内容摘录：经批准入驻的企业，按照《包头稀土高新区关于财政扶持资金的若干规定》，比照高新技术企业享受优惠政策。经批准入驻的企业，包头稀土高新区给予3年60平方米以内的房租免收优惠，其后三年减半收取房租。入驻企业在项目、产品进入中试阶段，视其先进程度，包头稀土高新区将给予5万—10万元项目启动资金扶持。入驻企业在各类资金、项目申报和人才奖励等方面享受包头稀土高新区的各类优惠政策。

文件标题：包头市人民政府办公厅关于印发《包头市“鹿城英才”工程实施方案》的通知
文　　号：包府办发〔2014〕147号
发文单位：包头市人民政府办公厅
发布时间：2014年6月9日
内容摘录：“鹿城英才”工程作为包头市人才工作的统领工程，将各支人才队伍的引进和培养项目纳入“鹿城英才”工程中，作为“鹿城英才”工程的子工程。“鹿城英才”每两年评选一次，评选分个人、创新创业团队、人才工作示范点三大类。每次评选个人420名（其中第一层次100名，第二层次320名）、团队20个、人才工作示范点5个。

文件标题：包头市人民政府办公厅关于印发《包头市高层次创新创业和紧缺急需专业技术人才服务保障办法（试行）》等四个办法的通知
文　　号：包府办发〔2014〕148号
发文单位：包头市人民政府办公厅
发布时间：2014年6月9日
内容摘录：海外高层次留学人才创办企业的，按有关规定享受相应的税收优惠政策。其中，属于国家需要重点扶持的高新技术企业，减按15%的税率征收企业所得税。企业为开发新技术、新产品、新工艺发生的研究开发费用，未形成无形资产计入当期损益的，在按照规定据实扣除的基础上，按照研究开发费用的50%加计扣除；形成无形资产的，按照无形资产成本的150%进行摊销。

辽宁省

文件标题：《辽宁省人民政府关于推进大众创业万众创新若干政策措施》
文　　号：辽政发〔2015〕61号
发文单位：辽宁省人民政府
发布时间：2015年11月27日
内容摘录：鼓励境外人才来辽创业。吸引各类海内外人才来辽创办科技型企业，简化外籍高端人才来辽开办企业审批流程，探索改革事前审批为事后备案。实施留学人才来辽创业创新支持计划。引导、吸引重点领域、行业急需紧缺专门人才来辽创新创业，对创新能力强、发展潜力大、市场前景好的企业，在创办初始阶段予以重点支持。

文件标题：中共辽宁省委印发《关于深化人才发展体制机制改革的实施意见》的通知
文　　号：辽委发〔2017〕3号
发文单位：中共辽宁省委
发布时间：2017年2月6日
内容摘录：加大引进海内外高层次人才力度。紧密围绕辽宁振兴发展对高层次人才的迫切需求，大力实施人才工程，积极引进占据科技前沿和产业高端、具有国际视野的创新型领军人才和高水平研发团队。对急需紧缺的特殊人才，开辟专门渠道，实行特殊政策，实现精准引进。支持有条件的高校、科研院所、企业在海外建立办学机构、研发机构，吸引使用当地优秀人才。

文件标题：中共辽宁省委办公厅、辽宁省人民政府办公厅关于印发《辽宁省人才服务全面振兴三年行动计划（2018—2020年）》的通知
文　　号：辽委办发〔2018〕25号
发文单位：中共辽宁省委办公厅、辽宁省人民政府办公厅
发布时间：2018年3月6日
内容摘录：实施海内外高层次人才引进集聚计划。以园区、企业、高校、科研院所等为主体，引进集聚3000名左右海内外高层次人才，重点遴选支持400名左右掌握关键领域前沿核心技术、能够引领产业转型升级、在海内外具有重要影响的高层次人才，由省财政给予经费资助。其中，重点支持10名左右杰出人才，给予每人300万元资助；200名左右领军人才，给予每人100万元资助；200名左右青年拔尖人才，给予每人50万元资助。

文件标题：辽宁省人民政府关于印发《辽宁省强化实施创新驱动发展战略进一步推进大众创业万众创新深入发展的政策措施》的通知
文　　号：辽政发〔2018〕9号
发文单位：辽宁省人民政府
发布时间：2018年3月19日
内容摘录：支持留学人员、海外人员创新创业以及科研人员双向流动。加大“留学人员创业启动支持计划”实施力度，遴选创新能力强、发展潜力大、市场前景好的留学回国人员创办的企业，在创办初始启动阶段重点支持。扩展“海外赤子为国服务行动计划”覆盖面，吸引海外高层次人才来辽宁工作。鼓励暂时不能回国的海外留学和工作人员通过多种方式为辽宁建设服务。鼓励高等院校、科研院所等专业技术人员离岗创业，建立健全科研人员双向流动机制。

文件标题：中共辽宁省委组织部等部门关于印发《辽宁省“兴辽英才计划”管理办法》的通知
文　　号：辽组通字〔2018〕30号
发文单位：中共辽宁省委组织部、中共辽宁省委宣传部、辽宁省教育厅、辽宁省科学技术厅、辽宁省财政厅、辽宁省人力资源和社会保障厅
发布时间：2018年3月23日
内容摘录：“兴辽英才计划”由三个子项目组成：“高层次人才培养支持计划”“海内外高层次人才引进集聚计划”和“高水平创新创业团队培养引进计划”。培养引进的海内外高层次人才分杰出人才、领军人才、青年拔尖人才三个层次；高水平创新创业团队分优先支持、重点支持、特别支持三个层次。

文件标题：《中共辽宁省委、辽宁省人民政府关于加快构建开放新格局以全面开放引领全面振兴的意见》
文　　号：辽委发〔2018〕20号
发文单位：中共辽宁省委、辽宁省人民政府
发布时间：2018年5月2日

内容摘录：实施海内外高层次人才、外国专家和高水平创新创业团队引进计划，按照引进人才和团队的不同层次，分别给予相应资金和政策支持。加大各市和有关部门人才政策集成力度，为高层次人才创造良好的创业、工作和生活环境。

文件标题：中共辽宁省委办公厅、辽宁省人民政府办公厅印发《关于推进人才集聚的若干政策》的通知
文　　号：辽委办发〔2018〕76号
发文单位：中共辽宁省委办公厅、辽宁省人民政府办公厅
发布时间：2018年6月15日
内容摘录：积极吸引留学人员来辽宁创新创业。在沈抚新区、辽宁自贸试验区、沈大国家自主创新示范区等创新发展重点区域内从事创新创业活动1年以上的优秀海外留学人员，可比照高层次海外留学人员和科技专家，享受进境合理数量的科研、教学和个人生活用品等按规定予以海关免税放行优惠政策；其外籍配偶、未满18周岁子女可申请签发2—5年外国人居留许可或多次F签证。

沈阳市

文件标题：《中共沈阳市委、沈阳市人民政府关于实施“盛京人才”战略打造具有国际竞争力人才高地的意见》
文　　号：沈委发〔2015〕9号
发文单位：中共沈阳市委、沈阳市人民政府
发布时间：2015年9月2日
内容摘录：实施盛京人才支持计划。统筹全市各类人才培养支持项目，根据不同层次、不同类别人才特点，遴选出500名左右盛京人才，市人才工作领导小组审议通过后入选“盛京人才支持计划”，对入选者给予5万—100万元个人奖励和相关政策支持，对杰出人才、领军人才、优秀专家和青年拔尖人才领办科技企业实现企业境内首次公开发行上市的，最高补助300万元；实现企业境外首次公开发行上市或境外证券交易所买壳上市或在柜台交易市场买壳上市后转板至主板或创业板的，一次性补助300万元。

文件标题：沈阳市人力资源和社会保障局等六部门关于印发《沈阳市高层次人才创新创业资助办法》的通知
文　　号：沈人社发〔2016〕72号
发文单位：沈阳市人力资源和社会保障局、中共沈阳市委统战部、沈阳市人才工作办公室、沈阳市发展和改革委员会、沈阳市科学技术局、沈阳市财政局
发布时间：2016年7月14日
内容摘录：在我市创新创业的顶尖人才，或由顶尖人才带领的创新创业团队在我市开展的重大项目，经认定并通过专家评审的，报请市人才工作领导小组，给予不超过1亿元人民币的项目资助。对经评审认定的高层次人才创新团队分别给予：A类1500万—2500万元、B类500万—1000万元、C类200万—300万元、D类50万—100万元人民币项目资助。对经评审认定的高层次人才创业团队分别给予：A类1500万—3000万元、B类500万—1000万元、C类200万—300万元、D类50万—100万元人民币项目资助。来沈创业的海内外博士，其技术或专利经评审认定为达到国内外领先水平的，给予10万—50万元启动资金。

文件标题：沈阳市人力资源和社会保障局、沈阳市人才工作办公室、沈阳市财政局关于印发《沈阳市海外高层次人才服务工作办法》的通知
文　　号：沈人社发〔2016〕73号
发文单位：沈阳市人力资源和社会保障局、沈阳市人才工作办公室、沈阳市财政局
发布时间：2016年7月15日

内容摘录：持海外高层次人才服务卡可享受以下服务：（一）提供政策咨询、信息帮助等24小时在线服务；（二）协助落实对应的各项人才政策；（三）全程代办行政审批、工作许可、证照办理、项目申报等事项；（四）协助办理出入境、居留、落户、住房、医疗、子女就学、保险、海关、税务等个人事务；（五）协助解决项目研发、市场、融资、生产、管理等方面的实际问题；（六）协助提供家政、管家等生活服务；（七）搭建交流平台，组织休假疗养、联谊沙龙等活动；（八）海外高层次人才需要的其他服务。

文件标题：《沈阳市人民政府关于建设海外人才离岸创新创业自由港的实施意见》
文　　号：沈政发〔2017〕3号
发文单位：沈阳市人民政府
发布时间：2017年1月12日
内容摘录：按照“不求所在、不求所有、但求所用”的原则，面向国内外开放，依靠环境和制度优势，吸引海外高端人才来沈创新创业。在“自由港”内，对海外人才离岸创新创业实行备案制和负面清单管理（负面清单禁止除外），非禁即入，其他行业、领域和经济活动实行市场准入自由制度。对海外人才离岸创新创业涉及的保税、通关服务、商品交易、出口退税等方面，在政策允许范围内，率先复制推广已设自贸试验区的创新监管制度。实行AEO企业信用动态管理，给予高级认证企业相应的通关便利措施。“自由港”内海外人才离岸创新创业符合高新技术企业条件的，企业科技人员通过科技成果转化取得的股权奖励收入，可在5年内分期缴纳个人所得税；市及所在区政府引进的海外人才列入市高层次人才中的顶尖人才、杰出人才范畴，视其对地方税收贡献情况给予奖励。

文件标题：中共沈阳市委、沈阳市人民政府关于印发《沈阳市建设创新创业人才高地的若干政策措施》的通知
文　　号：沈委发〔2017〕27号
发文单位：中共沈阳市委、沈阳市人民政府
发布时间：2017年8月27日
内容摘录：实施海外优才汇智聚力工程。未来5年，支持我市各类用人主体多渠道引进1000名海外高层次人才，5000名海外留学归国人员，服务我市重大工程、重大项目。对引进的海外高层次人才，按年薪划分为30万—50万元、50万—80万元、80万元以上3个区间，分别按年薪的40%、50%、60%的标准给予资助，资助金额最高不超过60万元。支持留学归国人员来沈创新创业，对博士给予15万元生活补贴，对硕士、本科毕业生给予国内高校毕业生同等待遇。外籍人才申报我市创新创业项目、科学技术奖项，不受国籍、身份等条件限制，享受国内人才同等政策待遇，实现“同规则、同待遇”。

文件标题：沈阳市人力资源和社会保障局、沈阳市人才工作办公室、沈阳市财政局关于印发《沈阳市支持留学归国人员来沈创新创业实施细则》的通知
文　　号：沈人社发〔2018〕15号
发文单位：沈阳市人力资源和社会保障局、沈阳市人才工作办公室、沈阳市财政局
发布时间：2018年2月1日
内容摘录：支持拥有自主知识产权或掌握核心技术，具有自主创新能力和创业经验，熟悉相关产业领域的海外留学归国人员来沈创新创业。对在海外取得教育部认可博士学位的来沈创新创业留学归国人员给予15万元生活补贴，对在海外取得教育部认可的硕士、本科学位的来沈创新创业留学归国人员给予国内高校毕业生同等待遇。

文件标题：《沈阳市强化实施创新驱动发展战略进一步推进大众创业万众创新深入发展的政策措施》
文　　号：沈政发〔2018〕29号
发文单位：沈阳市人民政府

发布时间：2018年7月26日

内容摘录：支持留学人员、海外人员创新创业及科研人员双向流动。深入实施国家支持留学人员回国创业支持计划和海外赤子为国服务行动计划，落实沈阳市支持留学归国人员来沈创新创业实施细则，促进更多海外高层次人才来沈工作。鼓励高等院校、科研院所等事业单位科研人员离岗创业，建立健全科研人员双向流动机制。

大连市

文件标题：大连市人民政府关于修改《大连市引进人才若干规定》的决定

文　　号：大连市人民政府令第113号

发文单位：大连市人民政府

发布时间：2011年4月29日

内容摘录：对从事高新技术成果转化的海外留学生在我市取得的工薪收入，可视同境外收入。留学人员回国时携带自用的研究资料、书籍文献由海关审查免税放行。凡国家部委为我市留学回国人员的科研项目划拨资助经费，其项目与我市经济发展直接相关或有重大影响的，由市科技局、财政局增加项目补助。

文件标题：大连市人民政府关于印发《大连市引进人才落户暂行规定》的通知

文　　号：大政发〔2011〕76号

发文单位：大连市人民政府

发布时间：2011年12月11日

内容摘录：与我市各类单位签订1年以上劳动（聘用）合同并缴纳社会保险的下列引进人才可在居住地或工作地申请落户，配偶及未婚子女可随迁：（一）具有研究生学历或者高级职称及取得一级国家职业资格、距法定退休年龄10年以上的人员；（二）具有全日制普通高等学校专科以上学历（研究生学历除外）、距法定退休年龄15年以上的人员；（三）在国（境）外取得大学专科以上学历（研究生学历除外）、距法定退休年龄15年以上的留学归国人员；（四）具有中级职称、距法定退休年龄15年以上的专业技术人员；（五）取得三级、二级国家职业资格、距法定退休年龄15年以上的技能人员；（六）获得体育项目国家级正式比赛前6名或省级正式比赛前3名及达到国家一级运动员标准、年龄在20周岁以下（特殊专业的，年龄可适当放宽）的人员。

文件标题：大连市公安局办公室关于印发《大连市引进人才落户实施办法》的通知

文　　号：大公办发〔2011〕56号

发文单位：大连市公安局

发布时间：2011年12月21日

内容摘录：户口拟落在本人合法稳定住所的引进人才应先持房屋产权证书或房屋使用权证书到住所所在地公安派出所办理《落户地址确认单》，然后再按落户程序办理落户；户口拟落在亲友家户口的引进人才先办理由亲友家户口户主签字、公安派出所盖章的《同意落户意见书》，然后再按落户程序办理落户；户口拟落在其他集体户口的引进人才持单位《户口簿》首页或《人事代理手册》凭证按落户程序办理落户。

文件标题：中共大连市委、大连市人民政府关于印发《大连市支持高层次人才创新创业若干规定》等五个文件的通知

文　　号：大委发〔2015〕8号

发文单位：中共大连市委、大连市人民政府

发布时间：2015年3月27日

内容摘录：实施科技人才创业支持计划。鼓励拥有自主知识产权或掌握核心技术，具有自主创业经验，熟悉相关产业领域的高层次人才开展创业活动。每年支持创业项目20项，支持周期3—5年。支持人选主要包括国家海外高层次人才引进计划创业人才人选、国家创新人才推进计划科技创新创业人才人选等，年龄一般不超过55周岁；其企业注册时间不超过5年，经营业绩良好且市场开发前景广阔。入选项目在支持周期内，给予总额100万—500万元创业扶持资金；取得社会化风险投资支持的，可给予风险投资总额20%的风险跟投支持，总额最高200万元；获得银行贷款的，给予当年利息额50%的贷款贴息，总额最高100万元；创业人才承担国家科技计划项目且在连实施，按政策予以配套支持。

文件标题：《中共大连市委、大连市人民政府关于优化大众创业万众创新环境政策措施的意见》
文　　号：大委发〔2016〕9号
发文单位：中共大连市委、大连市人民政府
发布时间：2016年3月31日
内容摘录：鼓励境外人才和留学人才来连创业创新。在落实大连市引进人才政策基础上，吸引各类海内外人才来连创办科技型企业，简化外籍高端人才来连开办企业审批流程，优化服务，实行外籍高端人才投资项目绿色通道审批制度。实施留学人才来连创业创新支持计划，引导、吸引重点领域、行业急需紧缺专门人才来连创业创新，对创新能力强、发展潜力大、市场前景好的企业，在创办初始阶段予以重点支持。

文件标题：《大连高新区管委会关于"大连市海外学子尖端人才归国创业工程"（2016—2020）的实施意见》
文　　号：大高管发〔2017〕27号
发文单位：大连高新区管理委员会
发布时间：2017年5月22日
内容摘录："海创工程"（2016—2020年）支持额度为1.5亿元人民币。力争5年内吸引海外人才300人来连创业，优选150个项目入围培育，精选50个项目重点扶持。凡符合"海创工程"申报条件的海外人才通过资格审核后，可获得100平方米以内免费办公场地注册办公，100平方米以内人才公寓1间，执行期3年。通过审核后3个月内在高新区注册、组建团队并实质性开展业务的项目给予20万元启动资金。立项项目按项目类别和实际研发投入情况，3年内分期获得100万—1000万元的立项资助。

文件标题：中共大连市委办公室、大连市人民政府办公室印发《关于落实"5+22"人才政策的几个具体问题》及31个配套实施细则的通知
文　　号：大委办发（2019）19号
发文单位：中共大连市委办公室、大连市人民政府办公室
发布时间：2019年4月22日
内容摘录：吸引优秀外国留学生、留学回国人员在（来）连创新创业。每年遴选支持一批创新创业项目，对具有广泛应用前景、先进技术水平的创新类项目，每项资助20万元；对发展潜力大、市场前景好、处于初创或初始期企业的创业类项目，每项资助30万元；特别优秀的，最高资助100万元；获得国家及省资助的，给予1：1资金配套支持。留学回国人员在连享受与国内高校毕业生同等就业创业政策。

文件标题：大连高新区管理委员会关于印发《大连高新区集聚创新要素推动"又高又新"高质量发展若干政策》的通知
文　　号：大高管发〔2020〕8号
发文单位：大连高新区管理委员会
发布时间：2020年8月29日
内容摘录：（一）高层次人才创业扶持。实施"海创工程""科创工程"，鼓励高层次人才创新创业。对通

过资格审核和项目评审后高层次人才创办的企业，按照实缴注册资本的50%给予一次性启动资金支持，最低15万元，最高100万元；采用“无偿资助+股权投资”方式给予创业扶持，无偿资助最高1000万元，股权投资按照投资基金相关办法执行。（二）产业优秀人才奖励。支持企业引留优秀人才，打造骨干团队。每年遴选一批由重点企业推荐、符合《大连高新区紧缺人才目录》的优秀人才给予奖励，标准为税前年薪20万（含）—30万元之间，奖励3万元；税前年薪30万元及以上者，奖励5万元。分两年支付。（三）企业人员增长补助。支持企业引育人才，壮大规模。对年度人员净增长30人及以上的重点企业，按照每人5000元标准，给予最高200万元的人才工作补助。

锦州市

文件标题：锦州市人民政府关于印发《锦州市强化实施创新驱动发展战略进一步推进大众创业万众创新深入发展的政策措施》的通知
文　　号：锦政发〔2018〕28号
发文单位：锦州市人民政府
发布时间：2018年9月12日
内容摘录：支持留学人员、海外人员创新创业以及科研人员双向流动。加大“留学人员创业启动支持计划”实施力度，遴选创新能力强、发展潜力大、市场前景好的留学回国人员创办企业，在创办初启动阶段重点支持，享受我市面向毕业生全部就业创业扶持政策和服务保障。扩展“海外赤子为国服务行动计划”覆盖面，吸引海外高层次人才来锦工作，为外国高端人才来锦工作、创新创业开辟“锦色通道”，办理就业许可，实施“容缺申报”。鼓励暂时不能回国的海外留学和工作人员通过多种方式为锦州建设服务。

吉林省

文件标题：吉林省人民政府关于印发《吉林省吸引和鼓励留学人员来吉工作优惠政策》的通知
文　　号：吉政发〔2001〕36号
发文单位：吉林省人民政府
发布时间：2001年10月12日
内容摘录：留学人员来吉林省创办企业的，凭有效护照直接注册登记，注册资金按有关最低标准执行；固定资产投资或流动资金不足的，可以申请由省高新技术产业发展投资担保公司或省中小企业信用担保公司提供贷款信用担保，可以优先申请省风险投资公司的风险投资资助。利用本人科研成果或新发明创办高新技术企业的，可以申请吉林省中小企业技术创新基金资助及科技攻关计划的支持。

文件标题：吉林省人民政府办公厅转发《吉林省为外国籍高层次人才和投资者提供入境及居留便利实施细则》的通知
文　　号：吉政办发〔2003〕33号
发文单位：吉林省人民政府办公厅
发布时间：2003年7月15日
内容摘录：对符合第二条规定的持普通护照入境的外国籍人士，可为其提供以下便利：（一）多次临时入境的，经申请批准可办理2—5年多次入境有效、每次停留不超过1年的F字签证（以下简称“长期多次F字签证”）。（二）持Z字签证入境在中国工作并长期居留的，经申请批准可办理2—5年有效的外国人居留证件以及相同期限的多次返回Z字签证。（三）持L、F、X字签证入境的外国籍人士，经申请批准可将所持签证变更为Z字签证。（四）持L、X字签证入境的，可持一类被授权单位出具的公函或外商投资企业批准证书、营业执照等有关证明文件，申请将所持签证变更为长期多次F字签证。

文件标题：《吉林省人民政府关于推进大众创业万众创新若干政策措施的实施意见》
文　　号：吉政发〔2015〕54号
发文单位：吉林省人民政府
发布时间：2015年12月23日
内容摘录：支持域外人才来我省创业。鼓励域外院士、国家特聘专家、知名企业家等高端人才，特别是吉林籍高端人才，带技术、带项目、带资金来我省创办科技型企业。省引才计划重点向创业类人才和企业急需紧缺人才倾斜，对入选省引才计划的创业人才，省人才开发基金给予资金支持。实施省高层次人才创业基地支持计划，重点支持一批科技企业孵化器、科技创业园等创业孵化平台，集聚各类高端人才在我省创业。加快建设长春高新技术产业开发区、吉林高新技术产业开发区等留学人员创业园，完善办公场所免房租等优惠政策。各地区可研究对回国创业高端人才和境外高端人才来我省创办高科技企业给予一次性创业启动资金，在配偶就业、子女入学、医疗、住房、社会保障等方面完善支持政策。

文件标题：《吉林省人民政府关于强化实施创新驱动发展战略进一步推进大众创业万众创新深入发展的实施意见》
文　　号：吉政发〔2017〕35号
发文单位：吉林省人民政府
发布时间：2017年12月24日
内容摘录：鼓励支持留学回国人员和台湾青年来我省创业，推动吉林省海峡两岸青年创业基地建设和长春新区“侨梦苑”建设。探索建立华侨华人创新创业综合服务体系，为华侨华人高层次专业人才和企业家出入境、停居留以及申办外国人永久居留身份证件提供便利。研究对留学回国创业高端人才来我省创办高科技企业给予一次性创业启动资金，在配偶落户、就业、子女入学、医疗、住房、社会保障等方面完善支持政策。从国外或省外重点引进的高层次留学回国人才可同时打破学历、毕业年限和任职年限限制，经所在工作单位批准同意，申报认定相应系列的职称。

文件标题：《中共吉林省委、吉林省人民政府关于激发人才活力支持人才创新创业的若干意见》
文　　号：吉发〔2018〕4号
发文单位：中共吉林省委、吉林省人民政府
发布时间：2018年2月5日
内容摘录：实施战略性创新创业人才扶持计划。围绕我省“五大发展”战略布局，加大对重点支柱产业、优势产业和新兴产业创新创业人才的扶持力度，依据所承担的创新创业项目经济价值和社会价值综合评估情况，每年择优资助40人，每人资助20万元—50万元。其中，资助45周岁以下青年人才比例不低于30%。受资助人所在单位可按资助额度1：1匹配项目资金。实施科研成果转化创新创业人才扶持计划。加大对省级科技创新中心、重点实验室、孵化器等科技平台支持力度，对考核优秀的科技平台给予连续滚动支持。对创新创业人才在省内创办的企业或科研成果在我省转化落地的项目，通过省级创新创业基金，以股权投资的方式，每个项目给予100万—1000万元定向股权投资，在科研开发、成果转化和创新创业等方面提供支持。

文件标题：《吉林省人民政府关于推动创新创业高质量发展打造“双创”升级版的实施意见》
文　　号：吉政发〔2019〕1号
发文单位：吉林省人民政府
发布时间：2019年1月1日

内容摘录：提升归国和外籍人才创新创业便利化水平。支持“海归”人员开展国际科技交流与合作。重点支持政府间科技合作框架和优秀“海归”人员回国创新创业的国际合作项目。提升针对“海归”创业人才的落户、子女入学、参保等生活服务，最大限度便利在华外籍人才停居留活动。依法简化外国人签证证件申请材料。实行外国人签证证件数字化审批，依法进一步精简外籍人员办理签证和居留许可延期证明材料，对长期在华工作、探亲人员免提交相关证明材料。

长春市

文件标题：中共长春市委办公厅、长春市人民政府办公厅印发《关于进一步集聚人才创新发展的若干意见》的通知

文　　号：长办发〔2017〕50号

发文单位：中共长春市委办公厅、长春市人民政府办公厅

发布时间：2017年10月27日

内容摘录：通过加大高层次人才、创新创业人才及团队的引进培养力度，扩大人才增量，优化人才存量，造就一批具有一流水平的顶尖人才、领军人才、青年人才和高水平创新创业团队，使人才队伍结构、素质与经济社会发展相适应，打造区域性人才高地。经过5年努力，引进和培育国内外顶尖人才20名左右，国家级领军人才100名左右，省级创新创业人才500名左右。人才对产业的支撑作用明显增强，产业自主创新能力和科技成果转化能力明显提高，形成有利于人才干事创业、优秀人才脱颖而出的良好社会环境，让各类人才的创造活力竞相迸发、聪明才智充分涌流。

文件标题：中共长春新区工作委员会 长春新区管理委员会关于印发《长春新区“长白慧谷”英才计划暂行办法》的通知

文　　号：长新党字〔2019〕44号

发文单位：中共长春新区工作委员会、长春新区管理委员会

发布时间：2019年5月8日

内容摘录：高层次创新创业人才。（一）入选创业人才项目的，给予60万—100万元资金支持；入选创新人才项目的，给予50万—80万元资金支持。根据企业需求，可提供不低于100万元的股权投资。（二）对创业人才提供200平方米办公场所，3年内免收租金或给予每月最高60元/平方米房租补贴。（三）对入选人才（团队带头人）提供150平方米住房公寓，3年内免收租金或给予最高3000元/月房租补贴；在长春首次自购住房的，给予10万元购房补贴。（四）对创业人才项目，给予实际贷款利息金额的20%最高20万元贷款贴息。

黑龙江省

文件标题：中共黑龙江省委办公厅、黑龙江省人民政府办公厅关于印发《黑龙江省鼓励海外留学人员为我省服务的若干意见》的通知

文　　号：黑办发〔2002〕9号

发文单位：中共黑龙江省委办公厅、黑龙江省人民政府办公厅

发布时间：2002年3月18日

内容摘录：各地、各部门要大力支持留学人员创业园的建设，在资金、政策方面加大扶持力度，为留学人员创业国的建设和入园留学人员企业创造良好的发展环境。海外留学人员进入留学人员创业园，享受开发区有关政策待遇，同时享受省内有关专业技术人员的其他政策。留学人员创业国要为入园创业的海外留学人员提

供共享设施完备、信息化程度高、与国际接轨的科研办公环境，享受科研办公用房的房租减免等优惠待遇，并且提供行政事务代办、信息咨询、人员培训、申报各类项目计划、资金支持与融资等服务。

文件标题：中共黑龙江省委办公厅、黑龙江省人民政府办公厅关于印发《黑龙江省引进海外高层次人才暂行办法》的通知
文　　号：黑办发〔2009〕31号
发文单位：中共黑龙江省委办公厅、黑龙江省人民政府办公厅
发布时间：2009年11月24日
内容摘录：从2009年开始，利用5—10年时间，在省重点创新项目、重点学科和重点实验室、省属企业和在我省的金融机构、以经济技术开发区和高新技术产业开发区为主的各类园区等四个领域，各引进并重点支持50名左右的海外高层次人才来我省创新创业。进入省海外高层次人才引进计划的引进人才，由省财政给予50万元人民币的一次性资助（视同政府奖金），免征个人所得税。用人单位、主管部门和当地政府可配套其他资金，用于改善引进海外高层次人才的工作生活条件。

文件标题：《黑龙江省人民政府关于进一步发挥高层次人才作用促进科技成果转化落地的意见》
文　　号：黑政发〔2012〕37号
发文单位：黑龙江省人民政府
发布时间：2012年5月17日
内容摘录：加快高层次人才培育和引进。促进实施创新创业人才推进计划，依托科技创新创业人才基地建设工程等载体，建设高层次科技创新团队25个、科技创业团队300个，引进培育各类创新创业人才2500人，为科技成果转化落地提供长期科技人才智力服务。大力实施领军人才梯队“535工程”，着力打造5个国际一流、30个国内一流和500个省内一流的领军人才梯队。实施博士后创新工程，加大实用型博士后培养力度，加强博士后流动站和工作站建设。充分利用国家海外高层次人才引进计划和“海外赤子为国服务行动计划”，引进海外高层次人才智力，促进高新技术成果在我省实现转化落地。

文件标题：《中共黑龙江省委、黑龙江省人民政府关于建立集聚人才体制机制激励人才创新创业若干政策的意见》
文　　号：黑发〔2015〕6号
发文单位：中共黑龙江省委、黑龙江省人民政府
发布时间：2015年3月21日
内容摘录：坚持刚性与柔性相结合，大力引进国内外高端人才。实行更加开放的人才政策，加大重点产业急需紧缺高端人才引进力度。对突破我省重点产业关键技术，或领办创办参办高新技术企业、实现新增年税收500万元以上的，经省人才工作领导小组认定，省财政根据不同层次分别给予每人50万—100万元的生活资助和项目启动资助资金。从海外直接引进的国家级人才，按规定的3年服务期限，省财政给予50万元资助。鼓励各单位依托产业项目，采取联合攻关、项目顾问、技术咨询等方式柔性引进高层次科技人才和团队，为企业发展和地方财税增收作出突出贡献的，由本级财政“一事一议”给予奖励。

文件标题：中共黑龙江省委组织部等部门关于印发《畅通引进高层次人才“绿色通道”实施办法》的通知
文　　号：黑组发〔2015〕7号
发文单位：中共黑龙江省委组织部、黑龙江省人力资源和社会保障厅、黑龙江省机构编制委员会办公室、黑龙江省教育厅、黑龙江省科学技术厅、黑龙江省公安厅、黑龙江省人民政府外事办公室、黑龙江省地方税务局、黑龙江省工商行政管理局、黑龙江省质量技术监督局
发布时间：2015年9月15日

内容摘录：我省引进的国家“两院”院士、“长江学者”、海外高层次人才引进计划入选者、“万人计划”入选者、年薪超过30万元的高层次人才、外籍高级专家以及其他为我省科技创新和产业发展作出贡献的高层次人才，与用人单位签订5年劳动合同并经省人才工作领导小组办公室认定，享受“绿色通道”服务。公安机关为引进人才及其配偶、未成年子女优先办理落户、居留证件或签证等相关手续。引进人才可在其工作地或居住地落户，其配偶、未婚子女及父母可随本人迁移户口，由落户人或接收单位向拟落户地公安机关提出申请，公安机关自受理之日起10个工作日内办结。海外高层次人才持非“Z”字签证入境的，如需在我省长期工作，可不受签证种类限制，直接为其办理外国专家证和工作类居留证件，其外籍配偶和未成年子女可办理2—5年外国人居留证件。

文件标题：黑龙江省人力资源和社会保障厅、黑龙江省公安厅《关于加强黑龙江省留学回国人员有关工作的通知》
文　　号：黑人社发〔2015〕98号
发文单位：黑龙江省人力资源和社会保障厅、黑龙江省公安厅
发布时间：2015年12月7日
内容摘录：留学回国人员在各级人才服务机构存放档案时，可以同时免费领取《就业创业证》，享受我省大学生创新创业优惠政策。留学回国人员被聘用接收后，有落户需求的，凭落户市（地）级人社局开具的《黑龙江省留学回国人员接收落户介绍信》，到市（地）级公安部门办理落户手续。

文件标题：黑龙江省人力资源和社会保障厅关于印发《黑龙江省留学回国人员择优资助办法》的通知
文　　号：黑人社发〔2016〕75号
发文单位：黑龙江省人力资源和社会保障厅
发布时间：2016年12月5日
内容摘录：留学回国人员择优资助分创业类和启动类。（一）创业类（资助额度10万元）。重点围绕我省经济社会发展的中心任务，资助符合我省发展战略、创办的企业有良好市场前景的留学回国创业人员。（二）启动类（资助额度5万元）。主要围绕我省经济社会发展的需要，资助从事相关科学研究、成果转化、市场开发、应用决策研究等工作，能够促进我省项目建设、科技创新、产业发展、学术提高、社会发展的留学回国人员。

文件标题：《黑龙江省人民政府关于强化实施创新驱动发展战略进一步推进大众创业万众创新深入发展的实施意见》
文　　号：黑政规〔2017〕31号
发文单位：黑龙江省人民政府
发布时间：2017年10月26日
内容摘录：实施国家留学人员回国创新创业启动支持计划和省级留学回国人员择优资助等项目，为留学回国人员创新创业提供资金支持。在事业发展上为留学回国人员提供发展平台，营造引才、用才、留才的社会氛围，聚集吸引更多高素质留学人才来我省创新创业。推动来内地创业的港澳同胞、回国（来华）创业的华侨华人享受当地城镇居民同等待遇的社会公共服务。

哈尔滨市

文件标题：哈尔滨市人民政府关于印发《哈尔滨市鼓励留学人员入创业园创业的若干规定》的通知
文　　号：哈政发〔2000〕24号
发文单位：哈尔滨市人民政府
发布时间：2000年12月7日

内容摘录：哈尔滨留学人员创业园设在哈尔滨高新技术产业开发区内，留学人员入创业园创业享受本规定的各项优惠政策。创业园优先扶持开发我市优势产业、新兴产业和其他高新技术产业项目的留学人员企业；优先扶持开发专利、发明或专有技术并属国际先进水平或填补国内空白项目的企业。哈高新区管理部门出资设立留学人员创业资金，扶持留学人员开发、生产高新技术项目和产品。

文件标题：哈尔滨市人民政府关于印发《哈尔滨英才集聚计划实施方案》的通知
文　　号：哈政规〔2017〕6号
发文单位：哈尔滨市人民政府
发布时间：2017年2月6日
内容摘录：实施海外人才智力引进工程。通过国家外专局引智项目和市地方项目引智计划，吸引一批外国专家和海外人才来哈开展项目合作和技术攻关。通过国家海外高层次人才引进计划、留学回国人员创业启动支持计划和留学人员择优资助计划及省、市资助计划，吸引一批海外留学人员来哈创新创业。

上海市

文件标题：上海市人事局等部门《关于出国留学人员来上海投资兴办企业有关规定的通知》
文　　号：沪人〔1993〕29号
发文单位：上海市人事局、上海市外国投资工作委员会、上海市工商行政管理局、上海市财政局、上海市税务局
发布时间：1993年3月2日
内容摘录：凡获得国外大专以上学历的公派、自费出国留学人员，出国留学后已获得外国长期（永久）居留权、留学国再入境资格的人员，在国内已取得中级以上专业技术职务任职资格并到国外高等院校、科研机构进修取得一定成果的访问学者或进修人员，均可申请来上海投资兴办企业。对申请来上海投资兴办企业的出国留学人员，由上海市回国留学人员服务中心对其进行资格审定后，办理有关手续，并出具证明。在国家和本市允许和鼓励外商投资的行业范围内，出国留学人员以个人名义或合伙来上海兴办企业的，可参照华侨和港、澳、台胞来上海投资有关法律、法规办理，注册资金暂定不低于1万美元。

文件标题：上海市人事局、上海市公安局《关于出国留学人员及其家属来沪工作办理户口的通知》
文　　号：沪人〔1998〕23号
发文单位：上海市人事局、上海市公安局
发布时间：1998年2月4日
内容摘录：留学人员及其从国外随归的配偶、子女，经批准来沪定居的，公安派出所（警察署）凭上海市人事局出具的盖有上海市留学人员工作处印章的《留学人员（家属）入户证明信》（样张附后）和护照（复印件）等文件，办理落户手续。其国外出生的子女、应提供国外出生证明。上述人员出国时如未注销国内常住户口，在办理上述手续时，还应持有上海市人事局出具的盖有上海市留学人员工作处印章的《调动人员情况登记表》到区、县公安部门申令《准予迁入证明》。留学人员双方或其中一方可从国外随带子女来沪定居。

文件标题：《中共上海市委、上海市人民政府关于加快建设具有全球影响力的科技创新中心的意见》
文　　号：沪委发〔2015〕7号
发文单位：中共上海市委、上海市人民政府
发布时间：2015年5月25日

内容摘录：进一步引进海外高层次人才。缩短外籍高层次人才永久居留证申办周期。简化外籍高层次人才居留证件、人才签证和外国专家证办理程序。对长期在沪工作的外籍高层次人才优先办理2至5年有效期的外国专家证。建立外国人就业证和外国专家证一门式受理窗口，对符合条件的人才优先办理外国专家证，放宽年龄限制。开展在沪外国留学生毕业后直接留沪就业试点。完善上海市海外人才居住证（B证）制度，降低科技创新人才申请条件，延长有效期限最高到10年。

文件标题：《中共上海市委办公厅、上海市人民政府办公厅关于深化人才工作体制机制改革促进人才创新创业的实施意见》
文　　号：沪委办发〔2015〕32号
发文单位：中共上海市委办公厅、上海市人民政府办公厅
发布时间：2015年7月5日
内容摘录：深入推进中央和本市海外高层次人才引进计划，协调推进“海外高层次人才集聚工程”和“雏鹰归巢”计划，完善上海地方“外专千人计划”，加强上海“千人计划”创业园建设，充分发挥本市驻海外联络处等的作用和网络优势，加大对本市急需紧缺的海外高层次人才尤其是外籍专家的引进力度。降低永久居留证申办条件，简化申办程序。取消对申请人就业单位类别和职务级别限制，放宽居住时限要求，建立健全市场认定人才机制。对在上海已连续工作满4年，每年在中国境内实际居住累计不少于6个月，有稳定生活保障和住所，工资性年收入和年缴纳个人所得税达到规定标准的外籍人才，经工作单位推荐，可申请在华永久居留。

文件标题：上海市人民政府关于印发修订后的《上海市海外人才居住证管理办法》的通知
文　　号：沪府发〔2015〕32号
发文单位：上海市人民政府
发布时间：2015年7月20日
内容摘录：本办法适用于具有本科（学士）及以上学历（学位）或者特殊才能，在上海有合法工作或者创业的人员，包括：加入外国国籍的留学人员；外国专家及其他外国高层次专业人才；持中国护照、拥有国外永久（长期）居留权且国内无户籍的留学人员和其他专业人才；香港、澳门特别行政区专业人才，台湾地区专业人才。海外人才居住证的有效期限为1—5年和10年。市人力资源社会保障局（市外国专家局）根据申请人的年龄、学历学位、专业类别、工作资历、有效身份证件、来华工作（就业）许可、聘用（劳动）合同有效期、应聘职务等条件，确定海外人才居住证的有效期限。

文件标题：上海市人力资源和社会保障局、上海市外国专家局、上海市公安局印发《关于服务具有全球影响力的科技创新中心建设实施更加开放的海外人才引进政策的实施办法（试行）》的通知
文　　号：沪人社外发〔2015〕35号
发文单位：上海市人力资源和社会保障局、上海市外国专家局、上海市公安局
发布时间：2015年8月5日
内容摘录：进一步拓展《上海市海外人才居住证》（B证）申请范围，在原有《上海市海外人才居住证》（B证）申请对象的基础上，向科技创新创业人才倾斜，为外籍高层次人才开辟绿色通道，加快办理速度，提供更多便利。同时，延长《上海市海外人才居住证》（B证）的有限期限最高至10年，进一步发挥《上海市海外人才居住证》（B证）的引才、留才作用。 办理《上海市海外人才居住证》（B证）按照《上海市海外人才居住证管理办法实施细则》执行。

文件标题：上海市人力资源和社会保障局、上海市科学技术委员会关于发布《上海市浦江人才计划管理办法》的通知
文　　号：沪人社外发〔2015〕50号

发文单位：上海市人力资源和社会保障局、上海市科学技术委员会
发布时间：2015年12月31日
内容摘录：浦江计划按照A（科研开发类）、B（企业创新创业类）、C（社会科学类）、D（特殊急需类）四种类型项目进行申报和资助。其中，A类项目资助以高等院校、科研院所等单位为依托的自然科学和技术研究；B类项目主要资助以企业为依托的科技创新创业，包括创新和创业两类，其中创新类针对企业引进的留学人员，创业类针对自主创办科技企业的留学人员；C类项目资助在人文社科领域进行创新创业的留学人员；D类项目资助其他本市紧缺急需的具有特殊专长的留学人员。

文件标题：上海市人民政府关于印发修订后的《鼓励留学人员来上海工作和创业的若干规定》的通知
文　　号：沪府发〔2016〕8号
发文单位：上海市人民政府
发布时间：2016年2月1日
内容摘录：本市设立留学人员创业园区。留学人员创业园区享受高新技术开发区和经济技术开发区内孵化机构的优惠政策，并可引进和建立若干专业化风险资金或创业资金。各留学人员创业园区为留学人员创办企业时在企业注册、土地使用、税务、商检、进出口代理、商务、公用事业、劳动人事等方面提供便利服务，简化手续，减少环节，并为注册在园区内的留学人员企业提供场租、资金扶持和信息服务等方面的优惠待遇。同时，协助留学人员按程序申报本市各类政府资助项目。

文件标题：中共上海市委组织部、上海市人力资源和社会保障局等部门关于印发《关于持有〈外国人永久居留证〉的海外高层次人才直接办理〈上海市海外人才居住证〉的实施办法》的通知
文　　号：沪人社外发〔2016〕41号
发文单位：中共上海市委组织部、上海市人力资源和社会保障局、上海市外国专家局、上海市公安局、上海市住房和城乡建设管理委员会、上海市住房公积金管理委员会、上海海关
发布时间：2016年8月24日
内容摘录：为进一步支持海外高层次人才在本市创新创业，持有B证的人员还可以在本市享有以下待遇：持B证的留学回国人员、港澳台专才，可按规定申请《上海市促进人才发展专项资金》的相关人才专项。持5年有效期B证的外籍人才，可由市人力资源社会保障局出具人才证明，向市公安局申办5年有效期的工作类居留许可（加注“人才”），工作满3年后，经工作单位推荐申请《外国人永久居留证》。持3年有效期B证的香港、澳门专才，可在放弃港、澳身份的基础上，申请办理本市常住户口。

文件标题：上海市人力资源和社会保障局《关于具有本市户籍留学人员其持外国护照子女享受优惠政策的通知》
文　　号：沪人社外发〔2017〕4号
发文单位：上海市人力资源和社会保障局
发布时间：2017年2月23日
内容摘录：凡具有本市户籍的海外留学人员其持有效外国护照的子女（未满18周岁或高中在读）可以申请办理《具有本市户籍留学人员其持外国护照子女享受优惠政策证明》（以下简称《证明》），并参照享受以下优惠政策：（一）持有效《证明》的留学人员其持外国护照的子女，需在沪居留的，本市公安部门根据《证明》，按规定办理有效期5年以内的居留许可；（二）持有效《证明》的留学人员其持外国护照子女，学龄前教育阶段、义务教育阶段享受市民待遇。如在国外连续生活5年以上，并在国内语言文字适应期3年内，参加本市中考的，可适当降低录取分数线。持有效《证明》的留学人员其持外国护照的子女，若在本市参加中考且具有本市高中阶段完整学习经历的应届或上一年度列入本市高考报名库的历届毕业生，可参加本市高考；（三）持有效《证明》的留学人员其持外国护照子女，可参加本市城乡居民基本医疗保险，并享受相应待

遇；（四）《证明》内容中所涉及的“海外留学人员其持外国护照的子女”须为外籍子女。海外留学人员的港、澳、台籍子女，参照执行，享受待遇。

文件标题：《上海市人民政府关于做好当前和今后一段时期就业创业工作的意见》
文　　号：沪府发〔2017〕76号
发文单位：上海市人民政府
发布时间：2017年9月29日
内容摘录：促进留学人员来沪工作和创业。实施更积极、更开放、更有效的海外人才引进政策，不断优化留学人员来沪工作和创业的环境，进一步完善留学人员工作和创业咨询服务机制。设立留学人员创业园区，享受高新技术开发区和经济开发区内孵化机构的同等优惠政策。在国家和本市允许和鼓励投资的行业范围内，留学人员可利用技术专利、科技成果，在本市进行技术转让、技术承包、技术入股，也可自办企业或与本市企业合作、合资，还可以个人或境外注册公司名义来沪投资。完善知识产权融资服务，鼓励留学回国人员创办企业开展知识产权融资。发挥人才专项资金作用，吸引高层次留学人员来沪工作和创业。经政府主管部门认定的高层次留学人员，以随身携带、分离运输、邮递、快递等方式进出境科研、教学和自用物品，海关按照规定给予通关便利或办理减免税手续。简化学历认证等手续，降低服务门槛，建立健全市场认定人才机制，完善永久居留证申办途径，为入外籍留学人员提供居留和出入境便利。

文件标题：上海市人力资源和社会保障局关于印发《上海市居住证积分管理办法实施细则》的通知
文　　号：沪人社规〔2017〕43号
发文单位：上海市人力资源和社会保障局
发布时间：2017年12月29日
内容摘录：持有《上海市居住证》的人员（以下简称持证人），在本市合法稳定居住、合法稳定就业并参加本市职工社会保险满6个月的，可以申请积分。居住证持证人在申办上海市居住证积分时，申请当月应处于就业及缴纳本市职工社会保险状态，且前12个月内累计缴纳本市职工社会保险费满6个月（不含补缴）。

文件标题：上海市人民政府办公厅关于印发《上海市鼓励创业带动就业专项行动计划（2018—2022年）》的通知
文　　号：沪府办发〔2018〕24号
发文单位：上海市人民政府办公厅
发布时间：2018年6月25日
内容摘录：支持海外人才和台港澳人员创新创业。进一步完善本市海外人才引进管理体系，积极引进海外高端紧缺人才和创新团队。探索海外人才适用科技成果转化奖励、创新创业人才激励等激励政策，积极落实促进科技成果转移转化的税收政策，将本市创业带动就业政策进一步向海外人才放开，激发海外人才在沪创新创业活力。支持留学人员创业园区的发展，落实与高新技术开发区和经济开发区内孵化机构同等的优惠政策。

文件标题：上海市人民政府关于印发修订后的《上海市海外人才居住证管理办法》的通知
文　　号：沪府规〔2020〕14号
发文单位：上海市人民政府
发布时间：2020年7月9日
内容摘录：海外人才居住证是持证人在本市工作、生活并享受相关待遇的证明。海外人才居住证分为主证和随员证。符合条件的海外人才可以申请主证，其配偶和未满18周岁或者高中在读的子女可以申请随员证。需要办理海外人才居住证的，由申请人所在单位通过本市“一网通办”系统向人力资源和社会保障部门提出办理申请。海外人才居住证的有效期限为1—5年和10年。

文件标题：上海市人力资源和社会保障局关于印发《上海市海外人才居住证管理办法实施细则》的通知
文　　号：沪人社规〔2020〕20号
发文单位：上海市人力资源和社会保障局
发布时间：2020年7月9日
内容摘录：具有本科（学士）及以上学历（学位）或特殊才能，在上海合法工作或者创业的以下人员，符合条件的，可以申请海外人才居住证，包括：加入外国国籍的留学人员；外国高端人才及其他外国专业人才；持中国护照、拥有国外永久（长期）居留权且国内无户籍的留学人员；持中国护照、拥有国外永久（长期）居留权且国内无户籍的其他专业人才；香港特别行政区专业人才；澳门特别行政区专业人才；台湾地区专业人才。其证件识别码分别为L、F、C、M、H、A、T。上述人员的配偶和未满18周岁或高中在读的子女，可以申请作为随行人员，办理随员证。

文件标题：上海市人力资源和社会保障局关于印发《关于进一步支持留学人员来沪创业的实施办法》的通知
文　　号：沪人社规〔2020〕23号
发文单位：上海市人力资源和社会保障局
发布时间：2020年8月26日
内容摘录：对创新能力强、发展潜力大、市场前景好的留学人员企业在创办初始启动阶段给予重点支持，由留学人员创业园优先推荐申报“留学人员回国创业启动支持计划”“上海市浦江人才计划”等，对本市重点区域的重点项目实施“直通车”制度。对入选国家项目的，按规定最高可获得100万元资金支持；对入选“上海市浦江人才计划”的，按规定最高可获得30万元（团队50万元）资金支持。对参加“中国创翼”创业创新大赛等国家级和上海市创业新秀评选活动等市级相关创业大赛并获胜的优秀创业项目，按规定给予最高20万元的助力发展金。

文件标题：上海市人力资源和社会保障局关于印发《留学回国人员申办上海常住户口实施细则》的通知
文　　号：沪人社规〔2020〕25号
发文单位：上海市人力资源和社会保障局
发布时间：2020年11月13日
内容摘录：（一）在国（境）外高水平大学、国际知名科研机构等担任相当于副教授、副研究员及以上职务，在世界500强知名企业、跨国公司等担任高级管理、技术、科研职务，或者经上海市人力资源和社会保障局认定为高层次人才的留学人员，以及在国（境）外高水平大学学习获得博士学位的人员等，全职来本市工作后可直接申办落户。（二）纳入“上海科技创新职业清单”的用人单位，本市重点产业、重点区域和基础研究领域等用人单位引进的在国（境）外高水平大学获得科学、技术、工程和数学等紧缺急需专业学士及以上学位的留学人员，全职来本市工作并缴纳社会保险费满6个月后可申办落户。（三）拥有专利、科研成果、专有技术等来本市创办留学人员企业的负责人、团队核心成员（一般累计不超过3人），企业正常运营且招用至少1名员工（不含企业负责人本人），并按规定缴纳社会保险费满6个月后可申办落户。企业注册资金不少于50万元人民币（实缴），留学人员企业负责人为第一大股东（不含股份转让、后期资金注入），个人股份一般不低于30%。

文件标题：上海市人力资源和社会保障局、上海市科学技术委员会关于印发《上海市浦江人才计划管理办法》的通知
文　　号：沪人社规〔2020〕29号
发文单位：上海市人力资源和社会保障局、上海市科学技术委员会
发布时间：2020年12月28日
内容摘录：浦江计划按照A（科研开发类）、B（企业创新创业类）、C（社会科学类）、D（特殊急需类）

四种类型项目进行申报和资助。其中，A类项目资助以高等院校、科研院所等单位为依托的自然科学和技术研究；B类项目主要资助以企业为依托的科技创新创业，包括创新和创业两类，其中创新类针对企业引进的留学人员，创业类针对自主创办科技企业的留学人员；C类项目资助在人文社科领域进行创新创业的留学人员；D类项目资助其他本市紧缺急需的具有特殊专长的留学人员。

黄埔区

文件标题：黄浦区科学技术委员会、黄浦区财政局关于印发《黄浦区深化对接上海科创中心建设推进科技创新发展的扶持办法》通知
文　　号：黄科委〔2020〕22号
发文单位：黄浦区科学技术委员会、黄浦区财政局
发布时间：2020年11月13日
内容摘录：集聚总部型、龙头型科技企业。鼓励具有国际竞争力、产业引领力的总部型、龙头型科技企业落户，优先支持人工智能、生物医药、新一代信息技术企业。对具有引领带动作用的总部型、龙头型科技企业落户，经认定，给予企业一次性开办费、房租补贴、核心高管和骨干研发人员奖励，累计金额不超过1000万元。引进培育科技创新人才。支持引进国际一流的科学家和创新团队来本区开展研究，发挥院士专家工作站的技术引领作用，集聚培育区内产业创新紧缺人才。对在本区落地的国际一流创新团队及研究项目，经综合评估，给予项目承担单位不超过总投入的50%，且最高不超过300万元的补助；对建设院士专家工作站的，经绩效评估，给予建设主体5万—20万元的建站补贴和奖励。

普陀区

文件标题：普陀区人力资源和社会保障局等部门关于印发《普陀区促进创新创业人才发展实施意见》的通知
文　　号：普人社规范〔2018〕2号
发文单位：普陀区人力资源和社会保障局、普陀区教育局、普陀区科学技术委员会、普陀区财政局、普陀区卫生和计划生育委员会、普陀区住房保障和房屋管理局、普陀区投资促进办公室
发布时间：2018年2月12日
内容摘录：实施高精尖导向的人才引进政策。鼓励和支持企业根据发展需要面向全球广泛吸纳人才，对企业引进和培育“高精尖”海内外创新创业人才（团队），须建立正式劳动关系，签订劳动合同且工作满1年及以上的，并按对区域经济发展贡献度，给予奖励。引进和培育诺贝尔奖获得者、两院院士等国内外顶尖人才，给予最高不超过500万元的一次性奖励。引进和培育国家海外高层次人才引进计划、“万人计划”人选等，给予最高不超过200万元的一次性奖励。引进和培育上海“千人计划”人选等，给予最高不超过100万元的一次性奖励。

文件标题：普陀区人力资源和社会保障局等部门关于印发《普陀区关于加快引进海外高层次人才的若干措施》的通知
文　　号：普人社〔2020〕57号
发文单位：普陀区人力资源和社会保障局、普陀区科学技术委员会、普陀区财政局、普陀区投资促进办公室
发布时间：2020年9月15日
内容摘录：（一）引进对象。符合国家、上海市海外高层次人才引进条件或已入选国家、上海市海外高层次人才计划，引进后在本区创业或在本区企业从事科研创新的海外高层次人才。（二）支持举措。1. 建立申报“直通车”；2. 实行“一人一策”；3. 设立引才大使；4. 鼓励社会参与；5. 支持创办企业；6. 推动创新产业化；7. 实施安居保障；8. 配备创业专员。

杨浦区

文件标题：《中共上海杨浦区委关于加快推进国家海外高层次人才创新创业基地建设的决定》
文　　号：杨委〔2009〕18号
发文单位：中共上海杨浦区委
发布时间：2009年6月9日
内容摘录：实施“百千万”工程，实现标志性人才集聚的目标。至2020年，引进在专业领域拥有自主知识产权和科技成果的海内外高层次人才100名；引进电子信息、环保节能、现代设计、新材料、新能源、生物医药、金融服务等产业领域海内外优秀人才1000名；引进各级各类国际化人才10000名。提供10项配套政策：提供以降低创业启动成本、提供资金担保与贴息、设立项目风投基金、建立风险补偿机制、实施财政扶持补助、加快落实并推进引进人才的安居工程、优先安排医疗及子女教育、营造良好学术环境、发挥政府采购导向作用、建立便捷高效的服务平台。

文件标题：《杨浦区关于加快引进海外高层次创新创业人才的意见》
文　　号：杨府发〔2009〕43号
发文单位：上海杨浦区人民政府
发布时间：2009年11月12日
内容摘录：海外高层次创业人才实行项目评审制。其创业项目经申报评审，按分级分类原则（重点推荐A类；优先推荐B类；一般推荐C类）予以扶持。（一）可给予最高100万元创业启动资金，提供50—200平方米经营办公用房，免3年租金。（二）对符合产业发展导向，具有发展前景的创业企业，可给予两年期最高500万元贷款额度以内的贷款贴息。（三）具有市场需求的高新技术产品产业化生产过程中流动资金不足向银行申请贷款的，经审核可给予两年期最高200万元的信用担保贷款。（四）创业企业3年内其企业所得税、营业税、增值税形成地方财力部分全额给予补助。创业人才本人工资性收入应缴个人所得税形成地方财力部分给予40%补助，期限5年。

闵行区

文件标题：《闵行区关于促进创新创业人才发展的政策意见》
文　　号：闵委发〔2015〕43号
发文单位：中共上海市闵行区委员会
发布时间：2015年11月1日
内容摘录：大力引进海内外创新创业人才和团队。落地闵行的中央和上海“高层次人才计划”，按照创新和创业分类，中央“高层次人才计划”人选分别给予最高350万元和500万元资助；上海“高层次人才计划”人选分别给予最高175万元和250万元资助。协助外籍高层次人才办理外国人永久居留证、外国人就业证、海外人才居住证等，并由闵行高端人才服务中心提供全程服务。对创业团队的核心成员，根据本市相关政策，优先协助办理户籍引进。鼓励高层次人才以柔性引进方式来本区参与科研项目研究等工作，并由政府提供短期租房、生活补贴、技术津贴等最高30万元的资助。对于引进重大项目、顶尖高层次人才和创新创业团队，采取“一事一议”方式予以扶持。

文件标题：中共上海市闵行区委办公室、上海市闵行区人民政府办公室印发《闵行区关于加快引进海外高层次人才的操作细则》等15个操作细则的通知
文　　号：闵委办〔2016〕8号
发文单位：中共上海市闵行区委办公室、上海市闵行区人民政府办公室

发布时间：2016年4月7日

内容摘录：对海外高层次人才在闵行区创办符合闵行主导产业方向的企业，经认定，分级分类给予最高100万元创业鼓励经费。其中：在闵行区申报并入选国家海外高层次人才引进计划的创业人才给予100万元创业经费；在闵行区申报并入选上海“千人计划”的创业人才给予50万元创业经费；已入选国家重大人才计划的海外高层次人才首次在闵行区创业的，经评审给予最高50万元创业经费；已入选上海“千人计划”的海外高层次人才首次在闵行区创业的，经评审给予最高40万元创业经费；其他海外高层次创业人才，经评审给予最高30万元创业经费。

嘉定区

文件标题：《中共上海市嘉定区委员会、上海市嘉定区人民政府关于大力引进高层次创新创业和急需紧缺人才及团队的实施意见》

文　　号：嘉委发〔2017〕8号

发文单位：中共上海市嘉定区委员会、上海市嘉定区人民政府

发布时间：2017年5月2日

内容摘录：引进人才（团队）创新创业资助。引进创新人才与用人单位签订工作合同后，经评审确定，区镇两级财政组合分两年给予合计10万—30万元创新工作经费资助。引进创业人才在本区注册企业后，经评审确定，区镇两级财政组合分阶段给予合计30万—60万元创业启动资金资助。引进创新人才团队与用人单位签订工作协议后，经评审确定，区镇两级财政组合分两年给予合计30万—60万元创新工作经费资助。引进创业人才团队在本区注册企业后，经评审确定，区镇两级财政组合分阶段给予合计50万—100万元创业启动资金资助。

浦东新区

文件标题：浦东新区人民政府关于修改《浦东新区引进海外高层次人才意见》的通知

文　　号：浦府〔2016〕133号

发文单位：上海市浦东新区人民政府

发布时间：2016年8月18日

内容摘录：计划用5—10年时间，引进100名具有海外丰富从业经历、通晓国际规则和惯例、掌握核心技术、带动产业发展的海外高层次人才（以下简称浦东新区“百人计划”）。一次性给予每位引进人才50万元人民币的奖励。3年内，按照浦东新区相关行业人才政策个人贡献奖励最高标准给予一定奖励。5年内免费提供浦东新区范围内不超过150平方米的人才公寓供其使用。在此基础上，再提供50万元人民币的安家补贴。

文件标题：中共上海市浦东新区委员会、上海市浦东新区人民政府印发《浦东新区关于支持人才创新创业促进人才发展的若干意见》的通知

文　　号：浦委发〔2018〕6号

发文单位：中共上海市浦东新区委员会、上海市浦东新区人民政府

发布时间：2018年4月2日

内容摘录：深化海外高层次人才引进工程。深入实施国家海外高层次人才引进计划、上海“千人计划”和浦东“百人计划”，入选的引进人才可获得专项资助、安居补贴、创业团队和项目扶持等配套政策。加强优质教育资源供给。适应海外人才子女跨境教育融合需求，探索建立海外高层次人才子女实验学校，未来3年国际学校和设有国际部或教学点学校发展到18家。妥善解决各类人才子女入学入园需求，深入推进学区化、集团化办学，张江科学城及周边区域学校发展到70所以上。

江苏省

文件标题：《江苏省人民政府关于鼓励在外留学人员为江苏经济建设服务的若干规定》
文　　号：苏政发〔1992〕143号
发文单位：江苏省人民政府
发布时间：1992年11月5日
内容摘录：切实做好来江苏工作留学人员的生活安置工作。各地的商品房，优先出售给回国留学人员。用人单位应优先解决留学人员的住房问题。对来江苏留学人员的随归、随迁、随调配偶子女的工作安置和入户手续，人事、劳动、公安部门应优先给予办理。无正式工作的配偶及子女，属城市户口的，可以随迁，省、市劳动部门应优先帮助联系，安排工作单位；未成年子女入学，所在地教育部门应帮助安排到教学条件较好的学校就读。留学人员短期来我省工作的，由留学人员本人与用人单位签订聘用合同，并按规定办理暂住证。

文件标题：江苏省人民政府关于印发《江苏省引进海外高层次留学人员的若干规定》的通知
文　　号：苏政发〔1999〕70号
发文单位：江苏省人民政府
发布时间：1999年8月2日
内容摘录：高层次留学回国人员新办的高新技术企业如在国务院批准的高新技术产业开发区内，从投产年度起2年内免征企业所得税，从第三年起，再减按15%的税率征收企业所得税；如开办在高新技术开发区外，对其按国家统一规定缴纳的企业所得税比区内高新技术企业多缴的地方所得部分，2年内可在税务机关征收后由财政返还。各级高新技术产业开发区、工业园区、创业园区应当积极吸纳海外高层次留学人员进入园区兴办高新技术企业，并优先为他们提供进出口代理、商务、公用事业、劳动人事等方面的服务。留学人员在园区内兴办的企业可按规定享受园区的各项优惠政策。

文件标题：江苏省对外贸易经济合作厅、江苏省教育厅、江苏省科学技术厅等部门关于印发《江苏省鼓励留学人员回国投资创业的若干规定》的通知
文　　号：苏外经贸资（2004）146号
发文单位：江苏省对外贸易经济合作厅、江苏省教育厅、江苏省科学技术厅、江苏省公安厅、江苏省财政厅、江苏省人事厅、江苏省劳动和社会保障厅、江苏省国土资源厅、江苏省国家税务局、江苏省地方税务局、江苏省工商行政管理局、国家外汇管理局江苏省分局、中华人民共和国南京海关
发布时间：2004年2月27日
内容摘录：江苏省对留学人员来江苏投资创业给予一定的资金扶持。留学人员来江苏投资创业，符合条件的，可申请省科技三项费用（新产品试制费、中间试验费和重要科学研究补助费）项目基金和各类财政贴息资金，省信用担保公司为其提供中小企业信用担保，省科技发展风险投资基金积极与其合作投资。各地也要积极创造条件，对留学人员来江苏投资创业给予一定的资金扶持。鼓励留学人员到留学生创业园、创业中心、大学科技园等各类科技企业孵化器中投资创业，并享受相应优惠政策。

文件标题：《中共江苏省委、江苏省人民政府关于加强高层次创新创业人才队伍建设的意见》
文　　号：苏发（2006）29号
发文单位：中共江苏省委、江苏省人民政府
发布时间：2006年12月11日
内容摘录：实施人才引进国际化战略，大力吸纳海外高层次创业创新人才。鼓励高等院校、科研院所和企业面向海外招聘具有跨学科知识、跨行业经验和国际眼光的创业创新领军人才。充分利用我省良好的经济发展

形势和产业发展基础，积极参与国际人才市场竞争，采取海外组团招聘、网上招聘等多种形式，吸引海外高层次创业创新人才，尤其是优秀的创业创新人才团队来苏发展。

文件标题：中共江苏省委组织部、江苏省发展和改革委员会等部门关于印发《江苏省高层次创业创新人才引进计划实施办法》和《江苏省高层次创业创新人才培育计划实施办法》的通知
文　　号：苏组通〔2007〕6号
发文单位：中共江苏省委组织部、江苏省发展和改革委员会、江苏省经济贸易委员会、江苏省科技厅、江苏省财政厅、江苏省人事厅
发布时间：2007年1月12日
内容摘录：设立江苏省高层次创业创新人才引进计划专项资金，列入省级预算。对新引进人才一次性给予每人（团队）不低于100万元的创业创新资金资助。对已获市、县（市、区）资助的创业创新人才，其创业创新成效显著的，可择优给予持续资助。人才引进资金资助计划一经下达，即向申报单位拨付相应经费，由单位直接拨付给引进人才个人。资金管理办法另行制定。

文件标题：中共江苏省委、江苏省人民政府关于印发《江苏省中长期人才发展规划纲要（2010—2020年）》的通知
文　　号：苏发〔2010〕10号
发文单位：中共江苏省委、江苏省人民政府
发布时间：2010年8月26日
内容摘录：围绕我省发展战略目标，到2020年，分层次、有计划、大规模引进海外留学回国人员3万名。依托重点学科、重点实验室、重点创新项目，引进能够发展高新技术产业、带动新兴学科发展以及教育、文化、卫生等领域拔尖人才3000名，其中，省级资助引进1000名。实行海外高层次人才居住证制度，在税收、保险、住房、子女入学、配偶安置、承担重大科技项目、参与国家标准制定和政府奖励等方面享受本土人才同等待遇。加大引进国外智力工作力度，完善国外智力资源供给、市场准入、使用激励、成果共享等政策措施，鼓励海外留学人员到江苏工作、创业或以多种方式为江苏服务。

文件标题：中共江苏省委组织部、江苏省财政厅、江苏省科学技术厅、江苏省人力资源和社会保障厅关于印发《江苏省省级高层次创新创业人才引进计划专项资金管理办法》的通知
文　　号：苏财规〔2011〕8号
发文单位：中共江苏省委组织部、江苏省财政厅、江苏省科学技术厅、江苏省人力资源和社会保障厅
发布时间：2011年3月29日
内容摘录：对符合引进重点且经过规定程序被确认纳入“双创计划”的创新创业人才，一次性给予每人50万或100万元的资助；对符合支持重点且经过规定程序被确认为省创新团队的，一次性给予每个团队300万—800万元的经费资助。对符合引进条件的自主创业博士、企业引进博士、企业博士后，经过规定程序被确认资助的，每人一次性给予15万元的资助；由省委组织部等部门选派到基层服务企业自主创新的博士，服务期内按每人每年7.5万元安排工作经费。

文件标题：江苏省人民政府关于印发《江苏省海外高层次人才居住证制度暂行办法》的通知
文　　号：苏政发〔2011〕87号
发文单位：江苏省人民政府
发布时间：2011年6月30日
内容摘录：海外高层次人才领取《居住证》，应当在国外（境外）取得博士学位，每年在本省工作不少于6个月，并具备下列条件之一：（一）在国外（境外）著名高校、科研院所和知名实验室担任相当于副教授以上

职务的专家学者；（二）在世界500强企业或著名跨国公司、金融机构担任中级以上职务的专业技术人才和中层以上领导职务的经营管理人才；（三）拥有自主知识产权或掌握核心技术，具有海外自主创业经验，熟悉相关产业领域和国际规则的创业人才。经认定具有特殊专长并为本省急需紧缺的其他创新创业人才，可不受学历和在本省工作时间的限制。

文件标题：中共江苏省委组织部、江苏省人力资源和社会保障厅等15家单位关于印发《江苏省海外高层次人才居住证制度暂行办法实施细则》的通知
文　　号：苏人社发〔2011〕418号
发文单位：中共江苏省委组织部、江苏省人力资源和社会保障厅、江苏省机构编制委员会办公室、江苏省经济和信息化委员会、江苏省教育厅、江苏省科学技术厅、江苏省公安厅、江苏省财政厅、江苏省住房和城乡建设厅、江苏省卫生厅、江苏省国家税务局、江苏省地方税务局、江苏省工商行政管理局、中华人民共和国南京海关、中国人民银行南京分行
发布时间：2011年10月21日
内容摘录：《居住证》可作为持证人在本省投资创办企业的身份证明，依法申办工商营业执照。外国国籍、永久（长期）在国外定居或港澳台地区的持证人兴办企业，可持《居住证》直接申办外资企业的工商登记，不再需要提供其身份证明并免于公证、认证；永久（长期）在国外定居的持证人，也可持《居住证》选择申办内资企业的工商登记。

文件标题：江苏省人力资源和社会保障厅《关于深入实施海外高层次人才居住证制度的通知》
文　　号：苏人社发〔2012〕87 号
发文单位：江苏省人力资源和社会保障厅
发布时间：2012年2月28日
内容摘录：实施海外高层次人才居住证制度是我省人才工作的一项创新，各地人力资源社会保障部门要高度重视，切实加强对这项工作的组织领导，将其纳入重要议事日程，及时做好居住证发放工作。各地要加大对居住证制度的宣传力度，充分利用各种途径和方式，让更多的人才，尤其是高校、科研院所、创业园、企业等海外高层次人才集中的单位了解这项制度，组织发动符合条件的各类海外高层次人才申领居住证，让应该享受优惠政策待遇的海外高层次人才尽快受益，真正发挥居住证制度在吸引和服务海外高层次人才方面的作用。

文件标题：《江苏省人力资源和社会保障厅关于做好留学回国人员以创业带动就业工作的通知》
文　　号：苏人社发〔2014〕278号
发文单位：江苏省人力资源和社会保障厅
发布时间：2014年9月19日
内容摘录：将有创业意愿和需求的留学回国人员统一纳入创业培训范围，根据留学人员回国创业的特点，进行具有针对性、实用性和指导性的培训，并按规定享受创业培训补贴；对由留学回国人员创办且能正常运行的企业，给予相应的创业扶持；对留学回国人员创办企业在小额担保贷款、贷款贴息、吸纳就业、技能培训和社会保险等方面按规定享受当地高校毕业生创业就业的同等待遇；对自主创业的留学回国人员在房租补贴、创业补贴、融资担保等方面按规定享受高校毕业生和其他社会人员创业就业同等政策待遇。

文件标题：江苏省科学技术厅关于印发《“创业中国”苏南创新创业示范工程实施方案（2015—2020年）》的通知
文　　号：苏科高发〔2015〕72号
发文单位：江苏省科学技术厅

发布时间：2015年3月31日
内容摘录：大力招揽留学归国人员落户苏南发展。深入实施江苏省“双创计划”、南京“321计划”、无锡“东方硅谷计划”、常州“龙城英才计划”、苏州“姑苏计划”、镇江“331计划”等高层次人才引进计划，切实发挥好中组部海外高层次人才创新创业基地、欧美同学会中国留学人员联谊会留学报国基地和留学生创业园等国家级创业载体的作用，积极加强与海外人才服务机构的合作，重点引进一批具有国际视野和拥有国际领先成果的高层次领军人才来苏南落地孵化和创办科技型企业。

文件标题：江苏省人力资源和社会保障厅关于转发人力资源社会保障部办公厅《关于做好留学回国人员自主创业工作有关问题的通知》的通知
文　　号：苏人社函〔2015〕125号
发文单位：江苏省人力资源和社会保障厅
发布时间：2015年4月17日
内容摘录：建立更积极、更开放、更有效的留学人员回国创业政策体系。鼓励各地结合实际，拓展创业优惠政策，积极扶持留学回国人员创业。凡是符合政策规定条件的留学回国人员，纳入大学生创业引领计划并予适当倾斜，优先推荐参加各类创业培训活动并给予创业培训补贴，优先享受小额担保贷款和财政贴息，对于留学人员创业项目科技含量高、潜在经济社会效益和市场前景好的，重点扶持并给予资助。推进留创园建设，促进吸引和集聚留学人员回国创业。建立以政府投入为引导、企业投入为主体、社会资本广泛参与的多元化留创园，激发留学回国人员创业载体的活力。

文件标题：《中共江苏省委、江苏省人民政府关于加快建设具有全球影响力的产业科技创新中心的意见》
文　　号：苏发〔2016〕12号
发文单位：中共江苏省委、江苏省人民政府
发布时间：2016年2月20日
内容摘录：建设国际化创新创业人才高地。深入实施百千科技企业家培育工程，着力培养既通科技又懂市场的复合型创新创业人才，重点培养一批站在产业科技前沿、引领行业发展的企业家型科学技术带头人。实施产业人才高峰行动计划，建立产业人才滚动式培养体系，培养一批战略性新兴产业高层次人才和创新团队。以先进制造业和现代服务业为重点，依托省“双创人才”计划、“凤还巢”计划、“国外人才智力引进工程”等，加大海外领军人才、我省发展急需紧缺人才和地区特色产业人才的引进力度。发展人才金融，发挥财政资金杠杆作用，撬动社会资本共同支持人才创新创业。发展人力资源服务业，完善政府购买公共服务制度，解决好人才医疗保健、阶段性居住需求及子女受教育问题，努力构建功能齐全、运转高效、服务便捷的人才公共服务体系。

文件标题：江苏省人力资源和社会保障厅、江苏省财政厅关于印发《江苏省人力资源和社会保障厅、江苏省财政厅支持留学回国人员创新创业办法（暂行）》的通知
文　　号：苏人社发（2016）187号
发文单位：江苏省人力资源和社会保障厅、江苏省财政厅
发布时间：2016年6月30日
内容摘录：本办法所称留学回国人员创新创业项目（以下简称“留创项目”），是在我省企业从事创新工作或来江苏创办企业的留学回国人员进行的科技研发或成果转化项目。由省人力资源社会保障部门根据各地申报材料，组织专家评审组对留创项目进行综合评审，分别评定出A、B、C三类，其中A类20个、B类30个、C类50个。对确定支持的A类B类C类留创项目，分别给予每个4万元、2.5万元和1.5万元的一次性资金支持；对确定支持的留创园，每个一次性支持40万元；对确定支持的留创示范基地，每个一次性支持100万元。

文件标题：中共江苏省委印发《关于聚力创新深化改革打造具有国际竞争力人才发展环境的意见》的通知
文　　号：苏发〔2017〕3号
发文单位：中共江苏省委
发布时间：2017年1月20日
内容摘录：大力引进金字塔塔尖人才。实施顶尖人才顶级支持计划，对引进世界一流的顶尖人才团队，简化程序、一事一议、特事特办，最高给予1亿元项目资助。深化实施“双创计划”，聚焦重点产业、重点企业、重点园区和其他重要领域，大力引进产业发展最前沿、科技创新最核心的领军型人才。实施“凤还巢”计划，更大范围柔性汇聚江苏出生或曾在江苏学习、工作、生活过的海内外各领域标志性人才。加大人才计划支持力度，重点引进江苏高端制造业发展急需紧缺的工匠大师。

文件标题：中共江苏省委组织部、江苏省人才工作小组办公室关于印发《“江苏省高层次创新创业人才引进计划”改革实施办法》《江苏省“333高层次人才培养工程”改革实施办法》的通知
文　　号：苏人才办〔2018〕5号
发文单位：中共江苏省委组织部、江苏省人才工作小组办公室
发布时间：2018年3月28日
内容摘录：优化资助结构和方式，突出加大对“高精尖缺”人才的支持力度。根据评审结果排序，对“双创人才”分别按500万元、300万元、100万元和50万元标准予以资助；对“双创团队”分别按800万元、500万元、300万元标准予以资助；对“双创博士”按15万元标准予以资助。对50万元及以下项目资助，一次性拨付到各地，由各地根据项目进展情况，分批或一次性资助到位，确保用当其时。

文件标题：《江苏省人民政府关于深入推进大众创业万众创新发展的实施意见》
文　　号：苏政发〔2018〕112号
发文单位：江苏省人民政府
发布时间：2018年8月24日
内容摘录：引进高层次人才来我省创业。灵活制定引才引智政策，采取不改变人才的户籍、人事关系等方式，解决关键领域高素质人才稀缺等问题。加大对海内外高层次人才或团队来我省创业的政策支持力度，简化事业单位引进高层次和急需紧缺人才招录程序。深入实施“双创计划”“凤还巢计划”和留学人员回国双创启动支持计划，对拥有先进技术和自主知识产权的人才或团队到我省实施成果转化的项目，在同等条件下给予倾斜支持。对回国领军人才、高端人才创办的科技型中小企业，在同等条件下给予优先支持。完善外国高端人才居住证制度。推动外国人签证审批权限下放至县级公安机关，放宽来苏外国高端人才永久居留证办理条件，对列入省“双创人才”的外国高端人才，其本人及其外籍配偶和未满18周岁外籍子女，可申请办理永久居留手续，拥有永久居留身份证，享受与中国公民同等待遇。简化外国高层次人才办理在华工作许可和居留证件程序，开展安居保障、子女入学和医疗保健等服务“一卡通”试点。

文件标题：《中共江苏省委、江苏省人民政府关于推动开放型经济高质量发展若干政策措施的意见》
文　　号：苏发〔2019〕2号
发文单位：中共江苏省委办公厅
发布时间：2019年1月2日
内容摘录：实施高层次人才激励政策。通过岗位特聘、放宽人才签证、加大海外寻访力度、深化苏南五市出入境政策创新等方式，加大海外人才引进使用力度，鼓励海外人才来苏发展。加大引才奖补力度，鼓励各地对引进高层次人才的企业，在引才投入、留学回国人员创业园和博士后科研工作站、博士后科研流动站、博士后创新实践基地等创新载体建设、科研成果转化、租房补贴、项目资助等方面给予支持。建立博士后人才职称评审绿色通道，符合条件的人员可直接认定副高以上职称。争取进一步放宽或取消外商投资人力资源服

务机构、认证机构的投资方条件限制。鼓励各设区市建立国际人才服务中心，保障在苏工作外国人才享有基本公共服务。推行海外高层次人才服务“一卡通”，建立安居保障、子女入学、医疗健康等服务“绿色通道”。加强国际社区、国际学校、国际文化以及医院等高端服务配套设施建设。

文件标题：江苏省人力资源和社会保障厅关于印发《江苏留学回国先进个人评选表彰办法》的通知
文　　号：苏人社发〔2019〕105号
发文单位：江苏省人力资源和社会保障厅
发布时间：2019年4月18日
内容摘录：江苏留学回国先进个人奖评选紧紧围绕全省经济社会发展大局，聚焦重大战略、重大项目、重大工程以及重要产业领域，重点面向科技、教育、文化、卫生、工农业生产一线等领域和专业素质优良、创新能力强、贡献度高、领军作用突出的留学回国拔尖人才。省政府授予评选产生的10名表彰人选“江苏留学回国先进个人”称号，并颁发荣誉证书。同时，给予每人一次性奖金奖励。奖金免征个人所得税，所需经费由省财政预算安排。

南京市

文件标题：中共南京市委、南京市人民政府关于印发《“人才引领、科技创业、制度先试、园区先行”八项重点计划》的通知
文　　号：宁委发〔2011〕35号
发文单位：中共南京市委、南京市人民政府
发布时间：2011年7月1日
内容摘录：对在特区内创业的扶持。建立“创业快速通道”，市和各县区行政服务中心特设特区服务窗口，实行“一章通关”，为创业企业注册、场地租赁、人事关系办理等提供全程首办、零成本服务，打造“无障碍创业”环境。特区创业服务中心为创业人才提供包括技术服务、政务服务、中介服务、金融服务、关联和特色服务等全方位、一站式的创业服务。对在特区内以知识产权、科技成果等无形资产实施创业的领军人才，给予“1元资本注册”待遇。对特区内创业企业，首租经营场地，由创业特区给予两年“零租金”的待遇；对孵化毕业转入加速器的企业，其经营场地租金，由创业特区给予2年减半的待遇。对特区内创业企业，在3年孵化期内，按其所缴纳增值税地方留成部分的额度，予以返还奖励，专项用于创业企业的创新活动。对入驻特区和为特区内创业企业提供技术转移、技术服务、技术培训、市场营销、专利服务、财会管理、法律顾问等各类专业性、综合性中介服务的机构，按其相应服务收入缴纳营业税的额度，由市区两级予以奖励。

文件标题：中共南京市委办公厅、南京市人民政府办公厅关于印发《领军型科技创业人才引进计划实施细则（试行）》《科技创业家培养计划实施细则（试行）》《“南京321计划”工作目标考核办法（试行）》的通知
文　　号：宁委办发〔2011〕70号
发文单位：中共南京市委办公厅、南京市人民政府办公厅
发布时间：2011年9月29日
内容摘录：对入选计划的重点扶持项目，由市、区县（园区）财政各按50%的比例兑现200万元创业启动资金；根据项目需求，由区县（园区）落实不低于300万元的创业投资和不低于300万元的融资担保，由市金融办协调。对入选计划的扶持项目，由市、区县（园区）财政各按50%的比例兑现100万元创业启动资金；根据项目需求，由区县（园区）落实不低于150万元的创业投资和150万元的融资担保，由市金融办协调。

文件标题：中共南京市委组织部等部门关于印发我市实施《江苏省海外高层次人才居住证》制度操作细则的通知
文　　号：宁人社〔2013〕108号
发文单位：中共南京市委组织部、南京市人力资源和社会保障局、南京市机构编制委员会办公室、南京市住房和城乡建设委员会、南京市科学技术委员会、南京市教育局、南京市公安局、南京市财政局、南京市工商行政管理局、南京市卫生局、江苏省南京地方税务局、江苏省南京市国家税务局、南京住房公积金管理中心
发布时间：2013年4月11日
内容摘录：在我市行政区域内创业或工作，且持有《江苏省海外高层次人才居住证》（以下简称“省居住证”）的海外高层次人才，可按本细则规定，办理政策兑现手续，享受有关权益。持有省居住证的海外高层次人才的配偶和子女，在本市实际工作和居住的，可在领取省居住证副证后，享受本细则规定的有关权益。

文件标题：南京市人力资源和社会保障局关于印发《高端人才团队引进计划实施细则（试行）》的通知
文　　号：宁人社〔2013〕119号
发文单位：南京市人力资源和社会保障局
发布时间：2013年4月22日
内容摘录：国家引进海外高层次人才计划、江苏省“双创计划”“南京321计划”、南京“紫金人才计划”入选者创办的企业，如属非中方绝对控股，但入选者为企业第一大股东，且企业符合其他申报条件的，也可申报团队计划。入选团队的人才经费和项目经费，由市、区（园区）财政各承担50%。其中，人才经费一次性划拨，项目经费根据项目进度按3：3：4的比例分3期划拨。

文件标题：南京市人民政府关于印发《进一步鼓励和促进留学回国人员在我市创业创新若干政策》的通知
文　　号：宁政发〔2014〕200号
发文单位：南京市人民政府
发布时间：2014年7月23日
内容摘录：青年留学人员来我市创业，可不受毕业时间的限制，享受我市万名青年大学生创业计划规定的扶持政策。留学人员在我市首次创办企业的，3年内按企业对市级财政的贡献，由财政给予奖励，用于扶持初创企业发展。加强留学人员创业园建设，提升孵化服务能力。将留学人员创业园纳入紫金科技人才创业特别社区统筹规划建设，同时鼓励社会各方力量参与留学人员创业园建设。经认定的市级留学人员创业园，给予最高50万元的一次性建园奖励。

文件标题：南京市人民政府关于印发《南京人才居住证实施办法》的通知
文　　号：宁政规字〔2014〕7号
发文单位：南京市人民政府
发布时间：2014年9月20日
内容摘录：符合下列条件之一的人员可申领居住证A证：（一）在国（境）外学习并取得学士以上学位，或者在国内取得本科以上学历或取得中级以上专业技术职务任职资格后，到国（境）外进修或作为访问学者工作1年以上，非本市户籍的留学人员；（二）具有硕士以上学位，5年以上相关工作经验的外国籍人员。

文件标题：南京市公安局关于印发《南京市户籍市域范围内有序通迁的实施细则（试行）》和《南京市人才落户工作的实施细则（试行）》的通知
文　　号：宁公人〔2014〕103号
发文单位：南京市公安局
发布时间：2014年11月24日

内容摘录：符合本市大学生创业计划要求，具有全日制普通高校大专及以上学历的毕业生，以及留学回国人员（具有中国国籍且无华侨身份，含持有《南京人才居住证》A证人员），在本市自主创办企业，依法取得营业执照、具有纳税凭证、且按规定在本市缴纳社会保险的，允许其本人在本市落户，提交以下材料，由公安分局签发户口《准予迁入证明》后办理落户。

文件标题：中共南京市委组织部、南京市人力资源和社会保障局等部门关于印发《南京人才居住证实施办法实施细则》的通知
文　　号：宁人社〔2015〕23号
发文单位：中共南京市委组织部（市人才工作办公室）、南京市住房和城乡建设委员会、南京市科学技术委员会、南京市教育局、南京市公安局、南京市财政局、南京市人力资源和社会保障局、南京市工商行政管理局、南京市卫生局、南京市国家税务局、江苏省南京地方税务局、南京市住房公积金管理中心、南京市社会保险管理中心
发布时间：2015年2月13日
内容摘录：申请人如为留学回国人员（包括中国籍和外国籍），应提交国（境）外学士以上学位证书或在国（境）外进修访问1年以上的证明文件、教育部国（境）外学历学位认证书（或我国驻外使领馆出具的“留学回国人员证明”）。中国籍留学回国人员还另需提供外市户口本（或户口注销证明）等非南京户籍的证明材料。

文件标题：中共南京市委、南京市人民政府关于印发《关于“创业南京”人才计划的实施意见》的通知
文　　号：宁委发〔2015〕45号
发文单位：中共南京市委、南京市人民政府
发布时间：2015年11月13日
内容摘录：“十三五”期间，聚焦创新型、服务型、枢纽型、开放型、生态型的“五型经济”主攻方向，重点集聚100名科技顶尖专家、培育200名创新型企业家、引进3000名高层次创业人才、引领20000名青年大学生创业，着力推动科技同经济、创新成果同产业、创新项目同现实生产力、研发人员创新劳动同其利益收入“四个对接”，努力把南京建设成为高端人才汇聚城市、科技创业领军城市、人才改革先行城市，打造具有国际影响和独特优势的产业科技人才高地。

文件标题：南京市人民政府办公厅关于印发《南京市“十三五”科技创新规划》的通知
文　　号：宁政办发〔2017〕25号
发文单位：南京市人民政府办公厅
发布时间：2017年2月2日
内容摘录：持续加大人才引进力度。加大南京留学人员创业园等平台建设力度，建立海内外高层次人才访问学者制度，鼓励海外高层次人才来本市从事创新研究，吸引海外留学人员来本市创新创业。对接国家海外高层次人才引进计划、“万人计划”和省“双创计划”等重点人才工程，实施“创业南京”英才计划。

文件标题：南京市人民政府关于印发《南京市人才安居办法（试行）》的通知
文　　号：宁政发〔2017〕99号
发文单位：南京市人民政府
发布时间：2017年4月24日
内容摘录：D类人才可在本市选择申请共有产权房、人才公寓和租赁补贴中的一种安居方式。申请共有产权房的，面积为90平方米左右，与公有产权人分别持房屋所有权50%份额；申请人才公寓的，面积为90平方米左右；申请租赁补贴的，租赁补贴金额为每月3600元。D类人才含人社部“高层次留学人才回国资助计划”入选者，“中国留学人员回国创业启动支持计划（重点创业项目）”入选者，人社部“留学人员科技活动项目择

优资助计划”“中国留学人员回国创业启动支持计划”（优秀创业项目）入选者；教育部“春晖杯”中国留学人员创新创业大赛入围者；“南京留学人员创业大赛”总决赛获奖选手。

文件标题：中共南京市委、南京市人民政府印发《关于建设具有全球影响力创新名城的若干政策措施》的通知
文　　号：宁委发〔2018〕1号
发文单位：中共南京市委、南京市人民政府
发布时间：2018年1月2日
内容摘录：支持初创期科技企业发展，自获利年度起，3年内对本市经济发展贡献全部奖励企业。着力培育科技型中小企业，对通过评价的企业，根据企业研发费用情况，给予最高10%普惠奖励。支持高新技术企业发展，对进入市培育库的企业给予最高20万元奖励，进入省培育库的再按省支持标准给予1：1共同支持，获得高新技术企业认定的给予50万元奖励。对“瞪羚”企业、独角兽企业、拟上市企业，开设绿色通道，实行“一企一策”。实施“345”海外高层次人才引进计划，用5年时间，重点引进30名急需紧缺的外国专家、40个海外高端创新团队，挂牌建设50个支持柔性引才的海外专家工作室，给予用人单位最高500万元资助。

文件标题：《南京市人民政府关于进一步加强人才安居工作的实施意见》
文　　号：宁政发〔2018〕1号
发文单位：南京市人民政府
发布时间：2018年1月4日
内容摘录：《南京市人才安居办法（试行）》中的A、B、C类高层次人才，可选择共有产权房、人才公寓、购房补贴和租赁补贴中的一种安居方式。在海外高层次人才相对集中的区域，筹建专门的海外人才公寓定向供应，配备接入国际医疗结算体系的国际化医院，引入国际学校等教育机构，满足海外高层次人才居住、健康和子女入学需求。

文件标题：中共南京市委办公厅、南京市人民政府办公厅印发《关于深化人才发展体制机制改革打造国际化创新创业人才高地的若干政策意见》的通知
文　　号：宁委办发〔2018〕12号
发文单位：中共南京市委办公厅、南京市人民政府办公厅
发布时间：2018年2月7日
内容摘录：畅通海内外人才居留和落户渠道。调整优化落户政策，研究生以上学历、40岁以下本科学历人才和技术技能型人才，可凭毕业证书、高级工以上职业资格证书办理落户手续。开辟外国人才来宁管理服务“绿色通道”，对办理人才（R字）签证的外国高层次人才，入境后可签发居留期不超过5年的居留证件，可凭居留证件或护照申领南京市民卡（A卡），享受市民权益。

文件标题：南京市公安局、南京市人力资源和社会保障局关于印发《南京市关于大学本科及以上学历人才和技术技能人才来宁落户的实施办法（试行）》的通知
文　　号：宁公规〔2018〕1号
发文单位：南京市公安局、南京市人力资源和社会保障局
发布时间：2018年2月27日
内容摘录：依学历条件申请将户口迁入我市的申请人，需自行在学信网上开具《教育部学历证书电子注册备案表》或至教育部门开具《中国高等教育学历认证报告》；留学归国人员需取得经教育部留学服务中心认证开具的《教育部国（境）外学位学历认证书》或取得驻外使（领）馆开具的《留学回国人员证明》；依技术、技能水平申请将户口迁入我市的，需先至市人社局开具《专业技术资格证书认证书》或《国家职业资格证书认证书》（技能类），再至公安机关申请办理落户手续。

文件标题：中共南京市委、南京市人民政府印发《关于深化创新名城建设提升创新首位度的若干政策措施》的通知

文　　号：宁委发〔2019〕1号

发文单位：中共南京市委、南京市人民政府

发布时间：2019年1月1日

内容摘录：实施三年企业倍增计划，更大力度培育创新型领军企业。加大高新技术企业培育引进力度，对进入省高新技术企业培育库的科技型中小企业，在享受研发费用加计扣除基础上，按市税务部门认定的企业上一年度研发费用的10%给予一次性奖励。对经省认定的技术先进型服务企业，一次性给予50万元奖励。充分利用上海科创板，打造“瞪羚”企业等一批高成长性企业，对在科创板上市的企业，一次性给予300万元资助。

文件标题：中共南京市委江北新区工作委员会、南京市江北新区管委会关于印发《关于优化升级“创业江北”人才计划十策实施办法》及实施细则和有关办法的通知

文　　号：宁新区委发〔2019〕31号

发文单位：中共南京市委江北新区工作委员会、南京市江北新区管理委员会

发布时间：2019年3月13日

内容摘录：完善高层次创业人才评审机制。对符合新区主导产业发展需要的优秀人才项目，经各产业平台、街道推荐，可不受学历、职称、出资方式限制，破格参加区级评审。对符合新区“两城一中心”产业发展方向的企业，获得高新技术企业、技术先进型服务企业、双软企业、科技型中小企业等经国家有关部门及行业协会资质认定的企业，以及入选省级以上人才计划专家创办的企业，在评审中给予优先支持。其中，新创业2年内获得备案社会风创投融资超过300万元的、获得“赢在南京”海外人才创业大赛总决赛一等奖并落地新区的、经济贡献超过200万元的，经所在产业平台、街道重点推荐，可直接评定入选区级项目。

文件标题：中共南京市委办公厅、南京市人民政府办公厅关于印发《南京市关于优化“345”海外高层人才引进的实施细则（修订）》的通知

文　　号：宁委办发〔2019〕12号

发文单位：中共南京市委办公厅、南京市人民政府办公厅

发布时间：2019年10月25日

内容摘录：“345计划”包括3个子计划，分别是急需紧缺外国专家引进计划（又称“3计划”），海外高端创新团队集聚计划（又称“4计划”），以及海外专家工作室柔性引才计划（又称“5计划”）。根据外国专家服务时间、项目执行进度及绩效，据实对引进急需紧缺外国专家的，给予用人单位最长3年，每年每人最高60万元的引才补贴，用于支付外国专家的工薪（不超过实际支付的60%）、绩效奖金及用人单位为外国专家购买的商业保险；凡引进海外高端创新团队的用人单位，按项目进度给予用人单位500万元项目资助，按到岗资助、中期评估、结题验收4：4：2的比例分期拨付。

文件标题：中共南京市委、南京市人民政府印发《关于进一步深化创新名城建设加快提升产业基础能力和产业链水平的若干政策措施》的通知

文　　号：宁委发〔2020〕1号

发文单位：中共南京市委、南京市人民政府

发布时间：2020年1月1日

内容摘录：优化人才发展环境。编制主导产业人才地图，加大海外柔性引才用才力度，鼓励企业在全球建设“人才飞地”。优化调整高层次人才科技贡献奖补政策，加大对产业紧缺的外籍高端人才奖补力度。探索以薪资待遇、股权分红、任职经历等社会化评价作为人才认定的重要标准。对符合主导产业方向的重点企业，根据经济贡献赋予人才举荐权；重点人才团队成员可破格享受相关人才服务政策。加快增加人才住房实物供

给，优化人才住房分层次、多方式配置。鼓励企业加大职工教育投入，对执行职工教育经费税前扣除政策成效显著的企业给予奖励。外籍高端人才居留许可证、工作许可证市级办理时间，最短压缩至5个工作日。为创新创业人才精准提供文化、体育等方面的消费优惠和便利服务。在有条件的医院定点开设专家人才就医绿色通道，深度推进长三角跨市异地就医门诊医疗费用直接结算，将灵活就业人才纳入结算范围。

文件标题：中共南京市委办公厅、南京市人民政府办公厅关于印发《南京市关于优化升级“创业南京”英才计划的实施细则》的通知
文　　号：宁委办发〔2020〕1号
发文单位：中共南京市委办公厅、南京市人民政府办公厅
发布时间：2020年1月10日
内容摘录：对本市急需紧缺战略科技人才和高水平创新团队，实行一事一议、特事特办。由区人才工作领导小组向市人才工作领导小组提出申请。市人才工作领导小组办公室牵头组织相关部门，采用专家论证或举荐形式，提出支持意见。对本市企业、新型研发机构中相关专家团队入选江苏省“顶尖人才顶级支持计划”的，根据项目进展和实际投入，按省拨经费1：1的比例，给予引才单位最高1亿元配套资助。

无锡市

文件标题：《中共无锡市委、无锡市人民政府关于创新“四高”人才工程深化“人才特区”建设的意见》
文　　号：锡委发〔2009〕44号
发文单位：中共无锡市委、无锡市人民政府
发布时间：2009年
内容摘录：广揽海外留学归国创业人才。鼓励和帮助海外留学领军型创业人才申报国家“千人计划”，对列入国家海外高层次人才引进计划的，给予“留学回国人员创业奖”。继续大力实施“530”计划，实现引人才、引团队、引项目、引资金的综合效益。扶持做大做强海外留学人员创业规模，对符合我市产业发展方向但未列入“530”计划资助项目的留学人员创办企业，工商注册资金在50万元以上并已运行半年的，在1年内可申请获得市人才发展资金留学人员创业发展资金10万元，入驻留学人员创业园的可以用优惠价购买园区内生产、科研用房，或租用园区的生产、科研用房，建筑面积在100平方米内的，第一年租金全额补助，第二年至第三年减半补助。

文件标题：无锡市人民政府办公室转发无锡市引进领军型海外留学归国创业人才办公室《关于进一步推进“530”企业服务工作的意见》的通知
文　　号：锡政办发〔2009〕151号
发文单位：无锡市人民政府办公室
发布时间：2009年4月30日
内容摘录：切实解决“530”企业团队人才的后顾之忧。“530”企业创业人才及团队成员的子女入学入托，享受《中共无锡市委无锡市人民政府关于进一步吸引和用好优秀人才的试行规定》（锡委发〔2006〕62号）政策优惠。市和市（县）、区教育行政和主管部门推荐部分区域内公办优质教育资源（各类学校2—3所），以供子女入学、入托时选择。为“530”创业人才提供医疗保险服务。凡外国国籍的“530”创业人才，在办理《专家证》和《外国人就业证》后，通过企业参加医疗保险。

文件标题：无锡市人民政府关于印发《无锡市海外人才居住证管理暂行办法》的通知
文　　号：锡政发〔2010〕171号
发文单位：无锡市人民政府

发布时间：2010年11月24日
内容摘录：具有研究生学历或硕士及以上学位，在企事业单位担任中高级管理或技术职务，且符合下列条件之一的，可申领《居住证》：（一）具有外国国籍的人员；（二）取得外国永久居住权、仍持有中国护照的人员；（三）其他非无锡户籍的留学归国人员。

文件标题：《无锡市人民政府特聘专家制度暂行办法》
文　　号：锡政发〔2010〕172号
发文单位：无锡市人民政府
发布时间：2010年11月24日
内容摘录：特聘专家的条件。特聘专家主要从国家海外高层次人才引进计划入选者、“江苏省高层次创新创业人才引进计划”入选者中产生。特聘专家的待遇。（一）市政府授予“无锡市人民政府特聘专家”称号，并颁发证书；（二）特聘专家来（离）锡，本市的机场、火车站等处提供贵宾礼遇；（三）在每年春节、中秋等重要节日，以市政府名义对特聘专家进行慰问；（四）在我市创办企业的、在我市企事业单位担任高级管理或高级技术职务的特聘专家，可享受5000元以内的探亲补贴，按实报销，每年仅限一次；（五）由市政府邀请来锡作学术休假的特聘专家，可享受5000元的休假补贴，每年仅限一次。

文件标题：无锡市人民政府办公室关于转发无锡市人保局、无锡市公安局《无锡市海外人才居住证管理暂行办法实施细则》的通知
文　　号：锡政办发〔2011〕211号
发文单位：无锡市人民政府办公室
发布时间：2011年8月22日
内容摘录：《无锡市海外人才居住证》（以下简称《居住证》）是持有人在本市居住、工作的证明；是用于办理享有市民同等待遇个人事务的身份凭证；是持有人背景信息等人口管理所需相关信息的记录。市人力资源和社会保障局为《居住证》的受理、审核部门，市公安局为《居住证》的审批、制发部门。《居住证》有效期一般为2年。有效期满，需要续办《居住证》的，应当在有效期满前30日内，由用人单位向市人力资源和社会保障局申请续办新证。

文件标题：《中共无锡市委、无锡市人民政府关于推进“东方硅谷”建设的意见》
文　　号：锡委发〔2012〕28号
发文单位：中共无锡市委、无锡市人民政府
发布时间：2012年5月10日
内容摘录：建立引才聚智、留才用才的政策支持。实施《关于深化“530”计划，建设“东方硅谷”的意见》，通过提供最高3000万元的科研成果产业化配套资金，或给予30万元—500万元安家补贴，或给予最高100万元的奖励，或每月2000元津贴等多种支持方式，大力引进国际国内顶尖人才、科技创业领军人才、科技创新领军人才、创新创业领军团队、中介服务领军人才、社会事业领军人才。

文件标题：《中共无锡市委、无锡市人民政府关于深化科技体制改革加快人才引领创新驱动发展的实施意见》
文　　号：锡委发〔2014〕31号
发文单位：中共无锡市委、无锡市人民政府
发布时间：2014年7月31日
内容摘录：提升“530”计划。完善以深化“530”计划、建设“东方硅谷”为核心的人才政策体系，更加突出“高、精、尖、缺”的导向，广泛集聚海内外高层次人才和团队以及优秀大学毕业生。打造升级版“530”企业，重点培育100家发展潜力较大的“530”企业，树立一批东方硅谷“530”创新创业典型。到2020年，新增国际国内顶尖人才30名，创新创业领军人才500名，海归领军人才300名，力争销售收入超100亿元“530”企业3－5家、超10亿元的20家、超亿元的60家，“530”企业销售规模达500亿元。

文件标题：《中共无锡市委、无锡市人民政府关于实施“太湖人才计划”打造现代产业发展新高地的意见》
文　　号：锡委发〔2016〕28号
发文单位：中共无锡市委、无锡市人民政府
发布时间：2016年5月5日
内容摘录：对各市（县）区提供引进性资助，原则上不少于50万元，且项目正常运行1年以上，经向市级申报、评审、立项确认的新兴产业创业领军人才，享受下列支持政策。提供扶持性资助，视项目运行情况、资金需求和产业化前景，由市创新创业天使投资基金和中小企业信用保证基金优先提供。对每个创业项目可提供最高800万元的天使投资基金，股权投资比例最多不超过项目实际投资的30%；可提供最高500万元的信保基金专项贷款。提供奖励性资助，视创业项目的运行质量和预期效益，给予100万—300万元的资助资金，对特别优秀的创业团队及其重大项目的奖励性资助，实行一事一议。提供安家补贴性资助，领军人才在锡购房，经认定的，给予50万元的安家补贴。

文件标题：《中共无锡市委、无锡市人民政府关于深化“太湖人才计划”的若干意见》
文　　号：锡委发〔2017〕40号
发文单位：中共无锡市委、无锡市人民政府
发布时间：2018年6月7日
内容摘录：对我市新兴产业、先进制造业、现代服务业发展急需紧缺的，掌握核心技术，在行业领域内具有国际一流、国内领先水平的，与国家、省级重大人才计划入选者等相同层次的海内外领军型团队，带技术、带项目、带资金来锡创新创业，实现重大技术突破，引领我市产业发展和转型升级作用明显，经评审认定的，给予300万—1000万元项目资金支持。

文件标题：无锡市人才工作领导小组办公室关于印发《关于深化“太湖人才计划”的若干意见》相关实施办法的通知
文　　号：锡人才办〔2017〕17号
发文单位：无锡市人才工作领导小组办公室
发布时间：2017年9月25日
内容摘录：领军型团队带头人为国家、省级重大人才计划入选者或者是我市急需紧缺的相同层次人才，核心成员中具有硕士学位或副高级专业技术职称的人数占50%以上。创业领军团队，还需同时满足以下条件：（一）团队已在无锡市依法注册具有独立法人资格的单位，且注册年限在1年以上，3年以内（生物医药等产业放宽至5年以内）；（二）团队带头人在单位的持股比例应当不少于30%或为自然人第一大股东，且个人实际货币出资不低于100万元；担任董事长、总经理（首席执行官）或首席技术官；（三）单位实际投入300万元以上，并已获得地区引进性资金资助50万元以上。

文件标题：《中共无锡市委、无锡市人民政府关于实施“太湖人才计划”升级版2.0打造国内一流具有国际影响力人才发展高地的若干意见》
文　　号：锡委发〔2018〕52号
发文单位：中共无锡市委、无锡市人民政府
发布时间：2018年8月1日
内容摘录：实施国际人才特别支持计划。加大人才开放力度，创新外国人才引进方式和使用机制，大力集聚海外高层次人才和急需紧缺人才来我市创新创业。支持海外优秀留学生来我市创业。海外留学生带项目、带技术、带资金来我市创业，符合我市产业发展方向的，视项目运行质量和预期效益，经评审给予最高500万元项目支持。建设国际人才创新创业园（海创园）。根据海归人才创业发展的需要，在用好现有存量园区资源的同时，推动各地建设一批“千人计划”产业园、留学人员创业园等海外高层次人才专业园区，在政策、资金等方面给予优惠支持，按规定落实相关税收优惠政策。

徐州市

文件标题：中共徐州市委办公室、徐州市人民政府办公室关于转发《徐州市高层次创新创业人才引进计划实施办法》的通知

文　　号：徐委办〔2014〕123号

发文单位：中共徐州市委办公室、徐州市人民政府办公室

发布时间：2014年9月15日

内容摘录：经省、市评审认定的创新创业领军人才，按不同类型给予支持。创业领军人才给予不低于200万元项目资金资助；全职引进创新领军人才给予不低于100万元项目资金资助；非全职引进创新领军人才给予50万—100万元项目资金资助。

文件标题：《中共徐州市委、徐州市人民政府关于加快建设淮海经济区人才高地的意见》

文　　号：徐委发〔2018〕8号

发文单位：中共徐州市委、徐州市人民政府

发布时间：2018年2月9日

内容摘录：实施“彭城英才221重点人才计划”，到2020年，新引进培育诺贝尔奖、图灵奖等国际性重要科学技术奖获得者、国家最高科技奖获得者、中国或发达国家院士等顶尖人才（团队）20名（A类）；新引进培育国家海外高层次人才引进计划、“万人计划”专家等掌握核心科技、引领产业发展、国际国内知名的领军人才（团队）200名（B类）；新引进具有博士学位、拥有自主创新成果、能够突破关键技术，有在国内外知名企业、高校、科研单位及相关机构工作经历的研发和管理人才以及金融服务、商贸物流、文化创意等领域的双创人才1000名（C类）。

常州市

文件标题：常州市人民政府关于颁发《常州市引进海外留学人员若干规定》的通知

文　　号：常政发〔2003〕154号

发文单位：常州市人民政府

发布时间：2003年8月26日

内容摘录：海外留学人员在国家高新技术开发区设立的被认定为高新技术企业，自其被认定为高新技术企业之日起，减按15%的税率征收企业所得税；新办企业从投产年度起，两年内免征企业所得税，第三年起按15%的税率征收企业所得税；对生产性外商投资企业，经营期在10年以上的，从开始获利年度起，企业所得税实行“二免三减半”。鼓励海外留学人员进入江苏省常州留学人员创业园创业。

文件标题：中共常州市委办公室、常州市人民政府办公室关于转发《常州市海外留学人员创业资金管理办法》的通知

文　　号：常办发〔2004〕54号

发文单位：中共常州市委办公室、常州市人民政府办公室

发布时间：2004年9月30日

内容摘录：海外留学人员创业资金作为启动资金支持留学人员创业，主要用于购买科研仪器仪表和生产设备。启动资金为一次性的无偿资助，一般应在初次来常创业1年内提出申请。注册科研型机构的，留学人员出资额为人民币10万—50万元（含50万元）的，资助5万元；出资额50万元以上的，资助10万元。注册生产型企业的，留学人员出资额为人民币30万—100万元（含30万元）的，资助10万元；出资额100万元以上的，资助30万元。

文件标题：《常州市人民政府关于加快引进领军型海归创业人才的实施意见》
文　　号：常政发〔2007〕163号
发文单位：常州市人民政府
发布时间：2007年10月11日
内容摘录：被评定为重点推荐项目的，给予领军型海归创业人才或团队200万元的创业启动资金；被评定为优先推荐项目的，给予100万元的创业启动资金。市、辖市（区）各承担50%，资金拨付办法另行制定。创业企业注册所在地的辖市（区）负责提供不少于100平方米的创业场所和100平方米的住所，3年内免收租金，租金由市、辖市（区）各承担50%.

文件标题：《中共常州市委、常州市人民政府关于加快引进和培育领军型创新创业人才的意见》
文　　号：常发〔2011〕18号
发文单位：中共常州市委、常州市人民政府
发布时间：2011年6月10日
内容摘录：实施“领军型创业人才引进计划”。围绕推动新兴产业快速发展，大力引进引领高新技术产业发展的领军型创业人才和团队。根据项目的技术领先性、产业化前景等，分类支持领军型人才领办和创办科技型企业。对引进的领军型人才创业A类项目，给予5000万元以上的股权融资和300万元的创业资金支持；B类项目，给予1000万元以上的股权融资和300万元的创业资金支持；C类项目，给予100万—300万元的创业资金支持，同时3年内免费提供不少于100平方米的创业场所和100平方米的住所。

文件标题：《中共常州市委、常州市人民政府关于全面深化“龙城英才计划”加快推进苏南人才名城建设的意见》
文　　号：常发〔2013〕27号
发文单位：中共常州市委、常州市人民政府
发布时间：2013年12月2日
内容摘录：加大招才引智力度。在大力支持本地领军人才创新创业的同时，面向全球招揽英才，努力形成“天下英才汇龙城，创新创业在常州”的良好局面。要进一步持续加大“龙城英才计划”的宣传推介力度，将其打造成响亮的引才品牌。要面向重点国家、地区、城市和园区、高等院校、科研院所、企业，招揽包括诺贝尔奖获得者、院士、国家特聘专家，以及世界500强、知名跨国公司中国区高管、技术总监等在内的各类高端人才来我市创新创业。要切实发挥用人单位的主体作用，调动其引进人才的积极性。

文件标题：《中共常州市委、常州市人民政府关于进一步深化“龙城英才计划”改革创新的意见》
文　　号：常发〔2017〕24号
发文单位：中共常州市委、常州市人民政府
发布时间：2017年7月12日
内容摘录：领军型创业人才提升工程。完善引进性资助、创新扶持性资助、强化激励性资助，精准发力支持人才创业。对领军型创业人才（团队）项目，给予100万—300万元创业资金资助，并给予最高1000万元的股权加债权支持。对发展比较迅速，取得较好经济社会效益的创业项目，择优给予不超过150万元的激励性资助。实施“凤还巢”计划，强化常州籍知名人士的“以才引才”。强化外国专家组织、创投机构合作引才，推进“猎头公司”靶向引才。

文件标题：中共常州市委办公室、常州市人民政府办公室印发《关于大力助推“明星城”建设强化高质量发展人才引领的实施意见》的通知

文　　号：常办发〔2018〕74号

发文单位：中共常州市委办公室、常州市人民政府办公室

发布时间：2018年12月26日

内容摘录：继续加大海内外精英人才的支持力度。聚焦发达国家院士、国际学术组织负责人等战略科技人才，加大引进和合作力度。重点加大对国内外知名企业高管创业的支持力度，提高创业项目的成长性和成功率。动态调整海内外精英人才目录，对顶尖人才团队实施“一事一议”，不定框框，不设上限，根据发展需要全力提供经费支持。

文件标题：常州市人才工作领导小组印发关于《“龙城英才计划”顶尖人才引进培育实施办法》的通知

文　　号：常人才〔2020〕3号

发文单位：常州市人才工作领导小组

发布时间：2020年8月4日

内容摘录：引进立项的顶尖人才（团队），可享受以下扶持政策：引进的创业类顶尖人才（团队）来常领办创办重大人才企业的，给予100万—1亿元的特别支持。引进的企业创新类、事业单位创新类顶尖人才（团队）来常创新创业的，给予30万—1000万元的特别支持。引进顶尖人才（团队），根据顶尖人才（团队）的个性化需求，给予量身定制的特殊支持。具体支持额度通过“一事一议”方式确定，市、辖市区、常州经开区、主管部门、用人单位可采用联动方式给予集成支持。

文件标题：《中共常州市委办公室、常州市人民政府办公室关于在十大领域打造“龙城英才计划”升级版的实施意见》

文　　号：常办发〔2020〕27号

发文单位：中共常州市委办公室、常州市人民政府办公室

发布时间：2020年8月6日

内容摘录：打造升级版的创业人才计划。突出招才引智与招商引资并举，整合招商招才工作力量，实现“双招双引”联合工作、联袂组团、联动考核。探索协同型创业载体建设，瞄准国内外产业创新资源集聚区，加快布局离岸科创中心，给予每家离岸科创中心50万—100万元经费支持，建立与之适应的人才项目快速遴选机制。强化以贡献为主要评价依据的产业人才扶持体系，全面实施创业项目备案制，根据创业企业的税收、就业、阶段性成果等“综合贡献”，给予100万—800万元创业资助资金。创新人才招引机制，更多运用活动引才、以赛引才、资本引才、以才引才等方式遴选人才项目。

文件标题：常州市人才工作领导小组办公室、常州市人力资源和社会保障局印发《关于加快“龙城英才计划”领军人才创业企业引进和培育的实施办法》的通知

文　　号：常人社发〔2020〕130号

发文单位：常州市人才工作领导小组办公室、常州市人力资源和社会保障局

发布时间：2020年10月10日

内容摘录：领军人才创业企业入选“龙城英才计划”年度起、工商注册登记3年内，签约项目“综合贡献”连续2年累计达50万元，给予50万元创业资助资金。领军人才创业企业入选“龙城英才计划”年度起、工商注册登记5年内，签约项目“综合贡献”连续2年累计达100万元，给予100万元创业资助资金；签约项目“综合贡

献”连续2年累计达300万元，给予200万元创业资助资金；签约项目“综合贡献”连续2年累计达600万元，给予300万元创业资助资金；5年内任一年度签约项目“综合贡献”达1000万元，给予600万元创业资助资金；5年内任一年度签约项目“综合贡献”达2000万元，给予700万元创业资助资金。创业企业符合多个资助标准的，按最高额度资助，在原资助基础上补足至对应的资助标准。生物医药、医疗器械类等创业期特别长的项目，可通过一事一议方式确定资助标准。

苏州市

文件标题：中共苏州市委印发《关于在加快经济转型升级中充分发挥人才支撑和引领作用的若干意见》的通知
文　　号：苏发〔2009〕66号
发文单位：中共苏州市委
发布时间：2009年12月30日
内容摘录：坚持领军人才引进与创新团队引进相结合，继续深入实施姑苏创新创业领军人才计划。进一步加大海外高层次人才引进工作力度，加强与海外留学人员协会、国（境）外知名大学和科研机构的联系沟通，扎实推进海外智力资源的合作交流，努力拓宽招才引智渠道，积极为苏州经济转型升级聚集人才。

文件标题：中共苏州市委、苏州市人民政府印发《关于进一步推进姑苏人才计划的若干意见》的通知
文　　号：苏发〔2010〕20号
发文单位：中共苏州市委、苏州市人民政府
发布时间：2010年3月23日
内容摘录：市级创新创业领军人才，给予50万—250万元的安家补贴；根据创业项目的规模和进度，给予100万—400万元的科研经费资助；提供不少于100平方米的工作场所，并免除3年租金；给予不少于风险投资基金首次投资总额10%的配套投资；给予最高500万元的担保融资贷款、30万元的科技保险费补贴和50万元的贴息资助；优先推荐在苏高校和科研院所聘任客座教授、研究员以及博士生导师或硕士生导师。

文件标题：中共苏州市委办公室、苏州市人民政府办公室转发《苏州市高层次人才享受生活待遇暂行办法》的通知
文　　号：苏办发〔2010〕58号
发文单位：中共苏州市委办公室、苏州市人民政府办公室
发布时间：2010年6月28日
内容摘录：持外国长期居留证件（绿卡）回国的人才，无论其国内户口是否注销或是否为本地户口，均不影响其办理出入境证件。引进人才凭通行证或护照、在苏居住和工作证明，可申领境外驾驶证换发国内驾驶证。市县两级车管部门设立专门窗口，当场受理、当天考试，并开通多种语言考试系统，考试合格的1周内送达。通过外企协会或台商协会团体申请的，优先办理。具有中国国籍的引进人才，可不受出国前户籍所在地的限制，落户苏州，由公安机关简化程序，优先办理。

文件标题：苏州市人民政府关于印发《苏州市海外人才居住证管理暂行办法》的通知
文　　号：苏府规字〔2010〕16号
发文单位：苏州市人民政府
发布时间：2010年6月29日
内容摘录：具有研究生学历或硕士及以上学位，在企事业单位担任高级管理或高级技术职务，且符合下列条件之一的，可申领《居住证》：（一）具有外国国籍的人员；（二）取得外国永久居住权、仍持有中国护照的人员；（三）其他非苏州户籍的留学人员。《居住证》有效期限一般为2年。有效期满，需要续办的，应当

在有效期届满前30日内向原发证机关提出申请，逾期未续办新证的，原《居住证》自动失效。

文件标题：苏州市人力资源和社会保障局等部门关于印发《苏州市海外人才居住证管理暂行办法实施细则》的通知

文　　号：苏人保外〔2010〕3号

发文单位：苏州市人力资源和社会保障局、苏州市公安局、苏州市教育局、苏州市科学技术局、苏州市住房和城乡建设局、苏州市知识产权局、江苏省苏州工商行政管理局、苏州市住房公积金管理中心

发布时间：2010年6月30日

内容摘录：《居住证》分主卡和副卡两种。副卡的式样和卡上所载明信息与主卡相同。符合《居住证》主卡申领条件的海外人才其偕行配偶和未成年子女可以申请副卡。《居住证》持有人在创办企业、社会保障、住房公积金、资格评定考试和登记、专利申请、子女就读、居留和出入境、驾驶执照、购房等方面可以享受与本市市民同等权益。

文件标题：中共苏州市委办公室、苏州市人民政府办公室印发《苏州市关于加快实施海外高层次人才引进工程（“1010工程”）的意见》的通知

文　　号：苏办发〔2010〕61号

发文单位：中共苏州市委办公室、苏州市人民政府办公室

发布时间：2010年7月1日

内容摘录：从2010年开始，用10年时间，每年从海外引进10名达到国家级领军人才层次的尖端人才，100名掌握国际先进技术、能引领产业发展的创新创业领军型人才。到2020年，努力把苏州建设成为新人才高度集聚、新产业蓬勃发展、充满创新活力和发展动力的人才天堂。

文件标题：《苏州市人力资源和社会保障局、苏州市财政局关于做好留学回国人员创业带动就业工作的实施意见》

文　　号：苏人保规〔2015〕2号

发文单位：苏州市人力资源和社会保障局、苏州市财政局

发布时间：2015年1月30日

内容摘录：对留学回国人员创办企业在开业初、正常运行后各阶段提供一次性补贴、社保补贴、吸纳就业补贴、房租补贴、税费减免等一系列与当地高校毕业生创业和其他社会人员创业的同等待遇。留学回国人员在苏创业并领取营业执照的，凭税务登记证明及在本市依法缴纳社会保险证明，可申请享受一次性开业扶持补贴。补贴标准为6000元，经认定后，分别在稳定经营满6个月和1年各发放补贴3000元。同一人员不得重复享受。对符合进入经认定的创业孵化基地（园）条件的留学回国人员创业并领取营业执照的，3年内按每户每年给予租金补贴；在孵化基地（园）之外自行解决经营场所并经认定的，3年内可按每户每年给予租金补贴，每年补贴标准不超过5000元。

文件标题：中共苏州市委办公室、苏州市人民政府办公室转发《关于加快推进“海鸥计划”柔性引进海外智力的实施细则》的通知

文　　号：苏委办发〔2015〕68号

发文单位：中共苏州市委办公室、苏州市人民政府办公室

发布时间：2015年7月31日

内容摘录：本细则所指的“柔性引进海外智力”是指打破国籍、户籍、地域、身份、人事关系等人才流动中的刚性制约，在不改变和影响人才与所属单位人事关系的前提下，以契约管理为基础的海外人才引进方式。用人单位实际给付的计缴所得税的劳动报酬高于30000元的，方可资助。

文件标题：《中共苏州市委、苏州市人民政府关于进一步推进人才优先发展的若干措施》
文　　号：苏委发〔2016〕28号
发文单位：中共苏州市委、苏州市人民政府
发布时间：2016年9月14日
内容摘录：实施领军人才“集聚工程”，自主申报入选的国家引进海外高层次人才计划、“万人计划”等领军人才，经认定给予最高400万元项目资助，给予单位50万元奖励；引进外地入选的上述领军人才，经认定给予同等待遇。提档升级“姑苏人才计划”，未来5年，重点在科技、金融、教育、卫生、文化、旅游等领域引育1000名左右引领行业发展的领军人才（团队），给予引进人才（团队）最高400万元项目资助，并给予引才单位最高50万元奖励；现有人才经自主培养入选领军人才（团队）的，参照引进标准给予同等待遇。

文件标题：中共苏州市委办公室、苏州市人民政府办公室转发《姑苏创新创业领军人才计划实施细则》的通知
文　　号：苏委办发〔2016〕95号
发文单位：中共苏州市委办公室、苏州市人民政府办公室
发布时间：2016年12月29日
内容摘录：立项的创业领军人才，根据人才及团队实力、创新创业项目、企业及产业化规模等综合评审情况分三个档次资助，签订相关协议后可分别给予250万元、200万元、100万元的安家补贴和400万元、200万元、100万元的项目经费资助。立项后3年内年销售收入超过3000万元，且通过项目验收的，再择优给予最高100万元的滚动支持。

文件标题：中共苏州国家高新区工作委员会、苏州国家高新区管委会关于印发《苏州高新区关于实施“才聚高新智汇虎丘”人才引育工程的若干措施》的通知
文　　号：苏高新委〔2017〕46号
发文单位：中共苏州国家高新区工作委员会、苏州国家高新区管委会
发布时间：2017年3月27日
内容摘录：深化完善区科技领军人才计划，对入选的领军人才项目，按照重点创业团队、创业领军人才、创新领军人才、领军孵化人才和创业领军成长项目等类别进行分类扶持，给予50万—500万元的项目资助、50万—500万元的安家补贴、100—500平方米的办公用房3年免租以及风险投资、贷款贴息、贷款担保、家属子女安置、项目资助配套和土地安置等一揽子支持。对入选的创业领军成长项目给予最高1000万元的成长奖励。

文件标题：《中共苏州工业园区工作委员会关于深化实施苏州工业园区“金鸡湖人才计划”的意见》
文　　号：苏园工〔2018〕71号
发文单位：中共苏州工业园区工作委员会
发布时间：2018年4月16日
内容摘录：根据苏州工业园区人才优先发展和人才强区战略的要求，深入推进金鸡湖高层次人才计划，大力引进和培养各类高层次人才，3年内每年引进高层次领军人才30名，每年引进各类海外归国人才600名。对经认定的金鸡湖高层次人才及其创办的企业，给予安家补贴、租房补贴和子女教育补贴等人才安居政策优惠、出入境和来华工作进出境物品通关等便利、高层次人才配套补贴等人才激励和扶持措施，以及办公用房和贷款优惠、高层次人才项目扶持等创业激励及优惠措施。

文件标题：《中共苏州市委、苏州市人民政府关于开放再出发的若干政策意见》
文　　号：苏委发〔2020〕1号
发文单位：中共苏州市委、苏州市人民政府
发布时间：2020年1月1日

内容摘录：集聚国际高端创新人才。实施万名高端人才集聚计划，3年内引进1万名高质量发展急需的高端人才，其中海外人才占比不低于50%，外国高端专家不少于2500名。针对先导产业、前沿科技领域作出突出贡献的高端人才和苏州自贸片区急需人才，对年薪高于40万的，按个人薪酬的5%—20%给予每年最高不超过40万元的奖励。瞄准关键核心技术领域，3年内引进10个以上具有引领性、原创性、标志性的顶尖人才（团队）。加大“海鸥计划”实施力度，单个项目（个人）补贴上限标准提高至100万元。

文件标题：中共苏州市委办公室、苏州市人民政府办公室印发《关于开放再出发的若干政策意见》系列实施细则的通知
文　　号：苏委办发〔2020〕8号
发文单位：中共苏州市委办公室、苏州市人民政府办公室
发布时间：2020年3月6日
内容摘录：每年滚动遴选1000家企业，经公示无异议后列入市级高新技术企业库。市级高新技术企业入库有效期3年。对于市级高新技术企业，每年参照国家高新技术企业所得税优惠政策给予奖励，奖励参照标准为企业实纳企业所得税额超过按照国家需要重点扶持的高新技术企业优惠政策计算的应纳税额部分。对自贸区苏州片区重点推荐、发展态势良好的入库企业，经批准，奖励期可延长3年。

文件标题：《苏州工业园区管理委员会、中国（江苏）自由贸易试验区苏州片区管理委员会关于加快集聚高端和急需人才的若干意见》
文　　号：苏园管〔2020〕14号
发文单位：苏州工业园区管理委员会、中国（江苏）自由贸易试验区苏州片区管理委员会
发布时间：2020年4月8日
内容摘录：创新创业资助。对入选科技领军人才创新创业工程的人才，根据项目所处不同发展阶段，按创业领军人才（重大领军、领军、成长、孵化）项目和创新领军人才项目等类别，分别给予创业启动资金、产业化成长奖励、研发经费补助、知识产权奖励、科技金融引导等政策支持，最高给予5000万元补贴资助，顶尖人才补贴金额上不封顶。

南通市

文件标题：南通市人民政府关于印发《南通市吸引海外留学人员来南通服务的规定》的通知
文　　号：通政发〔2002〕177号
发文单位：南通市人民政府
发布时间：2002年9月17日
内容摘录：鼓励来南通投资、创办企业和从事高新技术研究的留学人员进入南通高新技术创业中心、南通留学人员创业园创业，给予相关优惠政策和配套服务。多渠道筹集留学人员创业风险投资专项资金，通过市场化运作加快留学人员创业园的建设。

文件标题：《中共南通市委、南通市人民政府关于大力实施人才强市战略的意见》
文　　号：通委发〔2009〕5号
发文单位：中共南通市委员会、南通市人民政府
发布时间：2009年8月23日
内容摘录：大力引进高层次创新创业人才。围绕我市优先发展的重点产业，建立人才信息动态监测体系，以特色产业基地、创业园区、高新技术企业和科技项目为载体，进一步加大高层次创新创业人才引进力度，通过市县联动，刚性与柔性相结合，引进一批市外特别是海外高层次创业领军人才、工程技术关键人才和紧缺专业人才。

文件标题：《中共南通市委、南通市人民政府关于实施江海英才计划的意见》
文　　号：通委发〔2009〕6号
发文单位：中共南通市委员会、南通市人民政府
发布时间：2009年8月23日
内容摘录：对市区引进具有自主知识产权、来通实施成果转化的高层次创业型领军人才（团队），经评审确定，给予100万—300万元的创业启动资金资助；创业初期3年内融资所付银行贷款利息和担保费，给予全额补贴；吸引社会风险投资的，可提供10%—30%的配套投资；在市级科技计划中设立南通市科技领军人才创业项目计划，经评审确定，给予100万—500万元的科技项目资助；3年内由企业注册所在地负责免费提供不少于200平方米创业场所。对市区获得省级以上创新创业人才引进计划资助的对象，由市财政给予最高50%的配套扶持。对海外人才个人及所在企业获得的省级以上各类留学人员科技择优资助项目，由市财政给予1：1的资金匹配。

文件标题：中共南通市委办公室、南通市人民政府办公室关于印发《南通市江海英才引进计划实施办法》等4个办法的通知
文　　号：通办发〔2010〕9号
发文单位：中共南通市委办公室、南通市人民政府办公室
发布时间：2010年3月16日
内容摘录：以带技术、带项目、带资金的形式来通投资创办科技型生产企业和现代服务企业，所创（领）办企业主导产品和服务具有自主知识产权，其工艺技术水平达到国内领先或国际先进，能够填补国内空白或引领相关产业发展，具有较大市场潜力和预期经济效益的创业领军人才（团队），经评审，给予100万—300万元的创业启动资金；创业初期3年内融资所付银行贷款利息和担保费，给予全额补贴；吸引社会风险投资的，可提供10%—30%的配套投资；由企业注册所在地区政府提供不少于200平方米创业场所，3年内免收租金。

文件标题：中共南通市委、南通市人民政府关于印发《南通市产业人才发展312行动计划》的通知
文　　号：通委发〔2012〕4号
发文单位：中共南通市委、南通市人民政府
发布时间：2012年2月17日
内容摘录：启动实施人才团队专项计划。每年重点支持引进20个以上创业创新团队，对创业创新人才团队，经评审，根据投资规模和项目进度，市财政给予500万—1000万元的项目经费投入，市人才工作专项资金给予团队成员总额200万—500万元资金补助。所有引进人才均可按"江海英才计划"享受购房补贴、生活津贴及其他特定待遇。

文件标题：中共南通市委办公室、南通市人民政府办公室关于印发《南通市引进顶尖人才专项计划实施办法》等办法的通知
文　　号：通办发〔2012〕34号
发文单位：中共南通市委办公室、南通市人民政府办公室
发布时间：2012年5月26日
内容摘录：创业支持。（一）顶尖人才创办企业，实收注册资本200万元以上、500万元以下（含500万元、不含技术入股），其中人才个人出资额不少于100万元（含100万元，下同）的，经审核，根据项目进度按不超过实际投资额50%的比例分阶段给予最高300万元的创业启动资金支持。（二）顶尖人才创办企业，实收注册资本500万元以上、1000万元以下（含1000万元、不含技术入股），其中人才个人出资额不少于100万元的，经审核，根据项目进度按不超过实际投资额50%的比例分阶段给予最高400万元的创业启动资金支持。（三）

顶尖人才创办企业，实收注册资本1000万元以上，其中，个人出资额不少于100万元的，经审核，根据项目进度按不超过实际投资额50%的比例分阶段给予最高500万元的创业启动资金支持。（四）顶尖人才创办企业，按《南通市产业人才发展312行动计划》（通委发〔2012〕4号）、《南通市江海英才引进计划实施办法》（通办发〔2010〕9号）享受融资扶持、科技项目经费支持和创业场所、税收奖励等优惠。

文件标题：《中共南通市委、南通市人民政府关于进一步鼓励高层次人才创新创业的若干政策意见》
文　　号：通委发〔2016〕15号
发文单位：中共南通市委员会、南通市人民政府
发布时间：2016年7月28日
内容摘录：重点引进并优先支持船舶海工、高端纺织、电子信息和智能装备、新材料、新能源与新能源汽车以及智慧建筑、先进通信技术、生物组织工程、现代农业和文化创意等我市发展急需的高层次人才。引进的高层次人才（团队）来通创业，最高可由市财政给予500万元的创业启动资金资助或由市级产业发展基金给予不超过5000万元股权投资。鼓励科技人员、企业管理人员、青年大学生和留学归国人员等创业“新四军”创办科技型企业、生产服务型企业、文化创意企业，创业者可不受原任职地点限制，均可申报“江海英才计划”并享受相应扶持政策。

文件标题：中共南通市委、南通市人民政府印发《关于实施高层次双创人才倍增计划推动高质量发展的若干政策意见》等文件的通知
文　　号：通委发〔2019〕12号
发文单位：中共南通市委员会、南通市人民政府
发布时间：2019年10月18日
内容摘录：引进的高层次人才（团队）来通创业，按人才层级最高可给予人才团队核心成员500万元的创业启动资助。经人才部门审核后，由项目落户所在地政府（园区）提供租住精装修人才公寓一套，3年内免租金；在通购房自住的，按《南通市江海英才计划实施办法》确定的人才层级，给予40万—150万元的一次性购房补贴。创业领军人才连续不中断缴纳社保或者个人所得税，3年内按《南通市江海英才计划实施办法》确定的顶尖人才、国家级人才和省级高端人才三个层级，分别给予每人每月5000元、4000元和3000元的生活津贴。

连云港市

文件标题：连云港市人民政府办公室关于印发《连云港市留学人员创业园建设与管理暂行办法》的通知
文　　号：连政办发〔2011〕149号
发文单位：连云港市人民政府办公室
发布时间：2011年10月9日
内容摘录：留学人员企业是指以留学人员为主要发起人创办的科技企业。符合下列条件之一者，均可申请认定留学人员企业：（一）留学人员创办的独资企业；（二）留学人员以货币、实物等与国内外公司、企业、个人或其他经济组织合资、合作经营，出资额或作价金额达注册资本30%以上的；（三）留学人员以知识产权、专有技术作价入股，作价金额超过公司注册资本30%的。

文件标题：中共连云港市委组织部、连云港市财政局、连云港市人力资源和社会保障局关于印发《连云港市“海燕计划”实施办法》的通知
文　　号：连人社规〔2015〕5号
发文单位：中共连云港市委组织部、连云港市财政局、连云港市人力资源和社会保障局
发布时间：2015年7月25日

内容摘录：资助项目及经费分以下两类：（一）重点项目资助，额度为4万—5万元。围绕我市新医药、新能源、新材料、新型装备制造以及港口和临港产业的发展需要，资助留学回国人员主持省、市重点科技攻关或技术改造项目，或某一学科领域具有领先水平的研究开发项目；（二）项目启动资助，额度为2万—3万元。资助新近来连的留学人员，从事某一学科或技术领域的项目研究。研究课题学术思想新颖，具有重要科学价值或较好应用开发前景。

文件标题：《中共连云港市委关于鼓励和支持人才创新创业的若干政策意见》
文　　号：连发〔2017〕26号
发文单位：中共连云港市委
发布时间：2017年10月5日
内容摘录：港城英才计划。聚焦重点产业领域，大力引进产业发展最前沿、科技创新最核心的领军型人才，力争“引进一名人才，带来一个团队，创办一家企业，兴起一个产业”。对入选“港城英才计划”的创新类人才给予30万—150万元资金资助，创新类团队给予100万—300万元资金资助。对带项目、带技术、带资金的创业类人才给予最高500万元资金资助，创业类团队给予最高1000万元资金资助。对市场前景好、带动能力强、财税贡献大的创业人才项目，按一事一议给予资助。实行顶尖人才顶级支持，对适应我市发展需要、自带项目或课题的诺贝尔奖等国际大奖获得者、我国（发达国家）科学院和工程院院士、国家科学技术奖一等奖及以上的主要完成人等一流顶尖人才，开辟绿色通道，简化程序、一事一议、特事特办。

盐城市

文件标题：中共盐城市委、盐城市人民政府关于印发《盐城市“515”人才引进三年行动计划》的通知
文　　号：盐发〔2015〕8号
发文单位：中共盐城市委、盐城市人民政府
发布时间：2015年3月30日
内容摘录：对自主知识产权和关键技术达到世界一流、国内顶尖水平的创新创业领军人才（团队），评审资助每个项目1000万—2000万元；对拥有国内一流、行业领先的自主知识产权和核心技术项目来盐自主创业的领军人才（团队），评审资助每个项目100万—350万元创业启动资金；对带技术来我市企业开展创新工作的领军人才，评审资助每个项目30万—100万元。

文件标题：中共盐城市委组织部、盐城市人才工作办公室《关于继续实施“515人才引进计划”的通知》
文　　号：盐组通〔2017〕69号
发文单位：中共盐城市委组织部、盐城市人才工作办公室
发布时间：2017年12月26日
内容摘录：为认真贯彻党的十九大精神，深入实施人才强市战略，以人才集聚助推全市经济社会发展，以人才优势构筑发展优势，经市领导同意，决定从2018年1月1日起，到2020年12月31日止，继续实施“515人才引进计划”。引进大学生、专门人才和领军人才的支持政策仍按《中共盐城市委、盐城市人民政府关于印发〈盐城市“515”人才引进三年行动计划〉的通知》（盐发〔2015〕8号）的规定标准执行。

文件标题：中共盐城市委办公室、盐城市人民政府办公室印发《关于集聚人才引领高质量发展的十条激励政策》的通知
文　　号：盐办发〔2018〕66号
发文单位：中共盐城市委办公室、盐城市人民政府办公室
发布时间：2018年11月22日

内容摘录：大力集聚领军人才。主动参与人才国际竞争，引进能够突破核心技术、引领产业发展的创新团队，拥有自主知识产权、具有国际水平的领军人才。对国家海外高层次人才、“万人计划”专家、长江学者、国家杰出青年基金获得者、“百千万人才工程”国家级人选、享受国务院政府特殊津贴人员等领军人才来盐创新创业，经评审认定，创业类人才项目最高给予3000万元资助，创新类人才项目最高给予1000万元资助。

文件标题：中共盐城市委组织部等部门关于印发《盐城市人才政策十项实施细则（试行）》的通知
文　　号：盐组通〔2019〕44号
发文单位：中共盐城市委组织部、盐城市教育局、盐城市科学技术局、盐城市工业和信息化局、盐城市财政局、盐城市人力资源和社会保障局、盐城市农业农村局、盐城市文化广电和旅游局
发布时间：2019年8月19日
内容摘录：2019年1月1日以后入选盐城市创新创业领军人才计划、由领军人才创办的创业类企业，注册地在盐都区、亭湖区、盐城经济技术开发区、盐城高新区的企业，自企业获利年度起，对企业实行贡献奖励，奖励额度为企业所得税地方留存部分，每年最高不超过200万元。奖励期为3年。

扬州市

文件标题：中共扬州市委、扬州市人民政府关于印发《关于加强高层次人才队伍建设的意见》的通知
文　　号：扬发〔2011〕35号
发文单位：中共扬州市委、扬州市人民政府
发布时间：2011年4月21日
内容摘录：深入推进“绿扬金凤计划”。符合“绿扬金凤计划”申报条件，经评审认定为创业领军人才的，分别给予300万元、200万元、100万元的资金资助；经评审认定为创新领军人才的，分别给予150万元、100万元、50万元的资金资助；资助经费由市、县（市、区）财政按各50% 的比例承担。

文件标题：《中共扬州市委、扬州市人民政府关于深入实施“兴城先兴人”战略着力优化人才创新创业环境的政策意见》
文　　号：扬发〔2017〕37号
发文单位：中共扬州市委、扬州市人民政府
发布时间：2017年9月1日
内容摘录：提档升级“绿扬金凤计划”。围绕“12345”创新发展工程和三大创新板块发展需要，大力发展高新技术产业和战略性新兴产业，重点引进软件和互联网、机械及特色高端装备、汽车、食品等基本产业和先进制造业高层次创新创业人才（团队）。对引进的世界科技和产业发展前沿的顶尖人才（团队），按“一事一议”给予最高5000万元项目资助。每年重点引进和资助创新创业团队3个左右、领军人才100名左右、优秀博士200名左右，给予最高1000万元创新创业资金资助。

文件标题：扬州市政府办公室关于印发《扬州市金融支持高层次人才创业实施细则》的通知
文　　号：扬府办发〔2018〕24号
发文单位：扬州市人民政府办公室
发布时间：2018年2月24日
内容摘录：市级科技金融资源重点支持具有较强产业创新能力、机制创新能力的高层次创业人才，具体包括：国家海外高层次人才引进计划、“万人计划”创业类人才；江苏省“高层次创新创业人才引进计划”创业类人才（团队）；扬州市“绿扬金凤计划”创业类人才（团队）；创业项目行业领先、技术先进，经金融支持高层次人才创业工作小组评定的其他创业人才。

镇江市

文件标题：镇江市人民政府关于印发《加强镇江留学人员创业园建设暂行办法》的通知
文　　号：镇政发〔2002〕192号
发文单位：镇江市人民政府
发布时间：2002年9月21日
内容摘录：江苏省镇江留学人员创业园是经江苏省人事厅批准，由镇江市人事局和镇江新区管委会联合创办，镇江高新技术开发园区管委会负责留学人员回国创业的具体实施工作。每年从市财政拨专款，设立留学人员创业扶持基金。留学人员租用创业基地300平方米以内的生产、办公用房，第一年、第二年免收租金，第三年的租金按市场价的50%收取。

文件标题：《中共镇江市委、镇江市人民政府关于建设镇江市“人才特区”的实施意见》
文　　号：镇发〔2013〕17号
发文单位：中共镇江市委、镇江市人民政府
发布时间：2013年2月28日
内容摘录：领军人才项目资助。继续深入实施“331计划”（金山计划），经评审，市、辖市区财政给予每个引进人才（团队）项目60万—300万元资助资金。对引进人才入选国家海外高层次人才引进计划、省“双创计划”的人才中介机构，分别由人才所在地政府给予10万元、1万元奖励。

泰州市

文件标题：中共泰州市委办公室、泰州市人民政府办公室转发市委组织部等部门关于印发《泰州市高层次创新创业人才引进计划实施办法》的通知
文　　号：泰办发〔2009〕64号
发文单位：中共泰州市委办公室、泰州市人民政府办公室
发布时间：2009年7月22日
内容摘录：创业项目经过评审，按照重点推荐项目、优先推荐项目、一般推荐项目，分别给予200万元、100万元、50万元的一次性资金资助。重点推荐项目中特别优秀的，可突破最高资助标准；由注册企业所在地负责提供不少于100平方米的创业场所和100平方米左右的生活用房，并免除3年租金；引进人才创办企业，缴纳的营业税和企业所得税形成的地方留成部分，按第一年100%、第二年50%、第三年30%的标准奖励给企业用于研发或扩大生产。

文件标题：泰州市人民政府印发《关于进一步鼓励企事业单位聚才用才推进科技创新引领高质量发展若干政策》的通知
文　　号：泰政发〔2018〕166号
发文单位：泰州市人民政府
发布时间：2018年11月8日
内容摘录：支持留学回国人员创新创业园建设。对获批设立国家级留学回国人员创新创业园、省级留学回国人员创新创业示范基地、省级留学回国人员创新创业园并实质运行的，分别给予100万元、50万元、30万元奖励。提档升级市“双创计划”。入选市“双创计划”创业人才的，根据创业项目质量、规模及预期效益，确认不同层次，分别给予50万元、100万元、200万元项目经费资助；入选市“双创计划”创新人才的，根据创新项目质量及效益，确认不同层次，分别给予30万元、50万元、100万元项目经费资助；入选市“双创团队”的，确认不同层次，分别给予100万元、200万元、300万元项目经费资助。

文件标题：泰州市人才工作领导小组办公室、泰州市人力资源和社会保障局关于印发《泰州市海外人才“智汇凤城”计划实施办法》的通知
文　　号：泰人社发〔2018〕369号
发文单位：泰州市人才工作领导小组办公室、泰州市人力资源和社会保障局
发布时间：2018年11月9日
内容摘录：“智汇凤城”计划的总体目标是围绕我市“1+5+1”现代产业，每年引进500名左右海外人才来我市创新创业。加大对海外人才、项目的资助力度。积极推荐海外人才申报国家、省等各类人才引进计划以及友谊奖、优秀留学回国人员等各类荣誉。对列入国家、省高端外国专家项目的，分别给予30万元、10万元的配套资助；对列入国家、省普通引智项目的，按照国家、省资助额的1：1予以配套。建立市级引智项目计划，经评审立项的，每个项目资助1万—3万元。对列入国家、省留学人员项目的，按照国家、省资助额的1：1予以配套。建立市级留学人员项目计划，经评审立项的，每个项目资助1万—3万元。

宿迁市

文件标题：《中共宿迁市委、宿迁市人民政府关于深入实施“五大行动计划”全面推进人才发展体制机制改革的意见》
文　　号：宿发〔2016〕17号
发文单位：中共宿迁市委、宿迁市人民政府
发布时间：2016年7月1日
内容摘录：实施“英才倍增计划”，构建更具区域竞争力的引才用才机制。围绕主导产业，突出“高精尖缺”，加快形成人才政策高地，更大力度集聚各类人才，实现国家海外高层次人才引进计划、省“双创计划”等领军人才和产业发展紧缺急需人才数量倍增，以人才集聚引领创新发展。加大海外人才引进力度。树立全球视野和战略眼光，紧扣产业发展所需，深入推进“十大领域海内外引才行动计划”，重点引进在基础前沿领域从事重大研究的人才，在新一轮产业革命中有望产生重大突破的人才，具有较大发展潜力的青年人才。对紧缺急需的海外特殊人才，开辟专门渠道，给予特殊政策，实现精准引进。

浙江省

文件标题：《浙江省人民政府关于引进海外高层次留学人才的意见》
文　　号：浙政发〔2001〕28号
发文单位：浙江省人民政府
发布时间：2001年4月29日
内容摘录：鼓励留学人才采取灵活多样的方式来浙江长期工作或短期服务，可以技术、货币、实物等出资创办或入股各类经济实体，特别是高新技术企业；可以创办、承包、租赁各类科研机构和经济实体；可以开展学术交流、科研合作或承担科研项目；可以到省内企业、事业单位或本省驻海外企业、机构任职或兼职；可以进入博士后流动站从事博士后研究工作等。

文件标题：《中共浙江省委、浙江省人民政府关于大力实施人才强省战略的决定》
文　　号：浙委〔2004〕2号
发文单位：中共浙江省委、浙江省人民政府
发布时间：2004年1月16日

内容摘录：积极做好留学和海外高层次人才的引进工作。贯彻鼓励留学人员“回国工作”和“为国服务”的方针，大力吸引留学人员来我省工作和服务，重点吸引高层次人才和紧缺急需人才。鼓励有条件的地方发展留学人员创业园区，建立完善留学人员服务体系。设立留学人员创业启动资金，加大对留学人员回国创业的资助力度。制定优惠政策，鼓励民营资本为留学人员创业提供风险资金。

文件标题：中共浙江省委办公厅、浙江省人民政府办公厅印发《关于促进人才柔性流动的实施办法》的通知
文　　号：浙委办〔2004〕75号
发文单位：中共浙江省委办公厅、浙江省人民政府办公厅
发布时间：2004年12月18日
内容摘录：外国专家、澳港台专家和海外高层次留学人才来我省投资、工作和就业的，可按照国家和省有关规定分别办理《外国专家证》或《外国人就业证》《港、澳、台专家证》《浙江省高层次留学回国人员工作证》，有关部门为其提供出入境及居留的便利，外国专家因工作需要可给予办理长期居留及多次入境签证，并享有相关优惠待遇。

文件标题：中共浙江省委组织部、浙江省人事厅、浙江省科技厅浙江省财政厅关于印发《浙江省“钱江人才计划”管理办法（试行）》的通知
文　　号：浙人专〔2007〕81号
发文单位：中共浙江省委组织部、浙江省人事厅、浙江省科技厅浙江省财政厅
发布时间：2007年4月4日
内容摘录：“钱江人才计划”主要择优资助近期回国来浙江工作和创业的海外留学人员及团队。主要资助对象为：（一）来浙江从事科技创业的留学人员及团队；（二）应聘来浙江从事自然科学、社会科学研究和工作的留学人员及团队；（三）来浙江讲学或进行咨询服务的留学人员及团队；（四）其他特殊急需引进的留学人员及团队。“钱江人才计划”资助资金主要在省“人才强省”战略专项资金和省科技厅相关科技专项经费中列支。“钱江人才计划”按照科技创业（A类）、科研开发（B类）、社会科学（C类）和特殊急需人才（D类）4类项目进行申报和资助。

文件标题：中共浙江省委办公厅、浙江省人民政府办公厅印发《关于大力实施海外优秀创业创新人才引进计划的意见》和《浙江省“海外高层次人才引进计划”暂行办法》的通知
文　　号：浙委办〔2009〕73号
发文单位：中共浙江省委办公厅、浙江省人民政府办公厅
发布时间：2009年7月24日
内容摘录：紧紧围绕全省发展战略目标，从2009年开始，用5—10年时间，引进并重点支持100—200名左右能够突破关键技术、发展创新产业、带动新兴学科的学科带头人、科技领军人才和高层次创业人才，争取其中50—100名左右进入海外高层次人才引进计划。同时，全省引进1万名优秀海外创业创新人才和10万人次外籍专家，实施500个省部级重点国外引智项目。列入浙江省“海外高层次人才引进计划”的人选，作为“浙江省特聘专家”，享受相应的工作条件和特殊的生活待遇、社会保障。

文件标题：浙江省人民政府办公厅关于印发《浙江省海外高层次人才居住证管理暂行办法》的通知
文　　号：浙政办发〔2011〕28号
发文单位：浙江省人民政府办公厅
发布时间：2011年3月30日
内容摘录：具有硕士及以上学位，在海外连续工作或学习3年以上，在我省企事业单位担任高级管理或高级技术职务，或从事自主创业的海外高层次人才，且符合下列条件之一的，可申领《居住证》：（一）具有外国

国籍并持有外国护照的人员；（二）取得外国永久居住权、仍持有中国护照的人员；（三）其他非浙江户籍的人员。

文件标题：浙江省人力资源和社会保障厅、浙江省公安厅关于印发《浙江省海外高层次人才居住证管理暂行办法实施细则》的通知
文　　号：浙人社发〔2011〕160号
发文单位：浙江省人力资源和社会保障厅、浙江省公安厅
发布时间：2011年5月17日
内容摘录：《居住证》由浙江省公安厅监制。浙江省公安厅委托人力资源和社会保障部门具体负责《居住证》的申领、发放和换证相关工作。省、市、县（市、区）各有关部门按照各自职能，落实《居住证》持证人享有的相关权益保障和服务。《居住证》分主卡和副卡两种。符合本实施细则第三条的海外高层次人才可以申领主卡。符合主卡申领条件的海外高层次人才可以为随同来本省的配偶及其18周岁以下未成年子女申领《居住证》副卡。

文件标题：《浙江省公安厅关于进一步加强海外高层次人才签证居留等出入境便利工作的意见》
文　　号：浙公通字〔2013〕46号
发文单位：浙江省公安厅
发布时间：2013年4月28日
内容摘录：为海外高层次人才引进工作小组引进的外籍高层次人才及其配偶、未满18周岁的未婚子女提供办理签证居留便利。在《中华人民共和国出境入境管理法》及签证、停留居留管理配套政策施行前，按现行规定为其办理2到5年签证或居留许可。对公安厅出入境管理局转发的公安部出入境管理局通知名单人员，凭通知名单受理；对省“千人计划”引进人才凭省委组织部人才办或省人力资源社会保障部门或外国专家主管部门公函受理；对其他持《浙江省海外高层次人才居住证》人员凭《浙江省海外高层次人才居住证》受理。申请人不需提交一类被授权单位公函及来华目的的相关证明材料。各市按要求在受理后3个工作日内完成审批签发工作。

文件标题：《浙江省人民政府办公厅关于加快培育发展科技型小微企业的若干意见》
文　　号：浙政办发〔2014〕156号
发文单位：浙江省人民政府办公厅
发布时间：2014年12月23日
内容摘录：鼓励海外高层次人才团队回国创业。通过实施领军型创新创业团队和省“千人计划”等人才计划，积极吸引海外高层次人才特别是留学生团队携带科技成果来浙创办科技型小微企业。对入选的领军型创新创业团队首个资助周期为3年，资助期限内对每个团队投入经费不低于2000万元，其中省级财政投入不低于500万元，团队所在地政府按照不低于省级财政投入额度进行配套资助，团队所在企业按照不低于各级财政资助资金总额对团队进行配套投入。

文件标题：《浙江省人民政府关于大力推进大众创业万众创新的实施意见》
文　　号：浙政发〔2015〕37号
发文单位：浙江省人民政府
发布时间：2015年11月30日
内容摘录：引进高层次人才创业创新。继续加大对海内外高层次人才和团队的政策支持力度，大力实施省“千人计划”“海鸥计划”、领军型创新创业团队引进培育计划等高层次人才和团队引进计划。入选的领军型创新创业团队首个资助周期为3年，资助期限内对每个团队投入经费不低于2000万元，其中省级财政投入不低于500万元，团队所在地政府按照不低于省级财政投入额度进行配套资助，团队所在企业按照不低于各级财政资助总额对团队进行配套投入。

文件标题：《中共浙江省委、浙江省人民政府关于深化人才发展体制机制改革支持人才创业创新的意见》
文　　号：浙委发〔2016〕14号
发文单位：中共浙江省委、浙江省人民政府
发布时间：2016年6月6日
内容摘录：围绕我省重点发展产业，更大力度实施省“千人计划”、领军型创新创业团队引进培育计划，扩大“海外工程师”计划实施范围。引进海外或省外高层次人才，可不受原户籍所在地的限制，选择在省内实际居住地或工作地落户，与其共同生活居住的配偶、未成年子女可以随迁，不受住所条件、居住年限、年龄等条件限制。未落户的，可申领《浙江省海外高层次人才居住证》或《浙江省引进人才居住证》，享有相应权益。

文件标题：《中共浙江省委人才工作领导小组办公室、浙江省工商行政管理局关于支持海外高层次人才在浙江投资创业的若干意见》
文　　号：浙工商企〔2016〕10号
发文单位：中共浙江省委人才工作领导小组办公室、浙江省工商行政管理局
发布时间：2016年8月5日
内容摘录：免除相关登记材料，方便外国和港澳台人士申办企业。外国和港澳台地区的海外高层次人才在浙江投资创业的，可以持省人力资源和社会保障厅颁发的《浙江省海外高层次人才居住证》作为身份证明直接申办外资企业工商登记，免除提交其主体资格证明或身份证明应经其本国主管机关公证后送达我国驻该国使（领）馆认证的材料要求。

文件标题：中共浙江省委、浙江省人民政府关于印发《高水平建设人才强省行动纲要》的通知
文　　号：浙委发〔2017〕42号
发文单位：中共浙江省委、浙江省人民政府
发布时间：2017年11月6日
内容摘录：大力集聚创新型科技人才。优化省“千人计划”实施机制，动态调整引进人才专业结构，适当扩大“海鸥计划”规模，落实顶尖人才直接认定机制。允许企业海外研发中心或海外分公司新引进的高端人才申报省“千人计划”，并配套制定相应政策。完善省领军型创新创业团队引进培育计划，鼓励高校、科研院所新引进的基础研究团队申报。

文件标题：《浙江省人民政府关于强化实施创新驱动发展战略深入推进大众创业万众创新的实施意见》
文　　号：浙政发〔2018〕31号
发文单位：浙江省人民政府
发布时间：2018年8月14日
内容摘录：开展海外高层次人才服务“一卡通”试点，拓宽安居保障和医疗保健服务通道，分层分类安排高层次人才子女入学。探索华侨华人高层次人才来浙创新创业便利政策措施。开展在浙外国留学生毕业后直接就业试点。加快推进杭州、宁波国家海外人才离岸创新创业基地建设。

文件标题：《浙江省人民政府关于全面加快科技创新推动高质量发展的若干意见》
文　　号：浙政发〔2018〕43号
发文单位：浙江省人民政府
发布时间：2018年11月29日
内容摘录：加快创新人才梯度化引进和培育。深入实施省“千人计划”“万人计划”“151人才工程”，加大力度引进和培育国际顶尖人才和高层次人才。有条件的市、县（市、区）可以设立人才专项基金，集聚支撑

新经济新产业的高精尖缺人才。扩大省自然科学基金规模，加强青年人才战略储备，发挥青年科学家作用。鼓励企业采取股权期权激励、项目制奖励、岗位分红等市场化激励机制。

文件标题：《浙江省人民政府关于推动创新创业高质量发展打造“双创”升级版的实施意见》
文　　号：浙政发〔2019〕9号
发文单位：浙江省人民政府
发布时间：2019年3月22日
内容摘录：大力引进海外高层次人才。健全人才项目选择和评价办法，建立不以人事关系、学历条件、户籍条件为基础的人才引进和资助机制。完善海外高层次人才居住证制度，落实外国人来浙工作、出入境、居留等便利措施，建立安居保障、子女入学和医疗保健服务通道。推进国家海外人才离岸创新创业基地、海智计划浙江工作基地建设，吸引更多科技人才落户和优质项目转化。

杭州市

文件标题：杭州市人民政府办公厅转发市人事局关于《杭州市引进出国留学人员若干意见》的通知
文　　号：杭政办〔1999〕12号
发文单位：杭州市人民政府办公厅
发布时间：1999年4月15日
内容摘录：在人才培养经费和科技经费中安排部分资金，重点资助财政拨款的行政事业单位引进出国留学人员及重点优先引进的出国留学人员。对留学回国人员创办的具有国际先进水平的高新技术企业和科研项目，也可根据需要给予一定的资助。留学回国人员对本市经济建设和社会各项事业发展作出重大贡献的，由市人民政府根据有关规定，给予表彰和奖励。

文件标题：《杭州市人民政府关于进一步鼓励出国留学人员来杭创业的若干意见》
文　　号：杭政〔2001〕17号
发文单位：杭州市人民政府
发布时间：2001年10月25日
内容摘录：留学人员来杭创办企业，可凭本人护照（中国或外国的）等有关文件到所在地工商行政管理部门注册登记，注册资本金可按有关最低标准执行，并可在1年内分步到位。依托经济开发区和高新技术产业园区，加快留学回国人员创业园区建设。留学人员创业园区以服务为宗旨，建立高新技术孵化器，为留学人员创业提供政策咨询、商务、公用、融资等配套服务。入驻留学人员创业园区的企业，可享受开发区和留学人员创业园区的有关优惠政策。

文件标题：杭州市人民政府办公厅转发市建委等《关于出国留学人员来杭创业购买经济适用住房试行意见》的通知
文　　号：杭政办〔2003〕16号
发文单位：杭州市人民政府办公厅
发布时间：2003年5月13日
内容摘录：凡符合下列条件的出国留学人员，可申请购买定向销售的经济居住房：（一）持有中国护照，在国外学习并获得硕士及以上学位或回国后取得副高及以上职称的公派、自费留学人员，并在杭工作落户的；（二）出国留学前系本市户籍，原享受实物分房面积不到规定标准下限的，即硕士学位或副高级职称已享受实物分房面积在75平方米及以下，博士学位或正高级职称已享受实物分房面积在95平方米及以下的。出国留学人员原在杭享受实物分房面积与购买经济居住房的建筑面积控制标准为：硕士学位或副高级职称的90平方米，博士学位或正高级职称的120平方米。出国留学人员按市物价部门核定的价格购买经济居住房，其中控制标准以内部分按经济居住房销售价格购买，控制标准以上部分按该住房商品房价格或同类地段的商品房价格购买。

文件标题：《中共杭州市委、杭州市人民政府关于大力实施人才强市战略的决定》
文　　号：市委〔2004〕13号
发文单位：中共杭州市委、杭州市人民政府
发布时间：2004年3月3日
内容摘录：积极做好海外和留学人才的吸引与使用工作。依托国家级高新技术开发区的环境优势，充分发挥吸纳留学人员的功能。加快软件产业基地、集成电路设计产业化基地、留学人员创业园示范建设基地3个国家级基地建设，完善孵化功能，产生集聚效应。在工商、税收、银行贷款、资助资金等方面为留学人员的创业提供有利条件。进一步强化服务功能，建立畅通的创业融资、成果转化及交易渠道。研究制定吸引海外留学人员到党政机关工作和选拔优秀留学回国人员担任领导职务的具体办法。

文件标题：《中共杭州高新技术产业开发区工作委员会等部门关于进一步鼓励海外留学人员来杭州高新区（滨江）创新创业的若干意见》
文　　号：区党委〔2009〕16号
发文单位：中共杭州高新技术产业开发区工作委员会、中共杭州市滨江区委员会、杭州高新技术产业开发区管理委员会、杭州市滨江区人民政府
发布时间：2009年11月2日
内容摘录：设立创业启动资金和项目资助资金，留学回国创业项目经评审后，给予最高500万元创业启动资金和100万元项目资助资金，对特别突出的创业项目，可实行“一事一议、上不封顶”的政策。推进海外高层次人才创新创业基地和区留学人员创业园建设，充分发挥特色产业园和专业孵化器的载体作用，吸引和集聚留学人员来我区创新创业。

文件标题：《杭州市人民政府关于进一步鼓励出国留学人员来杭创业的若干意见》
文　　号：杭政〔2001〕17号
发文单位：杭州市人民政府
发布时间：2001年10月25日
内容摘录：获得国家承认的国外硕士以上学位或中级以上专业技术职务任职资格的留学人员，带高新技术成果、项目来杭实施转化或从事高新技术项目研究开发的，可获10万元以下的一次性创业资助资金。对进企业博士后工作站的博士后，市政府给予一次性每人科研补助经费5万元。留学人员以专利、非专利技术成果入股形式投资的，其技术成果作价可占注册资本的25%，经市认定的高新技术成果的作价金额可达注册资本的40%。

文件标题：《杭州市人民政府关于留学人员工作有关问题处理意见的批复》
文　　号：杭政函〔2008〕202号
发文单位：杭州市人民政府
发布时间：2008年9月9日
内容摘录：扩大《杭州市留学回国人员工作证》的发放范围，即由目前持有中国护照的留学人员扩大到合法取得外国国籍并在杭创业或从事科技、教育、管理的高层次留学人员。高层次留学人员的界定，按照《关于在留学人才引进工作中界定海外高层次留学人员的指导意见》（国人部发〔2005〕25号）的规定执行。留学人员凭《杭州市留学回国人员工作证》申请创业资助，并在购买商品房、子女入学、入住酒店等方面享受与市民相同待遇。

文件标题：中共杭州市委办公厅、杭州市人民政府办公厅关于印发《杭州市全球引才“521”计划实施意见》的通知

文　　号：市委办发〔2010〕35号

发文单位：中共杭州市委办公厅、杭州市人民政府办公厅

发布时间：2010年3月22日

内容摘录：创业项目经评审后，给予100万元以上的项目资助资金，最高不超过500万元。资助资金根据项目推进情况分步落实到位。对特别突出的创业项目，实行“一事一议、上不封顶”的政策；为企业提供融资服务，对其具有市场需求的高新技术产品产业化过程中流动资金不足的，提供2年期最高500万元的信用担保贷款，并给予2年内实际信用担保贷款额度的50%贴息；有关城区承担相应的资助和贴息经费。鼓励社会投资机构、民营企业对创业项目进行投资，政府创业投资引导基金优先进行跟投。

文件标题：《杭州市人民政府关于鼓励和吸引海外高层次人才入驻浙江海外高层次人才创新园创新创业的若干意见（试行）》

文　　号：杭政〔2010〕3号

发文单位：杭州市人民政府

发布时间：2010年7月9日

内容摘录：（一）租金补助。对入驻孵化器的科技企业，第一年租金全额补助，第2年至第3年补助房屋租金的70%，单个企业每年最高补助不超过50万元。（二）项目补助。设立科技企业孵化器种子资金，用于扶持入驻企业的新产品开发和高新技术产业化项目。种子资金采用分期拨款、无偿资助的方式进行扶持，根据项目技术先进性、产业化水平、市场开拓的程度，单个项目按20万元、50万元、80万元3个等次进行资助。项目批准后，拨付60%；项目期满通过验收后，拨付40%。（三）场地保障。由余杭组团（创新基地）管委会建设一定面积的标准厂房，用于孵化毕业企业租赁，并为孵化毕业企业提供发展用地。

文件标题：《杭州市教育局等部门关于在杭留学回国等人员子女入（转）杭州市区中小学和幼儿园有关事项的通知》

文　　号：杭教高中〔2012〕8号

发文单位：杭州市教育局、杭州市人力资源和社会保障局、杭州市侨办、杭州市台办

发布时间：2012年3月16日

内容摘录：工作或居住地为杭州市区的留学回国人员随归子女（须随家长在国外连续生活三个月以上，从2013年起调整为须随家长在国外连续生活一年以上，下同）、华侨归侨子女、外籍华人子女、港澳台籍人员子女、持有《杭州市人才居住证》《杭州市特聘专家证书》或属地为杭州的《浙江省海外高层次人才居住证》的来杭创业和引进的高层次人才子女，要求入（转）义务教育段学校和幼儿园，享受与杭州本市居民子女同等待遇。凭有关证明材料到户籍所在地（无户籍则为实际居住地）或父母工作所在地的区教育局（社发局）办理入（转）学手续，由区教育局（社发局）按照相对就近的原则，统筹协调，安排到义务教育段公办学校和等级幼儿园就读。收费标准与本市居民子女相同。

文件标题：中共杭州市委办公厅、杭州市人民政府办公厅关于印发《高层次留学回国人员（团队）在杭创业创新项目资助实施办法》的通知

文　　号：市委办发〔2013〕84号

发文单位：中共杭州市委办公厅、杭州市人民政府办公厅

发布时间：2013年10月16日

内容摘录：杭州市人才战略专项资金每年安排一定数额的资金，用于高层次留学回国人员（团队）在杭实施创业类和创新类项目的资助。创业类项目主要资助留学回国人员（团队）带项目、带技术、带资金来杭创办

的符合杭州市产业发展导向的企业；创新类项目主要资助留学回国人员（团队）在杭企事业单位从事高新技术研发或从事能够促进杭州经济社会发展且具有一定经济和社会效益的课题研究。

文件标题：《中共杭州市委、杭州市人民政府关于杭州市高层次人才、创新创业人才及团队引进培养工作的若干意见》
文　　号：市委〔2015〕2号
发文单位：中共杭州市委、杭州市人民政府
发布时间：2015年1月21日
内容摘录：大力引进海内外创新创业人才和团队。坚持国内与海外并重，大力引进我市信息经济、智慧经济发展急需的高、精、尖等紧缺实用人才和团队。对引进的高层次人才按照不同层次，分别给予60万—100万元购房补贴。深化实施杭州市全球引才“521”计划，面向全球大力引进带着重大项目、带领关键技术、带动新兴学科的海外高层次创新创业人才。实施杭州市领军型创新创业团队引进培育计划，人才团队项目经评审认定后给予60万—2000万元资助。对顶尖人才和团队的重大项目实行一事一议，最高可获得1亿元项目资助。对入选浙江省领军型创新创业团队的，在首个资助期内，按照不低于省级财政投入额度进行配套资助。

文件标题：杭州市人民政府办公厅关于印发《杭州“创新创业新天堂”行动实施方案》的通知
文　　号：杭政办函〔2015〕151号
发文单位：杭州市人民政府办公厅
发布时间：2015年11月10日
内容摘录：创新创业人才高度聚集。每年接收大学毕业生7万名以上，引进来杭创新创业的海外高层次人才1.5万名，吸引科技创新创业人才超过30万人，形成青年创新创业者、科技人员、海归创业者、企业高管和连续创业者高度集聚的创业者群落，打造以“阿里系、浙商系、高校系、海归系”为主的创新创业“新四军”。深入实施杭州市全球引才“521”计划，面向全球大力引进带着重大项目、带领关键技术团队、带动新兴学科的海外高层次创新创业人才。

文件标题：《杭州高新开发区（滨江）管委会、杭州市滨江区人民政府办公室关于实施新一轮“5050计划”打造全国人才生态最优区的实施意见》
文　　号：区办〔2015〕29号
发文单位：杭州高新开发区（滨江）管委会、杭州市滨江区人民政府办公室
发布时间：2015年12月31日
内容摘录：对经认定的“5050计划”引进人才创办企业给予以下政策扶持：根据企业实际需要，安排合适的办公、生产、经营场所，并给予企业自设立或引进年度起3年内办公场所的全额租金补贴。对人才带项目、带技术来区创业的，根据人才的学习、工作、创业经历和能力，经认定，给予最高100万元的创业启动资助。研发经费补助。对企业自设立或引进年度起3年内研发经费投入，经审核认定，按实际支出额给予最高1000万元的研发经费补助。对企业自设立或引进年度起3年内使用银行贷款的，按照银行同期贷款基准利率给予最高500万元银行项目贷款的利息补贴。根据企业实际需要，给予“一事一议”政府天使投资。对企业自设立或引进年度起5年内发展情况进行绩效评估，经认定，给予相应的创业发展资助。

文件标题：《中共杭州市委、杭州市人民政府关于深化人才发展体制机制改革完善人才新政的若干意见》
文　　号：市委〔2016〕14号
发文单位：中共杭州市委、杭州市人民政府
发布时间：2016年11月2日
内容摘录：加大引育国际化人才力度。积极运用G20杭州峰会效应，深入实施国家、省“千人计划”，市新一

轮全球引才“521”计划和“115”引进国（境）外智力计划，建立完善与国际接轨的高层次人才引育制度。进一步改进赴海外招才引智方式，建立海外高层次人才信息库，编制国际高端紧缺人才开发目录，大力引进海归精英和外籍专家。积极向公安部争取招才引智相关的国家签证便利政策，学习北京、上海、广东、福建等地做法，因地制宜试点推行方便外籍高层次人才（港澳居民特殊人才）及其家属进出、交流、工作、创业、停留、定居等方面的出入境政策。组织本地人才赴海外培训、参与国际交流活动，加快本地人才国际化步伐。

文件标题：杭州市人民政府办公厅关于印发《杭州市高新技术企业培育三年行动计划（2018—2020年）》的通知

文　　号：杭政办函〔2018〕64号

发文单位：杭州市人民政府办公厅

发布时间：2018年5月14日

内容摘录：充分发挥杭州海外协同创新中心等平台作用，鼓励有条件的区、县（市）到国外创新集聚区设立科技企业孵化器，支持海外优秀科技人才携带高新技术项目来杭州落地创办科技型企业。鼓励企业引进国外先进技术消化吸收再创新，并购海外企业和研发机构，吸纳国外高层次科技人才。充分发挥浙商的各方面优势，支持浙商利用并引进海外优质科技资源和人才到杭州创办科技型企业。

文件标题：中共杭州市委组织部、杭州市科学技术委员会、杭州市财政局关于印发《杭州市领军型创新创业团队引进培育计划实施细则（2018—2020）》的通知

文　　号：杭科策〔2018〕124号

发文单位：中共杭州市委组织部、杭州市科学技术委员会、杭州市财政局

发布时间：2018年9月17日

内容摘录：财政经费资助。对确定的杭州市领军型创新团队和创业团队，财政科技专项资金原则上给予每个团队不高于500万元的财政资助。对确定的杭州市领军型青年创新创业团队，财政科技专项资金原则上给予每个团队不高于300万元的财政资助。贷款贴息补助。对获得金融机构贷款的领军型创业团队，按照不超过实际贷款额银行基准利息的50%给予贴息补助，每家单位每年享受贴息的最高贷款金额为2000万元，团队建设期间享受贴息的贷款总额不超过6000万元。

文件标题：杭州市人力资源和社会保障局关于规范《杭州市留学回国人员工作证》办理工作的通知

文　　号：杭人社发〔2019〕97号

发文单位：杭州市人力资源和社会保障局

发布时间：2019年7月23日

内容摘录：申请人需注册并登录浙江政务服务网，进入杭州市留学回国人员工作证网上申请系统申请办理《工作证》。在杭创办企业的，需提供营业执照（或其他核准执业证件）、章程及浙江省社会保险历年参保证明。核准执业证件登记机关为各级司法部门的，申请人按规定提供核准执业证件和章程，其他情况可通过杭州市留学回国人员工作证网上申请系统获取相关信息，申请人无须提供。

文件标题：《中共杭州市委办公厅、杭州市人民政府办公厅关于服务“六大行动”打造人才生态最优城市的意见》

文　　号：市委办发〔2019〕41号

发文单位：中共杭州市委办公厅、杭州市人民政府办公厅

发布时间：2019年6月2日

内容摘录：专项人才引育工程。到2022年，培育数字经济领军人才100名以上，创新创业人才团队50个以上，“数字工匠”10000名以上。到2022年，初步建成国内领先的生命健康研发及产业化高地，培育生命健康领军

人才100名、创新创业团队20个。到2022年，培育金融领军人才100名，金融高级管理人才3000名，金融青年人才30000名。

文件标题：中共杭州市委人才工作领导小组办公室、杭州市人力资源和社会保障局、杭州市财政局关于印发《关于服务“六大行动”打造人才生态最优城市意见的实施细则》的通知
文　　号：杭委人办〔2019〕4号
发文单位：中共杭州市委人才工作领导小组办公室、杭州市人力资源和社会保障局、杭州市财政局
发布时间：2019年6月3日
内容摘录：青年人才来杭就业创业扶持政策。对来杭工作的全球本科及以上学历应届毕业生（含毕业5年内的回国留学人员、外国人才）发放一次性生活补贴，其中本科1万元、硕士3万元、博士5万元。应届大学毕业生在富阳区、临安区、桐庐县、淳安县、建德市等西部区、县（市）工作满3年后，再给予本科1万元、硕士3万元、博士5万元的一次性生活补贴。

文件标题：《中共杭州市委办公厅、杭州市人民政府办公厅关于服务保障“抓防控促发展”落实“人才生态37条”的补充意见》
文　　号：市委办发〔2020〕4号
发文单位：中共杭州市委办公厅、杭州市人民政府办公厅
发布时间：2020年2月24日
内容摘录：实施高层次人才专项奖励。对经认定的A、B、C、D、E类人才，年度工资薪金收入在50万元（含）（税前）以上的境外人才，以及年度工资薪金收入在100万元（含）（税前）以上的境内人才，给予专项奖励。奖励资金申报工作每年办理一次，按照属地原则，由申请人向所在区、县（市）人力社保部门提出，并由各区、县（市）负责兑现。

宁波市

文件标题：《宁波市人民政府关于加快创新型领军和拔尖人才引进培养的若干意见》
文　　号：甬政发〔2007〕81号
发文单位：宁波市人民政府
发布时间：2007年9月14日
内容摘录：深化实施千名留学人才集聚工程。建立健全联席会议制度，制定出台指导意见、实施方案和政策措施，完善运作机制，拓展工作平台，大力加强集聚工程的统筹领导和协调联动。充分依托留学人员创业园等集聚载体，积极借助各类特色开发平台，有效推进留学人才海外引才引智基地和信息网络建设，用好用活留学人才创新创业专项资金，大力优化留学人才的创新创业环境，进一步加大高层次留学人才尤其是创新型领军和拔尖人才的开发力度。

文件标题：中共宁波市委组织部、宁波市人事局关于印发《宁波市千名海外留学人才集聚工程实施意见》的通知
文　　号：2008年7月8日
发文单位：中共宁波市委组织部、宁波市人事局
发布时间：2008年7月8日
内容摘录：海外留学人才是创新型人才和国际化人才的重要组成部分，是各地竞相争夺的紧缺人才资源，是推进我市自主创新、建设创新型城市的“生力军”。各地各单位组织人事部门要在党委的统一领导下，大力加强“集聚工程”的统筹规划和协调联动，制定政策措施，完善工作机制，不断优化海外留学人才创新创业环境，进一步加大高层次海外留学人才尤其是创新型领军和拔尖人才的引进开发力度，确保“集聚工程”的顺利实施。

文件标题：中共宁波市委组织部、宁波市财政局、宁波市人力资源和社会保障局关于印发《宁波市优秀留学人才奖评选奖励实施办法》的通知

文　　号：甬人社发〔2011〕239号

发文单位：中共宁波市委组织部、宁波市财政局、宁波市人力资源和社会保障局

发布时间：2011年9月14日

内容摘录：“宁波市优秀留学人才奖”评选工作，每两年开展一次，每次奖励一般不超过10人。“宁波市优秀留学人才奖”由市委办公厅、市府办公厅发文表彰，市政府颁发荣誉证书，对获奖者每人一次性奖励人民币10万元。本办法实施后，新获得国家或省同类表彰奖励的留学人才，在所获国家或省奖金额度基础上，与“宁波市优秀留学人才奖”奖励标准差额部分，由市政府一次性奖励给予补足（如已获得过“宁波市优秀留学人才奖”的，不再重复奖励）。

文件标题：宁波市人民政府关于印发《引进重点高层次人才配偶就业子女入学暂行办法的通知》

文　　号：甬政发〔2012〕84号

发文单位：宁波市人民政府

发布时间：2012年9月3日

内容摘录：本办法所称重点高层次人才是指根据市政府《关于加快创新型领军和拔尖人才引进培养的若干意见》（甬政发〔2007〕81号）认定的创新型领军拔尖人才；根据宁波市海外高层次人才引进“3315计划”和宁波市高端创业创新团队引进“3315计划”认定的人才或人才团队主要成员；从市外引进的符合宁波产业发展导向，为宁波经济社会发展急需的，作出突出贡献的紧缺专业高层次人才。

文件标题：宁波国家高新区（新材料科技城）管委会《关于印发支持高层次人才创新创业政策（试行）实施细则》的通知

文　　号：甬高科〔2016〕89号

发文单位：宁波国家高新区（宁波新材料科技城）管委会

发布时间：2016年5月12日

内容摘录：支持人才创办企业发展。（一）对国家和省海外高层次人才引进计划人才、市“3315计划”和“泛3315计划”以及区“高新创业精英”计划人才（团队）所创办的企业，3年内对区域经济社会发展贡献较大的，经认定后最高再给予1000万元资助。（二）对入选省领军型创新创业团队的企业给予200万元配套资助，对入选市企业技术创新团队的企业按市级标准给予1：1配套资助。（三）对被认定为优质创新创业项目的人才企业，一次性最高给予50万元资助。（四）对高层次人才创办的企业3年内每年最高给予1000万元银行贷款全额贴息补助。

文件标题：中共宁波市委办公厅、宁波市人民政府办公厅印发《关于深化实施海外高层次人才和高端创业创新团队引进“3315计划”的意见》的通知

文　　号：甬党办〔2016〕48号

发文单位：中共宁波市委办公厅、宁波市人民政府办公厅

发布时间：2016年6月22日

内容摘录：围绕我市战略性新兴产业发展，力争到2020年累计引进1000名海外高层次人才和200个创业创新团队进入“3315计划”。对入选“3315计划”的高端创业创新团队，符合团队落户、建设要求的，3年内按A类、B类、C类三个层次，分别给予最高2000万元、1000万元、500万元创业创新资助经费。对全球顶尖人才领衔的高端创业创新团队实行一事一议，3年内给予最高1亿元创业创新资助经费。对入选“3315计划”的海外高层次人才，给予一次性100万元的人才资助经费。

文件标题：中共宁波市委办公厅、宁波市人民政府办公厅印发《关于实施“泛3315计划”引进支持急需紧缺高层次人才的意见》《关于创新“3315计划”引才模式支持民间资本引进高端创业团队的实施意见》的通知
文　　号：甬党办〔2017〕75号
发文单位：中共宁波市委办公厅、宁波市人民政府办公厅
发布时间：2017年10月26日
内容摘录：“泛3315计划”重点引进支持九大领域人才。“泛3315计划”团队分A类、B类、C类三个层次，相应给予500万元、300万元、100万元创业创新资助。对顶尖人才领衔的重大项目，可实行一事一议，资助额度上不封顶。对入选“泛3315计划”的人才，给予50万元创业创新资助。“泛3315计划”创业人才和团队项目落户众创空间、创业园等孵化平台的，可根据有关政策享受办公场地租金补贴、启动资金资助等扶持。

文件标题：中共宁波市委、宁波市人民政府印发《关于加快推进开放揽才产业聚智的若干意见》的通知
文　　号：甬党发〔2018〕42号
发文单位：中共宁波市委、宁波市人民政府
发布时间：2018年10月11日
内容摘录：发挥顶尖人才引领作用。聚焦宁波主导产业和科技创新重点领域，对宁波自主培养的顶尖人才，给予最高800万元奖励，给予培养单位一次性500万元奖励。对柔性新引进的顶尖人才，按给付年薪的30%给予引才单位最高200万元资助。根据顶尖人才对宁波产业发展及科技创新的贡献度，给予持续的创业创新资助。深入实施“3315系列计划”。“3315计划”重点支持先进制造与智能经济等领域海外高层次人才；“3315资本引才计划”重点激发市场活力，支持获民间资本投资的高端人才团队；“泛3315计划”重点支持电子商务、港航物流、金融保险、文教卫体、专业服务、规划设计、时尚创意、科技服务、现代农业等经济社会发展领域高层次人才。构建海外引才网络。建设开放式引才网络平台，对发布人才信息、助推人才项目对接、促成人才引进落地的引荐人或机构，分别给予一定额度奖励。聘请知名人士担任“海外人才大使”，每年给予5万元经费，并根据引才荐才成效再给予相应奖励。建立甬智信息库，对返乡发展的甬籍人才优先给予政策支持。

文件标题：宁波市人力资源和社会保障局办公室印发《关于宁波市集聚全球青年才俊打造青年友好城的实施意见》的通知
文　　号：甬人社发〔2018〕144号
发文单位：宁波市人力资源和社会保障局办公室
发布时间：2018年12月6日
内容摘录：加大青年留学归国人才支持力度。对新来宁波就业的世界100强大学毕业的本科及以上海外留学生，给予一次性5万元的就业补助。青年留学归国人才在本市留学人员创业园和市政府投资创建的各类产业园区内创办企业的，其租用的生产、科研用房，根据资金投入情况，给予一定的租金减免。

文件标题：中共宁波市委组织部等部门印发《关于推进开放揽才产业聚智相关政策的实施细则》的通知
文　　号：甬人社发〔2019〕17号
发文单位：中共宁波市委组织部、宁波市财政局、宁波市人力资源和社会保障局、宁波市自然资源和规划局、宁波市住房和城乡建设局
发布时间：2019年3月19日
内容摘录：自2018年10月11日起，对新来宁波就业的世界100强大学毕业的本科及以上海外留学人才，在甬连续缴纳社保满6个月的，给予一次性5万元的就业补助。世界100强大学认定，以《宁波市人才分类目录（2018）》明确的上海交通大学高等教育研究院《世界大学学术排名》或《泰晤士报》中《全球顶尖大学排行榜》排名前100名的境外大学最新排名为准。

文件标题：《宁波市人民政府关于推动创新创业高质量发展打造“双创”升级版的实施意见》
文　　号：甬政发〔2019〕66号
发文单位：宁波市人民政府
发布时间：2019年11月20日
内容摘录：加大高层次人才引进力度。深入落实人才生态建设“1+X”系列举措、“3315系列计划”等各类人才政策，持续引进各类高层次人才。积极打造“与宁波·共成长”工作品牌，创新举办宁波人才日、人才科技周等重大活动，持续优化人才生态，吸引青年人才加快集聚。健全留学人才服务机制，落实出入境等便利措施，建立安居保障、子女入学和医疗保健服务通道。

温州市

文件标题：中共温州市委办公室、温州市人民政府办公室关于转发市委人才工作领导小组《温州市引进国（境）外专家智力资助暂行办法》《温州市鼓励引进“海外工程师”暂行办法》的通知
文　　号：温委办发〔2012〕142号
发文单位：中共温州市委办公室、温州市人民政府办公室
发布时间：2012年10月26日
内容摘录：本办法鼓励引进的“海外工程师”，应同时具备以下条件：（一）须在国（境）外相关企业（机构）担任过工程、技术、研发、设计主管以上职务的外籍或非外籍在国外工作5年以上的工程技术人员。（二）须受聘于温州本地中资企业、中资股份占51%以上的中外合资企业及其开办的研发机构，在温州工作并从事研发、设计、技术、制造等工作，或担任中层以上管理职位。（三）从事的专业方向符合温州产业发展导向，能产生较好的经济效益和社会效益。（四）本人聘用年薪须在30万元以上，聘用时间不少于2年（其中特殊人才不少于1年）。（五）须全职在温工作，每年工作时间不少于6个月。

文件标题：温州市委人才工作领导小组办公室关于印发《温州市海外精英引进计划实施办法》的通知
文　　号：温委人〔2019〕7 号
发文单位：温州市委人才工作领导小组办公室
发布时间：2019年
内容摘录：自主申报入选的国家海外高层次人才引进计划创业项目、省“千人计划”创业项目、市“海外精英引进计划”创业项目，无须评审直接授予市“领军型人才创业项目”称号，并分别给予不少于800万元、400万元、200万元创业发展资助。创业发展资助与“创业券”采取就高原则享受。申请时，企业实际投入原则上应不少于财政资助资金。对特别重大项目实行一事一议。

文件标题：中共温州市委、温州市人民政府印发《关于高水平建设人才生态最优市的40条意见》的通知
文　　号：温委发〔2018〕28号
发文单位：中共温州市委、温州市人民政府
发布时间：2018年5月15日
内容摘录：强化高层次人才引育。更大力度实施“全球精英引进计划”，给予创新长期项目（青年项目）、创业项目、短期项目入选者30万元、30万元、15万元个人奖励，给予海外工程师、海外专家智力项目引进单位10万元、5万元引才奖励，对获省海外工程师、国家级省级海外专家智力项目、外国专家工作站的，按上级奖励1：1额度给予用人单位配套奖励。实施市“高层次人才特殊支持计划”，分杰出人才、领军人才、青年拔尖人才三类，分别给予50万元、15万—40万元、15万—40万元特殊支持，分3年拨付。推进创新团队建设。支持一批高水平创新团队，经评审分“顶尖（Ⅰ类）”“杰出（Ⅱ类）”“领军（Ⅲ类）”“优秀（Ⅳ类）”给予资助，其中科技型团队分别给予3000万元、1000万元、500万元、100万元团队建设资助，其他类

别资助额度减半。入选浙江省领军型创新团队的，按照省级财政投入额度给予500万元、1000万元团队建设资助。对特别重大团队可实行“一事一议”确定支持额度。

嘉兴市

文件标题：《中共嘉兴市委、嘉兴市人民政府关于大力推进人才强市战略的实施意见》
文　　号：嘉委〔2004〕26号
发文单位：中共嘉兴市委、嘉兴市人民政府
发布时间：2004年6月22日
内容摘录：加强海外人才和智力的引进工作。通过制定优惠政策、优化服务措施、建立嘉兴籍海外留学人员信息库等途径，采取团队引进、核心人才带动引进、高新技术项目开发引进等形式，加强海外人才和国外智力的引进工作，鼓励和吸引海外留学人才来嘉兴创业。对来我市从事科研或创办高新技术企业的海外留学人员，由同级财政择优给予相应的资助经费。

文件标题：中共嘉兴市委办公室、嘉兴市人民政府办公室印发《关于进一步加强高层次人才和智力开发工作的若干规定》等七个政策文件的通知
文　　号：嘉委办〔2005〕67号
发文单位：中共嘉兴市委办公室、嘉兴市人民政府办公室
发布时间：2005年12月22日
内容摘录：留学人才以高新技术成果来嘉兴创办科技型独资、合资企业，经审批部门批准，可参照国家有关华侨和港、澳、台同胞投资的法律、法规、政策办理登记注册。设立留学人才创业专项扶持资金（设在科技管理部门）。每年从科技发展资金中安排3%，用于支持留学人才企业自行开发的具有自主知识产权的高新技术项目；用于解决留学人才创业初期的资金短缺和留学人才创业园的发展建设。

文件标题：《中共嘉兴市委、嘉兴市人民政府关于打造最优人才生态促进人才优先发展的若干意见》
文　　号：嘉委发〔2017〕4号
发文单位：中共嘉兴市委、嘉兴市人民政府
发布时间：2017年1月12日
内容摘录：优化升级高精尖人才引进政策。对新引育的顶尖人才采取“一事一议”的方式，每人给予不低于200万元的工作经费和800万元的奖励补助。深化和拓展“创新嘉兴·精英引领计划”，对新入选的A类、B类、C类创业人才项目，分别给予500万元、300万元、200万元资助。对新入选的A类、B类、C类创新人才项目，分别按引进人才年薪的70%、60%、50%给予企业引才薪酬补助，属于长期项目的每年最高补助不超过100万元、60万元、40万元，补助时间不超过5年；属于短期项目的每年最高补助不超过50万元、30万元、15万元，补助时间不超过3年。新引进国家级、省级高端人才，到嘉兴全职创业的，经认定直接享受“创新嘉兴·精英引领计划”B类、C类创业人才项目政策；新引进国家级、省级高端人才到嘉兴创新的，经认定按长期、短期直接享受“创新嘉兴·精英引领计划”B类、C类创新人才项目政策。

文件标题：中共嘉兴市委组织部、嘉兴市人力资源和社会保障局等部门关于印发《“创新嘉兴·精英引领计划”实施办法》的通知
文　　号：嘉人社〔2017〕130号
发文单位：中共嘉兴市委组织部、中共嘉兴市委宣传部、嘉兴市经济和信息化委员会、嘉兴市科学技术局、嘉兴市人力资源和社会保障局、嘉兴市财政局、嘉兴市教育局、嘉兴市文化广电新闻出版局、嘉兴市人民政府金融工作办公室

发布时间：2017年10月9日
内容摘录：精英计划引进人才分创业人才项目、创新人才项目两大类。创业人才项目主要面向到嘉兴创（领）办高新技术企业的海内外高端人才。创新人才项目主要面向到嘉兴企事业单位、高校、科研机构等从事科学研究和技术创新的海外高端人才。创新人才项目分为创新长期项目（含非华裔外国专家）和创新短期项目。对精英计划创业人才项目、创新人才项目入选者，授予“嘉兴市领军人才”称号，颁发“嘉兴市特聘专家”证书，发放嘉兴市“人才绿卡”。对经集中评审遴选的精英计划创业人才项目入选者，在签订相关协议后，按规定给予A类500万元、B类300万元、C类200万元经费资助。

文件标题：《中共嘉兴市委办公室、嘉兴市人民政府办公室关于更高质量建设人才生态最优市的若干意见》
文　　号：嘉委办发〔2019〕28号
发文单位：中共嘉兴市委办公室、嘉兴市人民政府办公室
发布时间：2019年4月30日
内容摘录：打造“创新嘉兴·精英引领计划”3.0版。加强人才工程项目整合，实施第三轮“精英计划”，以全球眼光招揽海内外高端人才及团队项目，将杰出人才团队、领军型团队项目纳入“精英计划”，与原领军人才项目共同构建起多层次、全链条的引才项目体系。对杰出人才团队项目，实施“一事一议”，给予最高1亿元资助。对领军型团队项目A类、B类，分别给予1000万元、800万元资助。对创业领军人才项目，在原先A类、B类、C类的基础上增设A+类项目，给予500万—1000万元的资助。引进人才项目在我市成功入选国家和省“千人计划”的，可直接纳入“精英计划”领军人才项目A类和B类，在享受相应项目资助的基础上，再按照国家和省财政奖励额度分别给予1：1的配套资助。引进人才项目在我市成功申报入选省领军型团队的，可直接纳入“精英计划”领军型团队项目A类，并享受相应项目资助。

文件标题：中共嘉兴市委人才工作领导小组印发《关于深化推进“创新嘉兴·精英引领计划”的实施办法》的通知
文　　号：嘉委人才〔2019〕1号
发文单位：中共嘉兴市委人才工作领导小组
发布时间：2019年4月30日
内容摘录：从2019年起用3年时间，围绕世界科技发展趋势和全市经济社会发展需求，面向海内外择优引进支持符合我市产业发展导向、能够突破关键技术、提升传统产业、引领新兴产业、增强区域核心竞争力的杰出人才团队15个左右、领军型创业创新团队40个左右、创业创新领军人才不少于350名。给予创业领军人才项目A+类500万—1000万元、A类500万元、B类300万元、C类200万元资助。入选的创业领军人才、领军型创业团队注册企业入驻政府类平台的，可享受落户县（市、区）提供的3年内免收租金或奖金补助。

湖州市

文件标题：《中共湖州市委办公室、湖州市人民政府办公室关于深化“南太湖精英计划”加快引进高层次创业创新人才的实施意见》
文　　号：湖委办〔2013〕15号
发文单位：中共湖州市委办公室、湖州市人民政府办公室
发布时间：2013年4月8日
内容摘录：给予创业启动资金扶持，其中A类300万元、B类200万元、C类100万元（A、B、C等级经评审后认定）。特别优秀的领军人才、特别重大的项目，实行“一事一议、上不封顶”的政策。由企业注册县（区）提供不少于100平方米的工作场所和不少于100平方米住房公寓，并免除3年租金。创办企业自注册之日起5年内，当年上缴税费地方所得部分首次超过100万元的，给予其100万元一次性奖励。

文件标题：《中共湖州市委、湖州市人民政府关于实施新时代人才强市战略服务湖州高质量赶超发展的意见》
文　　号：湖委发〔2020〕8号
发文单位：中共湖州市委、湖州市人民政府
发布时间：2020年3月27日
内容摘录：深化“南太湖精英计划”“南太湖特支计划”。大力引进数字经济、生命健康等新兴产业领域高端人才项目，对“南太湖精英计划”A+类、A类、B类、C类领军型创新创业团队，分别给予最高3000万元、2800万元、2500万元、2300万元资助。其中，分期给予1000万元、800万元、500万元、300万元资助，并对“南太湖精英计划”创业企业在成立起5年内（生物医药类企业为8年内）给予下列后续支持：每年主营业务收入达到100万元以上的，给予主营业务收入3%奖励，累计最高奖励1000万元；主营业务收入达到1000万元以上的，按3年内新购设备投入的15%、新发生研发投入的15%、新增产业化空间租金，再给予最高1000万元的创业发展资助；提供最高1000平方米的5年免租创业场所或相应租金补贴。对A类、B类、C类创新人才长期项目，按年薪的70%、60%、50%，分别给予5年最高500万元、300万元、200万元的薪酬补助。对A类、B类、C类创新人才短期项目，参照创新人才长期项目薪酬补助比例，分别给予3年最高150万元、90万元、45万元的薪酬补助。

绍兴市

文件标题：中共绍兴市委、绍兴市人民政府印发《关于加强高层次科技创业创新人才队伍建设加快推进创新驱动发展的意见》的通知
文　　号：绍市委发〔2016〕38号
发文单位：中共绍兴市委、绍兴市人民政府
发布时间：2016年6月28日
内容摘录：深化实施“330海外英才计划”。突出“高精尖缺”导向，对入选“330海外英才计划”A类、B类、C类的创业人才项目，分别给予500万元、300万元、200万元资助，项目启动后给予50%的资金资助，创业人才自有资金及风投资金实际投入或累计销售额达到政策资助总额后拨付剩余的50%资金资助。

文件标题：中共绍兴市委人才工作领导小组关于印发《〈关于加强高层次科技创业创新人才队伍建设加快推进创新驱动发展的意见〉操作细则（暂行）》的通知
文　　号：绍市委人领〔2016〕2号
发文单位：中共绍兴市委人才工作领导小组
发布时间：2016年9月7日
内容摘录：对我市自主申报入选的国家、省级海外高层次人才，在分别参照“330海外英才计划”A类、B类创业创新人才项目资助标准的基础上，按照国家、省补助奖励额度分别给予入选人才1：1配套补助奖励（即国家级人才配套补助奖励200万元、省级人才配套补助奖励100万元，短期人才按减半计，配套补助奖励给入选人才个人）。对市外直接引进的国家、省级海外高层次人才，属全职引进的，参照“330海外英才计划”B类、C类创新人才长期项目资助标准；属创业项目引进落户的，自创业企业成立5年内，按设备技术投资额和研发经费50%的比例，分别给予最高500万元、300万元资助。

文件标题：中共绍兴市委人才工作领导小组关于印发《绍兴“海内外英才计划”实施办法》的通知
文　　号：绍市委人领〔2018〕2号
发文单位：中共绍兴市委人才工作领导小组
发布时间：2018年3月2日
内容摘录：面向海内外加大引才力度，着力集聚我市传统产业改造提升和新兴产业培育发展急需的高层次创业创新人才，力争通过5年时间，新引进落户800名绍兴“海内外英才计划”人才，其中引进和入选国家、省海外高层次人才引进计划、“万人计划”人才300人，培育领军型创新创业团队20个以上、高新技术企业50家以上、上市公司及新三板挂牌公司10家以上，形成若干个有影响力的高新技术特色产业链。

文件标题：中共绍兴市委人才工作领导小组关于印发《绍兴市人才新政操作细则》的通知
文　　号：绍市委人领〔2018〕6号
发文单位：中共绍兴市委人才工作领导小组
发布时间：2018年7月11日
内容摘录：对入选绍兴“海内外英才计划”A类、B类、C类的创业人才项目，分别给予500万元、300万元、200万元资助。完成企业注册且实到注册资金不低于100万元、团队成员到位且项目正式启动后，给予50%的资金资助；创业人才自有资金及风投资金实际投入或累计销售额达到政策资助总额后拨付剩余的50%资金资助。

文件标题：中共绍兴市委办公室、绍兴市人民政府办公室关于印发《高水平建设人才强市的若干政策》的通知
文　　号：绍市委办发〔2019〕92号
发文单位：中共绍兴市委办公室、绍兴市人民政府办公室
发布时间：2019年7月31日
内容摘录：深化实施绍兴“海内外英才计划”。突出“高精尖缺”导向，对“海内外英才计划”A类、B类、C类领军型团队，分别给予1000万元、800万元、500万元资助；对A类、B类、C类创业人才项目和创新人才长期项目，分别给予500万元、300万元、200万元资助；对A类、B类、C类创新人才短期项目，每年分别给予最高50万元、30万元、15万元企业引才薪酬补助，补助3年。对国际一流团队和顶尖人才领衔的重大项目可专门制定扶持政策。对入选省领军型创新创业团队的，按照不低于省级财政投入额度进行配套资助。

文件标题：绍兴市人民政府办公室关于印发《绍兴市加快推进城市国际化行动方案（2020—2022年）》的通知
文　　号：绍政办发〔2020〕15号
发文单位：绍兴市人民政府办公室
发布时间：2020年5月7日
内容摘录：提升国际人才集聚功能。实施“顶尖人才倍增计划”，深化“海内外英才计划”，举办“活力绍兴·智引全球”招才引智系列活动，充分发挥硅谷、莫斯科等海外引才联络站和浙江（绍兴）外国高端人才创新集聚区、海智汇·绍兴国际人才创业创新服务中心、清华长三角研究院国际人才运营中心等平台的作用，引进培养一批具有全球视野、专业素质、创新能力的复合型人才，加快培育一批熟悉企业国际化经营与国际贸易、投资规则的专业人才，引进一批国际人力资源服务机构、服务企业。探索研究政府部门、国有企业招聘设置一定比例的外籍人员，试点建立与国际规则接轨的高层次人才招聘、薪酬、考核、科研管理、社会保障等制度，积极推进国际人才社区和外国人才小镇建设，培育“近悦远来”人才环境。

文件标题：中共绍兴市委人才工作领导小组关于印发《〈高水平建设人才强市的若干政策〉补充意见实施细则》的通知
文　　号：绍市委人领〔2020〕6号
发文单位：中共绍兴市委人才工作领导小组
发布时间：2020年10月21日
内容摘录：对入选省领军型创新团队的，按入选档次分别给予1000万元、500万元资助；对入选省领军型创业团队的，参照绍兴“名士之乡”英才计划A类领军型创业团队，给予1000万元资助。对列入《绍兴市高层次人才分类目录》的国内外顶尖人才、国家级领军人才、省级领军人才、市级领军人才、2016年6月19日之后新引进的高级人才，分别给予200万元、100万元、80万元、60万元、35万元的房票补贴。

金华市

文件标题：金华市人民政府办公室转发《市人事局关于留学人员创业园区若干意见》的通知
文　　号：金政办发〔2003〕50号
发文单位：金华市人民政府办公室
发布时间：2003年8月12日
内容摘录：对留学人员进园区孵化或创办高新技术企业，其用于研究、开发、孵化、生产、办公用房的房租，前两年免收，第3年减半收取；自行置地建造厂房的，国有工业用地使用权出让价在最低限价的基础上给予优惠。留学人员进创业园区孵化或创办企业既可注册外资企业，也可注册内资企业。注册资本金可在3年内分期到位。留学人员到园区创办省级以上高新技术企业，2年内提供免租自住住房。

文件标题：《中共金华市委、金华市人民政府关于实施海内外英才引进计划的意见》
文　　号：市委〔2010〕10号
发文单位：中共金华市委、金华市人民政府
发布时间：2010年4月15日
内容摘录：重点推荐（A类）项目，给予每个创业投资项目300万—500万元创业启动资金，创业投资企业注册地所在地提供不少于200平方米工作场所和不少于100平方米的住房公寓，3年内免收租金。对高新技术项目产业化生产的，经论证、审批，根据其项目的投资需求，金华市科技创新风险投资资金（筹）可给予不少于风险投资资金首次投资总额15%的配套投资。

文件标题：中共金华市委人才工作领导小组办公室关于印发《金华市海内外英才引进计划实施细则》的通知
文　　号：金人才办〔2010〕2号
发文单位：中共金华市委人才工作领导小组办公室
发布时间：2010年4月27日
内容摘录：金华市海内外英才引进计划工作办公室（以下简称“引才办”，设在市科技局），在市委人才工作领导小组领导下开展工作，组织对海内外英才引进计划工作的实施，负责引才工作的咨询、联络、受理、指导、检查等日常工作。设立金华市海内外英才引进计划专项资金，对引进的项目，落户市本级的，创业资助由市财政列支，落户婺城区、金东区、金华经济开发区的，创业资助资金由市、区各承担50%。

文件标题：《中共金华市委、金华市人民政府关于加快引进创业创新领军团队和人才的若干意见》
文　　号：市委〔2012〕43号
发文单位：中共金华市委、金华市人民政府
发布时间：2012年11月20日
内容摘录：金华市区每年安排1亿元资金，用于科技创新团队、领军人才、后备领军人才及其项目的引进、培养和激励保障。对在电子信息、新能源汽车、生物医药、新能源、新材料、互联网技术、大数据技术、智能化制造等新兴产业领域，学术技术成果处于国际前沿、国内领先的科技创新团队、领军人才、后备领军人才，经审定，给予相应资助。

文件标题：中共金华市委办公室、金华市人民政府办公室关于印发《金华市“双龙计划”科技创业创新团队引进实施办法》和《金华市“双龙计划”创业创新领军人才引进实施办法》的通知
文　　号：市委办〔2013〕14号
发文单位：中共金华市委办公室、金华市人民政府办公室
发布时间：2013年1月31日

内容摘录：根据评审结果，给予特别支持团队（A类）2000万元，重点支持团队（B类）1000万元，优先支持团队（C类）500万元的奖励资助。资助经费的25%可用于人才培养、引进、激励等，75%可用于科研设备购置、项目研发、科研交流等。资助经费分三期拨付，创业团队在项目落户（企业注册）并运行正常1个月后，创新团队在核心成员实际到岗工作后可申请拨付40%，以后再根据考核评估情况，第二期拨付30%、第三期拨付30%。对特别优秀或对产业发展贡献突出的团队，经考核评估，可一事一议。

文件标题：《金华市人民政府关于深入实施创新驱动发展战略补齐科技创新短板的若干意见》
文　　号：金政发〔2016〕54号
发文单位：金华市人民政府
发布时间：2016年10月18日
内容摘录：加大高端人才引进力度。加大国家、省级海外高层人才人才引进力度，符合条件的创新人才，可获得最高100万元的安家补助。列入“双龙计划”的科技创业（创新）人才和团队，分别给予最高1000万元、2000万元的资助。

文件标题：《中共金华市委、金华市人民政府关于支持人才创业创新服务浙中崛起的若干意见》
文　　号：金委发〔2016〕38号
发文单位：中共金华市委、金华市人民政府
发布时间：2016年12月29日
内容摘录：深入实施领军人才“双龙计划”，围绕发展信息网络经济、先进装备制造、影视文化时尚、健康生物医药、休闲旅游服务等新兴产业，对带动明显的创业创新团队，按A类、B类、C类，分别给予2000万元、1000万元、500万元奖励资助；对带项目、带技术、带资金的创业领军人才，按重大项目、A类、B类、C类，分别给予1000万元、500万元、300万元、100万元资助；对创业能力突出、创新成果领先的后备领军人才，按重点资助、优先资助，分别给予100万元、50万元资助。对国际一流团队和顶尖人才领衔的重大项目，可一事一议，经认定，给予最高1亿元项目资助。

衢州市

文件标题：《中共衢州市委、衢州市人民政府关于创新体制机制加快人才集聚的实施意见》
文　　号：衢委发〔2016〕23号
发文单位：中共衢州市委、衢州市人民政府
发布时间：2016年
内容摘录：对入选浙江省领军型创新创业团队的，首个资助期内，按照省级财政投入额度给予1：1配套资助。对新引进具有世界先进、国内领先技术的人才及团队，其领衔的产业项目在衢州落户，经一事一议，可给予最低2000万元资助，不设上限。

文件标题：中共衢州市委人才工作领导小组关于印发贯彻市委市政府《关于创新体制机制加快人才集聚的实施意见》十一个配套实施办法的通知
文　　号：衢委人才〔2017〕10号
发文单位：中共衢州市委人才工作领导小组
发布时间：2017年5月19日
内容摘录：为贯彻落实市委、市政府《关于创新体制机制加快人才集聚的实施意见》精神，确保政策落地见效，现将市委人才工作领导小组第十八次会议审议通过的《衢州市高层次人才及智力引进实施办法》等十一个配套办法予以印发，请结合本地、本单位实际，认真贯彻执行。相应的原配套实施办法自行废止。

文件标题：《衢州市人民政府办公室关于促进衢州市创新创业园区高质量发展的若干意见》
文　　号：衢政办发〔2020〕6号
发文单位：衢州市人民政府办公室
发布时间：2020年3月30日
内容摘录：（一）给予租金补助。给予企业场地租金补助，租金先交后补。园区管委会可综合评估企业项目人才质量、地方综合贡献、绩效规模等因素，3年内给予企业20%—100%场地租金补助。（二）给予开办补助。对注册资金实际到位在50万元以上的企业，根据综合评估可给予实际到位资金10%—20%的开办补助，最高不超过200万元。（三）支持项目孵化。建立种子（天使）基金，支持初创型项目孵化，每个项目可给予最高100万元的种子（天使）基金支持。

台州市

文件标题：中共台州市委、台州市人民政府关于印发《台州人才新政三十条》的通知
文　　号：台市委发〔2017〕105号
发文单位：中共台州市委、台州市人民政府
发布时间：2017年5月9日
内容摘录：围绕台州特色优势产业和战略性新兴产业，引进带动效果明显的创业创新人才（团队）。新引进的市领军型创业创新团队，其创新成果在我市实施产业化且成效明显的，经评估后分国际先进、国内领先、国内先进三个层次，按投资额分别给予最高1000万元、800万元、500万元资助。对国际一流团队和顶尖人才领衔的重大项目，经评估后给予最高1亿元资助。对入选省领军型创新创业团队的，在首个资助期内按省级财政投入额度给予1：1配套资助。

文件标题：中共台州市委人才工作领导小组关于印发《台州市“500精英计划”人才项目管理实施细则》等17个实施细则（办法、规程）的通知
文　　号：台人才领〔2019〕5号
发文单位：中共台州市委人才工作领导小组
发布时间：2019年1月31日
内容摘录：（一）直接认定。新引进人员符合《台州市高层次人才分类目录》顶尖、领军、高端类创业创新人才申报条件的，可选择直接认定方式认定为“500精英计划”顶尖、领军、高端类创业创新人才。（二）评审认定。经评审可认定为“500精英计划”A类、B类、C类创业创新人才。（三）以赛代评。台州市“500精英计划”专项工作办公室组织或批准的“以赛代评”人才大赛（路演）活动，获得规定奖项的，按相关程序可认定为“500精英计划”A类、B类、C类创业人才。

安徽省

文件标题：《中共安徽省委办公厅、安徽省人民政府办公厅关于引进海外高层次留学人才的意见》
文　　号：皖办发〔2006〕18号
发文单位：中共安徽省委办公厅、安徽省人民政府办公厅
发布时间：2006年4月29日
内容摘录：海外高层次留学人才以高新技术成果来我省留学人员创业园或其他开发区创办企业的，凭《安徽省留学人才证》到所在地工商行政管理部门注册登记，享受留学人员创业园优惠政策和其他优惠待遇。在企

业注册、土地使用、工商、税务、商检等方面，各有关部门要给予必要支持，简化手续，减少环节，提供服务。有条件的市要依托省级经济开发区或高新技术产业园区，设立留学人员创业园，为吸引海外高层次留学人才来我省创业提供平台。

文件标题：《中共安徽省委办公厅、安徽省人民政府办公厅关于加强引进海外高层次人才工作的实施意见》
文　　号：皖办发〔2009〕20号
发文单位：中共安徽省委办公厅、安徽省人民政府办公厅
发布时间：2009年8月21日
内容摘录：对经评审、省人才工作领导小组批准列入“百人计划”的海外高层次人才，省财政给予每人50万元人民币的一次性补助。用人单位、主管部门和地方政府积极配套其他资金，用于改善引进人才的工作生活条件。其他待遇如居留和出入境、落户、薪酬、医疗、保险、税收、配偶安置、子女入学等，参照中央有关部委文件规定执行。各地引进的海外人才，由各地结合实际制定并落实有关政策待遇。

文件标题：安徽省人力资源和社会保障厅转发公安部、人力资源和社会保障部《关于规范留学回国人员落户工作有关政策》的通知
文　　号：皖人社秘〔2010〕241号
发文单位：安徽省人力资源和社会保障厅
发布时间：2010年6月28日
内容摘录：对于持有省人力资源和社会保障厅（或者原省人事厅）签发的《安徽省留学人才证》、要求在我省就业地落户的留学回国人员，凭最后一次回国时持用的中国护照、就业单位出具的证明和《安徽省留学人才证》办理在就业地的落户手续，不需再出具当地人力资源和社会保障部门的证明。

文件标题：《中共安徽省委、安徽省人民政府关于建设合芜蚌自主创新综合试验区人才特区的意见》
文　　号：皖发〔2012〕7号
发文单位：中共安徽省委、安徽省人民政府
发布时间：2012年3月26日
内容摘录：全面落实中央人才政策，力争更多人才进入国家海外高层次人才引进计划。围绕壮大主导产业，制定引进领军人才、高端人才的专项计划。以企业为主体，加快实施省“百人计划”“高端外国专家引智工程”等，切实抓好“115”产业创新团队建设，大力推进战略性新兴产业“111”人才聚集工程。健全海外人才联络机制，依托统战、外事、侨务、群团和社会中介等渠道，加强与驻外使领馆、华侨华人社团组织的联络，形成定向寻访和引进海外领军人才、高端人才的网络。鼓励合芜蚌三市结合实际制定特殊人才政策，支持开发园区、企业等通过开展重大产学研合作等形式，面向国内外引进或柔性引进领军人才、高端人才。

文件标题：中共安徽省委组织部、安徽省人力资源和社会保障厅《关于支持留学人员来皖创业的实施意见》
文　　号：皖人社发〔2012〕16号
发文单位：中共安徽省委组织部、安徽省人力资源和社会保障厅
发布时间：2012年4月12日
内容摘录：对于引进的高层次留学人才领办创办的科技创新企业，携带科技创新项目、高新技术或产品的，参照安徽省委、安徽省人民政府《关于推进合芜蚌自主创新综合配套改革试验区工作的若干政策措施（试行）》（皖发〔2008〕18号）有关规定予以资助。对入选安徽省“百人计划”的海外高层次留学人才，省级财政给予每人50万元的一次性补助。对入选国家海外高层次人才引进计划的，地方政府、主管部门和用人单位应积极配套其他资金，支持高层次海外留学人才来皖创业工作。

文件标题：《中共安徽省委办公厅、安徽省人民政府办公厅关于进一步扶持高层次人才创新创业的若干意见》
文　　号：皖办发〔2015〕24号
发文单位：中共安徽省委办公厅、安徽省人民政府办公厅
发布时间：2015年6月8日
内容摘录：集聚青年创业人才。鼓励引导高等院校、科研院所优秀毕业生和海外留学人员来皖领办、创办企业，所创（领）办企业属我省重点发展战略性新兴产业或具有创新商业模式的高端现代服务业的，择优给予10万—50万元创业资助。

文件标题：安徽省人力资源和社会保障厅、安徽省财政厅关于印发《安徽省留学回国人员创新创业扶持计划》的通知
文　　号：皖人社秘〔2015〕318号
发文单位：安徽省人力资源和社会保障厅、安徽省财政厅
发布时间：2015年9月10日
内容摘录：留学人员扶持计划包括“留学人员创新项目择优资助计划”项目和“留学人员来皖创业启动支持计划”项目。对入选的创业启动企业，资助创业扶持资金20万—30万元，主要用于企业科研成果转化、开拓市场、贷款贴息、人才引进和团队建设等方面。同时积极给予融资支持，引导企业按照规定申请享受创业担保贷款及财政贴息，申请青年创业引导资金贷款。对于创办科技创新型企业的，引导企业申请高层次人才创新创业风险投资基金支持，并按规定享受股权和分红激励。

文件标题：《安徽省人民政府办公厅关于全面推进大众创业万众创新的实施意见》
文　　号：皖政办〔2016〕6号
发文单位：安徽省人民政府办公厅
发布时间：2016年2月1日
内容摘录：支持高层次人才创新创业，加快培养集聚一大批高层次创新创业领军人才。支持携带拥有自主知识产权、具有国际先进或国内一流水平科技成果的省内外科技团队在皖开展科技成果转化、产业化，省对符合条件团队分类给予300万元、600万元、1000万元的参股支持。按照有关规定给予高层次人才经费资助、住房补贴、子女就学、配偶就业、参加社会保险等优惠政策。完善创新创业孵化体系，鼓励开发区、工业园区、产业集群专业镇，充分利用各类科技企业孵化器和加速器、大学科技园、留学人员创业园、小微企业创业基地等现有条件，将孵化业务向前端延伸、向后端扩展，逐步形成“创业苗圃+孵化器+加速器+产业基地”的孵化体系。

文件标题：《中共安徽省委关于深化人才发展体制机制改革的实施意见》
文　　号：皖发〔2016〕45号
发文单位：中共安徽省委
发布时间：2016年12月2日
内容摘录：突出“高精尖缺”导向，大力实施海外高层次人才引进“百人计划”，不拘一格汇聚海外人才资源。发挥中国国际人才市场安徽市场和徽商大会作用，加大海外人才招聘工作力度。加强引进海外高层次人才基地、留学人员创业园和省海外引智工作站建设。对引进人才充分信任、放手使用，支持他们深度参与国家计划项目、开展科研攻关。完善引才配套政策，解决引进人才任职、社会保障、户籍、子女教育等问题。

文件标题：中共安徽省委办公厅、安徽省人民政府办公厅印发《关于合肥综合性国家科学中心建设人才工作的意见（试行）》
文　　号：皖办发〔2017〕23号

发文单位：中共安徽省委办公厅、安徽省人民政府办公厅
发布时间：2017年5月9日
内容摘录：加大引才奖补力度。引进人才工资性年收入超过50万元、纳税10万元以上者，在首个管理期内，省市两级财政按实付薪酬的50%资助奖补用人单位用于引才工作，每人每年最高可达100万元。管理期一般在5年以下，奖励资金省、市按1：1比例承担。提供签证居留便利。对来探望亲属、洽谈商务、开展科教文卫交流活动及处理私人事务的外籍华人，可签发5年以内多次出入境有效签证。对在当地工作、学习、探亲以及从事私人事务需长期居留的，可以按规定签发有效期5年以内的居留许可。

文件标题：《安徽省人民政府关于进一步推进大众创业万众创新深入发展的实施意见》
文　　号：皖政〔2017〕135号
发文单位：安徽省人民政府
发布时间：2017年12月4日
内容摘录：加大对留学人员来皖创新创业扶持力度，每年遴选一批优秀项目和创业企业给予资金支持。加快省级留学人员创业园建设。组织不同层次、不同领域的皖港澳交流合作，宣传推介我省创新创业支持政策。深入开展“万侨创新行动”，支持合肥“侨梦苑”侨商产业集聚区建设，打造华侨华人创新创业示范基地。搭建“安徽海外侨胞联络站”服务平台，探索建立华侨华人创新创业综合服务体系。

文件标题：安徽省科技厅、安徽省财政厅于印发《安徽省扶持高层次科技人才团队在皖创新创业实施细则（修订）》的通知
文　　号：皖科〔2018〕1号
发文单位：安徽省科技厅、安徽省财政厅
发布时间：2018年7月18日
内容摘录：省政府对携带具有自主知识产权的科技成果，在皖创办公司或与省内企业共同设立公司，开展科技成果转化活动的科技团队，择优以股权投资或债权投入方式给予支持。根据专家评审及现场核查意见，按照从高分到低分的原则，对在皖创新创业的科技团队分A、B、C三类予以支持，支持额度分别为1000万元、600万元、300万元。

文件标题：安徽省人民政府办公厅关于印发《“创业江淮”行动计划（2018—2020年）》
文　　号：皖政办〔2018〕44号
发文单位：安徽省人民政府办公厅
发布时间：2018年10月12日
内容摘录：加大对留学人员来我省创新创业扶持力度，每年遴选一批优秀项目和创业企业给予资金支持。支持省级留学人员创业园建设，对新建省级留学人员创业园给予200万元资助，对3年内达到一定标准创业成功的留学归国人员给予最高50万元补助。

文件标题：《安徽省人民政府关于推动创新创业高质量发展打造“双创”升级版的实施意见》
文　　号：皖政〔2018〕105号
发文单位：安徽省人民政府
发布时间：2018年12月23日
内容摘录：提升归国和外籍人才创新创业便利化水平。加快省级留学人员创业园建设，遴选资助一批高层次人才回国创新创业项目。健全留学回国人才和外籍高层次人才服务机制，在签证、出入境、社会保险、知识产权保护、落户、永久居留、子女入学等方面进一步加大支持力度。

合肥市

文件标题：《中共合肥市委关于深入实施人才强市战略的意见》
文　　号：合发〔2011〕2号
发文单位：中共合肥市委
发布时间：2011年1月9日
内容摘录：大力引进高层次创新创业领军人才。组织实施“百名创新创业领军人才引进工程”，面向海内外引进一批创新创业领军人才。建立高层次人才信息库，建立海内外高层次人才特聘专家制度。坚持招商引资和招才引智相结合，依托市、区（县）驻外招商联络处，设立招才引智联络机构。加强与海外留学生组织、华人华侨社团、海外媒体的联系，有针对性在部分国家或地区设立海外高层次人才联络处，为引进高层次人才来肥创新创业提供服务。

文件标题：《中共合肥市委办公厅、合肥市人民政府办公厅关于印发“百人计划”工程等6个实施方案的通知》
文　　号：厅〔2011〕13号
发文单位：中共合肥市委办公厅、合肥市人民政府办公厅
发布时间：2011年1月24日
内容摘录：带技术、带项目、带资金来我市创办科技型企业，项目具有独立自主知识产权，技术成果国际领先、能够填补国内空白，并具有较高科技含量、良好市场潜力和产业化条件的，当年注册（现金占注册资金50%以上）且1年内项目有销售收入的，给予企业注册资金50%、最高200万元资助。领军人才来肥创办（领办）企业，由企业注册地的县（区、开发区）解决不少于200平方米建筑面积的工作场所和不少于100平方米建筑面积的住房各一套供其使用，3年内免收租金。

文件标题：《合肥市人民政府关于大力推进大众创业万众创新的若干政策意见》
文　　号：合政〔2015〕127号
发文单位：合肥市人民政府
发布时间：2015年10月16日
内容摘录：支持境外人才来肥创业。小微企业引进符合我市“百人计划”条件的海内外创业创新领军人才、高级管理人才和特需人才，给予个人获得企业收入的50%、最高不超过200万元的奖补。引进（入选）国家海外高层人才引进计划、省“百人计划”特聘专家，分别给予50万元、30万元配套资助。引进符合条件的创业创新团队，给予最高500万元资助、300万—1000万元的天使投资基金或500万—2000万元的创业引导基金支持。

文件标题：中共合肥市委办公厅、合肥市人民政府办公厅关于印发《合肥市进一步扶持高层次人才创新创业实施意见》的通知
文　　号：合办〔2015〕31号
发文单位：中共合肥市委办公厅、合肥市人民政府办公厅
发布时间：2015年11月25日
内容摘录：实施高层次人才创业团队引进计划。围绕合肥战略性新兴产业和主导产业，从2016年起用5年时间，面向国内外引进200个左右高层次人才团队来肥创新创业。团队创办的企业落户合肥3年内，符合支持条件的，给予300万—1000万元的天使投资基金或500万—2000万元创业引导基金支持，县（市）区、开发区给予配套支持。引进高层次人才创业团队的领军人才为国家海外高层次人才引进计划专家，在获得天使投资基金或创业引导基金支持的前提下，再给予创业团队100万元配套资金资助。对具有世界一流水平的创新创业团队，可突破投资额上限。

文件标题：中共合肥市委组织部、合肥市人力资源和社会保障局《关于印发合肥市高层次人才分类认定办法（试行）的通知》

文　　号：合组〔2017〕119号

发文单位：中共合肥市委组织部、合肥市人力资源和社会保障局

发布时间：2017年6月15日

内容摘录：根据《合肥市人才分类目录》，对我市培育或全职引进的高层次人才按国内外顶尖人才（A类）、国家级领军人才（B类）、省级领军人才（C类）、市级领军人才（D类）、高级人才（E类）进行分类认定。分类认定工作通过“合肥市人力资源和社会保障网”合肥市高层次人才分类认定申报管理系统进行。

文件标题：《中共合肥市委、合肥市人民政府关于建设合肥综合性国家科学中心打造创新之都人才工作的意见》

文　　号：合发〔2017〕17号

发文单位：中共合肥市委、合肥市人民政府

发布时间：2017年6月19日

内容摘录：深化“双引双培”人才计划。突出“高精尖缺”导向，提升拓展领军人才和创业团队引进计划、庐州英才和产业创新团队培养计划，着力集聚培养创新创业领军人才。入选市领军人才引进计划的，创业类分三档给予500万元、300万元、100万元资助，创新类分三档给予100万元、50万元、30万元资助，市和县（市、区）、开发区各承担50%。入选市高层次人才创业团队引进计划，符合条件的，给予最高1000万元专项资金或2000万元创业引导基金扶持；对成长性好、业绩突出的团队项目，给予滚动支持或追加资助，最高可达1亿元。实施留学人员创业扶持计划，符合条件的给予10万—50万元创业资助。

文件标题：《合肥市人民政府关于合肥国家海外人才离岸创新创业基地建设的实施意见》

文　　号：合政〔2018〕87号

发文单位：合肥市人民政府

发布时间：2018年8月17日

内容摘录：海外人才和创新资源大量集聚。引进拥有自主知识产权和科技成果的海外高层次人才（创新创业团队）50名（个）。柔性引进新型显示、集成电路等战略性新兴产业和量子信息、大数据、机器人、未来网等未来产业领域海外优秀人才200名。在发达国家、知名院校、创新园区、海外机构布局离岸基地服务机构50个，合作共建离岸创新合作经济体100个。定期向各类用人单位征集海外人才需求，制定、发布高层次海外人才需求目录，不断提升海外高层次人才与重点产业发展的衔接度。结合合肥市高层次人才创业团队引进计划和领军人才引进计划，围绕合肥战略性新兴产业和主导产业，每年重点引进10名（个）左右拥有自主知识产权、国际先进科技成果的海外高层次人才和团队来肥创新创业。

文件标题：合肥市人才（干教）工作领导小组关于修订《合肥市领军人才引进计划实施办法》的通知

文　　号：合人才〔2019〕6号

发文单位：合肥市人才（干教）工作领导小组

发布时间：2019年4月23日

内容摘录：入选专家由市人才（干教）工作领导小组授予“合肥市创新领军人才”“合肥市创业领军人才”称号，颁发入选证书。领军人才实行分档资助。其中创新型领军人才分三档给予100万元、50万元、30万元资助，创业型领军人才分三档给予500万元、300万元、100万元资助。领军人才资助，市本级和入选专家所属县（市）区、开发区各承担50%。市本级承担的资助经费在入选后第一年度拨付到位，县（市）区、开发区承担的资助经费须在履行相应考评程序后，于入选第二年度、第三年度分两批拨付到位。市直用人单位领军人才资助，由市本级全额承担，按上述程序分年度拨付。

文件标题：合肥市人才（干教）工作领导小组关于修订《合肥市留学回国人员创新创业扶持计划实施细则》的通知
文　　号：合人才〔2019〕13号
发文单位：合肥市人才（干教）工作领导小组
发布时间：2019年4月23日
内容摘录：留学人员扶持计划包括“留学人员创新项目择优资助计划”和“留学人员来肥创业启动支持计划”。每年从我市各类企事业单位从事创新创业且回到国内时间不超过5年、年龄在40周岁以下的留学回国人员中遴选出10个左右创新科研项目、10家左右创业企业进行扶持。入选“留学人员创新项目择优资助计划”项目的，分三个档次分别给予10万元、15万元和20万元资助，主要用于项目的研发、运作和团队建设等。入选“留学人员来肥创业启动支持计划”项目的，分三个档次分别给予20万元、30万元和50万元资助，主要用于企业科研成果转化、开拓市场、贷款贴息、人才引进和团队建设等。

芜湖市

文件标题：芜湖市人民政府关于印发《留学人员芜湖创业园管理办法》的通知
文　　号：芜政〔2004〕26号
发文单位：芜湖市人民政府
发布时间：2004年8月6日
内容摘录：留学人员芜湖创业园（以下简称创业园），设在芜湖经济技术开发区内。创业园的日常管理工作由创业园管理办公室负责。创业园为留学人员创业企业提供注册登记、项目申报、财务代理、人事代理、物业管理、网络通信、信息咨询等系列服务，并提供办公、生产、商务洽谈、会议接待、产品展示等场所。创业园内留学人员及留学人员创办的企业可享受多项优惠政策和优待措施。

文件标题：芜湖市人民政府印发《关于加快推进芜湖市国家自主创新示范区建设的若干政策规定》的通知
文　　号：芜政〔2017〕29号
发文单位：芜湖市人民政府
发布时间：2017年5月31日
内容摘录：加强高层次科技人才团队引进。优化支持方式，对经认定的高层次科技创新创业团队，采用出资参股、债权投入等方式按A、B、C、D四类给予资金支持，最高分别为2000万、1000万、600万、300万元。科技团队创办的企业5年内成功上市，或累计实际缴纳税金（不含土地使用税）达到扶持资金出资总额，可最高奖励团队成员70%的扶持资金。降低高科技人才引进成本。对企业引进科技人才年薪达50万元以上，并在芜湖缴纳个人所得税、工作半年以上、经推荐和公示无异议的，每年按其年薪10%的比例奖励用人单位（150万元以上部分不予奖励），专项用于企业科技研发，奖励资金除省级承担部分外，其他按税收级次归属承担。

文件标题：芜湖市人民政府关于印发《芜湖市扶持高层次科技人才团队创新创业实施办法》的通知
文　　号：芜政〔2019〕36号
发文单位：芜湖市人民政府
发布时间：2019年8月19日
内容摘录：市政府对携带具有自主知识产权的科技成果，在芜创办公司或与市内企业共同设立公司，开展科技成果转化活动的科技团队，以股权投入方式给予支持。市、县区累计扶持资金原则上不超过2000万元，其中市扶持资金原则上分1000万元、600万元、300万元、150万元四个档次。对芜湖经济发展能产生重大影响的重点扶持团队，可采取“一事一议”的方式，支持额度可突破2000万元。科技团队可叠加享受人才和科技创新相关政策，但不包括其他股权激励。

蚌埠市

文件标题：蚌埠市人民政府印发《关于鼓励留学人员来蚌埠工作或为蚌埠服务的若干规定（试行）》的通知
文　　号：蚌政办〔2004〕24号
发文单位：蚌埠市人民政府
发布时间：2004年3月29日
内容摘录：留学人员来蚌埠以外汇投资创办企业，可凭护照和《留学回国人员证书》注册登记，享受外商投资企业的待遇。从事技术转让、技术开发和与之相关的技术咨询、技术服务取得的收入，按有关规定给予营业税征收上的优惠。对留学人员创办企业，在企业注册、土地使用、税务、商检等方面简化手续，减少环节，市行政服务中心为留学人员创办企业提供“一条龙”服务。

文件标题：《中共蚌埠市委、蚌埠市人民政府关于建设蚌埠市人才特区的实施意见》
文　　号：蚌发〔2012〕17号
发文单位：中共蚌埠市委、蚌埠市人民政府
发布时间：2012年7月16日
内容摘录：制定紧缺高层次人才引进暂行办法。加强对我市经济社会发展紧缺高层次人才的引进工作，对来蚌工作服务的，按照不同类别，给予相应的住房补贴、生活津贴，在税收、社会保障、职称评审、子女入学、配偶安置、承担重大科技项目和政府奖励等方面享受优惠待遇；采用年薪制、协议工资、项目工资、绩效工资等灵活多样的工资报酬。健全海外人才联络机制。依托统战、外事、侨务、群团和社会中介等渠道，加强与驻外使领馆、华侨华人社团组织的联络，形成定向寻访和引进海外领军人才、高端人才的网络。

文件标题：中共蚌埠市委、蚌埠市人民政府关于印发《蚌埠市推进人才特区建设若干政策实施细则》的通知
文　　号：蚌发〔2015〕9号
发文单位：中共蚌埠市委、蚌埠市人民政府
发布时间：2015年5月20日
内容摘录：引进或培育国家海外高层次人才引进计划专家、“万人计划”人才，中国科学院“百人计划”专家，给予引育人才50万元安家补贴。引进或培育省“百人计划”特聘专家、省“特支计划”人才及相应层次人才，给予引育人才30万元安家补贴。对省高层次科技人才创业团队来蚌创新创业的，按市“1+2+N”产业扶持政策，采取一事一议办法，由市产业引导基金给予科技团队最高1000万元的支持，并争取省级相应支持。

铜陵市

文件标题：中共铜陵市委办公室、铜陵市人民政府办公室印发《关于引进高层次创新创业人才和团队的实施意见》的通知
文　　号：铜办〔2016〕16号
发文单位：中共铜陵市委办公室、铜陵市人民政府办公室
发布时间：2016年5月31日
内容摘录：加大引进高层次人才安家扶持。刚性引进的符合我市产业发展方向的A、B、C、D类专业型、紧缺型人才，由市人才专项资金分别给予180万元、100万元、60万元、30万元住房安家补贴，分3个年度支付。A、B、C、D类人才领衔的团队可申请市投资参股扶持，并优先推荐申报国家海外高层次人才引进计划、“万人计划”和省“百人计划”“特支计划”专家，对入围人选按国家、省规定标准给予配套资助。

文件标题：铜陵市人民政府办公室关于印发《铜陵市扶持高层次科技人才团队创新创业实施办法》的通知
文　　号：铜政办〔2017〕116号
发文单位：铜陵市人民政府办公室
发布时间：2017年8月16日
内容摘录：每年扶持若干个科技团队在铜创新创业。对科技团队分A、B、C三类予以支持，对每类每个科技团队分别出资参股1000万元、600万元、300万元。由市政府委托市发投公司作为投资人，会同相关县区、铜陵经开区、省属国有企业各出资50%进行扶持。市级科技团队项目申报省科技团队扶持资金，列入省扶持名单的，市与县区、铜陵经开区、省属国有企业按照1：1比例落实扶持资金。

阜阳市

文件标题：《阜阳市人民政府关于进一步推进大众创业万众创新深入发展的实施意见》
文　　号：阜政发〔2018〕17号
发文单位：阜阳市人民政府
发布时间：2018年4月13日
内容摘录：加大对留学人员来阜创新创业扶持力度，每年遴选一批优秀项目和创业企业给予资金支持。加强同港澳地区交流合作，宣传推介我市创新创业支持政策。支持市侨资侨属企业转型升级，组织其积极参与创新创业行动。借助“安徽海外侨胞联络站”等服务平台，吸引海外华人华侨来阜投资创业。

福建省

文件标题：《中共福建省委、福建省人民政府关于鼓励出国留学人员来闽工作的若干规定》
文　　号：闽委〔1992〕20号
发文单位：中共福建省委、福建省人民政府
发布时间：1992年9月15日
内容摘录：出国留学人员可以来闽定居就业，也可以智力回流的形式应聘来闽服务。来闽的留学人员可以在国家机关，全民、集体、乡镇企事业单位、私营、股份制企业或外商投资企业工作；也可以在国（境）外企业（公司）驻闽机构，或我省企事业单位驻国（境）外机构工作。留学人员既可来闽进行技术转让、技术入股、项目承包；也可自办、合办科技企业、股份制企业；还可以个人或国（境）外注册公司的名义在闽投资。

文件标题：福建省人事厅《关于对来闽工作的留学人员实行身份认定和统一派遣的通知》
文　　号：闽人发〔1998〕157号
发文单位：福建省人事厅
发布时间：1998年9月23日
内容摘录：来闽工作的留学人员，应向省留学回国人员工作站索取《出国留学人员来闽登记表》。留学人员在国外所取得的学历证明、学位证书以及成绩或专业技术职务任职资格证书应经过工作站认定，报省人事厅核准后发给《出国留学人员来闽工作证》。经身份认定后留学回国人员可持《出国留学人员来闽工作证》办理派遣、复职等有关手续，纳入我省专业技术人员队伍管理，并享受国内普通高等学校同等学历或学位人员的相关待遇。

文件标题：《福建省人民政府关于加快福建留学人员创业园建设与发展的实施意见的通知》
文　　号：闽政〔2000〕156号
发文单位：福建省人民政府
发布时间：2000年4月7日
内容摘录：凡获得境外长期（永久）居留权或已在境外开办公司（企业）的，经省人事厅身份认定并经省对外贸易经济合作厅批准，按外商投资企业登记注册，注册后可享受外商投资企业的优惠政策；其他留学人员经创业园身份认定，按内资企业登记注册，注册后可享受本省鼓励发展高新技术产业的各项优惠政策；持中国护照的留学人员可凭护照申请注册企业。

文件标题：《中共福建省委、福建省人民政府关于引进高层次人才和青年专业人才的若干规定》
文　　号：闽委发〔2000〕10号
发文单位：中共福建省委、福建省人民政府
发布时间：2000年5月20日
内容摘录：积极扶持福州、厦门等有条件的中心城市创办留学人员创业园，鼓励留学人员携带科技成果来闽从事高新技术产品开发和生产。简化留学人员来闽创办企业审批手续。凡获得国外长期（永久）居留权或已在国外开办公司（企业）的来闽创办企业，经省人事厅进行身份证认定并经省外经贸委批准，按外商投资企业登记注册，注册资金额可按《公司法》规定的最低限额，注册后可享受本省外商投资企业的优惠政策；其他留学人员经省人事厅进行身份认定，按内资企业登记注册，属高新技术企业的可享受本省有关优惠政策。政府在项目扶持、实验设备、技术入股、土地使用等方面提供优惠条件。留学人员在本省兴办高新技术企业可享受项目立项、贴息贷款、风险投资和融资担保等优惠待遇；鼓励留学人员来闽承包、租赁各种经济实体和研究开发机构。

文件标题：中共福建省委、福建省人民政府贯彻落实《中共中央、国务院关于进一步加强人才工作的决定》的实施意见
文　　号：闽委发〔2004〕11号
发文单位：中共福建省委、福建省人民政府
发布时间：2004年10月28日
内容摘录：积极引进留学人员和海外人才智力。坚持“引进来”和“走出去”，加强两岸三地人才交流，搭建闽港人才合作平台，选派业务骨干赴港研修，聘请技术和管理专家到福建工作，实现互补互惠。政府引导、聚集社会力量，加大留学人员创业园投入，为留学人员来闽创业提供良好服务。举办中国留学人员（福建）创业项目竞赛活动，经专家评审确认的优秀项目，省里给予配套资金支持，帮助其落地发展。建立海外人才信息库，加强与海外华人华侨社团、留学生团体、专家组织和国际友好城市的联系，支持高层次人才筹办国际学术会议，积极引进海外人才智力。

文件标题：福建省人民政府办公厅转发《省公安厅、省外办关于简化海外高层次引进人才居留和出入境手续意》见的通知
文　　号：闽政办〔2009〕66号
发文单位：福建省人民政府办公厅
发布时间：2009年4月17日
内容摘录：海外高层次引进人才需在闽申请居留许可的，由就职的工作单位持海外高层次引进人才确认函件向省人事、劳动保障部门申请办理有效期2—5年的《外国专家证》或《外国人就业证》。省人事、劳动保障部门将审批结果抄送省公安厅，以便通知有关设区市公安局办理手续。公安机关在2个工作日内为海外高层次引进人才办结签证或居留许可。经省政府认定对我省有重大、突出贡献以及特别需要的海外高层次引进人才，可以按照国家有关规定，提供省政府出具的推荐函，向拟定居地的设区市公安局出入境管理部门申请《外国人永久居留证》，省市两级公安机关在30日内完成受理审核工作，上报公安部审批。

文件标题：中共福建省委办公厅、福建省人民政府办公厅关于印发《福建省引进高层次创业创新人才暂行办法》等三个文件的通知

文　　号：闽委办〔2010〕2号

发文单位：中共福建省委办公厅、福建省人民政府办公厅

发布时间：2010年1月24日

内容摘录：省政府给予每个海外引进人才200万元人民币补助（其中中央在闽单位或厦门市引进的，省政府给予每人100万元人民币补助）；给予省属（含市、县）单位引进的国内人才每人100万元人民币补助（其中厦门市引进的由其给予补助）。补助资金主要用于科技创新、创业启动和改善工作生活条件等，视同省政府奖金，免征个人所得税；落户到园区创（领）办科技型企业的，由园区提供不少于100平方米的工作场所，5年内免租金；从事科技项目产业化，并由其控股或拥有不低于20%股权的企业，各级政府创业投资资金可按有关规定给予股权投资。

文件标题：中共福建省委、福建省人民政府关于印发《福建省中长期人才发展规划纲要（2010—2020年）》的通知

文　　号：闽委发〔2010〕9号

发文单位：中共福建省委、福建省人民政府

发布时间：2010年11月1日

内容摘录：实施华侨华人和留学人才资源开发政策。完善华侨华人人才引进政策，发挥闽籍华侨华人众多优势，构建政府引导、企事业单位和社会组织广泛参与的多元化引进格局。建立沟通、联谊平台，凝聚闽籍华侨华人，重点促进海外侨领、科学家、企业家以各种形式服务家乡建设。建立海外高层次人才信息库、华侨华人人才库和人才需求信息发布平台。建立海外人才联络站和海外高层次人才特聘专家制度，积极“以才引才”。设立留学回国人员创业启动支持专项资金，对优秀创业项目给予资助。加强留学人员创业园建设，吸引留学人才来闽工作创业。建立海外高层次留学人才来闽工作绿色通道。

文件标题：中共福建省委组织部、福建省公务员局等部门关于印发《福建省引进高层次创业创新人才服务办法》和《福建省引进高层次创业创新人才及团队的工作条件和生活待遇的若干规定》的通知

文　　号：闽人发〔2011〕76号

发文单位：中共福建省委组织部、福建省公务员局、中共福建省委机构编制委员会办公室、中共福建省委教育工作委员会、福建省人民政府国有资产监督管理委员会、福建省人民政府机关事务管理局、福建省经济贸易委员会、福建省发展和改革委员会、福建省财政厅、福建省科技厅、福建省教育厅、福建省人力资源和社会保障厅、福建省卫生厅、福建省公安厅、福建省外经贸厅、福建省住房和城乡建设厅、福建省人民政府侨务办公室、福建省人民政府台湾事务办公室、福建省工商行政管理局、福建省国家税务局、福建省地方税务局、中华人民共和国福州海关、中华人民共和国厦门海关、国家外汇管理局福建省分局

发布时间：2011年5月18日

内容摘录：省财政年度预安排人才专项经费2亿元，专项用于引进高层次创业创新人才补助。省委人才工作领导小组将入选名单发省财政厅，省财政厅根据有关标准将补助资金核拨给省公务员局引进人才服务中心，由该中心将资金拨付各有关单位，用人单位按照有关规定使用。厦门市委人才工作领导小组、中央在闽单位负责落实海外引进人才其余补助资金的发放，免税事宜由省公务员局引进人才服务中心向省地税局（所得税处）发函提供资金补助使用单位和引进人才名单，由省地税局负责落实。

文件标题：中共福建省委人才工作领导小组印发《福建省引进高层次人才评价认定办法（试行）》的通知
文　　号：闽委人才〔2015〕5号
发文单位：中共福建省委人才工作领导小组
发布时间：2015年6月25日
内容摘录：A、B、C三类高层次人才到岗落地后，由省级人才专项经费一次性给予用人单位安家补助。其中，境外引进的，分别按200万元、100万元、50万元的标准给予补助；国内引进的，分别按100万元、50万元、25万元的标准给予补助（中直单位和厦门市引进的，省财政按上述标准的一半补助）。属受派方式引进的，按照上述标准，由省级人才专项经费给予用人单位岗位补贴，同一企业（机构、项目）补贴不超过10人。安家补助（岗位补贴）由所在设区市（平潭综合实验区）或省直、中直部门先行垫付给用人单位，年终统一结算，之后入选福建省引才“百人计划”的，按“就高从优不重复”原则，相应抵扣省级补助部分。确认为福建省引进高层次人才的，相应纳入设区市（平潭综合实验区）或省直、中直单位引进高层次人才计划给予相关政策支持。之后又入选省引才“百人计划”的，按照福建省引才“百人计划”和《福建省引进高层次创业创新人才暂行办法》等规定给予支持。

文件标题：中共福建省委人才工作领导小组印发《关于加强中国（福建）自由贸易试验区人才工作的十四条措施》的通知
文　　号：闽委人才〔2015〕4号
发文单位：中共福建省委人才工作领导小组
发布时间：2015年7月1日
内容摘录：对经确认且正式到岗落地的引进高层次人才，由省级人才专项经费按A类引进高层次人才国内引进的100万元、境外引进的200万元（人民币，视同省政府奖励，下同），B类引进高层次人才国内引进的50万元、境外引进的100万元，C类引进高层次人才国内引进的25万元、境外引进的50万元的标准，给予用人单位一次性安家补助。其中，中直单位和厦门市引进的，省级财政按上述标准的一半进行补助；属受派方式引进的，按照上述标准，由省级人才专项经费给予用人单位岗位补贴，同一企业（机构、项目）补贴不超过10人。入选省引才“百人计划”的，省级补助部分予以相应抵扣。

文件标题：《中共福建省委关于深化人才发展体制机制改革的实施意见》
文　　号：闽委发〔2016〕21号
发文单位：中共福建省委
发布时间：2016年9月9日
内容摘录：完善引才方式。突出“高精尖缺”，更大力度实施省引才“百人计划”。完善引进高层次人才评价认定办法。对具有成长潜力但未入选省引才“百人计划”的创新创业预备项目团队，给予最高200万元资助。允许符合条件的海外高层次人才创办内资企业的，企业注册资本（金）可全部以技术出资。

文件标题：福建省公安厅、福建省教育厅、福建省人力资源和社会保障厅关于贯彻落实《推动非户籍人口在城市落户实施方案》的通知
文　　号：闽公综〔2017〕209号
发文单位：福建省公安厅、福建省教育厅、福建省人力资源和社会保障厅
发布时间：2017年6月28日
内容摘录：留学归国人员申请在就业创业地落户，以留学人员来闽工作通知书或者中国留学服务中心认证的国（境）外学历为依据，凭留学人员来闽工作通知书或者国（境）外学历学位证书（高等教育文凭）、与用人单位依法签订的劳动（聘用）合同（或者本人依法持有的工商营业执照）、《居民户口簿》，向就业创业所在地公安派出所申办落户手续。

文件标题：《福建省人民政府关于强化实施创新驱动发展战略进一步推进大众创业万众创新深入发展的实施意见》
文　　号：闽政〔2017〕49号
发文单位：福建省人民政府
发布时间：2017年11月22日
内容摘录：鼓励海外人才来闽创业创新。实施留学人员来闽创业启动支持计划，开展“中国·福建海外人才创业周”等引才活动，发挥海外科技团体和海归创业联盟作用，畅通海外人才参与科技创新的渠道。

福州市

文件标题：《中共福州市委、福州市人民政府关于鼓励科技人员在榕创业和建立人才资源高地的决定》
文　　号：榕委〔2000〕74号
发文单位：中共福州市委、福州市人民政府
发布时间：2000年6月17日
内容摘录：鼓励留学人员来榕创业。凡获得境外长期（永久）居留权的，经市人事局认定身份及市外经贸委批准，可按外商投资企业登记注册，享受本市外商投资企业的优惠政策。鼓励留学人员自带科技成果来本市从事高新技术产品开发和生产，经市科技行政主管部门认定，可享受本市鼓励发展高新技术产业的各项优惠政策，并可申请市直有关部门对科技产业投入资金的支持。

文件标题：《福州市人民政府关于进一步鼓励和支持留学人员来榕创业的若干意见》
文　　号：榕政综〔2011〕126号
发文单位：福州市人民政府
发布时间：2011年9月23日
内容摘录：在海西高新技术产业园内设立“福州市留学人员创业园”，吸引留学人员进入园区内从事科学研究、产品开发和成果转化。留学人员新创办企业入驻市留学人员创业园，2年内由创业园为其提供100平方米以内免费经营场地，第三年按市场价的50%交纳租金，第四年开始按市场价全额交纳租金。在福州市办理工商注册和税务登记，从事高新技术成果转化和创业咨询服务的留学人员创办企业，在创业园或福州市各类园区、孵化器以外租用各类生产、科研性用房用于创业，经市公务员局、市财政局认定后，3年内由市财政给予场地租金补贴。

文件标题：福州市公务员局、福州市科技局、福州市财政局关于印发《福州市留学人员创业启动资金管理办法》的通知
文　　号：榕人引〔2012〕23号
发文单位：福州市公务员局、福州市科技局、福州市财政局
发布时间：2012年8月14日
内容摘录：市政府每年从财政预算安排的引进高层次优秀人才专项经费中安排留学人员创业启动资金，用于支持留学人员来榕创业和留学人员创办企业创新发展。留学人员创业启动资金以科技项目的形式，资助符合要求的留学人员。入驻福州留学人员创业园和参加福建海外人才创业竞赛获奖并落地福州创办企业的创业项目优先获得支持。

文件标题：《中共福州市委、福州市人民政府关于建设中国福州海西引智试验区的意见》
文　　号：榕委〔2013〕20号
发文单位：中共福州市委、福州市人民政府

发布时间：2013年4月9日

内容摘录：鼓励海外高层次人才来榕创新发展。研究出台适合海外华裔高层次人才需求的海外华人身份制度。对于符合条件的海外高层次人才，市政府给予一次性补助，并在子女入学、配偶安置、医疗、保险、住房、税收、社会保障方面提供优惠待遇。为在榕企事业单位聘请的海外高层次人才办理来华工作许可手续和外国专家证提供绿色通道服务。符合条件的海外高层次人才，可担任我市高等院校、科研院所、国有企业中层领导职务和高级专业技术职务，主持重大科研项目和工程项目，申请政府专项扶持资金。

文件标题：中共福州市委办公厅、福州市人民政府办公厅关于印发《福州市引进高层次优秀人才服务办法》的通知

文　　号：榕委办〔2013〕25号

发文单位：中共福州市委办公厅、福州市人民政府办公厅

发布时间：2013年4月10日

内容摘录：服务对象：（一）入选国家海外高层次人才引进计划的专家；（二）入选福建省“百人计划”的高层次创业创新人才及团队；（三）我市引进的其他高层次优秀人才及团队。市公务员局为服务对象发放“福州市引进高层次优秀人才证书”等证件，凭证可享受本办法规定的绿色通道。市引进人才服务中心设立“市引进高层次人才一站式服务窗口”，安排服务专员负责受理福州市引进人才优惠政策和待遇落实工作，实行“一站式受理、一次性告知、一条龙服务”。

文件标题：福州市人民政府关于印发《福州市引进高层次优秀人才办法》的通知

文　　号：榕政综〔2014〕303号

发文单位：福州市人民政府

发布时间：2014年12月3日

内容摘录：经我市申报，入选国家人才计划、省“海纳百川”高端人才聚集计划的引进高层次优秀人才，我市给予配套奖励。拓宽引进人才渠道，发挥用人单位主体作用，鼓励用人单位灵活采用调动、聘用、合作等多种方式引进国内外高层次优秀人才。鼓励和支持留学归国人员来榕创业。对来榕发展的留学归国人员，经认定，给予5万—30万元的创业启动资金支持；对特别优秀并带项目、带资金、带团队来榕发展的，经认定，给予50万—200万元的创业启动资金支持。

文件标题：福州市人民政府印发《关于贯彻落实省政府大力推进大众创业万众创新十条措施的实施意见》的通知

文　　号：榕政综〔2015〕265号

发文单位：福州市人民政府

发布时间：2015年9月7日

内容摘录：吸引高层次人才和海归人才创业创新。鼓励国家重大引才工程、中科院“百人计划”、省引才“百人计划”等领军人才、高端人才，带技术、带项目、带资金来福州创业创新。按照《福州市引进高层次优秀人才办法》（榕政综〔2014〕303号）等有关人才支持政策，给予相应的住房保障、配偶子女安置等支持。对于符合《福州市留学人员创业启动资金管理办法》的留学归国创业人员（团队），经项目评审后，给予5万—30万元的创业启动资金支持；对特别优秀并带项目、带资金、带团队来榕发展的留学回国创业人员（团队），经评估认定后，给予50万—200万元的创业启动资金支持。吸引海内外高层次人才到自贸片区创业创新，并按照省、市加强自由贸易试验区福州片区人才工作的有关措施给予政策、资金等方面扶持。

文件标题：福州市人民政府印发《关于鼓励引进高层次人才的八条措施》的通知

文　　号：榕政〔2018〕7号

发文单位：福州市人民政府
发布时间：2018年4月12日
内容摘录：给予引进的高层次人才奖励。（一）从境外引进的人才，经认定为A、B、C类人才的，落地后分别给予200万元、100万元、50万元奖励；（二）从境内引进的人才，经认定为A、B、C类人才的，落地后分别给予100万元、50万元、25万元奖励；（三）经认定符合条件的福建省引进高层次A、B、C类人才和福州市三个层次创业创新人才，分别享受180万元、130万元、100万元人才共有产权住房产权份额或每月4000元、3000元、2000元租房补贴（共发放3年）。

文件标题：福州市人民政府办公厅印发《关于进一步吸引引进人才和高校毕业生来榕落户的五条措施》的通知
文　　号：榕政办〔2018〕109号
发文单位：福州市人民政府办公厅
发布时间：2018年5月24日
内容摘录：放宽高校毕业生落户年龄限制。全日制普通高等院校和留学回国人员，本科学历毕业生落户年龄放宽到35周岁（含35周岁）以下、硕士研究生及以上学历毕业生落户不限年龄。高校毕业生及引进人才落户可自行选择落户地址。高校毕业生及引进人才根据自身意愿，自行选择在本人合法稳定住所（含租赁）、就业单位集体户、就业和人事人才中心集体户落户。

文件标题：中共福州市委组织部、福州市人力资源和社会保障局等部门关于印发《关于鼓励引进高层次人才的八条措施》实施细则的通知
文　　号：榕人社综〔2018〕113号
发文单位：中共福州市委组织部、福州市人力资源和社会保障局、中共福州市委机构编制委员会办公室、福州市财政局、福州市经济和信息化委员会、福州市国土资源局
发布时间：2018年5月28日
内容摘录：《八条措施》第一条所称的高层次A、B、C类人才，是指经我市申报认定，符合受聘、合作、创办企业、受派四种方式中的一种及基本条件，同时符合《福建省引进高层次人才评价认定办法（试行）》（闽委人才〔2015〕5号）文件规定的杰出人才（A类）、创业创新领军人才（B类）、急需紧缺创业创新人才（C类）。其中，“从境内引进的”指从福建省外引进的，“从境外引进的”指目前在境外，或者近3年内从境外到大陆（不含福建）工作的（包括自主创业的），超过3年的视同境内引进。

厦门市

文件标题：厦门市人民政府关于印发《厦门市引进留学人员若干规定》和《厦门市留学人员进驻创业园的管理规定》的通知
文　　号：厦府〔2000〕综078号
发文单位：厦门市人民政府
发布时间：2000年7月28日
内容摘录：留学人员来厦创业、工作，不受其出国前户籍所在地限制，凭用人单位证明或者工商营业执照即可向市人事局申领《厦门市留学人员工作证》。厦门市留学人员创业园对进驻的留学人员创办实业给予扶持3年的优惠政策，对进驻的其他企业仍享受高新技术创业中心的优惠政策。留学人员企业租用的用于研究开发和生产的厂房，第一年免交租金，第二年、第三年分别按市场价的50%、80%交纳租金。进驻留学人员创业园的留学人员企业可按优惠价租用园区配套公寓。留学人员企业从入驻之日起，头两年免缴企业所得税，第三年先征后返企业所得税。

文件标题：中共厦门市委办公厅、厦门市人民政府办公厅关于印发《厦门市引进海外高层次人才暂行办法》的通知

文　　号：厦委办发〔2010〕21号

发文单位：中共厦门市委办公厅、厦门市人民政府办公厅

发布时间：2010年4月27日

内容摘录：市属单位入选本市和国家海外高层次人才引进计划的人才，市政府给予每人100万元人民币补助。在厦省部属单位入选本市和国家海外高层次人才引进计划的人才以及市属单位入选省引才计划的人才，市政府再给予每人50万元人民币补助。补助资金视同政府奖金，主要用于改善引进人才的工作生活条件。引进人才进入各区、各类园区创业的，可依照厦门市《关于加快建设海西人才创业港，大力引进领军型创业人才的实施意见》的有关规定享受创业扶持待遇。

文件标题：中共厦门市委办公厅、厦门市人民政府办公厅印发《关于加快建设海西人才创业港大力引进领军型创业人才的实施意见》的通知

文　　号：厦委办发〔2010〕22号

发文单位：中共厦门市委办公厅、厦门市人民政府办公厅

发布时间：2010年4月27日

内容摘录：引进人才创办的企业可获得100万—500万元的市政府创业启动资金；可申请获得300万元至1000万元的政府创业投资资金；可申请获得科技创新贷款贴息，贴息额度为以基准利率计算的贷款年利率的50%，单个项目的贴息年限一般为2年，年贴息额在200万元以内；可申请获得科技创新贷款担保支持，担保资金额不超过300万元。可申请获得最高300万元的科技创新研发资金。特别优秀的项目，可在以上资金扶持的基础上，根据实际需要再给予重点扶持。

文件标题：《厦门经济特区鼓励留学人员来厦创业工作规定》

文　　号：厦门市人民代表大会常务委员会公告第三十一号

发文单位：厦门市人民代表大会常务委员会

发布时间：2011年12月7日

内容摘录：留学人员回国创办企业的，按有关规定享受相应的税收优惠政策。单位支付留学人员引进专利技术、专有技术等科技成果的中介服务费，按规定凭合法凭证在税前列支。留学人员研究开发所需的少量进口试剂、原料、配件、科研仪器设备、样品、样机等，由所在单位向海关提出申请，经批准予以免税。留学人员进入留学人员创业园以及其他留学人员创业创新基地创办高新技术领域的企业，享受高新技术企业的优惠政策，免交企业设立审批费、工商登记注册费等费用，符合条件可以享受下列优惠待遇：申请市留学人员专项资金的资助；申请创业扶持资金；场地租金减免。

文件标题：中共厦门市委办公厅、厦门市人民政府办公厅关于印发《厦门市实施“海纳百川”人才计划打造“人才特区”2013—2020行动纲要》及配套政策文件的通知

文　　号：厦委办〔2013〕10号

发文单位：中共厦门市委办公厅、厦门市人民政府办公厅

发布时间：2013年2月1日

内容摘录：市、区财政每年投入15亿元用于人才工作补助、安家补贴、平台支持、薪酬津贴、培训培育、奖励资金等各项投入，并可随着经济社会发展而逐步增加。瞄准国内发达地区人才政策的优惠度、灵活度并结合我市实际，在居留和出入境、落户、医疗、社保、住房、税收、通关、薪酬、职称、金融服务、政治权利等方面制定人才优惠政策。建立“白鹭英才卡”制度，“白鹭英才卡”分为“金鹭英才卡”和“银鹭英才卡”，分别适用不同层次的人才和优惠政策。

文件标题：厦门市人力资源和社会保障局关于印发《厦门市留学人员身份认定办法》的通知
文　　号：厦人社〔2015〕181号
发文单位：厦门市人力资源和社会保障局
发布时间：2015年8月25日
内容摘录：根据《厦门经济特区鼓励留学人员来厦创业工作规定》（以下简称《规定》），制定本办法。厦门市人力资源和社会保障局是综合管理留学人员的职能部门，其所属的厦门市留学人员管理中心负责认定等具体工作。留学人员的认定应符合《规定》第二条所要求的条件。高层次留学人员应符合《规定》第三条所要求的条件。经认定的留学人员发给《厦门市留学人员身份认定证书》、高层次留学人员发给《厦门市高层次留学人员身份认定证书》。《厦门市留学人员身份认定证书》与《厦门市高层次留学人员身份认定证书》是留学人员在厦门创业或工作享受优惠政策的凭证。

文件标题：厦门市人民政府办公厅关于转发《厦门市高层次留学人员生活津贴发放办法》的通知
文　　号：厦府办〔2015〕165号
发文单位：厦门市人民政府办公厅
发布时间：2015年8月28日
内容摘录：厦门市人力资源和社会保障局是高层次留学人员生活津贴（以下简称“生活津贴”）发放的主管部门。厦门市留学人员管理中心负责生活津贴的受理、审核、发放等具体工作。生活津贴由市财政安排专项资金，专款专用。生活津贴的发放对象为从厦门之外新引进到我市辖区范围内具有独立法人资格的企业和市（区）属机关、事业单位工作的高层次留学人员。生活津贴的发放标准为每人每月两千元，首次发放可从核发之月的前半年起计发，发放期限最长为5年，期满自行终止。对于非全职在厦门工作的高层次留学人员，5年内按实际在厦工作月份发放。

文件标题：中共厦门市委、厦门市人民政府关于印发《关于进一步激励人才创新创业的若干措施》的通知
文　　号：厦委发〔2016〕4号
发文单位：中共厦门市委、厦门市人民政府
发布时间：2016年1月20日
内容摘录：入选市级以上引才计划的领军型创业人才（含入选国家海外高层次人才引进计划、省“百人计划”、市“双百计划”领军型创业人才及入选“海纳百川”人才计划的金鹭英才卡持卡人才），按照《福建省引进高层次创业创新人才暂行办法》（闽委办〔2010〕2号）、《关于加快建设海西人才创业港大力引进领军型创业人才的实施意见》（厦委办发〔2010〕22号）、《厦门市“海纳百川”人才计划优惠政策暂行办法》（厦委办〔2013〕10号）等文件规定，对人才3年内缴纳个人所得税地方留成部分分层次最高予以全额奖励。

文件标题：厦门市人力资源和社会保障局、厦门市财政局关于印发《厦门市留学人员科研项目与交流活动经费资助管理办法》的通知
文　　号：厦人社〔2016〕166号
发文单位：厦门市人力资源和社会保障局、厦门市财政局
发布时间：2016年8月5日
内容摘录：本办法中的经费资助含以下三类：（一）科研项目资助：资助引进到我市企事业单位工作的留学人员启动从国外带来的科研项目；（二）项目配套资助：为获得省级以上留学人员专项科研启动经费的项目提供配套资助；（三）交流活动资助：为本市企事业单位邀请海外留学人员来厦进行学术交流、技术交流等提供部分经费。

文件标题：厦门留学人员创业园管理办公室关于印发《厦门市留学人员进驻创业园的管理规定》实施办法的通知

文　　号：厦创园〔2016〕2号

发文单位：厦门留学人员创业园管理办公室

发布时间：2016年9月7日

内容摘录：《规定》第三条所界定的留学人员身份，由厦门市留学人员服务中心办理认定手续，并核发留学人员身份认定证明。进驻创业园的留学人员企业可享受的优惠政策期限，原则上为3年。《规定》第十四条确定的留学人员企业资金扶持政策，按以下办法落实：（一）由市科技局和市财政局设立厦门留学人员创业扶持资助资金，用于对留学人员创业企业的专项资金、创业扶持资金和创业启动资金资助。（二）配套资本金由留学人员创业园管理办公室负责提出申请，并按市财政局、市科技局联合制定的《厦门市留学人员创业扶持资助办法》（厦科联〔2012〕56号）进行规范运作和科学管理。（三）配套资本金投入比例原则上不超过企业注册资本的49%，单项投入总金额一般不超过500万元。

文件标题：中共厦门市委、厦门市人民政府关于印发《关于深化人才发展体制机制改革加快推进人才强市战略的意见》的通知

文　　号：厦委发〔2017〕16号

发文单位：中共厦门市委、厦门市人民政府

发布时间：2017年7月10日

内容摘录：调整 “双百计划”评审导向，加大人才企业落地后跟进扶持力度，对主营业务收入3000万元以上的“双百计划”领军型创业人才创办企业，按其业务收入的1%给予奖励，奖励金额最高不超过企业当年地方税收留成部分，奖励期限最长3年。依托国家海外工作网络体系、海外人力资源战略伙伴、境内外知名人力资源机构及台湾地区人力资源机构，建设引进高层次人才目标库及留学回国人员意向信息库。围绕全市重点产业和新兴业态，通过举办海外高层次人才创新创业大赛等模式，不断拓宽引才渠道，实现规模化引才。

文件标题：中共厦门市委组织部、厦门市教育局、厦门市人力资源和社会保障局《关于进一步做好高层次人才子女就读中小学和幼儿园工作的通知》

文　　号：厦委组〔2017〕115号

发文单位：中共厦门市委组织部、厦门市教育局、厦门市人力资源和社会保障局

发布时间：2017年8月4日

内容摘录：本通知所指高层次人才是指在厦工作入选市级以上人才计划或经组织人事部门认定的重点人才和归国留学人才等。各级教育行政部门根据相关政策文件精神，凭借下列有效证书或入选文件之一确认对应高层次人才的身份：（一）国家、省级人才（科技）计划入选证书（通知书）或文件；（二）福建省引进高层次创业创新人才入选证书、福建省委人才工作领导小组发放的《福建省引进高层次人才证》（A、B、C三类）、《福建省引进高层次人才证》（B类、台湾）；（三）厦门市引进人才优惠证；（四）厦门市高层次留学人员身份认定证书，留学人员身份认定证书，厦门市留学人员工作证；（五）厦门市人才居住证；（六）金鹭英才卡，银鹭英才卡；（七）省委、市委人才工作领导小组（办公室）印发的各类人才入选文件。

文件标题：《厦门市人民政府关于完善我市户籍迁移政策的通知》

文　　号：厦府〔2018〕257号

发文单位：厦门市人民政府

发布时间：2018年9月21日

内容摘录：放宽高校毕业生、技术工人、留学归国人员落户限制。普通高校本科及以上学历毕业生、所学专业符合我市产业发展规划的普通高校专科学历毕业生、取得人力资源行政部门核发的中级工及以上职业资格

证书的人员、取得国（境）外学历学位证书或者高等教育文凭且经中国留学服务中心认证的留学归国人员，与我市用人单位依法签订劳动（聘用）合同或者依法持有营业执照后，可以按规定将户口迁入我市。

文件标题：厦门市人力资源和社会保障局、厦门市公安局关于印发《重点群体来厦落户实施细则》的通知
文　　号：厦人社〔2018〕246号
发文单位：厦门市人力资源和社会保障局、厦门市公安局
发布时间：2018年9月29日
内容摘录：积极吸纳各类留学回国人员到我市就业创业，其本人、配偶或未成年子女落户根据《厦门经济特区鼓励留学人员来厦创业工作规定》办理。

文件标题：厦门市科学技术局、厦门市财政局关于印发《厦门市留学人员创业扶持办法》的通知
文　　号：厦科联〔2019〕9号
发文单位：厦门市科学技术局、厦门市财政局
发布时间：2019年4月12日
内容摘录：留学人员创业扶持主要有以下几种形式：（一）留学人员专项资金资助；（二）留学人员创业扶持资金；（三）留学人员场地租金减免；（四）科技计划支持；（五）科技金融支持。留学人员创业扶持的对象是在高新技术产业领域由留学人员以资本金或技术投入方式创办的研发生产性企业。符合第六条要求的留学人员，可以申请以下专项资金资助之一：（一）一等资助：满足第六条要求，同时需达到以下要求：企业实际到位注册资本不低于500万元，留学人员持有企业股份不低于50%，拥有自主知识产权。一次性资助50万元。（二）二等资助：满足第六条要求，一次性资助20万元。

文件标题：厦门火炬高新区管委会关于印发《厦门火炬高新区管委会关于进一步加大高层次人才引进培育力度的意见（修订）》的通知
文　　号：厦高管〔2019〕127号
发文单位：厦门火炬高技术产业开发区管理委员会
发布时间：2019年12月2日
内容摘录：将2019年1月1日之后入区的归国留学人员创业项目、国家级创新创业大赛获奖项目纳入高新区人才创业项目储备计划给予扶持。对确定进入高新区创办科技型企业的归国留学人员项目，经审核符合条件的，给予20万元创业扶持资金。其中，归国留学人员为国家级领军人才（非厦门市“双百计划”人才），给予50万元创业扶持资金。对进入高新区创办科技型企业的国家级创新创业大赛获得一、二、三等奖（名）及以上的创业项目和“春晖杯”中国留学人员创新创业大赛入围项目，经审核符合条件的，给予50万元创业扶持资金。

文件标题：中共厦门市委组织部、厦门市财政局、厦门市人力资源和社会保障局印发《关于实施柔性引进人才激励支持若干措施》的通知
文　　号：厦委组〔2020〕17号
发文单位：中共厦门市委组织部、厦门市财政局、厦门市人力资源和社会保障局
发布时间：2020年2月26日
内容摘录：柔性引才是指我市企事业单位在人才引进过程中，突破地域、户籍、档案、社保、人事关系等限制，采取“飞地引才”、顾问指导、短期兼职、项目合作、退休返聘、服务外包、人才租赁等方式，实现“不求所有、但求所用”，为我市经济社会发展提供智力支持。鼓励企业“飞地引才”，对我市用人单位在市外全资设立、非独立核算的研发机构、分公司等，若研发成果、产生效益归本地企业所有和入统，其全职聘用的各类高层次人才可申报各级重大人才工程，入选者享受相应奖励或政策支持。

文件标题：中共厦门市委组织部关于印发《厦门市高层次创新人才和领军型创业人才“双百计划”实施意见》的通知
文　　号：厦委组〔2020〕33号
发文单位：中共厦门市委组织部
发布时间：2020年5月14日
内容摘录：紧紧围绕厦门经济发展需求，用5—10年时间，引进国际国内领先水平的高层次创新人才（“金鹭”高层次创新人才）100名、我市产业发展急需的领军型创业人才（“金鹭”领军型创业人才）500名，进一步打造一支高水平的创新创业创造人才队伍，引领科技创新，促进高技术、高成长、高附加值企业集聚发展。市政府给予入选本引才计划的高层次创新人才每人100万元补助（其中在厦省部属事业单位引进的，市政府给予每人50万元补助）。省部属事业单位与我市共建的单位，根据与我市经济社会发展的关联情况和人才对厦贡献度，其引进人才经研究可按市属单位标准给予资助。补助资金视同政府奖金，主要用于改善引进人才的工作生活条件。领军型创业人才创办的企业可获得100万—500万元的创业扶持资金，根据入选企业不同发展阶段，经考核给予分级兑现。对特别优秀的项目加大支持力度，可通过“一事一议”方式给予1000万—1亿元项目资助。

文件标题：中共厦门市委组织部等五部门关于印发《厦门市高层次人才优惠政策暂行办法》的通知
文　　号：厦委组（2020）77号
发文单位：中共厦门市委组织部、厦门市教育局、厦门市公安局、厦门市人力资源和社会保障局、厦门市卫生健康委员会
发布时间：2020年9月11日
内容摘录：本办法适用对象为经市委人才工作领导小组办公室认定的高层次人才，包括以下类型：（一）金鹭人才：指入选国家、省、市级高层次人才计划且所获等次类型符合《厦门市高层次人才评价认定标准》B类及以上标准之一的领军型人才（以团队方式入选的，主要指排序第一位的人才）；市拔尖人才；入选市“海纳百川”人才计划的领军型人才。符合条件的金鹭人才可由相关主管部门按规定推荐申办“金鹭英才卡”。（二）银鹭人才：指项目处于起步期、成长期的市“双百计划”创业人才；入选市“海纳百川”人才计划的紧缺型骨干人才。符合条件的银鹭人才可由相关主管部门按规定推荐申办“银鹭英才卡”。（三）经市委、市政府按“一事一议”流程研究认定，服务于我市重大招商、建设项目，对我市经济社会发展有突出贡献的其他人才。

三明市

文件标题：中共三明市委人才工作领导小组关于印发《三明市进一步加快人才集聚若干措施》的通知
文　　号：明委人才〔2019〕2号
发文单位：中共三明市委人才工作领导小组
发布时间：2019年11月12日
内容摘录：支持实体企业引进人才与项目。企业与引进人才（团队）首次签订3年（含）以上工作（聘用）合同且有具体合作项目、工作满1年（含）以上，且年度新增税收在100万元（含）以上的，根据企业盈利情况及对当地财政的贡献，3年内从企业发展专项经费中给予适当扶持，年度扶持额度最高不超过50万元。支持高层次人才（团队）研发成果转化。高层次人才（团队）拥有自主知识产权的研发成果在我市转化的，自项目建成投产之日起3年内，按照核心技术产品带动企业新增税收地方留成部分60%的标准，给予科研经费补助，同一人才（团队）、同一项目每年补助最高不超过2000万元。特别是对重点产业引进能够攻克产业发展瓶颈、带动产业结构调整或产生重大经济效益的高层次人才（团队），实行“一事一议”，从人才、科技、工业等专项经费中统筹给予综合补助。

泉州市

文件标题：《中共泉州市委、泉州市人民政府关于贯彻落实中央和省人才工作战略部署进一步加强人才工作的若干意见》
文　　号：泉委〔2005〕9号
发文单位：中共泉州市委、泉州市人民政府
发布时间：2005年1月13日
内容摘录：加大对海外留学人员和海外高层次人才的引进力度，注意引进港澳台等海外人才智力，建立海外人才信息库。有条件的地区可创办国际学校或双语班级，为引进的海外人才提供子女教育服务。组织人事劳动部门建立人才引进协调机制，切实抓好人才政策的贯彻和落实，实行人才引进限时办理，简化手续，特事特办，积极帮助人才解决好科研、工作和生活等实际问题。

文件标题：中共泉州市委、泉州市人民政府关于印发《泉州市引进高层次创业创新人才若干规定》等三个文件的通知
文　　号：泉委〔2010〕53号
发文单位：中共泉州市委、泉州市人民政府
发布时间：2010年6月9日
内容摘录：创（领）办企业的引进人才在项目立项、贴息贷款以及使用科技基金等方面给予大力扶持，并按产业鼓励政策优先安排用地指标，其土地出让金根据产业的科技含量、投产周期给予优惠。对产品产业化生产过程中流动资金不足向银行申请项目贷款的，创（领）办企业所在地政府按50%给予贷款贴息，贴息总额在200万元以内，贴息期不超过2年。落户到园区的科技型企业，由园区提供不少于100平方米的工作场所，3年内免租金。从事科技项目产业化，并由其控股或拥有不低于20%股权的企业，各级政府设立的创业投资资金可按有关规定给予股权投资。产品符合我市政府采购要求的，纳入采购目录，优先推荐使用。缴纳的营业税和企业所得税地方留成部分，按第1年100%、第2年50%、第3年30%的标准奖励给企业用于研发或扩大生产；3年工作合同期间，缴纳个人所得税地方留成部分，当地财政全额奖励返还。

文件标题：中共泉州市委组织部、泉州市公务员局等部门关于印发《泉州市加强高层次人才服务工作的实施意见》的通知
文　　号：泉人综〔2013〕6号
发文单位：中共泉州市委组织部、中共泉州市委编委办、泉州市公务员局、泉州市教育局、泉州市科技局、泉州市公安局、泉州市财政局、泉州市人力资源和社会保障局、泉州市国土资源局、泉州市住房和城乡建设局、泉州市外经贸局、泉州市卫生局、泉州市行政服务中心管理处、泉州市科学技术协会
发布时间：2013年1月9日
内容摘录：高层次人才向已进驻市行政服务中心的部门申请办理相关手续的，可在“泉州市引进高层次人才服务中心”窗口工作人员的引导下，直接到该部门服务窗口申请办理；向未进驻市行政服务中心的部门申请办理相关手续的，“泉州市引进高层次人才服务中心”窗口负责统一接待，并根据高层次人才申请的服务项目，通知、协调相关部门及时办理。

文件标题：《中共泉州市委、泉州市人民政府关于实施人才“港湾计划”的若干意见》
文　　号：泉委发〔2017〕6号
发文单位：中共泉州市委、泉州市人民政府
发布时间：2017年2月17日
内容摘录：优化人才引进政策。完善高层次人才认定标准和认定规定，实施“领军人才+创新团队+创新项目”

的精准引才模式，重点引进1000名以上急需紧缺的高层次人才、100个以上高层次人才团队。对近3年内引进到我市的高层次人才，按照不同层次分别给予10万—200万元的补助资金；对近3年引进到我市的高层次人才团队，给予100万—300万元的专项工作经费。对引进到我市3年以上且拥有持续创新成果的高层次人才（团队），给予滚动支持。对有突出贡献和重大影响力的高层次人才（团队），可根据实际需要，“一事一议”追加支持。确认为市引进人才（团队）的，支持申报中央、省级人才项目，发挥政策叠加扶持的乘数效应。

漳州市

文件标题：中共漳州市委人才工作领导小组关于印发《漳州市引进高层次人才实施办法》的通知
文　　号：漳委人才〔2014〕7号
发文单位：中共漳州市委人才工作领导小组
发布时间：2014年12月31日
内容摘录：引进高层次人才的基本条件：是指从本市行政区域以外引进的、55周岁以下（“两院”院士及其他特殊情况除外），在学术、技术、管理领域具有较高造诣和较突出成果的、我市经济社会发展急需紧缺的各类优秀人才。资金补助。按引进人才的类别给予相应的资金补助，主要用于科技创新、创业启动、培养后备人才和改善工作生活条件等。资金补助标准为第一类200万元，第二类100万元，第三类50万元，第四类30万元，第五类20万元。补助资金从引进当年起，按年度每年年底发放一次，5年内发放完毕。

文件标题：中共漳州市委、漳州市人民政府印发《关于促进人才优先发展的若干措施》的通知
文　　号：漳委发〔2017〕14号
发文单位：中共漳州市委、漳州市人民政府
发布时间：2017年10月31日
内容摘录：大力引进重点人才（团队）项目。建立顶尖人才和重大团队项目“一事一议”制度。研究制定“双创之星”评审标准和扶持办法，市财政每年安排1000万元资金，重点扶持符合评审标准的，具有产业发展前景好、研发水平领先、技术攻关取得重大突破特点的创业创新领军人才和高层次创业创新团队。对能够引领我市相关领域科技创新水平跨越式提升、带来重大经济社会效益的急需或特需高层次人才或团队，通过一企一策、一人一议的方式，从人才、科技、工业等专项经费中统筹给予最高5000万元的综合支持。经我市申报并获评国家海外高层次人才引进计划、“万人计划”或省“百人计划”等高层次人才，按上级拨付资金1：1配套奖励，市、县各承担50%。支持闽南师范大学、175医院加强人才队伍建设，对其新引进的高层次人才纳入我市高层次人才评选补助范围。

江西省

文件标题：江西省人事厅、江西省科学技术厅等部门关于印发《江西省引进海外留学人才的意见》的通知
文　　号：赣人发〔2003〕6号
发文单位：江西省人事厅、江西省科学技术厅、江西省教育厅、江西省公安厅、江西省财政厅
发布时间：2003年2月20日
内容摘录：对入驻省留学人员创业园，经科技行政主管部门认定为高新技术企业的，可按减15％的税率征收所得税；新办的高新技术企业，自投产之日起免征两年企业所得税，享受国家对高新技术企业的税收优惠政策。留学人员创业园区以服务为宗旨，建立高新技术孵化器，为入驻的留学人才创业提供商务、公用、政策咨询、融资等配套服务。

文件标题：江西省人民政府关于印发《中国江西留学人员创业园管理暂行办法》的通知
文　　号：赣府发（2003）7号
发文单位：江西省人民政府
发布时间：2003年4月28日
内容摘录：中国江西留学人员创业园设在南昌高新开发区内。连续3年每年筹集不少于200万元专项资金，用于重点扶持留学人员创业园企业的项目延续、衔接和开发。凡经批准进入创业园的留学人员携带科研项目和技术领办、创办企业，从事产品研发，实施科技成果转化，进行高新技术研究的，可向创业园领导小组办公室申请资助经费。如果落户项目为国家级重大科研项目或国家重点实验室则资助经费可达20万—50万元。

文件标题：《江西省人民政府关于大力推进大众创业万众创新若干政策措施的实施意见》
文　　号：赣府发〔2015〕36号
发文单位：江西省人民政府
发布时间：2015年7月18日
内容摘录：吸引海外高层次人才和赣商回乡创业创新。实施高端外国专家项目，吸引高端海外人才来赣创业创新，有计划、有重点地引进100名能够突破关键技术、发展高新产业、带动新兴学科的战略科学家和领军人才、杰出人才、青年拔尖人才，推动我省创新升级。启动海外医疗科研人才引进计划，支持各级医疗卫生单位及科研机构引进海外医疗科研人才并予以资助。开展引才引智创业创新基地建设试点。实施赣商回乡创业工程，加大对赣商回乡创业的财政、税收、融资服务、用地保障、科技创新、人才支撑等政策扶持力度。

文件标题：江西省人力资源和社会保障厅关于印发《江西省高层次人才引进实施办法》的通知
文　　号：赣才办字〔2015〕16号
发文单位：江西省人力资源和社会保障厅
发布时间：2015年12月27日
内容摘录：本办法所称高层次人才，是指从省外、海外全职引进到江西创新创业的以下四类人才。第一类：中国科学院、中国工程院院士；第二类：国家海外高层次人才引进计划、“万人计划”、长江学者奖励计划、国家杰出青年科学基金、中科院“百人计划”、国家百千万人才工程等国家重大人才工程入选人员，享受国务院特殊津贴的专家；第三类：省部级重大人才工程入选人员；第四类：具有正高级专业技术资格或博士学位，且为我省经济社会发展急需紧缺的人员。

文件标题：《中共江西省委、江西省人民政府关于深入实施创新驱动发展战略推进创新型省份建设的意见》
文　　号：赣发〔2016〕5号
发文单位：中共江西省委、江西省人民政府
发布时间：2016年3月8日
内容摘录：统筹用好国际国内人才资源。实施国际顶尖人才、领军人才、创新团队等创新创业高层次人才引进计划，根据全省重点产业发展方向，每年引进一批高层次创新创业人才团队，重点引进带项目、带成果的人才团队。大力引进赣籍优秀高层次人才、团队和企业家回乡创新创业。探索海外高层次人才引进“绿色通道”机制，吸引留学人员等海外人才归国创业。探索采用年薪工资、协议工资、项目工资等方式聘任高层次科技人才；对引进的特殊人才和团队，实行一事一议、特事特办；对其参与的项目所需保障依法依规给予优先解决和大力支持。

文件标题：《中共江西省委关于深化人才发展体制机制改革的实施意见》
文　　号：赣发〔2017〕4号
发文单位：中共江西省委

发布时间：2017年1月13日
内容摘录：研究制定加强引进海外人才工作的实施意见，鼓励支持各地各单位实施各具特色的引进海外人才项目，从注重引进国外智力向引进外国人才转变。对有助于解决长期困扰我省关键技术、核心部件难题的海外人才，开辟特殊引进渠道，实行特殊支持政策，实现精准引进。在海外人才引进中开展知识产权评议，规避知识产权风险，有效利用知识产权信息发现和引进海外人才。

文件标题：中共江西省委人才工作领导小组关于印发《江西省引进培养创新创业高层次人才“千人计划”实施办法（试行）》的通知
文　　号：赣才发〔2017〕2号
发文单位：中共江西省委人才工作领导小组
发布时间：2017年11月28日
内容摘录：对创新领军人才长期项目和外国专家（长期）项目入选者，自然科学类给予每人200万—300万元的项目资助，人文社科类给予每人20万—50万元的项目资助，金融类给予每人50万—100万元的项目资助；对创新领军人才长期（青年）项目入选者，给予每人100万元的项目资助；对创业领军人才项目入选者，给予每人200万—300万元的项目资助。以上项目资助中，可提取不高于30%的资金用于改善个人生活条件。对高层次创新创业团队入选者，给予每个团队500万—800万元的项目资助。

文件标题：江西省人力资源和社会保障厅关于印发《深化人才发展体制机制改革若干措施》的通知
文　　号：赣人社发〔2017〕54号
发文单位：江西省人力资源和社会保障厅
发布时间：2017年9月30日
内容摘录：加强留学人员创业园和创业孵化基地建设。吸引留学人员等各类人才创新创业，对符合条件的留学人员创业园和创业孵化基地最高可给予一次性补助200万元。到2020年，全省建设省级及以上创业孵化基地200家。

南昌市

文件标题：《南昌市高层次人才优惠待遇“一卡通”实施办法》
文　　号：洪才字〔2012〕2号
发文单位：中共南昌市委人才工作领导小组
发布时间：2012年8月15日
内容摘录：持卡人创办企业的，市工商部门对其开放申请企业名称预先核准远程登记，免收名称登记费和查询费。持卡人承担、申报的科技项目，优先列入本市各类科技项目计划，优先安排市级科技项目经费，优先给予中小企业风险担保。对持卡人申请并获授权的发明专利，资助其一定的代理费、申请费和实审费。对持卡人申请并获授权的实用新型或外观设计专利，资助其一定的代理费和申请费。

文件标题：南昌市人民政府关于印发《南昌市高层次人才创新创业激励办法》的通知
文　　号：洪府发〔2013〕26号
发文单位：南昌市人民政府
发布时间：2013年6月23日
内容摘录：创业平台建设支持：对来我市创业的，优先提供办公用房或厂房；对入驻我市工业园区或留学人员创业园区创业的，提供100—300平方米的办公用房，3年内免租金；对在我市其他区域创业的，给予一次性办公补贴10万元。由市和受益财政按1：1分担。启动资金资助：对来我市创业的，根据其创业项目等级，给予100万—300万的启动资金资助，按项目进展分期拨付。对来我市创业的高层次人才团队在3人以上（含）的，给予200万—400万元的启动资金资助。

文件标题：南昌市人力资源和社会保障局等部门关于印发《江西南昌留学人员创业园管理暂行办法》的通知
文　　号：洪人社发〔2014〕115号
发文单位：南昌市人力资源和社会保障局、中共南昌市委人才工作领导小组办公室、南昌市财政局、南昌高新技术产业开发区管委会
发布时间：2014年5月14日
内容摘录：留学人员企业租用留创园的办公用房，从签订房屋租赁合同之日算起，3年内免收房屋租金。为高层次人才规划建设高新区人才公寓，凡符合条件的留学人员可优先租用，租用面积一般不低于100平方米，租期不超过3年，租金由用人单位和高新区按1：1分摊。入园企业3年内免收所有行政事业性及服务代理收费，所发生的费用在留创园管理经费中列支。凡新落户留创园的企业，从纳税年度起，其上缴的企业所得税高新区地方留成部分，经高新区管委会审核同意，由区财政按100%比例给予奖励，奖励期限不超过3年。

文件标题：中共南昌市委人才工作领导小组办公室、南昌市人力资源和社会保障局、南昌市财政局印发《关于进一步加强江西南昌留学人员创业园建设与管理的若干意见》的通知
文　　号：洪人社发〔2015〕261号
发文单位：中共南昌市委人才工作领导小组办公室、南昌市人力资源和社会保障局、南昌市财政局
发布时间：2015年9月22日
内容摘录：凡进入留创园创业的留学人员，符合《南昌市高层次人才创新创业激励办法》（洪府发〔2013〕26号）和《南昌市建设“人才管理改革试验区”的十项举措》（洪办发〔2011〕4号）规定的资格条件，按程序申报“洪城计划”等经认定后，可享受相关优惠政策与待遇。入园企业租用留创园的办公用房，从签订房屋租赁合同之日起，3年内免收房屋租金和物业管理费。入园企业按租房人取得的学历分别享受以下租用标准：博士学位不超过200平方米，硕士学位不超过150平方米，硕士学位以下不超过100平方米。

文件标题：南昌经开区党工委管委会办公室关于印发《南昌经济技术开发区高层次人才创新创业激励暂行办法》的通知
文　　号：洪经工管办字〔2016〕75号
发文单位：南昌经开区党工委管委会办公室
发布时间：2016年4月25日
内容摘录：对来高新区创业的高层次人才，优先提供办公用房或厂房；对入驻高新区孵化器或留学人员创业园创业的，经评审后，提供100—200平方米的办公用房，3年内免租金。对来高新区创业的高层次人才或团队，根据其创业项目等级，积极协助争取市级启动资金资助，并按市级启动资金1：1给予配套资助，按项目进展分期拨付。市区两级启动资金资助最高可达800万元。对获1年期以上银行贷款（包括政策性银行的软贷款）且未列入其他贴息计划的高新技术产业化项目，积极争取市级贷款贴息支持。高新区按市级贷款贴息额的50%给予配套贴息，贴息期不超过3年，贴息总额最高不超过150万元。

文件标题：《中共南昌市委、南昌市人民政府关于深入推进创新驱动发展战略加快创新型城市建设的实施意见》
文　　号：洪发〔2016〕20号
发文单位：中共南昌市委、南昌市人民政府
发布时间：2016年10月25日
内容摘录：着力引进高层次创新人才。持续实施“洪城计划”，大力引进国内外顶尖人才、领军人才带项

目、带技术、带团队来昌创新创业。继续实施“洪城特聘专家”计划，吸引海内外高层次人才为我市创新创业提供支撑。对引进的高层次技术人才，在户籍办理、住房安排、社会保障、职称评定、子女就学、配偶安置等方面优先予以保障。探索采用年薪工资、协议工资、项目工资等方式聘任高层次科技人才。对引进的特殊人才团队，可采取“一事一议”的方式给予专项支持。

文件标题：《中共南昌市委、南昌市人民政府关于实施“天下英雄城聚天下英才”行动计划的意见》
文　　号：洪发〔2018〕8号
发文单位：中共南昌市委、南昌市人民政府
发布时间：2018年4月26日
内容摘录：实施海外人才引智计划。未来5年，面向海外引进1000名左右海外高层次人才。对高端引智项目，每个资助30万元，领衔专家由市政府聘为“洪城特聘专家”，其他海外专家引智团队项目和个人项目分别资助20万元、10万元。支持“留学归国人员创业园”建设，下放入园项目审核权限。对新创建的创业园，安排首年建设资金、存续期间场地租金，每年补贴管理经费最高20万元。

文件标题：南昌市人民政府办公厅关于印发《南昌市海外人才引智计划实施细则（试行）的通知》
文　　号：洪府厅发〔2018〕84号
发文单位：南昌市人民政府办公厅
发布时间：2018年5月31日
内容摘录：未来5年，面向海外引进1000名海外高层次人才，根据项目效益、用人单位引才成本、专家资历、工作时间等因素，每年遴选20个海外专家高端项目，给予每个项目30万元的经费资助，领衔专家由市政府聘为“洪城特聘专家”；每年遴选40个“洪城海鸥计划”团队项目和40个“洪城海鸥计划”个人项目，分别给予每个项目20万元、10万元经费资助。

文件标题：南昌市科学技术局、南昌市财政局关于印发《南昌市高层次科技创新人才“双百计划”实施办法》的通知
文　　号：洪科字〔2019〕242号
发文单位：南昌市科学技术局、南昌市财政局
发布时间：2019年11月29日
内容摘录：本办法所称高层次科技创新人才“双百计划”是指从2020年起，用5年时间，紧扣我市四大战略性新兴产业和传统优势产业，围绕我市新型研发机构、科技研发平台（工程技术研究中心和重点实验室）、重点企业、重大工程、重要项目和关键技术，面向国（境）外和省外（不含国内同单位、同系统），引进100名（个）高层次科技创新人才与团队（其中，人才50名，团队50个）；面向存量创新人才资源，培养100名（个）能突破关键技术瓶颈、引领产业创新发展的现有高层次科技创新人才与团队（其中，人才50名，团队50个）。对入选“双百计划”个人项目、团队项目的，分别按照20万元、40万元标准给予用人单位项目资助，其中，属于“两院”院士、诺贝尔奖等国际知名科学技术奖项获得者申报的项目，按照每个项目100万元标准给予用人单位项目资助。

文件标题：南昌市人民政府关于印发《南昌市高层次科技人才“洪城计划”实施办法》的通知
文　　号：洪府发〔2020〕29号
发文单位：南昌市人民政府
发布时间：2020年8月10日
内容摘录：“洪城计划”项目的遴选采取以赛代评的方式进行。每年由市科技局通过政府采购方式选择国内外具有3年以上专业资质、工作业绩突出的创业投资公司，面向国（境）外和省外，举办南昌市“洪城计划”

创业大赛。通过大赛选出一等奖、二等奖、三等奖共10个项目（最多不超过10个），分别对应入选“洪城计划”A、B、C类三个项目层次。给予大赛一等奖项目奖金各30万元，二等奖项目奖金各20万元，三等奖项目奖金各10万元。从项目落户之日算起，A、B、C类项目在3年内可分别获得最高不超过600万元、400万元、200万元的创业扶持资金（含项目单位自投资金补助、项目引入风险投资补助）。

九江市

文件标题：《九江市人民政府关于大力推进大众创业万众创新若干政策措施的实施意见》
文　　号：九府发〔2016〕1号
发文单位：九江市人民政府
发布时间：2016年2月3日
内容摘录：吸引海外高层次人才和浔商回乡创业创新。实施高端外国专家项目，吸引高端海外人才来浔创业创新，有计划、有重点地引进10名能够突破关键技术、发展高新产业、带动新兴学科的战略科学家和领军人才、杰出人才、青年拔尖人才，推动我市创新升级。重点扶持江西九江留学人员创业园和九江市大学生创业孵化基地——恒盛科技园、津晶城科技园的发展。重点支持服务共青城市“赣商创业特色产业园”建设，大力提升赣商回乡创业产业承载平台，促进赣商回乡创业的集聚发展。

文件标题：九江市人民政府办公厅关于印发《江西九江留学人员创业园管理办法》的通知
文　　号：九府厅发〔2016〕9号
发文单位：九江市人民政府办公厅
发布时间：2016年4月19日
内容摘录：江西九江留学人员创业园由市财政每年安排300万元专项资金用于吸引和鼓励留学人员回国创业，重点扶持留学人员创业园企业的项目延续、衔接和开发；创业园所在的县（市、区）进行资金配套，按市里到位资金1：1的比例匹配。凡经批准进入创业园的留学人员携带科技项目和技术领办、创办企业，从事产品研发，实施科技成果转化，进行高新技术研究的，可向创业园领导小组办公室申请一次性创业资助资金10万—30万元。如果落户项目为国家级重大科研项目或国家重点实验室的，则一次性创业资助资金为30万—50万元。

文件标题：江西九江留学人员创业园领导小组办公室关于印发《九江留学人员创业园优惠政策认定暂行办法》的通知
文　　号：九留创办字〔2017〕2号
发文单位：江西九江留学人员创业园领导小组办公室
发布时间：2017年1月8日
内容摘录：一般企业10万—30万元，国家级重大科研项目或国家重点实验室项目的企业30万—50万元，支持资金分两期到账。租金按园区优惠价补贴，需用面积在200平方米以内的，前三年全额补助租金，后三年按市场价50%补助租金；超出200平方米的超出部分，3年内按市场价的50%补助租金，每年年初申报前一年租金补贴。留学人员在九江市无自有住房，并且每年连续或累计半年以上在九江居住的，3年内租用自住住房按每月1200—1800元给予租金补贴；需要在九江市区购置自住住房，并在园区工作满5年的，给予一定比例不超过20万元的购房补助，每年年初申报上一年住房补贴。

文件标题：中共九江市委、九江市人民政府关于印发《九江市人才新政30条》的通知
文　　号：九字〔2018〕16号
发文单位：中共九江市委、九江市人民政府
发布时间：2018年6月14日

内容摘录：加大对引进高层次人才及团队创业的支持力度。对新引进高层次人才及团队来九江创办高新技术企业达到规模以上的，经认定后分三年给予500万—1000万元的项目资金支持；对企业新引进掌握国际领先技术、生成重大项目并带动产业集群发展的领军人才及团队，实行特事特办、一人一策，经认定后分三年给予1000万—2000万元的项目资金支持。完善留学人员回国和外籍人才服务措施。健全完善九江留学人员创业园管理办法，吸引优秀留学人员来九江创新创业。

文件标题：中共九江市委人才工作领导小组关于印发《九江市“双百双千”人才工程实施办法》的通知
文　　号：九才字〔2018〕3号
发文单位：中共九江市委人才工作领导小组
发布时间：2018年9月12日
内容摘录：围绕九江市工业“百千万”工程，重点打造“5＋1”千亿产业集群，到2022年引进100名创新创业高层次人才，培育100名创新创业领军人才，聚集1000名新兴支柱产业高端人才，培养1000名实用型带头人才。凡入选对象，将进行为期3年的重点培养。对入选高端柔性特聘人才培育计划的，在培养周期内给予5万—10万元的项目资金支持；其他入选对象，按照中共九江市委、九江市人民政府关于印发《九江人才新政30条》的通知（九字〔2018〕16号）规定，给予项目资金支持等政策支持。

新余市

文件标题：中共新余市委、新余市人民政府印发《关于实施促进人才发展政策三十条的意见》的通知
文　　号：余发〔2018〕10号
发文单位：中共新余市委、新余市人民政府
发布时间：2018年5月9日
内容摘录：创新实施“新余双百人才工程”。未来5年，围绕我市重点产业发展，面向海内外重点支持引进100名左右高端产业发展人才，重点支持培养100名左右创新创业领军人才（高层次创新创业团队）。对入选的人才（团队）给予最高2000万元创新创业资金支持及相关优待政策，所需资金由市财政和受益财政按4：6比例分担。对特别重大的人才（团队）引进，采取一事一议方式，给予滚动支持或追加资助。

山东省

文件标题：中共山东省委、山东省人民政府关于印发《山东省招聘引进人才的政策规定》《山东省引进海外人才智力和国外留学人员的政策规定》《山东省重奖有突出贡献科技人员的政策规定》的通知
文　　号：鲁发〔1992〕14号
发文单位：中共山东省委、山东省人民政府
发布时间：1992年7月24日
内容摘录：海外人才来山东工作 1 年以上的，居留证一次有效期可延长到1年半或2年，也可给予永久居留权。来山东工作经常出入国境的，可办理1至3年的长期有效多次出入境签证。应聘来山东工作时间半年以上的，可凭长期居留证和专家证明，免税带进自用轿车一辆和合理数量的自用办公生活用品。

文件标题：中共山东省委、山东省人民政府《关于加强高层次人才培养引进和使用工作的通知》
文　　号：鲁发〔1998〕12号
发文单位：中共山东省委、山东省人民政府

发布时间：1998年8月12日

内容摘录：多方式吸引优秀海外留学人员。进一步完善我省引进海外高层次留学人员的政策，坚持回国服务和为国服务并重的方针，重点围绕我省高新技术、支柱产业、重大工程和重大关键技术，吸引所需优秀人才。成立山东省留学人员联谊会和留学回国人员工作站，建立留学人员信息库，创造宽松并充满竞争力的人才环境。凡有条件的中心城市都要创办留学人员创业园区，促进科研成果尽快转化为生产力。

文件标题：山东省人民政府关于印发《山东省引进海外高层次留学人员若干规定》的通知

文　　号：鲁政发〔1998〕112号

发文单位：山东省人民政府

发布时间：1998年12月30日

内容摘录：引进海外高层次留学人员坚持回国服务和为国服务并重的原则。海外高层次留学人员可应聘到本省各类企事业单位任职或担任行政管理部门、科研机构的顾问和咨询专家，也可采取技术指导、技术承包、技术入股、合作研究、成果转让等形式为本省建设服务。鼓励海外留学人员来鲁兴办企业或收购中小企业。

文件标题：《山东省人民政府办公厅关于促进留学人员创业园加快发展的意见》

文　　号：鲁政办发〔2005〕41号

发文单位：山东省人民政府办公厅

发布时间：2005年6月9日

内容摘录：积极支持留学人员创业园建设和发展，有条件的市要进一步加大资金投入力度，为高新技术项目提供科研项目启动费和攻关费。对入住留学人员创业园的企业承担的科技攻关项目，在同等条件下优先列入各类科技计划；对入园企业按照国家税收法律、法规规定，经主管税务机关审核后，享受有关企业所得税优惠政策。留学人员创办的企业，经认定为高新技术企业的，当年实现并缴入地方国库的增值税、营业税、企业所得税属于地方收入比上年新增部分，经审核后，由财政部门安排专项资金扶持。

文件标题：中共山东省委办公厅、山东省人民政府办公厅印发《关于加快引进海外高层次人才的实施意见》的通知

文　　号：鲁办发〔2009〕15号

发文单位：中共山东省委办公厅、山东省人民政府办公厅

发布时间：2009年4月29日

内容摘录：我省引进的海外高层次人才，全部授予“泰山学者海外特聘教授（专家）”称号，在聘期内享受泰山学者特聘教授（专家）的有关政策；根据岗位性质，为每位海外高层次人才提供100万元的一次性资助经费，用于开展科研创新活动、创业启动和改善工作生活条件等。对列入海外高层次人才引进计划的引进人才，除中央资助部分外，地方政府给予相应资助经费。

文件标题：《中共山东省委、山东省人民政府关于加强人才工作的意见》

文　　号：鲁发〔2009〕11号

发文单位：中共山东省委、山东省人民政府

发布时间：2009年5月6日

内容摘录：大力引进急需紧缺高端尖子人才。围绕我省重点学科建设和产业发展需求，着眼重大应用型科技成果转化和产业化，集中引进一批世界一流或国内顶尖水平的高端领军人才和科研团队。对引进的海外高层次人才，授予“泰山学者海外特聘教授（专家）”称号，提供100万元的一次性资助经费。完善“山东省留学人员回国创业奖”评选办法，加大对作出突出贡献的海外高层次人才奖励力度。各地各部门要结合自身实际，制定海外高层次人才引进专项计划，有针对性地引进一批海外高层次人才。

文件标题：山东省人力资源和社会保障厅、山东省公安厅、中华人民共和国青岛海关《关于做好海外高层次留学人才居留及入出境服务工作的通知》

文　　号：鲁人社发〔2010〕9号

发文单位：山东省人力资源和社会保障厅、山东省公安厅、中华人民共和国青岛海关

发布时间：2010年1月14日

内容摘录：省人力资源和社会保障厅负责受理海外高层次留学人才办理永久居留、居留许可、多次签证和进出境物品通关免税申请和材料审核工作。符合申请永久居留条件的，报人力资源和社会保障部审批；符合申请居留许可和多次签证条件的，省人力资源社会和保障厅向省公安厅出具统一格式的高层次留学人才身份证明，并抄送具有审批权的高层次留学人才工作所在地公安部门，由当地公安部门按相关规定审批；符合申请进出境物品通关免税条件的，省人力资源和社会保障厅向青岛海关出具统一格式的海外高层次留学人才身份证明，并抄送高层次留学人才工作所在地海关，由当地海关按相关规定审批。

文件标题：山东省人民政府办公厅关于印发《山东省留学人员回国创业奖评选表彰办法》的通知

文　　号：鲁政办发〔2012〕72 号

发文单位：山东省人民政府办公厅

发布时间：2012年11月6日

内容摘录：山东省留学人员回国创业奖，主要表彰有在国（境）外留学经历、回国后在我省经济社会发展建设中作出突出贡献的人员。山东省留学人员回国创业奖评选表彰每两年组织一次。山东省留学人员回国创业奖评审委员会评审确定的表彰人员，由省政府进行通报表彰。省政府向受表彰人员颁发“山东省留学人员回国创业奖”奖牌，一次性给予5万元奖金。

文件标题：《中共山东省委办公厅、山东省人民政府办公厅关于支持留学人员来鲁创业的意见》

文　　号：鲁办发〔2013〕2号

发文单位：中共山东省委办公厅、山东省人民政府办公厅

发布时间：2013年4月10日

内容摘录：留学人员来鲁创办企业，依据相关规定享受我省支持大学生创业的各项优惠政策。经认定为留学人员企业的，依据本意见及有关规定，享受留学人员来鲁创业的支持政策。组织实施“留学人员来鲁创业启动支持计划”，对创新能力强、发展潜力大、市场前景好的留学人员企业，在创办初始启动阶段予以重点支持。支持和鼓励各地依托经济技术开发区、高新技术产业开发区等载体，大力吸引留学人员来鲁创业。加快留学人员来鲁创业孵化基地、留学人员创业园和海外高层次人才创新创业基地建设。加快建立留学人员创业“一站式”服务窗口，积极为留学人员来鲁创业和留学人员创业园发展提供指导和支持。

文件标题：山东省财政厅、山东省人力资源和社会保障厅关于印发《留学人员来鲁创业启动支持计划专项经费管理办法》的通知

文　　号：鲁财社〔2013〕29号

发文单位：山东省财政厅、山东省人力资源和社会保障厅

发布时间：2013年9月5日

内容摘录：实施留学人员来鲁创业启动支持计划，主要是从全省留学人员创办的企业中遴选部分处于创办初始阶段，创新能力强、发展潜力大、市场前景好的企业给予重点支持。通过资助留学回国人员来鲁创业，推动我省产业结构优化，提高整体自主创新能力，逐步发展一批具有核心竞争力的留学人员高新技术企业，培养一批专业素质高、技术前景好、海外联系广、熟悉国际运作规则的现代企业经营管理人才。创业启动支持计划的申报工作每年组织一次，由省人力资源和社会保障厅按照全省留学回国工作的年度计划安排进行。

文件标题：山东省人力资源和社会保障厅、山东省财政厅关于印发《山东省实施创业孵化基地和创业园区项目管理办法》的通知

文　　号：鲁人社发〔2014〕15号

发文单位：山东省人力资源和社会保障厅、山东省财政厅

发布时间：2014年3月3日

内容摘录：孵化基地和创业园区建设，坚持政府推动、社会支持、市场导向、统筹规划、整合资源、合理布局的原则，以科学发展观为指导，以培育创业主体为目标，以促进创业带动就业为主线，以完善创业服务为重点，在全省培育扶持一批特色突出、功能完善、承载能力强，具有一定示范和辐射带动作用的孵化基地和创业园区，为创业者提供良好的创业环境和创业服务。本办法适用于省内孵化基地和创业园区的认定和管理。创业孵化基地主要培育初始或初创企业，并为之提供相关创业服务；创业园区主要面向初创企业、成长成熟期创业实体，落实创业扶持政策，开展创业服务。

文件标题：中共山东省委办公厅、山东省人民政府办公厅印发《关于进一步完善提升泰山学者工程的意见》和《关于实施泰山产业领军人才工程的意见》的通知

文　　号：鲁办发〔2014〕36号

发文单位：中共山东省委办公厅、山东省人民政府办公厅

发布时间：2014年9月30日

内容摘录：泰山产业领军人才工程重点支持产业创新类、科技创业类、产业技能类领军人才。（一）产业创新类。围绕传统产业改造升级、战略性新兴产业、现代服务业及社会民生产业等重点领域，计划支持600名左右对产业发展有重大引领带动作用的领军人才，形成600个左右的创新团队。根据国家和省重点产业发展趋势，适时拓展工程体系，启动新的人才计划项目。（二）科技创业类。计划支持400名左右带技术、带项目、带资金来我省创办科技企业的领军人才，形成400个左右的创业团队，培育一批高成长性的科技人才企业。（三）产业技能类。计划支持60名引领技术革新、技术改造和技能攻关的产业技能领军人才，带动全省加快建设适应现代产业发展需要的高技能人才队伍。

文件标题：中共山东省委组织部等四部门关于印发《泰山产业领军人才工程科技创业类实施细则（试行）》的通知

文　　号：鲁组发〔2015〕24号

发文单位：中共山东省委组织部、山东省科学技术厅、山东省财政厅、山东省人力资源和社会保障厅

发布时间：2015年4月9日

内容摘录：领军人才及创业企业获得我省本地企业投资，共同投入所办企业的实际到位资金达到1000万元以上的，省财政给予创业启动资金200万元；其他领军人才及创业企业，给予创业启动资金100万元，创业启动资金主要用于创业启动期的各类支出，一次性拨付。领军人才及创业企业在高新区内的，优先享受《关于支持高新区科技型小微企业创新发展的若干意见》（鲁政办发〔2014〕11号）的公共服务和各项扶持政策；在留学人员创业园内的，享受留学人员相关政策支持。

文件标题：山东省人民政府办公厅转发《省科技厅关于加快推进大众创新创业的实施意见》

文　　号：鲁政办发〔2015〕36号

发文单位：山东省人民政府办公厅

发布时间：2015年8月22日

内容摘录：发挥留学人员创业园的载体和服务功能，创造有利条件，吸引国外留学人员或团队携带项目回国转移转化。通过现有省级财政科技资金，实施小微企业“小升高”助推计划，按照国家高新技术企业认定管理的有关标准，加大对小微企业的辅导和培养，规范管理，提升创新能力，支持创业企业健康发展、快速成

长。小微企业申报高新技术企业被省高新技术企业认定管理机构受理的，对其申报过程中实际发生的专项审计、咨询等费用给予资金补助。

文件标题：《中共山东省委关于深化人才发展体制机制改革的实施意见》

文　　号：鲁发〔2016〕22号

发文单位：中共山东省委

发布时间：2016年7月18日

内容摘录：建立精准引才机制，开发网上人才需求精准对接平台，定期派出专业化、小型化团组赴国（境）外点对点对接“高精尖缺”人才，符合条件的经评估认定，可直接入选省级重点人才工程，直接发放人才服务绿卡。对全省重点产业发展能够产生重大影响、具有重大经济社会生态效益的国际一流或顶尖人才团队，实行特事特办、一人一策，通过项目资助、创业扶持、贷款贴息等方式，给予每个人才团队3000万—5000万元的综合资助。对高层次领军人才创新项目，省级引导基金可给予单个项目最高6000万元的直投股权投资支持。加强引进海外人才载体建设，将留学人员创业园纳入我省创业扶持体系，培育扶持一批具有辐射带动作用的省级留学人员创业示范园。

文件标题：山东省人力资源和社会保障厅、山东省财政厅关于印发《山东省实施省级留学人员创新创业示范园项目认定和管理暂行办法》的通知

文　　号：鲁人社发〔2017〕15号

发文单位：山东省人力资源和社会保障厅、山东省财政厅

发布时间：2017年5月15日

内容摘录：支持和引导各类园区、大中型企业、科研开发类事业单位、高等院校等各类主体建设留学人员创业园区，促进全省留学人员创业园的投资主体多元化和管理模式多样化，形成技术、项目、人才和服务资源的集聚优势，带动地方经济结构调整和产业转型升级。对被认定并授牌的省级留学人员创新创业示范园，省里给予一定奖补资金，从省级创业孵化基地和创业园区奖补资金中列支，主要用于为入驻企业提供就业创业服务、创业项目开发、房租减免以及创业园区和孵化基地管理运行经费。

文件标题：《山东省人民政府关于助推新旧动能转换做好当前和今后一段时期就业创业工作的意见》

文　　号：鲁政发〔2017〕27号

发文单位：山东省人民政府

发布时间：2017年9月11日

内容摘录：促进留学回国人员就业创业，实施留学人员来鲁创业启动支持计划，鼓励留学人员以知识产权等无形资产入股方式创办企业。依托重大科研创新项目、重点科研基地和留学人员创业园等平台载体，鼓励和吸引优秀留学回国人员来鲁工作。

文件标题：《中共山东省委、山东省人民政府关于做好人才支撑新旧动能转换工作的意见》

文　　号：鲁发〔2017〕26号

发文单位：中共山东省委、山东省人民政府

发布时间：2017年11月4日

内容摘录：对接新旧动能转换重点产业升级泰山人才工程。单设海外引才名额，对具有国际一流水平、创新能力和工作业绩特别突出的急需紧缺人才，放宽年龄、学历、职称、获奖情况等条件，吸引更多人才来鲁创新创业。优化泰山人才工程现行经费结构，建立更加符合人才成长规律和市场规律的创新创业资助模式。调整泰山产业领军人才科技创业类遴选程序和支持方式，每年面向海内外举办“创业齐鲁·共赢未来”高层次人才创业大赛，将各类拥有优质创业项目的高层次人才纳入支持范围。做大做强引才工作品牌。打造“齐鲁

之约”海外引才活动品牌，省人才工作领导小组每年统筹各市、各成员单位海外招才引智活动，制定年度出访引才专项计划，外事部门统一调配、积极保障。对纳入专项计划的团组赴国（境）外对接的“高精尖缺”人才，符合条件的，经评估认定可直接入选泰山人才工程。

文件标题：中共山东省委组织部、山东省人力资源和社会保障厅、山东省教育厅、山东省公安厅关于印发《山东省高层次人才服务绿色通道规定》的通知

文　　号：鲁人社规〔2018〕5号

发文单位：中共山东省委组织部、山东省人力资源和社会保障厅、山东省教育厅、山东省公安厅

发布时间：2018年2月8日

内容摘录：本规定所指的高层次人才，是指山东省从海内外引进和自主培养的各类高层次人才，主要包括海外高层次留学人才、高层次外国人才和国内高层次专业技术人才、高层次经营管理人才、高层次技能人才等。本规定所指的绿色通道服务，是指山东省为高层次人才在鲁创新创业提供的出入境和居留、户籍、住房、配偶随迁、子女入学、编制、职称、岗位、薪酬等优惠政策和便利服务。山东省向符合条件人才颁发高层次人才绿色通道服务凭证（“山东惠才卡”），高层次人才凭“山东惠才卡”享受绿色通道服务。

文件标题：山东省人力资源和社会保障厅关于印发《助推新旧动能转换重大工程建设行动方案》的通知

文　　号：鲁人社办发〔2018〕26号

发文单位：山东省人力资源和社会保障厅

发布时间：2018年9月10日

内容摘录：实施“海创山东”人才发展计划，面向“十强”产业领域，引进一批海外高层次创新性人才，组织开展海外人才招聘活动，制定面向全体留学来鲁人员的普惠性政策。深化“中国海内外高端人才交流会”活动品牌，引导“十强”产业领域企业加强与海内外高端人才对接交流，引进一批规模大、素质优的高层次人才。绘制“齐鲁英才”地图，以“十强”产业为重点，建立齐鲁人才数据库。加强高层次人才服务，健全完善高层次人才服务绿色通道，完善部门协同机制，提升绿色通道服务能力。

文件标题：中共山东省委组织部、中共山东省机构编制委员会办公室等关于印发《加强新形势下引才用才工作的若干意见》的通知

文　　号：鲁组发〔2019〕12号

发文单位：中共山东省委组织部、中共山东省机构编制委员会办公室、山东省发展和改革委员会、山东省教育厅、山东省科学技术厅、山东省工业和信息化厅、山东省财政厅、山东省人力资源和社会保障厅、山东省卫生健康委员会、山东省审计厅

发布时间：2019年6月28日

内容摘录：实施“十强”产业人才专项行动。围绕“十强”现代优势产业集群，分产业绘制人才开发线路图，每年遴选支持100个左右泰山产业领军人才团队。单设蓝色产业人才专项，每年遴选支持10个左右人才团队。全面推行创业人才“以赛代评”模式。整合资源集中打造“创业齐鲁·共赢未来”创业大赛，每年选拔100个左右人才团队。

济南市

文件标题：济南市人民政府印发《关于鼓励出国留学人员来济南工作的若干规定的补充规定》的通知

文　　号：济政发〔2001〕26号

发文单位：济南市人民政府

发布时间：2011年8月21日

内容摘录：出国留学人员来济创办企业，可凭护照直接注册登记，注册资本金可按有关最低标准执行。对留学回国人员创办的企业，有关部门要优先给予办理有关手续，并免收手续费。凡国家部委划拨给我市留学回国人员的科研资助经费，市财政按国家规定的1：2的比例予以匹配。

文件标题：济南市人民政府关于印发《济南市引进海内外高层次人才规定》的通知
文　　号：济政发〔2009〕13号
发文单位：济南市人民政府
发布时间：2009年5月25日
内容摘录：对来济创办高新技术企业，且其项目具有独立自主知识产权，技术成果国际领先、能够填补国内空白，并具有较高科技含量、良好市场潜力和产业化条件的，给予50万—300万元的创业启动资金。对来济创办高新技术企业，特别优秀且在济定居的高层次领军创业人才，一次性给予30万—100万元不等的安家费。从事符合本市重点发展领域的科技开发项目，并由高层次人才控股或拥有不低于20%股权的企业，经论证和审核，根据其项目的投资需求，由政府提供50万—200万元的科研启动资金，并引导市属风险投资公司给予最高可达500万元的股权投资，股权投资比例最多不超过项目实际投资总额的30%。

文件标题：济南市人民政府办公厅关于印发《济南市引进海内外高层次人才专项资金管理暂行办法》的通知
文　　号：济政办发〔2010〕5号
发文单位：济南市人民政府办公厅
发布时间：2010年2月20日
内容摘录：对来我市创办高新技术企业，且其项目具有独立自主知识产权，技术成果国际领先、能够填补国内空白，并具有较高科技含量、良好市场潜力和产业化条件的，给予50万—300万元的创业启动资金。对在我市创业的高层次人才，以及在我市企业和市属高等院校、科研院所、医疗机构、金融机构、专业服务机构、重点实验室、工程技术研究中心、博士后科研工作站等单位，受聘担任科研带头人或高级管理职务的高层次人才，其应纳税年收入在12万元以上部分，每年按其所缴纳的个人所得税额本市留成部分的50%给予补贴，每年最高补贴30万元，补贴期不超过5年。对来我市创办高新技术企业的高层次领军创业人才，特别优秀且在济南定居的，一次性给予30万—100万元不等的安家费。

文件标题：济南市人民政府办公厅关于印发《济南市引进海内外高层次人才绿色通道服务暂行办法》的通知
文　　号：济政办发〔2010〕21号
发文单位：济南市人民政府办公厅
发布时间：2010年4月7日
内容摘录：我市引进的海内外高层次人才凭市海内外高层次人才引进工作小组办公室出具的相关证明，享受本办法规定的绿色通道服务。绿色通道服务包括：出入境服务、户籍办理、工商服务、税务服务、海关服务、金融服务、子女入学、医疗保健、社会保险等。

文件标题：济南市人民政府关于印发《济南市人才居住证实施暂行办法》的通知
文　　号：济政发〔2010〕12号
发文单位：济南市人民政府
发布时间：2010年5月24日
内容摘录：非济南户籍的海内外人才来我市创新创业，符合下列条件之一的，可以按照自愿原则申领《居住证》：（一）《济南市人民政府关于印发济南市引进海内外高层次人才规定的通知》（济政发〔2009〕13号）确定的高层次人才；（二）在国（境）外取得硕士（含，下同）以上学位，或在国内取得博士学位的人才；（三）在国（境）外知名高校、科研院所等担任相当于助理教授以上，或在国内担任副高以上专业技术职务且具有硕士以上学位的人才；（四）在国（境）外取得学士以上学位或在国内取得本科以上学历后到国外进修（做访问学者）1年以上，拥有自主知识产权、技术先进、市场潜力和预期效益较大的项目或规模创业资金，且符合本市经济建设和社会事业发展急需适用的人才。

文件标题：《中共济南市委、济南市人民政府关于建设“齐鲁人才特区”的意见》
文　　号：济发〔2011〕13号
发文单位：中共济南市委、济南市人民政府
发布时间：2011年8月4日
内容摘录：强化“5150”品牌效应，以引进行业领军型人才为重点，实施“5150引才倍增计划”。通过拓展海外系列推介活动，强化海外联络处作用，发挥政府驻外办事机构作用，积极参与重大人才活动，扩大中介引才，鼓励以才引才等措施，持续引进大批海内外高层次人才，实现国家、省重大人才工程第一层次人选与行业领军型人才等高层次人才数量倍增。带动市“千、万”层次引才工程实施，在人才特区积极引进大批科技、金融、法律、国际商务、现代物流等方面的急需紧缺人才，形成产业发展的人才支撑。

文件标题：中共济南市委办公厅、济南市人民政府办公厅印发《关于实施海内外高层次人才引进倍增计划的意见》的通知
文　　号：济厅字〔2012〕15号
发文单位：中共济南市委办公厅、济南市人民政府办公厅
发布时间：2012年4月21日
内容摘录：引进的高层次创新创业人才按照《市引才规定》，相应享有创业启动资金、科研启动资金、科研经费、安家费、个人所得税返还等扶持。对于一次集中引进的创新创业团队，可获得最高500万元经费支持。创新团队核心领军人才享受高层次创新人才工作津贴，创业团队核心领军人才享受创业扶持资金，其他团队成员符合《济南市引进海内外千层次创新人才实施办法》条件的，可享受相应安家费支持。引进的创新团队可推荐申报参加市优秀创新团队评选。纳入中央、省重大人才工程的我市引进的高层次人才，驻济企业经中央、省里引进的高层次人才，均可同时享受中央、省、市的引才政策优惠待遇。对全市产业发展影响巨大、特别优秀的高端领军型人才和团队，一人一策、一事一议，以特殊政策引进服务和扶持。

文件标题：中共济南市委办公厅、济南市人民政府办公厅印发《关于实施海内外高层次创业人才企业发展计划的意见》的通知
文　　号：济厅字〔2012〕16号
发文单位：中共济南市委办公厅、济南市人民政府办公厅
发布时间：2012年4月21日
内容摘录：“5150人才企业发展计划”面向济南市引进的高层次创业人才企业，支持对象须符合以下基本条件：1. 创业人才入选市“5150引才计划”“5150引才倍增计划”，每年在济工作6个月以上，已申请并获批全部市级创业扶持资金或科研启动经费。国家“千人计划”和“泰山学者海外特聘专家”人选优先支持。2. 创业人才企业属于电子信息、生物医药、新能源新材料、高端装备制造等战略性新兴产业领域，企业技术水平国际国内先进；已经持续具有销售收入，具有迅速发展壮大潜力。

文件标题：济南市人力资源和社会保障局、济南市财政局关于印发《济南留学人员创业项目国际企业孵化园专项经费使用管理办法》的通知
文　　号：济人社发〔2014〕116号
发文单位：济南市人力资源和社会保障局、济南市财政局
发布时间：2014年6月16日

内容摘录：留学人员创业项目国际企业孵化园专项经费用于以下范围：（一）孵化园办公场地的租赁费、水电、采暖等相关费用；（二）孵化园办公区域的场地改造、装修，办公设备的采购、公共实验室建设等相关费用；（三）海外高层次留学人才、创业团队、创业企业的引进费用，包括宣传推介、咨询服务、专家评审、市场调研和技术支持以及海外企业代表、高层次创业人才来济考察等费用；（四）对孵化园引进的留学人员企业或团队创业前期资金扶持；（五）管理费用。主要用于留学人员创业项目国际企业孵化园日常管理支出，包括管理团队人员费用。

文件标题：济南市人民政府关于印发《济南市实施创新驱动发展战略加快创建国家创新型城市若干政策》的通知
文　　号：济政发〔2014〕22号
发文单位：济南市人民政府
发布时间：2014年12月10日
内容摘录：对我市“5150”等高层次引进人才在启动创业、科研开发、定居安家等方面给予扶持，在办理出入境、户籍、工商税务、海关、金融、子女入学、医疗保健、社会保险等手续时提供绿色通道服务。对特别优秀的高端领军型人才和团队，给予重点扶持和服务。支持高端科技人才创新创业。我市“5150”人才所创办的企业，年销售收入首次达到2000万元、5000万元、1亿元的，依据企业研发投入分别给予最高50万元、100万元、200万元产品研发创新扶持。

文件标题：《中共济南市委、济南市人民政府关于实施“泉城双创”人才计划的意见》
文　　号：济发〔2016〕20号
发文单位：中共济南市委、济南市人民政府
发布时间：2016年6月9日
内容摘录：深化提升“5150引才计划”，从2016年起，用5年时间，以各类企业、园区、产业基地等为依托，面向海内外重点引进并择优支持300名（个）左右“高精尖缺”领军人才（团队），着力打造拥有关键技术、引领新兴产业、带动转型升级的高端创新创业人才队伍。泉城“5150引才倍增计划”分创新、创业两类。对入选的团队，市财政给予100万—1000万元资助，对入选的高层次人才，市财政给予50万—500万元资助，县（市）区（含济南高新区，下同）给予配套资助。优先支持各县（市）区已纳入支持范围的人才，获得社会性资金（包括创业投资机构、银行、其他类型金融机构等）支持或与本土企业嫁接创业的人才。

文件标题：济南市人力资源和社会保障局印发《关于全市人社系统服务“四个中心”建设实施“泉城1111”人才支撑计划的意见》的通知
文　　号：济人社发〔2016〕95号
发文单位：济南市人力资源和社会保障局
发布时间：2016年7月18日
内容摘录：完善留学人员创业服务平台和留学人员国际企业孵化平台建设。实施留学回国人员创业引领行动计划，加强济南留学人员创业园和济南国际企业孵化园建设，加大对留学人员创业载体的扶持力度，对于市级以上留学人员创业园和国际企业孵化园给予最高100万元资金扶持。鼓励支持留学人员来济创业，对留学人员新创办的企业和外国跨国企业，符合条件的，给予20万元的企业启动资金。力争用3年左右的时间，新建市级留学人员创业园区和国际企业孵化园3家，新增留学人员企业150家。

文件标题：《济南市人民政府关于深化人才发展体制机制改革促进人才创新创业的实施意见》
文　　号：济发〔2017〕16号
发文单位：济南市人民政府
发布时间：2016年7月18日

内容摘录：深化泉城“5150”引才倍增计划。新来济创新创业的国家海外高层次人才引进计划、“万人计划”、泰山学者、泰山产业领军人才等国家和省部级重点人才工程入选人才，直接纳入泉城“5150”引才倍增计划管理服务范围，其中全职引进的，分别参照“5150”引才倍增计划A类、B类创业创新人才项目资助。对我市自主申报入选国家海外高层次人才引进计划、“万人计划”、泰山学者、泰山产业领军人才的，按照国家、省人才资助经费额度给予入选人才1∶1配套资助。

文件标题：《济南市人民政府关于助推新旧动能转换进一步做好就业创业工作的实施意见》
文　　号：济政发〔2017〕35号
发文单位：济南市人民政府
发布时间：2017年12月30日
内容摘录：促进留学回国人员就业创业，鼓励留学人员以知识产权等无形资产入股方式创办企业。依托重大科研创新项目、重点科研基地和留学人员创业园等平台载体，鼓励和吸引优秀留学回国人员来我市工作。

青岛市

文件标题：中共青岛市委、青岛市人民政府关于印发《青岛市引进高层次优秀人才来青创新创业发展的办法》的通知
文　　号：青发〔2008〕19号
发文单位：中共青岛市委、青岛市人民政府
发布时间：2008年12月18日
内容摘录：鼓励和支持企事业单位结合项目需要引进领军型归国留学人员和优秀创新团队。对带技术、带项目、带资金来青创新创业发展的优秀归国留学人员和创新团队，经认定，从市人才发展专项资金中一次性给予50万—200万元创业启动资金。在我市市级以上重点产业发展园区设立“人才特区”，鼓励和支持其引进优秀人才和团队，形成创新创业群体优势。进入“人才特区”的优秀人才可享受更加优惠的扶持政策。

文件标题：中共青岛市委办公厅、青岛市人民政府办公厅《关于实施“青岛英才211计划”加快推进“百万人才集聚行动”的意见》
文　　号：青办发〔2012〕19号
发文单位：中共青岛市委办公厅、青岛市人民政府办公厅
发布时间：2012年11月5日
内容摘录：对创业创新领军人才，给予30万—100万元安家补贴；根据项目规模和进度，给予50万—400万元资金支持；提供100—200平方米办公用房、60—120平方米人才公寓，3年内免收租金，所免租金全额补贴。对创业项目取得社会化风险投资支持的，可给予风险投资总额20%的风险跟投支持，跟投总额不超过200万元。对获得银行贷款的，给予当年利息额50%的贷款贴息，贴息总额不超过100万元。创业创新领军人才在居留和出入境、落户、医疗、子女入学、配偶安置、住房、税收等方面享受“一卡通”服务。

文件标题：青岛市人力资源和社会保障局关于印发《青岛市海外高层次人才社会保险工作暂行办法》的通知
文　　号：青人社字〔2013〕133号
发文单位：青岛市人力资源和社会保障局
发布时间：2013年11月28日
内容摘录：海外高层次人才及其配偶、子女，均可按我市社会保险有关政策参保缴费。在达到法定退休年龄前，与用人单位建立劳动关系的，通过用人单位缴纳社会保险。没有用人单位的，可按我市灵活就业人员或城镇居民医疗保险有关规定参保缴费。

文件标题：《青岛市人民政府关于加快推进科技改革发展的若干意见》
文　　号：青政发〔2014〕12号
发文单位：青岛市人民政府
发布时间：2014年4月29日
内容摘录：加强高端人才引进培育。深入实施“英才211计划”，重点做好高端创新创业人才和团队的引进培育工作。加强人才政策协同，坚持引技与引人并举、引资与引智并重，健全“引、育、用、留”人才政策体系。扩大人才政策支持范围，加大对科技金融、科技中介等各类科技服务业人才的支持。

文件标题：《中共青岛市委、青岛市人民政府关于大力实施创新驱动发展战略的意见》
文　　号：青发〔2015〕8号
发文单位：中共青岛市委、青岛市人民政府
发布时间：2015年6月16日
内容摘录：深入实施“青岛英才211计划”和“青岛111引才工程”，设立创新创业人才基金，制定柔性引进高端人才及团队等政策。制定更加开放的海外人才引进政策，完善房租补贴、设备购置、团队建设等方面支持措施，鼓励海外人才来青创新创业。开展全城创客行动。重点推动以大学生、海外留学人员、科技人员以及技能人才为骨干力量的创客实践活动。

文件标题：《青岛市人民政府关于实施大众创业工程打造创业之都的意见》
文　　号：青政发〔2015〕15号
发文单位：青岛市人民政府
发布时间：2015年6月23日
内容摘录：支持留学回国人员创业。取消妨碍人才自由流动的户籍、学历等限制，营造创业创新便利条件，为新科技、新业态、新模式成长留出空间，不得随意设卡。出台青岛市留学回国人员来青创业启动支持计划，对来青创业的留学回国人员，市财政给予资金扶持；对参加中国青岛留学回国人员创业创新大赛，获奖并落地的创业项目，市财政给予奖补。加大对市本级创业孵化基地（中心）、留学人员创业园区、博士创业园、海洋人才创业中心、青岛创业大学的扶持力度，市财政给予补助；被认定为省级创业示范平台的，按照省级标准给予奖补。

文件标题：青岛市人力资源和社会保障局、青岛市财政局关于印发《留学回国人员来青创业启动支持计划实施细则》的通知
文　　号：青人社字〔2016〕1号
发文单位：青岛市人力资源和社会保障局、青岛市财政局
发布时间：2016年1月3日
内容摘录：创业项目支持。留学回国人员在我市创办企业、民办非企业机构或从事个体经营，依据相关规定享受我市创业培训、创业孵化、创业补贴、带动就业补贴、创业贷款、税收优惠、人才储备、创业投资、创业项目评比、创业路演等各项支持大学生创业优惠政策。创业启动支持。通过举办留学回国人员创业大赛等形式，定期组织海内外留学人员来青将自己的项目通过答辩、演示、路演等方式进行展示，重点面向留学回国人员初创企业和初始企业，对创新能力强、发展潜力大的优秀创业团队和市场前景好、带动就业效果明显兼具产业价值、社会价值的项目，给予一定的奖彰，并对落地青岛的获奖项目给予创业启动奖励，以加快其成果转化，助推企业快速发展。

文件标题：中共青岛市委组织部、青岛市科学技术局、青岛市财政局关于印发《青岛市科学技术局创业创新领军人才计划实施细则》的通知
文　　号：青科字〔2016〕4号

发文单位：中共青岛市委组织部、青岛市科学技术局、青岛市财政局
发布时间：2016年6月8日
内容摘录：领军人才计划分为创业领军人才、创新领军人才两类。根据评审结果，分别给予100万元创业创新研发补助和30万元安家补贴。符合相关条件的，领军人才还可申请创新平台建设、成果转化、投融资服务等方面的支持。领军人才在办公用房、“一卡通”服务、国家和省人才计划配套资金等方面的政策按有关文件规定执行。

文件标题：《青岛市人民政府关于助推新旧动能转换进一步做好就业创业工作的实施意见》
文　　号：青政发〔2017〕27号
发文单位：青岛市人民政府
发布时间：2017年12月5日
内容摘录：实施留学人员创新创业启动支持计划。促进留学人员创业就业，鼓励留学人员以知识产权等无形资产入股方式创办企业，将海外高层次人才创业纳入就业创业政策扶持范围。将留学人员创新创业启动支持计划纳入购买公共就业创业服务成果体系，对赛事举办、创业路演、项目奖励等给予资金保障。举办中国青岛海外高层次人才创业创新大赛，对获奖创业项目给予资金奖励、园区入驻、风投对接等扶持。加强留学人员创业园建设，为留学人员来青创业提供平台保障和服务支撑。强化留学人员服务，提高留学人员学历认证、来青落户等手续办理的服务效率和质量，依法为全国重点引才计划引进人才及由政府主管部门认定的海外高层次留学人才申请永久居留权提供便利。

文件标题：《青岛市人民政府办公厅关于推动大众创业万众创新示范基地建设的实施意见》
文　　号：青政办发〔2018〕8号
发文单位：青岛市人民政府办公厅
发布时间：2018年4月6日
内容摘录：支持海外人才来青创业。实施留学人员创新创业启动支持计划。促进留学人员就业创业，鼓励留学人员以知识产权等无形资产入股方式创办企业。举办中国青岛海外高层次人才创业创新大赛，对获奖创业项目给予资金奖励、园区入驻、风投对接等扶持。创新举办中国青岛蓝色经济国际人才暨产学研合作洽谈会，引进更多海外高层次人才来青创业创新。加强留学人员创业园建设，做好人才引进、项目转化、政策扶持、园区管理等工作，为留学人员来青创业提供平台保障和服务支撑。强化留学人员服务，提高留学人员学历认证、来青落户等手续办理的服务效率和质量，依法为全国重点引才计划引进人才及由政府主管部门认定的海外高层次留学人才申请永久居留提供便利。

文件标题：青岛市人力资源和社会保障局关于印发《共建留学人员创业园区管理暂行办法》的通知
文　　号：青人社字〔2018〕16号
发文单位：青岛市人力资源和社会保障局
发布时间：2018年4月8日
内容摘录：市人力资源社会保障局在规划指导、协作联动、政策扶持、人才引进、项目申报、宣传推介等方面对共建园区提供支持。（一）省级留学人员创新创业示范园、市级留学人员创新创业示范园从共建留学人员创业园区中遴选推荐；（二）积极组织和支持共建留学人员创业园在海内外开展人才招聘、招商引资活动；来青开展指导咨询、创业发展的海外高层次人才及团队，或有关组织、专业人士等推荐的海外人才及项目，市人力资源社会保障局优先向共建留学人员创业园进行推荐；（三）在申请留学回国人员创业启动支持计划、泰山产业领军人才评选等人才项目、人才工程遴选方面，市人力资源社会保障局对共建留学人员创业园给予重点支持；（四）共建留学人员创业园所引进的海外高层次人才，按有关规定享受人才激励、创业就业补贴、创业担保贷款、金融扶持、引进落户、子女入学等优惠政策待遇。

文件标题：中共青岛市委、青岛市人民政府关于实施人才支撑新旧动能转换五大工程的意见
文　　号：青发〔2018〕26号
发文单位：中共青岛市委、青岛市人民政府
发布时间：2018年6月6日
内容摘录：领军人才奖补政策。对全职引进、自主培养的全职在青国家海外高层次人才引进计划专家、“万人计划”专家、泰山系列人才工程人选等高层次人才，给予配套支持；对柔性引进的，连续3年按照其上年度在青劳动报酬　（作为第一大股东或企业法人代表的，按照企业在青纳税额与个人占股比例之积）的30%给予资助，上不封顶。

文件标题：青岛市人民政府办公厅印发《关于强化科技引领加快推进国际化创新型城市建设若干政策措施》的通知
文　　号：青政办发〔2020〕18号
发文单位：青岛市人民政府办公厅
发布时间：2020年10月21日
内容摘录：集聚高层次创新创业人才。加大海内外高层次人才引进培育力度，健全以创新能力、质量、贡献为导向的科技人才评价体系。实施青岛领军人才计划，根据项目认定层次给予一定资助。对创办科技企业近3年累计获得2000万元以上股权类现金融资的人才，择优纳入领军人才计划。试行“以赛选才”，项目获得国家、省、市创新创业大赛二等奖及以上且在中国（山东）自由贸易试验区青岛片区、中国—上海合作组织地方经贸合作示范区落地的人才，经审核认定，直接纳入领军人才计划。

文件标题：《中共青岛市委关于加快建设创业城市的十条意见》
文　　号：青发〔2020〕16号
发文单位：中共青岛市委
发布时间：2020年10月24日
内容摘录：汇聚天下英才来青创业创新。向一切人才敞开大门，集聚更多高知识水平、高能力素质的人才，共建、共创、共享“青春之岛”。用最大的诚意集聚人才。实施青年英才聚青行动，对引进世界大学排名前200名高校和自然指数前100名高校、科研院所以及“双一流”建设高校优秀毕业生的，给予用人单位培养经费补贴。大力引进顶尖人才（团队），对获诺贝尔奖、世界级水平科学家、两院院士等经确认的顶尖人才（团队），给予项目最高1亿元综合资助，给予个人最高500万元安家费。抓住世界经济、科技布局重构的契机，大力引进海外人才（团队），实施全球猎才行动，重点突破“工业互联网”和“泛人工智能”人才基础问题。支持我市头部企业设立海外人才离岸创新创业基地，鼓励就地集聚人才、进行科技创新、促进项目输入、引导资本回流，对聘用的当地人才，纳入各级“人才工程”评审，给予奖励支持。

文件标题：中共青岛市委办公厅、青岛市人民政府办公厅印发《关于实施“青岛菁英工程”的意见》的通知
文　　号：青厅字〔2020〕38号
发文单位：中共青岛市委办公厅、青岛市人民政府办公厅
发布时间：2020年12月31日
内容摘录：青岛产业领军人才在管理期内享受人才津贴和项目资助。（一）人才津贴：一类项目给予每位团队带头人500万元；二类项目给予每位团队带头人100万元，均按30%、30%、20%、20%的比例在管理期内逐年发放，鼓励团队带头人与核心成员根据贡献度合理分配；三类项目按照每位领军人才4000元/月标准逐月发放。（二）项目资助：根据项目认定层次，由市、区（市）两级财政给予项目资助，市级财政以股权投资方式予以扶持。同时，通过人才创新创业生态联盟、平台地图和人才工作综合体等，为产业领军人才提供法律、政策、引才、孵化、项目、金融、培训等综合性服务。

文件标题：中共青岛市委办公厅、青岛市人民政府办公厅印发《关于促进产才融合发展的若干措施》的通知
文　　号：青厅字〔2020〕39号
发文单位：中共青岛市委办公厅、青岛市人民政府办公厅
发布时间：2020年12月31日
内容摘录：每年遴选激励一批促进产业配套完善、补齐产业链“断点”的新落地项目领办人（在促进项目落地、企业转型升级、企业产值倍增、企业纳税大幅提升过程中作出突出贡献的个人），按照实缴注册资本的5‰，给予最高不超过400万元奖励；或在项目落地后，按照企业第一个完整年度所产生地方财政贡献总额的10%给予奖励。突破顶尖人才认定标准，聚焦13个重点产业，引进5—10名（个）掌握关键核心技术、创新商业模式等能够打造世界级产业集群的顶尖人才（团队）。全职引进的，给予500万元安家费；团队产业化项目，给予1000万—1亿元股权投资等综合资助。

淄博市

文件标题：《中共淄博市委、淄博市人民政府关于进一步加强人才工作的意见》
文　　号：淄发〔2004〕6号
发文单位：中共淄博市委、淄博市人民政府
发布时间：2004年5月9日
内容摘录：加大吸引海外优秀人才智力的力度。充分利用海外留学人员趋向归国创业的有利时机，制定优惠政策和措施，加强留学人员创业园建设，鼓励他们以多种形式为我市经济和社会发展提供服务。采取团队引进、核心人才带动引进、高新技术项目开发引进等多种方式，建立符合留学人员特点的引才机制，重点吸引高层次人才和紧缺人才。以高新技术开发区和博士创业园、海外留学人员创业园等作为创业载体，加快汇集具有一定规模、比较优势明显的人才群体。

文件标题：中共淄博市委办公厅、淄博市人民政府办公厅关于印发《淄博英才计划实施办法（试行）》的通知
文　　号：淄办发〔2014〕37号
发文单位：中共淄博市委办公厅、淄博市人民政府办公厅
发布时间：2014年12月18日
内容摘录：入选人才所在企业优先享受一次性创业补贴、创业岗位开发补贴，从创业带动就业扶持资金中列支。符合条件的，优先获得小额担保贷款，最高不超过300万元。根据企业实际需求，由企业注册所在区县负责提供不少于100平方米的办公及研发场所和不少于100平方米的住房租赁使用，3年内免收租金。免收的租金由所在区县承担。

文件标题：中共淄博市委印发《关于深化人才发展体制机制改革进一步加强人才队伍建设的意见》的通知
文　　号：淄发〔2016〕25号
发文单位：中共淄博市委
发布时间：2016年10月18日
内容摘录：突出海外人才引进。（一）依托我市境外孵化器和海外专业协会组织，建立海外人才工作站，作为海外引才引智信息平台，年初制定引才任务，对完成任务的给予资金支持。由市人力资源社会保障局定期整合全市人才需求信息，及时将需求发布给海外中介机构，精准对接人才项目，为海外高层次人才来淄创新创业开辟高效便捷的信息渠道。定期举办境外推介活动，组织赴欧美等发达国家举办紧缺人才招才引智推介会。（二）实施“淄博市高端外国专家引进计划”，对获评专家给予30万元的资金支持，鼓励企业长期、高薪聘请高端、紧缺的外国专家。加强淄博留学人员创业园建设，争创省级留学人员创业园。

文件标题：中共淄博市委、淄博市人民政府印发《关于进一步推进人才优先发展的若干措施》的通知
文　　号：淄发〔2017〕34号
发文单位：中共淄博市委、淄博市人民政府
发布时间：2017年12月13日
内容摘录：对我市引进的国际国内一流或顶尖创业人才团队，实行一事一议，市财政给予最高2000万元的资助。对从市外到我市创业的顶尖、高端、高层次人才，市财政分别给予500万元、300万元、100万元的项目启动资金。对我市自主申报入选和全职引进的国家重大人才工程、省级“泰山系列人才工程”及相当层次的人才，市财政分别给予100万元、50万元一次性支持。对企业自主申报或全职引进市级及以上重点人才工程人选的，给予企业负责人最高10万元支持。

文件标题：中共淄博市委组织部等部门关于印发《进一步加强新形势下引才用才工作的若干措施》的通知
文　　号：淄组发〔2019〕31号
发文单位：中共淄博市委组织部、中共淄博市委机构编制委员会办公室、淄博市科学技术局、淄博市工业和信息化局、淄博市财政局、淄博市人力资源和社会保障局
发布时间：2019年11月21日
内容摘录：“一事一议”引才计划。对我市新引进的国际国内一流或顶尖创业人才团队，市财政给予2000万元—5000万元的项目经费资助；对符合我市重大发展战略、拥有关键核心技术、全职引进的顶尖人才团队，采取“一事一议”的办法给予项目支持。高端人才引领计划。对自主申报入选和全职引进的国家重点人才工程、泰山系列及相当层次的人才，市财政分别给予最高300万元、100万元一次性支持，其中40%为人才津贴，60%为科研、项目补助经费。对柔性引进的国家重点人才工程、泰山系列人才，经认定，每年按照劳动报酬30%给予生活补贴，累计总额分别不超过100万元、50万元，资金由市、区县财政各按50%承担。

东营市

文件标题：《中共东营市委关于完善创新人才工作体制机制加快实施人才优先发展战略的意见》
文　　号：东发〔2016〕33号
发文单位：中共东营市委
发布时间：2016年12月31日
内容摘录：实施留学人员创业启动支持计划。吸引留学归国人员到东营就业创业，对创新能力强、发展潜力大、市场前景好的留学人员创业项目，给予10万—20万元的一次性项目补助经费，每年10个左右。我市入选山东省留学人员来鲁创业启动支持计划的项目，纳入市留学人员创业启动支持计划项目管理。

烟台市

文件标题：《烟台留学人员创业园区管理暂行办法》
文　　号：烟台市人民政府令第70号
发文单位：烟台市人民政府
发布时间：1997年9月24日
内容摘录：由留学人员独自创办、领办的留学人员企业享受下列优惠政策：（一）从获利年度起5年内，所得税前两年全部由财政返还，后三年返还50%。（二）从投产之日起5年内，上缴增值税地方留成部分两年内由财政全部返还，后三年返还50%。（三）缴纳的地方营业税，5年内前两年由财政返还50%，后三年返25%。（四）租用由园区提供的办公用房，在3年内可根据情况以低于市场的价格收取租金。（五）企业内商务、技术人员1年内多次出国，按国办发〔1990〕9号文件执行。

文件标题：《中共烟台市委、烟台市人民政府关于深化拓展高端人才（团队）引进“双百计划”的意见》
文　　号：烟发〔2015〕12号
发文单位：中共烟台市委、烟台市人民政府
发布时间：2015年12月22日
内容摘录：入选全职创新人才第一、第二、第三层次的，分别给予600万元、200万元和100万元创新资助；入选兼职创新人才的，给予50万元创新资助；入选创业人才第一、二、三层次的，分别给予300万元、200万元和100万元创业资助。创新创业资助资金均由项目补助和生活补助构成，分别占70%和30%。对进入产业化阶段的创业企业，在项目立项、规划审批、用地用海指标等方面给予支持，帮助加速建成投产。

文件标题：《中共烟台市委、烟台市人民政府关于进一步加快创新驱动发展的意见》
文　　号：烟发〔2017〕13号
发文单位：中共烟台市委、烟台市人民政府
发布时间：2017年9月5日
内容摘录：实施“一事一议”引进顶尖人才(团队)计划。针对带重大项目来烟创新创业、现行政策支持力度不够或按常规程序不能满足快速引进需要的顶尖人才(团队)，采取“一事一议”的方式引进，经评审认定，给予最高1亿元的资助或1.5亿元的直投股权投资支持，对拉动产业发展作用巨大的，可追加资助。对顶尖人才(团队)用人单位，给予最高500万元奖励。加速“双百计划”人才(团队)集聚。瞄准全市重点产业需求，对新引进入选的“双百计划”人才(团队)，资助金额由税前资助调整为税后资助；对技术水平特别突出、产业发展急需紧缺的，经审核确认可破格参评“双百计划”，吸引更多高层次人才来烟创新创业。

文件标题：《中共烟台市委、烟台市人民政府关于进一步加强“双招双引”工作的意见》
文　　号：烟发〔2018〕17号
发文单位：中共烟台市委、烟台市人民政府
发布时间：2018年6月27日
内容摘录：把招才引智作为推动新旧动能转换最重要的支撑。到2022年，全市新引进各类人才17万人，其中博士、硕士等高层次人才1.7万人、海外人才2500人；全市高层次人才达到12万人，其中国家海外高层次人才引进计划专家达到180人、“万人计划”专家达到50人、科技部创新人才推进计划人选达到40人、省泰山人才达到240人、市“双百计划”人才达到400人。

文件标题：《烟台经济技术开发区管委关于进一步加快创新型开发区建设的意见》
文　　号：烟开〔2018〕30号
发文单位：烟台经济技术开发区管委
发布时间：2018年7月18日
内容摘录：新进区的创业领军人才，其创业项目经评审确定为A类、B类、C类的，分别给予500万元、300万元、100万元的创业资金支持（按照30%、40%、30%分阶段评估后拨付）。对入选的人才项目，给予相应的管委直投基金支持。3年内，提供相应的工作场所房租补贴和每年2万元住房房租补贴；来开发区工作满1年后，在区内购买自住商品房的，可分别享受50万元、30万元、20万元的购房补助。

文件标题：烟台市人才工作领导小组关于印发《烟台市引进顶尖人才（团队）“一事一议”实施办法》的通知
文　　号：烟人组发〔2018〕4号
发文单位：烟台市人才工作领导小组
发布时间：2018年9月19日
内容摘录：顶尖团队由团队带头人和2—5名团队核心成员组成，内部结构合理，合作关系稳定，持续创新能力强，拥有自主知识产权或掌握核心技术，能够突破重大关键技术或开发出新产品新工艺，5年内能够在烟台市内实现产业化。团队带头人须符合顶尖人才条件，团队核心成员须符合市“双百计划”人才条件。

文件标题：烟台经济技术开发区管委办公室关于印发《烟台留学人员创业园区有关政策规定》的通知
文　　号：烟开办〔2019〕24号
发文单位：烟台经济技术开发区管委办公室
发布时间：2019年9月17日
内容摘录：对海外人才创业项目进行评审，分A类、B类、C类给予创业启动资金，资金额度分别为90万元、60万元和30万元。海外人才企业自注册之日5年内，获得市级以上部门无偿项目资助，按实际到位资金，可获得1：1配套资金支持，每家企业年度配套资金累计不超过100万元。创业园区企业入园孵化，原则上可租用不高于500平方米的生产经营用房，并享受5年房租补贴。海外人才企业孵化毕业，经评审可入驻创业园区企业加速器，原则上可租用1500平方米以内的加速器厂房，并享受2年全额房租补贴。

文件标题：烟台市人才工作领导小组印发《关于进一步加快人才集聚引领高质量发展的若干措施》的通知
文　　号：烟人组发〔2020〕4 号
发文单位：烟台市人才工作领导小组
发布时间：2020年6月8日
内容摘录：加大创业扶持。鼓励人才带项目、带技术、带资金来烟创业，每年面向海内外遴选100个左右高层次人才创业项目，在烟落户就地转化的，根据项目实际投入和发展状况，每个给予最高100万元创业资助。对通过省、市特定创业大赛遴选的相应层次获奖项目负责人，符合条件的经评估认定可直接入选烟台市“双百计划”，给予最高300万元创业资助。创业项目入驻烟台高层次人才创业园的，可继续享受园区有关扶持政策。获得国家和省项目资助的留学人员创办企业，符合我市主导产业或战略性新兴产业发展规划的，给予1：1 资金配套支持。

潍坊市

文件标题：《中共潍坊市委、潍坊市人民政府关于加快建设人才强市的若干意见》
文　　号：潍发〔2015〕15号
发文单位：中共潍坊市委、潍坊市人民政府
发布时间：2015年9月10日
内容摘录：实施鸢都产业领军人才（团队）工程，围绕构建“1669”现代产业体系，坚持国内与海外并重，大力引进培育“高、精、尖、缺”领军人才（团队），着力打造拥有关键技术、引领新兴产业、带动经济转型升级的高端创新创业人才队伍。从2015年起，对新引进的国际顶尖人才（团队），实行一事一议的特殊扶持政策，依据项目评估情况给予500万—2000万元的经费资助；对引进和培育的国家级、省级领军人才（团队），在分别享受国家和省相关政策的基础上，市财政再给予每人100万元、每个团队300万元的经费资助；对技术研发能力较强、创新成果突出或科技创业项目能够引领产业发展、经营业绩较好，有望成长为国家级、省级创新创业领军人才（团队）的，每年遴选一批，给予每人100万元、每个团队300万元的经费资助。

文件标题：中共潍坊市委办公室、潍坊市人民政府办公室关于印发《鸢都产业领军人才（团队）工程实施计划》的通知
文　　号：潍办发〔2016〕7号
发文单位：中共潍坊市委办公室、潍坊市人民政府办公室
发布时间：2016年3月23日

内容摘录：对新引进被认定为国内领先、国际先进的顶尖人才，依据综合评估结果和项目验收情况，可给予项目500万—2000万元经费资助。对获重点推荐等次的，可给予1500万元经费资助；对获优先推荐等次的，可给予1000万元经费资助；对获一般推荐等次的，可给予500万元经费资助。对所承担项目进展情况好、经济社会效益显著、达到验收标准的，视情再给予100万—500万元的经费补助。

文件标题：《中共潍坊市委、潍坊市人民政府关于支持人才创新创业的若干政策》
文　　号：潍发〔2018〕10号
发文单位：中共潍坊市委、潍坊市人民政府
发布时间：2018年9月3日
内容摘录：集中资源引进顶尖人才。对引进能够突破关键技术、发展高新技术产业、带动新兴产业发展的国际国内顶尖人才（团队），实行一事一议、随引随议，视人才和项目情况，分类给予500万元、1000万元、3000万元、5000万元的经费资助，以及最高1亿元的政府性创新创业投资引导基金支持。对入选省一事一议顶尖人才的，在享受省支持政策的同时，市财政给予项目单位300万元的经费资助。对通过我市申报入选或全职引进的国家海外高层次人才引进计划、“万人计划”专家、泰山产业领军人才、泰山学者，在享受国家和省支持政策的同时，市财政再给予每人100万元、每个团队300万元的经费资助。

济宁市

文件标题：《济宁留学人员创业园管理暂行办法》
文　　号：济人字〔2007〕11号
发文单位：中共济宁市委组织部、济宁市人事局、济宁市国家税务局、济宁市地方税务局、济宁市工商行政管理局、济宁高新区管理委员会
发布时间：2007年4月30日
内容摘录：对于进园的生产型企业，从获利年度起，前两年的企业增值税地方留成部分和企业所得税地方留成部分全部返还给企业，第3年至第5年返还80%。企业自行研制的技术成果，其技术转让以及在技术转让过程中发生的技术咨询、技术服务和技术培训所得，年净收入30万元以下部分免征企业所得税，超过部分按适用税率征收企业所得税。企业在一定的开发生产及经营用房面积内，第一年免收房租，第二年按标准定价的50%收取，第3年至第5年按标准定价的70%收取。

文件标题：《中共济宁市委、济宁市人民政府关于实施鲁西科学发展高地人才支持计划的意见》
文　　号：济发〔2016〕25号
发文单位：中共济宁市委、济宁市人民政府
发布时间：2016年8月11日
内容摘录：对经认定的创业人才，市财政给予50万—500万元的创业扶持经费；对经认定的创新人才，市财政给予30万—100万元的科研扶持经费；对开发价值特别重大的国际领军创新创业团队项目，事项“一事一议”，最高可获得5000万元资金扶持。

文件标题：中共济宁市委组织部、济宁市人力资源和社会保障局等部门关于印发《济宁市创业领军人才集聚计划实施办法》的通知
文　　号：济人社发〔2017〕36号
发文单位：中共济宁市委组织部、济宁市人力资源和社会保障局、济宁市人才工作领导小组办公室、济宁市财政局
发布时间：2017年11月20日

内容摘录：对入选的创业领军人才，市财政按照A类500万元、B类300万元、C类100万元、D类50万元的标准给予扶持经费，分入选后、中期评估、期满验收三个阶段，按5：3：2的比例拨付。济宁市创业领军人才经我市自主申报入选国家“千人计划”“万人计划”和省“泰山产业领军人才工程”的，经市人力资源社会保障局认定，每入选1人市财政分别给予引才企业30万元、15万元的奖励。

文件标题：中共济宁市委组织部、济宁市人力资源和社会保障局等部门关于印发《济宁市高层次人才服务绿色通道实施办法》的通知
文　　号：济人社发〔2017〕42号
发文单位：中共济宁市委组织部、济宁市人力资源和社会保障局、济宁市教育局、济宁市公安局、济宁市财政局、济宁市卫生和计划生育委员会
发布时间：2017年12月19日
内容摘录：本办法所指高层次人才，是指济宁市从海内外引进或自主培养的各类高层次人才，主要包括海外高层次留学人才、高层次外国专家和国内高层次专业技术人才、高层次经营管理人才、高层次技能人才等。本办法所指绿色通道服务，是指济宁市为高层次人才在济宁创新创业提供的出入境和居留、户籍、住房、职称、薪酬、配偶就业、子女入学、医疗保健、旅游、科研等优惠政策和便利服务。

文件标题：《中共济宁市委、济宁市人民政府关于进一步推进创新驱动发展强化新旧动能转换人才支撑的实施意见》
文　　号：济发〔2018〕20号
发文单位：中共济宁市委、济宁市人民政府
发布时间：2018年6月1日
内容摘录：实施双创人才集聚计划。在市级科技和人才项目评选中，把人才所占期权股权情况作为项目评价的重要方面。聚焦新旧动能转换重点产业发展和现代管理需要，面向海内外遴选一批高层次创新创业人才。对创业人才项目，市财政按照相应类别，给予最高500万元的经费资助；对创新人才项目，市财政按照相应类别，给予最高100万元的经费资助。对其他新入选的地方级领军人才，市财政4年内按照企业实际给付劳动报酬20%的比例，给予每人每年最高10万元的人才补贴。对连续2年实缴税金1亿元以上的“十大产业”企业，每年给予1—2个人才名额，专项用于新引进海外高端人才。

文件标题：《济宁高新区管委会关于推动创新创业高质量发展打造“双创”升级版的意见》
文　　号：济高新管发〔2019〕3号
发文单位：济宁高新区管委会
发布时间：2019年2月21日
内容摘录：推动创新创业主体多元化多样化。针对科研人员、大学生、农民工、退役军人、归国和外籍人才等创新创业群体研究制定有针对性的举措，推动更多群体投身创新创业，持续推进创业带动就业能力升级。支持科研院所符合条件的专业技术人员携带科技成果以在职创业、离岗创业等形式开展双创活动，推进建设大学生创新创业教育培训基地，支持农村青年返乡创业，完善退役军人自主创业支持政策和服务体系，提升归国和外籍人才创新创业便利化水平，灵活制定引才引智政策，解决关键领域高素质人才稀缺等问题。

威海市

文件标题：威海市人民政府关于印发《威海市引进高层次人才若干规定》的通知
文　　号：威发〔2010〕16号
发文单位：中共威海市委、威海市人民政府

发布时间：2010年11月12日
内容摘录：对来威海创办高新技术企业，且其项目具有自主知识产权或技术成果国际领先、能够填补国内空白，并具有较高科技含量、良好市场潜力和产业化条件的高层次人才，经评价认定委员会审核认定后，给予50万—300万元的创业启动资金；对从事符合本市重点发展领域的科研与技术开发项目，并由高层次人才控股或拥有不低于20%股权的企业，经评价认定委员会审核认定后，给予50万—200万元的科技开发启动资金。

文件标题：威海市人民政府关于印发《威海市留学人员创业园区管理办法》的通知
文　　号：威政发〔2014〕9号
发文单位：威海市人民政府
发布时间：2014年2月20日
内容摘录：留学人员携带科研项目和技术创办、领办企业，从事产品研发、实施科技成果转化、进行高新技术研究的，可申请一次性创业资助资金。市人力资源社会保障部门应当组织相关部门和专家，对项目的科技含量、市场前景等进行评估，并按照一般、优秀、重点三档推荐，由市财政部门视评估情况分别给予留学人员企业10万元、20万元、30万元资助资金。留学人员在园区内创办、领办的企业，可委托园区管理服务机构向科技主管部门申请认定高新技术企业，并可按15%税率缴纳企业所得税。留学人员进入园区孵化或创办高新技术企业的，优惠提供200—500平方米工作用房。

文件标题：《中共威海市委、威海市人民政府关于深化提升威海英才计划支持新旧动能转换的意见》
文　　号：威发〔2018〕22号
发文单位：中共威海市委、威海市人民政府
发布时间：2018年5月25日
内容摘录：在我市申报入选或全职引进的国家海外高层次人才引进计划、“万人计划”专家，在享受国家、省级政策的基础上，给予100万元的配套经费；在我市申报入选的“泰山学者”、泰山产业领军人才，在享受省级政策的基础上，给予50万元的配套经费。

临沂市

文件标题：中共临沂市委、临沂市人民政府印发《关于实施“才聚沂蒙”行动打造新时代区域人才高地的若干措施》的通知
文　　号：临发〔2020〕15号
发文单位：中共临沂市委、临沂市人民政府
发布时间：2020年8月20日
内容摘录：加强海外人才队伍建设。持续打造“沂蒙之约”海外引才品牌，每年统筹确定一批重点用人单位团组，积极稳妥开展精准化海外引才活动。支持外籍专家领衔或参与承担省市重大科技计划项目、参评政府科技奖励。外籍人才持人才签证，来临工作免办工作许可手续；持其他签证，可在市内申请变更为人才签证。对聘用的外国创新人才和专家团队，择优给予最高50万元和最高100万元的综合资助。

德州市

文件标题：德州市人民政府办公室印发《关于引进海外留学人才来我市创业服务的暂行规定》的通知
文　　号：德政办发〔2006〕26号
发文单位：德州市人民政府办公室
发布时间：2006年11月15日

内容摘录：市政府每年安排一定资金，用于引进海外留学人才、海外留学人才创业初期的资金扶持和留学人才创业园区的建设发展。市级设立留学人才创业专项资助金。每年从市科技三项经费中拿出8%用于支持留学人才企业自行研发具有自主知识产权的高新技术项目。海外留学人才创办的企业可优先申请国家及山东省科技型中小企业技术创新基金和各类科技计划。对高新技术成果转化和产业化项目，经市科技局认定，优先获得市科技风险投资资金的支持。

文件标题：中共德州市委、德州市人民政府印发《关于实施“人才兴德”行动建设新时代区域性人才聚集高地的若干措施》的通知
文　　号：德发〔2020〕13号
发文单位：中共德州市委、德州市人民政府
发布时间：2020年9月18日
内容摘录：强化领军人才项目支持。完善提升现代产业领军人才工程，按照“领军人才+核心团队+产业项目”模式，每年举办高层次人才创新创业大赛，通过“以赛代评”的方式遴选一批重点人才项目，对在我市落地实施转化的，给予50万—100万元资助，主要用于人才团队津贴、项目研发投入、技术合作交流等。我市自主申报、经国家和省有关部门评审认定、对发展有重要示范带动作用的领军人才项目，给予最高100万元配套资助。

河南省

文件标题：《河南省人民政府办公厅关于建立海外留学人才来豫工作绿色通道的意见》
文　　号：豫政办〔2011〕88号
发文单位：河南省人民政府办公厅
发布时间：2011年7月28日
内容摘录：海外留学人才在豫自主创业的，凭《海外留学人才身份证明》，享受国内大学毕业生创业的优惠政策。海外留学人才以知识产权投资入股的，经法定评估机构评估，工商部门予以登记；以高新技术成果出资的，允许超过注册资本金的35%。加强海外留学人员创业园建设，要完善海外留学人员创业园设施，为海外留学人才创业提供办公用房、厂房、设备和配套设施等。要配备专门人员，简化审批手续，增强服务意识，提升服务水平，拓展服务范围，不断探索在政策、人才、信息、培训、融资等方面为海外留学人才创业提供支持的新方式、新途径。

文件标题：河南省人力资源和社会保障厅贯彻落实省政府办公厅《关于建立海外留学人才来豫工作绿色通道的意见》的实施意见
文　　号：豫人社留学〔2011〕12号
发文单位：河南省人力资源和社会保障厅
发布时间：2011年8月8日
内容摘录：成立引进海外高层次留学人才评估小组。评估小组依据相关规定，对各省辖市、省直各单位申报拟引进的海外高层次留学人才进行评估。对评估合格者，由人力资源和社会保障厅发给《海外高层次留学人才身份证明》，享受海外高层次留学人才的相应优惠政策。

文件标题：《河南省人力资源和社会保障厅关于加快河南省留学人员创业园建设的意见》
文　　号：豫人社留学〔2012〕10号
发文单位：河南省人力资源和社会保障厅

发布时间：2012年7月10日
内容摘录：以推动科技创新和促进就业为目标，以创业培育、资金引导和孵化体系建设为重点，引导和鼓励留学人员来豫自主创业，实现创业促发展和创业带动就业的良性发展。各级政府要加大对留学人员创业园建设与发展的投入，可设立政府创业基金，支持留学人员创业，为发展前景较好的项目提供创业补贴。引导社会资金和资本融入留学人员企业，鼓励各类企事业单位与海外留学人员合资或合伙创办企业。留学人员以技术、资金、实物等多种出资方式入股，占25%以上股份的股份制企业，均可认定为留学人员企业，享受留学人员企业的优惠政策。

文件标题：《河南省人力资源和社会保障厅关于实施留学人员来豫创业启动支持计划的意见》
文　　号：豫人社留学〔2013〕7号
发文单位：河南省人力资源和社会保障厅
发布时间：2013年5月20日
内容摘录：留学人员来豫创业启动支持计划坚持以科学发展观为指导，贯彻落实人才强省战略，进一步加大对留学人员回国创业的支持力度，以政府投入带动社会投入，营造留学人员来豫创业的良好环境。建立留学人员来豫创业专家指导委员会，加强留学人员创业园对入园企业的创业培训和指导工作。对留学回国人员创办的发展前景好、创业项目新、经济效益和社会效益可预期且急需资金支持的企业加大扶持力度，加快科技成果转化，实现留学人员企业快速发展。入选留学人员来豫创业启动支持计划的园区和项目，分别一次性给予5万—8万元的资金支持。

文件标题：《中共河南省委、河南省人民政府关于深化人才发展体制机制改革加快人才强省建设的实施意见》
文　　号：豫发〔2017〕13号
发文单位：中共河南省委、河南省人民政府
发布时间：2017年4月17日
内容摘录：实行更具吸引力的人才引进措施。对产业领军人才和团队带项目、带技术、带成果来豫创新创业和转化成果的，经评估由省级政府引导基金给予不超过全部股权20%的基金支持，当地政府可在土地保障、平台建设、科研项目等方面给予重点支持。对能创造重大经济效益和社会效益或带动重大创新平台落户的创新创业团队，一事一议，特事特办。

文件标题：《河南省人民政府关于强化实施创新驱动发展战略进一步推进大众创业万众创新深入发展的实施意见》
文　　号：豫政〔2018〕8号
发文单位：河南省人民政府
发布时间：2018年2月22日
内容摘录：支持留学人员、华侨华人来豫创新创业。实施留学人员来豫创新创业启动支持计划和产业集聚区企业创新人才引进项目扶持计划，吸引更多高素质留学人才来豫创新创业。建设海外人才离岸创新创业基地，搭建与国际规则接轨，具有引才引智、创业孵化、专业服务保障等功能的国际化综合性创业平台。建设侨商产业集聚区，打造华侨华人创新创业平台。在条件成熟的地方设立海外人才工作联络站，支持华侨华人在海内外建设高水平国际化科技创新创业基地。

文件标题：《河南省人民政府关于实施创新驱动提速增效工程的意见》
文　　号：豫政〔2019〕4号
发文单位：河南省人民政府
发布时间：2019年1月25日

内容摘录：聚焦郑洛新自创区等国家战略规划实施和战略平台建设，着力引进诺贝尔奖获得者、国家最高科学技术奖获得者、“两院”院士、发达国家院士等顶尖人才，国家“万人计划”入选者、国家杰出青年科学基金获得者、长江学者、国家重大科技成果第一完成人、全国杰出专业技术人才和“百千万工程”国家级人选等高端人才，拥有关键核心技术、能够带动产业转型的产业领军人才和团队。更大力度实施“中原百人计划”，引进一批能突破关键技术、发展高新技术产业、带动新兴学科发展的海外领军人才来豫创新创业。办好“中国河南招才引智创新发展大会”，着力集聚一批“高精尖”人才和急需紧缺人才，将其打造成为我省宣传人才政策、集中招才引智、促进人才项目合作对接的平台。实施“名校英才入豫”计划，吸引名校全日制应届硕士以上毕业生来我省工作。支持郑州市实施“智汇郑州·1125”、洛阳市实施“河洛英才”、新乡市实施“牧野人才”、许昌市实施“许昌英才”等人才引进计划，为当地产业转型升级提供有力智力支撑。

郑州市

文件标题：《郑州高新技术产业开发区管委会关于加强人才队伍建设的实施意见》
文　　号：郑开管文〔2007〕249 号
发文单位：郑州高新技术产业开发区管委会
发布时间：2007年11月22日
内容摘录：大力引进海外高层次人才回国创业，为高层次留学人才提供服务，简化审批手续，提供厂房、设备和配套设施，并在房租等方面给予优惠；高层次人才到高新区创办企业，按照国家的产业和区域税收政策，享受相应的税收优惠；对经济科技发展具有战略意义的重点项目，高新区科技，经济部门可专门立项，按照有关规定给予支持；对引进人才自带的项目或需要产业化的成果，可申报区内相关科技产业计划，经评审后，优先给予支持。建立健全包括政府资助、银行贷款、创业投资、技术产权交易等在内的投融资机制，帮助他们解决资金困难；发挥留学人员创业园的示范带动作用，不断探索在政策、人才、信息、培训、资助等方面对海外高层次留学人才创业提供支持的新途径。

文件标题：郑州高新技术产业开发区管委会关于印发《鼓励海外高层次人才创新创业办法实施细则》的通知
文　　号：郑开管〔2010〕41号
发文单位：郑州高新技术产业开发区管委会
发布时间：2010年6月7日
内容摘录：按照《办法》第六条第1款，给予已经入选国家海外高层次人才引进计划的海外高层次人才200万元的创业启动资金；按照《办法》第六条第2款，给予已经入选省“百人计划”的海外高层次人才150万元的创业启动资金；按照《办法》第六条第3款，对于入选高新区创业人才的，根据企业设立时申报人实际出资额给予一次性创业启动资金，最高不超过50万元。成功申报国家海外高层次人才引进计划的，在获得国家、省相应支持外，高新区在《办法》第六条第3款基础上，将支持总额增加到200万元；成功申报省“百人计划”的，在获得河南省相应支持外，高新区在《办法》第六条第4款基础上，将支持总额增加到150万元。

文件标题：《中共郑州市委、郑州市人民政府关于引进培育创新创业领军人才（团队）的意见》
文　　号：郑发〔2015〕9号
发文单位：中共郑州市委、郑州市人民政府
发布时间：2015年5月20日
内容摘录：大力引进高层次创新创业人才。围绕我市“三大主体”工作，实施“智汇郑州·1125聚才计划”，制定出台《郑州市引进培育创新创业领军人才（团队）“智汇郑州·1125聚才计划”实施办法》，为高层次人才创新创业提供政策支持；依托“数字郑州”“智慧城市”建设，大力引进第三产业中的应用型高层次人才；依托驻外招商机构面向海内外开展引才引智工作，每年不定期组团赴高校和人才比较集中的城市招聘高层次人才，力争做到引进一批人才，培育一批团队，带动一批项目，形成一批新兴产业；支持我市企业与驻郑高校、院所建立共引共享的人才引进新机制。

文件标题：郑州市人民政府办公厅关于印发《郑州市引进培育创新创业领军人才（团队）“智汇郑州·1125聚才计划”实施办法（暂行）》的通知
文　　号：郑办〔2015〕18号
发文单位：中共郑州市委办公厅、郑州市人民政府办公厅
发布时间：2015年5月20日
内容摘录：“智汇郑州·1125聚才计划”主要任务是，围绕我市战略支撑产业、优势主导产业和战略新兴产业，用5年左右时间，引进1000名左右科技创新创业领军人才和高层次创新创业紧缺人才，100个领军型科技创新创业团队，培育200名左右科技型创业企业家，汇聚50名左右“两院”院士、国家海外高层次人才引进计划、“万人计划”等海内外顶尖人才，为郑州都市区建设提供人才保证和智力支持。

文件标题：《中共郑州市委、郑州市人民政府关于实施“智汇郑州”人才工程加快推进国家中心城市建设的意见》
文　　号：郑发〔2017〕23号
发文单位：中共郑州市委、郑州市人民政府
发布时间：2017年11月23日
内容摘录：实施海外高层次人才集聚计划。依托我市重大科研项目、重大工程、重点学科、重点实验室和企业引进外籍高层次人才。充分发挥航空港区、郑东新区、经开区、高新区留学人员创业园载体作用，吸引归国留学生来郑创新创业。依托留学生组织、华人华侨社团、企业驻外机构和人才中介机构等，设立海外人才工作站，畅通海外高层次人才来郑创新创业渠道。全面放开对高校毕业生、职业（技工）院校毕业生、留学归国人员和技能人才的落户限制。

文件标题：郑州市人民政府办公厅关于印发《郑州市海外高层次人才集聚计划实施细则（暂行）》的通知
文　　号：郑政办〔2017〕119号
发文单位：郑州市人民政府办公厅
发布时间：2017年11月22日
内容摘录：“海外高层次人才集聚计划”目标任务：到2020年，在电子信息、汽车与装备制造、现代金融商贸物流、文化创意旅游、都市生态农业五大战略产业和人工智能、生物医药、可见光通信、北斗系统应用等战略新兴产业，依托高等院校、科研院所、医疗机构、大中型企业、金融机构以及各类园区，引进一批我市急需紧缺的海外高层次人才，为郑州国家中心城市建设提供坚强有力的人才保障和智力支撑。

洛阳市

文件标题：《中共洛阳市委、洛阳市人民政府关于实施“河洛英才计划”加快引进创新创业人才（团队）的意见（试行）》
文　　号：洛发〔2015〕9号
发文单位：中共洛阳市委、洛阳市人民政府
发布时间：2015年6月21日
内容摘录：创新创业人才（团队）落户我市创办企业，或与用人单位签订有效合同的，经综合评估项目预期产值、税收、就业等经济社会效益指标，按不同层次给予支持。给予领军型创新创业人才（团队）不低于

5000万元的启动资助；给予高层次创新创业人才（团队）不低于3000万元的启动资助；给予紧缺型创新创业人才（团队）不低于1000万元的启动资助。对拥有战略性新兴产业或传统优势产业领域重大关键技术和项目的创新创业人才（团队），可不受最高启动资金限制，实行“一事一议”。

文件标题：《洛阳市人民政府关于强化实施创新驱动发展战略进一步推进大众创业万众创新深入发展的实施意见》
文　　号：洛政〔2018〕31号
发文单位：洛阳市人民政府
发布时间：2018年12月4日
内容摘录：支持留学人员、华侨华人来洛创新创业。开展年度留学人员来洛创业启动支持计划，实施年度留学人员科技活动项目择优资助工作。加快留学人员创业园建设步伐，打造高新技术产业化示范基地、科技型企业家培训基地。完善创新创业人才激励机制。持续实施“河洛英才计划”“玉洛汇”计划，落实《洛阳市引进人才住房补贴办法（试行）》（洛办〔2018〕18号）等现有人才政策，激励高层次人才和大学生到洛创新创业。

文件标题：中共洛阳市委、洛阳市人民政府关于印发《河洛英才计划（2020—2025 年）》的通知
文　　号：洛发〔2020〕16 号
发文单位：中共洛阳市委、洛阳市人民政府
发布时间：2020年7月23日
内容摘录：着眼未来5年，引进50个创新创业人才团队，聚集500名顶尖及高层次人才。依据《洛阳市高层次人才认定和支持办法》，对经认定的全职新引进和新当选的A类、B类人才，市财政分别给予100万元、70万元的奖励补贴。每年引进培养一批具有重大技术突破和较强产业化能力的河洛创业人才（团队），采取“无偿资助+金融扶持”的方式对创业人才（团队）项目给予最高3000万元的综合资助，对入选的创业人才（团队）项目按不同层次分别给予500万元、300万元、100万元的财政资金扶持。建立“河洛海外英才”库，加大优秀海外留学人才引进力度。定期发布我市各类用人单位的人才需求目录，为优秀海外留学人才回洛工作提供快捷准确的人才需求信息咨询服务。

安阳市

文件标题：《中共安阳市委办公室、安阳市人民政府办公室关于实施“洹泉涌流”人才集聚计划为加快推进新时代区域性中心强市建设提供人才支撑的意见》
文　　号：安办文〔2020〕2号
发文单位：中共安阳市委办公室、安阳市人民政府办公室
发布时间：2020年3月27日
内容摘录：鼓励海外人才到我市四大千亿级主导产业及其他重点产业领域创新创业。鼓励有条件的县（市、区）和产业园区建设留学人员创业园，留学人员创业园经认定达到相应条件的，每个创业园给予20万元的启动经费补贴。

新乡市

文件标题：新乡市人民政府办公室关于印发《新乡市鼓励留学人员来新创新创业暂行规定》的通知
文　　号：新政办〔2016〕132号
发文单位：新乡市人民政府办公室
发布时间：2016年12月14日

内容摘录：留学人员的高新技术成果转化项目，经相关部门认定后，可优先进入众创空间、科技综合体、科技企业孵化器等创新创业载体，并按规定享受优惠政策。获得国家承认的国外硕士以上学位或中级以上专业技术职务任职资格的留学人员，带省级（或市级以上确认）高新技术成果、项目来新乡设立实体实施转化或从事高新技术项目研究开发的，给予10万元以下的一次性创业资助资金。

许昌市

文件标题：许昌市人民政府办公室关于印发《许昌留学人员创业园管理暂行办法》的通知

文　　号：许政办〔2010〕143号

发文单位：许昌市人民政府办公室

发布时间：2010年12月9日

内容摘录：入驻创业园企业免收市级及市级以下政府有权减免的行政事业性收费。设立留学人员创业扶持基金。按留学人员企业自投产之日起5年内，同级财政给予相当于企业纳税额入库后地方财政实得部分的30%—50%的金额作为基金给予扶持。对留学人员申报高新技术企业、孵化项目、高新技术产业化项目、科技成果申报、对外科技合作项目、专利资助等方面予以优先扶持。

文件标题：《中共许昌市委、许昌市人民政府关于深入实施“许昌英才计划”助推“智造之都、宜居之城”建设的意见》

文　　号：许发〔2019〕19号

发文单位：中共许昌市委、许昌市人民政府

发布时间：2019年12月6日

内容摘录：来许昌创办（合办）企业的创业类人才（团队），经评审认定后，按照领军型、高层次、紧缺型3个层次，可分别享受300万元、200万元、100万元的项目启动扶持资金。项目立项后，所在县（市、区）可免费提供不低于500平方米、300平方米、200平方米的创业场所。项目中期评估后或产业化初期，可申请最高不超过3000万元的“许昌英才股权基金”投资支持。

信阳市

文件标题：《中共信阳市委、信阳市人民政府关于实施“信阳英才计划”引进培育创新创业人才（团队）的意见》

文　　号：信发〔2017〕13号

发文单位：中共信阳市委、信阳市人民政府

发布时间：2017年6月13日

内容摘录：高层次创新创业人才（团队）。人才（团队带头人）一般为在某一领域造诣较深，拥有关键技术和重要科技成果，在同行中具有重要的创新地位或学术影响；符合我市产业发展方向，拥有自主知识产权或关键技术，能够实现产业化并具有市场前景，为业内普遍认可的创新创业型人才，特别是具有较强的创新创业能力，拥有海外创业经验的青年归国人才，或符合我市发展需求，拥有良好发展前景，能带动我市某一领域科技进步、产业升级的创新创业人才。

文件标题：《信阳市人民政府关于复制推广支持创新相关改革举措进一步推进大众创业万众创新深入发展的实施意见》

文　　号：信政文〔2018〕55号

发文单位：信阳市人民政府

发布时间：2018年6月5日
内容摘录：支持留学人员、华侨华人来我市创新创业。实施留学人员来我市创新创业启动支持计划和产业集聚区企业创新人才引进项目扶持计划，吸引更多高素质留学人才来我市创新创业。支持外籍人才创新创业。落实《河南省外籍高层次人才认定办法》，经认定的外籍高层次人才在办理签证、居留、工作许可等方面开辟绿色通道，实行“容缺受理”。

湖北省

文件标题：湖北省人事厅、教育厅、科学技术厅、公安厅、财政厅关于印发《湖北省鼓励海外高层次留学人员来鄂工作和为鄂服务的意见》的通知
文　　号：鄂人〔2002〕11号
发文单位：湖北省人事厅、湖北省教育厅、湖北省科学技术厅、湖北省公安厅、湖北省财政厅
发布时间：2002年11月6日
内容摘录：鼓励海外留学人员在省内转化其科技成果和投资办企业。可以其专利、专有技术、科研成果在省内进行转化、入股，创办企业；或以专有知识、技能、信息等开办专业性咨询公司；也可以自有资金或引进资金在国内投资。允许留学人员以专利、发明、专有技术、管理等要素参与分配。在省内创办企业的，享受外商投资企业的优惠政策，进驻省内高新技术产业开发区和留学人员创业园投资入股、转化科技成果的，同时享受高新区和创业园的优惠政策。

文件标题：中共湖北省委、湖北省人民政府关于贯彻《中共中央、国务院关于进一步加强人才工作的决定》的若干意见
文　　号：鄂发〔2004〕6号
发文单位：中共湖北省委、湖北省人民政府
发布时间：2004年5月24日
内容摘录：积极吸引留学人员来鄂工作、为鄂服务。有计划地新建、扩建湖北省留学人员创业园。鼓励和支持留学人员通过项目合作、技术入股以及兴办经济实体等多种方式来鄂创业或为鄂服务。进一步加大对留学回国人员科研项目择优资助的力度。有条件的地方或单位应设立留学人员创业专项资金，扶持他们在支柱产业、高新技术产业等领域研发创业。

文件标题：中共湖北省委办公厅、湖北省人民政府办公厅关于印发《湖北省引进海外高层次人才实施办法》的通知
文　　号：鄂办发〔2009〕35号
发文单位：中共湖北省委办公厅、湖北省人民政府办公厅
发布时间：2009年6月11日
内容摘录：组织实施引进海外高层次人才“百人计划”，用5—10年左右时间，重点围绕我省优先发展的装备制造业、高新技术产业、新材料产业、农产品加工业、现代物流业等领域，依托高等院校、科研院所、重大科技专项、重点实验室、大中型企业、金融机构以及各类开发区等，引进200名左右我省紧缺的高层次海外创新创业人才（其中创业人才不低于50%）。设立湖北省引进海外人才专项资金，对引进人才给予资助。研究制定引进人才科研项目和创业活动的资金支持政策，鼓励创新、扶持创业、支持发展。有关职能部门要在居留、出入境、落户、薪酬、税收、保险、医疗、住房、子女入学、配偶安置等方面制定特殊政策，协调解决引进人才的后顾之忧。

文件标题：中共湖北省委组织部等部门关于印发《湖北省关于为引进海外高层次人才提供工作条件和特定生活待遇的若干规定》等4个文件的通知
文　　号：鄂组通〔2009〕59 号
发文单位：中共湖北省委组织部、湖北省发展和改革委员会、湖北省经济委员会、湖北省教育厅、湖北省科技厅、湖北省公安厅、湖北省财政厅、湖北省人力资源和社会保障厅、湖北省人民政府国有资产监督管理委员会、湖北省人民政府外事办公室、湖北省地方税务局、湖北省工商行政管理局
发布时间：2009年6月12日
内容摘录：对引进的科技型创业人才，省财政一次性给予每人100万元的补助；对引进的科研、经营管理、金融等方面的创新人才，省财政一次性给予每人50万元的补助。用人单位、主管部门和地方政府配套其他资金，用于改善引进人才的工作、生活条件。企业为引进人才配套的科研启动、安家、购房补贴等经费可以列入企业成本核算。引进的科技型创业人才研发的产品进行产业化、规模化生产时，省财政给予3年期内300万元贷款额度以内的贷款贴息补助。引进的创业人才实施科技成果产业化，由落户园区联系并引导省内风险投资商进行创业风险投资。对引进人才创办企业生产的产品，要适时集中组织市场推介会，优先列入政府采购项目，引导相关企业支持购买。

文件标题：《湖北省科学技术厅关于深入推进科技创业的十条意见》
文　　号：鄂科技规〔2015〕1号
发文单位：湖北省科学技术厅
发布时间：2015年5月21日
内容摘录：激励创投机构投资初创企业。省创业投资引导基金鼓励创业投资机构投资省级以上孵化器内的初创企业。根据被投资企业的注册年限，省创业投资引导基金按创业投资机构投资额的100%—300%出资，支持其新设创业投资基金。其中，对投资不满1年的初创企业按照实际到位投资额的300%予以支持，不满2年的按照200%予以支持，不满3年的按照100%予以支持。

文件标题：《湖北省人民政府办公厅关于发展众创空间推进大众创新创业的实施意见》
文　　号：鄂政办发〔2015〕64号
发文单位：湖北省人民政府办公厅
发布时间：2015年8月26日
内容摘录：吸引海外留学回国人才来鄂创新创业。加大华创会、中博会等平台宣传力度，吸引海外留学回国人才特别是领军人才、高端人才来鄂创业发展。加强留学人员创业基地建设，为海外人才来鄂创业创建优良载体。加大对高层次留学回国人才的资助力度，支持国家、省、市各级人才计划入选对象所在企业承担国家、省部级科技计划、重点项目或重大工程建设。健全完善留学人才在配偶就业、子女入学、医疗、住房、社会保障等方面配套政策措施，为海外留学人员回国创新创业营造良好环境。

文件标题：《中共湖北省委、湖北省人民政府关于深化体制机制改革加快实施创新驱动发展战略的实施意见》
文　　号：鄂发〔2015〕18号
发文单位：中共湖北省委、湖北省人民政府
发布时间：2015年10月1日
内容摘录：创新人才吸引机制。认真落实已出台的各项引进人才的优惠政策。在武汉市等创新型试点城市进一步扩大外籍高端人才“绿卡”制度。开辟“绿色通道”，重点引进一批能够突破关键技术、发展高新技术产业、带动新兴学科的高层次创新创业人才、团队。加强留学人员创业园等各类平台建设，广泛吸引海外高层次人才回国（来华）从事创新创业。以更大力度实施引进海外高层次人才“百人计划”。

文件标题：《湖北省人民政府关于深入推进大众创业万众创新打造经济发展新引擎的实施意见》
文　　号：鄂政发〔2015〕65号
发文单位：湖北省人民政府
发布时间：2015年10月24日
内容摘录：支持高端人才引领创新。以引进创业创新人才和创业创新团队为重点，深入实施国家海外高层次人才引进计划和“百人计划”，培养聚集一大批具有创业创新示范引领作用的人才。支持海外归国人才创业创新，建设海外人才离岸产业创新中心，为海外归国人才提供创业创新便利服务。把握人才回归趋势，实施“楚才回归”工程，引进我省急需的“互联网+”等新兴产业和新兴业态的领军人才。放宽创业者落户等条件，构建引进高层次人才“绿色通道”，对有战略意义的高端人才以一事一议的方式解决人才引进相关事宜。

文件标题：湖北省人力资源和社会保障厅、湖北省公安厅《关于办理留学回国人员在鄂就业创业地落户手续有关事项的通知》
文　　号：鄂人社函〔2015〕815号
发文单位：湖北省人力资源和社会保障厅、湖北省公安厅
发布时间：2015年11月24日
内容摘录：拟在我省办理就（创）业地落户的留学回国人员，需报就（创）业地县级及以上人力资源和社会保障部门进行身份及就（创）业确认。其中，在中央和省属驻汉单位就业的，由省人力资源和社会保障厅确认。留学回国本人持人社部门确认的《湖北省留学回国人员就（创）业地落户登记表》（含留学证明件或认证书），到就（创）业地县级公安机关或行政服务中心公安窗口办理落户申报手续。

文件标题：《中共湖北省委办公厅、湖北省人民政府办公厅关于深化人才发展体制机制改革促进人才创新创业的实施意见》
文　　号：鄂办发〔2016〕33号
发文单位：中共湖北省委办公厅、湖北省人民政府办公厅
发布时间：2016年6月7日
内容摘录：完善人才引进方式。实行更积极、更开放、更有效的人才引进政策，更大力度实施引进海外高层次人才“百人计划”，增设青年百人项目，将用人单位境外取得国外居留证员工和外籍员工纳入“百人计划”实施范围，进一步加大吸引海外留学人员回国服务和来鄂工作力度。

文件标题：《湖北省人民政府关于加快新旧动能转换的若干意见》
文　　号：鄂政发〔2018〕15号
发文单位：湖北省人民政府
发布时间：2018年4月13日
内容摘录：加大人才保障力度。实行更积极、更开放、更有效的人才引进政策，大力引进海外高层次人才引进计划等优秀高层次人才来鄂创新创业，更大力度实施省“百人计划”“我选湖北”等计划。采取“四个一”（一个院士、一个团队、一只基金、一个产业园）办法，吸引高端人才进驻及高科技成果在鄂转化。对省级认定的产业领军人才和高水平创新团队直接给予50万—200万元的奖励补贴。

文件标题：湖北省公安厅关于印发《湖北省民营企业从业人员落户实施细则》的通知
文　　号：鄂公通〔2019〕9号
发文单位：湖北省公安厅
发布时间：2019年2月2日

内容摘录：被省内民营企业聘用或与民营企业签订劳动就业合同的专家、学者、留学回国人员以及中级以上专业技术人员，可向单位或实际居住地公安派出所提出申请，经县级公安机关审批后，在从业单位对应的社区公共户落户，或在实际居住处所落户，不受缴纳社保（武汉市除外）、自有产权房屋、博士进站等条件限制。与上述人员共同居住生活的配偶、未成年子女、父母，可以夫妻投靠、子女投靠父母、父母投靠子女落户政策申办户口迁移手续，不受自有产权房屋、身边有无子女的限制。

文件标题：《湖北省人民政府关于推动创新创业高质量发展打造“双创”升级版的实施意见》
文　　号：鄂政发〔2019〕31号
发文单位：湖北省人民政府
发布时间：2019年12月31日
内容摘录：提升归国和外籍人才创新创业便利化水平。实施海外高层次人才“百人计划”，支持海外人才离岸创新创业基地、海外人才创业园、国际孵化器等平台建设。健全外籍高层次人才和留学归国人才服务机制，加大外籍高端人才出入境和居留便利化改革，有序放宽外国人永久居留证办理条件。

文件标题：《湖北省人民政府关于在中国（湖北）自由贸易试验区试行进一步激发人才创新创业活力措施的意见》
文　　号：鄂政函〔2020〕9号
发文单位：湖北省人民政府
发布时间：2020年1月22日
内容摘录：对重点企业高端人才给予专项奖励。湖北自贸试验区各片区管委会每年核定一批重点企业，对于在这些企业中实际从事科技研发和科技成果转化、国际投资贸易、金融资本服务、跨境服务等领域工作，连续工作不少于1年，无不良信用记录，且在该企业税前年工资性收入不低于所在地级市上一年度城镇单位在岗职工年平均工资10倍的高端人才，企业可以推荐其申请以省政府名义发放的高端人才奖励。

文件标题：湖北省人民政府办公厅关于印发《加快推进科技创新促进经济稳定增长若干措施》的通知
文　　号：鄂政办发〔2020〕26号
发文单位：湖北省人民政府办公厅
发布时间：2020年5月19日
内容摘录：支持企业引育高层次人才。实施“楚才引领计划”，重点支持企业引进和培育一批核心技术人才、海外高层次人才、产业领军人才；建立“楚才卡”制度，为高层次人才提供落户居留、医疗保健、出入境等综合服务。加强科技领军人才引进培育，在全球范围引进200名以上急需科技领军人才，培育100名以上高层次科技人才和创新创业团队。探索以建设离岸创新基地、联合实验室等方式，柔性引进国内外高层次人才。

文件标题：湖北省人民政府关于印发《促进湖北高新技术产业开发区高质量发展若干措施》的通知
文　　号：鄂政发〔2020〕28号
发文单位：湖北省人民政府
发布时间：2020年12月31日
内容摘录：加快高端人才集聚。实施多层次人才引进培育计划，重点引进硬科技创业者、科学家创业者、高层次人才、企业家和投资人等高端创业人才。完善人才跨国界、跨地区、跨体制流动机制，对外籍人才提供出入境、停居留、工作、创新创业许可便利，为非本地高端人才提供户籍居民同等待遇。鼓励企业或创业孵化载体采取离岸模式引进海外人才和智力，鼓励科研人员在高校院所和企业之间双向流动，探索企业家职称评审直通车制度。

武汉市

文件标题：武汉市人民政府关于印发《武汉市鼓励留学人员来汉创业暂行意见》的通知
文　　号：武政〔2000〕42号
发文单位：武汉市人民政府
发布时间：2000年2月29日
内容摘录：我市人才引进专项资金中设立留学人员来汉创业专项扶持资金，用于改善来汉创办企业留学人员的生活条件；市财政拨款600万元设立武汉海外学人创业投资资金，上述两项专项资金的具体管理办法由市人事部门会同市财政等部门另行制定。武汉东湖高新技术开发区管委会投入1000万元，用于海外学子创业基地建设；武汉经济技术开发区投入500万元，用于本区留学人员的引进和支持其创业工作。

文件标题：《中共武汉市委、武汉市人民政府关于进一步加强人才工作的若干意见》
文　　号：武发〔2004〕8号
发文单位：中共武汉市委、武汉市人民政府
发布时间：2004年6月24日
内容摘录：实施“海外人才回归计划”。充分发挥华侨华人创业成果报告暨高新技术项目洽谈会和有关民间社团引进人才的作用，不定期组团到海外引进留学人员，争取用5年左右的时间，吸引数千名海外人才来汉工作、讲学或创办实业。积极争取与国家人事部共建中国武汉海外学子创业园，建立武汉市留学人员来汉创业联席会、留学人员联谊会、高层次留学人员资质评估和优秀留学人员评比表彰等制度。大力支持海外学人来汉创业，对国家和省“留学人员科技活动择优资助项目”，市财政按1：2的比例予以匹配资金。加大引进国外智力工作力度，制定外籍人士来汉工作管理办法。

文件标题：中共武汉市委办公厅、武汉市人民政府办公厅关于贯彻落实《中共武汉市委 武汉市人民政府关于进一步加强人才工作的若干意见》的实施意见
文　　号：武办发〔2004〕20号
发文单位：中共武汉市委办公厅、武汉市人民政府办公厅
发布时间：2004年6月24日
内容摘录：畅通人才引进“绿色通道”。进一步简化人才引进手续，实行人才引进准入制、备案制。设立“一站式”人才引进服务窗口。实行人才引进限时办理。人事、公安、劳动保障等有关职能部门要从实际需要出发，建立符合市场经济规律的人事管理、户籍管理、社会保障、分配奖励等一系列有利于吸纳和用好人才的新型制度。

文件标题：中共武汉市委办公厅、武汉市人民政府办公厅关于印发《武汉市实施“黄鹤英才计划”的办法（试行）》的通知
文　　号：武办发〔2010〕22号
发文单位：中共武汉市委办公厅、武汉市人民政府办公厅
发布时间：2010年8月16日
内容摘录：为入选人员在汉领办、创办企业或研发机构，择优给予创业扶持资金。对入选的领军人才，按项目给予300万—500万元的资金支持；对入选的高层次人才，按项目给予50万—100万元的资金支持。对入选人员新办的科技型企业，给予办公用房补贴。租用面积100平方米的给予3年房租补贴；租用面积在1000平方米以下部分，按最高15元/平方米/月的标准给予1年房租补贴，租用面积超出1000平方米以上部分，按最高10元/平方米/月的标准给予1年房租补贴。

文件标题：中共武汉市委人才工作领导小组关于印发《武汉海外高层次人才社会保险工作暂行办法》的通知
文　　号：武人才〔2013〕1号
发文单位：中共武汉市委人才工作领导小组
发布时间：2013年1月19日
内容摘录：海外高层次人才可参加我市城镇企业职工基本养老保险、城镇职工基本医疗保险和大额医疗保险、失业保险、工伤保险和生育保险等各项社会保险，缴纳社会保险费，并按规定享受社会保险待遇。

文件标题：《武汉市人力资源和社会保障局、武汉市财政局关于海外高层次人才及其配偶子女参加社会保险的实施意见》
文　　号：武人社发〔2013〕27号
发文单位：武汉市人力资源和社会保障局、武汉市财政局
发布时间：2013年4月8日
内容摘录：凡自主创业的海外高层次人才，原则上随所创办的企业法人单位参加城镇企业职工基本养老保险、职工基本医疗保险、失业保险、工伤保险、生育保险等各项社会保险；也可以在个人创业初期，经社保经办机构审核同意，在规定的期限内，参照灵活就业人员办法，参加基本养老保险和职工基本医疗保险。

文件标题：武汉市人力资源和社会保障局、武汉市公安局关于印发《武汉市高层次人才居住证申领办法》的通知
文　　号：武人社发〔2013〕33号
发文单位：武汉市人力资源和社会保障局、武汉市公安局
发布时间：2013年4月19日
内容摘录：来本市工作或者创业，非武汉户籍人员、符合下列条件之一的，可以申领《武汉市高层次人才居住证》：（一）国家海外高层次人才引进计划入选者；（二）省“百人计划”入选者；（三）市“黄鹤英才计划”（含东湖新技术开发区“3551光谷人才计划”，武汉经济技术开发区“高端人才聚集工程”）入选者；（四）经市委人才办认定的其他高层次人才。

文件标题：《中共武汉市委、武汉市人民政府关于加快推进全面创新改革建设国家创新型城市的意见》
文　　号：武发〔2015〕7号
发文单位：中共武汉市委、武汉市人民政府
发布时间：2015年7月20日
内容摘录：探索市场化人才选拔引进、扶持资助方式，以创业领军科学家、企业家和团队为重点，建立高层次人才分类认定标准和认定程序，给予相应的奖励补贴和生活保障等待遇。对获得A轮以上投资的企业引进高管团队和技术精英，政府给予一定补贴。实施“千企万人”支持计划，激励企业引进和培育高层次人才。拓宽引才平台和渠道，发挥“华创会”“新侨沙龙”品牌作用，创办“高创会”等高端人才交流平台，在发达国家的创新中心设立实体化、常态化海外人才工作联络站，建立覆盖全球的海外高层次人才信息库。

文件标题：《中共武汉市委办公厅、武汉市人民政府办公厅关于建设创新创业人才高地的实施意见》
文　　号：武办发〔2015〕21号
发文单位：中共武汉市委办公厅、武汉市人民政府办公厅
发布时间：2015年7月20日
内容摘录：加大人才创新创业资金资助。深化“黄鹤英才计划”，改进评审方式，建立由用户、市场和专家等相关第三方参与的竞争性人才评审机制，推行评审专家责任和信誉制度，完善评审结果公示制度。采取“无偿资助+股权投资”的人才项目资助方式，对在汉创新创业的高层次人才，经评审后，给予100万元项目

资金资助和最高1000万元股权投资；入选人才项目在实施过程中形成新成果、新技术、新产品的，经评审可再次给予100万元资金资助。

文件标题：武汉东湖新技术开发区管理委员会关于印发《武汉东湖新技术开发区“3551光谷人才计划”暂行办法》的通知

文　　号：武新管〔2018〕11号

发文单位：武汉东湖新技术开发区管理委员会

发布时间：2018年4月3日

内容摘录：3551高层次创新创业人才采取无偿资助和股权投资相结合的资助方式，其中入选创业人才项目的，给予100万—300万元无偿资金资助，并提供100万—2000万元的股权投资，项目须接受光谷人才基金的股权投资才能获得相应资金资助。对通过东湖高新区申报，新入选湖北省“百人计划”的高层次人才，按照就高不重复的原则，给予50万—100万元的配套资金资助，并提供100万—1000万元的股权投资。新入选“百人计划”创业人才项目的，须接受光谷人才基金的股权投资才能获得相应资金资助。

文件标题：《武汉市人民政府关于加快新旧动能转换的意见》

文　　号：武政〔2018〕38号

发文单位：武汉市人民政府

发布时间：2018年8月31日

内容摘录：加大人才支撑力度。实行更加积极、开放、有效的人才政策，大力引进和集聚各类人才来汉创新创业创富，构筑多层次、全产业的人才“金字塔”。优化“城市合伙人”计划，更大力度引进诺贝尔奖获得者、院士级全球战略科学家、产业科学家、商界领袖，做高人才“塔尖”；创新实施“海外科创人员来汉发展工程”“百万校友资智回汉工程”，集聚海归精英和杰出校友，统筹实施“黄鹤英才计划”“3551光谷人才计划”等人才计划，引进培养各类高层次创新创业人才，做强人才“塔身”；扎实推进“百万大学生留汉创业就业工程”，谋划实施“青年优秀人才培育计划”，大力实施“江城工匠”计划，构建技能人才队伍多层次、可持续的培养选拔机制，做厚人才“塔基”。

文件标题：《中共武汉市委办公厅、武汉市人民政府办公厅关于建立完善人才工作体系推动武汉高质量发展的实施意见》

文　　号：武办发〔2019〕2号

发文单位：中共武汉市委办公厅、武汉市人民政府办公厅

发布时间：2019年2月2日

内容摘录：深化“海外科创人才来汉发展工程”。建立全球人才数据库，加强与海外华人社团、知名猎头机构建立战略合作关系，在全球创新集聚高地设立海外孵化器、产业园区，构建面向全球的招人聚才网络，精准引进一批海外高层次人才。鼓励通过顾问指导、短期兼职、候鸟服务及其他适宜方式，柔性引进集聚海外人才为我市经济社会发展提供智力支持。推进打造国际人才自由港，优化外籍人才出入境便利政策，探索建立国际人才创业园，建设海外离岸创新创业基地，建立从创新项目植入到转化发展的全过程服务链，营造与国际接轨的宜居宜业环境。

襄阳市

文件标题：《中共襄阳市委、襄阳市人民政府关于深入实施隆中人才支持计划的意见》

文　　号：襄发〔2017〕16号

发文单位：中共襄阳市委、襄阳市人民政府

发布时间：2017年7月25日

内容摘录：坚持“逐年遴选、梯次培育、分期资助”。市财政对申报入选的项目进行无偿资助，支持周期为3年。第1年入选项目设为C类，给予每个项目50万元经费支持；第2年在C类项目中进行第二次遴选，遴选项目设为B类，再给予每个项目100万元经费支持；第3年在B类项目中进行第三次遴选，遴选项目设为A类，再给予每个项目200万元经费支持。对我市产业发展产生巨大带动效应的，实行“一事一议”，按照资金支持与带动效应所产生的效益相匹配的原则给予支持。

文件标题：《中共襄阳市委、襄阳市人民政府关于加强科技创新引领高质量发展的实施意见》

文　　号：襄发〔2020〕12号

发文单位：中共襄阳市委、襄阳市人民政府

发布时间：2020年8月2日

内容摘录：吸引集聚科技创新人才。围绕重点产业和重点领域急需紧缺人才，全面对接国家和省重大人才工程，深入实施“隆中人才支持计划”，培养和集聚一批能够突破关键技术、引领学科发展、带动产业转型的领军人才，一批科技创新能力和学术研究水平国内领先的创新团队，一批具有较强创新潜力的优秀青年科技人才。加大海外招才引智力度，吸引更多海内外高层次人才来襄创新创业。完善重大人才团队引进“一事一议”工作机制。推进首席技术专家计划，支持企事业单位培育产业技术创新领军人才，每年遴选10名，每人每年给予5万元支持，连续支持3年。

鄂州市

文件标题：中共鄂州市委办公室、鄂州市人民政府办公室关于印发《“333”高层次创新创业人才计划实施办法（试行）》的通知

文　　号：鄂州办发〔2016〕34号

发文单位：中共鄂州市委办公室、鄂州市人民政府办公室

发布时间：2016年9月30日

内容摘录：对高层次人才自主创业或领衔的具有自主知识产权、技术成果领先且具有良好市场潜力和产业化条件的项目，给予相应扶持：A类创业人才项目，给予200万元资助，最高1亿元配套股权投资，3年内免费提供1000—5000平方米办公场所。创新人才项目给予100万元资助。B类创业人才项目，给予100万元资助，最高2000万元配套股权投资，3年内免费提供500—1000平方米办公场所。创新人才项目给予50万元资助。C类创业人才项目，给予50万元资助，最高500万元配套股权投资，3年内免费提供100—500平方米办公场所。创新人才项目给予20万元资助。以上项目扶持政策，每个企业、项目、团队按“就高不就低”的原则享受一次。项目正常运营后，配套投资股权可按原价转让给创新创业团队成员。

黄冈市

文件标题：《中共黄冈市委、黄冈市人民政府关于深化人才发展体制机制改革大力实施人才强市战略的若干意见》

文　　号：黄发〔2017〕13号

发文单位：中共黄冈市委、黄冈市人民政府

发布时间：2017年9月12日

内容摘录：实施高端人才引领工程。对引进在黄冈创新创业的“两院”院士、国家高层次人才，一次性发放安家费100万元，连续5年每年发放生活津贴5万元；省“百人计划”“楚天学者计划”等高层次人才，一次性发放安家费50万元，连续5年每年发放生活津贴3万元。“两院”院士在黄冈设立工作站，给予100万元科研

经费支持，提供办公用房。在黄冈创新创业的领军型、高端型和成长型人才（团队），经认定分别给予300万元、200万元、80万元项目启动资金支持。企事业单位的高层次人才入选国家海外高层次人才引进计划、“万人计划”和湖北省“百人计划”的，分别给予用人单位20万元、10万元、10万元奖励。

湖南省

文件标题：湖南省人民政府关于印发《湖南省鼓励留学人员来（回）湘工作的有关规定》的通知
文　　号：湘政发〔2001〕13号
发文单位：湖南省人民政府
发布时间：2001年6月4日
内容摘录：留学人员独资或合作创办的高新技术企业，可享受高新技术企业的优惠政策。符合外资企业登记条件的，可登记为外资企业，享受外商投资企业优惠政策。从事新产品、新技术开发以及拥有专利、发明项目的留学人员申报科研课题时，可优先立项。留学人员的高新技术成果转化和产业化项目，可优先获得省科技风险投资资金的支持。

文件标题：湖南省人民政府办公厅关于印发《湖南省发展众创空间推进大众创新创业实施方案》的通知
文　　号：湘政办发〔2015〕74号
发文单位：湖南省人民政府办公厅
发布时间：2015年9月11日
内容摘录：支持海外高层次人才来湘创业。建立和完善海外高端创新创业人才引进机制，通过国家海外高层次人才引进计划、省“百人计划”等人才引进计划的实施，引进一批海外高层次人才和团队到湖南创新创业。依托长株潭国家自主创新示范区和各地留学生创业园，引进一批具有国际视野留学归国人员创办科技型企业。落实来湘创业海外高层次人才配偶就业、子女入学、医疗住房、社会保障相关政策。重点支持海外高层次人才引进国际先进技术成果在湖南落地转化。

文件标题：《中共湖南省委组织部、湖南省人力资源和社会保障厅关于进一步加强和改进我省引进海外高层次人才“百人计划”工作的意见》
文　　号：湘组发〔2015〕10号
发文单位：中共湖南省委组织部、湖南省人力资源和社会保障厅
发布时间：2015年8月18日
内容摘录：为形成人才政策比较优势，提高人才资助经费效用，调整《关于海外高层次引进人才享受特定工作条件和生活待遇的若干规定》（湘组〔2011〕17号）中的相关条款，提高资助额度，规范发放方式，不断完善我省人才引进资助政策。全职引进人才资助标准从每人60万元提高至100万元，非全职引进人才资助标准保持每人60万元不变，创业人才视同全职引进人才，“外专百人计划”资助经费参照此标准执行；“青年百人计划”引进人才，每人给予资助50万元；“团队百人计划”引进团队，每个给予资助500万元左右。

文件标题：《中共湖南省委关于深化人才发展体制机制改革的实施意见》
文　　号：湘发〔2016〕27号
发文单位：中共湖南省委
发布时间：2016年12月2日
内容摘录：加大高层次人才引进培养力度。研究制定进一步加强人才智力引进工作的实施意见。深入实施海

外高层次人才引进计划、省“百人计划”，大力推进制造强省人才队伍建设，推进省高层次科技创新人才集聚计划和省军民融合高端人才引进计划，加快聚集海内外高层次人才和团队。对引进院士、入选国家重大人才工程、“长江学者奖励计划”等，拥有先进技术和自主知识产权的人才带项目来我省创业工作、在国内首次落地的，经评审后给予最高500万元的经费支持。对掌握国际领先技术、生成重大项目并带动新兴产业的，经评审后，从人才、科技、工业等专项经费中，给予最高1亿元的综合支持。

文件标题：《中共湖南省委关于大力实施创新引领开放崛起战略的若干意见》
文　　号：湘发〔2017〕8号
发文单位：中共湖南省委
发布时间：2017年8月9日
内容摘录：大力推行芙蓉人才计划，增创发展新优势。大力引进聚集高层次科技人才，坚持“高精尖缺”和市场需求导向，全面推进智汇潇湘引才和发展高地聚才工程，在高端装备新材料、新一代信息技术、文化创意等领域，引进若干国际顶尖创新团队，引进一批高端科技创新人才。大力建设国家级重大科研平台和院士专家工作站，集聚一批院士专家和高端科技人才。开设高层次人才引进绿色通道，启动特殊岗位人才全球招聘计划，有针对性地引进和培养国际贸易、金融、创意和服务外包领域的专业人才，引进海外留学人才回国创业。

文件标题：中共湖南省委办公厅关于印发《湖南省芙蓉人才行动计划》的通知
文　　号：湘办发〔2017〕42号
发文单位：中共湖南省委办公厅
发布时间：2017年12月15日
内容摘录：支持海外归国人员、外国专家来湘发展。深入实施“百人计划”，按服务期给予每人50万—100万元一次性补助。吸引海外智力来湘服务，建立外国专家来湘工作激励和补贴机制，择优支持留学回国人员创新创业项目。发挥湘籍海外人才优势，加强与华裔人才集聚的校友联合会、联谊会、回国服务联盟合作。对海外归国人员、外国专家来湘创办企业给予创业担保贷款支持和孵化服务。

文件标题：《湖南省人民政府关于推动创新创业高质量发展打造“双创”升级版的实施意见》
文　　号：湘政发〔2019〕13号
发文单位：湖南省人民政府
发布时间：2019年8月13日
内容摘录：大力引进海外高层次人才。深入实施“百人计划”“湖南高层次人才聚集工程”。建立高端外国专家来湘工作激励和补贴机制，择优支持留学回国人员创新创业项目。发挥湘籍海外人才优势，加强与华裔人才集聚的校友联合会、联谊会、回国服务联盟合作。对海外归国人员、外国专家来湘创办企业给予创业担保贷款支持和孵化服务。

长沙市

文件标题：中共长沙市委办公厅、长沙市人民政府办公厅关于印发《长沙市引进紧缺急需和战略型人才计划》的通知
文　　号：长办发〔2014〕6号
发文单位：中共长沙市委办公厅、长沙市人民政府办公厅
发布时间：2014年2月19日
内容摘录：引进的领军人才、高级经营管理和研发人才或团队带项目创业的，从企业正式注册起，5年时间内，根据创办企业当年入库税收市、各园区和区县（市）所得部分总额及年度增长情况给予奖励。当年入库

税收市、各园区和区县（市）所得部分总额达50万元以上，且税收总额较上一年度增长20%以上（含20%）的，奖励该企业20万元；当年入库税收市、各园区和区县（市）所得部分总额达100万元以上，且税收总额较上一年度增长15%以上（含15%）的，奖励该企业50万元；当年入库税收市、各园区和区县（市）所得部分总额达300万元以上，且税收总额较上一年度增长10%以上（含10%）的，奖励该企业100万元。

文件标题：中共长沙市委、长沙市人民政府关于印发《长沙市建设创新创业人才高地的若干措施》的通知
文　　号：长发〔2017〕10号
发文单位：中共长沙市委、长沙市人民政府
发布时间：2017年6月21日
内容摘录：实施国际化人才汇智工程。未来5年，支持各类用人主体多渠道引进2000名海外专家、20000名留学归国人员。每年评选10个高端外国专家项目，给予30万元的经费资助，对于符合条件的其他海外专家引智项目，根据项目情况分别给予5万元、10万元、15万元的经费支持。支持归国留学生来长创新创业，对归国留学博士给予10万元生活补贴，对硕士、本科毕业生给予国内高校毕业生同等待遇。支持外籍人才在长创新创业，外籍人才申报市级创新创业项目、科学技术奖项，可享受国内人才同等政策待遇。选聘海内外知名人士进入长沙高端智库，发挥高端智库在决策咨询、聚才引智等方面的重要作用。

文件标题：长沙市人力资源和社会保障局关于印发《长沙市国际化人才汇智工程实施细则（试行）》的通知
文　　号：长人社发〔2107〕64号
发文单位：长沙市人力资源和社会保障局
发布时间：2017年8月18日
内容摘录：本细则所指国际化人才，是指长沙市企业和市属高职以上院校、医疗卫生机构、科研院所等单位，通过项目合作、技术指导、培训咨询等方式，柔性引进的外籍、台港澳、持外国绿卡的中国籍高层次经营管理和专业技术人才，以及来长就业创业的留学归国人员（台港澳高校毕业生比照执行）。

文件标题：长沙市经济和信息化委员会等部门关于印发《长沙市高层次人才创新创业动态支持实施办法（试行）》的通知
文　　号：长经信发〔2017〕232号
发文单位：长沙市经济和信息化委员会、长沙市财政局、中共长沙市委宣传部、长沙市农业委员会、长沙市商务局
发布时间：2017年9月30日
内容摘录：高层次人才创新创业动态支持对象分为创办企业类、核心成果转化类，对符合条件的高层次人才所在企业给予相应奖补支持。创办企业类。新创办企业自工商注册之日起，3年内实现年营业收入首次超过2000万元、5000万元和1亿元的，按企业实缴主体税种（增值税、企业所得税）税收市级和区县（市）地方留成部分全额计算奖补额度，最高分别不超过50万元、100万元和300万元。核心成果转化类。自高层次人才携带核心成果加入企业之日起，企业营业收入比上年同期增加2000万元、5000万元和1亿元以上，按企业实缴主体税种税收比上年同期增量部分的市级和区县（市）地方留成部分全额计算奖补额度，最高分别不超过50万元、100万元和300万元。

文件标题：长沙市人民政府办公厅关于印发《长沙市高精尖人才领跑工程实施细则》等“长沙人才政策”配套细则（办法）的通知
文　　号：长政办发〔2019〕37号
发文单位：长沙市人民政府办公厅
发布时间：2019年9月26日

内容摘录：留学归国人员租房和生活补贴。落户长沙并在长沙工作（不含机关事业单位在编人员）40岁以下的留学归国博士以及35岁以下、毕业2年内的硕士和本科，按照博士每人每年5万元、硕士每人每年、本科每人每年6000元的标准，发放期限为2年。

文件标题：《长沙市人民政府办公厅关于推动创新创业高质量发展打造“双创”升级版的实施意见》
文　　号：长政办发〔2020〕13号
发文单位：长沙市人民政府办公厅
发布时间：2020年4月16日
内容摘录：鼓励归国和外籍人才来长创新创业。重点实施“国际化人才汇智工程”，积极对接国家、省重点人才工程，促进全市国际化人才数量质量双提升。建立以用人单位为主体、社会组织相辅佐、招商引智相协同的引才机制。加强海外引才工作，吸纳外国专家、海归人才来长创新创业。

湘潭市

文件标题：《中共湘潭市委、湘潭市人民政府关于印发莲城人才行动计划的通知》
文　　号：潭市发〔2018〕13号
发文单位：中共湘潭市委、湘潭市人民政府
发布时间：2018年5月4日
内容摘录：加大国际化人才引进力度。支持市属科研院所和企业引进海外高层次人才，海外引进并在潭新申报入选国家海外高层次人才引进计划、省“百人计划”的，分别给予最高100万元和50万元配套奖励。出国留学人员来潭回潭创业，符合条件且经认定的，给予10万—20万元奖励，特别优秀的给予最高50万元奖励。获得国家、省级引智项目资助的，按照国家、省资助额度给予引智项目单位1：1配套，最高20万元资助。每年确定5个左右市级引智资助项目，根据贡献程度分别给予引智项目单位10万元、5万元和2万元经费资助。

文件标题：中共湘潭市委人才工作领导小组办公室、湘潭市人力资源和社会保障局关于《湘潭市国际化人才和智力引进经费补助实施办法（试行）》的通知
文　　号：潭人才办发〔2018〕12号
发文单位：中共湘潭市委人才工作领导小组办公室、湘潭市人力资源和社会保障局
发布时间：2018年9月18日
内容摘录：根据项目技术创新性和市场潜力，出国留学人员来潭回潭创业项目分为优秀项目、重点项目。优秀项目须是省、市重点技术攻关或技术改造项目，在某一学科领域具有省内或国内领先水平。重点项目须是自主创新成果特别突出，市场潜力巨大，获得专家评审组全票推荐的，可评为重点项目。优秀项目奖励资助10万—20万元；重点项目采取一事一议的办法，由专家评审组对项目进行详细考察评价确定额度，给予最高50万元的奖励资助。

衡阳市

文件标题：《衡阳市人民政府关于深化人才发展体制机制改革的实施意见（试行）》
文　　号：衡发〔2018〕9号
发文单位：衡阳市人民政府
发布时间：2018年4月3日
内容摘录：实施“人才雁阵”行动计划。实施高层次创新创业人才及团队培育支持计划，对新入选（或获

奖）的国内外顶尖人才（A类）、国家级领军人才（B类）和省“百人计划”人才，根据服务期限及产业发展贡献情况，分别给予最高200万元、100万元、50万元经费支持。对新入选（或获奖）国家级、省级、市级的创新创业人才团队，分别给予最高150万元、100万元、50万元经费支持。

广东省

文件标题：广东省人事厅等部门《关于做好海外高层次留学人才界定工作的通知》
文　　号：粤人发〔2007〕74号
发文单位：广东省人事厅、广东省教育厅、广东省科技厅、广东省财政厅
发布时间：2007年2月26日
内容摘录：根据《关于鼓励海外高层次人才回国工作意见》的有关规定，海外高层次留学人才一般是指：我公派或自费出国留学，学成后在海外从事科研、教学、工程技术、金融、管理等工作并取得显著成绩，为国内急需的高级管理人员、高级专业技术人员、学术技术带头人，以及拥有较好产业化开发前景的专利、发明或专有技术的人员。

文件标题：《中共广东省委、广东省人民政府关于加快吸引培养高层次人才的意见》
文　　号：粤发〔2008〕15号
发文单位：中共广东省委、广东省人民政府
发布时间：2008年9月17日
内容摘录：实施留学人员来粤创业服务计划。进一步办好广州留交会、深圳高交会和国际人才交流大会以及各类留学人员创业园，拓宽引才引智渠道。修订《关于鼓励出国留学高级人才来粤创业若干规定》，以更加优惠的政策、更加开放的态度、更加优越的工作条件和更加宽松的人文环境，吸引高层次留学人员来粤创业。

文件标题：中共广东省委、广东省人民政府关于印发《广东省中长期人才发展规划纲要（2010—2020年）》的通知
文　　号：粤发〔2010〕17号
发文单位：中共广东省委、广东省人民政府
发布时间：2010年12月27日
内容摘录：适应建设创新型广东的需要，以提高自主创新能力为核心，以科技领军人才、创业人才、创新团队为重点，打造一支创新能力强、团队结构优的高层次创新型科技人才队伍。继续办好高新技术园区、工业园区和留学人员创业园区，推进人才、基地、项目一体化建设，依托重大科研项目、重大工程项目、重点学科和重点科研基地，大力培养引进一批掌握核心技术、带动新兴学科、发展高新产业的科技领军人才和高水平创新团队。继续加大我省自然科学基金、科技攻关、火炬计划、星火计划等科技项目对重点学科带头人、优秀创新团队、博士后、海外留学回国人员等高层次人才的扶持力度，建立支持创新型科技人才发展的长效机制，加大优秀青年科技人才的培养力度，造就一批中青年高级专家。通过外聘或兼职、合作与交流、讲学和咨询等方式，柔性引进海内外高端人才。

文件标题：广东省人力资源和社会保障厅办公室《转发人力资源和社会保障部办公厅关于做好留学回国人员自主创业工作有关问题的通知》
文　　号：粤人社办〔2015〕140号
发文单位：广东省人力资源和社会保障厅办公室

发布时间：2015年6月1日
内容摘录：认真贯彻落实国家和我省促进留学回国人员自主创业政策，明确留学回国人员享受高校毕业生自主创业扶持政策的工作流程。符合条件的留学回国人员可按规定向创业地人力资源和社会保障部门申请创业培训补贴、一次性创业资助、租金补贴、小额担保贷款及贴息、创业带动就业补贴、优秀创业项目资助等补贴。留学回国人员可凭国外学历学位证书和教育部国外学历学位认证，在创业地人力资源和社会保障部门留学人员回国服务机构登记备案。登记备案的留学回国人员可向创业地留学人员创业园、创业孵化基地申请孵化服务，经批准进入园区、基地后，享受园区、基地的同等服务和优惠政策。

文件标题：《广东省人民政府关于大力推进大众创业万众创新的实施意见》
文　　号：粤府〔2016〕20号
发文单位：广东省人民政府
发布时间：2016年3月10日
内容摘录：支持境外人才来粤创业。继续实施“珠江人才计划”和“高层次特殊人才支持计划”，积极引进一批创业创新团队和领军人才。根据各市产业特色和人才需求实际，采用省市共建方式支持各地特色留学人员创业园建设。实施“粤海智桥计划”，加强海外人才工作站建设，对成功引进海外高层次人才智力的机构和人员予以奖励，支持本土企业主动参与国际人才交流。

文件标题：中共广东省委印发《关于我省深化人才发展体制机制改革的实施意见》的通知
文　　号：粤发〔2017〕1号
发文单位：中共广东省委
发布时间：2017年1月26日
内容摘录：推进人才出入境和停居留便利。落实公安部关于支持广东创新驱动发展和自贸区建设的16条出入境政策，在申请永久居留、延长居留期限、办理人才签证、过境免签、聘雇外籍家政服务人员等方面为人才提供更多便利。积极创造条件，争取国家给予更加开放便利的出入境政策。

文件标题：广东省人才工作领导办公室关于印发《“珠江人才计划”引进创新创业团队管理服务办法（试行）》的通知
文　　号：粤人才办〔2017〕6号
发文单位：广东省人才工作领导办公室
发布时间：2018年8月2日
内容摘录：团队成员享有省高层次人才引进一站式专区服务、省人才驿站休闲疗养等待遇，以及按规定享有的各项高层次人才服务待遇。各级主管部门应为团队开展国情省情教育培训、重大人才工程政策培训、科技计划项目政策咨询等宣讲培训服务，搭建学术交流、成果转化、投资融资对接交流平台。

文件标题：《广东省人民政府关于强化实施创新驱动发展战略进一步推进大众创业万众创新深入发展的实施意见》
文　　号：粤府〔2018〕74号
发文单位：广东省人民政府
发布时间：2018年8月20日
内容摘录：实施留学人员回国创新创业启动支持计划，大力吸引“海归人员”来粤创新创业。落实国家对外国留学生的创业政策，鼓励外国留学生来粤创新创业。实施省人才优粤卡政策，给予持卡的高层次人才本地居民待遇，并提供各类优惠便利服务。深入推进外国人来华工作许可制度，全面实施出入境便利措施，完善外国高层次人才由工作居留向永久居留转换机制，实现工作许可、签证和居留有机衔接。

文件标题：广东省人民政府关于印发《广东省人才优粤卡实施办法（试行）》的通知
文　　号：粤府〔2018〕96号
发文单位：广东省人民政府
发布时间：2018年10月15日
内容摘录：人才优粤卡持卡人在我省按照有关政策规定享受当地居民待遇和优惠便利服务。人才优粤卡载明持卡人身份信息，分为A卡和B卡。

广州市

文件标题：《广州市开发区管理委员会关于鼓励在留学人员广州创业园兴办项目若干规定的公告》
文　　号：穗开管〔2001〕40号
发文单位：广州市开发区管理委员
发布时间：2001年12月4日
内容摘录：留学人员在创业园内兴办的企业，经开发区科学技术局审核认定为鼓励类的高新技术、技术含量高、发展前景好的项目，并已在创业园正常运作，为开发区的高新技术产业发展作出贡献的，除按规定享受国家、省、市和开发区有关优惠政策外，开发区将视企业对开发区贡献大小给予科技扶持金奖励。到创业园兴办项目的留学人员符合《广州市鼓励留学人员来穗工作规定》的，其本人及其配偶、未成年子女、父母可按规定申请入户广州，在穗定居的免缴城市基础设施增容费并可给予适当的安家补助；其子女入托和就读（中、小学），可予就近安排，免收政府规定以外的任何费用。其中，随父母从国外回来的子女，入学考试可按照归国华侨子女的照顾条件给予加分。

文件标题：广州市教育局、广州市科技局等部门关于印发《广州市留学人员服务工作实施细则》的通知
文　　号：穗人〔2001〕86号
发文单位：广州市教育局、广州市科技局、广州市公安局、广州市工商行政管理局、广州市人民政府外事办公室
发布时间：2001年12月27日
内容摘录：在广州地区注册一家公司或者以资金和技术入股一家公司，从事高新技术成果转化或产业化活动的留学人员，可以向公司所在地的科技行政管理部门申请科技创业启动资金。留学人员企业申请认定高新技术企业，必须在企业成立2年后，由企业向所在地科技行政管理部门提出申请，企业所在地科技行政管理部门初审，并加具意见后，报请市科技行政管理部门认定。申请进入留学人员广州创业园直接与广州经济技术开发区管委会科技行政管理部门联系。留学人员从事有商品化可能，有产业化、国际化前景的高新技术项目，可以直接向广州市高新技术创业服务中心提出申请。

文件标题：《中共广州市委、广州市人民政府关于加快吸引培养高层次人才的意见》
文　　号：穗字〔2010〕11号
发文单位：中共广州市委、广州市人民政府
发布时间：2010年7月13日
内容摘录：加大海外高层次人才引进力度。加强人才和人才开发国际交流合作，积极引进海外人才和海外智力。抓紧实施我市“创新创业领军人才百人计划”，用5—10年时间，面向海内外并重点面向海外，依托我市科技重大专项计划、市级以上重点学科和重点实验室、市属企业和在穗金融机构、以高新技术产业开发区为主的各类园区等平台，引进扶持300名左右创新创业领军人才来我市创业发展；其中创业领军人才200名左右，其他各类创新领军人才100名左右，相关人员按照《中共广州市委、广州市人民政府印发〈关于鼓励海外高层次人才来穗创业和工作的办法〉的通知》（穗字〔2008〕18号）和其他有关规定享受优惠政策待遇。

文件标题：中共广州市委组织部等部门关于印发《中共广州市委、广州市人民政府关于加快吸引培养高层次人才的意见》10个配套实施办法的通知
文　　号：穗组字〔2010〕46号
发文单位：中共广州市委组织部、广州市发展和改革委员会、广州市经济贸易委员会、广州市教育局、广州市科技和信息化局、广州市财政局、广州市人力资源和社会保障局、广州市国土资源和房屋管理局、广州市卫生局、广州市人民政府国有资产监督管理委员会、广州市住房保障办公室
发布时间：2010年7月15日
内容摘录：经市委、市政府同意，现将《中共广州市委、广州市人民政府关于加快吸引培养高层次人才的意见》（穗字〔2010〕11号）的配套实施办法《广州市高层次人才认定评定办法》《广州市高层次人才培养资助实施办法》《广州市创业领军人才创业发展扶持办法》《广州市羊城学者特聘岗位计划实施办法》《广州市高层次人才住房解决办法》《广州市高层次人才医疗保障实施办法》《广州市高层次人才子女入学解决办法》《广州市高层次人才配偶就业促进办法》《广州市羊城功勋奖评选表彰办法》《广州市高层次人才专项扶持资金管理办法》印发给你们，请认真贯彻执行。

文件标题：广州市人力资源和社会保障局关于印发《广州市留学人员优惠资格认定办法》的通知
文　　号：穗人社发〔2013〕47号
发文单位：广州市人力资源和社会保障局
发布时间：2013年4月24日
内容摘录：认定条件：1998年后来穗，在广州市属国家机关、企事业单位工作或在广州创办企业，且符合下列条件之一的留学人员：（一）公派、自费出国学习，并取得国外硕士及以上学位的人员；（二）在国内取得研究生以上学历或者硕士以上学位后到国外进修、做访问学者，或者从事博士后研究1年以上，取得一定科研成果的人员。符合前款学历、学位和成果条件的港、澳、台地区来穗工作的人员，参照执行。

文件标题：广州市人力资源和社会保障局、广州市财政局、广州市知识产权局关于印发《广州市留学人员来穗工作资助管理办法》的通知
文　　号：穗人社发〔2015〕9号
发文单位：广州市人力资源和社会保障局、广州市财政局、广州市知识产权局
发布时间：2015年2月6日
内容摘录：留学人员政府资助资金主要包括安家补助费、留学人员短期活动资助两部分。安家补助费是指按照《工作规定》第十三条的规定，对经审定符合条件的留学人员在穗居住给予的资助资金。留学人员短期活动资助是指按照《工作规定》第六条的规定，对留学人员短期来穗服务、讲学、技术支持、成果推荐、国际学术交流与合作等活动给予的资助资金。

文件标题：《中共广州市委、广州市人民政府关于加快实施创新驱动发展战略的决定》
文　　号：穗字〔2015〕4号
发文单位：中共广州市委、广州市人民政府
发布时间：2015年6月2日
内容摘录：加快实施“羊城高层次创新创业人才支持计划”，大力培养、引进支持创新创业领军团队和人才。组织实施“智汇广州”高端人才对接服务行动，发挥中国留学人员广州科技交流会的作用，吸引海内外高层次人才来穗开展联合攻关、项目对接、成果转化等创新合作与服务。以创建珠三角国家自主创新示范区为契机，争取先行试点探索建立技术移民制度。建立服务绿色通道，对引进的海内外人才，实行特殊的居住政策。对符合条件的外国人才及其随行家属给予签证和居留等便利，对持有外国人永久居留证的外籍高层次人才在创办科技型企业等方面给予国民待遇。

文件标题：《中共广州市委、广州市人民政府关于加快集聚产业领军人才的意见》
文　　号：穗字〔2016〕1号
发文单位：中共广州市委、广州市人民政府
发布时间：2016年2月25日
内容摘录：实施羊城创新创业领军人才支持计划。支持创业领军团队。5年内对先进制造业、战略性新兴产业和生产性服务业领域内约50个高端创业团队，分别给予300万元人才经费资助，并以股权资助与无偿资助组合方式给予最高3000万元的项目经费资助，同时提供工作场所房租补助、贷款贴息、首购首用风险补偿等工作支持。

文件标题：中共广州市委组织部等部门关于印发《羊城创新创业领军人才支持计划实施办法》和《广州市产业领军人才奖励制度》的通知
文　　号：穗组字〔2016〕16号
发文单位：中共广州市委组织部、广州市科技创新委员会、广州市财政局、广州市人力资源和社会保障局
发布时间：2016年2月26日
内容摘录：创业领军团队是指善于把握市场经济规律、善于吸附和转化前沿技术成果、善于推动商业模式创新，所创办企业能够经受住市场考验，具有高成长特点，带动我市先进制造业、战略性新兴产业和生产性服务业发展，产生重大经济社会效益的高端创业团队。申报主体主要是我市各区、产业园区和科技企业孵化器。给予300万元人才经费资助，主要用于团队成员的工薪补助、安家补贴和生活补贴。

文件标题：广州市人民政府办公厅关于印发《广州市人才绿卡制度》的通知
文　　号：穗府办规〔2016〕5号
发文单位：广州市人民政府办公厅
发布时间：2016年4月27日
内容摘录：在广州地区工作、创业的非本市户籍国内外优秀人才，可依据本办法领取广州市人才绿卡（以下简称人才绿卡），作为持有人在本市居住、工作的证明，可用于办理个人事务。凡符合本市引进人才需求，每年在本市创业或工作超过6个月的，非广州市户籍的境内居民，香港特别行政区、澳门特别行政区居民，台湾地区居民以及外国人，持中国护照、拥有国外永久（长期）居留权且国内无户籍的留学人员和其他人员，在本市有合法住所，符合以下条件之一的，可申领人才绿卡。

文件标题：《广州市人民政府办公厅关于实施鼓励海外人才来穗创业“红棉计划”的意见》
文　　号：穗府办规〔2017〕21号
发文单位：广州市人民政府办公厅
发布时间：2017年12月12日
内容摘录：从2018年起每年通过“海交会”平台的“春晖杯”创新创业项目大赛、“智创未来”海外创新创业大赛等平台评选出不超过30个创新创业项目。对评审后入选“红棉计划”的创业项目，分别给予200万元创业启动资金资助。设立在指定创业园区内的创业项目，可免费使用不低于500平方米的生产和办公用房；自行租用办公和生产用房的，连续3年给予租金补贴，补贴标准每月每平方米不超过35元。

文件标题：广州市人民政府办公厅关于印发《广州市引进人才入户管理办法》的通知
文　　号：穗府办规〔2018〕30号
发文单位：广州市人民政府办公厅
发布时间：2018年12月29日
内容摘录：本办法所称的引进人才入户，是指在年龄、学历、职称、技能、岗位等方面符合条件，在本市就业或创业的人才入户广州，包括用人单位接收普通高校应届毕业生和引进在职人才入户广州。引进人才入户

坚持突出高端、以用为本、规范管理、方便快捷的原则，优先满足本市战略性主导产业、重点发展产业、总部企业以及其他鼓励发展的产业所需人才的入户需求。

文件标题：广州市人力资源和社会保障局关于印发《广州市引进人才入户管理办法实施细则》的通知
文　　号：穗人社规字〔2019〕2号
发文单位：广州市人力资源和社会保障局
发布时间：2019年4月18日
内容摘录：引进人才自公示通过之日起，申请人应在规定期间内凭本人身份证等材料分别到市、区对外服务窗口领取《广州市入户人员信息卡》，并在有效期内按登记入户地址顺序到本市公安机关办理户口迁入手续。逾期未到公安机关办理户口迁入手续的，须重新申请办理。

文件标题：中共广州市黄埔区委组织部等部门关于印发《广州市黄埔区、广州开发区创新创业领军人才聚集工程实施办法》的通知
文　　号：穗埔组通〔2019〕92号
发文单位：中共广州市黄埔区委组织部、中共广州开发区工委组织部、广州市黄埔区科学技术局、广州开发区科技创新局
发布时间：2019年7月29日
内容摘录：给予创新创业领军人才创业资助和投资奖励。（一）创业资助：参照科研项目管理办法，给予创业项目最高1000万元无偿资助，按4：3：3比例分三期拨付，最高不超过项目预算总额的50%；（二）投资奖励：入选后3年内项目新引入风险投资的，按实际累计新增投资总额的10%给予奖励，最高不超过1000万元，一次性兑现。创业资助、投资奖励均发放至创新创业领军人才企业，所需资金从区科技发展专项资金中列支，纳入区科技部门年度预算。

文件标题：中共广州市黄埔区委组织部等部门关于印发《广州市黄埔区、广州开发区、广州高新区关于集聚海外尖端人才的若干措施》的通知
文　　号：穗埔组通〔2019〕105号
发文单位：中共广州市黄埔区委组织部、中共广州开发区工委组织部、广州开发区政策研究室、广州市黄埔区人力资源和社会保障局
发布时间：2019年8月20日
内容摘录：本措施适用于发布之日起新引进的海外尖端人才，具体指在IAB（新一代信息技术、人工智能、生物医药）、NEM（新能源、新材料）、区块链、工业互联网、高端智能制造等本区重点发展领域，处于世界科技前沿和国际顶尖水平，掌握关键核心技术，能够为粤港澳大湾区高质量发展带来重大影响、重大突破的海外战略科学家及其团队核心成员、产业顶尖人才及其团队核心成员。对新引进的战略科学家团队、产业顶尖人才团队分别给予最高15亿元、10亿元的项目扶持，包括项目资助、贷款贴息、研发经费补贴、经营贡献奖励、股权投资等。

文件标题：《广州市鼓励留学人员来穗工作规定》（2019年修订）
文　　号：广州市人民政府令第168号
发文单位：广州市人民政府
发布时间：2019年11月14日
内容摘录：市人力资源和社会保障部门是本市留学人员服务管理工作的主管部门。广州留学人员服务管理中心是为留学人员提供综合服务的机构，具体负责留学人员来穗工作的联系、接待、咨询、出具相关证明以及提供信息交流、协助申报、代办手续等服务。市政府设立留学人员专项资金，用于改善来穗工作留学人员的

生活条件和工作环境，以及对留学人员短期来穗服务、讲学、技术支持、成果推荐、国际学术交流与合作等活动的资助。

深圳市

文件标题：深圳市人事局、深圳市科技局、深圳市财政局关于印发《深圳市出国留学人员创业资金管理办法》的通知

文　　号：深人发〔2001〕27号

发文单位：深圳市人事局、深圳市科技局、深圳市财政局

发布时间：2001年6月25日

内容摘录：深圳市出国留学人员创业资金由出国留学人员创业前期费用补贴和出国留学人员创办企业项目研发、启动资金两部分组成。市人事局负责出国留学人员创业前期费用补贴管理；市科技局负责出国留学人员创办企业项目研发、启动资金管理；市财政局负责资金拨付及财务监督。市引进国外智力领导小组办公室是管理留学人员来深创业的职能机构，负责创业前期费用补贴的日常管理。

文件标题：深圳市人事局关于印发《深圳市海外留学人才居住证管理办法》的通知

文　　号：深人报〔2002〕47号

发文单位：深圳市人事局

发布时间：2002年12月6日

内容摘录：持有《深圳市海外留学人才居住证》的人员，除享有持《深圳经济特区暂住证》人员的同等待遇外，还可以享受下列待遇：（一）未成年子女入托、入中小学就读免缴纳借读费，并可以报考市、区重点中学的高中部；（二）可到各公立医院就诊并享受各大医院提供的方便；（三）可申请租用市、区政府提供的安居房和留学生公寓；（四）申办企业的给予注册手续上的便利，并享受有关优惠政策；（五）持外国护照的海外留学人员按照有关税收法规享受外籍人员个人所得税减免税优惠待遇；持中国护照并在国外定居的海外留学人员，在深取得工资薪金计征个人所得税时，除减除法定费用外，可适用附加减除费用的规定。同时可按国家有关规定购买外汇，通过指定银行汇出国外，或凭有关部门出具的外汇携带许可证携带出国。

文件标题：深圳市人事局、深圳市人民政府外事办公室、深圳市公安局、深圳市外国专家局印发《关于为外国籍高层次人才和投资者提供入境及居留便利的实施办法》的通知

文　　号：深人发〔2002〕70号

发文单位：深圳市人事局、深圳市人民政府外事办公室、深圳市公安局、深圳市外国专家局

发布时间：2002年10月16日

内容摘录：符合办理长期多次“F”字签证的外国籍人士入境后可凭市政府外事部门出具的公函，向市公安局出入境管理处申请办理。对于外国籍人士在境外申请办理长期多次“F”字签证的，市政府外事部门应在收到申请后及时审批。经审批同意的，要及时将审批意见报外交部，由外交部函告我驻外使领馆为申请人颁发签证。持“L”“X”字签证入境的外国籍人士办理长期多次“F”字签证的，可由本人或有关单位持市政府外事部门出具的公函或外商投资企业批准证书、营业执照及副本等有关证明文件，向市公安局出入境管理处申请。

文件标题：《中共深圳市委、深圳市人民政府关于进一步加强人才工作的实施意见》

文　　号：深发〔2004〕9号

发文单位：中共深圳市委、深圳市人民政府

发布时间：2004年7月27日
内容摘录：加大留学生和海外高层次人才引进力度，重点引进在国际金融机构、跨国公司、国际组织中担任高级职务或拥有高新技术成果的人才，引进国外知名大学有较高学术成就的人才。充分利用高交会、文博会等各类展会和留学生创业园，吸引留学归国人才来深创业。研究制定留学归国人才进入政府机关和国有企事业单位担任领导职务管理办法。设立留学归国人才创业专项资金，市政府每年安排不少于3000万元，用于资助他们在深从事高新技术项目的研究开发。建立国际高层次人才信息库。完善全市留学归国人才工作联席会议制度，及时解决留学归国人才创业过程中的实际问题。

文件标题：《中共深圳市委、深圳市人民政府关于实施引进海外高层次人才“孔雀计划”的意见》
文　　号：深发〔2011〕9号
发文单位：中共深圳市委、深圳市人民政府
发布时间：2011年4月2日
内容摘录：对引进的海外高层次人才，给予80万—150万元的奖励补贴。及时解决海外高层次人才在居留和出入境、落户、子女入学、配偶就业、医疗保险等方面的问题和困难。建立公共服务平台，完善工作机制，为海外高层次人才提供优质高效服务。建立创新创业专项资助机制。建立创新创业服务扶持平台，在创业资助、项目研发资助、成果转化资助、政策配套资助等方面支持海外高层次人才创新创业。对引进的海外高层次人才团队，给予最高8000万元的专项资助。

文件标题：中共深圳市委组织部等部门关于印发《深圳市海外高层次人才“孔雀计划”资金管理暂行办法》的通知
文　　号：深财规〔2013〕1号
发文单位：中共深圳市委组织部、深圳市财政委员会、深圳市科技创新委员会、深圳市人力资源和社会保障局、深圳市住房和建设局
发布时间：2013年3月26日
内容摘录：市本级财政预算原则上每年安排“孔雀计划”资金5亿元，包括海外高层次人才奖励补贴资金和海外高层次人才创新创业资助资金两部分。经认定为A类、B类、C类海外高层次人才的奖励补贴标准如下：（一）A类人才可享受150万元奖励补贴；（二）B类人才可享受100万元奖励补贴；（三）C类人才可享受80万元奖励补贴。

文件标题：中共深圳市委、深圳市人民政府印发《关于促进人才优先发展的若干措施》的通知
文　　号：深发〔2016〕9号
发文单位：中共深圳市委、深圳市人民政府
发布时间：2016年3月23日
内容摘录：加大各类人才安居保障。大力建设人才公寓。未来5年市区两级筹集提 供不少于1万套人才公寓房，提供给海外人才、在站博士后和短期来深工作的高层次人才租住，符合条件的给予租金补贴。推广建设青年人才驿站。完善高层次人才安居办法。杰出人才可选择600万元奖励补贴，也可选择面积200平方米左右免租10年的住房。选择免租住房的，在我市全职工作满10年、贡献突出并取得本市户籍，可无偿获赠所租住房或给予1000万元购房补贴。符合条件的其他高层次人才，在享受相关奖励补贴的同时，可选择最长3年、每月最高1万元的租房补贴，或选择免租入住最长3年、面积最大150平方米的住房。予新引进人才租房和生活补贴。向新引进入户的全日制本科及以上学历的人员和归国留学人员发放一次性租房和生活补贴，其中，本科每人1.5万元，硕士每人2.5万元，博士每人3万元。创新境外人才住房公积金政策。在我市工作的外籍人才、获得境外永久（长期）居留权人才和港澳台人才，符合条件的，在缴存、提取住房公积金方面享受市民同等待遇。

文件标题：深圳市人民政府关于印发《深圳市户籍迁入若干规定》的通知
文　　号：深府〔2016〕59号
发文单位：深圳市人民政府
发布时间：2016年8月8日
内容摘录：在国（境）外学习并获得学士以上学位的留学人员，或在国（境）外高等院校、科研机构工作（学习）1年以上、取得一定成果的访问学者和博士后等进修人员，经核准可办理人才引进迁户。本项所述人员年龄应在45周岁以下。

文件标题：《深圳市人民政府关于大力推进大众创业万众创新的实施意见》
文　　号：深府〔2016〕61号
发文单位：深圳市人民政府
发布时间：2016年8月8日
内容摘录：支持境外人才来深创业。继续实施"孔雀计划"，进一步完善人才认定标准，强化信息化建设，持续吸引更多的海外高层次人才来深创新创业。建设海外人才"离岸创业"基地，充分发挥国家海外高层次人才创新创业基地、留学生创业园和产业园等吸纳人才的作用。探索进一步放宽外籍高端人才来深创新创业居留条件，在子女教育、就业、社保、医疗、住房购置、融资贷款等方面给予支持。

文件标题：深圳市人力资源和社会保障局、深圳市财政委员会关于印发《深圳市出国留学人员创业前期费用补贴资金管理办法》的通知
文　　号：深人社规〔2016〕10号
发文单位：深圳市人力资源和社会保障局、深圳市财政委员会
发布时间：2016年8月16日
内容摘录：补贴资金资助范围：（一）留学人员来深创业资助；（二）留学人员企业创新发展环境建设资助，主要包括完善留学人员创业园公共服务项目、留学人员创业（就业）培训项目以及参加与引进留学人员相关的展会项目（包括中国国际人才交流大会、广州留交会等）；（三）经市政府批准的其他事项。创业资助标准分为三个等级：一等资助100万元，二等资助50万元，三等资助30万元。特别优秀项目给予最高500万元资助。补贴资金总额的80%以上应当用于创业资助，且原则上用于一等资助的补贴资金金额不低于创业资助资金总额的30%。

文件标题：深圳市人力资源和社会保障局关于印发《深圳市海外高层次人才认定标准（2016年）》的通知
文　　号：深人社规〔2016〕11号
发文单位：深圳市人力资源和社会保障局
发布时间：2016年8月31日
内容摘录：C类人才含：近5年，入选我市留学人员创业前期费用补贴一等资助的项目申请人（每个申报单位限申报1人）。近5年，在深圳注册的非上市创业创新型中小企业且获得风险投资机构第一轮融资1000万元以上，担任董事长或总经理的人员（每个申报单位限申报1人）。深圳市政府主办的海外创新创业大赛总决赛获奖项目的主要核心成员，且在赛后3年内，在深圳工作或其参赛项目落户深圳（每个申报单位限申报1人）等。

文件标题：深圳市人力资源和社会保障局关于印发《深圳市人才引进实施办法》的通知
文　　号：深人社规〔2016〕22号
发文单位：深圳市人力资源和社会保障局
发布时间：2016年12月20日
内容摘录：本办法适用于本市引进市外人才，包括从市外调入干部和招调工人，以及引进留学回国人员，但接收普通高校应届毕业生除外。在国（境）外学习并获得学士以上学位的留学人员，或在国（境）外高等院

校、科研机构工作（学习）1年以上、取得一定成果的访问学者和博士后等进修人员，且年龄在45周岁以下，可申请办理人才引进。

文件标题：深圳市人力资源和社会保障局关于印发《深圳市留学回国人员引进实施办法》的通知
文　　号：深人社规〔2017〕4号
发文单位：深圳市人力资源和社会保障局
发布时间：2017年3月23日
内容摘录：深圳市人力资源和社会保障部门负责本市留学回国人员引进工作的政策制定、统筹协调、指导监督和业务审批。各区（新区）人力资源部门和前海管理局人力资源部门主要负责本辖区留学回国人员引进的业务审批。留学回国人员申办引进应当符合以下基本条件：（一）身体健康，年龄在45周岁以下；（二）属于在国（境）外学习并获得学士以上学位的留学人员（包括已获得居住国永久居留权、留学国再入境资格者），或者在国（境）外高等院校、科研机构工作或学习一年以上并取得一定成果的访问学者或博士后等进修人员；（三）取得本市《出国留学人员资格证明》；（四）未参加国家禁止的组织及活动，无刑事犯罪记录。

文件标题：深圳市人力资源和社会保障局、深圳市财政委员会、深圳市住房和建设局《关于深圳市高层次人才奖励补贴发放有关事项的通知》
文　　号：深人社规〔2017〕8号
发文单位：深圳市人力资源和社会保障局、深圳市财政委员会、深圳市住房和建设局
发布时间：2017年8月2日
内容摘录："两院"院士和杰出人才，奖励补贴标准为600万元；国家级领军人才和A类人才，奖励补贴标准为300万元；地方级领军人才和B类人才，奖励补贴标准为200万元；后备级人才和C类人才，奖励补贴标准为160万元。奖励补贴按5年任期分次发放，每任期年度每人发放1次，每次发放最高金额分别如下："两院"院士和杰出人才为120万元；国家级领军人才和A类人才为60万元；地方级领军人才和B类人才40万元；后备级人才和C类人才32万元。

文件标题：中共深圳市委、深圳市人民政府印发《关于实施"鹏城英才计划"的意见》的通知
文　　号：深发〔2018〕10号
发文单位：中共深圳市委、深圳市人民政府
发布时间：2018年8月23日
内容摘录：加大创业扶持力度。整合市海外高层次人才创业资助项目、留学人员创业前期费用补贴项目、科技型中小微企业和留学回国人员创业资助项目，设立统一的人才创业资助项目，符合条件的给予50万—150万元创业资助和最高80万元的场租补贴，特别优秀项目给予最高500万元资助。对中国（深圳）创新创业大赛的获奖者在深实施项目产业化或创办企业的，给予最高300万元资助。提供海外人才停居留便利，具有世界知名大学学士学位及以上的留学归国人才、外籍人才、港澳台专业人才及其配偶、子女，可在人才住房、医疗教育、社会保险、创新创业支持等方面，按有关规定享受市民待遇。

文件标题：前海合作区党工委、深圳市前海管理局印发《关于以全要素人才服务加快前海人才集聚发展的若干措施》的通知
文　　号：深前海党工委〔2019〕52号
发文单位：前海合作区党工委、深圳市前海管理局
发布时间：2019年11月29日
内容摘录：实施前海人才贡献奖励优惠政策。优化人才吸引和激励机制，聚集更多优秀人才来前海创新创业。贯彻落实境外高端人才和紧缺人才个人所得税优惠政策，实际降低境外人才税负水平。实施前海人才发

展引导专项资金奖励计划，对为前海产业发展作出贡献的人才，根据直接经济贡献分类分档给予资金支持。实施高层次人才“团队+项目”引进计划。引进和培育一批海内外高层次人才创新创业团队，对落户前海并经深圳市认定的高层次人才“团队+项目”，按市资助金额的一定比例给予配套扶持。进一步加大人才创业扶持力度，对符合条件并入选深圳市“人才创业资助项目”的创业团队，在市创业资助基础上给予配套资助。

文件标题：深圳市科技创新委员会关于印发《深圳市创业项目管理办法》的通知
文　　号：深科技创新规〔2020〕7号
发文单位：深圳市科技创新委员会
发布时间：2020年6月8日
内容摘录：创业资助项目是以培育具有核心创新能力、高成长性的源头企业为目标，由市科技行政主管部门对中国深圳创新创业大赛、广东省科技行政主管部门主承办大赛、深圳市科技行政主管部门主承办大赛的参赛企业和参赛团队企业予以资助。按照资助对象不同，创业资助项目分为参赛企业资助项目和参赛团队资助项目两类。对符合条件的项目，按照以下标准予以奖励资助：（一）单个参赛企业资助项目资助额不超过100万元；参加省赛获奖且获得省科技计划资助的项目，我市资助额度不超过省资助额度，且不超过项目承担单位自筹经费的50%。（二）单个参赛团队资助项目资助额不超过50万元。

珠海市

文件标题：珠海市人民政府关于印发《珠海市鼓励留学人员来珠海工作规定》的通知
文　　号：珠府〔2002〕128号
发文单位：珠海市人民政府
发布时间：2002年12月16日
内容摘录：留学人员来珠海投资、创办企业或从事高新技术研究的，可优先进入珠海留学人员创业园，并享受园区内有关优惠政策。留学人员的高新技术成果转化项目，经市科技局认定后，可优先进入珠海留学人员创业园或市级高新技术孵化基地，并按规定享受优惠政策。每个进入珠海留学人员创业园或孵化基地的项目，可从科技三项经费中获得5万元以上的资助，该资金委托创业园或孵化基地管理和安排，作为留学人员的项目启动资金，专款专用。

文件标题：珠海市人民政府关于印发《中国珠海留学人员创业园管理办法的通知》
文　　号：珠府〔2010〕80号
发文单位：珠海市人民政府
发布时间：2010年6月2日
内容摘录：经批准入园创业的留学人员，对留学人员实施的创业项目经本人申报并通过专家评审后，给予8万—15万元的创业前期费用补贴或最高10万元的贷款贴息。企业注册成立时间2年内，在孵化基地内租用办公和研发场地的，给予每月每平方米20元的场地租金补贴，最大补贴面积不超过200平方米，最长补贴期不超过3年。留学人员暂无住房的，可申请入住留学人员公寓。留学人员的子女享有与本市户籍人口同等待遇，原则上按居住地就近安排入读义务阶段公办学校，一律免交借读费。来珠海工作和创业的留学人员及随迁的配偶、未成年子女，可凭市人力资源和社会保障局的证明，到市公安局办理入户手续。

文件标题：《珠海市人民政府关于进一步促进创业工作的意见》
文　　号：珠府〔2015〕71号
发文单位：珠海市人民政府
发布时间：2015年6月22日

内容摘录：大力支持留学人员创业。搭建面向全球开放的留学人员创新创业项目申报平台，借助信息化手段，实现留学人员创业项目与我市快捷对接。加大对高层次留学人员创新创业项目的资金扶持力度，在我市重点发展的产业领域取得先进创新成果或拥有自主知识产权，项目产业化前景广阔的高层次留学人员，其创新创业项目通过评审的，给予项目经费补贴及办公场地租金补贴，其他符合条件的高层次人才创新创业项目可同等享受该项资金扶持。扩大中国·珠海留学人员创业园辐射面，支持各区在条件成熟时建立留学人员创业园，并出台本区引进留学人员相配套的创业优惠政策，建立高效的创业园运行管理机制。将市级留学人员创业园优惠政策覆盖到各区，确保各区落实好各项优惠政策和服务。

文件标题：中共珠海市委、珠海市人民政府印发《关于实施“珠海英才计划”加快集聚新时代创新创业人才的若干措施（试行）》的通知
文　　号：珠字〔2018〕6号
发文单位：中共珠海市委、珠海市人民政府
发布时间：2018年4月23日
内容摘录：实施海外留学人才引进计划。大力引进海外留学人才来珠海创新创业，择优给予留学人才创业项目15万—100万元资助和最高30万元贴息贷款，对特别优秀的项目给予最高500万元资助。对进驻留学生创业园的留学人才创办企业，给予最高300平方米、最长3年的场地租金补贴。

文件标题：珠海市人力资源和社会保障局、珠海市财政局关于印发《珠海市留学人员创业项目扶持办法》的通知
文　　号：珠人社〔2018〕255号
发文单位：珠海市人力资源和社会保障局、珠海市财政局
发布时间：2018年10月16日
内容摘录：符合条件的留学人员在创业期可分别申请获得创业初期费用补贴和贷款贴息各一次。创业初期费用补贴标准分为A、B、C三个等级，根据项目技术的先进性、可行性、创新性程度，经专家评审，分别给予100万元、50万元、15万元资助，对特别优秀项目给予最高500万元资助。贷款贴息总额最高30万元，根据金融信贷机构签署的贷款合同书和企业付息凭证据实拨付，贴息年限最长不超过3年。

文件标题：珠海市人力资源和社会保障局、珠海市财政局关于印发《珠海市创业补贴办法》的通知
文　　号：珠人社〔2019〕150号
发文单位：珠海市人力资源和社会保障局、珠海市财政局
发布时间：2019年9月11日
内容摘录：在本市自主创业的留学人员，同等享受本《办法》规定的各项创业扶持政策。已享受本市同类创业扶持政策的，不得在本《办法》重复申领。留学人员在申请创业补贴时，另需提供居民身份证、毕业证和国（境）外学历学位认证。

文件标题：《珠海市人民政府关于进一步促进科技创新的意见》
文　　号：珠府〔2020〕1号
发文单位：珠海市人民政府
发布时间：2020年1月2日
内容摘录：实施更加开放的创新人才政策。落实“珠海英才计划”，在创新创业、城市建设、公共服务等方面营造更具开放性和竞争力的人才发展环境。减轻港澳人才和外籍高层次人才内地工资薪金所得税税负。加强海外高端创新人才引进，出台政策措施积极引进国（境）外的专家团队和领军人才。积极承办或主办国家、省和市高端人才主题活动，加强各类高端创新人才资源精准对接。

佛山市

文件标题：中共佛山市委关于印发《佛山市人才发展体制机制改革实施意见》的通知

文　　号：佛发〔2018〕2号

发文单位：中共佛山市委

发布时间：2018年1月11日

内容摘录：大力引进领军人才。市财政每年投入不少于1亿元，用于引进海内外高层次人才。引进居世界领先水平的诺贝尔奖获得者、战略科学家，一事一议、特事特办。新引进“长江学者奖励计划”特聘教授等国家级领军人才，每人给予400万元安家补贴；新引进“珠江人才计划”入选者等省级领军人才，每人给予300万元安家补贴；新引进高等院校省重点学科带头人等地方领军人才，每人给予200万元安家补贴。

江门市

文件标题：《中共江门市委、江门市人民政府关于做好高层次人才引进工作的意见》

文　　号：江发〔2000〕30号

发文单位：中共江门市委、江门市人民政府

发布时间：2000年8月16日

内容摘录：对来江门市区工作的出国留学高层次人才，除按本意见给予政策优惠外，同时享受以下优待：（一）在江门市区创办高科技企业、“三高”农业和各种实体，有关部门提供优质服务和给予优惠政策；直接从境外来江门市区创业，可按海关有关规定带进自用科研、办公、生活用品；优先办理其创办企业员工因公出国培训、学术交流等手续。（二）到江门市区从事技术或管理工作并取得明显经济效益者，可按合同规定，按企业连续三年新增产品销售利润的一定比例给予奖励。（三）对出国留学高层次人才，公安、外事等部门简化办理再出国手续，保证其来去自由，并优先办理多次往返港澳通行证。（四）到江门市区定居的高层次人才及其配偶与未成年子女免收城市建设增容费，其子女入托就读，教育部门要给予照顾；本人出国前后的工龄可合并计算为连续工龄，并按规定办理有关手续后计算社会保险的缴费年限。（五）经过有关认证后，可不受出国前职称和任职时间等限制，按本人实际专业技术水平予以评聘相应的专业技术职务。

文件标题：《江门市人民政府关于完善体制机制加快建设人才强市的若干意见》

文　　号：江府〔2016〕6号

发文单位：江门市人民政府

发布时间：2016年3月11日

内容摘录：支持优秀人才创办科技型小微企业。博士、博士后或留学归国人员到我市创办科技型小微企业，或成功将我市小微企业转型为科技型小微企业的，经认定后给予每个企业20万元人才创新奖励金。对特别优秀的，给予重奖。对留学归国人员在江门创新创业的重点项目、优秀项目和启动项目，经评审分别给予50万元、20万元和10万元资助，特别优秀项目给予最高200万元的资助。对留学归国人员入选国家、省人才项目资助计划的，按国家、省资助额的1：1给予配套资助。

文件标题：江门市人力资源和社会保障局、江门市科学技术局、江门市外事侨务局关于印发《江门市留学归国人员创新创业项目资助暂行办法》的通知

文　　号：江人社发〔2016〕496号

发文单位：江门市人力资源和社会保障局、江门市科学技术局、江门市外事侨务局

发布时间：2016年11月9日

内容摘录：本办法所称留学归国人员创新创业，是指留学归国人员以提供知识、技术、专利、信息等形式与

我市用人单位合作或到我市用人单位任职，从事具体项目研究；或者是以独资或与国内外企业、个人或其他经济组织合资、合作的形式，在我市创办企业，从事高新技术产品的研制、开发、生产和服务、转化等项目。重点项目资助50万元；优秀项目资助20万元；启动项目资助10万元；特别优秀项目采取一事一议的办法，由专家评审团对项目进行详细考察评价确定资助额度，给予最高200万元的资助。

文件标题：江门市人民政府关于印发《关于进一步集聚新时代人才建设人才强市的意见》的通知
文　　号：江府〔2019〕1号
发文单位：江门市人民政府
发布时间：2019年1月15日
内容摘录：支持留学归国人员创新创业。出国学习并取得国外学士以上学位，以及在国内取得本科以上学历和学士以上学位或中级以上职称后，到国外进修或作为访问学者工作1年以上的留学归国人员（含港、澳、台人员），其创新创业项目经评审后，给予20万—50万元资助；对特别优秀的，按照一事一议的方式，最高给予300万元资助。

文件标题：《江门市人民政府关于支持江门人才岛建设发展的实施意见》
文　　号：江府〔2019〕19号
发文单位：江门市人民政府
发布时间：2019年6月4日
内容摘录：打造高层次人才聚集区。在人才岛设立人才政策“特区”，凡在人才岛落地并创新创业的各类人才，人才政策扶持力度在市、蓬江区现有基础上进一步提高。制定人才岛重点引才目录，靶向精准引才。加强顶尖人才培育和扶持，对入选国家级和省级重点人才工程并获资金扶持的，分别按照国家资助额1：2和省资助额1：1的比例给予资助。探索建立博士科创小镇，加快博士后科研工作站和创新实践基地建设，每引进一名博士后给予科研经费10万元，给予在站博士后最长两年每年20万元的生活补贴。对承诺在人才岛连续工作5年以上并购房的博士和出站博士后，分别给予20万元和30万元的购房补贴。打造柔性引才平台，对引进符合人才岛产业发展方向的“候鸟型”高层次人才，给予每人每年最高6万元补贴。

惠州市

文件标题：惠州市人民政府办公室印发《关于吸引海外和留学人才来惠创业的暂行规定》的通知
文　　号：惠府办〔2011〕5号
发文单位：惠州市人民政府办公室
发布时间：2011年1月11日
内容摘录：海外和留学人才来惠后，可申请进驻我市高新技术创业园区或海外（留学）人才创业园区，前两年可免费取得园区提供的100平方米以上200平方米以下的办公场地或生活公寓使用权。海外和留学人才独资创办高新技术企业，经有关部门认定后可享受外商投资企业的优惠政策。海外和留学人才创办的企业由市科技主管部门优先推荐为高新技术企业，所进行的高科技产品研究优先推荐为高新技术项目。被省认定为高新技术企业的，市财政给予一次性奖励20万元，市科技主管部门可优先给予立项支持。

文件标题：惠州市人力资源和社会保障局、惠州市财政局、惠州市人才工作协调小组办公室关于印发《来惠创业的海外和留学人才资格审核实施细则》和《惠州市海外和留学人才引进专项资金管理办法》的通知
文　　号：惠市人社〔2013〕134号
发文单位：惠州市人力资源和社会保障局、惠州市财政局、惠州市人才工作协调小组办公室
发布时间：2013年7月1日

内容摘录：海外人才一般是指具有硕士以上学位或相当于中级以上专业技术资格的港澳台和外国籍人才。留学人才是指国家公派、自费出国学习并获得国外硕士及以上学位的出国留学者，以及在国内具有全日制本科以上学历（学士学位）或中级以上专业技术资格，到国外高等院校、科研机构工作或学习满1年以上，取得一定科研成果的访问学者和进修、实践人员。

文件标题：中共惠州市委组织部、惠州市人才工作领导小组关于印发《惠州市引进领军人才和创新团队“天鹅计划”实施方案》的通知

文　　号：惠市组通〔2013〕57号

发文单位：中共惠州市委组织部、惠州市人才工作领导小组

发布时间：2013年10月8日

内容摘录：围绕我市尽快进入珠三角第二梯队的总目标，配合我市“产业培育计划”和“企业成长计划”对高层次人才的需求，力争5年内引进100名左右高水平的科技领军人才和30个以上具有省内领先水平以上的科技创新团队来惠创新创业。突出我市支柱产业和战略性新兴产业领域的人才队伍结构优化和自主创新能力提升，推动经济发展方式进入创新驱动发展轨道。发挥“天鹅计划”引才品牌作用，力争把惠州建设成为海内外高层次人才向往的创新创业之城。

文件标题：中共惠州市委、惠州市人民政府印发《关于深化完善“人才双高计划”实施“人才双十行动”意见》的通知

文　　号：惠市委发电〔2016〕3号

发文单位：中共惠州市委、惠州市人民政府

发布时间：2016年1月11日

内容摘录：实施“海外人才工程”—千名海归汇东江。做强做大我市省级“留学人员创业园”，为留学人员搭建集科研、开发、生产、经营、服务于一体的创新创业平台。通过建立海外高层次人才联络站和异地孵化器，加大海外高层次人才引进力度，对海外人才创办企业给予贷款贴息补贴，到2020年引进具有硕士以上学位或相当于中级以上专业技术资格的海外高层次人才总量达到1500名以上。

清远市

文件标题：中共清远市委印发《清远市关于进一步加快“人才高地”建设的若干意见》的通知

文　　号：清发〔2018〕13号

发文单位：中共清远市委

发布时间：2018年8月29日

内容摘录：加大高端人才引进支持力度。对引进带着重大项目、带领关键技术、带动新兴学科的高端人才，实行一事一议，最高可获500万元资助，其中引进国家海外高层次人才的项目落地后直接获500万元资助。对新引进或获得国家海外高层次人才引进计划、“万人计划”专家的，市政府按中央财政给予入选专家经费补助（视同国家奖金）的1：1予以配套支持；对新引进或获得“珠江人才计划”认定的高层次人才和“广东特支计划”青年拔尖人才、杰出人才与领军人才的，市政府按省资助额度的1：1予以配套支持。

东莞市

文件标题：东莞市人民政府关于印发《东莞市鼓励留学人员来莞工作的若干规定》的通知

文　　号：东府〔2007〕46号

发文单位：东莞市人民政府

发布时间：2007年4月24日
内容摘录：获得国外硕士学位以上、在东莞某些领域获得一定科研成果或其他有突出贡献的留学人员，在我市创办企业，并拥有企业35%以上（含35%）的股份，企业开展的研究项目经市科技局组织认定为高新技术项目的，按企业开展该项目所购买研发设备仪器实际费用额的50%，一次性给予企业不超过20万元的科研启动经费补助。

文件标题：东莞市人民政府关于印发《东莞市留学人员创业园、博士创业园管理办法》的通知
文　　号：东府〔2008〕3号
发文单位：东莞市人民政府
发布时间：2008年1月3日
内容摘录：留学人员和博士等高层次人才经审定入园设立的企业，可根据企业和创业者持有的科研成果、专利技术与项目投资进度，申请松山湖科技专项资金中的科技创新项目经费补助和创意文化产业项目经费补助，具体由松山湖管委会会同市财政局制定《东莞松山湖科技产业园区科技专项资金管理暂行办法》报市政府审定后执行。经审定批准入园的企业，在园区租用办公和研发场地的，由松山湖科技专项资金给予场地租金补贴。每家企业纳入补贴范围的场地面积不超过60平方米，每平方米每月补贴额不超过30元，补贴期限不超过2年，租金补贴直接划拨到出租单位。

文件标题：东莞市人民政府关于印发《东莞市特色人才特殊政策实施办法》的通知
文　　号：东府〔2015〕110号
发文单位：东莞市人民政府
发布时间：2015年12月18日
内容摘录：本办法所指的“特色人才”包括在我市实施创新驱动发展战略，推进产业转型升级过程中重点发展的行业、产业、领域紧缺急需或作出相应贡献的高层次人才。“特色人才”共分为五大类，包括：特级人才、一类人才、二类人才、三类人才、四类人才。同时，包括相当于特级、一、二、三、四类人才的国（境）外人才和经市委、市政府认定的特色人才。

文件标题：东莞市人才工作领导小组办公室等部门关于印发《东莞市特色人才特殊政策实施办法》配套实施细则及办理规程的通知
文　　号：东人才办通〔2016〕6号
发文单位：东莞市人才工作领导小组办公室、东莞市教育局、东莞市科学技术局、东莞市公安局、东莞市财政局、东莞市人力资源局、东莞市社会保障局、东莞市卫生和计划生育局
发布时间：2016年5月11日
内容摘录：经市人才工作领导小组同意，现将《东莞市特色人才特殊政策实施办法》（东府〔2015〕110 号）配套实施细则及办理规程《东莞市特色人才认定评定实施细则》《东莞市国家海外高层次人才引进计划专家配套资助实施细则》《东莞市引进创新科研团队项目实施管理办法》《广东省引进创新科研团队东莞市财政配套经费管理办法》《东莞市引进创新创业领军人才管理实施细则》《东莞市特色人才个人所得税补贴办理规程》《东莞市引进特色人才奖励办理规程》《东莞市特色人才创业贷款贴息办理规程》《东莞市特色人才住房补贴申领实施细则》《东莞市特色人才居留和出入境、落户等事项办理规程》《东莞市特色人才子女入学办理规程》《东莞市特色人才医疗服务办理规程》《东莞市特色人才社会保险办理规程》印发给你们。

文件标题：东莞市人民政府关于印发《大力推进大众创业万众创新的实施意见》的通知
文　　号：东府〔2017〕93号
发文单位：东莞市人民政府
发布时间：2017年10月27日

内容摘录：加强海外人才工作站和中国科协海智计划广东（东莞）工作基地建设，组织开展高规格的引才揽人活动，引进海外人才来莞创新创业。落实外籍高层次管理人才、高科技人才以及来粤投资人才入境、居留便利等有关政策。探索建立外籍高层次人才“绿卡”制度，切实解决高层次科技人才医疗卫生、子女入学、配偶就业、学术交流等问题。培育建立海外科技人才离岸创业基地，支持特色留学人员创业园建设。

文件标题：东莞市人民政府关于调整《东莞市特色人才特殊政策实施办法》及配套实施细则的通知
文　　号：东府〔2018〕32号
发文单位：东莞市人民政府
发布时间：2018年2月8日
内容摘录：对我市确定立项的引进创新创业领军人才，给予100万—200万元创新创业启动资金扶持；项目实施2年后，根据其营业额和税收、技术创新推进、行业带动、技术项目绩效、高层次人才聚集程度进行综合评价，给予领军人才100万—300万元创新创业奖励。

文件标题：东莞市人才工作领导小组办公室等部门关于调整《东莞市特色人才特殊政策实施办法》部分配套实施细则及办理规程的通知
文　　号：东人才办通〔2018〕2号
发文单位：东莞市人才工作领导小组办公室、东莞市教育局、东莞市科学技术局、东莞市公安局、东莞市财政局、东莞市人力资源局、东莞市社会保障局、东莞市卫生和计划生育局
发布时间：2018年4月16日
内容摘录：为进一步完善党管人才工作格局，理顺工作职责，明确工作目标，建立完善宏观指导、科学决策、统筹协调、督促落实的人才工作机制，经研究决定对《关于印发<东莞市特色人才特殊政策实施办法>配套实施细则及办理规程的通知》（东人才办通〔2016〕6号）进行调整。

中山市

文件标题：中山市人事局关于印发《中山市留学人员创业园管理办法》的通知
文　　号：中人发〔2007〕119号
发文单位：中山市人事局
发布时间：2007年9月27日
内容摘录：在中山火炬高技术产业开发区设立中山市留学人员创业园（开发区园区），吸引留学人员和外国籍人才从事科学研究、产品开发、成果转化和创办企业。今后逐步在条件成熟的镇（区）设立若干个创业园，鼓励支持留学人员和外国籍人才创办企业。创业园由市政府委托所在镇（区）统一规划和管理，创业园所在镇（区）结合自身实际制订相关优惠政策。

文件标题：《中共中山市委、中山市人民政府关于进一步加快培养引进紧缺适用人才的意见》
文　　号：中委〔2010〕7号
发文单位：中共中山市委、中山市人民政府
发布时间：2010年8月27日
内容摘录：鼓励和支持海外人才来中山创新创业。根据国家海外高层次人才引进计划和广东省“珠江人才计划”的总体要求，结合中山实际，重点引进一批能够突破关键技术、发展高新产业、区域发展急需和紧缺的创新人才和创业人才。引进的海外人才与用人单位签订5年以上劳动（聘用）合同、每年在我市工作不少于6个月的，享受与国内人才同等待遇。依托海外华人专业协会、留学生组织、侨社等团体，建立一批引进海外人才工作站，定期开展“引才引智引项目”活动，积极鼓励和引导我市各类企业和研发机构加大引进海外人才力度。

文件标题：中共中山市委办公室、中山市人民政府办公室关于印发《中山市引进海外高层次创新创业人才暂行办法》的通知

文　　号：中委办〔2011〕46号

发文单位：中共中山市委办公室、中山市人民政府办公室

发布时间：2011年8月23日

内容摘录：海外高层次人才在我市创办符合我市产业发展导向、具有良好发展前景企业，经认定评审后，可享受下列“5个100”优惠政策：（一）固定资产投资补贴；（二）贷款贴息扶持；（三）科研经费资助；（四）创业场所支持；（五）居住环境保障。

文件标题：中共中山市委办公室、中山市人民政府办公室关于印发《广东中山留学人员创业园管理暂行办法》的通知

文　　号：中委办〔2012〕55号

发文单位：中共中山市委办公室、中山市人民政府办公室

发布时间：2012年8月31日

内容摘录：新入园企业在完成工商注册登记或变更工商注册信息（属新迁入的）后的3个月到1年内，可申请启动经费。由创业园管理办公室组织专家对创业项目的技术先进性、项目可行性和产业化前景等进行评审。在专家评审意见基础上，创业园管理办公室认为有资助必要的，一次性或分期给予20万—100万元的启动经费，所需费用由市、区各承担50%。启动经费申请由创业园管理办公室常年受理，集中评审。

文件标题：中共中山市委组织部、中山市人力资源和社会保障局关于印发《广东中山留学人员创业园管理暂行办法实施细则》的通知

文　　号：中委组通〔2012〕139号

发文单位：中共中山市委组织部、中山市人力资源和社会保障局

发布时间：2012年8月31日

内容摘录：《管理办法》所称的企业是指符合本细则第二条规定的留学人员创办的科技型中小企业，且同时符合以下条件：（一）企业依法设立，注册地址和营运总部设在创业园内；（二）留学人员须拥有30%及以上股份并担任高层管理职务，所持股份可以是资金股或者技术股，由工商行政管理部门出具股份证明；（三）留学人员须拥有或与他人共同拥有所投资项目的专利、专有技术、科研成果等相关技术。

文件标题：中共中山市委组织部、中山市人力资源和社会保障局、中山市财政局关于印发《中山市引进海外高层次创新创业人才暂行办法实施细则》的通知

文　　号：中委组通〔2013〕125号

发文单位：中共中山市委组织部、中山市人力资源和社会保障局、中山市财政局

发布时间：2013年10月16日

内容摘录：获支持引进的创业人才，自收到书面告知之日起，可享受“五个100”支持政策：（一）固定资产投资补贴。自企业创办之日起2年内，根据固定资产投资规模按3%的比例给予一次性补贴，补贴总金额最高100万元，所需资金由市财政全额负担。（二）贷款贴息支持。自企业创办之日起2年内，对企业所获金融机构贷款给予年息3%的贷款贴息补助，贴息期不超过2年，贴息总金额最高100万元，所需资金由市财政全额负担。（三）科研经费资助。鼓励海外人才自主组建创新科研团队，获省批准引进的，在省给予专项工作经费的基础上，按不低于二分之一的比例提供配套资金；获市批准引进的，给予100万—1000万元资助。（四）创业场所支持。自企业创办之日起3年内，所在镇区负责免费提供不少于100平方米的工作场所或给予相应的租金补贴。（五）居住环境保障。自企业创办之日起3年内，所在镇区负责免费为每间企业提供不少于100平方米的人才公寓或给予相应的租金补贴。

文件标题：中共中山市委印发《关于进一步集聚创新创业人才的若干意见》的通知
文　　号：中山发〔2017〕2号
发文单位：中共中山市委
发布时间：2017年3月28日
内容摘录：推行"中山优才卡"服务。建立高层次人才信息库，人才凭卡在社会保障、购房购车、职称评定等方面与户籍居民享受同等待遇，并在住房保障、配偶就业、入户入学、医疗保健、政务服务、文体生活等方面享受优先便利服务。

文件标题：中山市人力资源和社会保障局关于印发《中国中山留学人员创业园扶持资金管理暂行办法》的通知
文　　号：中人社规字〔2019〕3号
发文单位：中山市人力资源和社会保障局
发布时间：2019年10月25日
内容摘录：根据创业项目的技术先进性、项目可行性和产业化前景及企业实际运作情况，一次性给予入园企业最高200万元的启动经费扶持，所需费用由市级、镇区财政各承担50%。具体资助额度由留创园（分园）根据专家评审意见、综合考察研判情况，填写《中国中山留创园（分园）入园企业创业启动经费资助额度审批表》，经所在区管委会或镇政府、区办事处研究并公示确定后，报市人力资源和社会保障局备案。

广西壮族自治区

文件标题：《广西壮族自治区党委、自治区人民政府关于进一步加强人才工作的决定》
文　　号：桂发〔2004〕14号
发文单位：广西壮族自治区党委、广西壮族自治区人民政府
发布时间：2004年4月6日
内容摘录：启动海外留学人才集聚工程。建立健全留学人员服务机构。充分利用政府组织和民间交流两种引进渠道，面向国内外吸引高层次急需人才。创新完善吸引留学人才、海外人才和人才智力的配套政策。完善留学人员创业园管理、项目资助等政策。

文件标题：《广西壮族自治区人民政府关于鼓励留学人员来广西工作若干规定》
文　　号：桂政发〔2005〕31号
发文单位：广西壮族自治区人民政府
发布时间：2004年12月23日
内容摘录：留学人员在广西境内新办的企业，享有与在留学人员创业园内创办企业同等的优惠待遇。留学人员来广西创办企业，可凭中华人民共和国护照或《广西壮族自治区居住证》直接注册登记，注册资本金可按有关最低标准执行。持中华人民共和国护照的可注册内资企业并可担任法定代表人；持外国护照或虽持中华人民共和国护照但取得外国永久居留权的可注册外商投资企业。

文件标题：《中共广西壮族自治区委员会、广西壮族自治区人民政府关于加快吸引和培养高层次创新创业人才的意见》
文　　号：桂发〔2010〕30号
发文单位：中共广西壮族自治区委员会、广西壮族自治区人民政府
发布时间：2010年9月16日

内容摘录：实施海外高层次人才引进工程。贯彻中央《关于进一步实施海外高层次人才引进计划的意见》，结合我区实际，用5—10年时间，在全区各类科研创新平台、重点产业骨干企业、以高新技术产业开发区为主的各类园区等，引进并有重点地支持100名左右海外高层次人才来桂创新创业。加快留学人员创业园建设。继续开展“海外留学人才八桂创业行”“海外留学人员创业周”“外国专家广西行”等活动。

文件标题：广西壮族自治区人民政府办公厅关于印发《广西大力促进众创空间发展工作方案》的通知
文　　号：桂政办发〔2015〕83号
发文单位：广西壮族自治区人民政府办公厅
发布时间：2015年8月25日
内容摘录：吸引留学人员回国创业。加强留学人员创业园和留学人员创新创业基地建设，鼓励有条件的园区设立留学人员创业专项资金，组织开展“海外留学人才八桂创业行”“海外留学人员创业周”等各种活动，引进海外高层次人才到我区创业。在人才落户、子女入学、社会保险等方面设立服务绿色通道，享受我区高层次人才创业和鼓励留学人员创业的有关待遇。

文件标题：《广西壮族自治区人民政府办公厅关于印发大力推进大众创业万众创新实施方案的通知》
文　　号：桂政办发〔2015〕134号
发文单位：广西壮族自治区人民政府办公厅
发布时间：2015年12月31日
内容摘录：开展海外招才引智活动，吸引海外高层次人才来桂创业创新。探索与海外机构共同建立广西引智海外合作伙伴关系，鼓励各地组织赴海外开展创业创新大赛，吸引海外更多的创业创新优秀项目落户广西。引导和鼓励回国创业高端人才和境外高端人才来桂创办高科技企业，按有关规定申请自治区相关补助。充分争取人才智力资源，发挥“海智工程工作基地”作用，加强与海外社团和人才的联系；构建海智工作网络，为海外人才在桂创业创新提供服务。

文件标题：中共广西壮族自治区党委办公厅、广西壮族自治区人民政府办公厅关于印发《广西壮族自治区高层次人才认定办法（试行）》等6个文件的通知
文　　号：桂办发〔2017〕36号
发文单位：中共广西壮族自治区党委办公厅、广西壮族自治区人民政府办公厅
发布时间：2017年8月18日
内容摘录：《广西壮族自治区高层次人才认定办法（试行）》《广西壮族自治区优秀专家评选管理办法》《广西壮族自治区八桂学者制度实施办法》《广西壮族自治区特聘专家制度实施办法》《广西壮族自治区引进海外人才工作实施办法》和《广西青年创新创业人才培养计划实施方案》已经自治区党委、自治区人民政府同意，现印发给你们，请结合实际认真贯彻执行。

文件标题：广西壮族自治区人民政府办公厅关于印发《广西强化实施创新驱动发展战略进一步推进大众创业万众创新深入发展实施方案》的通知
文　　号：桂政办发〔2018〕14号
发文单位：广西壮族自治区人民政府办公厅
发布时间：2018年2月26日
内容摘录：制定灵活的引才引智政策，解决关键领域高素质人才稀缺等问题。探索人才便捷签证，优化外国人申请和取得人才签证的标准条件和办理程序，研究制定外国人到区内工作各项创新举措。按照国家有关规定，允许外国留学生凭高校毕业证书、创业计划申请加注“创业”的私人事务类居留许可。落实国家关于留学人员回国创新创业相关支持政策，吸引更多高素质留学人才来桂创新创业。

文件标题：《广西壮族自治区人民政府关于推动创新创业高质量发展打造“双创”升级版的实施意见》
文　　号：桂政发〔2019〕25号
发文单位：广西壮族自治区人民政府
发布时间：2019年4月28日
内容摘录：推动更多群体投身创新创业。健全留学回国和外籍人才服务机制，开通“绿色通道”，在签证、出入境、工作许可、社会保险、落户、永久居留、子女入学等方面加大支持力度。落实国家和自治区为港澳居民、台湾同胞制定的创新创业优惠政策，吸引港澳台青年来桂创业。建设华侨回归创业园，打造智慧侨乡品牌。

文件标题：广西壮族自治区人民政府印发《关于促进新时代广西北部湾经济区高水平开放高质量发展若干政策》的通知
文　　号：桂政发〔2020〕42号
发文单位：广西壮族自治区人民政府
发布时间：2020年12月19日
内容摘录：创新人才激励机制。自治区财政每年安排不低于3000万元的广西北部湾经济区人才发展专项资金，用于支持经济区人才队伍开发建设。鼓励经济区重点产业、重点项目、重点学科聘用急需紧缺的海外专业人才。对入选国家重大人才项目的专家，在聘期内按每年20万元、总计最高100万元的标准给予补助，特别优秀的可以提高到每年30万元、总计最高150万元。补助资金由自治区和所在地设区市人民政府分别承担50%。

南宁市

文件标题：《南宁高新区管委会关于鼓励留学人员创新创业的若干规定》
文　　号：南高新管规〔2016〕9号
发文单位：南宁高新技术产业开发区管理委员会
发布时间：2016年1月10日
内容摘录：南宁新技术创业者中心负责管理和运营留学人员创业园。拟进入创业园的留学人员须向创业中心提交入园申请书、留学人员有效证明文件、企业三年阶段性创业计划书及相关材料。创业中心组织相关专家进行评审，综合分值应达80分以上，经审核批准入园后，由创业中心提供申办企业的注册场地、优惠政策申请及相关服务。

文件标题：中共南宁市委、南宁市人民政府关于印发《南宁市深化人才发展体制机制改革打造面向东盟的区域性国际人才高地行动计划》的通知
文　　号：南发〔2018〕17号
发文单位：中共南宁市委、南宁市人民政府
发布时间：2018年7月31日
内容摘录：实施海外高端人才“百人计划”。实行更积极、更开放、更有效的海外人才引进政策，以“高精尖缺”为导向，不拘一格引进或柔性汇聚全球人才资源。对海外人才在工作许可、出入境、医疗保障、事业平台等方面提供便利。对国家、自治区和南宁市立项的引进国（境）外技术、管理人才项目，给予相应的配套支持和资助。力争5年内引进100名海外高层次人才，1000名各类海外人才。

文件标题：中共南宁市委办公厅、南宁市人民政府办公厅关于印发《南宁市引进海外人才工作实施办法》的通知
文　　号：南办发〔2018〕70号
发文单位：中共南宁市委办公厅、南宁市人民政府办公厅

发布时间：2018年7月31日
内容摘录：引进的海外人才入选国家级人才平台项目或获得国家级人才荣誉奖项的，给予20万元奖励；入选省（部）级人才平台项目或获得省（部）级人才荣誉奖项的，给予10万元奖励。鼓励各类园区吸引海外人才投资或以转化的科研项目创办企业。各类园区对海外人才实际投资或技术入股达到50%以上的企业在4年初创期内，给予减免场地租金优惠。

文件标题：中共南宁市委员会组织部等部门关于印发《南宁市创新创业领军人才“邕江计划”实施办法》的通知
文　　号：南组通〔2018〕59号
发文单位：中共南宁市委员会组织部、南宁市工业和信息化委员会、南宁市科学技术局、南宁市财政局、南宁市人力资源和社会保障局
发布时间：2018年9月3日
内容摘录：入选“邕江计划”的领军人才及其团队由市委人才工作领导小组分别授予“南宁市创新领军人才（团队）”“南宁市创业领军人才（团队）”称号，并颁发荣誉证书，并以适当方式向社会公布和向全市通报。项目评定为A等级的资助300万—500万元，评定为B等级的资助100万—300万元，评定为C等级的资助50万—100万元，评定为D等级的资助50万元。E等级项目不予资助。世界一流领军人才团队的重大经济和社会效益创新创业项目按照一事一议原则最高给予1000万元资助。

文件标题：中共南宁市委办公室、南宁市人民政府办公室印发《关于加快集聚人才资源全面落实强首府战略的若干措施》的通知
文　　号：南办发〔2020〕10号
发文单位：中共南宁市委办公室、南宁市人民政府办公室
发布时间：2020年4月9日
内容摘录：更大力度释放人才政策红利。扩大我市现有人才政策适用范围，适用对象调整为对南宁有经济贡献的中直、区直驻邕国有企业各类人才，在南宁市创新创业的驻邕高校、科研院所各类人才，南宁市管理的机关企事业单位各类人才。其中，青年人才年龄限定调整为40周岁以下。持有《外国人工作许可证（A类）》的海外人才视为我市海外高层次人才，与我市认定的海外高层次人才在薪酬补贴政策上享受同等待遇。

北海市

文件标题：北海市人民政府关于印发《北海市鼓励留学人员创业若干规定》的通知
文　　号：北政发〔2003〕54号
发文单位：北海市人民政府
发布时间：2003年8月19日
内容摘录：凡到创业园投资创办企业的留学人员，由北海市工业园区优先协助办理工商注册、税务登记、高新技术企业资格认定等服务。留学人员携带科技成果兴办高新技术企业，凭中国护照按内资企业登记注册。创业园设立留学人员创业专项资金，一部分作为留学人员科研启动、攻关资金，用于留学人员从事高新技术成果转化和产业化活动的前期资助；另一部分以投资的方式支持留学人员创办高新技术企业。投资的方式和比例由双方商定，比例不设上限。

文件标题：北海市人民政府关于印发《北海留学人员创业园管理暂行办法》的通知
文　　号：北政发〔2003〕55号
发文单位：北海市人民政府

发布时间：2018年1月4日
内容摘录：创业园由北海市人民政府和广西壮族自治区人事厅合作共建，地点设在北海市工业园区内，在地域上实行二园合一，纳入工业园管辖。留学人员企业是指海外留学人员和回国留学人员创办的企业，其投资股份占30%以上，在企业中担任技术带头人或主要管理人员或在股份制企业中控股的企业。创业园管委会负责入驻企业的认定工作，凡入驻创业园的企业均享受园区制定的所有政策。

海南省

文件标题：海南省人事劳动保障厅、海口保税区管委会关于印发《海南省海口国家高新技术产业开发区留学人员创业园管理（暂行）办法》的通知
文　　号：琼人劳保〔2001〕245号
发文单位：海南省人事劳动保障厅、海口保税区管理委员会
发布时间：2001年12月18日
内容摘录：入园创业的留学人员，经有关部门资格认定后，享受海南省、海口市有关鼓励、扶持留学人员来琼工作的各项优惠政策。入园企业享受海口保税区、海口国家高新技术产业开发区的各项优惠政策。入园企业孵化成功后，将优先在海口保税区、高新区发展，保税区（高新区）管委会在土地、税收等方面给予优惠。

文件标题：海南省人民政府办公厅关于印发《海南省引进海外高层次人才实施办法》的通知
文　　号：琼府办〔2015〕111号
发文单位：海南省人民政府办公厅
发布时间：2015年7月1日
内容摘录：对引进带项目、带资金的科技型创业领军人才，政府补助给予每人人民币（以下同）100万元的项目启动经费；对按照本办法引进的其他人才，政府补助每人50万元的项目启动经费。政府资助根据考核结果按照服务年限逐年拨付到位。本着待遇从优的原则，用人单位可参照引进人才回国（来华）前的收入水平，一并考虑为其支付住房（租房）补贴、子女教育补贴、配偶生活补贴等，协商确定引进人才的合理薪酬。对引进的人才可采取管理、技术作价入股和股权期权红权以及年金等中长期激励方式。

文件标题：《中共海南省委办公厅、海南省人民政府办公厅关于充分发挥“候鸟型”人才作用的意见》
文　　号：琼办发〔2017〕1号
发文单位：中共海南省委办公厅、海南省人民政府办公厅
发布时间：2017年1月12日
内容摘录：“候鸟型”高层次人才认定标准参照《海南省高层次人才认定办法（试行）》（琼府办〔2015〕15号）执行，由主管部门认定，报省人力资源社会保障厅备案；“候鸟型”科技创新团队认定标准参照《海南省引进科技创新团队实施办法》（琼府办〔2015〕110号）执行，其带头人和核心成员应当为“候鸟型”人才。

文件标题：《中共海南省委关于深化人才发展体制机制改革的实施意见》
文　　号：琼发〔2017〕11号
发文单位：中共海南省委、海南省人民政府
发布时间：2017年6月1日
内容摘录：大力引进急需紧缺人才。聚焦重点产业发展需要，实施更积极、更开放、更有效的人才引进政策，吸引更多高层次人才和急需紧缺人才以多种形式为海南服务。建立重点领域、重点产业人才需求预测机

制，定期发布全省引才目录。积极对接国家海外高层次人才引进计划等重大引才工程，着力实施我省“百人专项”等重点引才项目，重点引进能推动重点产业技术突破、带动高新技术产业发展的高层次人才与创新创业团队。

文件标题：《中共海南省委、海南省人民政府关于加快科技创新的实施意见》
文　　号：琼发〔2017〕12号
发文单位：中共海南省委、海南省人民政府
发布时间：2017年6月1日
内容摘录：加强高层次人才和团队的引进。围绕12个产业、6类产业园区和海洋等领域，实施高层次人才和科技创新团队引进计划，按照有关政策，对引进带项目、带资金的科技型创新创业领军人才，给予每人100万元的项目启动经费及其他相关补贴；对引进的院士、国家海外高层次人才引进计划等高层次人才，以及引进人才被认定为我省“百人专项”专家的，享受相关人才政策奖补待遇；对引进的科技创新团队，给予200万—500万元创业启动经费支持。对我省急需紧缺的特殊人才，开辟专门渠道，采取一事一议方式给予特殊支持；允许高等院校、科研院所设立一定比例流动岗位，吸引有创新创业经验的企业家和企业科技人才担任兼职教授或创业导师。完善柔性引才政策，简化手续，吸引国内外“候鸟”高端人才来琼交流服务。

文件标题：中共海南省委关于印发《百万人才进海南行动计划（2018—2025年）》的通知
文　　号：琼发〔2018〕8号
发文单位：中共海南省委
发布时间：2018年5月13日
内容摘录：实施百万人才集聚计划。服务重点领域、重点产业发展需要，缺什么引什么，每年定期组织开展招才引智活动，鼓励用人单位采取灵活多样的方式，面向国内外大力吸引高校毕业生、留学归国人员、各类社会人才特别是琼籍人才就业创业。自主创业的，可向有关金融机构申请信用贷款或保证担保贷款，可在入驻园区申请零租金办公用房。设立人才培养专项基金和创业扶持专项基金，对各类人才进行培养激励，对所创办的企业根据发展情况给予创业扶持。引进的各类人才自落户之日起在购房方面享受本地居民同等待遇；柔性引进的高层次人才经认定也可享受同等待遇。

文件标题：中共海南省委办公厅、海南省人民政府办公厅关于印发《海南自由贸易港高层次人才认定办法》的通知
文　　号：琼办发〔2020〕53号
发文单位：中共海南省委办公厅、海南省人民政府办公厅
发布时间：2020年9月23日
内容摘录：推行高层次人才认定电子证书。省人才服务中心对符合条件的A、B、C、D类人才颁发相应的《海南自由贸易港高层次人才证书》和“天涯英才卡”；授权具有认定权限的市县和省重点园区人才服务部门对符合条件的D、E类人才颁发相应的《海南自由贸易港高层次人才证书》和“天涯英才卡”；授权具有认定权限的用人单位对符合条件的E类人才颁发相应的《海南自由贸易港高层次人才证书》和“天涯英才卡”。

海口市

文件标题：中共海口市委办公厅印发《关于加快引进海外高层次人才的意见》的通知
文　　号：海办发〔2013〕12号
发文单位：中共海口市委办公厅
发布时间：2013年6月18日

内容摘录：凡符合国家、省、市鼓励和扶持相关产业发展政策规定的，由市政府牵头协调相关职能部门，依据“一企一策”原则全程跟踪扶持资金的落实。凡获得国家或省级各类人才项目资金扶持的，市人才资源开发专项资金按不少于50%的比例、最高不超过100万元进行配套支持。对引进的海外高层次人才授予市委、市政府“特聘专家”称号。对作出突出贡献的外籍高层次人才，符合相应条件的，可授予“海口市荣誉市民”称号，也可推荐上报省政府授予“椰岛纪念奖”或“椰岛友谊奖”。

文件标题：中共海口市委办公厅、海口市人民政府办公厅关于印发《海口市引进和培育科技创新创业团队暂行办法》等3项人才政策的通知
文　　号：海办字〔2018〕14号
发文单位：中共海口市委办公厅、海口市人民政府办公厅
发布时间：2018年2月1日
内容摘录：团队主导产品具有自主知识产权，技术水平达到国内领先或国际先进，能够填补国内空白或引领相关产业发展，具有较大市场潜力和预期经济效益的，经评审，根据项目投资规模和进度，给予50万—500万元资助；其中100万元（含100万元）以上的重大项目由市人才工作领导小组实行一事一议。对团队中认定为省高层次创新创业人才、省创业英才培养对象的，在完成各项手续并开始项目推进后，按照省级财政资助额度的50%给予配套资助。

重庆市

文件标题：重庆市人民政府关于发布《重庆市鼓励出国留学人员来渝工作暂行规定》的通知
文　　号：重府发〔1994〕203号
发文单位：重庆市人民政府
发布时间：1994年10月15日
内容摘录：出国留学人员可以利用专利技术、科技成果来重庆进行技术转让、技术承包、技术合作、技术入股等；也可以自办或合办民间科技企业、股份制企业；还可以用个人或国（境）外注册公司的资金来重庆投资。

文件标题：重庆市人民政府办公厅转发《市公安局等部门关于为来渝外国籍高层次人才和投资者提供入境及居留便利规定的通知》
文　　号：渝办发〔2002〕132号
发文单位：重庆市人民政府办公厅
发布时间：2002年11月5日
内容摘录：对需多次临时入境的外国籍人士，可办理2—5年多次入境有效、每次停留不超过1年的F字（访问类）签证（以下简称“长期多次F字签证”）。对需在重庆工作并长期居留的外国籍人士，可办理2—5年有效的外国人居留证件以及相同期限的多次返回Z字（工作类）签证。持L字（旅游类）签证、F字签证以及X字（学习类）签证入境的外国籍人士，可根据实际需要将所持签证变更为Z字签证，办理2—5年有效的外国人居留证件以及相同期限的多次返回Z字签证；持L、X字签证入境的外国籍人士，可将所持签证变更为长期多次F字签证。

文件标题：重庆市人民政府关于印发《重庆市引进高层次人才若干优惠政策规定》的通知
文　　号：渝府发〔2009〕58号
发文单位：重庆市人民政府
发布时间：2009年5月11日

内容摘录：引进人才创办并经有关部门认定的高新技术企业，企业注册资本按照最低注册标准计算，可在1年内分步到位。符合国家规定的，免交登记费、房屋鉴证费，并比照享受西部大开发的税收优惠政策。引进人才创办企业从事技术转让、技术开发和与之相关的技术咨询、技术服务所得，符合国家税法规定的，免征营业税；在一个纳税年度内，从事技术转让所得不超过500万元的部分，免征企业所得税；超过500万元的部分，减半征收企业所得税。引进人才创办的企业，经有关部门认定属高新技术企业的，减按15%税率征收企业所得税，并对其实际缴纳的企业所得税地方留成部分实行前2年全额先征后返，后3年减半返还。

文件标题：中共重庆市委人才工作领导小组办公室关于印发《重庆市百名海外高层次人才集聚计划实施办法》的通知

文　　号：渝委人才办〔2009〕17 号

发文单位：中共重庆市委人才工作领导小组办公室

发布时间：2009年11月11日

内容摘录：入选“百人计划”的海外高层次人才，按类别对应享受《重庆市引进高层次人才若干优惠政策规定》（渝府发〔2009〕58号）规定的相关待遇。个别不能对应的海外人才，比照享受第四类引进人才的待遇。入选“百人计划”人才，由市委组织部、市人力社保局联合授予“重庆市特聘专家”称号，并纳入市委直接掌握联系的高级专家范围。

文件标题：中共重庆市委人才工作领导小组办公室关于印发《重庆市引进高层次人才若干优惠政策规定实施细则》的通知

文　　号：渝委人才办〔2009〕19号

发文单位：中共重庆市委人才工作领导小组办公室

发布时间：2009年11月18日

内容摘录：认定程序。（一）用人单位将以上材料报市人力社保局；（二）市人力社保局会同市级相关部门、有关专家进行审查；（三）审查通过后在重庆人力资源和社会保障网公示3天；（四）公示期满无问题反映或反映问题不影响人员确认的，由市人力社保局会同市级相关部门发文确认。

文件标题：重庆市人力资源和社会保障局、重庆市对外贸易经济委员会、重庆市公安局、重庆市人民政府外事侨务办公室《关于为来渝外籍高层次人才提供签证证件及停留居留便利》的通知

文　　号：渝人社发〔2014〕162号

发文单位：重庆市对外贸易经济委员会、重庆市公安局、重庆市人民政府外事侨务办公室、重庆市人力资源和社会保障局

发布时间：2014年7月21日

内容摘录：对符合条件的外籍高层次人才，市人力资源和社会保障局可办理有效期不超过5年（含5年）的外国专家证，市公安局可为其办理相应期限的工作类居留证件；对符合条件的外籍高层次人才家属，市公安局可为其办理相应期限的私人事务类居留证件。对符合条件的外籍高层次人才，可以换发入境有效期不超过5年、多次入境有效、停留期不超过180日的F字和R字签证。符合申请永久居留条件的，予以优先受理。对外籍高层次人才配偶及未满18周岁的未婚子女申请加入、恢复或退出中国国籍的，予以优先受理。

文件标题：《中共重庆市委、重庆市人民政府关于深化改革扩大开放加快实施创新驱动发展战略的意见》

文　　号：渝委发〔2016〕29号

发文单位：中共重庆市委、重庆市人民政府

发布时间：2016年9月6日

内容摘录：健全人才引进配套制度。事业单位应留有一定余编，引进高层次和急需紧缺人才按随到随办原则

完善人事关系及入编手续。对引进的高层次人才提供医疗便利，配偶子女随调随迁，协助安置就业，优先安排入学。建设一批国际医院、国际学校和国际化购物娱乐中心，建立高层次人才一站式公共服务平台，为引进的海外人才和在渝外国人提供高质量服务。给予符合条件的外籍高层次人才工作许可、人才“绿卡”、签证和居留等便利，争取开展技术移民试点。支持持有外国人永久居留证的外籍高层次人才在渝创办科技型企业等创新活动，落实国家相关政策。

文件标题：重庆市人民政府关于印发《重庆市引进海内外英才“鸿雁计划”实施办法》的通知
文　　号：渝府发〔2017〕14号
发文单位：重庆市人民政府
发布时间：2017年4月12日
内容摘录：“鸿雁计划”适用于我市现有企业引进或者来渝创办科技型企业（包括法人化研发机构）的直接从事基础研究、应用研究和试验发展的研发类科技人才。“鸿雁计划”入选人才应同时具备以下条件：（一）遵守中华人民共和国法律，具有良好的职业道德、社会责任意识、先进的管理理念或创新创业能力；（二）原则上应有海内外知名高校、科研院所、机构、世界500强企业学习或工作经历；（三）原则上应与引进企业签订3年及以上劳动合同或者与引进区县签订3年及以上的落户协议。

文件标题：重庆市人力资源和社会保障局、重庆市财政局关于印发《重庆市留学人员回国创业创新支持计划实施办法》的通知
文　　号：渝人社发〔2017〕140号
发文单位：重庆市人力资源和社会保障局、重庆市财政局
发布时间：2017年6月13日
内容摘录：“重庆市留学人员回国创业创新支持计划”是指为了对接人社部“中国留学人员回国创业创新启动支持计划”和我市引进海外英才“鸿雁计划”“百人计划”等海外引才项目，每年择优资助一批创业创新项目，以支持留学回国人员来渝发展。“留创计划”资助分为创业和创新资助两类，每年根据项目申报情况，确定项目资助等次及总量。创业创新项目资助标准如下：（一）创业类资助分为特等、一等、二等和三等资助，分别给予50万元、30万元、20万元和10万元资助；（二）创新类资助分为重点、优秀和启动资助，分别给予12万元、8万元和5万元资助。

文件标题：中共重庆市委组织部、重庆市财政局、重庆市人力资源和社会保障局《关于重庆市引进海内外英才“鸿雁计划”有关政策的补充通知》
文　　号：渝人社发〔2017〕295号
发文单位：中共重庆市委组织部、重庆市财政局、重庆市人力资源和社会保障局
发布时间：2017年12月26日
内容摘录：《重庆市人民政府关于印发重庆市引进海内外英才“鸿雁计划”实施办法的通知》（渝府发〔2017〕14号）印发以后引进来渝的人才，可随时申报奖励，奖励标准先按人才与用人单位签订的劳动合同约定的年薪进行测算兑现。待人才在渝工作满1年后，再按人才上年度实际缴纳的个人所得税进行清算，不符合条件的，按规定收回奖励。“鸿雁计划”人才第二年、第三年的奖励分别按其上年度所缴纳个人所得税额予以测算兑现，并在一年后按其实际缴纳个人所得税情况进行清算。

文件标题：中共重庆市委办公厅、重庆市人民政府办公厅关于印发《重庆英才计划实施办法（试行）》的通知
文　　号：渝委办发〔2019〕52号
发文单位：中共重庆市委办公厅、重庆市人民政府办公厅
发布时间：2019年5月20日

内容摘录：重庆英才计划共设优秀科学家、名家名师、创新创业领军人才、技术技能领军人才、青年拔尖人才5个专项，计划支持优秀科学家100名，名家名师300名，创新创业领军人才900名、团队500个，技术技能领军人才200名，青年拔尖人才500名。给予重庆英才·创新创业领军人才每人10万元的人才奖励金和一定额度的研究支持经费。其中，给予创新领军人才每人10万元的人才奖励金和40万元的研究支持经费；给予创业领军人才每人10万元的人才奖励金；给予创新创业示范团队每个30万元的研发支持经费。

文件标题：《中共重庆市委人才工作领导小组关于印发重庆英才计划5个子项目实施方案的通知》
文　　号：渝委人才〔2019〕2号
发文单位：中共重庆市委人才工作领导小组
发布时间：2019年8月5日
内容摘录：从2019年起，每年遴选50名左右在科技创业融资、引领企业发展等方面作出重要贡献的创业人才。5年计划遴选支持250人，培养造就一批品德优秀、专业能力出类拔萃、综合素质全面的创业领军人才。按照培育创新创业团队与建设新型平台、实施主题专项相结合的思路，紧扣我市大数据智能化、先进制造与高端装备等重点行业及领域的产业布局和发展，支持各类创新创业团队加强自身能力建设，开展技术服务，推进成果转化，创办或领办科技型企业。从2019年起，每年培育创新创业示范团队100个左右，5年计划遴选培育创新创业示范团队500个。

四川省

文件标题：四川省人民政府关于印发《四川省鼓励海外留学人员来川服务办法》的通知
文　　号：川府发〔2001〕55号
发文单位：四川省人民政府
发布时间：2001年12月31日
内容摘录：海外留学人员来川兴办高新技术企业，享受国家和省规定的有关优惠政策。高新技术产业开发区、经济开发区、工业园区、创业园区应当积极吸纳海外留学人员进入园区兴办企业。留学回国人员可向省有关部门或国家申请科研择优资助经费，有关单位应根据实际需要提供匹配经费。海外留学人员回国后，凭有效护照和外国再入境签证可再次出国，有关单位应积极协助办理相关手续。

文件标题：《中共四川省委、四川省人民政府关于加快人才资源向人才资本转变的若干意见》
文　　号：川委发〔2003〕24号
发文单位：中共四川省委、四川省人民政府
发布时间：2003年8月5日
内容摘录：大力吸引海外优秀人才。大力加强国（境）外智力引进工作，吸引国（境）外优秀人才来川服务。支持和鼓励留学回国人员携资金、项目来川创业，放宽行业准入条件，加大科技项目择优资助力度。对来川工作的留学回国人员，用人单位应逐步提高其科研启动经费。

文件标题：《中共四川省委办公厅、四川省人民政府办公厅关于转发省委组织部等15个部门关于加快人才资源向人才资本转变的配套文件的通知》
文　　号：川委办〔2003〕21号
发文单位：中共四川省委办公厅、四川省人民政府办公厅
发布时间：2003年8月5日

内容摘录：为维护留学人员的权益，省人事厅实行“海外留学人员身份”认证制度。留学人员凭《海外留学人员身份证书》可享受我省有关留学回国人员的各项优惠政策，并可作为在我省办理企业注册、税务登记、机动车驾驶证等手续的依据。

文件标题：《四川省人民政府办公厅关于加强全省留学回国人员服务工作的意见》
文　　号：川办发〔2005〕28号
发文单位：四川省人民政府办公厅
发布时间：2005年7月28日
内容摘录：各地、各有关部门要认真履行职责，加强协调配合，研究解决服务工作中的重大问题并形成制度，为他们来川工作创造良好的外部环境。相关地方、部门要充分依托现有工作平台，了解掌握留学回国来川人员的总量、分布、结构、作用发挥等情况并纳入我省人才管理范畴，认真建立“四川省留学人员信息库”和“单位对海外留学人员与高新科技项目需求信息库”。继续深化“一站式”综合服务，为留学回国人员办理有关事宜提供方便。发挥好现有留学人员创业园的功能与作用，积极探索新的建设模式。

文件标题：中共四川省委组织部、中共四川省委统战部、四川省人事厅等20个部门《关于建立海外高层次留学人才来川工作绿色通道的实施意见》
文　　号：川人发〔2007〕51号
发文单位：中共四川省委组织部、中共四川省委统战部、四川省人事厅、四川省机构编制委员会办公室、四川省教育厅、四川省科学技术厅、四川省财政厅、四川省人民政府外事办公室、四川省发展和改革委员会、四川省公安厅、四川省商务厅、中国人民银行成都分行、四川省国有资产监督管理委员会、四川省人民政府侨务办公室、中国科学院成都分院、成都海关、四川省地方税务局、四川省工商行政管理局、四川省劳动和社会保障厅、四川省经济委员会、共青团四川省委
发布时间：2007年12月25日
内容摘录：海外高层次留学回国人员可向省有关部门和国家申请各级各类科技计划、科研基金项目和科研择优资助经费。各用人单位应根据单位实际情况提供一定的匹配经费。结合实施“天府英才”工程，采取科研启动费或安家补助费等形式，积极支持省内企事业单位引进一批学有所成的海外高层次留学人员来川工作、创业和服务。海外高层次留学人才来川创办企业，其项目符合国家鼓励发展的产业政策的，进口自用设备以及按照合同随设备进口的技术及数量合理的配套件、备件，按照国家规定准予免征关税和进口环节增值税。

文件标题：中共四川省委办公厅、四川省人民政府办公厅关于转发省人才工作领导小组《关于实施海外高层次人才引进计划的意见》的通知
文　　号：川委办〔2009〕5号
发文单位：中共四川省委办公厅、四川省人民政府办公厅
发布时间：2009年4月3日
内容摘录：“百人计划”引进的人才，一般应在海外取得博士学位，以中青年为主，引进后每年在川工作时间不少于6个月，并符合下列条件之一：（一）在国（境）外著名高等学校、科研院所担任相当于教授职务的专家、学者；（二）在国际知名企业、金融机构、国际组织中担任中高级职务的专业技术人才和经营管理人才；（三）拥有资助知识产权或掌握核心关键技术，具有海外自主创业经验，熟悉相关产业发展和国际规则的创业人才；（四）推进“两个加快”急需、紧缺的，具有国际领先或国内一流专业水平的战略性、领军型人才。

文件标题：四川省人力资源和社会保障厅转发《人力资源和社会保障部关于加强留学人员回国服务体系建设的意见》的通知
文　　号：川人社发〔2011〕24号

发文单位：四川省人力资源和社会保障厅
发布时间：2011年7月14日
内容摘录：进一步加强服务工作体系建设。各地、各部门要逐步建立和完善留学回国人员“来川工作一条龙综合服务”“在川创业一条龙综合服务”“为川服务一条龙综合服务”和“千百人计划专家一条龙综合服务”4个配套服务工作体系。进一步加强信息平台建设。围绕4个“一条龙”服务工作体系，依托各地、各部门门户网站或自建网站，逐步建立和完善上下相互贯通的四川留学人员服务网络体系，促进留学人才、项目、政策、资金等信息资源的交流与共享。

文件标题：中共四川省委组织部等5部门关于转发《中共中央组织部、人力资源和社会保障部等五部门关于为外籍高层次人才来华提供签证及居留便利有关问题的通知》的通知
文　　号：川人社办发〔2013〕28号
发文单位：中共四川省委组织部、四川省人力资源和社会保障厅、四川省人民政府外事办公室、四川省公安厅、四川省外国专家局
发布时间：2013年1月21日
内容摘录：凡在四川省行政区域内符合条件的外籍来华高层次人才及外籍配偶和未满18周岁外籍子女，以及中国籍回国高层次人才的外籍配偶和未满18周岁外籍子女，可根据自身情况申报办理签证及居留等事宜，省级相关部门将提供便利措施。

文件标题：《中共四川省委关于全面创新改革驱动转型发展的决定》
文　　号：川委发〔2015〕21号
发文单位：中共四川省委
发布时间：2015年12月1日
内容摘录：实行更具竞争力的人才吸引制度。建设天府新区、成都高新区和绵阳科技城“人才特区”，创建成德绵创新驱动人才示范区。加强与海内外名校名院名企的战略合作，深入实施高层次人才引进“千人计划”“天府高端引智计划”等重大引才工程。支持国有企业采取市场聘用、股权激励、特聘顾问等方式，引进海内外高层次人才、创新团队和职业经理人。实行更积极、更开放、更有效的外籍人才和海外人才引进政策，开展技术移民和投资移民、海外人才离岸创新创业基地、在川外国留学生毕业后直接留川就业等试点。

文件标题：《四川省人民政府关于全面推进大众创业万众创新的意见》
文　　号：川府发〔2015〕27号
发文单位：四川省人民政府
发布时间：2015年5月5日
内容摘录：吸引海外高层次创新创业人才。通过省“千人计划”引进的海外高层次创新创业人才给予50万—100万元的资助，引进的创新创业团队给予200万—500万元资助。对持有外国人永久居留证的外籍高层次人才创办科技型企业等创新创业活动，给予中国籍公民同等待遇。完善高层次人才社会服务机制，落实引进人才社会养老、医疗保障、配偶就业、子女入学等保障措施。

文件标题：《四川省人力资源和社会保障厅关于涉及留学回国人员的两项身份认证工作进驻省政务服务和资源交易服务中心的通知》
文　　号：川人社办发〔2015〕176号
发文单位：四川省人力资源和社会保障厅
发布时间：2015年12月11日
内容摘录：按照省委、省政府关于深化政务公开、加强政务服务平台建设的要求，为更好地服务于在川留学

回国人员，不断提高服务质量、效率和水平，更有利于接受社会监督，经研究，我厅决定于2015年12月18日起，将厅属单位省专家服务中心（留学人员服务中心）承担的“四川省海外留学人员身份认证”和“海外高层次留学人才身份认定”两项公共服务事项进驻省政务服务和资源交易服务中心省人力资源和社会保障厅窗口办理，实行“一窗式”集中受理、办结。

文件标题：《中共四川省委、四川省人民政府关于深化人才发展体制机制改革促进全面创新改革驱动转型发展的实施意见》

文　　号：川委发〔2016〕10号

发文单位：中共四川省委、四川省人民政府

发布时间：2016年3月29日

内容摘录：深入实施海内外高层次人才引进“千人计划”“天府高端引智计划”“留学人员回国服务四川计划”等重大引才工程，聚天下英才助川发展。制定高层次人才特殊支持办法，对来川创新创业的紧缺专业人才和高端人才，根据人选层次发放5万—200万元的安家补助；对经评估具有国际领先水平、能够突破关键核心技术、引领带动我省产业发展实现重大突破的顶尖创新创业团队，按评级给予200万—500万元的一次性资助；对顶尖团队中经评估具有重大产业化前景的战略发展项目，集成发展改革、经济和信息化、科技、人力资源社会保障、金融等部门政策资源，采取项目资助、创业扶持、股权投资、贷款贴息等方式，可给予最高5000万元的综合资助。

文件标题：中共四川省委办公厅、四川省人民政府办公厅关于印发《四川省激励科技人员创新创业十六条政策》的通知

文　　号：川委办〔2016〕47号

发文单位：中共四川省委办公厅、四川省人民政府办公厅

发布时间：2016年11月16日

内容摘录：对从国（境）外、省外来川创新创业的高层次人才及团队，符合《四川省高层次人才特殊支持办法（试行）》规定条件的，优先纳入省“千人计划”，最高给予个人200万元的一次性安家补助和团队500万元的项目资助，并在岗位激励、项目和平台建设等方面给予持续支持。引进的高层次创新创业人才及其配偶、未成年子女可不受住所、居住年限、年龄等条件限制，选择在居住地或工作地落户。对高层次人才创新创业项目，省级引导基金可给予股权投资支持。扩大政府天使投资引导基金规模，带动社会资本共同加大对中小企业创新创业的投入。完善商业银行与风险投资、天使资本的投贷联动模式，缓解人才创业初期融资难题。

文件标题：四川省人民政府办公厅关于印发《创业四川行动实施方案（2016—2020年）》的通知

文　　号：川办函〔2016〕181号

发文单位：四川省人民政府办公厅

发布时间：2016年11月18日

内容摘录：吸引海外高层次人才来川创新创业。加大对高层次人才支持力度，深入实施“千人计划”“天府高端引智计划”“留学人员回国服务四川计划”等人才工程，定期开展赴外招才引智、“海科会”等活动。规划建设海外高层次人才创新创业园，支持海外高层次人才来川创新创业。

文件标题：中共四川省委组织部等10部门关于印发《四川省引进海内外高层次人才“千人计划”实施办法》的通知

文　　号：川组通〔2017〕12号

发文单位：中共四川省委组织部、中共四川省委宣传部、中共四川省委统战部、四川省教育厅、四川省科学技术厅、四川省人力资源和社会保障厅、四川省卫生和计划生育委员会、四川省政府国有资产监督管理委员会、四川省国防科学技术工业办公室、四川省金融工作局

发布时间：2017年3月17日
内容摘录：对省“千人计划”引进人才，由省委组织部、财政厅依托“天府英才”工程专项资金，分别给予每人50万—200万元资助，其中，对顶尖人才给予每人200万元资助，创业领军人才给予每人100万元资助，创新领军人才短期项目给予每人20万元资助，其他项目给予每人50万元资助。对省“千人计划”引进团队，按创新团队、创业团队分别给予每个团队200万元、300万元资助，其中，对科技含量高、发展前景广阔的创业团队，可给予500万元资助。对创新创业团队中经评估具有重大产业化前景的战略发展项目，集成各部门政策资源，采取项目资助、创业扶持、股权投资、贷款贴息等方式，可给予最高5000万元综合资助。

文件标题：《四川省人民政府关于做好当前和今后一段时期就业创业工作的实施意见》
文　　号：川府发〔2017〕53号
发文单位：四川省人民政府
发布时间：2017年9月26日
内容摘录：实施留学人员回国服务四川计划，简化学历认证等手续，降低服务门槛，搭建对接平台。依法为海外高层次留学人员入境、停居留和永久居留申请提供便利。鼓励留学人员以知识产权等无形资产入股方式创办企业，吸引更多学有所成的留学人员来川、回川创新创业。

文件标题：《四川省人民政府关于推进中国（四川）自由贸易试验区引领性工程建设的指导意见》
文　　号：川府发〔2018〕30号
发文单位：四川省人民政府
发布时间：2018年8月22日
内容摘录：以“天府英才”工程为统揽，大力实施省“千人计划”、天府高端引智计划、留学人员回国服务四川计划、企业博士聚集计划等，加快引进海内外高端人才和团队来川创新创业。完善引进海外优秀人才政策措施，优化外国人才来华工作管理制度，完善外国人才永久居留申报渠道，健全外国人才社会保障政策，支持建设海外高层次人才创新创业园，营造“类海外”的工作和生活环境。

成都市

文件标题：《成都市人民政府办公厅关于加强全市引进国外智力和留学回国人员工作的实施意见》
文　　号：成办发〔2005〕148号
发文单位：成都市人民政府办公厅
发布时间：2005年11月23日
内容摘录：高新区、市科技局、市外专局要按照“统筹规划、建好载体、增强功能、促进转化”的原则，不断完善“中国成都留学人员创业园”的功能，健全优化科技成果孵化体系，采取挂牌联办等形式，延伸“中国成都留学人员创业园”的服务功能，充分发挥其辐射作用。要根据我市的产业发展规划和重点，组织专家对入园企业进行评估，选择科技含量高的企业入园发展，使创业园真正成为孵化高新技术企业的基地。

文件标题：成都市人事局、成都市财政局关于印发《成都市引智和留学回国人员科技活动项目择优资助专项经费管理暂行办法》的通知
文　　号：成人发〔2006〕7号
发文单位：成都市人事局、成都市财政局
发布时间：2006年3月27日
内容摘录：留学人员专项经费使用范围及标准：（一）重点项目资助，额度为10万—20万元。资助回国留学人员从事国家重点攻关项目、重大技术改造项目、具有广泛应用前景的新技术研究开发等项目；（二）优秀项目资助，额度为5万—10万元。资助回国留学人员主持省部级重点科技攻关或技术改造项目，或某一学科领域具有领先水平的研究开发项目；（三）项目启动资助，额度为2万—5万元。资助新近回国或即将回国的留学人员，从事某一学科或技术领域的研究。研究课题学术思想新颖，具有重要科学价值或较好应用开发前景；（四）为国服务活动资助，额度视项目情况确定。资助海外留学人员短期回国开展合作研究、学术技术交流、考察、讲学等活动；（五）小额资助，额度视项目情况确定。资助留学回国人员出国参加国际学术会议、购买科研必需的仪器零部件、化学试剂、药品、耗材和图书资料等。

文件标题：《成都市人民政府办公厅关于进一步完善吸引留学人员来蓉创业服务政策的实施意见》
文　　号：成办发〔2007〕110号
发文单位：成都市人民政府办公厅
发布时间：2007年12月5日
内容摘录：符合下列条件的留学人员，可申请创业资助资金，一等资助20万元，二等资助10万元，三等资助5万元，所需经费纳入各级财政预算：（一）为所在企业的主要发起人或主要管理人员（副总经理及以上职务）或技术负责人（技术总监及以上职务），其出资（含技术入股）至少超过30万元或持有公司股份超过15%；（二）所在企业属我市重点扶持和发展的产业；（三）所在企业具有与申报项目相符的场地、研发设备和人员，运作正常；（四）所在企业注册成立的时间在3—18个月内。

文件标题：《“成都人才计划”引进人才享受特定生活及工作待遇的若干规定》
文　　号：成组通〔2012〕1号
发文单位：中共成都市委组织部、成都市经济和信息化委员会、成都市教育局、成都市科学技术局、成都市公安局、成都市财政局、成都市人力资源和社会保障局、成都住房公积金管理中心
发布时间：2012年1月5日
内容摘录：市级各类科技计划应重点支持引进人才申报的项目，并优先向国家和省科技计划推荐。成都市创新创业种子资金、科技保险补贴资金等项目，应重点支持引进人才所在企业，在市内开展科学研究或生产经营活动，有关部门应主动优先服务，各用人单位应提供一定的匹配经费；对我市经济、科技发展具有战略意义的重点项目，经有关部门审批，可专门立项，以特别项目形式给予支持。市内各类产业园区、留学人员创业园、博士后科研（流动）工作站、院士（专家）创新工作站等应为引进人才在蓉创新创业提供特殊政策支持。

文件标题：成都市人民政府关于印发《成都“创业天府”行动计划（2015—2025年）》的通知
文　　号：成府发〔2015〕11号
发文单位：成都市人民政府
发布时间：2015年4月8日
内容摘录：聚集海内外人才创新创业。联合四川大学等高校设立“海内外高端人才创新创业基金”，探索建立“企业提需求、高校出编制、政府给支持”的创新创业人才引进模式。深入实施“成都人才计划”，对带技术、带项目在蓉新领办企业的“两院”院士、国家及省海外高层次人才引进计划和“成都人才计划”创新人才入选者、中科院“百人计划”入选者、长江学者、“国家杰出青年科学基金”获得者、海外留学人员等人才给予资助。发挥成都人才发展促进会作用，切实加强对海内外人才的创业服务支持。

文件标题：中共成都市委、成都市人民政府关于《深入实施“创业天府”行动计划加快打造西部人才核心聚集区的若干政策》
文　　号：成委发〔2016〕1号
发文单位：中共成都市委、成都市人民政府

发布时间：2016年2月3日
内容摘录：加大引进人才资助力度。设立总额不少于20亿元的人才发展专项资金，大力实施“成都人才计划”，全力引进海内外高层次领军型人才和顶尖创新创业团队。建立国内一流的人才资助体系，实施分类分层资助，对国际顶尖人才、国家级领军人才、地方高级人才分别给予300万元、200万元、120万元的资金资助，区（市）县给予相应的配套资助。

文件标题：成都市人民政府办公厅关于印发《成都“创业天府”行动计划2.0版》的通知
文　　号：成办发〔2016〕15号
发文单位：成都市人民政府办公厅
发布时间：2016年4月29日
内容摘录：实施成都人才新政。设立20亿元人才发展专项资金，按需选拔海内外高层次领军型人才和顶尖创新创业团队，给予最高1亿元的综合资助。探索建立“企业提需求+高校出编制+政府给支持”的联合引才机制。建立中国（成都）海外人才离岸创新创业基地，开设外籍人才停居留特别通道。创建中国成都人力资源服务产业园，优化人才发展平台。

文件标题：中共成都市委办公厅、成都市人民政府办公厅关于印发《成都市引进高层次创新创业人才实施办法（2016年修订）》的通知
文　　号：成委办〔2016〕32号
发文单位：中共成都市委办公厅、成都市人民政府办公厅
发布时间：2016年12月9日
内容摘录：对符合引进人才标准并经过规定程序被批准纳入的高层次创新创业人才，长期项目中，A类人才每人给予300万元资助、B类人才每人给予200万元资助、C类人才每人给予120万元资助；青年项目和海外短期项目人才每人给予60万元资助；顶尖创新创业团队每个给予500万元资助，实行分期拨付，考核管理办法按照有关规定执行。青年项目、海外短期项目人才转为长期项目的，拨付差额部分。

文件标题：《中共成都市委、成都市人民政府关于深化人才发展体制机制改革加快推进国家中心城市建设的实施意见》
文　　号：成委发〔2017〕1号
发文单位：中共成都市委、成都市人民政府
发布时间：2017年1月20日
内容摘录：建立更具吸引力的人才扶持政策体系。加大人才投入力度，保证“成都人才计划”等重大人才工程实施，更好支持各类人才创新创业。依托中国（四川）自由贸易试验区，支持成都高新区、成都天府新区建设集高端人才创新创业服务中心、综合保税区、国际化社区等功能平台为一体的海外高层次人才创新创业园，营造“类海外”的高层次人才宜业宜商宜居环境。支持在蓉企业海外研发中心、在蓉高校海外研究院，建立国际化众创空间、海外离岸孵化器和海外创新创业基地，撬动境外资源孵化人才，引进境外高层次人才来蓉转化科技成果。

文件标题：中共成都市委办公厅、成都市人民政府办公厅关于印发《成都实施人才优先发展战略行动计划》的通知
文　　号：成委办〔2017〕23号
发文单位：中共成都市委办公厅、成都市人民政府办公厅
发布时间：2017年7月18日
内容摘录：凡属成都产业和企业发展急需紧缺人才在蓉工作，可申领“蓉城人才绿卡”。对国际顶尖人才、

国家级领军人才、地方高级人才、产业发展实用人才、青年大学生等，分层分类提供住房、落户、配偶就业、子女入园入学、医疗、出入境和停居留便利、创业扶持等服务保障。建立人才绿卡积分制度，提供增值服务。建立人才服务专员制度，对重点人才（团队）项目提供“一对一”人才专员服务。

文件标题：中共成都高新区工委、成都高新区管委会关于印发《成都高新区实施“金熊猫”计划促进人才优先发展的若干政策》的通知
文　　号：成高委发〔2018〕3号
发文单位：中共成都高新区工委、成都高新区管委会
发布时间：2018年2月5日
内容摘录：设立“创智人才”“创业人才”“创意人才”“创造人才”等人才项目，经评审认定，对入选专家给予研发经费或专家津贴资助。其中，给予“创智人才”“创业人才”入选专家最高200万元的研发经费资助，最高不超过200平方米场地租金、每年不超过10万元连续3年的场地租金补贴；给予“创意人才”入选专家每年最高100万元、连续3年的专家津贴；给予“创造人才”入选专家每年最高10万元、连续5年的专家津贴。设立“金熊猫人才奖”，对于通过成都高新区申报入选国家海外高层次人才引进计划、四川省“千人计划”“蓉漂”人才计划等项目的高层次人才，给予最高100万元的奖励；设立“金熊猫成就奖”，对于为成都高新区产业发展带来重大经济社会效益的高层次人才，给予200万元的奖励。

乐山市

文件标题：乐山市人民政府办公室关于印发《乐山市高层次人才特殊支持办法（试行）》的通知
文　　号：乐府办发〔2017〕68号
发文单位：乐山市人民政府办公室
发布时间：2017年12月21日
内容摘录：综合运用安家补助、岗位激励、政治激励、项目和平台支持等政策，有计划、有重点地遴选支持一批高层次人才和团队，充分激发各类人才创新创造创业活力，形成高层次人才引领带动经济社会发展的良好局面，为建设宜居宜业宜游的幸福美丽新乐山提供人才支撑。坚持统筹推进、上下联动，对接国家海外高层次人才引进计划、“万人计划”与省“千人计划”，统筹全市重大人才工程及相关高层次人才项目，创新人才引进、培养、使用、评价、激励机制，形成更具竞争力和吸引力的人才制度优势，营造良好人才创新创业生态环境。

宜宾市

文件标题：《宜宾市人民政府关于推进大众创业万众创新的实施意见》
文　　号：宜府函〔2016〕43号
发文单位：宜宾市人民政府
发布时间：2016年3月16日
内容摘录：加大招才引智力度。鼓励国家海外高层次人才引进计划、“万人计划”、中科院“百人计划”、长江学者、省“千人计划”等领军人才、高端人才带技术、带项目、带资金、带团队来宜创办、领办、合办科技型企业。国家海外高层次人才引进计划、“万人计划”、省“千人计划”获得者来宜创新创业经认定后给予50万—100万元的资助，引进的创新创业团队给予200万—500万元资助。完善高层次人才社会服务机制，实行引进人才“绿卡”，落实引进人才社会养老、医疗保障、配偶就业、子女入学等保障措施。开展海外招才引智活动，吸引海外人才、留学人员和团队来宜宾创新创业。

贵州省

文件标题：贵州省人才工作领导小组关于印发《贵州省高层次人才引进绿色通道实施办法（试行）》的通知
文　　号：黔人领发〔2013〕5号
发文单位：贵州省人才工作领导小组
发布时间：2013年3月14日
内容摘录：出入境和居留服务。经公安部审核批准的持外国护照入境的海外引进人才及其配偶、未成年子女，可以申请办理2—5年多次入境有效访问签证；符合永久居留条件的，可申请外国人永久居留证，作为其在我省的合法身份证件。

文件标题：《贵州省人民政府关于大力推进大众创业万众创新的实施意见》
文　　号：黔府发〔2016〕25号
发文单位：贵州省人民政府
发布时间：2016年10月19日
内容摘录：支持高层次人才来黔创业。支持海外高层次人才和省外高层次人才来黔创业，支持黔籍人才回乡创业。简化高层次人才来黔开办企业审批流程，由事前审批逐步调整为事后备案。深入实施贵州省高层次人才服务绿卡制度，向符合条件的高层次创新创业人才发放贵州省高层次人才服务绿卡，在职称评定、专业技术岗位聘用、落户、居留和出入境、医疗待遇、科研、创业培训、社会保险办理、购置汽车优惠、配偶安置、子女入学等方面提供“绿色通道”。

文件标题：贵州省人力资源和社会保障厅关于印发《贵州省高层次留学人才创新创业项目择优资助管理办法（试行）》的通知
文　　号：黔人社通〔2018〕271号
发文单位：贵州省人力资源和社会保障厅
发布时间：2018年7月3日
内容摘录：高层次留学人才创新创业项目择优资助经费，从贵州省“高层次创新创业人才培养引进专项经费”中列支，每年不超过200万元。按照分类资助原则对留学人员创新创业项目进行资助，其中重大项目资助30万元、优秀项目资助20万元、启动项目资助10万元。

文件标题：《贵州省人民政府关于推动创新创业高质量发展打造“双创”升级版的实施意见》
文　　号：黔府发〔2019〕5号
发文单位：贵州省人民政府
发布时间：2019年2月20日
内容摘录：鼓励留学回国人员来黔创新创业。开展贵州省高层次留学人才创新创业项目择优资助活动，加强贵阳留学人员创业园建设，鼓励和支持留学人员来黔创新创业。积极探索实施华人华侨高层次人才来黔创新创业便利政策措施，举办中国贵州人才博览会、“国内外专家贵州行”“世界华人媒体高层贵州行”等活动。举办黔台两地经贸推介洽谈会、黔台青年创新创业交流论坛，鼓励和支持台湾青年来黔就业创业。

文件标题：《贵州省人民政府关于加大利用外资力度推动经济高质量发展的实施意见》
文　　号：黔府发〔2019〕7号
发文单位：贵州省人民政府
发布时间：2019年3月14日

内容摘录：吸引海外高层次人才。符合条件的海外高层次人才享受我省“百千万人才”计划奖励政策。完善海外高层次人才引进绿色通道制度，对持有服务绿卡的海外高层次人才在住房、就医、配偶安置和未成年子女入学、免摇号上牌等方面提供服务保障。回国服务的在外留学人员购买自用国产小汽车免征车辆购置税。外商投资企业建立博士后科研流动站（工作站）的，按规定享受资助政策。

贵阳市

文件标题：中共贵阳市委办公厅、贵阳市人民政府办公厅关于印发《贵阳市鼓励留学归国人才来筑创业办法（试行）》的通知
文　　号：筑党办发〔2009〕15号
发文单位：中共贵阳市委办公厅、贵阳市人民政府办公厅
发布时间：2009年5月31日
内容摘录：鼓励留学归国人才进入贵阳国家高新技术产业开发区、贵阳经济技术开发区、贵阳白云经济开发区创业服务，享受开发区制定的各项优惠政策。以贵阳国家高新技术产业开发区为载体，创建贵阳留学人才创业园，留学归国人才进园创业可申请贵阳国家高新技术产业开发区创业扶持资金资助和科技型中小企业创新基金项目等支持，并享受国家级科技企业孵化器各项优惠政策。

文件标题：《中共贵阳市委、贵阳市人民政府关于实施“筑巢引凤”计划推进科技创新的意见》
文　　号：筑党发〔2014〕5号
发文单位：中共贵阳市委、贵阳市人民政府
发布时间：2014年1月3日
内容摘录：实行引进人才创业资助政策。经认定并持“贵阳市人才服务绿卡”的引进人才，带项目、带技术、带资金创办科技型企业，给予50万—500万元科研启动经费和创新创业资金资助，提供5万—100万元住房补贴或3年内免费入住100—200平方米的高级人才公寓，3年内免费提供100—500平方米的工作场所。根据招商引资相关规定，享受相应的税收支持、财政鼓励、土地优惠、金融服务等方面优惠政策。对黔籍人才回贵阳创业兴业的适当放宽条件并优先支持。

文件标题：中共贵阳市委办公厅、贵阳市人民政府办公厅关于印发《贵阳市引进高层次人才办法》的通知
文　　号：筑党办发〔2014〕25号
发文单位：中共贵阳市委办公厅、贵阳市人民政府办公厅
发布时间：2014年10月9日
内容摘录：直接引进的第一、二类人才和省部级选拔管理专家纳入市管专家管理服务范围，发放“贵阳市人才服务绿卡”；直接引进的其他人才符合《贵阳市高层次人才认定办法》并经评审通过的，发放“贵阳市人才服务绿卡”。

云南省

文件标题：中共云南省委、云南省人民政府关于贯彻《中共中央、国务院关于进一步加强人才工作的决定》的实施意见
文　　号：云发〔2004〕14号
发文单位：中共云南省委、云南省人民政府

发布时间：2004年4月16日
内容摘录：依托项目聚集人才。以科技研发和建设项目为平台，面向国内外引进各类高层次人才。省重大建设项目、科技攻关项目、社会科学研究项目，只要不涉及国家安全，应当实行公开招标，吸引海外、省外优秀人才参与联合攻关。加强重点实验室、中试基地（工程技术中心）、留学人员创业园、软件园、大学科技园、高新技术产业开发区和经济开发区的建设，吸引海外、省外人才来滇创业。

文件标题：云南省人力资源和社会保障厅关于印发《云南省留学回国人员安置办法》的通知
文　　号：云人社发〔2010〕315号
发文单位：云南省人力资源和社会保障厅
发布时间：2010年12月2日
内容摘录：留学回国人员来滇创业和工作的主要方式：（一）以技术入股或投资形式创办各类经济实体、研究开发机构；（二）进入国家机关、国有企事业单位和其他类型经济社会组织工作；（三）开展学术交流、科研合作或承担科研项目；（四）进入博士后科研流动站、工作站从事博士后研究；（五）进入社区公共服务等公益性机构工作。经人力资源和社会保障部门审核同意后，由人力资源和社会保障部门出具《云南省留学回国人员安置通知》。留学回国人员凭《云南省留学回国人员安置通知》办理落户手续。

文件标题：中共云南省委组织部等部门关于印发《云南省引进高层次人才绿色通道服务办法》的通知
文　　号：云组发〔2016〕12号
发文单位：中共云南省委组织部、云南省教育厅、云南省科学技术厅、云南省公安厅、云南省财政厅、云南省人力资源和社会保障厅、云南省住房和城乡建设厅、云南省卫生和计划生育委员会、云南省人民政府外事办公室、云南省地方税务局、云南省工商行政管理局、云南省人民政府金融办公室、云南省国家税务局、昆明海关
发布时间：2016年8月8日
内容摘录：引进的高层次人才经用人单位申请、主管部门审核、省人才工作领导小组审定，由省人才工作领导小组办公室制发《云南省引进高层次人才绿色通道服务证》，凭证享受本办法规定的绿色通道服务。

文件标题：《中共云南省委、云南省人民政府关于深化人才发展体制机制改革的实施意见》
文　　号：云发〔2016〕27号
发文单位：中共云南省委、云南省人民政府
发布时间：2016年8月15日
内容摘录：完善人才引进方式。实行更积极、更开放、更有效的人才引进政策，突出“高精尖缺”导向，实施海外高层次人才、高端科技人才和高端外国专家等引进计划，重点引进国内外拥有领先专利技术和教学科研成果、能推动我省重点产业技术突破、能带动高新技术产业和金融服务业发展的高层次急需紧缺人才和创新团队。探索设立海外引智工作站，加大留学人员回国安置工作力度，搭建创新创业服务平台，完善出国留学人员来滇创业资助办法措施。

文件标题：中共云南省委办公厅、云南省人民政府办公厅关于印发《云南省“千人计划”实施办法（试行）》《云南省“万人计划”实施办法（试行）》的通知
文　　号：云厅字〔2018〕11号
发文单位：中共云南省委办公厅、云南省人民政府办公厅
发布时间：2018年3月8日
内容摘录：云南省“千人计划”设7个专项：高层次人才专项、高端外国专家专项、人文社会科学人才专项、产业人才专项、青年人才专项、党政青苗人才专项、高层次创新创业团队专项。根据经济社会发展和人才队伍建设需要，经省人才工作领导小组批准，可调整专项设置。

文件标题：云南省人才工作领导小组关于印发《云南省“千人计划”（高层次人才引进）6个专项实施细则》的通知
文　　号：云党人才〔2018〕4号
发文单位：云南省人人才工作领导小组
发布时间：2018年6月5日
内容摘录：给予云南省“千人计划”高层次人才100万元一次性工作生活补贴，其中，引进“两院”在职院士200万元；国家海外高层次人才引进计划专家按中央一次性工作生活补贴标准同等配套。符合《云南省引进高层次人才绿色通道服务办法》条件的可申报《绿色通道服务证》，享有27项服务；凭证在云南省内机场、高铁站出行（到达）享受贵宾通道服务，本人及父母、配偶、子女进入云南省所属旅游景点，最多可免6人门票；配偶、子女入职云南省所属事业单位，省人力资源和社会保障厅可按照规定以考核直聘方式办理。

文件标题：《云南省人力资源和社会保障厅关于充分发挥市场作用促进人才顺畅有序流动的实施意见》
文　　号：云人社发〔2019〕44号
发文单位：云南省人力资源和社会保障厅
发布时间：2019年12月13日
内容摘录：构建国际人才交流合作机制。依托云南国际人才交流会，打造国际人才供求对接、项目洽谈、政策推介平台，鼓励我省企事业单位积极参与“大连海创周”“广州留交会”和深圳国际人才交流会引进海外人才，支持企业在海外建立研发机构聘用外国人才。鼓励海外赤子和优秀国外留学生在滇创新创业，提高科技企业孵化器、高创园、大学科技园、大学生创业园、留学生创业园的吸纳和孵化能力。自主创业人才，按政策规定给予创业贷款扶持。

昆明市

文件标题：中共昆明市委办公厅转发《昆明市人才工作领导小组关于加强海外高层次人才引进工作的实施意见》的通知
文　　号：昆办发〔2009〕5号
发文单位：中共昆明市委办公厅
发布时间：2009年4月10日
内容摘录：坚持“不求所有，但求所用；不求所在，但求所为”的思路，按照市场配置、出入自由、人尽其才的原则，鼓励海外高层次人才采取灵活多样的方式来我市长期工作或短期服务。海外高层次人才可以技术、资金、实物等出资创办或入股各类经济实体；创办、承包、租赁各类科研机构和经济实体；开展学术交流、科研合作或承担科研项目；到我市企事业单位或驻外企业机构任职或兼职；进入博士后科研工作站、流动站从事研究工作等。

文件标题：中共昆明市委办公厅、昆明市人民政府办公厅印发《关于引进海外高层次人才来昆工作及创新创业优惠扶持暂行办法》的通知
文　　号：昆办通〔2010〕108号
发文单位：中共昆明市委办公厅、昆明市人民政府办公厅
发布时间：2010年9月17日
内容摘录：对纳入“三五工程”海外高层次人才及其项目实行申报评审制，评审项目分为A、B、C三类，评审工作由牵头单位和市专项办分别组织实施。创业类海外高层次人才带科技、项目、资金到我市创业的，由市科技局牵头论证评审，报市专项办审批后，A类项目由市财政给予100万元的一次性创业启动资金资助、B类项目由市财政给予60万元的一次性创业启动资金资助、C类项目由市财政给予40万元的一次性创业启动资金资

助，并由企业落户所在县（市）区、开发（度假）区提供不少于100平方米工作场所，3年内免收租金。海外高层次人才或项目团队以科研成果、技术、资金、项目等形式入股我市企业的，按其入股比例给予相应的一次性创业启动资金资助，用于帮助其事业发展。

文件标题：《中共昆明市委、昆明市人民政府关于创新体制机制加强人才工作的实施意见》
文　　号：昆发〔2015〕15号
发文单位：中共昆明市委、昆明市人民政府
发布时间：2015年9月28日
内容摘录：加大对外人才交流合作力度。加强留学人员创业园区、科技孵化器等引才载体建设。支持高等院校、科研院所与海外特别是南亚、东南亚高水平教育、科研机构建立联合研发基地。对进入国家海外高层次人才引进计划和云南省“百人计划”的海外高层次人才进行重点扶持。探索建立“双向互通、学历互认、联合培养、多方共赢”的区域人才体系，努力把昆明打造成为南亚、东南亚区域科技流、知识流、信息流、人才流的枢纽和中心。

文件标题：中共昆明市委、昆明市人民政府关于印发《昆明市促进高层次人才创新创业实施办法》的通知
文　　号：昆通〔2016〕11号
发文单位：中共昆明市委、昆明市人民政府
发布时间：2016年12月30日
内容摘录：对入选我市高层次人才引进工程的创业类技术领先项目、技术先进项目、技术进步项目分别给予150万、100万元、60万元创业扶持资助，资金按4：4：2的比例分3年到位；对入选我市高层次人才引进工程的创新类技术领先项目、技术先进项目、技术进步项目分别给予100万元、80万元、60万元创新研发启动资金，资金按7：3的比例分两期到位；对研发成果实现产业化后市场前景广阔的重点项目，评审后再一次性给予200万元产业化资金支持。

文件标题：《昆明市人民政府关于加快推进大众创业万众创新的实施意见》
文　　号：昆政发〔2017〕29号
发文单位：昆明市人民政府
发布时间：2017年5月2日
内容摘录：加强创业创新人才引进。突出“高精尖缺”导向，实施高层次人才引进工程，大力引进国内外创新创业人才和团队，强化留学人员创业园区、科技孵化器等引才载体建设。对入选我市高层次人才引进工程的创新创业类项目给予60万—150万元的资助；对研发成果实现产业化后市场前景广阔的重点项目，评审后再一次性给予200万元产业化资金支持。对我市引进并给予立项支持的高层次创新创业人才（团队），给予项目负责人30万元一次性安家费；团队其他成员租住房屋的，连续3年给予每月2000元的租房补贴。

文件标题：中共昆明市委办公厅、昆明市人民政府办公厅关于印发《“春城计划”高层次人才引进实施办法》等5个文件的通知
文　　号：昆办发〔2018〕23号
发文单位：中共昆明市委办公厅、昆明市人民政府办公厅
发布时间：2018年8月15日
内容摘录：昆明市“春城计划”高层次人才引进工程旨在围绕昆明市发展战略目标，用5—10年时间，重点引进一批自然科学、工程技术、人文社科、管理咨询以及其他紧缺急需的高层次人才。“春城计划”高层次人才引进工程下设6个专项，包括春城高层次人才专项、春城高端外国专家专项、春城人文社会科学人才专项、春城产业人才专项、春城青年人才专项、春城高层次创新创业团队专项。

文件标题：中共昆明市委办公厅、昆明市人民政府办公厅印发《关于加快建设区域性国际人文交流中心的实施意见》的通知
文　　号：昆办通〔2018〕47号
发文单位：中共昆明市委办公厅、昆明市人民政府办公厅
发布时间：2018年9月6日
内容摘录：实施华人华侨及留学人员人才战略。逐步在海外华侨华人聚居区建立昆明联络站，借助国家驻外机构、海外留学人员组织、人才机构、华人华侨社团等海外资源，为华侨回国投资、留学人员回国服务牵线搭桥。认真落实国侨办“海外人才为国服务计划”，积极配合省外办推进打造云南“侨梦苑”，实施我市“双百计划”，推动建立“海外高层次人才专家数据库”。支持鼓励留学人员到昆明开展创业创新工作，构建留学归国人员“双创”工作“一条龙”服务体系，营造吸引海外高层次人才的良好工作格局。支持高新区、经开区、五华金鼎科技园等留学人员创业园试点创建国家级新侨创业创新基地。

文件标题：昆明市科学技术局关于印发《“春城计划”高层次人才引进工程“春城高层次人才”专项实施细则（试行）》等四个文件的通知
文　　号：昆科发〔2019〕65号
发文单位：昆明市科学技术局
发布时间：2019年7月18日
内容摘录：《“春城计划”高层次人才引进工程“春城高层次人才”专项实施细则（试行）》《“春城计划”高层次人才引进工程“春城高端外国专家”专项实施细则（试行）》《“春城计划”高层次人才引进工程“春城高层次创新创业团队”专项实施细则（试行）》《“春城计划”高层次人才培养工程“春城科技领军人才”专项实施细则（试行）》已经市人才工作领导小组同意，现予以印发。

陕西省

文件标题：陕西省人民政府《关于鼓励出国留学人员来陕工作的通知》
文　　号：陕政发〔1995〕2号
发文单位：陕西省人民政府
发布时间：1995年1月10日
内容摘录：来陕工作的留学人员，完成约定的科研项目、工作任务或受聘合同期满的，可以继续在原单位工作，也可重新自主选择单位；可以流动到外省市工作，也可再次来陕工作。持有效护照和外国再入境签订者，无须申办有关手续，即可随时再出境。省出国管理部门为其提供必要的方便，保证其来去自由。

文件标题：中共陕西省委办公厅、陕西省人民政府办公厅印发《陕西省引进高层次人才暂行办法》的通知
文　　号：陕办发〔2009〕12号
发文单位：中共陕西省委办公厅、陕西省人民政府办公厅
发布时间：2009年5月9日
内容摘录：为鼓励和吸引高层次人才来陕西创业、工作、服务，根据国家有关规定，组织实施引进高层次人才“百人计划”。进入“百人计划”的引进人才作为特聘专家，享受为其提供相应的生活待遇。进入省“百人计划”的引进人才，由省财政分别给予每人50万元的一次性资助（视同政府奖金），免征个人所得税。用人单位、主管部门和当地政府可配套其他资金，用于改善引进人才的工作生活条件。

文件标题：陕西省人力资源和社会保障厅关于印发《陕西省留学人员科技活动择优资助项目管理办法》的通知
文　　号：陕人社发〔2011〕2号
发文单位：陕西省人力资源和社会保障厅
发布时间：2011年1月6日
内容摘录：陕西省留学人员科技活动择优资助项目是指由陕西省人力资源和社会保障厅批准立项并予以经费资助，支持留学回国人员在我省创业、进行科学研究和人才培养的各类项目。对确定为重点的项目，予以10万元以上的经费资助；对确定为优秀的项目，予以6万元左右的经费资助；对确定为启动的项目，予以3万元左右的经费资助。

文件标题：中共陕西省委印发《关于深化人才发展体制机制改革的实施意见》的通知
文　　号：陕发〔2016〕11号
发文单位：中共陕西省委
发布时间：2016年6月15日
内容摘录：加大人才引进和对外交流力度。实施更积极、更开放、更有效的人才引进政策，更大力度实施我省“百人计划”，加强柔性汇聚国际国内人才工作。对急需紧缺的特殊人才，开辟专门渠道，实施特殊政策，实现精准引进。完善引才配套政策，解决引进人才任职、社会保障、户籍、子女教育等问题。整合人才引进管理服务资源，建立引进人才服务绿色通道，制定支持社会组织参与人才引进和服务的政策。

文件标题：中共陕西省委办公厅、陕西省人民政府办公厅印发《关于进一步激发人才创新创造创业活力的若干措施》的通知
文　　号：陕办发〔2007〕5号
发文单位：中共陕西省委办公厅、陕西省人民政府办公厅
发布时间：2017年1月13日
内容摘录：完善改进“百人计划”。在“百人计划”现有的创新人才长期项目、创新人才短期项目、创业人才项目、青年项目等4个子项目的基础上，增设外专项目、顶尖人才和创新团队项目、文化艺术人才项目和区域人才引进项目。继续给予入选专家每人50万—100万元的补助，计划5年面向省外引进1000名左右高层次创新创业人才（团队）。

文件标题：中共陕西省委办公厅、陕西省人民政府办公厅关于印发《陕西省“千人计划”实施办法》《陕西省高层次人才特殊支持计划实施办法》和《陕西省“三秦学者”创新团队支持计划实施办法》的通知
文　　号：陕办发〔2017〕46号
发文单位：中共陕西省委办公厅、陕西省人民政府办公厅
发布时间：2017年11月9日
内容摘录：陕西省“千人计划”是省级层面实施的重大人才工程，是原省高层次人才引进计划（“百人计划”）的提升工程，旨在围绕我省发展战略目标，计划用5年左右时间，重点引进2000名左右自然科学、工程技术、哲学社会科学与文化艺术等领域高层次创新创业人才。

西安市

文件标题：中共西安市委办公厅、西安市人民政府办公厅关于印发《西安市引进海外高层次人才实施办法》
文　　号：市办发〔2010〕12号
发文单位：中共西安市委办公厅、西安市人民政府办公厅
发布时间：2010年4月1日

内容摘录：实施“5211计划”，进入国家和省海外高层次人才引进计划的引进人才，市财政分别给予每人50万元和30万元的配套资助，“市级引进人才”给予每人10万元的一次性资助，并可享受居留和出入境、户籍、社会保险、住房、薪酬、税收、配偶安置、子女入学等生活待遇。

文件标题：西安市教育局《关于做好引进高层次人才子女就学工作的通知》
文　　号：市教发〔2016〕2号
发文单位：西安市教育局
发布时间：2016年1月6日
内容摘录：引进高层次人才子女入学的优惠政策：（一）海外高层次引进人才的子女可选择市内公办学校或国际学校就读，由市教育局协调，由区县教育局具体落实，优先办理其入学、转学手续；（二）海外高层次引进人才的子女参加各类招生入学考试的，依照招生考试管理政策，在同等条件下优先录取；（三）公开招聘聘用博士研究生的未成年子女入学入托由区县教育局按照相关政策优先予以解决，就近安排。

文件标题：西安市人民政府关于印发《进一步吸引人才放宽我市部分户籍准入条件意见》的通知
文　　号：市政发〔2017〕4号
发文单位：西安市人民政府
发布时间：2017年1月22日
内容摘录：放宽全日制普通高等院校、中等职业学校（含技工学校），国民教育同等学历和留学回国人员落户条件。全日制普通高等院校、中等职业学校（含技工学校），国民教育同等学力和留学回国人员，年龄在35周岁（含35周岁）以下，无论是否在就业择业期内，愿意在我市市区就业、创业并定居生活的，可持相应学历学位证书、身份证、户口簿（或集体户口卡）申请落户。

文件标题：中共西安市委、西安市人民政府关于印发《西安市深化人才发展体制机制改革打造“一带一路”人才高地若干政策措施》的通知
文　　号：市字〔2017〕47号
发文单位：中共西安市委、西安市人民政府
发布时间：2017年5月3日
内容摘录：实施丝路英才计划。在深入推进国家海外高层次人才引进计划和省“百人计划”的基础上，结合我市实际及发展需要，实施以“5531”计划和城市合伙人为核心的“西安丝路英才计划”，更大力度地引进各类人才。建立人才分类标准和认定程序，给予相应的奖励补贴和生活保障待遇。对在西安创办企业或开展成果产业化活动的A类、B类、C类人才，分别给予一次性500万元、300万元、100万元的项目配套奖补；参与“双创”的D类人才，根据项目规模给予每人一次性2万—5万元项目资金资助。实行动态支持机制。以国家级开发区为重点，支持西咸新区国家双创示范基地“人才聚集区”和高新区国家自主创新示范区“人才聚集区”建设，建立市场导向的人才引进与动态支持市区联动机制，确保人才引进来、留得住。

文件标题：《西安市人民政府办公厅关于调整户籍新政中本科及以上学历人员落户年龄限制的通知》
文　　号：市政办发〔2017〕55号
发文单位：西安市人民政府办公厅
发布时间：2017年6月9日
内容摘录：进一步放宽本科及以上学历人员落户的年龄限制。将“全日制普通高等院校、中等职业学校（含技工学校），国民教育同等学历和留学回国人员”落户条件中，本科学历人员（含国民教育同等学历和留学回国人员）落户的年龄限制，由35周岁（含35周岁）以下，调整至45周岁（含45周岁）以下；硕士研究生及以上学历人员不设年龄限制。

文件标题：西安市人力资源和社会保障局关于印发《西安市创新招才引智工作意见》的通知
文　　号：市人社发〔2017〕248号
发文单位：西安市人力资源和社会保障局
发布时间：2017年9月5日
内容摘录：突出抓好国内外顶尖人才（以下简称A类人才）、国家级领军人才（以下简称B类人才）、地方级领军人才（以下简称C类人才）、产业发展与科技创新类人才（以下简称D类人才）四类高层次人才及产业发展与科技创新类实用人才（以下简称E类人才）的引才。构建中西部领先的引才聚才、人才培养使用、人才管理、人才评价激励、人才服务等五项机制，形成与国际化大都市、国家中心城市、“一带一路”创新中心和“三中心两高地一枢纽”的城市定位相适应的人才发展体系和人力资源优势。

文件标题：《西安国家自主创新示范区关于加快高层次人才聚集的若干政策》
文　　号：高新党发〔2018〕15号
发文单位：中共西安高新区工委、西安高新区管委会
发布时间：2018年4月12日
内容摘录：鼓励国家“万人计划”及海外高层次人才引进计划入选者到西安高新区创新创业。给予国家“万人计划”、海外高层次人才引进计划入选者奖励100万—200万元。如确属特别重大的创新创业人才和团队项目，可根据具体情况一事一议。对于符合高新区重点发展的战略性新兴产业领域的高层次人才，提供人才公寓，并按市场价格的50%，给予高层次人才公寓租金补贴。

甘肃省

文件标题：《中共甘肃省委办公厅、甘肃省人民政府办公厅关于进一步鼓励和吸引海外高层次人才来甘肃工作的意见》
文　　号：省委办发〔2009〕29号
发文单位：中共甘肃省委办公厅、甘肃省人民政府办公厅
发布时间：2009年3月25日
内容摘录：海外高层次人才来甘肃创办企业，按照国家产业和区域税收政策享受相应的税收优惠。创办高新技术企业的，享受国家高新技术企业优惠政策。在我省国家级、省级开发区创办高新技术企业的，由所在开发区提供不少于100平方米的政策性优惠开发生产用房，3年内免收租金。对我省经济社会发展具有战略意义的重点项目，经有关部门审批，可专门立项，按照有关规定给予支持。引进的海外高层次人才可申请政府部门的科技资金、产业发展扶持资金等，用于在甘肃境内开展科学研究或生产经营活动。

文件标题：甘肃省人民政府关于印发《甘肃省强化实施创新驱动发展战略进一步推进大众创业万众创新深入发展的实施方案》的通知
文　　号：甘政发〔2018〕21号
发文单位：甘肃省人民政府
发布时间：2018年3月1日
内容摘录：认真组织实施人社部留学人员回国创业启动支持计划，不断加大留学回国人员创新创业政策扶持和资金支持力度，大力推进省部共建中国兰州留学人员创业园和省级留学回国人员创新创业平台建设，优化服务环境，吸引更多高素质留学人员来甘创新创业。

文件标题：《甘肃省人民政府关于推动创新创业高质量发展打造“双创”升级版的实施意见》
文　　号：甘政发〔2019〕26号
发文单位：甘肃省人民政府
发布时间：2019年6月6日
内容摘录：鼓励归国人才及更多群体投身创新创业。健全留学回国人才服务机制，大力推进省部共建中国兰州留学人员创业园和省级留学回国人员创新创业平台建设，不断加大对留学回国人员和外籍高层次人才创新创业政策扶持和资金支持力度。

青海省

文件标题：青海省人民政府办公厅转发省人事厅《关于实行高层次留学回国人员在青服务津贴意见》的通知
文　　号：青政办〔2002〕23号
发文单位：青海省人民政府办公厅
发布时间：2002年2月22日
内容摘录：实行高层次留学回国人员在青服务津贴的范围是：经国务院学位委员会授权的中国留学服务中心学位认证部门认定，在国外获得博士学位，并在青海工作的人员。在青服务满1年以上的，每人每年发放2万元；在青服务满3年的，从第四年起每人每年发放3万元；在青服务满5年以上的，从第六年起每人每年发放5万元。

文件标题：《青海省人民政府贯彻落实国务院关于做好当前和今后一段时期就业创业工作意见的实施意见》
文　　号：青政〔2017〕57号
发文单位：青海省人民政府
发布时间：2017年9月8日
内容摘录：促进留学回国人员就业创业，实施留学人员回国创新创业启动支持计划，鼓励留学人员以知识产权等无形资产入股方式创办企业。简化留学人员学历认证等手续，降低服务门槛，依法为全国重点引才计划引进人才及由政府主管部门认定的海外高层次留学人才申请永久居留提供便利。

宁夏回族自治区

文件标题：宁夏回族自治区人民政府关于印发《宁夏回族自治区鼓励留学人才来宁工作或服务的若干规定》的通知
文　　号：宁政发〔2003〕70号
发文单位：宁夏回族自治区人民政府
发布时间：2003年6月24日
内容摘录：留学人才以高新技术成果来宁创办企业，凭留学人才身份证明，到所在地工商行政管理部门注册登记，对注册资本可放宽要求。留学人才在宁创办的独资、合资企业，可按外商投资企业登记。留学人才来宁从事高新技术研究或科技成果转化的，当地政府可给予必要的经费补助、贷款贴息，帮助解决投资立项、融资、土地征用等实际问题。对经自治区认定的高新技术产业化项目和高新技术企业，享受自治区政府有关文件规定的扶持政策。对有良好发展潜力的重点项目，可申请给予一定的经费补助或贷款贴息。

文件标题：中共宁夏回族自治区委员会办公厅、宁夏回族自治区人民政府办公厅关于印发《宁夏回族自治区引进海外高层次科技人才创新创业暂行办法》的通知
文　　号：宁党办〔2009〕20 号
发文单位：中共宁夏回族自治区委员会办公厅、宁夏回族自治区人民政府办公厅
发布时间：2009年2月28日
内容摘录：自治区政府每年安排1000万元，作为引进海外高层次人才创新创业专项扶持资金，用于支持引进人才企业自行开发的具有自主知识产权的高新技术项目，用于解决引进人才创新创业初期的资金短缺和引进人才创新创业基地的发展建设。鼓励和支持有条件的大中型企业、高等院校和科研机构以及留学人员创业园、工业园（开发区）、重点实验室、工程技术研究中心建立国家级、自治区级海外高层次人才创新创业基地，推进产学研紧密结合，探索实行国际通行的科学研究和技术研发、创业机制，聚集一批海外高层次人才和团队。列入“百人计划”的，由自治区财政给予引进人才单位30万—50万元补助，用于改善引进人才的工作和生活条件。

文件标题：《中共宁夏回族自治区委员会、宁夏回族自治区人民政府关于推进创新驱动战略的实施意见》
文　　号：宁党发〔2017〕26号
发文单位：中共宁夏回族自治区委员会、宁夏回族自治区人民政府
发布时间：2017年9月29日
内容摘录：大力引进高精尖缺人才。突出需求导向，加快引进重点产业、重点领域创新型领军人才和创新团队。建立和完善高层次人才优待制度，落实生活补助、购房补助、医疗便利、科研启动经费，协调配偶子女随调随迁、安置就业和优先入学等，对带人才、带项目、带技术来宁创新创业的，纳入科技金融项目贷款贴息。吸引海外留学回国人员来宁创新创业，视情况给予10万—50万元项目资助。

文件标题：中共宁夏区委组织部办公室关于印发《宁夏回族自治区高层次人才优厚待遇实施办法》的通知
文　　号：宁组发〔2018〕5号
发文单位：中共宁夏区委组织部办公室
发布时间：2018年1月18日
内容摘录：本办法所称高层次人才是指各领域取得重大成就、作出突出贡献、宁夏急需紧缺、具有一定创新创业潜质的人才，包括从国内外全职引进的相应层次人才和我区培养达到相应水平的人才。自治区建立高层次人才证制度，为认定的高层次人才发放《宁夏回族自治区高层次人才证》，各类高层次人才凭证享受优厚待遇和服务。

银川市

文件标题：中共银川市委办公厅、银川市人民政府办公厅关于印发《银川市关于激发人才活力服务创新驱动发展的若干意见》《银川市高精尖缺人才优厚待遇实施办法》《银川市创新型大学生宜居工程实施办法》的通知
文　　号：银党办〔2018〕36号
发文单位：中共银川市委办公厅、银川市人民政府办公厅
发布时间：2018年4月17日
内容摘录：鼓励青年科技人才、留学归国人才、中高等院校毕业生等在银川创新创业。实施“塞上骄子、海外留学人员回乡创新创业”项目，视情况给予10万—50万元的经费支持。支持发展众创空间、“双创”示范基地、小微企业创业创新示范基地等“双创”载体，支持社会力量参与青年“双创”人才培养工作，鼓励举办具有影响力的创业沙龙、论坛、大赛等创新创业活动。

新疆维吾尔自治区

文件标题：新疆维吾尔自治区科学技术厅、人事厅、教育厅关于印发《关于在乌鲁木齐市鼓励留学人员入驻创业园创业的若干规定（试行）》的通知

文　　号：新科高字〔2003〕13号

发文单位：新疆维吾尔自治区科学技术厅、新疆维吾尔自治区人事厅、新疆维吾尔自治区教育厅

发布时间：2003年1月22日

内容摘录：留学人员企业在留学人员创业园内的办公用房自企业注册并经乌鲁木齐高新技术产业开发区审定之日起3年内免收房租。生产用房前三年的房租分别按标准租金的30%、50%、70%收取。来乌鲁木齐留学人员创业园创业和工作，并愿意落户的留学人员，年龄不受限制，可凭自治区、乌鲁木齐市人事部门开具的证明及本人护照到市公安局办理落户手续。不申请办理落户的，由乌鲁木齐高新技术产业开发区发给以市人民政府名义印制的“留学人员来乌鲁木齐市工作证明书”。持“留学人员来乌鲁木齐市工作证明书”者享有乌鲁木齐市户籍人口待遇。

文件标题：新疆维吾尔自治区党委办公厅、新疆维吾尔自治区人民政府办公厅关于印发《新疆维吾尔自治区高层次人才引进暂行办法》的通知

文　　号：新党办发〔2012〕16号

发文单位：新疆维吾尔自治区党委办公厅、新疆维吾尔自治区人民政府办公厅

发布时间：2012年4月25日

内容摘录：国家海外高层次人才引进计划新疆项目引进的青年海外创新人才，由国家给予每人一次性补助50万元，享受100万元—300万元的科研经费资助；引进的青年海外创业人才，由国家给予每人一次性补助50万元。引进的青年海外创新人才，须在新疆全职工作3年以上。

文件标题：中共新疆维吾尔自治区委员会组织部、新疆维吾尔自治区人力资源和社会保障厅关于印发《新疆维吾尔自治区高层次人才引进工作实施细则》的通知

文　　号：新人社发〔2014〕95号

发文单位：中共新疆维吾尔自治区委员会组织部、新疆维吾尔自治区人力资源和社会保障厅

发布时间：2014年11月10日

内容摘录：本细则所指的引进人才，是《新疆维吾尔自治区高层次人才引进暂行办法》中通过“特聘专家”岗位从疆外（海外）引进的高层次人才。自治区给予引进的创新人才、创业人才每人40万元的经费支持，对柔性引进人才每人给予30万元的经费支持。

文件标题：《新疆维吾尔自治区人民政府关于大力推进大众创业万众创新若干政策措施的实施意见》

文　　号：新政发〔2016〕88号

发文单位：新疆维吾尔自治区人民政府

发布时间：2016年8月1日

内容摘录：支持境外人才来疆创业。依据企事业单位人才引进工作需要，积极为项目单位引进一批高层次外国专家，更好服务我区经济社会发展。引导和鼓励回国创业高端人才和境外高端人才在疆创办高科技企业。完善来疆工作外国专家及创业高端人才在配偶就业、子女入学、医疗、住房等方面的相关措施。

文件标题：《新疆维吾尔自治区人民政府关于强化实施创新驱动发展战略进一步推进大众创业万众创新深入发展的实施意见》

文　　号：新政发〔2018〕44号

发文单位：新疆维吾尔自治区人民政府
发布时间：2018年7月30日
内容摘录：利用国家和自治区留学人员支持项目平台。吸引更多高素质留学人才来疆创新创业。积极申报人社部“海外赤子为新疆服务行动计划”，加大与海外留学生人才的沟通联系，建立人才和项目长效合作机制。积极开展留学回国人员项目择优资助和创业启动支持，对其中优秀的科技骨干人才、创业人员进行政策倾斜和经费扶持。

乌鲁木齐市

文件标题：乌鲁木齐高新技术产业开发区人才工作领导小组关于印发《乌鲁木齐高新技术产业开发区吸引留学人员和博士自主创业的实施办法（试行）》的通知
文　　号：乌高新人才〔2006〕3号
发文单位：乌鲁木齐高新技术产业开发区人才工作领导小组
发布时间：2006年3月29日
内容摘录：留学人员（博士）企业是指由留学人员（博士）创办并占有30%以上股份的企业。留学人员（博士）企业应在乌鲁木齐高新技术产业开发区登记注册并入驻乌鲁木齐高新区创业服务中心（留学人员创业园）。留学人员企业和博士企业在本实施办法涉及范围内享受同样的扶持政策。

文件标题：《乌鲁木齐市人民政府关于大力推进大众创业万众创新若干政策措施的实施意见》
文　　号：乌政发〔2017〕3号
发文单位：乌鲁木齐市人民政府
发布时间：2017年1月10日
内容摘录：支持境外人才来疆创业。依据企事业单位人才引进工作需要，积极为项目单位引进一批高层次专家，更好服务我市经济社会发展。引导和鼓励回国创业高端人才和境外高端人才在乌鲁木齐市创办高科技企业。完善来我市工作外国专家及创业高端人才在配偶就业、子女入学、医疗、住房等方面的相关措施。

政策篇

留学人员创新创业失效文件索引

留学人员创新创业失效文件索引

科技部

《科技型中小企业技术创新基金项目实施方案（试行）》（国科发计字〔1999〕260号）

《高新技术企业认定管理办法》（国科发火〔2008〕172号）

《科技企业孵化器管理办法》（国科发高〔2010〕680号）

公安部

《关于执行国务院办公厅<关于在外留学人员有关问题的通知>应注意事项的通知》（公通字〔1992〕104号）

《关于办理出国留学人员户口登记问题的通知》（公通字〔1994〕17号）

人力资源和社会保障部

《留学人员回国工作“十一五”规划》（国人部发〔2006〕123号）

《留学人员回国工作“十二五”规划》（人社部发〔2011〕80号）

北京市

《关于在外留学人员来北京市工作和服务有关政策的通知》（京政发〔1992〕87号）

《北京市鼓励留学人员来京创业工作若干规定》（京政发〔2000〕19号）

《北京市鼓励留学人员来京创业工作的若干规定实施办法》（京人发〔2001〕123号）

《关于进一步鼓励海外高层次留学人才来京创业工作意见》（京政办发〔2007〕44号）

《中关村高端领军人才聚集工程实施细则》（中科园发〔2010〕7号）

《中关村国家自主创新示范区海归人才创业支持专项资金管理办法》（中科园发〔2012〕49号）

《中关村国家自主创新示范区海内外优秀人才创业扶持工程专项资金管理办法（试行）》（中科园发〔2012〕50号）

《中关村高端人才创业基地支持资金管理办法（试行）》（中科园发〔2012〕66号）

《中关村国家自主创新示范区优秀人才支持资金管理办法》（中科园发〔2013〕40号）

《中关村国家自主创新示范区创业服务平台支持资金管理办法》（中科园发〔2015〕61号）

《中关村国家自主创新示范区优秀人才支持资金管理办法》（中科园发〔2016〕14号）

《中关村国家自主创新示范区优化创业服务促进人才发展支持资金管理办法》（中科园发〔2017〕14号）

《中关村国家自主创新示范区优化创业服务促进人才发展支持资金管理办法实施细则（试行）》（中科园发〔2017〕37号）

《中国北京（望京）留学人员创业园的扶持办法》（朝政发〔2002〕63号）

《朝阳区鼓励海外高层次人才创业和工作暂行办法》（朝政发〔2009〕15号）

《海淀区促进人才创新创业发展支持办法》（海行规发〔2012〕4号）

《大兴区推进大众创业万众创新的实施办法（试行）》（京兴政发〔2018〕3号）

《昌平区支持“昌聚工程”高层次科技人才暂行办法》（昌政发〔2017〕11号）

《昌平区支持“昌聚工程”高层次科技人才暂行办法》（京昌人才办发〔2019〕1号）

天津市

《天津经济技术开发区人才引进、培养与奖励的规定》（天津经济技术开发区管理委员会令第112号）

《北京市鼓励留学人员来京创业工作若干规定》（京政发〔2000〕19号）

《天津市引进人才“绿卡”管理暂行办法》（津党厅〔2015〕27 号）

河北省

《沧州市引进海外留学人员来沧创业服务的若干规定》（沧政发〔2005〕74号）

山西省

《太原高新技术产业开发区鼓励留学人员来区创业的优惠政策》（并高新管〔2003〕165号）

内蒙古自治区

《呼和浩特市培养引进使用高层次优秀人才若干规定》（呼政发〔2004〕24号）

辽宁省

《辽宁省鼓励留学人员来辽工作暂行规定》（辽宁省人民政府令第100号）
《沈阳市引进人才规定》（沈政发〔1992〕50号）
《沈阳市鼓励留学人员来沈工作暂行规定》（沈阳市人民政府令第37号）
《大连市鼓励留学回国人员来连工作若干规定》（大政发〔1993〕53号）
《大连市引进留学人员来连工作若干规定》（大政发〔2000〕14号）
《大连市关于引进人才的补充规定》（大政发〔2001〕77号）
《大连市人才政策创新文件配套实施细则》（大委发 〔2015〕34号）

黑龙江省

《黑龙江省留学回国人员安置暂行办法》（黑人发〔2001〕131号）
《黑龙江省留学回国人员择优资助管理办法》（黑人社发〔2015〕72号）

上海市

《关于做好回国留学人员安置工作问题的通知》（沪府办〔1989〕88号）
《上海市鼓励出国留学人员来上海工作的若干规定》（沪府发〔1992〕23号）
《上海市引进海外高层次留学人员若干规定》（沪府发〔1997〕14号）
《鼓励留学人员来上海工作和创业的若干规定》（沪府发〔2005〕34号）
《上海市海外人才居住证管理办法》（沪府发〔2013〕39号）
《上海市海外人才居住证管理办法实施细则》（沪人社外发〔2013〕30号）
《长宁区关于加快集聚高层次人才的若干意见》（长府〔2013〕34号）
《浦东新区高层次归国留学创业人才住房补贴专项资金管理办法》（浦人社〔2011〕107号）
《上海市海外人才居住证管理办法实施细则》（沪人社外发〔2015〕33号）
《留学回国人员申办上海常住户口实施细则》（沪人社外发〔2015〕49号）
《长宁区关于加快集聚创新创业人才的若干意见》（长府〔2016〕56号）

江苏省

《江苏省省级留学人员创业园认定和管理暂行办法》（苏人社发〔2010〕282号）
《南京市鼓励留学人员来南京工作的若干规定》（宁政发〔1992〕281号）
《南京市引进海外留学人员和智力的若干规定》（宁政发〔2001〕133号）
《关于鼓励海外高层次留学人员来宁科研、创业和发展的意见》（宁政发〔2006〕25号）
《南京海外留学人才居住证暂行办法》（宁政发〔2009〕132号）
《南京海外留学人才居住证暂行办法实施细则》（宁人字〔2009〕103号）
《南京市关于优化升级“创业南京”英才计划实施细则》（宁委办发〔2019〕1号）

《无锡市鼓励在外留学人员来锡工作的暂行规定》（锡政发〔1994〕241号）
《关于引进海外留学人才来锡创业服务的若干规定》（锡政发〔2002〕185号）
《中共无锡市委、无锡市人民政府关于进一步吸引和用好优秀人才的试行规定》（锡委发〔2006〕62号）
《中共无锡市委、无锡市人民政府关于深化“530”计划建设“东方硅谷”的意见》（锡委发〔2012〕10号）
《关于深化“530”计划建设“东方硅谷”的意见相关实施细则》（锡委办发〔2012〕48号）
《常州市鼓励在外留学人员来常服务暂行规定》（常政发〔1997〕146号文件）
《关于留学人员来苏州创业的若干规定》（苏府〔2003〕28号）
《苏州市人民政府关于实施姑苏创新创业领军人才计划的意见》（苏府〔2007〕37号）
《苏州市姑苏创新创业领军人才计划实施细则（试行）》（苏办发〔2011〕9号）
《关于实施“海鸥计划”加快柔性引进海外智力的实施细则（试行）》（苏办发〔2011〕97号）
《扬州市人才工作领导小组关于实施“百名创业创新领军人才引进计划”的意见》（扬人才〔2010〕3号）
《“百名创业创新领军人才引进计划”实施细则》（扬人才办〔2010〕2号）

浙江省

《杭州市出国留学人员在杭创业资助实施办法》（杭人专〔2007〕236号）
《关于鼓励出国留学人员参加宁波建设的若干规定》（甬政〔1995〕16号）
《关于大力引进高层次海外留学人员的若干规定》（甬政发〔2004〕107号）
《宁波市留学人员科技创新创业资金管理暂行办法》（甬科计〔2007〕135号）
《关于进一步加快引进海外留学人才的实施意见》（甬高新〔2008〕93号）
《关于实施海外高层次人才引进“3315计划”的意见》（甬党办〔2011〕18号）
《宁波市引进高端创业创新团队“3315计划”实施意见》（甬党办发〔2011〕103号）
《宁波市入选3315计划高端创业创新团队管理暂行办法》（甬科计〔2012〕108号）
《关于明确宁波市引进海外高层次人才、高端创业创新团队“3315计划”有关事项的通知》（甬党办传〔2013〕185号）
《中共宁波市委、宁波市人民政府关于实施人才发展新政策的意见》（甬党发〔2015〕29号）
《温州市引进高层次人才的若干规定》（温政令第43号）
《温州市鼓励出国留学人员来温创业若干意见》（温政发〔2003〕23号）
《温州市留学人员创业资金使用管理办法》（温政办〔2006〕97号）
《关于加强高层次人才队伍和创新团队建设的若干意见》（温委发〔2010〕93号）
《温州市“580海外精英引进计划”实施办法》和《温州市重点创新团队遴选培养管理办法》（温委办〔2011〕22号）
《关于实施“人才新政十条”推进领军型人才团队建设意见》（温委办发〔2015〕49号）
《温州市领军型创新创业人才奖励资助实施办法（试行）》和《温州市领军型创新创业团队引进培育实施办法》（温组发〔2015〕55号）
《中共温州市委、温州市人民政府关于高水平建设人才生态最优市的40条意见》（温委发〔2018〕28号）
《“南太湖精英计划”实施意见》（湖委办通〔2008〕23号）
《关于促进人才创新发展的若干意见》（绍市委发〔2008〕85号）
《绍兴市“330海外英才计划”实施办法》（绍市委办发〔2010〕38号）
《关于鼓励和支持高层次人才创业创新的若干政策意见》（绍市委办发〔2012〕19号）
《关于扶持高层次人才创业创新的若干意见》（台市委发〔2011〕48号）
《关于扶持高层次人才创业创新的若干意见及其配套实施细则的补充意见》（台市委办〔2015〕34号）
《台州市“500精英计划”人才项目管理实施细则（试行）》（台人才领〔2017〕14号）

安徽省

《鼓励留学人员来安徽工作的若干规定》（皖政发〔1994〕9号）

《合肥市领军人才引进计划实施办法》（合人才〔2017〕8号）

《合肥市留学回国人员创新创业扶持计划实施细则》（合人才〔2017〕11号）

《中共芜湖市委、芜湖市人民政府关于进一步提升人才特区建设水平的意见》（芜市发〔2015〕1号）

福建省

《福州市引进高层次优秀人才暂行办法》（榕政综〔2009〕66号）

《中共厦门市委、厦门市人民政府关于鼓励出国留学人员来厦工作的若干规定》（厦委〔1993〕84号）

《厦门市人民政府关于进一步优化留学人员在厦创业环境的通知》（厦府〔2001〕综98号）

《厦门市教育局关于引进人才（留学人员）子女入学工作有关事项的通知》（厦教综〔2012〕10号）

《厦门市留学人员身份认定办法》（厦人〔2013〕28号）

《厦门市高层次留学人员生活津贴发放暂行办法》（厦府办〔2013〕218号）

《厦门市留学人员科研项目与交流活动经费资助管理办法》（厦人〔2013〕162号）

《厦门火炬高新区管委会关于进一步推动“双百计划”创业项目落地的实施意见》（厦高管〔2015〕138号）

《厦门火炬高新区管委会关于进一步加大高层次创业人才引进培育力度的意见》（厦高管〔2018〕171号）

《关于鼓励留学人员来泉创业工作的若干意见》（泉政文〔2005〕386号）

《中共泉州市委、泉州市人民政府关于引进高层次人才的若干规定》（泉委发〔2006〕4号）

江西省

《南昌市“洪城计划”人才工程实施细则》（洪科字〔2018〕119号）

山东省

《关于印发山东省人力资源和社会保障厅与市人民政府共建留学人员创业园暂行办法的通知》（鲁人社〔2009〕56 号）

《济南市引进海外留学人员规定》和《济南市引进高层次急需人才规定》（济政发〔2002〕22号）

《济南市人民政府关于印发济南市创建国家创新型城市若干政策的通知》（济政发〔2010〕6号）

《关于引进优秀人才来青工作的办法》和《关于引进留学人员来青工作的若干规定》（青发〔2000〕14号）

《关于引进国内外优秀人才来青工作待遇的补充规定》（青办发〔2000〕22号）

《青岛市人事局与各区（市）共建留学人员创业园暂行办法》（青人发〔2009〕4号）

《青岛市科学技术局创业创新领军人才计划实施细则（试行）》（青科字〔2014〕6号）

《中共烟台市委、烟台市人民政府关于实施高端人才引进“双百计划”的意见（试行）》（烟发〔2009〕24号）

《烟台市高端人才引进“双百计划”实施细则》（烟组发〔2009〕52号）

《烟台经济技术开发区关于进一步加快创新型开发区建设的意见》（烟开〔2013〕47号）

《烟台留学人员创业园区有关政策规定》（烟开〔2014〕36号）

《中共济宁市委、济宁市人民政府关于加快高层次创新型人才引进的若干规定》（济发〔2010〕4号）

《威海市引进高层次人才若干规定》（威政发〔2002〕35号）

河南省

《河南省鼓励出国留学人员来我省工作的暂行规定》（豫政〔1992〕99号）

《河南省鼓励出国留学人员来我省工作的暂行规定》（豫人专技〔1998〕56号）

《中共许昌市委、许昌市人民政府关于实施“许昌英才计划”的意见（试行）》（许发〔2016〕9号）

湖北省

《武汉东湖新技术开发区3551光谷人才计划暂行办法》（武新管〔2014〕180号）

《中共襄阳市委、襄阳市人民政府关于实施隆中人才支持计划的若干意见（试行）》（襄发〔2009〕6号）

广东省

《关于鼓励留学人员来广东工作的若干规定》（粤府〔1992〕62号）

《关于鼓励出国留学高级人才来粤创业若干规定》（粤府〔1999〕35号）

《广东省引进人才实行〈广东省居住证〉暂行办法》（粤府〔2003〕81号）

《广州市留学人员科技创业资金管理暂行办法》（穗科字〔2000〕37号）

《关于鼓励海外高层次人才来穗创业和工作的办法》（穗字〔2008〕18号）

《广州市认定海外高层次人才实施细则》（穗人发〔2009〕108号）

《广州市鼓励留学人员来穗工作规定》（广州市人民政府令第76号）

《广州市留学人员专项资金管理办法》（穗人〔2000〕66号）

《广州市留学人员优惠资格认定办法》（穗人〔2000〕69号）

《广州开发区创新创业领军人才聚集工程实施办法》（穗开组通〔2016〕31号）

《关于鼓励出国留学人员来深创业的若干规定》（深府〔2000〕70号）

《深圳市海外留学人才居住证管理办法》（深府办〔2002〕123号）

《深圳市出国留学人员创业前期费用补贴资金管理办法》（深人规〔2007〕1号）

《深圳市海外高层次人才奖励补贴发放细则》（深人社发〔2012〕37号）

《深圳市出国留学人员创业前期费用补贴资金管理办法》（深人社规〔2012〕18号）

《深圳市人才引进实施办法》（深府办函〔2013〕37号）

《深圳市海外高层次人才认定标准（2014年修订）》（深人社规〔2014〕8号）

《珠海市创业补贴实施办法》（珠人社〔2015〕350号）

《珠海市留学人员专项资金管理办法》（珠人社〔2016〕286号）

《吸引留学人才来佛山工作创业暂行办法》（佛府〔2004〕152号）

《江门市人民政府关于鼓励留学人员来江门工作的暂行规定》（江府〔2002〕30号）

《东莞市留学人员创业园优惠政策及其实施办法》（东府〔2003〕118号）

广西壮族自治区

《关于鼓励留学人员来南宁市工作若干规定》（南府发〔2006〕61号）

《南宁高新技术产业开发区管理委员会关于鼓励留学人员和科技人员创业的若干规定》（高新管字〔2013〕284号）

海南省

《海南省高层次人才认定办法》（琼办发〔2019〕104号）

重庆市

《重庆市人民政府关于进一步优化人才环境的决定》（渝府发〔2000〕63号）

《重庆市人民政府关于进一步鼓励和吸引海外留学人员来渝工作的意见》（渝府发〔2005〕88号）

四川省

《四川省“百人计划”引进人才享受特定生活及工作待遇的若干政策规定》（川组通〔2009〕57号）

《四川省引进海外高层次人才“百人计划”实施办法》（川组通〔2009〕58号）

《四川省“青年百人计划”及“百人计划短期项目”实施办法》（川组通〔2011〕19号）

《关于实施“顶尖团队支持计划”的意见》（川组通〔2011〕73号）

《成都市引进高层次创新创业人才实施办法》（成委办〔2011〕23号）

《“成都人才计划”青年项目和海外短期项目实施办法》和《“成都人才计划”顶尖创新创业团队项目实施办法》（成组通〔2012〕69号）

《成都市科技人才创新创业资助管理办法》（成科字〔2014〕31号）

《成都高新区推进“三次创业”加快高层次人才聚集的若干政策》（成高委发〔2014〕13号）

《成都高新区关于实施“菁蓉·高新人才计划”加快高层次人才聚集的若干政策》（成高委发〔2016〕16号）

云南省

《关于做好海外高层次人才引进工作的实施意见》（云办发 〔2009〕10号）

《云南省引进海外高层次人才暂行办法》（云组发〔2009〕12号）

《云南省高端科技人才引进计划实施办法》（云科发〔2014〕9号）

《中共云南省委办公厅、云南省人民政府办公厅关于实施“云岭英才计划”的意见》（云办发〔2017〕34号）

《云岭英才计划“云岭高层次人才”专项实施办法（试行）》（云科发〔2017〕74号）

《云岭英才计划“云岭高层次创新创业团队”专项实施办法（试行）》（云科发〔2017〕75号）

《云岭英才计划“云岭青年人才”专项实施办法（试行）》（云人社发〔2017〕118号）

《云岭英才计划“高端外国专家”专项（试行）》（云外专〔2017〕161号）

《中共昆明市委、昆明市人民政府关于引进高层次人才的实施意见》（昆发〔2000〕10号）

陕西省

《陕西省留学人员科技活动择优资助项目经费管理办法》（陕外专发〔2004〕11号）

宁夏回族自治区

《关于大力引进人才智力的若干规定》（宁党办〔2001〕20号）

第三部分

园区篇

YEARBOOK
RETURNED CHINESE SCHOLARS PIONEER
2021

园区篇

中国留学人员创业园区孵化基地竞争力报告（2021）

中国留学人员创业园区孵化基地竞争力报告（2021）

前 言

2018年，为推进落实《国家科技企业孵化器“十三五”发展规划》提出的“积极推动留学人员创业园升级发展”的要求，引导、规范和促进全国留学人员创业园建设，完善服务平台，提升孵化能力，实现新时期的升级发展，进一步营造海外人才回国或来华创新创业的良好平台和环境，中国技术创业协会留学人员创业园联盟（以下简称“联盟”）结合于2015年发布的《中国留学人员创业园发展指引》工作重点，经业务指导单位同意，中国技术创业协会批准，制定了《中国留学人员创业园区孵化基地评价办法》，并启动开展孵化基地评价授牌工作。通过孵化基地评价，在联盟成员单位中遴选一批在人才集聚、创业服务、企业孵化等方面具备较强综合实力的留学人员创业服务机构，以此推进园区建设规范化，形成行业发展示范模式。截至2020年底，共有三批48家单位通过评价，被授予“中国留学人员创业园区孵化基地”称号。

中国留学人员创业园区孵化基地（以下简称“孵化基地”）是指以吸引海外人才回国或来华创新创业、促进国际技术转移、加快海外人才科技成果转移转化、培育海外人才创业企业和企业家为宗旨的服务载体。基地应具备较强的人才集聚能力、完备的创业服务功能、优异的企业孵化业绩，是区域海外人才创新创业和科技成果转移转化的重要聚集地。孵化基地评价和管理工作由联盟负责组织实施，联盟秘书处承担具体工作。被确认为“中国留学人员创业园区孵化基地”的单位，由联盟授牌。联盟将发挥国家有关部门的指导作用，以及自身的资源整合、要素集聚、平台搭建和组织协调能力，在管理创新、创业活动、企业投融资、产业链完善、国际化探索等方面对孵化基地给予引导和支持。

根据《中国留学人员创业园区孵化基地评价办法》，联盟于2018年至2020年分别组织了三批孵化基地的评价工作。经申报、筛查、评审和公示等程序，确定北京市留学人员海淀创业园等27家单位为首批“中国留学人员创业园区孵化基地”；南京市江北新区留学人员创业园等14家单位为第二批“中国留学人员创业园区孵化基地”；上海莘闵留学人员创业园等7家单位为第三批“中国留学人员创业园区孵化基地”。

为更好地掌握基地动态，引导其建设发展，联盟自2019年起联合首都科技发展战略研究院等单位，对已入选的孵化基地进行年度数据统计、情况调查和评价研究，作为基地复核及管理的依据。同时，编制发布《中国留学人员创业园区孵化基地竞争力报告》，对基地各项指标进行排名，总结情况、提出建议，推动基地管理服务创新与竞争能力提升。

《2021中国留学人员创业园区孵化基地竞争力报告》基于截至2020年底已入选“中国留学人员创业园区孵化基地”的48家单位年度发展情况，统计相关指标数据，并依照《中国留学人员创业园区孵化基地评价指标体系》进行评价和排名。

本报告通过数据统计和情况评价，客观呈现48家孵化基地2020年度整体发展现状和工作成果，并按照各孵化基地的综合评分以及环境条件、运营管理、创业服务、人才集聚、孵化绩效5个分项评分逐一进行排名，同时遴选部分孵化基地的建设经验和创新举措作为案例展示。

根据本报告统计，截至2020年底，前三批评价的48家孵化基地分布在全国21个省、自治区、直辖市，在园留学人员企业3700余家、留学人员11300余人；累计孵化留创企业15700多家，国家高新技术企业7500余家，上市挂牌留学人员企业250家；培育国家和省市各级创业人才5300余名，其中有750余人入选国家重大人才项目，在人才集聚、科技创新、产业促进等方面成为区域发展的重要力量。

一、孵化基地发展情况综述

（一）孵化基地基本情况

截至2020年末，中国留学人员创业园区孵化基地挂牌数量达到48家，分布在全国21个省、自治区、直辖市。各孵化基地地区分布、依托单位和入选批次整体情况如下：

表1–1 中国留学人员创业园区孵化基地一览

地区分布	孵化基地名称	基地依托单位	入选批次
北京市	北京市留学人员海淀创业园	中关村科技园区海淀园创业服务中心	第一批
	北京望京留学人员创业园	北京望京科技孵化服务有限公司	第一批
	中关村国际孵化园	北京中关村国际孵化器有限公司	第一批
	北大留学人员创业园	北京北达燕园科技孵化器有限公司	第二批
	北航留学人员创业园	北京北航天汇科技孵化器有限公司	第二批
	北京理工留学人员创业园	北京理工创新高科技孵化器有限公司	第一批
	中关村软件园留学人员创业园	北京中关村软件园孵化服务有限公司	第一批
	中国科学院中科海外人才创业园	北京中科喀斯玛科技孵化器有限公司	第一批
	北京经济技术开发区留学人员（汇龙森）创业园	汇龙森国际企业孵化（北京）有限公司	第二批
	中国人民大学留学人员创业园	北京人大文化科技企业孵化器有限公司	第一批
	中央财大留学人员创业园	中财大科技园（北京）有限公司	第一批
	中关村京仪海归人才创业园	北京京仪科技孵化器有限公司	第二批
	中关村普天海外人才创业园	北京普天德胜科技孵化器有限公司	第二批
	中关村生命科学园留学人员创业园	北京中关村生命科学园生物医药科技孵化有限公司	第三批
	中关村东升国际科学园	北京东升锐智信息咨询服务有限公司	第三批
天津市	天津滨海高新区海外留学生创业园	天津滨海高新技术产业开发区国际创业中心	第一批
河北省	海外留学人员石家庄市创业园	石家庄高新技术创业服务中心	第一批
内蒙古自治区	内蒙古自治区留学人员创业园	内蒙古自治区留学人员创业园管理服务中心	第一批
吉林省	长春海外学人创业园	长春海外学人创业园	第一批

续表

地区分布	孵化基地名称	基地依托单位	入选批次
上海市	上海张江留学人员创业园	上海市浦东新区人才交流中心	第一批
	上海漕河泾留学人员创业园	上海漕河泾新兴技术开发区科技创业中心	第一批
	上海莘闵留学人员创业园	上海莘闵高新技术开发有限公司	第三批
	同济大学国家大学科技园	上海同济科技园投资管理有限公司	第三批
江苏省	南京江北新区留学人员创业园	南京市江北新区留学人员创业园管理服务中心	第二批
	苏州留学人员创业园	苏州留学人员创业园	第一批
	苏州吴中区留学人员创业园	苏州市吴中科技创业园管理有限公司	第一批
	常熟留学人员创业园	常熟科创园管理服务中心	第二批
浙江省	宁波经济技术开发区留学人员创业园	宁波经济技术开发区科创园发展有限公司	第二批
	宁波鄞州区留学人员创业园	宁波市鄞创科技孵化器管理服务有限公司	第一批
安徽省	合肥留学人员创业园	合肥高创股份有限公司	第二批
福建省	厦门留学人员创业园	厦门高新技术创业中心有限公司	第一批
山东省	济南留学人员创业园	济南高新技术创业服务中心	第一批
	烟台留学人员创业园区	烟台留学人员创业园区管理服务中心	第一批
	威海留学人员创业园	威海火炬高技术产业开发区高新技术创业服务中心	第一批
河南省	郑州经济技术开发区留学人员创业园	郑州经济技术开发区留学人员创业园管理服务中心	第一批
湖北省	武汉留学生创业园	武汉留学生创业园管理中心	第二批
	华中科技大学科技园	武汉华工大学科技园发展有限公司	第三批
湖南省	长沙留学人员创业园	长沙留学人员创业园服务中心	第一批
广东省	留学人员广州创业园	广州火炬高新技术创业服务中心	第二批
	深圳市留学生创业园	深圳市留学生创业园有限公司	第一批
	中山留学人员创业园	中山火炬高技术产业开发区创新创业中心	第一批
	中山大学留学人员创业园	广州中山大学科技园有限公司	第三批

续表

地区分布	孵化基地名称	基地依托单位	入选批次
四川省	成都留学人员创业园	成都高新技术产业开发区创新创业服务中心	第一批
贵州省	贵阳留学人员创业园	中国贵阳留学人员创业园管理办公室	第二批
陕西省	西安留学人员创业园	西安高新技术产业开发区创业园发展中心	第一批
甘肃省	兰州留学人员创业园	中国兰州留学人员创业园管理中心	第二批
新疆维吾尔自治区	乌鲁木齐留学人员创业园	乌鲁木齐高新区（新市区）创业服务中心	第二批
澳门特别行政区	澳门青年创业孵化中心	澳中致远投资发展有限公司	第三批

截至2020年末，48家孵化基地总孵化面积超过880万平方米，包括从单一孵化器至产业园区、高新区等各类型创新创业支撑载体，涵盖“苗圃与众创空间—孵化器—加速器—科技园区”的全程孵化链条空间，为全生命周期创业者与企业提供服务。各基地经过长期发展均已形成了包括孵化场地与物业、科技成果转移转化、政策咨询与对接、创业培训、投资融资、人才引进等较为完善的孵化服务体系，并与其他资源方协同打造形成区域孵化服务生态、孵化企业覆盖各新兴产业领域和区域重点发展的关键技术领域。

（二）企业孵化情况统计

1. 在孵留学人员企业达到3703家

经统计，截至2020年末，48家孵化基地各类在孵企业总数达到13887家，其中，留学人员创办企业3703家，占比26.7%。

从在孵留学人员企业数量上来看，厦门留学人员创业园、北京市留学人员海淀创业园、上海张江留学人员创业园、长沙留学人员创业园、上海漕河泾留学人员创业园位列前五，分别达到736家、437家、193家、173家、130家。此外，深圳市留学生创业园、内蒙古自治区留学人员创业园、烟台留学人员创业园区、澳门青年创业孵化中心在孵留学人员企业数量超过100家；苏州留学人员创业园、北京望京留学人员创业园、北京理工留学人员创业园、中关村生命科学园留学人员创业园在孵留学人员企业数量超过70家。

从在孵留学人员企业占比上来看，深圳市留学生创业园、中央财大留学人员创业园、中国人民大学留学人员创业园、内蒙古自治区留学人员创业园、北京望京留学人员创业园、中关村生命科学园留学人员创业园、中山留学人员创业园、兰州留学人员创业园的留学人员企业占全部在孵企业的比例均超过半数。

2. 累计孵化留学人员企业15718家

经统计，截至2020年末，48家孵化基地累计孵化留学人员企业总数达到15718家。

其中，北京市留学人员海淀创业园、上海漕河泾留学人员创业园、深圳市留学生创业园、上海张江留学人员创业园、厦门留学人员创业园累计孵化留学人员企业数量位列前五，分别达到1659家、1332家、1091家、1087家、906家。此外，西安留学人员创业园、中关村国际孵化园、北京望京留学人员创业园、苏州留学人员创业园、烟台留学人员创业园区累计孵化留学人员企业超过500家；成都留学人员创业园、济南留学人员创业园、内蒙古自治区留学人员创业园、武汉留学生创业园、长沙留学人员创业园累计孵化留学人员企业超过300家。

3. 年内新增留学人员企业715家

经统计，2020年度，48家孵化基地新增各类入孵企业2635家，其中，留学人员企业715家。

北京市留学人员海淀创业园、厦门留学人员创业园、澳门青年创业孵化中心、上海张江留学人员创业园、上海漕河泾留学人员创业园年内新增留学人员企业数量位列前五，分别达到159家、106家、50家、35

家、32家。此外，深圳市留学生创业园、内蒙古自治区留学人员创业园、北京望京留学人员创业园、中山大学留学人员创业园、烟台留学人员创业园区、成都留学人员创业园年内新增留学人员企业均超过15家。

4. 培育国家高新技术企业7560家

经统计，截至2020年末，48家孵化基地累计培育国家高新技术企业7560家，其中，留学人员企业2458家，占比32.5%。

厦门留学人员创业园、中关村国际孵化园、成都留学人员创业园、北京望京留学人员创业园、北京市留学人员海淀创业园的留学人员企业被认定为国家高新技术企业数量位列前五，分别达到415家、259家、190家、175家、170家。此外，深圳市留学生创业园、上海张江留学人员创业园的留学人员企业被认定为国家高新技术企业数量超过100家；苏州留学人员创业园、中关村软件园留学人员创业园、中关村东升国际科学园、西安留学人员创业园、武汉留学生创业园的留学人员企业被认定为国家高新技术企业数量超过60家。

5. 培育上市留学人员企业250家

经统计，截至2020年末，48家孵化基地累计培育各类上市企业和新三板挂牌企业共657家，其中，留学人员企业250家，占比38.1%。

上海漕河泾留学人员创业园、上海张江留学人员创业园、北京市留学人员海淀创业园、宁波经济技术开发区留学人员创业园、中关村东升国际科学园和成都留学人员创业园培育上市挂牌留学人员企业数量位列前五，分别达到28家、26家、25家、18家、14家、14家。此外，深圳市留学生创业园、苏州吴中留学人员创业园、长沙留学人员创业园、厦门留学人员创业园、中关村国际孵化园、合肥留学人员创业园、西安留学人员创业园、济南留学人员创业园培育上市挂牌留学人员企业数量超过5家。

6. 在孵企业从业人员超过26万人

经统计，截至2020年末，48家孵化基地各类在孵企业从业人员总数达到260554人，其中，本科及以上学历从业人员200937人，占比77.1%。2020年，各类在孵企业新增从业人员数达到23674人。

7. 企业拥有知识产权7.5万余件

经统计，截至2020年末，48家孵化基地各类在孵企业拥有有效知识产权75322件，专利授权数33087件；拥有省级以上名牌产品1235个，其中，留学人员企业拥有省级以上名牌产品558个。2020年内，在孵企业承担各级科技计划项目1335项，包括国家级科技计划项目1235项。

表1-2 中国留学人员创业园区孵化基地核心数据一览——企业孵化

序号	孵化基地名称	在孵留学人员企业数（家）	年内新增留学人员企业数（家）	累计孵化留学人员企业数（家）	留学人员企业被认定为国家高新技术企业数（家）	上市和挂牌留学人员企业数（家）
1	北京理工留学人员创业园	71	6	288	16	3
2	北京市留学人员海淀创业园	437	159	1659	170	25
3	北京望京留学人员创业园	81	20	655	175	2
4	中关村国际孵化园	67	10	778	259	9
5	中关村软件园留学人员创业园	32	7	206	91	3
6	中国科学院中科海外人才创业园	26	6	139	6	0
7	中国人民大学留学人员创业园	33	9	185	30	2
8	中央财大留学人员创业园	42	2	65	6	2
9	北大留学人员创业园	21	12	261	14	0
10	北航留学人员创业园	66	12	239	36	0

续表

序号	孵化基地名称	在孵留学人员企业数（家）	年内新增留学人员企业数（家）	累计孵化留学人员企业数（家）	留学人员企业被认定为国家高新技术企业数（家）	上市和挂牌留学人员企业数（家）
11	北京经济技术开发区留学人员（汇龙森）创业园	46	0	187	38	2
12	中关村京仪海归人才创业园	10	3	91	5	0
13	中关村普天海外人才创业园	40	0	70	30	4
14	中关村生命科学园留学人员创业园	71	4	106	13	4
15	中关村东升国际科学园	67	5	100	70	14
16	天津滨海高新区海外留学生创业园	12	2	202	32	3
17	海外留学人员石家庄市创业园	60	2	116	28	1
18	内蒙古自治区留学人员创业园	119	21	400	27	1
19	长春海外学人创业园	5	2	249	12	3
20	上海漕河泾留学人员创业园	130	32	1332	0	28
21	上海张江留学人员创业园	193	35	1087	109	26
22	上海莘闵留学人员创业园	8	4	36	5	1
23	同济大学国家大学科技园	11	9	45	13	0
24	苏州留学人员创业园	86	9	619	92	2
25	苏州吴中留学人员创业园	37	6	161	41	11
26	南京市江北新区留学人员创业园	14	7	130	7	2
27	常熟留学人员创业园	33	7	67	18	2
28	宁波经济技术开发区留学人员创业园	126	6	170	8	18
29	宁波鄞州区留学人员创业园	16	2	97	23	0
30	合肥留学人员创业园	35	9	141	41	8
31	厦门留学人员创业园	736	106	906	415	9
32	烟台留学人员创业园区	106	17	529	18	4
33	济南留学人员创业园	36	2	402	18	6
34	威海留学人员创业园	29	4	69	6	1
35	郑州经济技术开发区留学人员创业园	39	12	106	3	1
36	武汉留学生创业园	47	10	375	66	1
37	华中科技大学科技园	38	2	38	29	3
38	长沙留学人员创业园	173	10	300	20	10

续表

序号	孵化基地名称	在孵留学人员企业数（家）	年内新增留学人员企业数（家）	累计孵化留学人员企业数（家）	留学人员企业被认定为国家高新技术企业数（家）	上市和挂牌留学人员企业数（家）
39	留学人员广州创业园	20	0	66	9	0
40	深圳市留学生创业园	122	31	1091	133	13
41	中山留学人员创业园	47	10	200	40	1
42	中山大学留学人员创业园	48	19	75	5	2
43	成都留学人员创业园	20	15	405	190	14
44	贵阳留学人员创业园	34	2	147	12	0
45	西安留学人员创业园	65	10	850	66	6
46	兰州留学人员创业园	30	7	108	5	2
47	乌鲁木齐留学人员创业园	13	1	135	8	1
48	澳门青年创业孵化中心	105	50	35	0	0

（三）人才培育情况统计

1. 在园留学人员总数超过1.1万人

经统计，截至2020年末，48家孵化基地在园创业和工作的留学人员总数达到11368人，2020年内新增留学人员数量达到1464人。

上海漕河泾留学人员创业园、厦门留学人员创业园、上海张江留学人员创业园、长沙留学人员创业园、北京市留学人员海淀创业园的在园留学人员数量位列前五，分别达到3300人、1366人、535人、500人、462人。此外，上海莘闵留学人员创业园、中关村普天海外人才创业园、北京望京留学人员创业园、天津滨海高新区海外留学生创业园、郑州经济技术开发区留学人员创业园、宁波经济技术开发区留学人员创业园、深圳市留学生创业园、中关村东升国际科学园的在园留学人员数量超过200人。

2. 累计吸纳留学人员4.56万余名

经统计，截至2020年末，48家孵化基地累计吸纳留学人员回国创业和工作总数达到45601人。

上海漕河泾留学人员创业园、上海张江留学人员创业园、厦门留学人员创业园、北京市留学人员海淀创业园、北京望京留学人员创业园累计吸纳留学人员数量位列前五，分别达到12165人、12000人、1759人、1700人、1650人。此外，深圳市留学生创业园、武汉留学生创业园、中关村东升国际科学园累计吸纳留学人员超过1000名；西安留学人员创业园、苏州留学人员创业园、中关村国际孵化园、长沙留学人员创业园、济南留学人员创业园、中关村普天海外人才创业园、成都留学人员创业园吸纳留学人员超过500名。

3. 753人纳入国家重大人才工程

经统计，截至2020年末，48家孵化基地累计有753名留学人才纳入国家重大人才工程，另有1213人纳入省级人才计划，3375人纳入市区级人才计划。

从纳入国家重大人才工程的人数上来看，北京望京留学人员创业园、上海张江留学人员创业园、长春海外学人创业园、烟台留学人员创业园区、北京市留学人员海淀创业园位列前五，分别达到79人、66人、61人、53人、51人。此外，厦门留学人员创业园、天津滨海高新区海外留学生创业园、上海漕河泾留学人员创业园、深圳市留学生创业园、武汉留学生创业园、宁波经济技术开发区留学人员创业园纳入国家重大人才工程人数超过20人。

从纳入省级人才计划留学人员数量上来看，上海张江留学人员创业园、厦门留学人员创业园、北京市留学人员海淀创业园、武汉留学生创业园、中关村生命科学园留学人员创业园位列前五，分别达到149人、117人、116人、59人、57人。此外，北京望京留学人员创业园、天津滨海高新区海外留学生创业园纳入省级人才计划人数超过50人；烟台留学人员创业园区、长春海外学人创业园、内蒙古自治区留学人员创业园超过40人；北京经济技术开发区留学人员（汇龙森）创业园、长沙留学人员创业园、济南留学人员创业园、成都留学人员创业园超过30人。

表1-3 中国留学人员创业园区孵化基地核心数据一览——人才培育

序号	孵化基地名称	现有留学人员（含外籍）总数（人）	新增留学人员（含外籍）人数（人）	累计吸纳留学人员（含外籍）总数（人）	纳入国家级人才计划人数（人）	纳入省级人才计划人数（人）	纳入市区级人才计划人数（人）
1	北京理工留学人员创业园	92	8	434	10	18	12
2	北京市留学人员海淀创业园	462	159	1700	51	116	56
3	北京望京留学人员创业园	284	57	1650	79	54	114
4	中关村国际孵化园	87	19	858	15	25	13
5	中关村软件园留学人员创业园	38	9	206	19	26	26
6	中国科学院中科海外人才创业园	32	8	156	2	4	32
7	中国人民大学留学人员创业园	72	17	299	2	2	2
8	中央财大留学人员创业园	49	2	70	0	3	0
9	北大留学人员创业园	54	36	386	6	6	0
10	北航留学人员创业园	170	18	432	8	17	9
11	北京经济技术开发区留学人员（汇龙森）创业园	72	0	187	15	35	109
12	中关村京仪海归人才创业园	70	2	98	3	8	10
13	中关村普天海外人才创业园	300	0	500	7	3	3
14	中关村生命科学园留学人员创业园	174	10	0	17	57	57
15	中关村东升国际科学园	200	0	1000	5	9	10
16	天津滨海高新区海外留学生创业园	274	10	292	33	52	171
17	海外留学人员石家庄市创业园	72	2	144	4	7	14
18	内蒙古自治区留学人员创业园	121	16	411	11	42	26
19	长春海外学人创业园	63	21	342	61	43	40
20	上海漕河泾留学人员创业园	3300	330	12165	29	24	23
21	上海张江留学人员创业园	535	154	12000	66	149	239
22	上海莘闵留学人员创业园	322	4	368	10	26	45
23	同济大学国家大学科技园	20	10	37	0	0	4

续表

序号	孵化基地名称	现有留学人员总数（人）	新增留学人员人数（人）	累计吸纳留学人员总数（人）	纳入国家级人才计划人数（人）	纳入省级人才计划人数（人）	纳入市区级人才计划人数（人）
24	苏州留学人员创业园	126	16	908	8	18	162
25	苏州吴中留学人员创业园	64	6	204	2	17	84
26	南京市江北新区留学人员创业园	28	7	420	9	8	200
27	常熟留学人员创业园	181	20	367	9	18	73
28	宁波经济技术开发区留学人员创业园	221	21	462	23	22	80
29	宁波鄞州区留学人员创业园	48	3	121	5	2	10
30	合肥留学人员创业园	181	15	261	5	14	12
31	厦门留学人员创业园	1366	161	1759	47	117	697
32	烟台留学人员创业园区	106	30	154	53	45	56
33	济南留学人员创业园	193	6	662	13	32	186
34	威海留学人员创业园	36	4	73	3	8	8
35	郑州经济技术开发区留学人员创业园	266	4	266	7	4	0
36	武汉留学生创业园	77	19	1213	27	59	116
37	华中科技大学科技园	95	4	95	4	6	56
38	长沙留学人员创业园	500	38	720	5	32	43
39	留学人员广州创业园	82	0	172	0	0	0
40	深圳市留学生创业园	201	46	1336	29	7	156
41	中山留学人员创业园	62	25	286	13	3	59
42	中山大学留学人员创业园	170	93	316	4	1	3
43	成都留学人员创业园	190	20	500	8	30	52
44	贵阳留学人员创业园	139	3	279	13	5	10
45	西安留学人员创业园	67	12	960	6	27	54
46	兰州留学人员创业园	91	15	176	4	5	236
47	乌鲁木齐留学人员创业园	15	4	156	3	7	7
48	澳门青年创业孵化中心	0	0	0	0	0	0

（四）经济贡献情况统计

1. 孵化基地运营总收入近35亿元

经统计，2020年度，48家孵化基地各类运营收入总计达到347649.6万元，其中包括房租物业收入184323.6万元，各项增值服务收入85590.54万元，另获得各级财政资助63902.11万元，总体上房租物业收入占比较大。由于部分孵化基地属于非营利性的事业单位，因此孵化基地收入仅作统计用途，不纳入评价计分和影响各项排名。

在当年运营收入方面，中关村东升国际科学园、成都留学人员创业园、济南留学人员创业园、苏州吴中留学人员创业园、上海张江留学人员创业园位列前五，分别达到70000万元、42239.61万元、39534万元、33830.76万元、33093.15万元。

在增值服务收入方面，中关村东升国际科学园、上海张江留学人员创业园、苏州吴中留学人员创业园、济南留学人员创业园、厦门留学人员创业园位列前五，分别达到27211万元、11343.26万元、10374.58万元、5338万元、4958.09万元。

2. 在孵企业营业总收入超过千亿元

经统计，2020年度，48家孵化基地在孵各类企业营业总收入达到14776128.9万元，上缴利税905269.56万元。

上海漕河泾留学人员创业园、中关村东升国际科学园、厦门留学人员创业园、华中科技大学科技园、中关村普天海外人才创业园在孵各类企业当年营业总收入位列前五，分别达到2993281万元、2690000万元、2061177.42万元、1492700万元、700000万元。此外，长沙留学人员创业园、苏州吴中留学人员创业园、苏州留学人员创业园、北京望京留学人员创业园、海外留学人员石家庄市创业园、上海张江留学人员创业园、中关村国际孵化园在孵各类企业当年营业总收入超过20亿元。

3. 累计培育规模以上企业4300余家

经统计，截至2020年末，48家孵化基地累计培育规模以上企业达到4303家，其中，在孵企业达到规模以上的有1155家，为地方经济产业发展作出了很大贡献。

厦门留学人员创业园、苏州留学人员创业园、北京市留学人员海淀创业园、中关村软件园留学人员创业园、上海张江留学人员创业园累计培育规模以上企业数量位列前五，分别达到626家、308家、300家、299家、237家。此外，中关村国际孵化园、成都留学人员创业园、北京望京留学人员创业园累计培育规模以上企业超过150家。

厦门留学人员创业园、北京市留学人员海淀创业园、上海张江留学人员创业园、留学人员广州创业园、北航留学人员创业园在孵规模以上企业数位列前五，分别达到193家、135家、128家、115家、62家。

表1-4 中国留学人员创业园区孵化基地核心数据一览——经济贡献

序号	孵化基地名称	孵化机构当年总收入（万元）	增值服务收入（万元）	在孵企业当年营业收入总额（万元）	在孵企业当年总纳税额（万元）
1	北京理工留学人员创业园	775.8	511.3	73788	6076
2	北京市留学人员海淀创业园	4710	409	159666	5928
3	北京望京留学人员创业园	5331	1374	312759	11440
4	中关村国际孵化园	2810	666	207800	6292
5	中关村软件园留学人员创业园	2877	537	105465.57	3911.31
6	中国科学院中科海外人才创业园	330.87	44.66	9800	260
7	中国人民大学留学人员创业园	216.52	204.36	9894.8	313.21
8	中央财大留学人员创业园	200.54	5.59	9156.24	549.37
9	北大留学人员创业园	655.39	191.73	59183.82	5194.17
10	北航留学人员创业园	1163.82	661.06	43596.15	5185

续表

序号	孵化基地名称	孵化机构当年总收入（万元）	增值服务收入（万元）	在孵企业当年营业收入总额（万元）	在孵企业当年总纳税额（万元）
11	北京经济技术开发区留学人员（汇龙森）创业园	4597	1136	28835	3151
12	中关村京仪海归人才创业园	7532	367.1	45781.48	361
13	中关村普天海外人才创业园	3999.28	1251.33	700000	60000
14	中关村生命科学园留学人员创业园	5129	246	150000	3000
15	中关村东升国际科学园	70000	27211	2690000	240000
16	天津滨海高新区海外留学生创业园	1029	915.81	12151.59	100
17	海外留学人员石家庄市创业园	414.929	0	269793	11674
18	内蒙古自治区留学人员创业园	920.68	138	95444	1832.1
19	长春海外学人创业园	3913.72	8.03	12000	1200
20	上海漕河泾留学人员创业园	4371.66	2762.16	2993281	36956
21	上海张江留学人员创业园	33093.15	11343.26	255535.45	17662.63
22	上海莘闵留学人员创业园	4378.37	2541.62	4452.52	134.9
23	同济大学国家大学科技园	10268.31	4004.95	126098.97	8454.9
24	苏州留学人员创业园	6076.4	1950.4	326015.4	14868
25	苏州吴中留学人员创业园	33830.76	10374.58	623051.8	37211.33
26	南京市江北新区留学人员创业园	100.52	65.52	94114.19	14117.13
27	常熟留学人员创业园	470.1	0	58664.64	2933.23
28	宁波经济技术开发区留学人员创业园	2187.34	16	76900	3017
29	宁波鄞州区留学人员创业园	1566.39	0	163248.27	7975.52
30	合肥留学人员创业园	793.55	0	69541	618.09
31	厦门留学人员创业园	15847.09	4958.09	2061177.42	103189.45
32	烟台留学人员创业园区	1138.6	0	34778.06	1112.3
33	济南留学人员创业园	39534	5338	127483	10871
34	威海留学人员创业园	1284.8	0	22485.44	2943.94
35	郑州经济技术开发区留学人员创业园	100	0	11568.5	126.7
36	武汉留学生创业园	1033	0	67506	3623
37	华中科技大学科技园	3859.46	1475.13	1492700	118000
38	长沙留学人员创业园	0	0	650000	75000
39	留学人员广州创业园	8305.2	0	108959.2	46905.598

续表

序号	孵化基地名称	孵化机构当年总收入（万元）	增值服务收入（万元）	在孵企业当年营业收入总额（万元）	在孵企业当年总纳税额（万元）
40	深圳市留学生创业园	267.5	0	267.5	0.72
41	中山留学人员创业园	205.4	0	6055.374	213.23
42	中山大学留学人员创业园	2020.1	665.7	39683.32	1273.18
43	成都留学人员创业园	42239.61	0	86601.03	21650.25
44	贵阳留学人员创业园	1861.05	0	64888.76	907.13
45	西安留学人员创业园	15395	4083.7	167069.6	7400
46	兰州留学人员创业园	195.8	2.3	27000	368
47	乌鲁木齐留学人员创业园	619.85	131.16	21887.8	1269.17

（五）运营服务情况统计

1. 配备专业孵化服务人员1300余名

经统计，截至2020年末，48家孵化基地管理机构从业人员总数为1815人，平均配备38人。其中，具有本科及以上学历的1625人，占比89.5%；具有中高级技术职称的438人，占比24.1%；专业孵化服务人员1301人，占比71.7%，平均配备27人。

从专业孵化服务人员数量上来看，澳门青年创业孵化中心、上海张江留学人员创业园、同济大学国家大学科技园、北京经济技术开发区留学人员（汇龙森）创业园、合肥留学人员创业园专业孵化服务人员数量位列前五，分别达到217人、158人、72人、57人、49人。此外，合肥留学人员创业园、西安留学人员创业园、上海漕河泾留学人员创业园、厦门留学人员创业园、苏州留学人员创业园、北京市留学人员海淀创业园、长沙留学人员创业园专业孵化服务人员数量超过30人。

从人员配备的孵化成果产出率来看，北京市留学人员海淀创业园、上海张江留学人员创业园、厦门留学人员创业园、深圳市留学生创业园、长沙留学人员创业园、北京望京留学人员创业园等相对较高。

2. 公共技术服务平台投资近24亿元

经统计，截至2020年末，48家孵化基地对公共技术服务平台累计投资总额达到239748.04万元。

长沙留学人员创业园、厦门留学人员创业园、苏州吴中留学人员创业园、兰州留学人员创业园、中关村生命科学园留学人员创业园的累计投资额位列前五，分别达到188000万元、9668.83万元、9126万元、7978万元、6000万元。此外，武汉留学生创业园、上海张江留学人员创业园、合肥留学人员创业园、成都留学人员创业园、常熟留学人员创业园、贵阳留学人员创业园、上海漕河泾留学人员创业园、华中科技大学科技园对公共技术服务平台累计投资额超过1000万元。

3. 持有孵化基金规模接近200亿元

经统计，截至2020年末，48家孵化基地通过直接或参与组建的方式，持有孵化基金规模达到1981522.9万元。

厦门留学人员创业园、上海张江留学人员创业园、中关村生命科学园留学人员创业园、留学人员广州创业园、济南留学人员创业园持有孵化基金规模位列前五，分别达到1101013.2万元、223178.7万元、100000万元、100000万元、98000万元。此外，西安留学人员创业园、成都留学人员创业园、中关村东升国际科学园、贵阳留学人员创业园、内蒙古自治区留学人员创业园、常熟留学人员创业园持有孵化基金规模超过2亿元。

4. 留学人员企业获投资近440亿元

经统计，截至2020年末，48家孵化基地在孵的各类企业，累计获得社会投资总额达到9734787.3万元，其中，留学人员企业获得社会投资总额达到4414611.7万元。2020年度，各类企业年内获得投资总额1327816.02万元，其中，留学人员企业获得投资总额1038666万元。

从在孵留学人员企业获得各类社会投资总额上来看，北京市留学人员海淀创业园、上海张江留学人员创业园、北京望京留学人员创业园、上海漕河泾留学人员创业园、中关村国际孵化园位列前五，分别达到950000万元、938898.49万元、840000万元、366715万元、203200万元。此外，厦门留学人员创业园、北京理工留学人员创业园、北航留学人员创业园、深圳市留学生创业园、留学人员广州创业园、西安留学人员创业园、北大留学人员创业园、苏州吴中留学人员创业园、宁波经济技术开发区留学人员创业园留学人员企业获得各类社会投资总额超过6亿元。

从2020年度留学人员企业获得各类社会投资总额上来看，上海张江留学人员创业园、上海漕河泾留学人员创业园、北京市留学人员海淀创业园、留学人员广州创业园、北京望京留学人员创业园位列前五，分别达到376571.75万元、183950万元、150000万元、76823.71万元、60070万元。此外，中关村生命科学园留学人员创业园、深圳市留学生创业园、厦门留学人员创业园、北航留学人员创业园、宁波经济技术开发区留学人员创业园、中关村软件园留学人员创业园留学人员企业年内获得各类社会投资额超过1亿元。

5. 留学人员企业年内获资助5.6亿元

经统计，2020年度，48家孵化基地在孵的各类企业，累计获得各类政府项目和财政资助总额达到155519万元，其中，留学人员企业获得相关资助56047.33万元。

上海张江留学人员创业园、厦门留学人员创业园、上海漕河泾留学人员创业园、南京市江北新区留学人员创业园、北京望京留学人员创业园在孵留学人员企业年内获得各类政府项目和财政资助额位列前五，分别达到15098.65万元、7094.8万元、5000万元、4500万元、4365万元。此外，合肥留学人员创业园、苏州留学人员创业园、北京市留学人员海淀创业园、西安留学人员创业园、成都留学人员创业园、中山留学人员创业园在孵留学人员企业年内获得各类政府项目和财政资助额超过1000万元。

6. 合作机构1952家配备导师2708人

经统计，截至2020年末，48家孵化基地共与1952家中介服务机构达成签约合作，平均签约40家；同时拥有创业导师2708人，平均配备56人。

从现有合作中介机构数量上来看，上海张江留学人员创业园、西安留学人员创业园、华中科技大学科技园、厦门留学人员创业园、留学人员广州创业园位列前五，分别达到301家、144家、137家、92家、75家。此外，中关村京仪海归人才创业园、宁波鄞州区留学人员创业园、北航留学人员创业园、同济大学国家大学科技园、内蒙古自治区留学人员创业园、成都留学人员创业园的合作中介机构数量超过50家。

从拥有创业导师人数上来看，厦门留学人员创业园、上海张江留学人员创业园、北大留学人员创业园、成都留学人员创业园、中央财大留学人员创业园位列前五，分别达到597人、291人、128人、128人、112人。此外，中关村京仪海归人才创业园、宁波鄞州区留学人员创业园、同济大学国家大学科技园、西安留学人员创业园、澳门青年创业孵化中心、合肥留学人员创业园拥有创业导师数量超过60人。

7. 年内开展创业创新服务活动3700余次

经统计，截至2020年末，48家孵化基地年内共面向企业开展创业创新活动3774场次，其中，技术对接活动951场次，国际交流活动294场次，创业培训活动2521场次。

从年内活动组织数量上来看，厦门留学人员创业园、上海张江留学人员创业园、西安留学人员创业园、同济大学国家大学科技园、成都留学人员创业园和澳门青年创业孵化中心位列前五，分别达到497场次、459场次、329场次、279场次、150场次。此外，烟台留学人员创业园区、北京市留学人员海淀创业园、中关村京仪海归人才创业园、上海漕河泾留学人员创业园年内组织活动超过100场次。

从开展国际交流活动上来看，厦门留学人员创业园、上海张江留学人员创业园、成都留学人员创业园、澳门青年创业孵化中心、武汉留学生创业园组织活动数量位列前五，分别达到63场次、47场次、30场次、23场次、18场次。此外，中关村东升国际科学园组织国际交流活动15场次，其他孵化基地均不足10场次。

表1-5 中国留学人员创业园区孵化基地核心数据一览——运营服务

序号	孵化基地名称	对公共技术服务平台投资额（万元）	现有签约中介机构数量（家）	现有创业导师人数（人）	拥有孵化基金数额（万元）	当年留学人员企业获得风险投资额（万元）	当年留学人员企业获得财政资助额（万元）	当年开展创新创业活动场次（次）
1	北京理工留学人员创业园	219.8	15	23	800	200	58	54
2	北京市留学人员海淀创业园	320	28	46	1600	150000	1815	120
3	北京望京留学人员创业园	307	17	35	2400	60070	4365	55
4	中关村国际孵化园	28	17	37	3000	2460	180	29
5	中关村软件园留学人员创业园	154.49	40	33	500	10000	14	38
6	中国科学院中科海外人才创业园	380	13	28	100	1250	0	31
7	中国人民大学留学人员创业园	65.7	42	40	0	2000	50	57
8	中央财大留学人员创业园	27.75	41	112	6200	0	107.7	11
9	北大留学人员创业园	212.26	49	128	2000	1450	0	41
10	北航留学人员创业园	158.26	58	46	10000	12285	308	59
11	北京经济技术开发区留学人员（汇龙森）创业园	70	43	14	49500	0	50	42
12	中关村京仪海归人才创业园	450	68	80	500	0	0	120
13	中关村普天海外人才创业园	220	32	10	1000	400	0	42
14	中关村生命科学园留学人员创业园	6000	48	20	100000	41000	0	32
15	中关村东升国际科学园	0	14	21	30000	2000	200	65
16	天津滨海高新区海外留学生创业园	0	25	33	500	0	586	35
17	海外留学人员石家庄市创业园	50	16	25	0	180	260	40
18	内蒙古自治区留学人员创业园	24.4	54	45	25500	1700	453	54
19	长春海外学人创业园	20	11	20	300	0	0	11
20	上海漕河泾留学人员创业园	1000	21	40	6000	183950	5000	119
21	上海张江留学人员创业园	3120.99	301	291	223178.7	376571.7	15098.6	459
22	上海莘闵留学人员创业园	0	12	6	10000	900	210	13
23	同济大学国家大学科技园	394.13	58	71	5084	280	82.8	279
24	苏州留学人员创业园	376	26	30	500	3745	1832	45
25	苏州吴中留学人员创业园	9126	16	20	18562	7090.4	4113.2	36
26	南京市江北新区留学人员创业园	0	30	3	1000	5120	4500	32
27	常熟留学人员创业园	1070	30	35	20000	1400	990	16

续表

序号	孵化基地名称	对公共技术服务平台投资额（万元）	现有签约中介机构数量（家）	现有创业导师人数（人）	拥有孵化基金数额（万元）	当年留学人员企业获得风险投资额（万元）	当年留学人员企业获得财政资助额（万元）	当年开展创新创业活动场次（次）
28	宁波经济技术开发区留学人员创业园	0	10	27	0	11000	240	32
29	宁波鄞州区留学人员创业园	80.01	61	72	3810	6880	672	96
30	合肥留学人员创业园	1500	46	60	3700	1600	2010	50
31	厦门留学人员创业园	9668.83	92	597	1101013	17860	7094.8	497
32	烟台留学人员创业园区	568	32	33	17340	0	0	127
33	济南留学人员创业园	336.8	30	40	98000	2000	0	20
34	威海留学人员创业园	181.05	18	10	10000	0	11.54	36
35	郑州经济技术开发区留学人员创业园	93.4	14	15	4437	900	245	58
36	武汉留学生创业园	3350	3	13	550	3700	850	50
37	华中科技大学科技园	1000	137	43	11000	513	427.56	21
38	长沙留学人员创业园	188000	8	45	3000	0	0	16
39	留学人员广州创业园	0	75	13	100000	76823.7	0	58
40	深圳市留学生创业园	21.6	5	45	0	28234.72	84.23	20
41	中山留学人员创业园	139	14	44	3200	670.01	1059.51	23
42	中山大学留学人员创业园	66.57	30	41	2300	9649.85	17.1	27
43	成都留学人员创业园	1300	50	128	36000	8799.34	1103.73	150
44	贵阳留学人员创业园	1070	35	35	27000	34.29	196.4	23
45	西安留学人员创业园	600	144	68	41900	4571	1557	329
46	兰州留学人员创业园	7978	6	6	48	1378	120	34
47	乌鲁木齐留学人员创业园	0	17	19	0	0	85	22
48	澳门青年创业孵化中心	0	0	62	0	0	0	150

二、孵化基地综合排名情况

（一）孵化基地综合排名标准

孵化基地的评价和排名，根据各基地运营单位提供的相关数据和材料，按照《中国留学人员创业园区孵化基地评价指标体系》制定的标准进行操作。

孵化基地评价指标体系遵从导向性、逻辑性、客观性和调整性原则，建立“客观”和“主观”两个层级指标，分别计分，总评分100分。

其中，客观指标评分70分，由环境条件、运营管理、创业服务、人才集聚、孵化绩效5项一级指标和28项二级指标构成，评分通过各孵化基地提供的相关数据代入既定公式测算得出。主观指标评分30分，共6项指标，通过3名专家分别打分并取平均分得出，评分主要根据各孵化基地提供的年度工作相关情况描述，并结合部分对应数据。

（二）孵化基地评价综合排名

根据《中国留学人员创业园区孵化基地评价指标体系》，对48家中国留学人员创业园区孵化基地进行综合评价，结果显示：48家孵化基地综合评分（100分）平均得分为72.21分，中位数为72.39分。其中，客观评分（70分）平均得分为49.82分，中位数为50.20分；主观评分（30分）平均得分为22.26分，中位数为23.00分。48家孵化基地评分具体情况如下：

表2-1 中国留学人员创业园区孵化基地2020年综合评价排名

排名	孵化基地名称	客观评分（70分）	主观评分（30分）	综合评分（100分）
1	北京市留学人员海淀创业园	54.68	27.33	82.01
2	上海张江留学人员创业园	54.49	27.33	81.82
3	北京望京留学人员创业园	53.94	27.67	81.61
4	厦门留学人员创业园	54.06	27.33	81.39
5	中关村国际孵化园	53.68	27.67	81.35
6	苏州留学人员创业园	53.74	27.33	81.07
7	上海漕河泾留学人员创业园	53.02	27.33	80.35
8	深圳市留学生创业园	53.31	26.67	79.98
9	西安留学人员创业园	51.82	27.33	79.15
10	武汉留学生创业园	52.36	26.67	79.03
11	留学人员广州创业园	51.45	26.67	78.12
12	长沙留学人员创业园	52.06	26.00	78.06
13	合肥留学人员创业园	51.32	26.67	77.99
14	北京理工留学人员创业园	50.28	26.67	76.95
15	成都留学人员创业园	50.83	25.67	76.50
16	中国人民大学留学人员创业园	50.40	26.00	76.43
17	郑州经济技术开发区留学人员创业园	50.20	25.67	75.86
18	北航留学人员创业园	50.55	24.67	75.22
19	北大留学人员创业园	50.82	24.33	75.16
20	宁波经济技术开发区留学人员创业园	50.40	24.67	75.07
21	济南留学人员创业园	50.30	23.33	73.63
22	华中科技大学科技园	50.28	23.33	73.61
23	烟台留学人员创业园区	50.50	22.33	72.83
24	中关村软件园留学人员创业园	50.76	22.00	72.76

续表

排名	孵化基地名称	客观评分（70分）	主观评分（30分）	综合评分（100分）
25	中山留学人员创业园	49.06	23.33	72.39
26	苏州吴中留学人员创业园	49.24	22.60	71.91
27	宁波鄞州区留学人员创业园	48.34	23.00	71.34
28	南京市江北新区留学人员创业园	49.58	21.67	71.25
29	北京经济技术开发区留学人员（汇龙森）创业园	49.13	22.00	71.13
30	内蒙古自治区留学人员创业园	51.12	22.00	71.12
31	兰州留学人员创业园	49.26	21.67	70.93
32	中央财大留学人员创业园	47.69	23.00	70.69
33	天津滨海高新区海外留学生创业园	48.72	21.50	70.22
34	同济大学国家大学科技园	48.57	21.33	69.90
35	中山大学留学人员创业园	48.33	19.33	67.66
36	上海莘闵留学人员创业园	48.47	17.33	65.80
37	贵阳留学人员创业园	46.78	18.67	65.45
38	海外留学人员石家庄市创业园	46.41	18.67	65.07
39	常熟留学人员创业园	46.59	18.33	64.92
40	中国科学院中科海外人才创业园	46.22	17.67	63.88
41	中关村普天海外人才创业园	47.52	16.33	63.85
42	长春海外学人创业园	47.84	16.00	63.84
43	中关村生命科学园留学人员创业园	47.61	14.67	62.28
44	中关村东升国际科学园	46.40	14.67	61.07
45	乌鲁木齐留学人员创业园	45.22	15.67	60.89
46	中关村京仪海归人才创业园	46.07	13.00	59.07
47	威海留学人员创业园	46.65	12.33	58.98
48	澳门青年创业孵化中心	45.76	12.33	58.09

其中，客观评分位列前十的孵化基地为：北京市留学人员海淀创业园54.68分、上海张江留学人员创业园54.49分、厦门留学人员创业园54.06分、北京望京留学人员创业园53.94分、苏州留学人员创业园53.74分、中关村国际孵化园53.68分、深圳市留学生创业园53.31分、上海漕河泾留学人员创业园53.02分、武汉留学生创业园52.36分、长沙留学人员创业园52.06分。

主观评分位列前十的孵化基地为：北京望京留学人员创业园27.67分、中关村国际孵化园27.67分、北京市留学人员海淀创业园27.33分、上海张江留学人员创业园27.33分、厦门留学人员创业园27.33分、苏州留学人员创业园27.33分、上海漕河泾留学人员创业园27.33分、西安留学人员创业园27.33分、深圳市留学生创业园26.67分和武汉留学生创业园、留学人员广州创业园、合肥留学人员创业园、北京理工留学人员创业园26.67分。

综合评分位列前十的孵化基地为：北京市留学人员海淀创业园82.01分、上海张江留学人员创业园81.82分、北京望京留学人员创业园81.61分、厦门留学人员创业园81.39分、中关村国际孵化园81.35分、苏州留学人员创业园81.07分、上海漕河泾留学人员创业园80.35分、深圳市留学生创业园79.98分、西安留学人员创业园79.15分、武汉留学生创业园79.03分。

经统计，截至2020年底，综合评分排名前十位的孵化基地，在孵留学人员企业总数达到1964家，占48家孵化基地总量的53%；累计孵化留学人员企业9352家，占总量的59.5%；1485家留学人员企业被认定为国家高新技术企业，占总量的60.4%；121家留学人员企业上市挂牌，占总量的48.4%；在园创业工作的留学人员6505人，占总量的57.2%；累计吸纳留学人员34549人，占总量的75.8%；357人纳入国家重大人才工程，占总量的47.4%；留学人员企业年内获得社会投资额831162.47万元，占总量的80%；开展创业创新服务活动1723场次，占总量的86.5%，表现出了较高的服务能力和孵化成效。

（三）综合评价优秀案例推介

1. 北京市留学人员海淀创业园——集聚海外高端人才，营造完整生态体系

北京市留学人员海淀创业园（以下简称“海淀创业园”）由中关村科技园区海淀园创业服务中心负责管理运营，创业服务中心成立于1989年，是我国第一批国家级科技企业孵化器；1997年，创建北京市第一家留学人员创业园；2007年，由国家人事部和北京市政府共建中国北京(海淀)留学人员创业园。海淀创业园以北京中关村创业大厦、中关村发展大厦、创业园标准厂房、望海楼作为孵化基地，孵化面积近5万平方米，连续5年获评科技部国家级科技企业孵化器优秀（A类）等级。2018年入选首批中国留学人员创业园区孵化基地。

服务留学人员创业、孵化“高精尖”企业、培育国际创业人才是海淀创业园的孵化特色。秉承“以创业者为中心，为创业者创造价值”的理念，海淀创业园打造了“一个中心、三大体系、五大平台、全生态服务”的孵化生态系统，针对企业成长周期和发展规律，凭借多年专注服务海外人才创业的孵化经验，通过集聚、整合、挖掘创新创业资源要素，形成成本更低、服务更优的比较优势。经过多年的建设与发展，海淀创业园已形成完整的孵化链条和完善的孵化体系，成为全国引进留学人员数量最多、学历层次最高、培养高层次人才和上市、挂牌企业最多的留学人员创业园。截至目前，海淀创业园累计孵化企业近3000家，其中，国家高新技术企业300余家，共引进1600余名留学归国人员入园创业。累计孵化出启明星辰等31家在国内外资本市场上市及挂牌企业，培育和引进了160余人次的海内外高层次人才。

自2013年起，海淀创业园先后建设金种子创业谷“公益性”创业苗圃，设立北京市首个集群注册平台，不断延展“低成本创业”服务模式，针对科技型、初创期项目，经评审，提供免费注册、免费工位，依托完善的服务体系，严格遴选、储备“好苗子、好生源”，保障持续输送优质企业的能力和效率。2013年至今，共引进项目1733个，海外人才企业613家。2020年，吸纳项目近500个，海外人才企业200家。

为支持国际人才创新创业，营造类海外环境，2018年起，海淀创业园先后建设“洋创社区”、中关村科学城国际人才港、国际人才交流中心3个服务载体，已吸引来自美国、英国、韩国等21个国家和地区的45个国际人才创业团队入驻，现有外籍人才120人。

同时，海淀创业园不断优化“梯次孵育”模式的层级，接续提升“梯次孵育”模式的能级，在储备优质项目的同时，持续帮扶、支持人才和企业实现高质量发展，推出“未来青年创业领袖(潜力独角兽企业)培育计划”。

在融资方面，海淀创业园积极整合内部资源，引进社会资本，同时与800余家知名投资机构建立了广泛而深入的合作关系。海淀创业园联合北京股权交易中心，免费推荐优质企业登陆“四板”，目前共推荐217家企业登陆北京股交所。同时，持续推进与深交所“燧石星火”平台的合作，海淀创业园在该平台的有效融资项目已达到500余个，每月可实现与全国各大投资机构、投资人交互近2000次，项目总数保持全国第一，交互数量第一。

从事孵化事业30余年来，海淀创业园作为政府主导建设的科技企业孵化器，坚持“公益、服务”的宗旨，积极建设“高端、共赢”的海外人才创新创业服务平台，营造了良好的创业微生态环境，有效促进了创新创业文化的生发，真正成了广大创业者心目中的“海归之家，创业乐园”。

2. 上海张江留学人员创业园——开展跨国联合孵化，促进产业融通发展

上海张江留学人员创业园（以下简称“张江留创园”）成立于1996年，2000年经国家科技部、人事部、教育部批准成为首批“国家留学人员创业园示范单位”。园区坐拥上海自贸区、国家自主创新示范区“双自联动”的叠加优势，在“海归报国、服务有我”的服务理念和责任使命驱动下，积极为留学生和留创企业提供各类创业支持和特色服务，累计孵化留创企业1087家。2018年，园区入选首批中国留学人员创业园区孵化基地。

张江留创园孵化面积近60万平方米，有孵化器32家、众创空间54家，其中国家级孵化器11家，国家级众创空间15家，孵化器行业从业人员累计超700人。园区通过联动张江创新中心和张江各孵化器共建园区创孵网络管理体系，形成了“众创空间+创业苗圃+孵化器+加速器”的完整创业孵化链条。

园区拥有张江科投、通和毓承、峰瑞资本、GGV纪源资本等知名孵化机构，构建起了陪伴创业者成长的全价值链科创服务生态，带动科创新业态集聚。此外设有政府引导资金、种子投资资金、留学人员创业资助、科技研发补贴、小微企业补贴、研发费用加计扣除、知识产权资助等专项补贴，并依托孵化基地建立“投贷孵学”平台，通过风险投资、小额贷款、担保、金融中介等服务模式，大力推进科技金融。

为构建产业上下游联动平台，促进大中小企业融通合作，2020年，张江留创园推出“海博计划”，全力打造“浦东·海创岛”线上服务平台和空中展厅，聚焦政策、服务、宣传3个维度，通过“云创空间”“创客达人”等板块，实现园区“云融智”、企业“云推广”。同时，为帮助企业链接上下游产业和国际技术的资源，形成跨国交流合作，张江留创园依托“张江国际创新跨国孵化平台”，对接园区内的上百家外资研发机构、跨国企业和龙头企业。目前，跨国孵化平台已同包括SAP、霍尼韦尔、泛亚、PwC、施耐德、ABB、强生等24家跨国公司签署战略备忘录；同时，与微软中国合作共建人工智能和物联网实验室，帮助孵化企业链接国内外产业上下游企业的产品技术和市场渠道等资源。

2020年，张江留创园通过“人才车道”服务，做深“创赢荟”系列品牌活动，筑牢“企业成长阶梯”，帮助洛启生物、渤因生物、和誉生物、芯翼信息、派兰数据等一大批企业成功孵化发展，获得各项荣誉。在园区推荐下，荣湃半导体（上海）有限公司获中国海归创业大赛一等奖，上海亿贸通网络信息技术有限公司获上海海归创新创业大赛第二名，特赞（上海）信息科技有限公司入选快公司Fast Company中国最佳创新公司TOP50榜单，福布斯高增长瞪羚榜单。

3. 北京望京留学人员创业园——一体两翼四大引擎，打造特色产业集群

北京望京留学人员创业园（以下简称“望京留创园”）依托望京科技园创建，位于中关村朝阳园西区，坐标望京国际人才社区，总建筑面积10万平方米，综合孵化面积3.2万平方米。2001年以园区为中心的3平方公里正式加入中关村示范区，进一步扩大园区对北京市创新创业的影响力。2002年经人社部与北京市政府共建成为北京市第一家省部共建留创园——中国北京（望京）留学人员创业园。2018年，入选首批中国留学人员创业园区孵化基地。

望京留创园以5G、人工智能、区块链等数字经济领域为主导，致力于打造数字经济特色产业集群。多年来望京留创园在各级政府的支持下，集合一支专项资金，搭建两个平台，坚持以实现国际化、数字化的全链条新生态创业服务为引领，以人才赋能和数字赋能为驱动，构建“一体两翼四大引擎”特色服务体系，形成“前置孵化（众创空间）—常规孵化（孵化器）—加速孵化（加速器）—产业园区”的生态体系。其中，专项资金即中国北京（望京）留学人员创业园专项扶持资金，每年1000万元；两个平台即望京留创园海外招商引才联络站平台及留学人员沟通交流平台；“一体两翼四大引擎”，即以人才赋能为左翼，打造精准高效人才赋能平台，特色服务包括“腾飞·研习社”“腾飞·企业赋能计划”“望京科技·易蓝空间”和企业诊断服务；以数字赋能为右翼，打造园区智能化管理体系，特色服务包括“腾飞·赋智园区智能评价系统”“腾飞·AI赋能加速平台”和人工智能企业服务信息系统等。2020年，园区积极探索数字化园区建设，通过全国首发“望京留创园腾飞·赋智园区智能评价系统”，升级智慧园区企业管理平台，共建5G移动通信技术研发与验证平台，完善AI赋能加速平台线上功能，打造“望京科技·易蓝空间新媒体实验室”，开通“孵化服务创新券”等，进一步为企业赋能。

望京留创园持续关注并促成企业与资本对接，与多家银行支行、担保公司和风险投资机构签署战略合作协议，不断探索与创新科创金融服务模式。2020年，与中国建设银行达成合作共识，共建科创孵化基地，辐射北京朝阳区域，为科技创新企业提供由技术转化到公司上市的全链条金融服务。年内先后为朝阳区13家企业申请共计上亿元授信贷款；同时助力园区企业映翰通成功登陆科创板。

2020年受疫情和国际形势影响，望京留创园进一步完善海外联络站布局，加入中以创新生态联盟，推出“1+N中英科技产业协同对接发展平台”，开展“双双会—时空孵化”路演活动。截至2020年底，通过“时空孵化”成功引进海外项目9个，其中国家级海外高层次人才项目2个。

4. 厦门留学人员创业园——强化创新驱动引擎，构建专业孵化格局

厦门留学人员创业园（以下简称“厦门留创园”）运营服务机构是厦门高新技术创业中心有限公司，于1996年12月成立，2001年被科技部、人事部、教育部、国家外专局联合认定为“国家留学人员创业园”。2004年，人事部与厦门市人民政府共建“中国厦门留学人员创业园”。目前园区总建筑面积110万平方米，拥有3个国家级科技企业孵化器和完善的“苗圃（众创空间）—孵化器—加速器—产业园”的产业生态体系，总体孵化实力位居全国1000多家国家级孵化器前列，已发展成为科技部重点扶持、海峡西岸最大的国家级科技创新创业集群，是厦门火炬高新区创新驱动和高质量发展的重要平台。

在厦门留创园的精心培育下，园区已逐步形成光电、智能制造、微电子与集成电路、新材料、新能源与环保等优势产业方向，拥有在孵企业超过2300家，涌现出8家上市公司、25家新三板挂牌企业。累计引进留学人员1000多人，占来厦创业留学人员总数的90%，有9名人才入选国家海外高层次人才计划，6个团队、37名人才入选福建省“百人计划”，担负起了全市海外领军人才创业孵化和培育的重任。

厦门留创园着力打造“2+4”创新创业体系，通过“孵化+投资”双轮驱动，搭建专业孵化平台、科技金融平台、创业辅导平台、政策服务平台四大服务平台，为企业提供深层次创业服务。引进和搭建国家LED应用产品质量监督检验中心、厦门市科学仪器设备资源共享平台、火炬石墨烯新材料公共技术服务平台等10个公共技术检测和服务平台，为园区企业的自主创新和产品研发提供有力的支持。通过创业中心全资子公司高新科创和“厦门创融汇”等平台，为企业提供科技金融服务，截至2020年末，高新科创已累计完成28个创业项目1.44亿元投资，参投孵化基金总额110亿元；此外，在厦门留创园协助下，园区企业累计获得各级政府无偿资助金9.5亿元，近千家企业享受市级留学人员创业专项资助4.05亿元。

目前，厦门留创园正紧紧抓住建设福厦泉国家自主创新示范区的历史契机，围绕厦门“两高两化”建设这一战略核心，强化创新驱动引擎作用，以“专业化、国际化、规模化”为抓手，深度对接“一带一路”“金砖国家”国际双创资源，着力拓展海外人才服务机构合作，通过举办中国海归创业大赛、中国厦门海外创新创业大赛，借助“春晖杯”“海交会”和福建海外人才周等海外人才交流平台，提升厦门的海外知名度；打造石墨烯、物联网、医药健康、光电子、海洋等一批专业孵化器，以企业为主体，以平台为抓手，加快构建专业孵化新格局，培育发展新动能，打造功能完备的“人才吸附器”和“创新梦工场”。

5. 中关村国际孵化园——打破传统孵化模式，建设国际创新高地

2000年，在北京市政府的倡导下，由中关村管委会领导，联合多家单位成立了北京中关村国际孵化器有限公司（以下简称“国际孵化园”），中关村发展集团股份有限公司为第一大股东。国际孵化园立足北京国际科技创新中心核心区，拥有2.16万平方米的孵化场地，以“政府引导、市场运作”的机制，对标国际标准，引入国际要素，打破传统孵化模式，通过国际化专业服务、创新协同、资源共享和生态打造建设区域性国际创新创业高地，形成类海外环境的社区理念，强化全球资源联动、国内外服务资源整合、国际化社群营造、着力打造国际化科技创新氛围，促进社区产业链、服务链的持续完善。园区成立20年来累计孵化企业近千家，吸引800多位留学人员回国创业，毕业企业近800家，是全国留学人员企业数量最多、最集中的孵化园之一。同时，作为中关村对外宣传的一个窗口，累计接待国家领导人以及630多个国内外政府及商务代表团组，共13000多人次。

国际孵化园运营公司实行董事会领导下的总经理负责制，确立了股东大会、董事会、监事会和经理层之间各负其责、规范运作、相互制衡的公司治理结构。协同集团体系的国际孵化器、海外科技园、易创公司、前沿基金等资源，从空间运营服务、开发国际资源、打造创新生态、项目投资支持等方面发挥各自优势，形成多主体开放共享的协同创新模式，实现资源的全球高效配置，在跨区域、虚拟孵化、专业孵化等领域开展应用示范。2020年，为更好地开展专业化运营服务，国际孵化园着力打造创新社区集成服务平台，开发双语智慧管家服务系统，强化数智社区、智慧网络建设，开发智慧楼宇管理可视化系统。同时，推进国际创新要素对接，加入IASP暨国际科技园及创新区域协会。目前，国际孵化园正广泛吸引国际领先的科技项目、国际人才和国际高端服务机构落地，形成国际创新生态闭环，共同打造“中关村国际前沿创新社区”，建立形成“空间+服务+投资”的业务闭环，实现社区与入驻企业共成长。

三、孵化基地单项排名情况

（一）孵化基地单项排名标准

孵化基地单项排名从环境条件、运营管理、创业服务、人才集聚和孵化绩效5个方面，按照百分制标准对各孵化基地2020年度各方面建设情况加以评定，得出各项指标得分和排名。其中，环境条件考评孵化场地与设施、孵化基金配置及服务政策等方面；运营管理考评服务团队、运营管理绩效等方面；创业服务考评公共服务平台建设、投融资服务、创业辅导、国际合作等方面；人才聚集考评海外人才聚集度、纳入人才计划情况等方面；孵化绩效考评企业营收、税收贡献、创新成果等方面。

（二）环境条件单项排名情况

根据《中国留学人员创业园区孵化基地评价指标体系》，经评价，48家中国留学人员创业园区孵化基地2020年度“环境条件”单项排名如下：

表3-1 中国留学人员创业园区孵化基地2020年“环境条件”单项评价排名

排名	孵化基地名称	得分	排名	孵化基地名称	得分	排名	孵化基地名称	得分
1	北京市留学人员海淀创业园	88.60	16	郑州经济技术开发区留学人员创业园	78.98	33	中央财大留学人员创业园	75.54
2	合肥留学人员创业园	87.78	16	宁波经济技术开发区留学人员创业园	78.98	33	上海莘闵留学人员创业园	75.54
3	北京望京留学人员创业园	87.27	19	成都留学人员创业园	78.69	35	内蒙古自治区留学人员创业园	75.47
4	厦门留学人员创业园	86.90	20	中国人民大学留学人员创业园	78.63	36	长春海外学人创业园	74.78
5	中关村国际孵化园	84.79	21	长沙留学人员创业园	78.54	37	中山大学留学人员创业园	74.66
6	上海张江留学人员创业园	84.22	22	中关村软件园留学人员创业园	77.89	38	贵阳留学人员创业园	73.91
7	苏州留学人员创业园	82.45	23	天津滨海高新区海外留学生创业园	77.84	39	中关村东升国际科学园	73.03
8	深圳市留学生创业园	82.13	24	华中科技大学科技园	77.72	40	中关村京仪海归人才创业园	72.93
9	西安留学人员创业园	81.98	25	同济大学国家大学科技园	77.48	41	中关村普天海外人才创业园	72.89
10	上海漕河泾留学人员创业园	81.45	26	济南留学人员创业园	77.30	42	中关村生命科学园留学人员创业园	72.34
11	武汉留学生创业园	80.38	27	南京市江北新区留学人员创业园	76.89	43	威海留学人员创业园	72.33

续表

排名	孵化基地名称	得分	排名	孵化基地名称	得分	排名	孵化基地名称	得分
12	留学人员广州创业园	80.23	28	苏州吴中留学人员创业园	76.82	44	海外留学人员石家庄市创业园	71.39
13	北大留学人员创业园	80.12	29	兰州留学人员创业园	76.77	45	常熟留学人员创业园	70.12
14	烟台留学人员创业园区	79.67	30	宁波鄞州区留学人员创业园	76.67	46	中国科学院中科海外人才创业园	67.54
15	北航留学人员创业园	79.49	31	中山留学人员创业园	75.67	47	乌鲁木齐留学人员创业园	65.09
16	北京理工留学人员创业园	78.98	32	北京经济技术开发区留学人员（汇龙森）创业园	75.60	48	澳门青年创业孵化中心	60.00

从环境条件单项指标的评价结果看，48家孵化基地平均得分77.38分，中位数77.48分。位列前十的孵化基地为北京市留学人员海淀创业园、合肥留学人员创业园、北京望京留学人员创业园、厦门留学人员创业园、中关村国际孵化园、上海张江留学人员创业园、苏州留学人员创业园、深圳市留学生创业园、西安留学人员创业园和上海漕河泾留学人员创业园，平均分为84.76分。

孵化基地良好的环境条件是吸引和支持海外人才归国创业的重要保障。排名前十的孵化基地除了拥有相对完善的软硬件设施和配套支持政策外，在孵化基金配置上具备明显优势，孵化基金总额达到1383291.9万元，在孵企业获得财政资助总额超88457.2万元，分别占48家基地总量的69.81%和56.88%。

根据环境条件单项评价排名情况，本报告遴选3家基地作为优秀案例展示如下：

1．合肥留学人员创业园

合肥留学人员创业园（以下简称“合肥留创园”）由合肥高创股份有限公司运营。2010年12月，合肥高创通过国家级科技企业孵化器认定；2017年1月，成功登陆新三板，成为全国首家在新三板挂牌的国有孵化器管理机构。合肥高创服务和管理着从“众创空间”到“产业基地”的全程孵化链条空间，包括集思空间、合肥软件园、合肥留学人员创业园、新材料园、机电产业园、合肥创新产业园及合芜蚌科技创新公共服务中心等，服务面积达130余万平方米。截至2020年末，驻园企业总量超过1100余家，累计培育国家级高企总量达到569家，高成长企业203家，上市公司11家，新三板挂牌企业26家。

2020年，在百年一遇的新冠疫情对经济建设和日常生活带来巨大影响的背景下，合肥留创园通过双向发力、三驾齐驱，构建双创雨林，从硬件管理到企业培育服务进一步提质提效。孵化器面积达2.73万平方米，入驻企业126家，实现主营业务收入2.9亿元，获得各级财政资助额5319万元；新增国家级高新技术企业15家、上市企业3家；新增各类知识产权460项，其中专利授权数105项；签约中介机构41家，新聘创业导师16人，举办各类创新创业活动55场，培训人数2200余人；吸纳应届大学毕业生232人，留学人员28人，带动社会就业人数2109人。同时，作为安徽省青年创业引导资金的运营管理机构，合肥留创园联合金融服务联盟机构全年扶持合肥高新区企业282户，占高新区政府类金融产品支持企业总数的42%，贷款金额1.98亿元。

2．烟台留学人员创业园区

烟台留学人员创业园区（以下简称“烟台留创园”）成立于1995年，是烟台市委、市政府为吸引海外留学人员回国创业而设立的国有高科技园区，也是国内最早设立的留学人员创业园之一。园区先后获得“国家留学人员创业园”、国家高新技术创业服务中心、省级留学人员创新创业示范园等多项荣誉，已成为高层次人才创新创业“梦工厂”、产业生态集聚的主阵地。

烟台留创园拥有孵化面积18万平方米，智谷、慧谷同步运营。业达智谷于2018年9月投入使用，孵化面积11.5万平方米，引进了腾讯新工科研究院、北科大烟台科技园、华为人工智能创新中心等10多家创新创业载体和公共服务平台，融合打造国内一流的综合性创新创业平台。目前引进孵化企业240多家，培育出毅康科技、清科嘉、新特路等国内外行业领先企业。业达慧谷孵化面积6.5万平方米，包括3栋标准厂房和1栋科技大厦办公楼，多年来致力于孵化和培育生物医药、新材料、智能制造等领域优质项目，专注于孵化器和加速器专业化、系统化协同发展。目前在孵企业110家，培育出一诺电子、隽秀生物、普罗吉生物等众多国内外行业领先企业。

烟台留创园积极落实烟台市和开发区的各项政策，涵盖出入境、住房、教育、医疗、交通补贴、创业奖励、信息交流、渠道拓展、人才服务等领域。如2020年出台的《烟台市引进人才生活补贴和购房补贴发放实施细则（试行）》，烟台开发区工委管委陆续出台的《烟台经济技术开发区关于进一步加快创新型开发区建设的意见》《关于推进大众创业万众创新工作的意见》等扶持政策和相关配套措施，形成了完善的创新创业政策体系。此外，烟台留创园也修订出台《烟台留学人员创业园区有关政策规定实施细则》，并与财政金融局联合印发《金种子专项扶持资金管理办法》，将政策申请条件、办理程序和有关要求予以明确和限定，突出引进、扶持留学人员、外籍华人和非华裔人才等海外人才创新创业，兼顾扶持国内高层次人才和高科技项目，既优化了园区工作流程，又保持了烟台留创园发展活力。

3. 宁波经济技术开发区留学人员创业园

宁波经济技术开发区科技创业园暨留学人员创业园（以下简称“宁波经开区留创园”）成立于2000年，2008年获评国家高新技术创业服务中心，是宁波市最早的两个国家级科技企业孵化器之一，并先后认定为“浙江省留学人员创业园”“浙江省海外高层次人才创业创新基地”，2020年获评国家级优秀（A类）科技企业孵化器。

宁波经开区留创园下辖科技创业园和智能装备研发园，共占地8.9万平方米，建筑面积5.7万平方米。园区重点发展高端智能装备、生物医药、新能源、新材料、节能环保、新一代信息技术等产业。园区自成立以来承担了北仑区域留学人员创业创新载体的重要功能，累计引进培育各类科技型创业企业800余家，其中留学人员企业100余家。截至2020年底，入孵企业中19人入选国家海外高层次人才引进计划，21人入选浙江省“千人计划”，30人入选宁波市“3315系列计划”，已成为北仑区留学人员集聚区、创新团队集聚群、创新项目集成区。

为增创人才政策新优势，打造人才生态最优区，北仑区推出“港城英才”“港城精英”人才计划，并加大海外工程师引留力度。宁波经开区留创园积极做好相关政策的宣传推介与落地，同时提升人才孵化软硬件设施。园区新建高端模具工程技术中心，进一步高度集聚一批海内外工程师，着力破解相关产业细分领域核心技术，赋能产业转型升级。园区内建有国家级智能装备高新技术产业化基地形象展示厅、北仑区科技成果展示厅、中科院自动化所北仑人工智能技术中心展示厅、机器人科普馆、梦想4.0创新工场、海智众创空间、北仑侨之家，并配有创业者之家活动中心、创业门诊、会议室及路演中心、园区驿站、宣传显示屏、宣传橱窗等，集中展示区域内大科技成果。

（三）运营管理单项排名情况

根据《中国留学人员创业园区孵化基地评价指标体系》，经评价，48家中国留学人员创业园区孵化基地2020年度“运营管理”单项排名如下：

表3-2 中国留学人员创业园区孵化基地2020年“运营管理”单项评价排名

排名	孵化基地名称	得分	排名	孵化基地名称	得分	排名	孵化基地名称	得分
1	厦门留学人员创业园	76.76	17	郑州经济技术开发区留学人员创业园	70.33	33	中山留学人员创业园	67.52
2	北京市留学人员海淀创业园	76.56	18	合肥留学人员创业园	70.24	34	贵阳留学人员创业园	67.41
3	中关村国际孵化园	76.45	19	烟台留学人员创业园区	70.12	35	长春海外学人创业园	67.34

续表

排名	孵化基地名称	得分	排名	孵化基地名称	得分	排名	孵化基地名称	得分
4	上海漕河泾留学人员创业园	74.69	20	华中科技大学科技园	70.11	36	中关村普天海外人才创业园	67.30
5	上海张江留学人员创业园	74.55	21	北京理工留学人员创业园	70.06	37	宁波鄞州区留学人员创业园	67.09
6	北京望京留学人员创业园	73.56	22	宁波经济技术开发区留学人员创业园	70.01	38	内蒙古自治区留学人员创业园	66.78
7	武汉留学生创业园	73.54	23	济南留学人员创业园	69.98	39	天津滨海高新区海外留学生创业园	66.56
8	北航留学人员创业园	72.46	24	长沙留学人员创业园	69.92	40	中国科学院中科海外人才创业园	66.16
9	深圳市留学生创业园	72.28	25	南京市江北新区留学人员创业园	69.78	41	乌鲁木齐留学人员创业园	65.40
10	留学人员广州创业园	72.23	26	北京经济技术开发区留学人员（汇龙森）创业园	69.76	42	威海留学人员创业园	65.26
11	西安留学人员创业园	71.67	27	兰州留学人员创业园	69.23	43	中关村京仪海归人才创业园	64.79
12	苏州留学人员创业园	71.63	28	苏州吴中留学人员创业园	68.51	44	常熟留学人员创业园	64.55
13	北大留学人员创业园	71.38	29	中央财大留学人员创业园	68.46	45	中关村东升国际科学园	64.37
14	中国人民大学留学人员创业园	71.23	30	同济大学国家大学科技园	68.45	46	中关村生命科学园留学人员创业园	63.07
15	成都留学人员创业园	71.11	31	上海莘闵留学人员创业园	68.34	47	澳门青年创业孵化中心	62.47
16	中关村软件园留学人员创业园	70.76	31	中山大学留学人员创业园	68.34	48	海外留学人员石家庄市创业园	61.54

从运营管理单项指标的评价结果看，48家孵化基地平均得分69.38分，中位数69.78分。位列前十的孵化基地为厦门留学人员创业园、北京市留学人员海淀创业园、中关村国际孵化园、上海漕河泾留学人员创业园、上海张江留学人员创业园、北京望京留学人员创业园、武汉留学生创业园、北航留学人员创业园、深圳市留学生创业园、留学人员广州创业园，平均分为74.31分。

孵化基地运营管理水平的高低是衡量人尽其能、物尽其用、财尽其效的必备条件。排名前十的孵化基地在拥有专业孵化服务团队的同时，也具备相对完善的组织架构与管理体系，为各项业务流程制定了相应标准，能够通过开展更多的增值服务，实现孵化绩效的不断增长。

根据运营管理单项评价排名情况，本报告遴选3家基地作为优秀案例展示如下：

1. 北航留学人员创业园

北航留学人员创业园（以下简称“北航留创园”）运营主体为北京北航天汇科技孵化器有限公司，于1999年4月由北京市科委、北京航空航天大学共同创立，是北京市首家公司化运作的专业型科技企业孵化器、国家高新技术企业。北航留创园依托北航在新一代信息技术、人工智能技术领域学科优势，充分发挥创新源头引领作用，聚集电子信息、AI、VR/AR、智能制造以及相关创业群体，广泛整合社会服务资源、科技创新资源，通过建立和完善服务体系、服务流程与标准，构建公共孵化服务平台，不断提升云在线服务的水平，以智能化服务引领孵化服务升级。截至2020年底，北航留创园拥有孵化场地面积2.87万平方米，在孵企业257家，主要集中在新一代信息技术、AI、VR/AR、智能制造领域，其中80%为高成长性的科技创新型企业。

北航留创园目前共有管理团队19人，其中拥有高级技术职称的2人、硕士7人、海归3人，核心团队主要来自清华大学、北京航空航天大学、北京师范大学，以及加拿大多伦多大学、英国曼彻斯特大学等国际名校，团队专业背景交叉、理工与管理互补，团队成员具有计算机、MBA、投资与管理等教育背景，以及有从事科研、创业、技术服务等工作经历，其中具有产业背景、创业经历、投融资经验、供应链管理或企业管理经验的复合型人才12人，占团队80%以上。依托“汇·创业”服务平台，从工商注册、财税咨询、资质建设、高校资源、人力资源、交流培训等方面，为企业度身定制陪跑服务，协助企业降低创业成本、增加行业资源、提升研发能力，推进其快速发展。

2. 中国人民大学留学人员创业园

中国人民大学留学人员创业园（以下简称“人大留创园”）成立于2005年12月，由中国人民大学与中关村科技园区管委会共建，是全国首家文化产业特色的留学人员创业园。园区借助中关村国家自主创新示范区的政策优势和中国人民大学在人文社会科学方面的资源优势，建立了以科技及文化创意相关产业为主导方向，以“创业服务+创业投资+创业导师”为核心的综合孵化服务体系，针对人工智能、电子信息、计算机软件、新闻出版、广播影视、游戏动漫、广告设计、文学艺术及文化娱乐等科技及文化创意相关领域，为留学归国人员提供孵化服务和场地支持。

人大留创园由中国人民大学文化科技园的全资子公司北京人大文化科技企业孵化器有限公司提供管理服务。公司建立了扁平化的企业治理结构，并着力提升服务的专业化程度，在设立孵化器部保证对入孵企业的专业服务和增值服务基础上，分别设立了战略管理办公室、招商部、企业服务中心、物业协调部和信息技术部，同时依托中国人民大学创业学院、创意产业技术研究院和文化产业研究院，从场地服务、基础服务、技术转移服务和行业咨询服务等领域为入驻企业提供孵化基础服务和成长后的产业化服务。公司现有管理人员13人，本科及以上学历占比为100%，具有中、高级职称人数5人，团队中多数具有创业、企业管理经验或经过创业服务相关培训经历，或兼具企业管理、财务管理、专业咨询、人力资源、媒体品牌、知识产权等方面的专业造诣，具备丰富的园区运营管理和孵化服务专业经验，已经建成了一支对文化科技融合企业、初创企业需求有着较深理解，具有丰富理论和孵化实践的工作团队。为确保留学人员创业管理工作更加高效、规范、有序运行，公司建立了完善的管理制度，包括：留学生创业入园条件、入园流程；企业入孵、毕业离园审批及操作规程；场地使用价格管理办法；孵化企业走访制度；创业导师管理办法；投融资顾问管理办法；集中办公区管理办法；对外推荐优质企业、项目及高端人才操作规程等。

3. 中关村软件园留学人员创业园

中关村软件园留学人员创业园（以下简称“中关村软件园留创园”）运营主体为北京中关村软件园孵化服务有限公司，成立于2001年11月，位于中关村国家自主创新示范区海淀园核心区中关村软件园内，是中关村示范区具备同一产业领域专业化园区支撑并形成全链条孵化闭环的专业服务机构、国家科技企业孵化器。中关村软件孵化器聚焦大信息产业，重点关注人工智能、大数据、5G三个产业垂直细分领域。自成立以来累计服务企业1065家，成功培育上市企业12家，吸引留创企业206家。

经过近20年的建设和发展，中关村软件园留创园的管理制度日臻完善，涵盖孵化器行政管理、人力资源、财务管理、经营管理、开发建设、党群管理类相关方面，运营主体管理愈发制度化、规范化。公司设立股东会和董事会，设董事长、总经理、副总经理、账务总监等职位，下设办公室、企划经营部、对外发展部和财务部4个部门。目前中关村软件园留创园有从业人员14名，均为本科及以上学历，具有中高级职称人数2人，其他为专业孵化服务人员，在职员工全部参加了科技企业孵化器职业资格培训。目前，中关村软件园留创园已形成了“一体系，八平台”的服务架构，聚合多方资源，在基础服务、空间服务、政务服务、金融服务、人才服务、国际交流、技术创新、党群工作等方面为企业提供精准的一体化管家式服务。

（四）创业服务单项排名情况

根据《中国留学人员创业园区孵化基地评价指标体系》，经评价，48家中国留学人员创业园区孵化基地2020年度“创业服务”单项排名如下：

表3-3 中国留学人员创业园区孵化基地2020年“创业服务”单项评价排名

排名	孵化基地名称	得分	排名	孵化基地名称	得分	排名	孵化基地名称	得分
1	北京市留学人员海淀创业园	79.55	17	中国人民大学留学人员创业园	68.92	33	合肥留学人员创业园	67.66
2	北京望京留学人员创业园	72.58	17	北京理工留学人员创业园	68.92	34	长春海外学人创业园	67.61
3	深圳市留学生创业园	71.80	19	中关村软件园留学人员创业园	68.62	35	苏州吴中留学人员创业园	67.54
4	苏州留学人员创业园	70.80	20	长沙留学人员创业园	68.56	36	同济大学国家大学科技园	67.48
5	中关村国际孵化园	70.71	21	宁波经济技术开发区留学人员创业园	68.50	37	天津滨海高新区海外留学生创业园	67.44
6	西安留学人员创业园	70.45	22	济南留学人员创业园	68.48	38	中关村东升国际科学园	67.43
7	上海张江留学人员创业园	70.13	23	中山大学留学人员创业园	68.46	39	上海莘闵留学人员创业园	67.13
7	成都留学人员创业园	70.13	24	南京市江北新区留学人员创业园	68.45	40	中关村生命科学园留学人员创业园	66.78
9	厦门留学人员创业园	70.08	25	兰州留学人员创业园	68.22	41	海外留学人员石家庄市创业园	66.77
10	北航留学人员创业园	69.98	26	内蒙古自治区留学人员创业园	68.21	42	中国科学院中科海外人才创业园	66.74
11	烟台留学人员创业园区	69.94	27	中山留学人员创业园	68.11	43	常熟留学人员创业园	66.55
12	留学人员广州创业园	69.85	28	郑州经济技术开发区留学人员创业园	67.94	44	威海留学人员创业园	66.44
13	北大留学人员创业园	69.45	29	北京经济技术开发区留学人员（汇龙森）创业园	67.82	45	澳门青年创业孵化中心	65.78
14	上海漕河泾留学人员创业园	69.38	30	中关村普天海外人才创业园	67.77	46	贵阳留学人员创业园	65.64
15	华中科技大学科技园	69.34	30	宁波鄞州区留学人员创业园	67.77	47	乌鲁木齐留学人员创业园	65.05
16	武汉留学生创业园	69.23	32	中央财大留学人员创业园	67.67	48	中关村京仪海归人才创业园	64.75

从创业服务单项指标的评价结果看，48家孵化基地平均得分68.44分，中位数68.22分。位列前十的孵化基地为北京市留学人员海淀创业园、北京望京留学人员创业园、深圳市留学生创业园、苏州留学人员创业园、中关村国际孵化园、西安留学人员创业园、上海张江留学人员创业园、成都留学人员创业园、厦门留学人员创业园、北航留学人员创业园，平均分为71.62分。

孵化基地的服务要素集聚能力、体系构建能力和实际服务水平是确保企业高质量发展的关键。排名前十的孵化基地多具备自身的核心资源与服务，同时在资源整合、协同创新方面取得了较好成果，形成了覆盖全面的孵化生态体系，并在公共服务平台建设、个性化服务、创业投资、导师团队、创业活动、国际交流等方面有突出表现。

根据创业服务单项评价排名情况，本报告遴选3家基地作为优秀案例展示如下：

1．苏州留学人员创业园

苏州留学人员创业园与苏州高新技术创业服务中心、苏州创业园科技发展有限公司采取“三块牌子，一套班子”的运营模式，统称“苏州创业园”，是全国首批“国家留学人员创业园”“国家高新技术创业服务中心”。创业园引进培育各类科技企业，其中阿特斯光伏、纽威阀门、科达科技、天孚通信4家企业成功上市，东菱振动、国芯科技等一大批企业成为新兴产业龙头，世界500强的飞利浦、佳能、华硕、飞思卡尔等跨国研发机构形成集聚，为区域产业的升级做出了贡献。

苏州创业园打造与高新区产业特色相适应的产学研协同创新制度，建设苏州市集成电路创新中心、苏州高新区知识产权运营中心，建立了新型微观装配实验平台、高新区知识产权技术分析平台、特色产业投融资平台、特色产业展示交易平台、产业服务促进平台等，并通过打造“苏创”系列服务品牌，构建全成长周期精准化服务、全资源要素平台化整合、全创新维度一体化支撑的创新体系，打造更有温度的创业高地。

2020年，苏州创业园通过多元化、个性化的投融资服务，全年累计对接融资需求企业100余家，帮助企业获得投融资超亿元。其中苏州微五科技有限公司等6家公司获得创投股权投资5230万元，昇显微电子（苏州）有限公司等5家企业获批高新贷1800万元。“苏创”系列新增“苏创企业家俱乐部”“苏创人才家”两个子品牌，为企业搭建交流对接和云上招聘平台，同时发挥创业导师团队作用，采用大咖分享、百课、创业沙龙、讲座、上门辅导等形式，全年累计服务企业200余家、在孵企业员工2800余人次。为了营造良好的创新创业氛围，2020年创业园先后承办央视“创业英雄汇”、“创赢未来”国际创客大赛日本赛区、“苏创无界、智造未来”新区创客峰汇专场预选赛、首届南大“励行杯”全球校友创新创业大赛苏州赛区、苏创杯创新创业大赛等活动，积极推荐园内企业参加，为企业提供展示风采的舞台和渠道对接的平台。

2．西安留学人员创业园

西安留学人员创业园（以下简称“西安留创园”）成立于1998年5月，是科技部、人事部、教育部和国家外专局共同认定的首批“国家留学人员创业园”。2002年7月，成为国家人事部与陕西省人民政府共建的留学人员创业园，并先后荣获“青年科技人才创新基地”“留学回国人员先进工作单位”“全国先进科技产业园和先进管理者”等称号。西安留创园拥有由众创空间、孵化器、加速器组成的面积超150万平方米的孵化基地，围绕中小型科技企业的发展需求，提供创业咨询与指导服务、投融资促进服务、培训服务、共性技术服务、项目策划与申报服务等20多项专业化服务，形成了“苗圃—孵化器—加速器”全链条服务体系，实现了从团队孵化到企业孵化再到产业孵化的一体化服务链条，促成了大批海外留学人员创业项目落户。

为了向园区内企业提供各类公共技术支持，提高本地区创新能力，西安留创园通过自建及共建的方式，打造了3D打印公共服务平台、生物医药系列技术平台等公共技术服务平台。同时为了营造更为优良的载体发展环境，提升双创服务水平，西安留创园嫁接整合资源，打造了“创咖云”“嘉会坊智慧平台”等企业服务平台。同时，构建以资本推动的“预孵化+孵化+加速”的孵化链条及投融资生态系统。通过搭建平台与一对一服务，年内帮助企业获得融资超1.5亿元。

早在2012年，西安留创园就建立了“企业联络员+项目经理+创业导师”的工作机制。2020年在原有导师智库的基础上，西安留创园继续吸纳优质创业导师加入，为园区企业乃至整个西安高新区企业提供创业指导。年内，创业导师通过“企业日常咨询”“企业诊断会”“一对一辅导”等形式对接企业百余家，并开展各类创业培训活动200余场次，累计吸引3000多人次参加。此外，西安留创园在2020年与欧美同学会联合举办第四届“中国·西安海归创业大赛”复赛决赛，积极组织园区内企业参加“中国留学人员回国创业训练营”“第六届中国海归创业大赛”“最具成长潜力的留学人员创业企业”等活动，帮助企业积累创业经验，促进行业交流。

3．北大留学人员创业园

北大留学人员创业园（以下简称“北大留创园”）成立于2002年5月，由北京北达燕园科技孵化器有限公司负责运营，重点发展人工智能、新一代信息技术、医疗健康等领域。北大留创园以“发展原创科技，建设精品园区”为理念，以增强科技创新为引领，加强与北大重点实验室、工程研究中心紧密合作，搭建创新创业资源共享平台，推进产学研用有机融合，探索多层次创业资源深度融汇，为具有原创自主知识产权的项目提供全程创新创业孵化服务。经过多年的众创空间运营实践以及人工智能专业化众创空间建设探索，北大留创园形成了以人工智能等前沿科技产业领域为主的创业孵化运营团队，建立涵盖了投资孵化、行业研究、媒体传播、办公应用四大领域专业服务人员，形成了战略规划、市场营销、技术研发、供应链管理、运营、财务、法务、人力资源、投融资九大门类的个性化服务产品。

燕园微构分析测试中心是北大留创园主导的、北京市科委认定的首都科技条件平台，作为北京大学研发实验服务基地，充分整合优质科技资源服务企业。目前，基地共开放仪器设备4127台（套），开放72个国家级、市级重点实验室，拥有200多位科技人才。同时，北大留创园以智能化科技服务平台作为切入点，优化智能服务平台功能模块，打造“网上众创、资源共享”平台，促进创新资源在市场主体之间流动；与北京大数据研究院合作共建北京大学人工智能产业化孵化平台，提供技术创新服务；2020年创建“北领知转”线上成果展示交易平台，汇集硬科技领域的科技成果700项。北大留创园组建了完善的导师队伍体系，有内培导师17人，外聘导师128人，为入驻企业管理人员和园区工作人员提供164门创业培训固化课程，累计观看人数达25万人次，服务企业近5000家次。2020年，举办创业培训及企业辅导活动30余次，参与企业近1000家次，覆盖创业人员达2000余人次。

（五）人才集聚单项排名情况

根据《中国留学人员创业园区孵化基地评价指标体系》，经评价，48家中国留学人员创业园区孵化基地2020年度“人才集聚”单项排名如下：

表3-4 中国留学人员创业园区孵化基地2020年“人才集聚”单项评价排名

排名	孵化基地名称	得分	排名	孵化基地名称	得分	排名	孵化基地名称	得分
1	北京市留学人员海淀创业园	81.23	17	华中科技大学科技园	73.01	33	兰州留学人员创业园	69.78
2	上海张江留学人员创业园	80.95	18	中关村生命科学园留学人员创业园	72.91	34	宁波鄞州区留学人员创业园	69.56
3	深圳市留学生创业园	80.01	19	长沙留学人员创业园	72.88	35	同济大学国家大学科技园	69.34
4	厦门留学人员创业园	78.95	20	合肥留学人员创业园	72.50	36	上海莘闵留学人员创业园	68.67
5	武汉留学生创业园	77.85	21	北京理工留学人员创业园	72.34	37	长春海外学人创业园	68.57
6	北京望京留学人员创业园	76.03	22	烟台留学人员创业园区	72.32	38	常熟留学人员创业园	68.30
7	中关村国际孵化园	75.65	23	郑州经济技术开发区留学人员创业园	72.28	39	中山大学留学人员创业园	68.20
8	西安留学人员创业园	75.01	24	南京市江北新区留学人员创业园	72.12	40	威海留学人员创业园	66.56
9	苏州留学人员创业园	74.67	25	内蒙古自治区留学人员创业园	71.87	41	乌鲁木齐留学人员创业园	65.98
10	上海漕河泾留学人员创业园	74.33	26	中国人民大学留学人员创业园	71.35	42	海外留学人员石家庄市创业园	65.90
11	留学人员广州创业园	74.09	27	中山留学人员创业园	71.32	43	中国科学院中科海外人才创业园	64.56
12	宁波经济技术开发区留学人员创业园	73.91	28	天津滨海高新区海外留学生创业园	70.82	44	澳门青年创业孵化中心	66.44
13	北大留学人员创业园	73.45	29	中央财大留学人员创业园	70.67	45	中关村京仪海归人才创业园	63.81

续表

排名	孵化基地名称	得分	排名	孵化基地名称	得分	排名	孵化基地名称	得分
14	中关村软件园留学人员创业园	73.44	30	苏州吴中留学人员创业园	70.52	46	中关村普天海外人才创业园	63.78
15	成都留学人员创业园	73.33	31	北航留学人员创业园	70.00	47	贵阳留学人员创业园	63.12
16	济南留学人员创业园	73.27	32	北京经济技术开发区留学人员（汇龙森）创业园	69.87	48	中关村东升国际科学园	62.79

从人才集聚单项指标的评价结果看，48家孵化基地平均得分71.38分，中位数71.87分。位列前十的孵化基地为北京市留学人员海淀创业园、上海张江留学人员创业园、深圳市留学生创业园、厦门留学人员创业园、武汉留学生创业园、北京望京留学人员创业园、中关村国际孵化园、西安留学人员创业园、苏州留学人员创业园、上海漕河泾留学人员创业园，平均分为77.47分。

吸引优秀留学人才归国创业是中国留学人员创业园区孵化基地建立的初衷。排名前十的孵化基地均在海外人才聚集和国际交流合作方面取得优秀成果，通过各类平台和渠道，实施多元化的海外人才聚集措施，有效集聚国际创新资源，实现有针对性地招才引智。

根据人才集聚单项评价排名情况，本报告遴选3家基地作为优秀案例展示如下：

1. 武汉留学生创业园

武汉留学生创业园（以下简称“武汉留创园”）成立于1998年，作为湖北省综合型科技企业孵化器的标杆，定位国际化高端人才来汉创新创业首选地与光谷创新创业生态引领者，已建成光电中心、集成电路中心、科技金融中心、生物中心、海外留学人员中心、人工智能中心、硬科技中心7个园区，聚集企业150余家。已累计孵化服务各类初创及中小微企业800余家，累计引进培育高新技术企业162家，光谷“瞪羚”企业60家，“新三板”挂牌企业8家，深交所上市企业1家，国家级高端人才27人，湖北省级高端人才55人，光谷“3551人才计划”入选者274人，服务海归创业者2000余名，覆盖国家和地区23个。

武汉留创园以东湖高新区“221”产业体系为指引，将人才引进与产业发展相结合，着力引进光电子信息、集成电路、生物医药、节能环保、高端装备制造、“互联网+”、大数据、云计算、人工智能等领域的海归创业人才，打造国际双创人才聚集地。近年来，武汉留创园主要通过持续增进与大牌专业机构、知名院校、世界各国的交流合作，推动吸纳产业人才工作。2020年，以色列希伯来大学创新经济学教授Harry Yuklea，来自英国、加拿大、波兰、日本、立陶宛等国的在汉留学生，中国光谷3551国际创业大赛参赛人才等国际交流人员和团队多次参访武汉留创园，与园区开展项目交流。

2020年，武汉留创园继续巩固科技企业孵化器基础，进一步完善政策宣讲、创业辅导、文化宣传、金融对接、安全生产等服务功能。全年共举办各类双创服务活动50场，服务创业者2398余人次；为企业获得各类政策补贴和奖励1200余万元；19家企业被认定为高新技术企业，10家企业被认定为光谷“瞪羚企业”，2家企业人才获批湖北省“百人计划”、4家企业人才获批光谷“3551人才计划”。

2. 上海漕河泾留学人员创业园

上海漕河泾留学人员创业园（又名“上海留学人员漕河泾创业园区”，以下简称“创业园区”）成立于1996年6月，是由上海漕河泾新兴技术开发区与上海市人事局共建的上海第一批留学人员创业园区，被认定为“国家级高新技术创业中心”“国家海外高层次人才创新创业基地”“全国创业孵化示范基地”。创业园区现拥有近10万平方米创业基地，在体制上三位一体，由留学人员创业园区、国家级高新技术创业服务中心和上海国际企业孵化器（漕河泾基地）共同组成，并依托漕河泾科技创业中心运营，将服务范围覆盖整个漕河泾开发区。依托科技创业苗圃、大学生创业园、科技企业孵化器、加速器等载体，创业园区建立了“1+6”接力式科技创新创业运营模式，围绕着6个阶段开展各项服务，并由16个服务模块组成标准化服务模式，不断锻造着漕河泾双创服务品牌。截至2020年底，创业园区累计吸纳留学人员12165名，其中29人入选国家级引才计划，24人入选上海市人才计划。

创业园区自2019年起为海外创业者提供模块化的跨境加速服务，分别与意大利对外贸易委员会（ITA）和日本贸易振兴机构（Jetro）合作了“意大利初创企业跨境加速”“Jetro全球加速”等项目，为20余家海外企业提供了创业知识培训、营商环境调查、技术方案优化、产业资源对接、投融资辅导等一系列服务。这些合作项目通过打磨标准化课程模块，与其他市场化机构协同服务，进一步整合了国际化导师、服务机构和产业资源，提升了国际化服务能力。2020年在受到疫情影响、人员交流受限的情况下，创业园区仍积极利用各类活动、渠道和平台开展国际交流与合作。包括借助创业磨坊（SUG）、TED社群、Wehustle、利程坊、动点科技等国际化社群伙伴力量，举办2020中国初创企业生态峰会、TEDx漕河泾（合·Conflux），参展全球科技社群大会（TECOM）、Hello Future创新峰会等品牌活动，汇聚国际创新生态圈的各种要素，提升漕河泾品牌的国际影响力。同时，继续积极参加国际科技园协会（IASP）相关活动，为远在西班牙、意大利、伊朗和巴西的合作伙伴提供抗“疫”经验，将漕河泾经验分享到海外。

3. 济南留学人员创业园

济南留学人员创业园暨中国济南留学人员创业园（以下简称“济南留创园”）运营主体为济南高新技术创业服务中心，是全国首批“国家级科技企业孵化器”“国家级留学人员创业园”“国家级创业孵化链条试点单位”和“中乌高科技合作园”。园区所辖面积13.2平方公里，拥有省级孵化器1家、国家级众创空间3家、省级众创空间3家，作为全省创新创业生态的最佳实践者和先行者,历经28年的发展和历史沉淀，建立了完善的孵化体系，搭建了济南药谷孵化器、济南侨梦苑、国家创新药物孵化基地、中关村领创空间、济南澳美留创园等高质量孵化平台，形成了完整的创新孵化生态。累计孵化中小科技企业1000余家，留学人员企业400余家，30余家企业上市挂牌，转化科技成果2000余项。

济南留创园按照“1+5”平台建设模式，以国家综合性新药研发技术大平台为核心，重点打造医药中试、OEM、医药销售、医药物流、国际合作五大公共服务平台。其中，国家综合性新药研发技术大平台总投资近2亿元，建筑面积约12000平方米，拥有核磁共振波谱仪、单晶衍射仪等国内外先进仪器设备132台。同时，在市人社局的支持下建立海外科技人才创业基地，开辟绿色服务通道引进海外高层次人才回国创业发展，累计培育和引进国家级人才工程入选者23人，山东省“泰山学者”及“泰山产业领军人才”40人，“5150”高层次人才273人。

济南留创园积极开展国际合作交流，加快企业国际化发展步伐。2020年，园内众创空间“创客基因”与中国创客空间的第一品牌“贝壳社”以及耶鲁大学医学转移中心、多伦多“火星”孵化器等国外专业的孵化机构建立了战略合作和项目交流与互换；“健康创吧”在美国硅谷人才高地建设1000平方米的海外孵化器，利用海外人才和技术优势，帮助国内企业引进海外高科技项目，推动园区企业实施国际化合作战略。同时，通过园区建设的国际大学联盟和国际合作渠道，促进园区和企业与以色列、法国等国机构开展交流。

（六）孵化绩效单项排名情况

根据《中国留学人员创业园区孵化基地评价指标体系》，经评价，48家中国留学人员创业园区孵化基地2020年度“孵化绩效”单项排名如下：

表3-5 中国留学人员创业园区孵化基地2020年“孵化绩效”单项评价排名

排名	孵化基地名称	得分	排名	孵化基地名称	得分	排名	孵化基地名称	得分
1	上海张江留学人员创业园	76.35	17	济南留学人员创业园	68.98	33	海外留学人员石家庄市创业园	65.87
2	北京市留学人员海淀创业园	75.43	18	北京理工留学人员创业园	68.85	34	中山大学留学人员创业园	65.56
3	厦门留学人员创业园	74.21	19	中国人民大学留学人员创业园	68.78	35	中央财大留学人员创业园	65.45

续表

排名	孵化基地名称	得分	排名	孵化基地名称	得分	排名	孵化基地名称	得分
4	深圳市留学生创业园	73.64	20	烟台留学人员创业园区	68.65	36	天津滨海高新区海外留学生创业园	65.36
5	北京望京留学人员创业园	71.56	21	北大留学人员创业园	68.62	37	中国科学院中科海外人才创业园	65.12
6	武汉留学生创业园	71.39	22	宁波经济技术开发区留学人员创业园	68.60	38	中关村生命科学园留学人员创业园	65.00
7	西安留学人员创业园	70.82	23	内蒙古自治区留学人员创业园	68.56	39	宁波鄞州区留学人员创业园	64.17
8	成都留学人员创业园	70.00	24	北航留学人员创业园	68.42	40	同济大学国家大学科技园	64.16
9	留学人员广州创业园	69.98	25	合肥留学人员创业园	68.40	41	贵阳留学人员创业园	64.05
10	上海漕河泾留学人员创业园	69.78	26	苏州吴中留学人员创业园	68.30	42	中关村东升国际科学园	63.78
11	中关村国际孵化园	69.74	27	兰州留学人员创业园	67.87	43	长春海外学人创业园	63.43
12	苏州留学人员创业园	69.68	28	北京经济技术开发区留学人员（汇龙森）创业园	67.85	44	常熟留学人员创业园	63.24
13	中关村软件园留学人员创业园	69.62	29	中山留学人员创业园	67.79	45	中关村京仪海归人才创业园	62.82
14	华中科技大学科技园	69.14	30	中关村普天海外人才创业园	67.65	46	威海留学人员创业园	62.63
15	长沙留学人员创业园	69.11	31	南京市江北新区留学人员创业园	66.88	47	澳门青年创业孵化中心	61.50
16	郑州经济技术开发区留学人员创业园	69.01	32	上海莘闵留学人员创业园	66.54	48	乌鲁木齐留学人员创业园	61.45

从孵化绩效单项指标的评价结果看，48家孵化基地平均得分67.79分，中位数68.40分。位列前十的孵化基地为上海张江留学人员创业园、北京市留学人员海淀创业园、厦门留学人员创业园、深圳市留学生创业园、北京望京留学人员创业园、武汉留学生创业园、西安留学人员创业园、成都留学人员创业园、留学人员广州创业园、上海漕河泾留学人员创业园，平均分为72.07分。

孵化基地在企业培育、经济贡献、促进就业、推动创新等方面产出的绩效是孵化服务能力的体现。排名前十的孵化基地累计培育国家高新技术企业超过3556家、规模以上企业2036家、上市挂牌企业231家，分别占48家孵化基地该项数值总和的47.04%、47.32%和35.16%；在孵企业从业人员数260554人，新增企业从业人员数23674人，分别占总量的57.53%和56.02%；在孵企业拥有有效知识产权36369件，承担国家级科技项目98项，拥有省级及以上名牌产品超876个，分别占总量的48.28%、59.04%和70.93%，头部集聚效应明显。

根据孵化绩效单项评价排名情况，本报告遴选3家基地作为优秀案例展示如下：

1. 成都留学人员创业园

成都留学人员创业园（以下简称“成都留创园”）成立于1998年8月，由成都高新区创新创业服务中心直接管理。2000年成为首批由国家人事部与地方政府共建的留学人员创业园，先后获得“国家留学人员创业园”“科教兴国示范基地”“国家海外高层次人才创新创业基地”“四川省首个海外人才工作站”“四川省人才开发先进单位”等荣誉称号。目前，在孵企业705家，其中留学人员企业50家；2020年新增在孵企业112家，其中新增留学人员企业15家。据不完全统计，在成都高新区各科技企业、研究机构中从事研发、生产服务的留学人员和归国华人华侨超过1万人，形成了良好的海外人才创新创业集聚效应。

成都留创园核心载体位于高新区创孵社区核心区菁蓉汇，于2016年3月正式启用，总建筑面积25.6万平方米，是成都“双创”蓬勃发展的一个缩影，是全球首个获批绿色环保LEED最高级铂金认证的双创园区，是中国西部最早获批的国务院“侨梦苑”双创基地，是全国首个“知识产权新经济示范园区”的核心区，是中韩创新创业园孵化培育功能的主要承载地。菁蓉汇以国际创新创业为重点，以孵化新技术、培育新业态、实现新价值为核心，构建全链条的科技创业孵化体系，塑造中西部最具代表的“双创升级新空间”。

成都留创园建立了由“种子期雏鹰企业—瞪羚企业—独角兽企业—平台生态型龙头企业”构成的四级梯度培育体系，供给快速起步、扩大规模、提升效益和行业整合等不同层次服务。双创中心负责种子期雏鹰企业认定和培育。2020年成功认定种子期雏鹰企业299家，较上年度增长86家，同比增长40%；完成种子期雏鹰企业入库科技型中小企业库257家，同比增长91.79%；累计培育种子期雏鹰企业成为高企171家，其中2020年认定100家，上规入库企业14家；2020年培育雏鹰企业成长为瞪羚企业14家；2020年奖励雏鹰企业共计1495万元。

2. 留学人员广州创业园

留学人员广州创业园（以下简称“广州留创园”）是广州高新区留学人员创业的主要聚集地，由广州火炬高新技术创业服务中心负责管理与服务。广州留创园于1999年8月由广州高新区投资创办并与教育部、科技部合作共建，2001年8月被国家科技部、教育部、人事部和外国专家局联合认定为国家留学人员创业园建设示范点，2012年8月成为国家人社部和广州市共建的留学人员创业园。广州留创园目前直接管理和服务的孵化场地包括广州科技创新基地、广州科学城综合研发孵化区（创意大厦和创新大厦）、加速器3个园区，总建筑面积106.05万平方米。

广州留创园构建了“基础服务+增值服务+专项服务”的多层次、全方位孵化服务生态体系，提供科技研发、知识产权、投融资、创业辅导等专业化服务，建立了线上网站平台、公共培训服务平台、人才培育和引进服务平台、公共技术服务平台，设立了中科院成果转化母基金和粤港澳大湾区科技成果转化基金，打造中国科技金融联盟投融资路演、创投会客厅等活动品牌，推动企业开展国际合作和引进国际创新资源，针对企业在不同发展阶段的不同需求，为企业成长进行“全面赋能”和“全程加速”。

在广州留创园的先头兵带动下，广州高新区“大孵化”集群效应日益显现，成为全省乃至全国孵化器建设最为活跃的地区之一，建成了华南最大的孵化器集群。截至2020年底，全区孵化器数量达到114家，其中国家级16家，位居全市第一。同时加速了新产业新业态的集聚，孵化器集群诞生了全市第一家科创板上市企业——方邦电子，目前全区共5家科创板上市企业，其中有4家都来自孵化器。在广州留创园里，也孵化出了安凯微电子、慧智微电子、百奥泰、安必平医药、迈普医学等大批“明星”企业和朗圣药业、康盛生物等早期的“老牌”企业。2020年，广州留创园在孵规模以上企业达到115家，在孵企业拥有有效知识产权3641件，专利授权1560件，平均纳税额256.31万元。

3. 长沙留学人员创业园

长沙留学人员创业园（以下简称“长沙留创园”）成立于2002年，隶属于长沙国家高新区管委会，是首批“国家留学人员创业园”。2006年获评为省部共建留学人员创业园，曾荣获国务院“全国就业先进工作单位”“侨梦苑”“海外高层次人才创新创业基地”“湖南省留学生创业园先进单位”等多项荣誉表彰，2017年、2019年获得省科协海智计划基地立项。长沙留创园共有MO、C2、F1、麓谷科技创新创业园等10个创业基地占地30万余平方米，在孵企业达2000余家，毕业企业400余家，3家创业板上市企业，22家新三板挂牌企业，85家高新技术企业，35家规模企业，55家企业在高新区内购地和购买厂房。为高新区培育了圣湘生物、华曙高科、天仪空间、华腾制药等一大批优秀高层次留学人员创业企业。

长沙留创园按照高新区建设创新型园区和各级政府支持留学人员创新创业发展的总体要求，建设五大平台服务，搭建湖南省知识产权交易中心和湖南省国际低碳技术交易中心，逐步搭建了一个为企业提供从萌芽期、初创期、成长期到成熟期的全过程孵化服务体系。近年来累计引进海外留学人员720余名，包括国家引才工程入选者5人，湖南省百人计划专家32人，长沙市“313”计划团队7个，长沙市“3635”人才计划43人，高新区“555”人才计划39人。

四、孵化基地年度报告小结

本报告的编制，主要运用数据采集和材料分析方法，重在客观呈现和真实反映2020年度中国留学人员创业园区孵化基地发展情况，促进孵化基地及创业园区之间开展相互学习和业务交流，提升自身服务能力、竞争实力和行业整体水平。

通过指标评价和各项排名，可以看出孵化基地整体代表了当前各类科技创业孵化载体建设的较高水平，尤其在服务海外人才回国创新创业方面具备明显优势。同时，因受区位条件、建设规模、运营机制、目标导向等客观因素限制以及自身的发展问题，各孵化基地间在环境条件、运营管理、创业服务、人才聚集、孵化绩效等方面存在一定差异，部分孵化基地与头部行列仍有较大差距。

由于中国留学人员创业园区孵化基地具有其鲜明特色，且开展评价工作时间较短，指标设置和报告编制仍处于不断摸索和调整的过程中，尚存在较多问题和不足之处，希望各界给予提出指正。同时，在本次评价过程中，由于部分孵化基地提供的数据缺失或有误，以及材料描述不充分，未能展现出真实业务水平，在一定程度上影响了自身评分和排名，望相关单位予以重视并积极配合。

中国技术创业协会留学人员创业园联盟秘书处作为孵化基地评价工作和竞争力报告编制的执行单位，将在下一年度继续本着科学性、客观性原则，对评价体系和报告体例进行优化，重点加强评价指标的有效性和平衡性、评分排名的精确性和合理性，以及对各孵化基地年度发展变化和优势弱点的分析与点评。

期望在共同努力之下，孵化基地评价和报告能更好地成为引导和促进留学人员创业园等载体建设的工具，成为展示和宣传留学人员回国服务工作成果的窗口。

园区篇

全国留学人员创业园区信息汇编

全国留学人员创业园区信息汇编

本部分内容共收录全国各地目前维持正常运行的留学人员创业园313家，分布在全国29个省、自治区、直辖市。其中，江苏省91家、北京市46家、广东省33家、浙江省31家、山东省15家，拥有留学人员创业园数量位居前五。从行业认定资质来看，共包括国家科技部认定的国家级科技企业孵化器（高新技术创业服务中心）208家，科技部、教育部、人事部、外国专家局联合认定的国家留学人员创业园示范建设试点单位21家，人力资源和社会保障部（原人事部）与地方政府共建单位（园区）49家，中国技术创业协会留学人员创业园联盟评价授牌的中国留学人员创业园区孵化基地44家等。

注：本部分所收录的留学人员创业园按全国行政区划和园区成立、挂牌时间排序。

北京市

园区名称：北京市留学人员海淀创业园

成立时间：1997年10月

创建单位：北京市留学人员服务中心与中关村科技园区海淀园创业服务中心共建，又名海淀创业园、中国北京（海淀）留学人员创业园

依托主体：中关村科学城（中关村科技园区海淀园）

运营机构：中关村科技园区海淀园创业服务中心

行业认定：国家级科技企业孵化器（1998年）、国家留学人员创业园示范建设试点单位（第一批，2000年）、人事部与北京市人民政府共建单位（2007年）、北京市级留学人员创业园（第一批，2006年）、中国留学人员创业园区孵化基地（第一批，2018年）、中关村海外人才创业园

地　　址：北京市海淀区上地信息路26号中关村创业大厦

邮　　编：100085

电　　话：86-10-82898748，82898799

传　　真：86-10-62984933

邮　　箱：hpi_hdxc@163.com

网　　站：www.ospp.com

园区名称：北京市留学人员大兴创业园

成立时间：1999年7月

创建单位：北京市留学人员服务中心与大兴工业开发区开发经营总公司共建

依托主体：国家新媒体产业基地——华商创意中心

运营机构：北京华商置业有限公司

行业认定：国家级科技企业孵化器（2015年）、中关村海外人才创业园

地　　址：北京市大兴经济开发区科苑路18号

邮　　编：102600

电　　话：86-10-61271941，61206800

传　　真：86-10-61271943

邮　　箱：3091582623@qq.com

网　　站：cnm.daxing.net

园区名称：北京望京留学人员创业园

成立时间：1999年8月

创建单位：北京市留学人员服务中心、北京市朝阳区人事局与望京高新技术产业区管委会共建，又名中国北京（望京）留学人员创业园

依托主体：中关村科技园朝阳园西区——望京科技创业园

运营机构：北京望京科技孵化服务有限公司

行业认定：国家级科技企业孵化器（2000年）、人事部与北京市人民政府共建单位（2002年）、北京市级留学人员创业园（第一批，2006年）、中国留学人员创业园区孵化基地（第一批，2018年）、中关村海外人才创业园

地　　址：北京市朝阳区利泽中二路2号望京科技园A座西侧6层

邮　　编：100102

电　　话：86-10-64390345

传　　真：86-10-64302019

邮　　箱：wjpark@wjpark.com

网　　站：www.wjpark.com

园区名称：中关村国际孵化园

成立时间：2000年12月

创建单位：北京市留学人员服务中心与中关村高科技产业促进中心、北京首创科技企业投资有限公司、北京实创高科技发展有限责任公司、北京北辰实业股份有限公司、北京科技风险投资股份有限公司、北京高技术创业服务中心共建

依托主体：中关村科技园区上地信息产业基地——中关村国际孵化园，中关村发展集团股份有限公司

运营机构：北京中关村国际孵化器有限公司

行业认定：国家级科技企业孵化器（2003年）、北京市级留学人员创业园（第一批，2006年）、中国留学人员创业园区孵化基地（2019年）、中关村海外人才创业园

地　　址：北京市海淀区上地信息路2号创业园D栋

邮　　编：100085

电　　话：86-10－82895162

传　　真：86-10－62974804

邮　　箱：zhouxigang1113@sina.com

网　　站：www.incubase.net

园区名称：北大留学人员创业园

成立时间：2002年9月

创建单位：北京大学与中关村科技园区管委会共建

依托主体：北京大学国家大学科技园

运营机构：北京北达燕园科技孵化器有限公司

行业认定：国家级科技企业孵化器（2012年）、北京市级留学人员创业园（第一批，2006年）、中国留学人员创业园区孵化基地（2019年）、中关村海外人才创业园

地　　址：北京市海淀区中关村北大街127-1号107室

邮　　编：100080

电　　话：86-10-62769088

传　　真：86-10-82667188

邮　　箱：pkuincubator@pkusp.com.cn
网　　站：www.pkusp.com

园区名称：清华留学人员创业园
成立时间：2002年12月
创建单位：清华大学与中关村科技园区管委会共建
依托主体：清华大学国家大学科技园——启迪孵化器（启迪之星）
运营机构：北京启迪创业孵化器有限公司
行业认定：国家级科技企业孵化器（2001年）、北京市级留学人员创业园（第一批，2006年）、中关村海外人才创业园
地　　址：北京市海淀区清华大学科技园创新大厦A座15层
邮　　编：100084
电　　话：86-10-62785888
传　　真：86-10-62772777
邮　　箱：xuyy@tuspark.com
网　　站：www.tusstar.com

园区名称：北航留学人员创业园
成立时间：2003年4月
创建单位：北京航空航天大学与中关村科技园区管委会共建
依托主体：北京航空航天大学国家大学科技园——北航天汇孵化器
运营机构：北京北航天汇科技孵化器有限公司
行业认定：国家级科技企业孵化器（2004年）、北京市级留学人员创业园（第一批，2006年）、中国留学人员创业园区孵化基地（2019年）、中关村海外人才创业园
地　　址：北京市海淀区学院路35号世宁大厦1401
邮　　编：100089
电　　话：86-10-82316139
传　　真：86-10-82338204
邮　　箱：zhaibin@bbi.com.cn
网　　站：www.bbi.com.cn

园区名称：北京科大留学人员创业园
成立时间：2003年6月
创建单位：北京科技大学与中关村科技园区管委会共建
依托主体：北京科大国家大学科技园——方兴孵化器
运营机构：北京科大方兴科技孵化器有限责任公司
行业认定：国家级科技企业孵化器（2006年）、北京市级留学人员创业园（第一批，2006年）、中关村海外人才创业园
地　　址：北京市海淀区学院路30号方兴大厦6层611室
邮　　编：100083
电　　话：86-10-62316722
传　　真：86-10-62316722
邮　　箱：zhanghq@ustbcm.com

园区名称：北京理工留学人员创业园
成立时间：2003年7月
创建单位：北京理工大学与中关村科技园区管委会共建
依托主体：北京理工大学国家大学科技园
运营机构：北京理工创新高科技孵化器有限公司
行业认定：国家级科技企业孵化器（2009年）、北京市级留学人员创业园（第一批，2006年）、中国留学人员创业园区孵化基地（第一批，2018年）、中关村海外人才创业园
地　　址：北京市海淀区中关村南大街9号理工科技大厦902室
邮　　编：100081
电　　话：86-10-68470073，68470075，68470076
传　　真：86-10-68470073转8999
邮　　箱：bitrp@vip.163.com
网　　站：www.bitrp.com.cn

园区名称：北邮留学人员创业园
成立时间：2003年12月
创建单位：北京邮电大学与中关村科技园区管委会共建
依托主体：北京邮电大学国家大学科技园
运营机构：北京北邮信息网络产业研究院有限公司
行业认定：中关村海外人才创业园
地　　址：北京市海淀区西土城路10号北京邮电大学综合服务楼5楼510室
邮　　编：100876
电　　话：86-10-62281497，62281487
邮　　箱：1409000@sina.com

园区名称：中关村软件园留学人员创业园
成立时间：2004年1月
创建单位：北京中关村软件园发展有限责任公司、北京中关村发展投资中心、北京高技术创业服务中心有限公司、北京赛西电子科技公司共建
依托主体：北京中关村软件园发展有限责任公司
运营机构：北京中关村软件园孵化服务有限公司
行业认定：国家级科技企业孵化器（2006年）、北京市级留学人员创业园（2007年）、北京市优秀留学人员创业园（2012年）、中国留学人员创业园区孵化基地（第一批，2018年）、中关村海外人才创业园
地　　址：北京市海淀区东北旺中关村软件园孵化器1号楼
邮　　编：100093
电　　话：86-10-82825187
传　　真：86-10-82825186
邮　　箱：spi@zgcspi.com
网　　站：www.zgcspi.com

园区名称：中关村生命科学园留学人员创业园
成立时间：2004年3月
创建单位：北京中关村生命科学园生物医药科技孵化有限公司

依托主体：中关村生命科学园
运营机构：北京中关村生命科学园生物医药科技孵化有限公司
行业认定：国家级科技企业孵化器（2009年）、北京市级留学人员创业园（2012年）、中国留学人员创业园区孵化基地（2020年）、中关村海外人才创业园
地　　址：北京市昌平区生命园路29号中关村生命科学园创新大厦
邮　　编：102206
电　　话：86-10-80715731
传　　真：86-10-80715732
邮　　箱：zgcbmi@yahoo.com.cn
网　　站：www.zgcbmi.com.cn

园区名称：中关村科技园区丰台园留学人员创业园
成立时间：2004年4月
创建单位：中关村科技园区丰台园管委会
依托主体：中关村科技园区丰台园
运营机构：中关村科技园区丰台园科技创业服务中心
行业认定：国家级科技企业孵化器（2004）、北京市级留学人员创业园（2007年）、中关村海外人才创业园
地　　址：北京市丰台区科兴路9号
邮　　编：100070
电　　话：86-10-63744650
邮　　箱：zxx@bjibi.org.cn

园区名称：中国科学院中科海外人才创业园
成立时间：2004年10月
创建单位：中国科学院与中关村科技园区管委会共建，原名中国科学院中自留学人员创业园
依托主体：中国科学院自动化研究所、北京中科资源有限公司
运营机构：北京中科喀斯玛科技孵化器有限公司
行业认定：中国留学人员创业园区孵化基地（第一批，2018年）、中关村海外人才创业园
地　　址：北京市海淀区中关村南三街6号中科资源大厦518室
邮　　编：100190
电　　话：86-10-61943380转601
传　　真：86-10-61943380转606
邮　　箱：casmpark@126.com
网　　站：www.casmpark.com

园区名称：北京经济技术开发区留学人员（汇龙森）创业园
成立时间：2005年5月
创建单位：北京经济技术开发区人才交流服务中心（现北京市经济技术开发区人力资源公共服务中心）与汇龙森国际企业孵化（北京）有限公司共建
依托主体：北京经济技术开发区——汇龙森科技园
运营机构：汇龙森国际企业孵化（北京）有限公司
行业认定：国家级科技企业孵化器（2006年）、北京市级留学人员创业园（2007年）、中国留学人员创业园区孵化基地（2019年）、中关村海外人才创业园

地　　址：北京市北京经济技术开发区科创十四街99号
邮　　编：101111
电　　话：86-10-59755588
传　　真：86-10-59755588
邮　　箱：wangwj@huilongsen.com
网　　站：www.huilongsen.com

园区名称：中国农大留学人员现代农业创业基地
成立时间：2005年8月
创建单位：中国农业大学与中关村科技园区管委会共建
依托主体：中国农业大学国家大学科技园
运营机构：北京中农大科技企业孵化器有限公司
行业认定：中关村海外人才创业园
地　　址：北京市海淀区天秀路10号3号楼
邮　　编：100193
电　　话：86-10-62734035
网　　站：bjjsdx.cau.edu.cn

园区名称：中国人民大学留学人员创业园
成立时间：2005年12月
创建单位：中国人民大学与中关村科技园区管委会共建
依托主体：中国人民大学国家大学科技园（中国人民大学文化科技园）
运营机构：北京人大文化科技企业孵化器有限公司
行业认定：国家级科技企业孵化器（2014年）、北京市级留学人员创业园（2012年）、北京市优秀留学人员创业园（2012年）、中国留学人员创业园区孵化基地（第一批，2018年）、中关村海外人才创业园
地　　址：北京市海淀区中关村大街45号兴发大厦10层1010
邮　　编：100086
电　　话：86-10-82509532，62514010
传　　真：86-10-82509959
邮　　箱：cspruc@ruc.edu.cn
网　　站：www.cyruc.com

园区名称：北京工业大学留学人员创业园
成立时间：2005年12月
创建单位：北京工业大学与中关村科技园区管委会共建
依托主体：北京工业大学继续教育学院
运营机构：北京工业大学留学人员创业园
行业认定：北京市级留学人员创业园（2012年）、中关村海外人才创业园
地　　址：北京市海淀区车公庄西路35号
邮　　编：100044
电　　话：86-10-88514266
邮　　箱：zhenxiaohang@bjut.edu.cn
网　　站：cyy.cnjygh.com

园区名称：北师大留学人员创业园
成立时间：2005年12月
创建单位：北京师范大学与中关村科技园区管委会共建
依托主体：北京师范大学国家大学科技园
运营机构：北京师大科技园科技发展有限责任公司
行业认定：中关村海外人才创业园
地　　址：北京市海淀区学院南路12号北师大科技园
邮　　编：100082
电　　话：86-10-62205399
传　　真：86-10-62206051
邮　　箱：bsd_kjy@163.com

园区名称：中关村集成电路留学人员创业园
成立时间：2006年1月
创建单位：中关村科技园区管委会与北京集成电路设计园有限责任公司共建
依托主体：北京集成电路设计园
运营机构：北京中关村集成电路设计园发展有限责任公司
行业认定：中关村海外人才创业园
地　　址：北京市海淀区丰豪东路9号院
邮　　编：100094
电　　话：86-10-62455666
网　　站：www.zgcicpark.com.cn

园区名称：中关村数字娱乐留学人员创业园
成立时间：2006年9月
创建单位：北京市石景山区人民政府与中关村科技园区管委会共建
依托主体：中关村科技园区石景山园
运营机构：北京西山创意数字娱乐科技孵化器有限公司
行业认定：中关村海外人才创业园
地　　址：北京市石景山区八大处高科技园区实兴东街11号楼北楼1层
邮　　编：100043
电　　话：86-10-88794725
邮　　箱：suppersix@gmail.com

园区名称：中央财大留学人员创业园
成立时间：2006年12月
创建单位：中央财经大学与中关村科技园区管委会共建
依托主体：中央财经大学科技园
运营机构：中财大科技园（北京）有限公司
行业认定：中国留学人员创业园区孵化基地（第一批，2018年）、中关村海外人才创业园
地　　址：北京市海淀区学院南路39号
邮　　编：100081
电　　话：86-10-62288385

邮　　箱：cufezcy@163.com
网　　站：sp.cufe.edu.cn

园区名称：中关村法大科技服务园
成立时间：2007年5月
创建单位：中国政法大学与中关村科技园区管委会共建
依托主体：中国政法大学科技园
运营机构：北京法大园科技有限公司
行业认定：中关村海外人才创业园
地　　址：北京市海淀区西土城路25号中国政法大学旧1号楼109室
邮　　编：100088
电　　话：86-10-58908009
邮　　箱：lyl0312@163.com

园区名称：中国矿业大学留学人员创业园
成立时间：2007年7月
创建单位：中国矿业大学（北京）与中关村科技园区管委会共建
依托主体：中国矿业大学（北京）国家大学科技园（中关村能源与安全科技园）
运营机构：北京矿大能源安全科技有限公司
行业认定：中关村海外人才创业园
地　　址：北京市海淀区学院路丁11号宝源商务公寓A2-106
邮　　编：100083
电　　话：86-10-51733999
邮　　箱：kjy@cumtb.edu.cn
网　　站：kjycyy.cumtb.edu.cn

园区名称：北京交大留学人员创业园
成立时间：2007年7月
创建单位：北京交通大学与中关村科技园区管委会共建
依托主体：北京交通大学国家大学科技园
运营机构：北京交大科技孵化器有限公司
行业认定：国家级科技企业孵化器（2014年）、中关村海外人才创业园
地　　址：北京市海淀区上园村3号交大知行大厦11层
邮　　编：100044
电　　话：86-10-51685938
网　　站：jtdx.mweb.cc

园区名称：首都师范大学留学人员创业园
成立时间：2007年10月
创建单位：首都师范大学与中关村科技园区管委会共建
依托主体：首都师范大学科技园
运营机构：北京首师大科技园科技发展有限公司
行业认定：中关村海外人才创业园

地　　址：北京市海淀区西三环北路105号首师大科技园（留学人员创业园）教一楼207室
邮　　编：100037
电　　话：86-10-68907023
邮　　箱：kjy@mail.cnu.edu.cn

园区名称：华北电力大学留学人员创业园
成立时间：2008年10月
创建时间：华北电力大学与中关村科技园区管委会共建
依托主体：华北电力大学国家大学科技园
运营机构：北京华电天德科技园有限公司
行业认定：国家级科技企业孵化器（2016年）、中关村海外人才创业园
地　　址：北京市昌平区北农路2号华北电力大学主楼D1006
邮　　编：102206
电　　话：86-10-61772723
邮　　箱：chx@ncepu.edu.cn

园区名称：北京化工大学留学人员创业园
成立时间：2009年3月
创建单位：北京化工大学与中关村科技园区管委会共建
依托主体：北京化工大学国家大学科技园
运营机构：北京北化大科技园有限公司
行业认定：中关村海外人才创业园
地　　址：北京市海淀区紫竹院路98号北京化工大学（西校区）科技园写字楼
邮　　编：100029
电　　话：86-10-88588552，64435482
网　　站：sp.buct.edu.cn

园区名称：北京瀚海智业留学人员创业园
成立时间：2009年7月
创建单位：瀚海智业控股集团有限公司
依托主体：北京汉潮大成科技孵化器
运营机构：北京汉潮大成科技孵化器有限公司
行业认定：国家级科技企业孵化器（2008年）、中关村海外人才创业园
地　　址：北京市东城区东直门内海运仓1号瀚海海运仓大厦1018室
邮　　编：100007
电　　话：86-10-64050488，64050575，51239477
邮　　箱：bjhcdc2011@163.com
网　　站：www.hanhaiholding.com

园区名称：中关村雍和航星留学人员创业园
成立时间：2011年12月
创建单位：中关村科技园区管委会、北京市东城区人民政府与北京航星机器制造有限公司共建
依托主体：中关村雍和航星科技园

运营机构：北京航星机器制造有限公司
行业认定：中关村海外人才创业园
地　　址：北京市东城区安定门东滨河路乙1号
邮　　编：100013
电　　话：86-10-84215877

园区名称：中关村博雅海外人才创业园
成立时间：2011年12月
创建单位：中关村科技园区管委会与北京市海淀区人民政府共建
依托主体：中关村多媒体创意产业园
运营机构：博雅燕园科技企业孵化（北京）有限公司
行业认定：国家级科技企业孵化器（2016年）、中关村海外人才创业园
地　　址：北京市海淀区紫竹院路116号C座
邮　　编：100097
电　　话：86-10-51709191
网　　站：www.bjmmedia.cn

园区名称：中关村昌平园海外人才创业园
成立时间：2011年12月
创建单位：中关村科技园区昌平园管委会
依托主体：中关村科技园区昌平园
运营机构：中关村科技园区昌平园创业服务中心
行业认定：中关村海外人才创业园
地　　址：北京市昌平区超前路9号
邮　　编：102200
电　　话：86-10-69718748，69702108
邮　　箱：cpydqgzk@126.com

园区名称：中关村798创意产业留学人员创业园
成立时间：2011年12月
创建单位：中关村科技园区管委会与北京798艺术区管委会共建
依托主体：北京798艺术区
运营机构：北京798文化创意产业投资股份有限公司
行业认定：中关村海外人才创业园
地　　址：北京市朝阳区酒仙桥路2号A04楼
邮　　编：100037
电　　话：86-10-57626176，57626177，57626178
邮　　箱：ysj798@163.com
网　　站：798.bjchy.gov.cn

园区名称：中关村京仪海归人才创业园
成立时间：2012年12月
创建单位：中关村科技园区管委会与北京京仪集团有限责任公司共建

依托主体：京仪孵化器
运营机构：北京京仪科技孵化器有限公司
行业认定：国家级科技企业孵化器（2010年）、中国留学人员创业园区孵化基地（2019年）、中关村海外人才创业园
地　　址：北京市海淀区大钟寺东路9号B座1层119
邮　　编：100098
电　　话：86-10-62101651
传　　真：96-10-62272425
邮　　箱：djw7911@126.com
网　　站：www.bgspark.com

园区名称：中关村香港京泰海外人才创业园
成立时间：2015年5月
创建单位：中关村科技园区管委会与京泰实业（集团）有限公司共建
依托主体：京泰国际商务中心
运营机构：北京京泰投资管理中心
行业认定：中关村海外人才创业园
地　　址：北京市朝阳区化工路59号焦奥中心2号楼11层
邮　　编：100026
电　　话：86-10-85879088

园区名称：中关村北服海外人才创业园
成立时间：2012年3月，2015年6月挂牌中关村海外人才创业园
创建单位：北京市人民政府与北京服装学院共建
依托主体：中关村时尚产业创新园
运营机构：北京北服时尚投资管理有限公司
行业认定：中关村海外人才创业园
地　　址：北京市朝阳区樱花东街甲2号北京服装学院中关村时尚产业创新园304室
邮　　编：100029
电　　话：86-10-64520943
邮　　箱：info@biftpark.com
网　　站：www.biftpark.com

园区名称：中关村普天海外人才创业园
成立时间：2002年11月，2016年5月挂牌中关村海外人才创业园
创建单位：中国普天信息产业集团有限公司
依托主体：普天德胜孵化器
运营机构：北京普天德胜科技孵化器有限公司
行业认定：国家级科技企业孵化器（2007年）、中国留学人员创业园区孵化基地（第一批，2018年）、中关村海外人才创业园
地　　址：北京市西城区新街口外大街28号院C座1层
邮　　编：100088
电　　话：86-10-82052111转85

邮　　箱：fengenlin@ptydsh.com
网　　站：www.ptdsh.com

园区名称：中关村海聚博源海外人才创业园
成立时间：2015年6月，2017年10月挂牌中关村海外人才创业园
创建单位：北京市房山区人民政府
依托主体：北京金融安全示范产业园新金融创业港
运营机构：北京海聚博源科技孵化器有限公司
行业认定：中关村海外人才创业园
地　　址：北京市房山区阎富路69号院北京金融安全示范产业园
邮　　编：102425
电　　话：86-10－60342929
网　　站：www.hlwjraq.cn

园区名称：中关村智慧柠檬孵化器海外人才创业园
成立时间：2017年10月
创建单位：北京智汇邦信息技术有限公司
依托主体：智汇柠檬海创园
运营机构：北京智汇柠檬科技孵化器有限公司
行业认定：中关村海外人才创业园
地　　址：北京市西城区西直门外大街18号金贸大厦C2座602
邮　　编：100044
电　　话：86-10-52126181
网　　站：www.lemonvc.com

园区名称：中关村亦庄生物医药海外人才创业园
成立时间：2011年10月，2017年11月挂牌中关村海外人才创业园
创建单位：北京经济技术投资开发总公司
依托主体：北京亦庄生物医药园
运营机构：北京亦庄国际生物医药投资管理有限公司
行业认定：中关村海外人才创业园
地　　址：北京市大兴区经济技术开发区科创六街88号
邮　　编：101111
电　　话：86-10-56315275，56315282
网　　站：www.bybp.com.cn

园区名称：中关村禾芫海外人才创业园
成立时间：2015年5月，2017年12月挂牌中关村海外人才创业园
创建单位：北京禾芫科技孵化器有限公司
依托主体：禾芫孵化器
运营机构：北京禾芫科技孵化器有限公司
行业认定：国家级科技企业孵化器（2019年）、中关村海外人才创业园
地　　址：北京市昌平区超前路11号西门众创空间

邮　　编：102200
电　　话：86-10-69724741转801
网　　站：www.knowhow-incubator.com

园区名称：中关村腾讯众创空间（北京）海外人才创业园
成立时间：2015年11月，2017年12月挂牌中关村海外人才创业园
创建单位：北京市昌平区人民政府与腾讯开放平台、英诺创新空间共建
依托主体：腾讯众创空间（北京昌平）
运营机构：北京厚德跨客科技孵化器有限公司
行业认定：中关村海外人才创业园
地　　址：北京市昌平区回龙观东大街338号
邮　　编：102200
电　　话：86-10-69798860
邮　　箱：fawu@innoangel.com

园区名称：北京通州留学人员创业园
成立时间：2018年2月
创建单位：北京通州科技创新投资发展有限公司，又名通州留创园
依托主体：中关村科技园区通州园
运营机构：北京通州科技创新投资发展有限公司
行业认定：中关村海外人才创业园
地　　址：北京市通州区经海五路一号院58号楼
邮　　编：101100
电　　话：86-10-69501116
邮　　箱：413666914@qq.com
网　　站：www.bjtzot.com

园区名称：中关村北大医疗产业园海外人才创业园
成立时间：2010年9月，2019年12月挂牌中关村海外人才创业园
创建单位：北大医疗产业集团
依托主体：北大医疗产业园
运营机构：北大医疗产业园科技有限公司
行业认定：国家级科技企业孵化器（2019年）、中关村海外人才创业园
地　　址：北京市昌平区中关村生命科学园生命园路8号
邮　　编：102206
电　　话：400-011-8006
网　　站：www.pkucarepark.com

园区名称：中关村全球创新社区海外人才创业园
成立时间：2014年6月，2019年12月挂牌中关村海外人才创业园
创建单位：北京海淀置业集团有限公司
依托主体：中关村创业大街全球创新社区
运营机构：北京中关村创业大街科技服务有限公司

行业认定：中关村海外人才创业园
地　　址：北京市海淀区西大街48号
邮　　编：100080
电　　话：86-10-62563080
网　　站：www.z-innoway.com

园区名称：中关村京西创客工厂海外人才创业园
成立时间：2016年12月，2019年12月挂牌中关村海外人才创业园
创建单位：北京石龙经济开发区投资开发有限公司
依托主体：中关村科技园区门头沟园——京西创客工场
运营机构：北京石龙经济开发区投资开发有限公司
行业认定：中关村海外人才创业园
地　　址：北京市门头沟区莲石湖西路98号院石龙阳光大厦
邮　　编：102300
电　　话：86-10-60805990

天津市

园区名称：天津市留学生科技创业园
成立时间：1998年5月
创建单位：天津市留学服务中心与天津市科技创业服务中心共建
依托主体：天津市科技创业服务中心孵化基地
运营机构：天津市科技创业服务中心
行业认定：国家级科技企业孵化器（第一批，1997年）、天津市级留学人员创业园
地　　址：天津市南开区科研西路12号
邮　　编：300192
电　　话：86-22-24386711
邮　　箱：lxfw@public1.tpt.tj.cn

园区名称：天津经济技术开发区留学生创业园
成立时间：1996年7月
创建单位：天津经济技术开发区管委会
依托主体：国家级天津经济技术开发区
运营机构：天津泰达国际创业中心
行业认定：国家科技企业孵化器（2002年）、人事部与天津市人民政府共建单位（2005年）、天津市级留学人员创业园
地　　址：天津经济技术开发区第四大街80号天大科技园A1楼四层
邮　　编：300457
电　　话：86-22-66211500
传　　真：86-22-66211504
邮　　箱：caoypemail@163.com
网　　站：www.newteda.com

园区名称：天津滨海高新区海外留学生创业园
成立时间：1998年8月
创建单位：天津滨海高新技术产业开发区管委会
依托主体：天津滨海国家高新技术产业开发区国际创业中心
运营机构：天津滨海高新技术产业开发区国际创业中心
行业认定：国家级科技企业孵化器、国家留学人员创业园示范建设试点单位（2001年）、人事部与天津市人民政府共建单位（2004年）、天津市级留学人员创业园、中国留学人员创业园区孵化基地（第一批，2018年）
地　　址：天津滨海高新区华苑产业区华天道2号
邮　　编：300384
电　　话：86-22-83710085
传　　真：86-22-83710936
邮　　箱：123525385@qq.com

园区名称：天津国际生物医药联合研究院
成立时间：2009年6月
创建单位：科技部、商务部、卫生部、国家食品药品监督管理局与天津市人民政府共建
依托主体：国家生物医药国际创新园
运营机构：天津国际生物医药联合研究院有限公司
行业认定：国家级科技企业孵化器（2012年）、天津市级留学人员创业园
地　　址：天津经济技术开发区洞庭路220号
邮　　编：300457
电　　话：86-22-65378009
传　　真：86-22-65378036
邮　　箱：tjab2009@126.com
网　　站：www.tjab.org

河北省

园区名称：海外留学人员石家庄市创业园
成立时间：2000年5月
创建单位：石家庄高新技术产业开发区管委会
依托主体：石家庄国家高新技术产业开发区——金石工业园
运营机构：石家庄高新技术创业服务中心
行业认定：国家级科技企业孵化器（1998年）、石家庄市海外高层次人才创业创新基地（2011年）、中国留学人员创业园区孵化基地（第一批，2018年）
地　　址：河北省石家庄市新石北路368号创新大厦11楼
邮　　编：050091
电　　话：86-311-83815014
传　　真：86-311-83825920
邮　　箱：1034637148@qq.com
网　　站：www.sjzibi.com

园区名称：唐山市归国留学人员创业园
成立时间：1999年9月
创建单位：唐山市人事局与唐山高新技术产业开发区管委会共建
依托主体：唐山国家高新技术产业开发区
运营机构：唐山高新技术创业中心
行业认定：国家级科技企业孵化器（2002年）、人事部与唐山市人民政府共建单位（2002年）
地　　址：河北省唐山市高新区创新大厦A座3层
邮　　编：063000
电　　话：86-315-3852955，3853619
网　　站：www.tsgxcyzx.cn

园区名称：秦皇岛市留学人员创业园
成立时间：2006年8月
创建单位：秦皇岛市人事局与秦皇岛经济技术开发区管委会共建
依托主体：国家级秦皇岛经济技术开发区
运营机构：秦皇岛经济技术开发区高新技术创业服务中心
行业认定：国家级科技企业孵化器（2004年）
地　　址：河北省秦皇岛经济技术开发区数谷大道2号数谷大厦
邮　　编：066006
电　　话：86-335-8576605
邮　　箱：qhdcyzx@163.com
网　　站：www.qhdcy.cn

园区名称：海外留学人员邯郸创业园
成立时间：2008年6月
创建单位：邯郸市人事局与邯郸经济技术开发区管委会共建
依托主体：国家级邯郸经济技术开发区
运营机构：邯郸开发区生产力促进中心（原邯郸高新技术创业服务中心）
行业认定：国家级科技企业孵化器（2006年）
地　　址：河北省邯郸市开发区世纪大街2号
邮　　编：056107
电　　话：86-310-5801900
邮　　箱：hdkfqcyzx@126.com

园区名称：沧州市海外留学人员创业园
成立时间：2000年12月
创建单位：沧州市人事局与沧州经济开发区管委会共建
依托主体：沧州经济开发区
运营机构：沧州市科技创业中心
行业认定：国家级科技企业孵化器（2007年）
地　　址：河北省沧州经济开发区东海路20号靖烨科技园
邮　　编：061099
电　　话：86-317-5555637，5555633

园区名称：海外留学人员廊坊燕郊创业园
成立时间：2001年12月
创建单位：燕郊经济技术开发区（现燕郊高新技术产业开发区）管委会
依托主体：燕郊国家高新技术产业开发区
运营机构：三河燕郊新技术创业服务中心
行业认定：国家级科技企业孵化器（2008年）
地　　址：河北省廊坊市三河市迎宾路1141号燕郊创业大厦
邮　　编：065201
电　　话：86-316-3357676

山西省

园区名称：太原高新区留学人员创业园
成立时间：2003年2月
创建单位：太原高新技术产业开发区管委会，又名中国山西留学人员创业园
依托主体：山西转型综合改革示范区（太原国家高新技术产业开发区）
运营机构：山西转型综合改革示范区人才引进交流服务中心
行业认定：国家级科技企业孵化器（2012年）、人事部与山西省人民政府共建单位（2006年）
地　　址：山西省太原市小店区龙盛街52号盛玖大厦B座3层
邮　　编：030006
电　　话：86-351-7562322，7562688
邮　　箱：sxzgqrczx@126.com
网　　站：www.sxsfqrc.com

内蒙古自治区

园区名称：内蒙古自治区留学人员创业园
成立时间：2002年5月
创建单位：包头稀土高新技术产业开发区管委会
依托主体：包头稀土国家高新技术产业开发区
运营机构：包头稀土高新区科技创业服务中心（内蒙古留学人员创业园管理服务中心）
行业认定：国家级科技企业孵化器（2012年）、国家海外高层次人才创新创业基地（2011年）、人力资源和社会保障部与内蒙古自治区人民政府共建单位（2010年）、中国留学人员创业园区孵化基地（第一批，2018年）
地　　址：内蒙古自治区包头稀土高新区软件园大厦A座308室
邮　　编：014010
电　　话：86-472-5326636
邮　　箱：13347073668@163.com

园区名称：呼和浩特留学人员创业园
成立时间：2010年3月
创建单位：人力资源和社会保障部与内蒙古自治区人民政府共建

依托主体：国家级呼和浩特经济技术开发区
运营机构：呼和浩特留学人员创业服务中心
行业认定：国家级科技企业孵化器（2010年）、人力资源和社会保障部与内蒙古自治区人民政府共建单位（2010年）
地　　址：内蒙古自治区呼和浩特市赛罕区科尔沁南路69号呼和浩特留学人员创业园创新创业大厦
邮　　编：010010
电　　话：86-471-4617766
传　　真：86-471-4617766
邮　　箱：hhhtibi@163.com

园区名称：内蒙古鄂尔多斯留学人员创业园
成立时间：2013年9月
创建单位：鄂尔多斯高新技术产业开发区管委会
依托主体：鄂尔多斯国家高新技术产业开发区——鄂尔多斯启迪孵化器
运营机构：鄂尔多斯启迪创业服务中心
行业认定：国家级科技企业孵化器（2013年）
地　　址：内蒙古自治区鄂尔多斯市东胜区G109启迪孵化器大厦
邮　　编：017010
电　　话：86-477-2299118

辽宁省

园区名称：沈阳海外学子创业园
成立时间：1999年8月
创建单位：沈阳高新技术产业开发区管委会
依托主体：沈阳国家高新技术产业开发区
运营机构：海创沈阳创新创业服务中心、沈阳高新技术产业开发区科技创业服务中心
行业认定：国家级科技企业孵化器（2000年）、国家留学人员创业园示范建设试点单位（2001年）、人事部与沈阳市人民政府共建单位（2001年）
地　　址：辽宁省沈阳市浑南新区沈本大街沈阳国际软件园D09栋615
邮　　编：110167
电　　话：86-24-83780556
邮　　箱：service@shenyangtalents.com
网　　站：www.shenyangtalents.com

园区名称：大连海外学子创业园
成立时间：1998年12月
创建单位：大连高新技术产业园区管委会
依托主体：国家级大连高新技术产业园区
运营机构：大连市高新技术创业服务中心
行业认定：国家级科技企业孵化器（1996年）、国家留学人员创业园示范建设试点单位（第一批，2000年）、人事部与大连市人民政府共建单位（2001年）

地　　址：辽宁省大连高新区火炬路32号创业大厦A座6楼
邮　　编：116023
电　　话：86-411-84753822
网　　站：www.dhbi.cn

园区名称：鞍山海外学子创业园
成立时间：2001年6月
创建单位：鞍山高新技术产业开发区管委会
依托主体：鞍山国家高新技术产业开发区
运营机构：鞍山高新技术创业服务中心
行业认定：国家级科技企业孵化器（2001年）
地　　址：辽宁省鞍山市千山中路288号
邮　　编：114044
电　　话：86-412-5216552

吉林省

园区名称：长春海外学人创业园
成立时间：1999年6月
创建单位：吉林省人事厅、科技厅、教育厅，长春市人民政府外事办公室、人事局、科技局、教育局，长春高新技术产业开发区管委会、长春科技创业服务中心，吉林大学、东北师范大学、中科院长春应化所、中科院长春光机所等13家单位共建
依托主体：长春国家高新技术产业开发区
运营机构：长春科技创业服务中心
行业认定：国家级科技企业孵化器（第一批，1997年）、国家留学人员创业园示范建设试点单位（2001年）、人事部与长春市人民政府共建单位（2005年）、中国留学人员创业园区孵化基地（第一批，2018年）
地　　址：吉林省长春市高新区锦湖大路1357H号
邮　　编：130062
电　　话：86-431-88787870
邮　　箱：3109@163.com
网　　站：www.ccibi.com

园区名称：吉林高新技术产业开发区留学人员创业园
成立时间：2002年
创建单位：吉林高新技术产业开发区管委会
依托主体：吉林国家高新技术产业开发区
运营机构：吉林高新技术创业服务中心
行业认定：国家级科技企业孵化器（1999年）
地　　址：吉林省吉林市深圳街86号创业园A419
邮　　编：132013
电　　话：86-432-64648207
网　　站：www.jlincubator.com

黑龙江省

园区名称：哈尔滨海外学人创业园
成立时间：2000年6月
创建单位：哈尔滨经济技术开发区管委会
依托主体：国家级哈尔滨经济技术开发区
运营机构：哈尔滨高科技创业中心
行业认定：国家级科技企业孵化器（第一批，1997年）、国家留学人员创业园示范建设试点单位（2001年）、人事部与哈尔滨市人民政府共建单位（2005年）
地　　址：黑龙江省哈尔滨开发区南岗集中区嵩山路5号
邮　　编：150090
电　　话：86-451-82344005
邮　　箱：huangrf100@sina.com

园区名称：大庆留学人员创业园
成立时间：2001年6月
创建单位：大庆高新技术产业开发区管委会
依托主体：大庆国家高新技术产业开发区
运营机构：大庆高新技术创业服务中心
行业认定：国家级科技企业孵化器
地　　址：黑龙江省大庆高新区高新路创新大厦10号
邮　　编：163316
电　　话：86-459-6282540

上海市

园区名称：上海市留学人员科技创业孵化基地
成立时间：1998年4月
创建单位：上海市科学技术委员会
依托主体：上海市科技创业中心孵化基地
运营机构：上海市科技创业中心
行业认定：国家级科技企业孵化器、上海市级留学人员创业园
地　　址：上海市徐汇区钦州路100号
邮　　编：200235
电　　话：86-21-64833023
邮　　箱：qi_xzh@shtic.com
网　　站：www.shtic.com

园区名称：上海张江留学人员创业园
成立时间：1996年6月
创建单位：上海市人事局与上海张江高科技园区发展总公司共建

依托主体：上海张江高科技园区——张江科学城
运营机构：上海市浦东新区人才交流中心
行业认定：国家留学人员创业园示范建设试点单位（第一批，2000年）、上海市级留学人员创业园、中国留学人员创业园区孵化基地（第一批，2018年）
地　　址：上海市浦东新区环科路999弄浦东国际人才港4号楼一楼
邮　　编：201210
电　　话：86-21-58601283
传　　真：86-21-58320731
邮　　箱：jiangyan@pdrcfw.com
网　　站：www.pdrcfw.com

园区名称：上海留学人员漕河泾创业园区
成立时间：1996年6月
创建单位：上海市人事局与上海市漕河泾新兴技术开发区发展总公司共建
依托主体：国家级上海漕河泾新兴技术开发区
运营机构：上海市漕河泾新兴技术开发区科技创业中心
行业认定：国家级科技企业孵化器、上海市级留学人员创业园、中国留学人员创业园区孵化基地（第一批，2018年）
地　　址：上海市徐汇区桂平路410号B座3楼
邮　　编：200233
电　　话：86-21-54260100
传　　真：86-21-64951721
邮　　箱：lina@caohejing.com
网　　站：www.caohejing.com

园区名称：上海嘉定留学人员创业园
成立时间：1996年6月
创建单位：上海市人事局与上海嘉定高科技园区发展总公司共建
依托主体：张江国家自主创新示范区嘉定园（上海嘉定高科技园区）
运营机构：上海嘉定高新技术创业服务有限公司
行业认定：国家级科技企业孵化器（2016年）、国家留学人员创业园示范建设试点单位（第一批，2000年）、上海市级留学人员创业园
地　　址：上海市嘉定区叶城路1288号
邮　　编：201821
电　　话：86-21-69529050
网　　站：www.jdhitech.com

园区名称：上海虹桥临空留学人员创业园
成立时间：1999年6月
创建单位：上海市人事局、上海市长宁区人民政府与上海虹桥临空经济园区发展有限公司共建
依托主体：上海虹桥临空经济示范区
运营机构：上海虹桥临空经济园区发展有限公司
行业认定：上海市级留学人员创业园

地　　址：上海市长宁区金钟路631弄2号楼8楼
邮　　编：200335
电　　话：86-21-52198009
邮　　箱：jemmyxie@vip.163.com
网　　站：www.hqlk.com

园区名称：上海莘闵留学人员创业园
成立时间：2000年7月
创建单位：上海市人事局与上海市闵行区人民政府共建，又名上海莘闵高新技术暨回国留学生科技创业园区
依托主体：上海市莘庄工业区
运营机构：上海莘闵高新技术开发有限公司
行业认定：国家级科技企业孵化器（2007年）、上海市级留学人员创业园、中国留学人员创业园区孵化基地（2020年）
地　　址：上海市闵行区金都路3669号1号楼4楼
邮　　编：201108
电　　话：86-21-34121124

园区名称：上海宝山留学人员创业园
成立时间：2003年5月
创建单位：上海市人事局、上海市宝山区人民政府与上海宝山城市工业园区管委会共建
依托主体：上海宝山城市工业园区
运营机构：上海宝山城市工业园区开发有限公司
行业认定：上海市级留学人员创业园
地　　址：上海市宝山区丰翔路1409号
邮　　编：200436
电　　话：86-21-36162282
邮　　箱：1367558237@qq.com

园区名称：上海杨浦留学人员创业园
成立时间：2003年6月
创建单位：上海市人事局与上海市杨浦区人民政府共建，又名上海杨浦知识创新区留学人员创业园
依托主体：杨浦海外高层次人才创新创业基地
运营机构：上海市杨浦区高层次人才创新创业服务中心
行业认定：国家海外高层次人才创新创业基地（2009年）、上海市级留学人员创业园
地　　址：上海市杨浦区大学路243号8楼
邮　　编：200433
电　　话：86-21-55062055
邮　　箱：yp3310@vip.163.com
网　　站：www.yp3310.sh.cn

园区名称：上海普陀留学人员创业园
成立时间：2004年11月
创建单位：上海市经济和信息化委员会与上海市普陀区人民政府共建

依托主体：上海天地软件园，2006年挂牌上海市留学人员创业园
运营机构：上海天地软件创业园有限公司
行业认定：上海市级留学人员创业园
地　　址：上海市真北路958号1号楼15楼
邮　　编：200333
电　　话：86-21-52822279，52829991，52821259
网　　站：www.universal.sh.cn

园区名称：上海徐汇留学人员创业园
成立时间：2004年12月
创建单位：上海市人事局与上海市徐汇区人民政府共建
依托主体：枫林国际创新中心、上海聚科生物园区、徐汇软件园等
运营机构：上海枫林生命健康产业发展（集团）有限公司等
行业认定：上海市级留学人员创业园
地　　址：上海市徐汇区南宁路969号
邮　　编：200235
电　　话：86-21-64079067
传　　真：86-21-64757083
邮　　箱：rencaike@xh.sh.cn

园区名称：上海医谷留学人员创业园
成立时间：2009年1月
创建单位：上海市人力资源和社会保障局与原上海市南汇区人民政府共建，原名上海南汇留学人员创业园
依托主体：上海国际医学园
运营机构：上海医谷孵创创业投资有限公司
行业认定：上海市海外高层次人才创新创业基地（2012年）、上海市级留学人员创业园
地　　址：上海市浦东新区周祝公路337号5号楼
邮　　编：201318
电　　话：86-21-38019189
邮　　箱：zhangy03@zjpark.com

园区名称：上海临港新片区留学人员创业园
成立时间：2020年8月
创建单位：中国（上海）自由贸易试验区临港新片区管理委员会、上海临港经济发展（集团）有限公司、上海港城开发（集团）有限公司、上海市归国华侨联合会等共建
依托主体：中国（上海）自由贸易试验区临港新片区——新侨新兴产业园（新侨产业园）、海洋高新技术产业化基地（海客空间）
运营机构：上海宝地临港产城发展有限公司、上海临港海洋高新技术产业发展有限公司
行业认定：上海市级留学人员创业园
地　　址：浦东新区泥城镇秋山路1775弄1-44号（新侨产业园）
浦东新区南汇新城镇海基六路218弄15号楼（海客空间）
电　　话：86-21-38294768（新侨产业园）
86-21-38072117（海客空间）

江苏省

园区名称：南京江北新区留学人员创业园
成立时间：1994年9月
创建单位：南京市人事局和南京高新技术产业开发区管委会共建，原名南京留学人员创业园、金陵海外学子科技工业园
依托主体：南京江北新区（南京国家高新技术产业开发区）
运营机构：南京市江北新区自主创新服务中心（南京市江北新区留学人员创业园管理服务中心）
行业认定：国家级科技企业孵化器（2010年）、人事部与南京市人民政府共建单位（2005年）、江苏省级留学回国人员创新创业示范基地（2016年）、江苏省留学人员之家（第一批，2020年）、中国留学人员创业园区孵化基地（2019年）
地　　址：江苏省南京市江北新区凤滁路48号服务贸易大厦A座201-1
邮　　编：210031
电　　话：86-25-58856907
邮　　箱：598271448@qq.com
网　　站：njna.nanjing.gov.cn

园区名称：南京白下高新技术产业开发区留学人员创业园
成立时间：2001年8月，2016年挂牌南京市留学人员创业园
创建单位：南京市白下国有资产经营有限公司
依托主体：南京白下高新技术产业开发区
运营机构：南京白下高新技术产业园区投资发展有限责任公司
行业认定：江苏省级留学回国人员创新创业示范基地（2019年）、江苏省级留学回国人员创新创业园（2017年）、江苏省留学人员之家（第一批，2020年）、南京市级留学人员创业园
地　　址：江苏省南京市秦淮区石杨路56号白下高新园区创业园
邮　　编：210014
电　　话：86-25-69978803
邮　　箱：qhkcjt@126.com
网　　站：www.bxgxq.com

园区名称：南京徐庄软件园留学人员创业园
成立时间：2002年9月，2016年挂牌南京市留学人员创业园
创建单位：南京玄武高新技术产业集团有限公司
依托主体：南京徐庄高新技术产业开发区——徐庄软件园
运营机构：南京徐庄科技创业服务中心有限公司
行业认定：江苏省级留学回国人员创新创业示范基地（2020年）、江苏省级留学回国人员创新创业园（2018年）、南京市级留学人员创业园
地　　址：江苏省南京市玄武区玄武大道699-1号3层
邮　　编：210042
电　　话：86-25-85582012
邮　　箱：18617363@qq.com

园区名称：南京新城科技园留学人员创业园
成立时间：2003年9月，2016年挂牌南京市留学人员创业园
创建单位：南京市建邺区高新科技投资集团有限公司（原名南京新城科技园建设发展有限责任公司）
依托主体：南京建邺高新技术产业开发区——南京新城科技园
运营机构：南京新城科技创新发展有限公司
行业认定：江苏省级留学回国人员创新创业园（2017年）、南京市级留学人员创业园
地　　址：江苏省南京市建邺区奥体大街68号1幢5层
邮　　编：210019
电　　话：86-25-87775003
邮　　箱：xckjy@xckjy.com

园区名称：江苏生命科技创新园留学人员创业园
成立时间：2009年1月，2016年挂牌南京市留学人员创业园
创建单位：中共南京市栖霞区委、南京市栖霞区人民政府与南京仙林大学城管委会共建
依托主体：南京栖霞高新技术产业开发区——江苏生命科技创新园
运营机构：江苏仙林生命科技创新园发展有限公司
行业认定：国家级科技企业孵化器（2014年）、江苏省级留学回国人员创新创业园（2018年）、南京市级留学人员创业园
地　　址：江苏省南京市栖霞区仙林大学城纬地路9号D5室
邮　　编：210019
电　　话：86-25-85753510，85755646
邮　　箱：695652807@qq.com

园区名称：南京经开区兴智科技园留学人员创业园
成立时间：2012年2月，2016年挂牌南京市留学人员创业园
创建单位：南京新港东区建设发展有限公司
依托主体：南京新港国家高新技术产业园——兴智科技园
运营机构：南京兴智科技产业发展有限公司
行业认定：国家级科技企业孵化器、南京市级留学人员创业园
地　　址：江苏省南京市栖霞区兴智路6号
邮　　编：210046
电　　话：86-25-85775021

园区名称：南京江宁开发区千人基地留学人员创业园
成立时间：2012年3月，2016年挂牌南京市留学人员创业园
创建单位：南京江宁经济技术开发总公司，原南京归国博士创业园
依托主体：国家级南京江宁开发区——千人基地园
运营机构：江宁开发区科技创业服务中心
行业认定：国家级科技企业孵化器（2015年）、国家海外高层次人才创新创业基地（2012年）、江苏省级留学回国人员创新创业园（第一批，2016年）、南京市级留学人员创业园
地　　址：江苏省南京市江宁经济技术开发区胜太路88号
邮　　编：211103
电　　话：86-25-52760356

园区名称：南京生物医药谷科技留学人员创业园
成立时间：2015年6月，2016年挂牌南京市留学人员创业园
创建单位：南京江北新区产业投资集团有限公司
依托主体：南京生物医药谷——中丹生态生命科学产业园
运营机构：南京生物医药谷建设发展有限公司
行业认定：国家级科技企业孵化器（2015年）、江苏省级留学回国人员创新创业园（2019年）、南京市级留学人员创业园
地　　址：江苏省南京江北新区新锦湖路3-1号中丹生态生命科学产业园一期
邮　　编：210046
电　　话：86-25-58050047，58050083
传　　真：86-25-58641116
网　　站：www.njbpv.cn

园区名称：南京工大科技产业园留学人员创业园
成立时间：2006年12月，2017年挂牌南京市留学人员创业园
创建单位：南京工业大学与南京荣达建设开发有限公司共建
依托主体：南京工业大学国家大学科技园——南京工大科技产业园
运营机构：南京工大科技产业园股份有限公司（南京工大科技产业园创业中心）
行业认定：国家级科技企业孵化器（2019年）、南京市级留学人员创业园
地　　址：江苏省南京市浦口区江浦街道万寿路15号
邮　　编：211899
电　　话：86-25-58881999
传　　真：86-25-58136999
网　　站：www.njutsp.cn

园区名称：南京紫东留学人员创业园
成立时间：2009年10月，2017年挂牌南京市留学人员创业园
创建单位：南京栖霞国有资产经营有限公司与南京马群科技发展有限公司共建
依托主体：南京紫东国际创意园
运营机构：南京钟山创意产业发展有限公司
行业认定：国家级科技企业孵化器（2016年）、南京市级留学人员创业园
地　　址：江苏省南京市栖霞区紫东路1号
邮　　编：210046
电　　话：86-25-84355555，84354676

园区名称：南京江宁滨江留学人员创业园
成立时间：2011年3月，2017年挂牌南京市留学人员创业园
创建单位：南京滨江投资发展有限公司
依托主体：国家级南京江宁滨江经济开发区——南京江宁滨江科技创业园
运营机构：南京滨江科创投资有限公司
行业认定：国家级科技企业孵化器（2019年）、江苏省级留学回国人员创新创业园（2019年）、南京市级留学人员创业园
地　　址：江苏省南京江宁滨江经济开发区盛安大道739号

邮　　编：210000
电　　话：86-25-86129639
邮　　箱：52171890@qq.com

园区名称：南京高淳开发区留学人员创业园
成立时间：2012年7月，2017年挂牌南京市留学人员创业园
创建单位：江苏高淳经济开发区开发集团有限公司
依托主体：高淳经济开发区——高淳科技创业中心孵化基地
运营机构：南京高淳科技创业中心有限公司
行业认定：国家级科技企业孵化器（2017年）、南京市级留学人员创业园
地　　址：江苏省南京市高淳经济开发区古檀大道3号科创大楼201室
邮　　编：211300
电　　话：86-25-57358826
邮　　箱：kvq0803@163.com

园区名称：南京江宁东山留学人员创业园
成立时间：2012年10月，2017年挂牌南京市留学人员创业园
创建单位：南京市江宁区人民政府
依托主体：南京东山国际企业总部园
运营机构：南京东山国际企业总部园开发有限公司、南京东山国际企业总部园科技人才局
行业认定：南京市级留学人员创业园
地　　址：江苏省南京市江宁区东山街道东麒路33号A座
邮　　编：211103
电　　话：86-25-52707297

园区名称：南京中科创新广场留学人员创业园
成立时间：2014年12月，2017年挂牌南京市留学人员创业园
创建单位：南京浦口经济开发区管委会、中国科技开发院与苏州新康投资集团有限公司共建
依托主体：中科创新广场
运营机构：南京中科新达加速器有限公司
行业认定：国家级科技企业孵化器（2019年）、南京市级留学人员创业园
地　　址：江苏省南京市浦口区浦滨路150号
邮　　编：210000
电　　话：86-25-58537777
邮　　箱：zhongkexd@163.com
网　　站：www.castdnj.com

园区名称：南京江北新材料科技园留学人员创业园
成立时间：2017年11月
创建单位：南京江北新区新城科技创业有限公司，原名南京化工园留学人员创业园
依托主体：江北新区新材料科技园研发中心（原南京化学工业园区产学研协同创新基地）
运营机构：江北新区新材料科技园管理办公室
行业认定：国家级科技企业孵化器（2013年）、南京市级留学人员创业园

地　　址：江苏省南京市江北新区方水路168号
邮　　编：210047
电　　话：86-25-58394768
传　　真：86-25-58390625
邮　　箱：ipb@ncip.cn

园区名称：南京江宁高新园留学人员创业园
成立时间：2017年12月
创建单位：南京江宁科学园发展有限公司
依托主体：国家级南京江宁开发区——江宁开发区高新园
运营机构：南京江宁高新园科技创业服务管理有限公司
行业认定：国家级科技企业孵化器（2016年）、江苏省级留学回国人员创新创业园（2018年）、南京市级留学人员创业园
地　　址：江苏省南京市江宁区天元东路1009号江宁高新园
邮　　编：211100
电　　话：86-25-52393881

园区名称：南京沣创会留学人员创业园
成立时间：2015年11月，2019年挂牌南京市留学人员创业园
创建单位：南京市江宁区人民政府秣陵街道办事处与南京网新科技文化产业有限公司共建
依托主体：秣陵9车间文化创意产业园——南京沣创会留学人员创业中心
运营机构：江苏沣德科技文化产业有限公司
行业认定：南京市级留学人员创业园
地　　址：江苏省南京市江宁区利源南路55号
邮　　编：211100
电　　话：86-25-86105777
网　　站：www.fengdepark.com

园区名称：南京六合海智汇留学人员创业园
成立时间：2019年1月，2019年挂牌南京市留学人员创业园
创建单位：南京六合科技创业投资发展有限公司
依托主体：南京六合高新技术产业开发区——六合科创中心棠邑孵化器
运营机构：南京棠邑科创服务有限公司
行业认定：南京市级留学人员创业园
地　　址：江苏省南京市六合区雄州街道王桥路59号裙楼214室
邮　　编：211500
电　　话：86-25-57570016

园区名称：南京江北科投基因大厦留学人员创业园
成立时间：2019年2月，2019年挂牌南京市留学人员创业园
创建单位：南京江北新区科技投资集团有限公司
依托主体：南京江北新区（国家高新技术产业开发区）——基因大厦
运营机构：南京江北新区科技投资集团有限公司

行业认定：南京市级留学人员创业园
地　　址：江苏省南京市江北新区浦滨路211号基因大厦A座6楼
邮　　编：210046
电　　话：86-25-56675878
网　　站：yzstid.com

园区名称：江苏软件园留学人员创业园
成立时间：2000年12月
创建单位：南京江宁科技园发展有限公司与南京江宁经济技术开发总公司共建
依托主体：江苏软件园，2020年挂牌南京市留学人员创业园
运营机构：江苏软件园科技发展有限公司
行业认定：国家级科技企业孵化器（2013年）、南京市级留学人员创业园
地　　址：江苏省南京市江宁区东山街道万安西路59号博特新材料创业园
邮　　编：210000
电　　话：86-25-52399811

园区名称：江苏博特留学人员创业园
成立时间：2017年3月，2020年挂牌南京市留学人员创业园
创建单位：江苏苏博特新材料股份有限公司
依托主体：江苏博特新材料创业园
运营机构：江苏博特新材科技有限公司
行业认定：国家级科技企业孵化器（2017年）、南京市级留学人员创业园
地　　址：江苏省南京市江宁区东山街道万安西路59号博特新材料创业园
邮　　编：211103
电　　话：86-25-52703855
网　　站：www.cnjsjk.cn

园区名称：无锡留学人员创业园
成立时间：2000年3月
创建单位：无锡高新技术产业开发区管委会
依托主体：无锡国家高新技术产业开发区
运营机构：无锡留学人员创业园发展有限公司
行业认定：国家级科技企业孵化器（1999年）、人事部与江苏省人民政府共建单位（2006年）、江苏省级留学回国人员创新创业示范基地（第一批，2016）
地　　址：江苏省无锡新区太湖国际科技园大学科技园清源路530大厦A区2层
邮　　编：214135
电　　话：86-510-85229915
传　　真：86-510-85213590
邮　　箱：lxs@wnd.gov.cn

园区名称：无锡北创科技园留学人员创业园
成立时间：2000年3月
创建单位：无锡产业发展集团有限公司、无锡创业投资集团有限公司、无锡市北塘区资产经营有限公司（现

无锡市梁溪经发实业投资集团有限公司）共建，原名无锡北塘留学人员创业园
依托主体：无锡市北创科技创业园
运营机构：无锡市北创科技创业园有限公司
行业认定：国家级科技企业孵化器、江苏省级留学人员创业园
地　　址：江苏省无锡市梁溪区兴源北路401号
邮　　编：214043
电　　话：86-510-82608819，82600211
传　　真：86-510-82602111
网　　站：www.wxstc.com

园区名称：无锡惠山留学人员创业园
成立时间：2006年10月
创建单位：无锡惠山经济开发区管委会
依托主体：无锡惠山经济开发区
运营机构：无锡惠山高新技术创业服务中心
行业认定：国家级科技企业孵化器（2009年）、江苏省级留学人员创业园（2007年）
地　　址：江苏省无锡市惠山区文惠路18-1号
邮　　编：214174
电　　话：86-510-83593668
传　　真：86-510-83595062
邮　　箱：whedzcn@yahoo.com.cn

园区名称：无锡锡山留学人员创业园
成立时间：2008年6月
创建单位：江苏省锡山经济技术开发区总公司
依托主体：国家级锡山经济技术开发区——锡山科技创业园
运营机构：无锡锡山科技创业园有限公司（锡山经济技术开发区科技创业服务中心）
行业认定：国家级科技企业孵化器、江苏省级留学回国人员创新创业示范基地（2018年）、江苏省级留学人员创业园（2008年）
地　　址：江苏省无锡市锡山经济开发区芙蓉中三路99号
邮　　编：214192
电　　话：86-510-88218179

园区名称：无锡文化创意留学人员创业园
成立时间：2010年8月
创建单位：无锡北仓门生活艺术服务有限公司，原名无锡崇安区留学生创业创意园
依托主体：北仓门文化艺术中心
运营机构：无锡北仓门生活艺术服务有限公司
行业认定：江苏省级留学人员创业园（2010年）
地　　址：江苏省无锡市梁溪区北仓门37号
邮　　编：214000
电　　话：86-510-82329999
网　　站：www.bcm-art.com

园区名称：无锡（惠山）生命科技产业园留学人员创业园
成立时间：2009年8月
创建单位：无锡惠开经济发展集团有限公司
依托主体：无锡惠山经济开发区——江苏无锡（惠山）生命科技产业园，2020年挂牌江苏省留学回国人员创新创业园
运营机构：无锡惠山新城生命科技产业发展有限公司
行业认定：国家级科技企业孵化器、江苏省级留学回国人员创新创业园（2020年）、江苏省留学人员之家（第一批，2020年）
地　　址：江苏省无锡市惠山区惠山大道1699号
邮　　编：214174
电　　话：86-510-83596716，83595002，83596708，83596703
传　　真：86-510-83581699
网　　站：www.wuxilifepark.com.cn

园区名称：江阴留学人员创业园
成立时间：2005年1月
创建单位：江阴高新技术产业开发区管委会
依托主体：江阴国家高新技术产业开发区——江阴高新技术创业园
运营机构：江阴市高新技术创业投资有限公司
行业认定：国家级科技企业孵化器（2008年）、江苏省级留学回国人员创新创业示范基地（2019年）、江苏省级留学回国人员创新创业园（2005年）
地　　址：江苏省无锡市江阴市澄江中路159号江阴高新技术创业园
邮　　编：214434
电　　话：86-510-81602090

园区名称：宜兴留学人员创业园
成立时间：2007年10月
创建单位：宜兴市人民政府与中国宜兴环保科技工业园发展总公司、宜兴市新园房地产开发有限公司公共建
依托主体：中国宜兴环保科技工业园
运营机构：宜兴留学人员创业园有限公司
行业认定：国家级科技企业孵化器（2015年）、江苏省级留学回国人员创新创业示范基地（2017年）、江苏省级留学人员创业园（2007年）
地　　址：江苏省无锡市宜兴环科园绿园路48号
邮　　编：214206
电　　话：86-510-87077257

园区名称：徐州经济技术开发区留学人员创业园
成立时间：2007年8月
创建单位：徐州市人事局、科技局与徐州经济开发区管委会共建
依托主体：国家级徐州经济技术开发区
运营机构：徐州高新技术创业服务中心
行业认定：国家级科技企业孵化器、江苏省级留学回国人员创新创业园（2018年）、江苏省级留学人员创业园
地　　址：江苏省徐州经济技术开发区杨山路19号科技创业大厦

邮　　编：221300
电　　话：86-516-87896098
邮　　箱：xedzppc@163.com

园区名称：徐州软件园留学回国人员创新创业园
成立时间：2012年8月
创建单位：徐州市泉山区人民政府
依托主体：中国矿业大学国家大学科技园——徐州软件园，2017年挂牌江苏省留学回国人员创新创业园
运营机构：徐州软件园发展有限公司
行业认定：国家级科技企业孵化器（2012年）、江苏省级留学回国人员创新创业园（2017年）
地　　址：江苏省徐州市泉山区软件园路6号11号楼1203室
邮　　编：210006
电　　话：86-516-83798788
网　　站：www.dlhkcy.com

园区名称：东陇海留学人员创业园
成立时间：2008年9月
创建单位：无锡—新沂工业园管委会，又名东陇海科技创业园
依托主体：无锡—新沂工业园
运营机构：新沂市锡沂科技园发展有限公司
行业认定：国家级科技企业孵化器、江苏省级留学人员创业园（2008年）
地　　址：江苏省新沂市新沂无锡—新沂工业园黄山路8号
邮　　编：221400
电　　话：86-516-8160062
网　　站：www.dlhkcy.com

园区名称：常州留学人员创业园
成立时间：1999年12月
创建单位：常州高新技术产业开发区管委会（常州市新北区人民政府）
依托主体：常州国家高新区苏南国家自主创新示范区
运营机构：常州高新技术创新创业服务中心
行业认定：国家级科技企业孵化器（1999年）、江苏省级留学回国人员创新创业示范基地（第一批，2016年）、江苏省级留学人员创业园（2001年）
地　　址：江苏省常州市新北区辽河路901号新科创大厦C座302室
邮　　编：213001
电　　话：86-519-85106846
传　　真：86-519-85106846

园区名称：常州钟楼留学人员创业园
成立时间：1999年12月
创建单位：常州市人事局与常州市钟楼区人民政府共建
依托主体：江苏常州钟楼经济开发区
运营机构：常州钟楼高新技术创业服务中心

行业认定：国家级科技企业孵化器（2009年）、江苏省级留学人员创业园（2008年）
地　　址：江苏省常州市钟楼区玉龙路6号
邮　　编：213014
电　　话：86-519-88139168

园区名称：常州武进留学人员创业园
成立时间：2004年8月
创建单位：武进高新技术产业开发区管委会
依托主体：武进国家高新技术产业开发区
运营机构：武进高新技术创业服务中心
行业认定：国家级科技企业孵化器（2004年）、江苏省级留学人员创业园（2007年）、常州市级留学人员创业园
地　　址：江苏省常州市武进人民东路158号
邮　　编：213161
电　　话：86-519-86322963
邮　　箱：bcd_cz@hotmail.com

园区名称：常州金坛留学人员创业园
成立时间：2007年11月
创建单位：常州市人事局与江苏省金坛经济开发区管委会共建
依托主体：江苏省金坛经济开发区
运营机构：金坛高新技术创业服务中心
行业认定：国家级科技企业孵化器、江苏省级留学人员创业园（2011年）、常州市级留学人员创业园
地　　址：江苏省常州市金坛区开发区金胜东路98号
邮　　编：213299
电　　话：86-519-82693333
邮　　箱：jsjtlh@126.com

园区名称：常州天宁留学人员创业园
成立时间：2008年4月，2009年12月挂牌常州市留学人员创业园
创建单位：常州市天宁区人民政府
依托主体：江苏常州天宁经济开发区——常州市天宁高新技术创业服务中心孵化基地
运营机构：常州市天宁高新技术创业服务中心
行业认定：国家级科技企业孵化器（2012年）、江苏省级留学人员创业园（2014年）、常州市级留学人员创业园
地　　址：江苏省常州市河海东路9号
邮　　编：213164
电　　话：86-519-8550623，85313594
邮　　箱：tncy@tncy.org

园区名称：常州科教城留学人员创业园
成立时间：2002年8月，2010年挂牌江苏省留学人员创业园
创建单位：江苏省教育厅、科技厅与常州市人民政府共建，又名中国常州留学人员创业园

依托主体：常州科教城
运营机构：常州科教城投资发展有限公司、常州科教城管委会
行业认定：人力资源和社会保障与江苏省人民政府共建单位（2013年）、江苏省级留学人员创业园（2010年）
地　　址：江苏省常州市常武中路18号
邮　　编：213164
电　　话：86-519-86339762，86339769
邮　　箱：czkjc@czkjc.gov.cn
网　　站：kjc.changzhou.gov.cn

园区名称：常州三晶留学人员创业园
成立时间：2006年
创建单位：常州市三井街道办事处（常州市三井实业总公司）
依托主体：常州三晶信息技术孵化器，2012年挂牌常州市留学人员创业园
运营机构：常州三晶世界科技产业发展有限公司
行业认定：国家级科技企业孵化器（2010年）、江苏省级留学回国人员创新创业园（2020年）、常州市级留学人员创业园
地　　址：江苏省常州市新北区华山路18号
邮　　编：213022
电　　话：86-519-81238780
网　　站：www.cz3j.com.cn

园区名称：溧阳留学人员创业园
成立时间：2007年
创建单位：常州市人民政府与江苏中关村科技产业园控股集团有限公司共建，原名常州市溧阳留学人员创业园、江苏中关村留学人员创业园
依托主体：江苏中关村科技产业园
运营机构：溧阳市高新技术创业中心
行业认定：国家级科技企业孵化器（2016年）、江苏省级留学人员创业园（2013年）、常州市级留学人员创业园
地　　址：江苏省常州市溧阳市溧城镇芜申路168号
邮　　编：213399
电　　话：86-519-87305230

园区名称：苏州留学人员创业园
成立时间：1998年8月
创建单位：教育部留学服务中心、科技部火炬高技术产业开发中心、江苏省科学技术委员会、江苏省人才流动服务中心、苏州市科学技术委员会与苏州高新技术产业开发区管委会共建，又名苏州创业园
依托主体：苏州国家高新技术产业开发区
运营机构：苏州留学人员创业园有限公司（苏州高新技术创业服务中心）
行业认定：国家级科技及企业孵化器（第一批，1997年）、国家留学人员创业园示范建设试点单位（第一批，2000年）、江苏省级留学回国人员创新创业示范基地（第一批，2016年）、江苏省留学人员之家（2020年）、中国留学人员创业园区孵化基地（第一批，2018年）
地　　址：江苏省苏州高新区竹园路209号

邮　　编：215011
电　　话：86-512-68075850
邮　　箱：ztw@csibi.cn
网　　站：www.csibi.cn

园区名称：苏州吴中区留学人员创业园
成立时间：2004年6月
创建单位：苏州市吴中区科技创业服务中心与苏州市科技创新创业投资有限公司等共建
依托主体：吴中科技创业园
运营机构：苏州市吴中科技创业园管理有限公司
行业认定：国家级科技企业孵化器（2006年）、江苏省级留学回国人员创新创业示范基地（2019年）、江苏省级留学人员创业园（2009年）、江苏省留学人员之家（第一批，2020年）、中国留学人员创业园区孵化基地（第一批，2018年）
地　　址：江苏省苏州市吴中区长蠡路99号
邮　　编：215128
电　　话：86-512-65270617
邮　　箱：zhou20059@hotmail.com
网　　站：www.wzcy.cn

园区名称：苏州相城经济技术开发区留学回国人员创新创业园
成立时间：2006年12月
创建单位：苏州相城经济技术开发区管委会与西安交通大学苏州研究院共建
依托主体：国家级相城经济技术开发区——西安交通大学漕湖科技园
运营机构：苏州西交科技园管理有限公司
行业认定：国家科技企业孵化器、江苏省级留学回国人员创新创业园（2017年）、江苏省留学人员之家（第一批，2020年）
地　　址：江苏省苏州市相城经济技术开发区观塘路1号
邮　　编：215131
电　　话：86-512-69592008

园区名称：苏州吴江留学人员创业园
成立时间：2007年2月
创建单位：苏州市吴江区科学技术局与吴江经济技术开发区管委会共建
依托主体：国家级吴江经济技术开发区——吴江科技创业园
运营机构：吴江科技创业投资有限公司
行业认定：国家级科技企业孵化器（2011年）、江苏省级留学人员创业园（2008年）
地　　址：江苏省苏州市吴江区长安路2358吴江科技创业园
邮　　编：215200
电　　话：86-512－63960753，63988900

园区名称：苏州吴江汾湖科技人员暨留学人员创业园
成立时间：2007年10月
创建单位：江苏省汾湖高新技术产业开发区管委会

依托主体：江苏省汾湖高新技术产业开发区——汾湖科技创业园
运营机构：吴江汾湖科技创业服务有限公司
行业认定：国家级科技企业孵化器（2012年）、江苏省级留学回国人员创新创业园（2019年）
地　　址：江苏省苏州市吴江区汾湖大道558号
邮　　编：215211
电　　话：86-512-63263333
邮　　箱：43181184@qq.com
网　　站：www.fohokcy.com

园区名称：苏州工业园区国际科技园
成立时间：2000年4月，2017年挂牌苏州市留学回国人员创新创业园
创建单位：苏州工业园区管委会
依托主体：苏州工业园区——苏州国际科技园（中国留学人员苏州创业中心）
运营机构：苏州工业园区国际科技园产业管理有限公司、苏州工业园区科技发展有限公司
行业认定：国家级科技企业孵化器、国家海外高层次人才创新创业基地、江苏省级留学回国人员创新创业示范基地（2017年）、苏州市级留学回国人员创新创业园
地　　址：江苏省苏州工业园区金鸡湖大道1355号科技新天地1楼
邮　　编：215021
电　　话：86-512-62529666
邮　　箱：zsb@sispark.com.cn
网　　站：www.sispark.com.cn

园区名称：苏州生物医药产业园留学回国人员创新创业园
成立时间：2007年6月，2017年挂牌苏州市留学回国人员创新创业园
创建单位：苏州工业园区管委会
依托主体：苏州工业园区——苏州生物医药产业园
运营机构：苏州工业园区生物产业发展有限公司
行业认定：国家级科技企业孵化器（2010年）、江苏省留学回国人员创新创业园（2019年）、苏州市级留学回国人员创新创业园、江苏省留学人员之家（第一批，2020年）
地　　址：江苏省苏州市吴中区苏州工业园区星湖街218号
邮　　编：215000
电　　话：86-512-62956666
邮　　箱：muwh@biobay.com.cn
网　　站：www.biobay.com.cn

园区名称：江苏医疗器械科技产业园留学回国人员创新创业园
成立时间：2009年5月，2017年挂牌苏州市留学回国人员创新创业园
创建单位：苏州科技城发展集团有限公司与苏州苏高新集团有限公司、苏州苏高新科技产业发展有限公司、苏州留学人员创业园有限公司共建
依托主体：苏州国家高新技术产业开发区（苏州科技城）——江苏医疗器械科技产业园
运营机构：苏州科技城生物医学技术发展有限公司
行业认定：国家级科技企业孵化器、江苏省级留学回国人员创新创业园（2020年）、苏州市级留学回国人员创新创业园

地　　址：江苏省苏州高新区科技城锦峰路8号2号楼5层
邮　　编：215163
电　　话：86-512-66918815
传　　真：86-512-66918809
邮　　箱：info@medpark.com.cn
网　　站：www.medpark.net.cn

园区名称：苏州阳澄湖国际科技创业园
成立时间：2015年11月，2017年挂牌苏州市留学回国人员创新创业园
创建单位：苏州相城经济技术开发区管委会
依托主体：国家级相城经济技术开发区——阳澄湖国际科技创业园（苏州相城区科技创业园）
运营机构：苏州漕湖科技发展股份有限公司（苏州市相城区科技创业园有限公司）
行业认定：苏州市级留学回国人员创新创业园
地　　址：江苏省苏州市相城经济技术开发区康元路777号
邮　　编：215131
电　　话：86-512-66183070
邮　　箱：262234539@qq.com

园区名称：西交SKEMA国际创新创业园
成立时间：2013年3月，2019年挂牌苏州市留学回国人员创新创业园
创建单位：西安交通大学苏州研究院科教发展公司与法国SKEMA商学院共建
依托主体：苏州工业园区西交大科技园
运营机构：西交科创发展（苏州）有限公司
行业认定：国家级科技企业孵化器（2013年）、苏州市级留学回国人员创新创业园
地　　址：江苏省苏州市苏州工业园区仁爱路99号西交大科技园
邮　　编：215123
电　　话：86-512-86668009

园区名称：苏州吴中武珞科技园留学回国人员创新创业园
成立时间：2017年8月，2019年挂牌苏州市留学回国人员创新创业园
创建单位：苏州武珞控股集团有限公司
依托主体：吴中武珞科技园
运营机构：苏州吴中武珞科技园管理有限公司
行业认定：苏州市级留学回国人员创新创业园
地　　址：江苏省苏州市吴中区太湖东路9号澹台湖大厦（武珞科技园）5楼
邮　　编：215128
电　　话：86-512-69998608
邮　　箱：lanqiuyun@wlsholdings.com

园区名称：常熟留学人员创业园
成立时间：2000年6月
创建单位：常熟经济技术开发区管委会，又名常熟科创园
依托主体：国家级常熟经济技术开发区

运营机构：常熟高新技术创业服务有限公司（常熟科创园管理服务中心）
行业认定：国家级科技企业孵化器（2012年）、江苏省级留学回国人员创新创业示范基地（2020年）、江苏省级留学人员创业园、中国留学人员创业园区孵化基地（2019年）
地　　址：江苏省常熟经济技术开发区四海路11号
邮　　编：215513
电　　话：86-512-52269675
传　　真：86-512-52269652
邮　　箱：cskcy_wujun@163.com

园区名称：常熟高新技术产业开发区留学人员创业园
成立时间：2010年4月
创建单位：常熟高新技术产业开发区管委会
依托主体：常熟国家高新技术产业开发区——常熟国家大学科技园
运营机构：常熟东南高新技术创业服务有限公司
行业认定：国家级科技企业孵化器（2014年）、江苏省级留学回国人员创新创业示范基地（2018年）、江苏省级留学人员创业园（2013年）、江苏省留学人员之家（第一批，2020年）
地　　址：江苏省常熟市东南大道333号科创大厦3楼
邮　　编：215500
电　　话：86-512-52355339，52355239
网　　站：www.custp.com

园区名称：张家港留学人员创业园
成立时间：2001年7月
创建单位：张家港市人民政府
依托主体：张家港市高新技术创业服务中心孵化基地
运营机构：张家港市高新技术创业服务中心
行业认定：国家级科技企业孵化器（2006年）、江苏省级留学回国人员创新创业示范基地（2017年）、江苏省级留学人员创业园（2003年）、江苏省留学人员之家（第一批，2020年）
地　　址：江苏省张家港市国泰北路1号
邮　　编：215600
电　　话：86-512-58541960，58541990
网　　站：zjghtic.com

园区名称：张家港保税区留学人员创业园
成立时间：2011年4月
创建单位：江苏省张家港保税区管理委员会
依托主体：张家港保税区科创园
运营机构：张家港保税区科技创业发展有限公司
行业认定：国家级科技企业孵化器（2016年）、江苏省级留学回国人员创新创业示范基地（2019年）、江苏省级留学人员创业园（2011年）
地　　址：江苏省张家港保税区（金港镇）华达路36号科创园A幢
邮　　编：215634
电　　话：86-512-58321605

园区名称：张家港凤凰科创园留学回国人员创新创业园
成立时间：2009年9月，2017年挂牌苏州市留学回国人员创新创业园
创建单位：张家港市凤凰镇人民政府
依托主体：张家港市凤凰科技创业园
运营机构：张家港市凤凰科技开发有限公司
行业认定：国家级科技企业孵化器（2014年）、苏州市级留学回国人员创新创业园
地　　址：江苏省苏州市张家港市凤凰镇凤凰大道
邮　　编：215614
电　　话：86-512-58421008

园区名称：昆山留学人员创业园
成立时间：1998年10月
创建单位：江苏省人事厅、科技厅和昆山经济技术开发区管委会共建
依托主体：国家级昆山经济技术开发区
运营机构：昆山高新技术创业服务中心（江苏昆山留学人员创业园管理处）
行业认定：国家级科技企业孵化器（2002年）、国家留学人员创业园示范建设试点单位（第一批，2000年）、人力资源和社会保障部与江苏省人民政府共建单位（2011年）、江苏省级留学回国人员创新创业示范基地（第一批，2016年）、江苏省留学人员之家（第一批，2020年）
地　　址：江苏省昆山市开发区前进东路科技广场2楼
邮　　编：215300
电　　话：86-512-50360660，50360661
传　　真：86-512-50360660
邮　　箱：ksppcn@yahoo.com.cn
网　　站：www.kscyy.com.cn

园区名称：昆山生物医药产业园留学回国人员创新创业园
成立时间：2015年3月
创建单位：昆山高新技术产业开发区管委会
依托主体：昆山国家高新技术产业开发区——昆山小核酸及生物医药产业园，2017年挂牌苏州市留学回国人员创新创业园
运营机构：昆山创源科技园发展有限公司
行业认定：苏州市级留学回国人员创新创业园
地　　址：江苏省昆山市高新区元丰路168号小核酸研究所研发楼208室
邮　　编：215300
电　　话：86-512-50163585
邮　　箱：bp@innospring.com
网　　站：www.innospring.com

园区名称：太仓市科技创业园暨留学人员创业园
成立时间：2004年9月
创建单位：苏州市科学技术局与江苏省太仓经济开发区管委会（现江太仓港经济技术开发区管委会）共建
依托主体：江苏省太仓港经济技术开发区
运营机构：太仓市科技创业园有限公司

行业认定：国家级科技企业孵化器、江苏省级留学回国人员创新创业示范基地（2018年）、江苏省级留学人员创业园、江苏省留学人员之家（第一批，2020年）
地　　址：江苏省太仓市经济开发区北京西路6号
电　　话：86-512-53990555
传　　真：86-512-53990556
邮　　箱：kjcyy@vip.163.com
网　　站：www.kjcyy.com

园区名称：南通留学人员创业园
成立时间：2004年9月
创建单位：南通市人事局与南通经济技术开发区（现南通高新技术产业开发区）管委会共建
依托主体：南通国家高新技术产业开发区
运营机构：南通高新技术创业中心有限公司
行业认定：国家级科技企业孵化器（2006年）、人力资源和社会保障部与江苏省人民政府共建单位（2016年）、江苏省级留学回国人员创新创业示范基地（第一批，2016年）、江苏省级留学人员创业园
地　　址：江苏省南通市崇川区工农路488号
邮　　编：226007
电　　话：86-513-85012988
邮　　箱：249195857@qq.com

园区名称：南通如皋留学人员创业园
成立时间：2000年6月，2005年挂牌如皋留学人员创业园
创建单位：如皋市人民政府，原名江苏南通留学人员创业园如皋分园
依托主体：如皋市科技创业园
运营机构：如皋市科技局（如皋市生产力促进中心）
行业认定：国家级科技企业孵化器（2010年）、江苏省级留学回国人员创新创业示范基地（2017年）、江苏省级留学人员创业园（2013年）
地　　址：江苏省南通市如皋市花市北路20号
邮　　编：226503
电　　话：86-513-87655900

园区名称：南通通州留学人员创业园
成立时间：2005年9月
创建单位：南通市人事局与南通经济技术开发区（现南通高新技术产业开发区）管委会共建，原名江苏南通留学人员创业园通州分园
依托主体：南通国家高新技术产业开发区——江海圆梦谷
运营机构：江苏通科高新技术发展有限公司
行业认定：江苏省级留学回国人员创新创业示范基地（2017年）、江苏省级留学人员创业园（2009年）
地　　址：江苏省南通高新区世纪大道998号江海圆梦谷
邮　　编：226100
电　　话：86-513-86598680
邮　　箱：260288158@qq.com

园区名称：南通崇川留学人员创业园
成立时间：2009年4月
创建单位：南通市崇川科技园投资发展有限公司
依托主体：崇川科技创业园
运营机构：南通市崇川科技创业服务中心有限公司
行业认定：国家级科技企业孵化器、江苏省级留学人员创业园
地　　址：江苏省南通市崇川区紫琅路30号
邮　　编：226004
电　　话：86-513-85292296
邮　　箱：ntckf@ntckf.cn

园区名称：南通海门留学人员创业园
成立时间：2011年9月
创建单位：海门市临江新区管委会
依托主体：海门科技园——海门临江生物医药科技创业园
运营机构：海门临江生物医药科技创业园有限公司
行业认定：国家级科技企业孵化器（2017年）、江苏省级留学回国人员创新创业示范基地（2018年）、江苏省级留学回国人员创新创业园（第一批，2016年）
地　　址：江苏省南通市海门区临江新区临海大道海门科技园
邮　　编：226110
电　　话：86-513-82197096
邮　　箱：hmkjy@hi-town.cn

园区名称：南通海安留学人员创业园
成立时间：2012年
创建单位：江苏省海安高新技术产业开发区管委会
依托主体：江苏省海安高新技术产业开发区——海安高新区高科技创业园
运营机构：海安高科技创业园管理中心
行业认定：国家级科技企业孵化器（2013年）、江苏省级留学回国人员创新创业示范基地（2020年）、江苏省级留学人员创业园、江苏省留学人员之家（第一批，2020年）
地　　址：江苏省南通市海安市镇南路428号
邮　　编：226601
电　　话：86-513-88783119
邮　　箱：hakech@163.com

园区名称：南通晶城科创园留学回国人员创新创业园
成立时间：2007年4月
创建单位：南通先知投资有限公司
依托主体：晶城科创园，2019年挂牌江苏省留学回国人员创新创业园
运营机构：南通先知投资有限公司
行业认定：国家级科技企业孵化器（2017年）、江苏省级留学回国人员创新创业园（2019年）
地　　址：江苏省南通市崇川区永和路933号
邮　　编：226601

电　　话：86-513-51002333
邮　　箱：771639071@qq.com
网　　站：www.jckcy.net

园区名称：如东经济开发区留学人员创业园
成立时间：2009年7月
创建单位：南通市如东县人民政府（南通开元投资开发集团有限公司）
依托主体：如东经济开发区——如东新宇科技创业园
运营机构：如东新宇科技创业园有限公司
行业认定：国家级科技企业孵化器（2016年）
地　　址：江苏省南通市如东经济开发区新区黄河路北侧新宇科技创业园
邮　　编：226400
电　　话：86-513-81903103

园区名称：连云港留学人员创业园
成立时间：2003年
创建单位：连云港市人事局与连云港高新技术产业开发区管委会共建
依托主体：连云港国家高新技术产业开发区——科技创业城
运营机构：连云港市科技创业服务中心、连云港市科技局
行业认定：国家级科技企业孵化器、江苏省级留学人员创业园
地　　址：江苏省连云港市海州区花果山大道17号科创城3号楼
邮　　编：222061
电　　话：86-518-82341701
网　　站：kjj.lyg.gov.cn

园区名称：连云港科教创业园区留学人员创业园
成立时间：2009年11月
创建单位：连云港市人民政府
依托主体：连云港市科教创业园区
运营机构：连云港市科教创业园区建设管理委员会办公室
行业认定：国家级科技企业孵化器（2019年）、江苏省级留学人员创业园（2011年）
地　　址：江苏省连云港市港城大道与花果山大道交叉口西北100米
邮　　编：222069
电　　话：86-518-81089913
邮　　箱：lygyinxia@126.com

园区名称：连云港金桥美多利留学人员创业园
成立时间：2011年9月，2013年12月挂牌连云港市留学人员创业园
创建单位：连云港市工业投资集团有限公司
依托主体：国家级连云港经济技术开发区——连云港美多利科技创业园
运营机构：连云港美多利科技创业园有限公司
行业认定：连云港市级留学人员创业园
地　　址：江苏省连云港市连云区新东方大道99号

邮　　编：222042
电　　话：86-518-8108659
邮　　箱：250273759@qq.com

园区名称：江苏海洋大学留学回国人员创新创业园
成立时间：2012年8月，2020年挂牌江苏省留学回国人员创新创业园
创建单位：江苏海洋大学与连云港市人民政府共建
依托主体：江苏海洋大学大学科技园
运营机构：江苏海洋大学大学科技园有限公司
行业认定：国家级科技企业孵化器、江苏省级留学回国人员创新创业园（2020年）
地　　址：江苏省连云港市海州区苍梧路59号
邮　　编：222005
电　　话：86-518-85895000
邮　　箱：hgkjy2010@126.com
网　　址：dxkjy.jou.edu.cn

园区名称：淮安留学人员创业园
成立时间：2001年
创建单位：淮安经济技术开发区管委会，又名中国淮安留学人员创业园
依托主体：国家级淮安经济技术开发区
运营机构：淮安市高新技术创新中心（淮安留学人员创业园管理办公室）
行业认定：国家级科技企业孵化器（2009年）、国家级科技企业孵化器、人力资源和社会保障部与江苏省人民政府共建单位（2008年）、江苏省级留学回国人员创新创业示范基地（2020年）、江苏省级留学人员创业园（2006年）、江苏省留学人员之家（第一批，2020年）
地　　址：江苏省淮安市经济技术开发区海口路9号
邮　　编：223005
电　　话：86-517-80821886
邮　　箱：liyueping0707@163.com
网　　站：www.hacyy.com

园区名称：盐城留学人员创业园
成立时间：2004年12月
创建单位：盐城市人民政府
依托主体：国家级盐城经济技术开发区——盐城高新技术创业园
运营机构：盐城高新技术创业园有限公司
行业认定：国家级科技企业孵化器、江苏省级留学人员创业园（2009年）
地　　址：江苏省盐城市盐都区盐龙街道华锐中路9号
邮　　编：224055
电　　话：86-515-68559687

园区名称：盐城大丰留学人员创业园
成立时间：2010年10月
创建单位：盐城市大丰区人民政府

依托主体：江苏省大丰经济开发区——大丰科技创业园
运营机构：盐城市大丰科技创业园有限公司
行业认定：国家级科技企业孵化器（2012年）、江苏省级留学回国人员创新创业示范基地（2019年）、江苏省级留学人员创业园（2010年）
地　　址：江苏省盐城市大丰区西康南路61号
邮　　编：224199
电　　话：86-515-83600057

园区名称：盐城市盐南高新区留学人员创业园
成立时间：2014年12月
创建单位：国家工信部、江苏省经信委与盐城市人民政府共建，又名盐城市城南新区留学人员创业园
依托主体：江苏省盐南高新区——盐城大数据产业园（数梦小镇）
运营机构：盐城市大数据产业园（数梦小镇）管理办公室
行业认定：江苏省级留学回国人员创新创业园（第一批，2016年）
地　　址：江苏省盐城市盐都区景观大道
邮　　编：224004
电　　话：86-515-88880100
传　　真：86-515-66661223
邮　　箱：lzwyfb@126.com

园区名称：盐城环保科技城留学回国人员创新创业园
成立时间：2009年6月，2020年挂牌江苏省留学回国人员创新创业园
创建单位：江苏省环境保护厅与盐城市人民政府共建
依托主体：盐城环保科技城
运营机构：盐城环保科技城管委会
行业认定：江苏省级留学回国人员创新创业园（2020年）
地　　址：江苏省盐城市亭湖区青年东路（环保大道）888号绿巢
邮　　编：224001
电　　话：86-515-66692804，66692816
传　　真：86-515-88116879
邮　　箱：admin@jndj.gov.cn
网　　站：www.ycepstc.com

园区名称：建湖县留学回国人员创新创业园
成立时间：2013年11月，2018年挂牌江苏省留学回国人员创新创业园
创建单位：建湖县人民政府（建湖县高新投资发展有限公司）
依托主体：建湖县高新区智慧产业园
运营机构：建湖县高新技术科技园有限公司
行业认定：江苏省级留学回国人员创新创业园（2018年）
地　　址：江苏省建湖县高新区智慧产业园A区1号楼
邮　　编：224700
电　　话：86-515-80686660
邮　　箱：2313498622@qq.com

园区名称：扬州留学人员创业园
成立时间：2004年6月
创建单位：扬州经济技术开发区管委会
依托主体：国家级扬州经济技术开发区
运营机构：扬州高新技术创业服务中心
行业认定：国家级科技企业孵化器（2000年）、江苏省级留学回国人员创新创业示范基地（2017年）、江苏省级留学人员创业园（2004年）
地　　址：江苏省扬州市邗江中路119号
邮　　编：225009
电　　话：86-514-87898911
传　　真：86-514-85126567
邮　　箱：yzgxjs@yahoo.com

园区名称：江苏信息服务产业基地（扬州）留学人员创业园
成立时间：2008年10月
创建单位：江苏省信息产业厅与扬州市人民政府共建
依托主体：江苏信息服务产业基地（扬州）
运营机构：零点信息产业投资管理有限公司
行业认定：江苏省级留学回国人员创新创业示范基地（2018年）、江苏省级留学人员创业园（2011年）
地　　址：江苏省扬州市广陵新城信息大道1号信息服务大厦2层
邮　　编：225000
电　　话：86-514-87456015
传　　真：86-514-87456008
邮　　箱：glgeyb2010@gmail.com

园区名称：扬州市邗江区留学人员创业园
成立时间：2005年
创建单位：扬州高新技术产业开发区管委会
依托主体：扬州国家高新技术产业开发区
运营机构：扬州市邗江区高新技术创业服务中心
行业认定：国家级科技企业孵化器（2011年）
地　　址：江苏省扬州市高新区开发西路217号
邮　　编：225127
电　　话：86-514-87860259
邮　　箱：hjkj1118@163.com
网　　站：www.hj.gov.cn

园区名称：扬州市江都区留学人员创业园
成立时间：2008年10月
创建单位：江苏省江都经济开发区管委会，原名江苏省江都经济开发区留学人员创业园
依托主体：江苏省江都经济开发区
运营机构：扬州市江都区高新技术创业服务中心
行业认定：江苏省级留学人员创业园（2012年）

地　　址：江苏省扬州市江都区大桥镇工业集中区
邮　　编：225211
电　　话：86-514-80808588，86660268
网　　站：www.jiangdu.gov.cn

园区名称：江苏省宝应经济开发区留学回国创新创业园
成立时间：2017年7月
创建单位：江苏省宝应经济开发区管委会
依托主体：江苏省宝应经济开发区
运营机构：江苏省扬州宝应经济开发区管委会
行业认定：江苏省级留学回国人员创新创业示范基地（2020年）、江苏省级留学回国人员创新创业园（2017年）
地　　址：江苏省宝应县宝应大道77号
邮　　编：225899
电　　话：86-514-80365300

园区名称：仪征留学人员创业园
成立时间：2007年12月
创建单位：仪征市人民政府
依托主体：江苏省仪征经济开发区——仪征科技产业综合体（高创园）
运营机构：仪征市高创科技发展有限公司
行业认定：国家级科技企业孵化器（2015年）、江苏省级留学人员创业园（2009年）
地　　址：江苏省仪征市经济开发区闽泰大道9号
邮　　编：211400
电　　话：86-514-80852108
邮　　箱：1764907264@qq.com

园区名称：镇江留学人员创业园
成立时间：2000年7月
创建单位：镇江市人事局与镇江经济技术开发区（镇江新区）管委会共建
依托主体：国家级镇江经济技术开发区（镇江新区）——镇江国家大学科技园
运营机构：镇江高新技术创业服务中心
行业认定：国家级科技企业孵化器（2005年）、人事部与镇江市人民政府共建单位（2002年）、江苏省级留学回国人员创新创业示范基地（2018年）
地　　址：江苏省镇江市京口区经十二路668号
邮　　编：212009
电　　话：86-511-88895106
邮　　箱：lgyonline@163.com

园区名称：镇江京口归国博士创业园
成立时间：2009年4月
创建单位：镇江市京口区人民政府
依托主体：京口工业园区（京口经济开发区）
运营机构：镇江京口高新技术创业服务中心（镇江京口归国博士创业园管理办公室）

行业认定：国家级科技企业孵化器
地　　址：江苏省镇江市京口区宗泽路98号
邮　　编：212016
电　　话：86-511-80872707

园区名称：丹阳留学人员创业园
成立时间：2009年8月
创建单位：江苏省丹阳经济开发区管委会
依托主体：江苏省丹阳经济开发区
运营机构：丹阳市开发区科创园运营管理有限公司
行业认定：国家级科技企业孵化器（2015年）、镇江市级留学人员创业园
地　　址：江苏省丹阳市经济技术开发区齐梁路19号
邮　　编：212310
电　　话：86-511-86987909
邮　　箱：349727417@qq.com

园区名称：扬中留学人员创业园
成立时间：2007年
创建单位：扬州市人民政府与江苏扬中经济开发区管理委员会共建
依托主体：江苏省扬中经济开发区
运营机构：扬中市科技创业服务中心
行业认定：国家级科技企业孵化器（2013年）、江苏省级留学人员创业园（2011）、镇江市级留学人员创业园
地　　址：江苏省扬中市开发区港隆路127号
邮　　编：212215
电　　话：86-511-88224055
邮　　箱：my2890756@163.com

园区名称：泰州医药高新技术产业园区留学回国人员创新创业园
成立时间：2003年8月
创建单位：泰州市经济开发区（泰州医药高新技术产业开发区）管委会，原名泰州留学人员创业园
依托主体：国家级泰州医药高新技术产业开发区——泰州数据产业园区
运营机构：泰州医药高新区数据产业园区管委会
行业认定：江苏省级留学回国人员创新创业示范基地（2019年）、江苏省级留学回国人员创新创业园（第一批，2016年）、江苏省留学人员之家（第一批，2020年）
地　　址：江苏省泰州市医药高新区数据园路1号
邮　　编：225300
电　　话：86-523-89690132
网　　站：gxqxxgk.taizhou.gov.cn

园区名称：泰州市海陵区留学人员创业园
成立时间：2010年
创建单位：泰州市海陵区人民政府
依托主体：江苏泰州海陵工业园区

运营机构：泰州市华海高新技术创业有限公司、泰州市海陵区高新技术创业服务中心
行业认定：国家级科技企业孵化器（2012年）、江苏省级留学人员创业园（2015年）
地　　址：江苏省泰州海陵工业园区迎春东98号
邮　　编：225300
电　　话：86-523-86223165

园区名称：泰兴留学人员创业园
成立时间：2007年4月
创建单位：泰兴市人民政府
依托主体：江苏省泰兴经济开发区
运营机构：泰兴市科技创业服务中心（泰兴市生产力促进中心）
行业认定：国家级科技企业孵化器（2011年）、江苏省级留学回国人员创新创业示范基地（2020年）、江苏省级留学人员创业园（2010年）
地　　址：江苏省泰州市泰兴市济川北路88号
邮　　编：225401
电　　话：86-523-86196001

园区名称：宿迁高新区留学回国人员创新创业园
成立时间：2001年3月，2016年挂牌江苏省留学回国人员创新创业园
创建单位：宿迁高新技术产业开发区管委会
依托主体：宿迁国家高新技术产业开发区
运营机构：宿迁高新开发投资有限公司
行业认定：江苏省级留学回国人员创新创业园（第一批，2016年）
地　　址：江苏省宿迁市宿豫区黄山路50号
邮　　编：223810
电　　话：86-527-84498030

浙江省

园区名称：杭州高新区留学人员创业园
成立时间：1998年12月
创建单位：杭州市人民政府与杭州高新技术产业开发区管委会共建
依托主体：杭州国家高新技术产业开发区（滨江）
运营机构：杭州高新技术产业开发区科技创业服务中心（留学回国人员服务中心）、杭州国家高新区（滨江）人力资源和社会保障局
行业认定：国家级科技企业孵化器（2002年）、国家留学人员创业园示范建设试点单位（2001年）、国家海外高层次人才创新创业基地（2009年）、人事部与杭州市人民政府共建单位（2007年）、浙江省级留学人员创业园（1999年）
地　　址：浙江省杭州市滨江区江南大道100号行政中心5楼
邮　　编：310012
电　　话：86-571-87703201
网　　站：www.hhpc-new.com

园区名称：杭州经济技术开发区留学人员创业园
成立时间：2005年10月
创建单位：杭州经济技术开发区管委会
依托主体：国家级杭州经济技术开发区
运营机构：杭州市高科技企业孵化器有限公司
行业认定：国家级科技企业孵化器（2011年）、浙江省级留学人员创业园（2009年）、杭州市级留学人员创业园
地　　址：浙江省杭州经济技术开发区学林路1288号
邮　　编：310018
电　　话：86-571-86794698

园区名称：杭州市留学人员上城区创业园
成立时间：2006年9月
创建单位：杭州市人事局与杭州市上城区人民政府共建
依托主体：杭州市上城区科技创业中心孵化基地
运营机构：杭州市上城区科技创业中心
行业认定：国家级科技企业孵化器（2007年）、杭州市级留学人员创业园
地　　址：浙江省杭州市上城区紫金观巷26号
邮　　编：310003
电　　话：86-571-87703000，87911883
传　　真：86-571-87703008
邮　　箱：sckj@sina.com

园区名称：杭州市留学人员萧山区创业园
成立时间：2007年8月
创建单位：杭州市人力资源和社会保障局与杭州市江干区人民政府共建
依托主体：杭州萧山国际创业中心
运营机构：杭州市萧山大学生（留学生）创业园管理服务中心、杭州市萧山区专家与留学人员服务中心
行业认定：杭州市级留学人员创业园
地　　址：浙江省杭州市萧山区建设一路66号华瑞中心A座901室
邮　　编：311215
电　　话：86-571-82351351

园区名称：杭州市留学人员余杭区创业园
成立时间：2008年8月
创建单位：杭州市人力资源和社会保障局与杭州市余杭区人民政府共建
依托主体：浙江省余杭经济技术开发区
运营机构：杭州余杭高新园区孵化器有限公司（杭州余杭高新园区创业中心）
行业认定：国家级科技企业孵化器（2012年）、杭州市级留学人员创业园
地　　址：浙江省杭州市余杭区余杭经济开发区振兴东路9号
邮　　编：311103
电　　话：86-571-88553029
网　　站：hyhic.com

园区名称：杭州市留学人员西湖区创业园
成立时间：2008年12月
创建单位：杭州市人力资源和社会保障局与杭州市西湖区人民政府共建
依托主体：西湖科技园、杭州之江文化创意园
运营机构：杭州市西湖区留学生创业园（大学生创业园）服务中心
行业认定：杭州市级留学人员创业园
地　　址：浙江省杭州市西湖区浙大路3号
邮　　编：310013
电　　话：86-571-87935180

园区名称：杭州市留学人员拱墅区创业园
成立时间：2009年3月
创建单位：杭州市人力资源和社会保障局与杭州市拱墅区人民政府共建
依托主体：杭州市拱墅区科技工业功能区
运营机构：杭州市拱墅区科技创业中心、杭州市拱墅区人力资源和社会保障局
行业认定：国家级科技企业孵化器（2007年）、杭州市级留学人员创业园
地　　址：浙江省杭州市沈半路268号拱墅区人力资源和社会保障局
邮　　编：310015
电　　话：86-571-88259665
邮　　箱：122618463@qq.com

园区名称：杭州市留学人员下城区创业园
成立时间：2009年5月
创建单位：杭州市人力资源和社会保障局与杭州市下城区人民政府共建
依托主体：杭州市下城区电子商务产业园（星火园区）
运营机构：杭州市下城区科技创业中心
行业认定：国家级科技企业孵化器（2010年）、杭州市级留学人员创业园
地　　址：浙江省杭州市下城区东新街道费家塘路588号
邮　　编：310004
电　　话：86-571-86552015

园区名称：杭州市留学人员江干区创业园
成立时间：2009年12月
创建单位：杭州市人力资源和社会保障局与杭州市江干区人民政府共建
依托主体：杭州江干科技经济园
运营机构：杭州市江干区科技发展中心、杭州市江干区科技局
行业认定：杭州市级留学人员创业园
地　　址：浙江省杭州市江干区庆春东路1-1号西子联合大厦10楼
邮　　编：310016
电　　话：86-571-86976389

园区名称：杭州市留学人员富阳创业园
成立时间：2009年12月

创建单位：杭州市人力资源和社会保障局与富阳市（现杭州市富阳区）人民政府共建
依托主体：国家级富阳经济技术开发区——富阳银湖创新中心
运营机构：杭州富阳银湖科创投资管理有限公司
行业认定：浙江省级留学人员创业园（2013年）、杭州市级留学人员创业园
地　　址：浙江省杭州市富阳区银湖街道富闲路9号银湖创新中心15号楼
邮　　编：311400
电　　话：86-571-87196586，61706921

园区名称：杭州市留学人员临安创业园
成立时间：2010年9月
创建单位：浙江青山湖科研创新基地投资有限公司，又名杭州市临安区大学生（留学生）创业园
依托主体：青山湖科技城
运营机构：宁波保税区科技促进中心
行业认定：国家级科技企业孵化器（2019年）、杭州市级留学人员创业园
地　　址：浙江省杭州市临安区环北路399号
邮　　编：311399
电　　话：86-571-63786981

园区名称：宁波保税区留学人员创业园
成立时间：1999年9月
创建单位：浙江省人事厅、宁波市人事局与宁波保税区管委会共建
依托主体：宁波保税区（出口加工区）
运营机构：宁波保税区科技促进中心有限公司
行业认定：国家级科技企业孵化器（2006年）、国家留学人员创业园示范建设试点单位（第一批，2000年）、浙江省级留学人员创业园（1999年）
地　　址：浙江省宁波市保税区大厦6楼
邮　　编：315800
电　　话：86-574-89286730
邮　　箱：liman@nftz.gov.cn
网　　站：www.nftz.gov.cn

园区名称：宁波经济技术开发区留学人员创业园
成立时间：2000年5月
创建单位：宁波经济技术开发区管委会，又名宁波经济技术开发区科技创业园
依托主体：国家级宁波经济技术开发区
运营机构：宁波经济技术开发区科创园发展有限公司
行业认定：国家级科技企业孵化器（2008年）、浙江省海外高层次人才创业创新基地（2013年）、浙江省级留学人员创业园（2008年）、中国留学人员创业园区孵化基地（2019年）
地　　址：浙江省宁波市北仑区明州西路479号
邮　　编：315800
电　　话：86-574-86784459
传　　真：86-574-86784877
邮　　箱：1321475909@qq.com

网　　站：www.nbcyy.com

园区名称：宁波高新区留学人员创业园
成立时间：2001年2月
创建单位：宁波高新技术产业开发区管委会，又名宁波国家留学人员创业园
依托主体：宁波国家高新技术产业开发区
运营机构：宁波市创新创业管理服务中心
行业认定：国家级科技企业孵化器（2002年）、人力资源和社会保障部与宁波市人民政府共建单位（2007年）、浙江省级留学人员创业园（2003年）
地　　址：浙江省宁波国家高新区院士路66号
邮　　编：315042
电　　话：86-574-87914605
邮　　箱：236840571@qq.com

园区名称：宁波鄞州区留学人员创业园
成立时间：2008年12月
创建单位：宁波市鄞州区人民政府
依托主体：宁波市鄞州区科技创业服务中心、鄞州科技信息孵化园、鄞州科技大厦孵化基地
运营机构：宁波市鄞创科技孵化器管理服务有限公司
行业认定：国家级科技企业孵化器（2009年）、浙江省级留学人员创业园（2012年）、中国留学人员创业园区孵化基地（第一批，2018年）
地　　址：浙江省宁波市鄞州区学士路298号
邮　　编：315100
电　　话：86-574-89256715
邮　　箱：568146955@qq.com
网　　站：www.yzbi.com.cn

园区名称：宁波江北留学人员创业园
成立时间：2009年11月
创建单位：宁波市江北区人民政府与宁波蓝野医疗器械有限公司等共建
依托主体：江北洪塘街道
运营机构：宁波江北中部科技创业服务有限公司
行业认定：宁波市级留学人员创业园
地　　址：浙江省宁波市江北区洪塘街道长阳路35号
邮　　编：315033
电　　话：86-574-55003300，87667718

园区名称：宁波海曙留学人员创业园
成立时间：2011年
创建单位：宁波市海曙区人民政府与宁波工程学院共建
依托主体：宁波工程学院翠柏校区、海曙人才开发广场
运营机构：宁波市海曙区人力资源和社会保障局（宁波市海曙区人才市场管理办公室）
行业认定：宁波市级留学人员创业园

地　　址：浙江省宁波市县前街61号海曙区行政中心1号楼913
邮　　编：315000
电　　话：86-574-55889297
传　　真：86-574-55889306
邮　　箱：hsrcsc@126.com

园区名称：宁波镇海留学人员创业园
成立时间：2007年12月
创建单位：宁波市镇海区人民政府
依托主体：宁波市大学科技园、镇海中官路创新创业大街
运营机构：宁波市镇海区人力资源和社会保障局（宁波市镇海区人才市场管理办公室）
行业认定：浙江省级留学人员创业园（2013年）
地　　址：浙江省宁波市镇海区中官路1188号
邮　　编：315200
电　　话：86-574-86250960
邮　　箱：zhdcy2013@sina.cn

园区名称：宁波象山留学人员创业园
成立时间：2010年
创建单位：象山县人民政府
依托主体：象山科技创业园
运营机构：象山县人力资源和社会保障局（象山县人才市场管理办公室）
行业认定：宁波市级留学人员创业园
地　　址：浙江省宁波市象山工业示范园区园中路98号
邮　　编：315700
电　　话：86-574-65796618

园区名称：余姚留学人员创业园
成立时间：2009年9月
创建单位：余姚市人民政府
依托主体：浙江省余姚经济开发区
运营机构：余姚市名邦科技创业发展有限公司（余姚市科技创业中心）、余姚市人力资源和社会保障局
行业认定：人力资源和社会保障部与宁波市人民政府共建单位（2016年）、浙江省级留学人员创业园
地　　址：浙江省余姚市冶山路475号
邮　　编：315400
电　　话：86-574-62610063

园区名称：慈溪留学人员创业园
成立时间：2008年8月
创建单位：慈溪市人民政府与宁波杭州湾新区管委会共建，又名慈溪市上林英才创业园
依托主体：宁波杭州湾新区
运营机构：宁波杭州湾新区科技创业服务中心
行业认定：宁波市级留学人员创业园

地　　址：浙江省慈溪市环杭州湾创业中心商务二路38号
邮　　编：315300
电　　话：86-574-63908055
邮　　箱：cxlcy123456@163.com
网　　站：slyc.cxhr.com

园区名称：温州留学人员创业园
成立时间：2002年8月
创建单位：国家人事部与温州市人民政府共建
依托主体：温州国家高新技术产业开发区
运营机构：温州高新技术产业园区创业服务中心
行业认定：国家级科技企业孵化器（2004年）、人事部与温州市人民政府共建单位（2002年）
地　　址：浙江省温州市龙湾区中兴大道高新技术产业园
邮　　编：325000
电　　话：86-577-81581002
邮　　箱：wzbi@mail.wzptt.zj.cn

园区名称：嘉兴留学人员创业园
成立时间：2000年7月
创建单位：嘉兴经济技术开发区管委会
依托主体：国家级嘉兴经济技术开发区
运营机构：嘉兴科技创业服务中心
行业认定：国家级科技企业孵化器（2005年）、浙江省级留学人员创业园（2006年）
地　　址：浙江省嘉兴市秀城区城南路1369号
邮　　编：314031
电　　话：86-573-82651772
邮　　箱：jxkczx@126.com

园区名称：嘉兴科技城留学人员创业园
成立时间：2003年12月
创建单位：浙江省专家与留学人员服务中心（浙江省留学生工作站）、嘉兴市人事局与嘉兴市南湖区人民政府共建
依托主体：嘉兴科技城
运营机构：嘉兴市南湖科技创业服务中心
行业认定：国家级科技企业孵化器（2009年）、浙江省海外高层次人才创业创新基地、浙江省级留学人员创业园（2009年）
地　　址：浙江省嘉兴市南湖区凌公塘路3339号
邮　　编：314006
电　　话：86-573-83915021，83915022
邮　　箱：jiaxing812@hotmail.com

园区名称：嘉善留学人员创业园
成立时间：2005年10月

创建单位：嘉善县人民政府
依托主体：嘉善科技创业服务中心孵化基地
运营机构：嘉善县科技创业服务有限公司（嘉善科技创业服务中心）
行业认定：国家级科技企业孵化器（2008年）、浙江省级留学人员创业园（2006年）
地　　址：浙江省嘉兴市嘉善县晋阳东路568号综合孵化中心楼423号
邮　　编：314100
电　　话：86-573-84291212

园区名称：湖州留学人员创业园
成立时间：2003年12月
创建单位：浙江省专家与留学人员服务中心（浙江省留学生工作站）、湖州市人事局、湖州南太湖高新技术产业园区管委会共建
依托主体：湖州南太湖高新技术产业园区——湖州科技创业园
运营机构：湖州科技创业服务中心
行业认定：国家级科技企业孵化器（2006年）、浙江省级留学人员创业园（2003年）
地　　址：浙江省湖州市吴兴区仁皇山街道青铜路699号
邮　　编：313001
电　　话：86-572-2607100，2577111

园区名称：湖州吴兴留学人员创业园
成立时间：2008年3月
创建单位：湖州市吴兴区人民政府
依托主体：吴兴科技创业园
运营机构：湖州吴兴区科技发展有限公司
行业认定：国家级科技企业孵化器（2009年）、浙江省级留学人员创业园（2010年）
地　　址：浙江省湖州市吴兴区戴山路1888号吴兴科技创业园D幢705室
邮　　编：313028
电　　话：86-572-2282635，2282968

园区名称：湖州南浔留学人员创业园
成立时间：2011年10月
创建单位：湖州市南浔区人民政府
依托主体：南浔科技创业园
运营机构：湖州市南浔区科技创业发展有限公司
行业认定：国家级科技企业孵化器（2017年）、浙江省级留学人员创业园（2014年）
地　　址：浙江省湖州市南浔区南浔镇朝阳路666号南浔科技创业园313室
邮　　编：313009
电　　话：86-572-3023292，3021510

园区名称：绍兴留学人员创业园
成立时间：2004年4月
创建单位：浙江省专家与留学人员服务中心（浙江省留学生工作站）、绍兴市人事局与绍兴袍江工业区管委

会共建
依托主体：绍兴袍江工业区
运营机构：绍兴市科技创业中心
行业认定：国家级科技企业孵化器（2014年）、浙江省级留学人员创业园（2004年）
地　　址：浙江省绍兴市袍江工业区教育路66-9号
邮　　编：312000
电　　话：86-575-88132889

园区名称：金华留学人员创业园
成立时间：2003年6月
创建单位：金华市人事局与金华高新技术产业园区管委会共建
依托主体：金华高新技术产业园区
运营机构：金华科技园创业服务中心有限公司
行业认定：国家级科技企业孵化器（2005年）、浙江省级留学人员创业园（2005年）
地　　址：浙江省金华市婺城区双溪西路620号
邮　　编：321017
电　　话：86-579-89009364
网　　站：www.jhcy.cn

园区名称：金华市婺城区留学生创业园
成立时间：2020年12月
创建单位：浙江省海外高层次人才联谊会与中共金华市婺城区委共建
依托主体：合丰服务外包产业园
运营机构：合丰信息科技（金华）有限公司
行业认定：暂无
地　　址：浙江省金华市婺城区临江东路1100号
邮　　编：321025
电　　话：86-579-82921111

安徽省

园区名称：合肥留学人员创业园
成立时间：2000年6月
创建单位：安徽省科技厅、人事厅、教育厅、合肥市人民政府与合肥高新技术产业开发区管委会共建
依托主体：合肥国家高新技术产业开发区
运营机构：合肥高创股份有限公司、合肥高新技术产业开发区创业服务中心
行业认定：国家级科技企业孵化器（1998年）、国家留学人员创业园示范建设试点单位（2001年）、人力资源和社会保障部与安徽省人民政府共建单位（2008年）、中国留学人员创业园区孵化基地（2019年）
地　　址：安徽省合肥高新区望江西路800号创新产业园D栋7楼
邮　　编：230088
电　　话：86-551-65871299

邮　　箱：214421778@qq.com
网　　站：www.hefeigc.com

园区名称：留学人员芜湖创业园
成立时间：2003年4月
创建单位：芜湖市科技局、人事局与芜湖经济技术开发区管委会共建
依托主体：国家级芜湖经济技术开发区
运营机构：芜湖高新技术创业服务中心
行业认定：国家级科技企业孵化器、人力资源和社会保障部与安徽省人民政府共建单位（2012年）、安徽省级留学人员创业园
地　　址：安徽省芜湖市经济技术开发区银湖北路38号
邮　　编：241009
电　　话：86-553-5848089
邮　　箱：wuhukechuang@163.com
网　　站：www.whgkc.com

园区名称：留学人员马鞍山创业园
成立时间：2007年8月
创建单位：马鞍山市科技局、人事局与马鞍山经济技术开发区管委会共建
依托主体：国家级马鞍山经济技术开发区
运营机构：马鞍山市高新技术创业服务中心
行业认定：国家级科技企业孵化器（2006年）、安徽省级留学人员创业园
地　　址：安徽省马鞍山经济技术开发区红旗南路88号
邮　　编：243000
电　　话：86-555-8323429

园区名称：留学人员淮北创业园
成立时间：2014年3月
创建单位：淮北市人力资源和社会保障局与淮北高新技术产业开发区管委会共建
依托主体：安徽省淮北高新技术产业开发区
运营机构：安徽海聚信息科技有限责任公司
行业认定：安徽省级留学人员创业园（2014年）
地　　址：安徽省淮北市杜集区高新区云龙路15号
邮　　编：235000
电　　话：86-561-3159680

福建省

园区名称：福建留学人员创业园
成立时间：1998年11月
创建单位：福建省公务员局（现福建省人力资源和社会保障厅）、福建省人力资源开发办公室（现福建省人力资源市场管理办公室），又名中国福建留学人员创业园

依托主体：国家级福州经济技术开发区
运营机构：福建省留学人员创业园管理中心
行业认定：国家留学人员创业园示范建设试点单位（第一批，2000年）、人事部和福建省人民政府共建单位（2004年）
地　　址：福建省福州市马尾区江滨东大道108号
邮　　编：350015
电　　话：86-591-87729466

园区名称：福州留学人员创业园
成立时间：2013年10月
创建单位：福州市人民政府，又名中国福州留学人员创业园
依托主体：福州高新区国家自主创新示范区——海西高新技术产业园，福州滨海新城——中国东南大数据产业园
运营机构：福州市引进人才服务中心（留学回国人员工作站）、福州市人才发展集团有限公司
行业认定：人力资源和社会保障部与福建省人民政府共建单位（2016年）
地　　址：福建省福州市闽侯县福州高新区海西高新技术产业园10号楼
邮　　编：350000
电　　话：86-591-83336454

园区名称：厦门留学人员创业园
成立时间：2000年4月
创建单位：厦门火炬高技术产业开发区管委会，又名厦门创新创业园
依托主体：厦门国家火炬高技术产业开发区
运营机构：厦门高新技术创业中心有限公司
行业认定：国家级科技企业孵化器（2001年）、国家留学人员创业园示范建设试点单位（2001年）、人事部与厦门市人民政府共建单位（2006年）、中国留学人员创业园区孵化基地（第一批，2018年）
地　　址：福建省厦门市湖里区火炬东路11号诚业楼101室
邮　　编：361000
电　　话：86-592-3923879
传　　真：86-592-3923999
邮　　箱：wcguo@xmibi.com
网　　站：www.xmibi.com

园区名称：晋江留学人员创业园
成立时间：2014年6月，2019年11月挂牌福建省晋江留学人员创业园
创建单位：中共晋江市委、晋江市人民政府（晋江市创新创业创造园开发建设领导小组办公室、晋江市创新创业创造园开发建设有限公司）
依托主体：晋江市创新创业创造园——晋江市创意创业创新科技孵化基地（科创慧谷·晋江）
运营机构：清控科创（晋江）科技园管理有限公司
行业认定：福建省级留学人员创业园（2019年）
地　　址：福建省晋江市世纪大道创新创业创造园
邮　　编：361000
电　　话：86-595-82076667

江西省

园区名称：南昌高新区留学人员创业园
成立时间：2000年4月
创建单位：南昌市人事局与南昌高新技术产业开发区管委会共建，又名中国江西留学人员创业园
依托主体：南昌国家高新技术产业开发区
运营机构：南昌高新开发区创业服务中心
行业认定：国家级科技企业孵化器（2004年）、人事部与江西省人民政府共建单位（2003年）、江西省级留学人员创业园
地　　址：江西省南昌市青山湖区高新二路18号高新创业大厦
邮　　编：330029
电　　话：86-791-8113085
网　　站：nchdz.nc.gov.cn

园区名称：南昌小蓝留学人员创业园
成立时间：2015年9月
创建单位：江西省人力资源和社会保障厅、南昌市人力资源和社会保障局与南昌小蓝经济技术开发区管委会共建，又名江西南昌留学人员创业园（小蓝园区）
依托主体：国家级南昌小蓝经济技术开发区——南昌小蓝创新创业基地
运营机构：南昌小蓝创新创业基地管理有限公司、南昌小蓝经济技术开发区党群工作部（南昌小蓝经济技术开发区人力资源和社会保障局）
行业认定：国家级科技企业孵化器（2019年）、江西省级留学人员创业园（2015年）
地　　址：江西省南昌市小蓝经济技术开发区汇仁大道266号
邮　　编：330038
电　　话：86-791-82287277
邮　　箱：173747931@qq.com
网　　站：www.xlcxcy.com

园区名称：南昌红谷滩留学人员创业园
成立时间：2015年11月
创建单位：江西省人力资源和社会保障厅、南昌市人力资源和社会保障局与红谷滩新区人力资源和社会保障局共建，又名江西南昌留学人员创业园（红谷滩园区）
依托主体：红谷滩新区——慧谷科技产业园
运营机构：江西慧谷互联商业运营管理有限公司
行业认定：江西省级留学人员创业园（2015年）
地　　址：江西省南昌市红谷滩学府大道899号慧谷科技产业园1栋B座1楼一站式服务中心
邮　　编：330038
电　　话：86-791-83962233
邮　　箱：info@uwzone.com
网　　站：www.uwzone.com

园区名称：南昌经开区留学人员创业园
成立时间：2017年12月
创建单位：江西省人力资源和社会保障厅、南昌市人力资源和社会保障局与南昌经济技术开发区管委会共建，又名江西南昌留学人员创业园（经开园区）
依托主体：国家级南昌经济技术开发区——中国南昌人力资源服务产业园
运营机构：江西人力资源服务产业园管理有限公司
行业认定：江西省级留学人员创业园（2017年）
地　　址：江西省南昌经开区双港西大街528号
邮　　编：330013
电　　话：86-791-83883176，83880226
邮　　箱：hr_nccyy@163.com
网　　站：www.nanchanghr.com

园区名称：九江恒盛科技园留学人员创业园
成立时间：2008年4月，2017年挂牌九江市留学人员创业园
创建单位：九江市新华厦实业有限公司、九江市新长江置业有限公司
依托主体：九江恒盛科技园
运营机构：九江恒盛科技发展有限责任公司
行业认定：国家级科技企业孵化器（2012年）、九江市级留学人员创业园
地　　址：江西省九江市开发区长城路121号
邮　　编：330013
电　　话：86-792-8375511
传　　真：86-792-8221222
邮　　件：jjhskjy@163.com
网　　站：jjhskjy.cn

园区名称：九江濂溪区生态工业城留学人员创业园
成立时间：2002年7月，2017年挂牌九江市留学人员创业园
创建单位：九江市濂溪区人民政府
依托主体：九江濂溪区生态工业城
运营机构：九江濂溪区生态工业城管委会
行业认定：九江市级留学人员创业园
地　　址：江西省九江市濂溪区十里大道
邮　　编：332020
电　　话：86-792-8276193

园区名称：九江津晶城科技园留学人员创业园
成立时间：2012年6月，2017年挂牌九江市留学人员创业园
创建单位：江西津晶城实业有限公司
依托主体：九江津晶城科技园——浔阳双创基地（792创意园）
运营机构：江西津晶城实业有限公司
行业认定：国家级科技企业孵化器（2015年）、九江市级留学人员创业园（2017年）
地　　址：江西省九江市滨江东路浔阳区3号工业园津晶城科技园

邮　　编：332000
电　　话：86-792-8316199，8636909
网　　站：www.jxjjc.com.cn

园区名称：九江经开区双创示范基地留学人员创业园
成立时间：2017年1月，2020年挂牌九江市留学人员创业园
创建单位：九江经济技术开发区管委会
依托主体：国家级九江经济技术开发区——九江新兴产业双创示范基地
运营机构：九江市产业技术研究院（九江科技创业服务中心）
行业认定：国家级科技企业孵化器（2015年）、九江市级留学人员创业园（2017年）
地　　址：江西省九江市经济开发区城西港区新兴产业双创示范基地
邮　　编：332000
电　　话：86-792-8397209
网　　站：jkq.jiujiang.gov.cn

园区名称：九江国际人才创业社区留学人员创业园
成立时间：2018年5月，2020年挂牌九江市留学人员创业园
创建单位：共青城市人民政府
依托主体：共青城市高新园区党群服务中心——九江国际人才创业社区
运营机构：共青城市总工会
行业认定：国家级科技企业孵化器（2015年）、九江市级留学人员创业园（2017年）
地　　址：江西省九江市共青城市光明路高新园区党群服务中心
邮　　编：332020
电　　话：86-792-2258899
网　　站：www.jxjjc.com.cn

山东省

园区名称：济南留学人员创业园
成立时间：1999年5月
创建单位：济南市人民政府与济南高新技术产业开发区管委会共建
依托主体：济南国家高新技术产业开发区
运营机构：济南高新技术创业服务中心
行业认定：国家级科技企业孵化器（1998年）、国家留学人员创业园示范建设试点单位（第一批，2000年）、人事部与济南市人民政府共建单位（2002年）、山东省级留学人员创新创业示范园（2018年）、中国留学人员创业园区孵化基地（第一批，2018年）
地　　址：山东省济南市高新区出口加工区港源二路
邮　　编：250100
电　　话：86-531-88016688
传　　真：86-531-88037860
邮　　箱：tiantian0531@126.com

园区名称：济南留学人员国际企业孵化园
成立时间：2014年3月
创建单位：济南市人力资源和社会保障局
依托主体：济南国家高新技术产业开发区——济南药谷、章丘产业加速器
运营机构：济南澳美创新企业管理服务有限公司、济南市人力资源和社会保障局产业发展处
行业认定：山东省级留学人员创新创业示范园（第一批，2017年）
地　　址：山东省济南市高新区综合保税区港兴三路北段1号济南药谷研发平台区1号楼B座1706号
邮　　编：250013
电　　话：86-531-66605921
邮　　箱：513108499@qq.com

园区名称：青岛留学人员创业园
成立时间：2002年4月
创建单位：青岛市人力资源和社会保障局与青岛高新技术产业开发区管委会共建
依托主体：青岛国家高新技术产业开发区
运营机构：青岛蓝贝创新园科技发展有限公司（青岛高新技术创业服务中心）
行业认定：国家级科技企业孵化器（2003年）、人力资源和社会保障部与青岛市人民政府共建单位（2012年）、山东省级留学人员创新创业示范园（第一批，2017年）
地　　址：山东省青岛市城阳区智力岛路1号创业大厦B座2202室
邮　　编：266114
电　　话：86-532-66969016
邮　　箱：gxqcyfwzx@126.com
网　　站：www.lanebest.com.cn

园区名称：青岛国际博士后创新创业园
成立时间：2019年5月
创建单位：山东省人力资源和社会保障社厅、青岛市人力资源和社会保障局与青岛市阳城区人民政府共建
依托主体：青岛市阳城区
运营机构：青岛国际博士后创新创业园管理有限公司
行业认定：山东省级留学人员创业园（2019年）
地　　址：山东省青岛市城阳区荟城路506号蔚蓝创新天地6号楼508室
邮　　编：266041
电　　话：86-532-80968311
邮　　箱：bshcy@qdbsh.com
网　　站：www.qdbsh.com

园区名称：淄博留学人员创业园
成立时间：1999年11月
创建单位：淄博高新技术产业开发区管委会，原名淄博海外学人创业园
依托主体：淄博国家高新技术产业开发区
运营机构：淄博高新技术创业服务中心
行业认定：国家级科技企业孵化器（2002年）、淄博市级留学人员创业园（2014年）
地　　址：山东省淄博高新区政通路135号高科技创业园

邮　　编：255039
电　　话：86-533-3583090，3582717
邮　　箱：cyzxqyb@vip.163.com
网　　站：www.zbzhhgx.cn

园区名称：东营留学人员创业园
成立时间：2013年10月
创建单位：山东省人力资源和社会保障厅与东营市人民政府共建
依托主体：国家级东营经济技术开发区——东营软件园
运营机构：东营市高新技术创业服务中心
行业认定：国家级科技企业孵化器（2011年）、山东省人力资源和社会保障厅与东营市人民政府共建单位
地　　址：山东省东营市东营区经济技术开发区南一路228号
邮　　编：257029
电　　话：86-546-8902108

园区名称：烟台留学人员创业园区
成立时间：1995年12月
创建单位：烟台市人事局与烟台经济技术开发区管委会共建
依托主体：国家级烟台经济技术开发区
运营机构：烟台留学人员创业园区管理服务中心
行业认定：国家级科技企业孵化器（2003年）、国家留学人员创业园示范建设试点单位（2001年）、人事部与烟台市人民政府共建单位（2001年）、山东省级留学人员创新创业示范园（第一批，2017年）、中国留学人员创业园区孵化基地（第一批，2018年）
地　　址：山东省烟台开发区珠江路28号科技大厦10楼
邮　　编：264006
电　　话：86-535-6385289
邮　　箱：yt_cyyq@126.com

园区名称：烟台市海外学人创业园
成立时间：2012年9月
创建单位：烟台市人力资源和社会保障局与烟台高新技术产业开发区管委会共建，又名烟台市大学生创业园
依托主体：烟台国家高新技术产业开发区
运营机构：烟台市海外学人创业园区管理服务中心（烟台市大学生创业园区管理服务中心）
行业认定：国家级科技企业孵化器（2016年）
地　　址：山东省烟台市莱山区高新区航天路101号
邮　　编：264035
电　　话：86-535-8019000，8019001，8019006
邮　　箱：ytsdcy@163.com
网　　站：www.ytsdcy.com

园区名称：潍坊留学人员创业园
成立时间：1999年10月
创建单位：潍坊市人事局与潍坊高新技术产业开发区管委会共建

依托主体：潍坊国家高新技术产业开发区
运营机构：潍坊高新技术创业服务中心
行业认定：国家级科技企业孵化器（2003年）、山东省级留学人员创新创业示范园（第一批，2017年）、山东省人力资源和社会保障厅与潍坊市人民政府共建单位（2010年）
地　　址：山东省潍坊高新区玉清东街高新大厦
邮　　编：261031
电　　话：86-536-2999009

园区名称：济宁留学人员创业园
成立时间：2001年11月
创建单位：济宁市人事局与济宁高新技术产业开发区管委会共建
依托主体：济宁国家高新技术产业开发区
运营机构：济宁高新技术创业服务中心
行业认定：国家级科技企业孵化器、山东省级留学人员创新创业示范园（第一批，2017年）
地　　址：山东省济宁市金宇路52号
邮　　编：272023
电　　话：86-537-2363611
传　　真：86-537-2168952
邮　　箱：jncyzx109@163.com

园区名称：泰山留学人员创业园
成立时间：2000年8月
创建单位：泰安市人民政府与泰安高新技术产业开发区管委会共建
依托主体：泰安国家高新技术产业开发区
运营机构：泰安高新技术创业服务中心
行业认定：国家级科技企业孵化器（2001年）、山东省人力资源和社会保障厅与泰安市人民政府共建单位
地　　址：山东省泰安市泰山区天烛峰路366号
邮　　编：271000
电　　话：86-538-8538278
传　　真：86-538-8938300

园区名称：威海海外学人高科技创新园
成立时间：1999年12月
创建单位：威海市人民政府、威海火炬高技术产业开发区管委会与中国留日同学总会共同创建
依托主体：威海火炬高技术产业开发区
运营机构：威海火炬高技术产业开发区高新技术创业服务中心
行业认定：国家级科技企业孵化器、人力资源和社会保障部与山东省人民政府共建单位（2015年）、山东省级留学人员创新创业示范园（2018年）、山东省人力资源和社会保障厅与威海市人民政府共建单位（2009年）、中国留学人员创业园区孵化基地（第一批，2018年）
地　　址：山东省威海火炬高技术产业开发区沈阳路108号
邮　　编：264200
电　　话：86-631-5683418
邮　　箱：zsjhk@163.com

园区名称：临沂留学人员创业园
成立时间：2002年8月
创建单位：临沂市人民政府与临沂高新技术产业开发区管委会共建
依托主体：临沂国家高新技术产业开发区
运营机构：临沂高新技术创业服务中心
行业认定：国家级科技企业孵化器（2005年）、山东省级留学人员创新创业示范园（2018年）、山东省人力资源和社会保障厅与临沂市人民政府共建单位（2009年）
地　　址：山东省临沂高新区新华路西段创业大厦
邮　　编：276017
电　　话：86-539-7109118
邮　　箱：lycyzx@126.com

园区名称：德州留学人员创业园
成立时间：2007年4月
创建单位：德州市人民政府与德州经济技术开发区管委会共建
依托主体：国家级德州经济技术开发区
运营机构：德州市高新技术创业服务中心
行业认定：国家级科技企业孵化器（2010年）、山东省人力资源和社会保障厅与德州市人民政府共建单位（2010年）
地　　址：山东省德州市经济开发区晶华大道587号
邮　　编：253076
电　　话：86-534-8259007

园区名称：聊城市留学人员创业园
成立时间：2020年7月
创建单位：山东省人力资源和社会保障厅与聊城市人民政府共建
依托主体：聊城市高新技术创业服务中心
运营机构：聊城市留学人员创业园有限公司
行业认定：国家级科技企业孵化器（2009年），山东省人力资源和社会保障厅与聊城市人民政府共建单位（2020年）
地　　址：山东省聊城市东昌府区黄河路16号
邮　　编：252000
电　　话：86-635-8518299
邮　　箱：lcgxcyzx@163.com

河南省

园区名称：河南留学人员创业园
成立时间：1998年1月
创建单位：河南省人事厅、郑州市人事局与郑州经济技术开发区管委会共建，原名郑州经济技术开发区留学人员创业园
依托主体：国家级郑州经济技术开发区

运营机构：郑州经济技术开发区留学人员创业园管理服务中心
行业认定：国家级科技企业孵化器（2010年）、人事部与河南省人民政府共建单位（2002年）、河南省级留学人员创业园、中国留学人员创业园区孵化基地（第一批，2018年）
地　　址：河南省郑州市经济开发区航海东路与第八大街交叉口东南角管委会办公大楼西配楼2楼C226
邮　　编：450016
电　　话：86-371-66786588
邮　　箱：hnlxrycyy@126.com

园区名称：郑州留学人员创业园
成立时间：2001年8月
创建单位：郑州高新技术产业开发区管委会
依托主体：郑州国家高新技术产业开发区
运营机构：郑州高新技术产业开发区创业中心
行业认定：国家级科技企业孵化器（1999年）、河南省级留学人员创业园
地　　址：河南省郑州市高新区瑞达路96号创业中心
邮　　编：450001
电　　话：86-371-67981233

园区名称：洛阳留学人员创业园
成立时间：2007年8月
创建单位：洛阳高技术创业服务中心与捷威精密制造（洛阳）有限公司共建
依托主体：中国（河南）自由贸易试验区洛阳片区（洛阳国家高新技术产业开发区）
运营机构：洛阳高新留学人员创业园管理咨询服务有限公司
行业认定：河南省级留学人员创业园
地　　址：河南省洛阳市高新区滨河路22号
邮　　编：471003
电　　话：86-379-64313123
邮　　箱：lyinvest@tom.com

园区名称：洛阳涧西区留学人员创业园
成立时间：2020年12月
创建单位：洛阳市人力资源和社会保障局与洛阳市涧西区人民政府共建
依托主体：洛阳国家大学科技园
运营机构：洛阳大学科技园发展有限公司
行业认定：国家级科技企业孵化器（2016年）
地　　址：洛阳市涧西区蓬莱路2号洛阳国家大学科技园毕昇园10号楼科技中介超市
邮　　编：471003
电　　话：86-379-63002203
邮　　箱：khfw@ly863soft.com
网　　站：www.lyusp.com

园区名称：平顶山留学人员创业园
成立时间：2012年7月

创建单位：平顶山市人力资源和社会保障局与平顶山高新技术产业开发区管委会共建
依托主体：平顶山国家高新技术产业开发区
运营机构：平顶山高新技术创业服务中心
行业认定：国家级科技企业孵化器（2011年）、河南省级留学人员创业园
地　　址：河南省平顶山市卫东区开发路6号
邮　　编：467019
电　　话：86-375-3987501

园区名称：许昌留学人员创业园
成立时间：2011年12月
创建单位：许昌市人力资源和社会保障局与中原电气谷管委会共建
依托主体：许昌市城乡一体化示范区（中原电气谷）
运营机构：许昌市高新技术创业服务中心有限公司
行业认定：国家级科技企业孵化器（2017年）、河南省级留学人员创业园
地　　址：河南省许昌市魏武大道北段许昌留学人员创业园服务大楼
邮　　编：461000
电　　话：86-374-3190067
邮　　箱：zydqgbgs@126.com

园区名称：漯河留学人员创业园
成立时间：2011年12月
创建单位：漯河市人力资源和社会保障局与漯河经济技术开发区共建
依托主体：国家级漯河经济技术开发区
运营机构：漯河经济技术开发区创业服务中心（漯河留学人员创业园服务中心）
行业认定：河南省级留学人员创业园
地　　址：河南省漯河经济技术开发区衡山路21号
邮　　编：462000
电　　话：86-395-5757986
网　　站：www.lhjk.gov.cn

园区名称：三门峡留学人员创业园
成立时间：2018年1月
创建单位：河南省人力资源和社会保障厅与三门峡市人民政府共建
依托主体：三门峡市城乡一体化示范区（三门峡高新技术产业开发区）
运营机构：三门峡高新技术产业开发区高技术创业服务中心
行业认定：国家级科技企业孵化器（2014年）、河南省级留学人员创业园
地　　址：河南省三门峡市陕州区产业集聚区管理委员会办公楼西1楼向东60米
邮　　编：472199
电　　话：86-398-2751568

园区名称：信阳留学人员创业园
成立时间：2018年10月
创建单位：河南省人力资源和社会保障厅与信阳市人民政府共建

依托主体：信阳电子信息产业集聚示范区（信阳高新技术产业开发区）
运营机构：信阳高新技术产业开发区创业服务中心
行业认定：国家级科技企业孵化器、河南省级留学人员创业园
地　　址：河南省信阳市平桥区G312（工十五路）信阳高新区管委会
邮　　编：464100
电　　话：86-376-3716030

湖北省

园区名称：武汉留学生创业园
成立时间：1998年5月
创建单位：武汉市人民政府与武汉东湖新技术开发区管委会共建
依托主体：武汉东湖国家自主创新示范区
运营机构：武汉光谷金融控股集团有限公司（武汉留学生创业园管理中心）
行业认定：国家级科技企业孵化器（2006年）、国家留学人员创业园示范建设试点单位（2001年）、人事部与武汉市人民政府共建单位（2004年）、中国留学人员创业园区孵化基地（2019年）
地　　址：湖北省武汉市东湖高新区光谷创业街73号
邮　　编：430074
电　　话：86-27-87464705
网　　站：www.wosp1998.com

园区名称：湖北省留学人员襄阳创业园
成立时间：2010年3月
创建单位：襄阳市人事局、市人才办与襄阳高新技术产业开发区管委会共建
依托主体：襄阳国家高新技术产业开发区
运营机构：襄阳高新技术创业服务中心
行业认定：国家级科技企业孵化器（2001年）、湖北省级留学人员创业园
地　　址：湖北省襄阳市高新区追日路2号
邮　　编：441057
电　　话：86-710-3756065
邮　　箱：xfcyzx@126.com

园区名称：湖北省留学人员荆州创业园
成立时间：2007年
创建单位：荆州高新技术产业开发区管委会
依托主体：荆州国家高新技术产业开发区
运营机构：荆州经济技术开发区高新技术产业局（荆州高新技术产业开发区创业服务中心）
行业认定：国家级科技企业孵化器（2003年）、湖北省级留学人员创业园
地　　址：湖北省荆州市沙市区江津东路155号创业中心
邮　　编：434099
电　　话：86-716-8123113
网　　站：www.jing-zhou.gov.cn

园区名称：宜昌三峡海外学人创业园
成立时间：2004年
创建单位：宜昌高新技术产业开发区管委会
依托主体：宜昌国家高新技术产业开发区
运营机构：宜昌高新技术产业开发区创新创业服务中心
行业认定：国家级科技企业孵化器（2004年）
地　　址：湖北省宜昌市高新区发展大道57-5号
邮　　编：443005
电　　话：86-717-6985197，6906128
网　　站：www.sxibi.cn

湖南省

园区名称：长沙留学人员创业园
成立时间：2002年
创建单位：长沙高新技术产业开发区管委会
依托主体：长沙国家高新技术产业开发区
运营机构：长沙高新区创业服务中心
行业认定：国家级科技企业孵化器（2003年）、人事部与湖南省人民政府共建单位（2007年）、中国留学人员创业园区孵化基地（第一批，2018年）
地　　址：湖南省长沙市岳麓西大道1698号A1栋
邮　　编：410205
电　　话：86-731-89777053
传　　真：86-731-89777055
邮　　箱：1547213146@qq.com
网　　站：www.cnibi.cn

园区名称：长沙经济技术开发区留学人员创业园
成立时间：2010年6月
创建单位：长沙经济技术开发区管委会
依托主体：国家级长沙经济技术开发区
运营机构：长沙经济技术开发区创业服务中心
行业认定：湖南省级留学人员创业园
地　　址：湖南省长沙市星沙三一路2号长沙经济技术开发区创业服务中心
邮　　编：410100
电　　话：86-731-84878578
网　　站：www.cetz.gov.cn

园区名称：长沙国家生物产业基地留学人员创业园
成立时间：2007年5月
创建单位：浏阳经济技术开发区管委会，原名湖南生物医药留学人员创业园
依托主体：国家级浏阳经济技术开发区（长沙国家生物产业基地）

运营机构：浏阳经济技术开发区产业化服务中心（长沙国家生物产业基地留学人员创业园服务中心）
行业认定：国家级科技企业孵化器（2010年）、湖南省级留学人员创业园
地　　址：湖南省长沙市浏阳经济技术开发区康平路105号
邮　　编：410311
电　　话：86-731-83285952
网　　站：letz.changsha.gov.cn

园区名称：宁乡经开区留学生高新技术创业园
成立时间：2017年6月
创建单位：宁乡经济技术开发区管委会，又名湖南留学人员高新技术创业园
依托主体：国家级宁乡经济技术开发区——玉屏山国际产业城
运营机构：宁乡经济技术开发区创业服务中心
行业认定：湖南省级留学人员创业园
地　　址：湖南省长沙市宁乡市玉潭镇金洲大道创业大楼1109
邮　　编：410699
电　　话：86-731-88981799
网　　站：nxdz.changsha.gov.cn

园区名称：湖南（省直）留学人员创业园
成立时间：2004年10月
创建单位：湖南省科学技术研究开发院
依托主体：湖南省科学技术研究开发院
运营机构：湖南（省直）留学人员创业园管委会
行业认定：湖南省级留学人员创业园
地　　址：湖南省长沙市岳麓区麓云路与枫林三路交叉路口往西南约150米
邮　　编：410221
电　　话：86-731-82829606
邮　　箱：kxyad@hnkxy.com
网　　站：www.hnkxy.com

园区名称：株洲留学人员创业园
成立时间：1999年7月
创建单位：株洲高新技术产业开发区管委会
依托主体：株洲国家高新技术产业开发区（中国动力谷）
运营机构：株洲高新技术产业开发区动力谷创新创业服务中心
行业认定：国家级科技企业孵化器（1999年）、湖南省级留学人员创业园
地　　址：湖南省株洲市天元区泰山路43号
邮　　编：412007
电　　话：86-731-28836881
网　　站：www.zzgxxc.cn

园区名称：湘潭留学人员创业园
成立时间：2003年10月

创建单位：湘潭高新技术产业开发区管委会
依托主体：湘潭国家高新技术产业开发区
运营机构：湘潭高新技术创业服务中心
行业认定：国家级科技企业孵化器（2001年）、湖南省级留学人员创业园
地　　址：湖南省湘潭市晓塘中路火炬创新创业园创新大厦2楼
邮　　编：411100
电　　话：86-731-58551800
邮　　箱：haoxinqing@sohu.com
网　　站：xthtz.xiangtan.gov.cn

园区名称：岳阳留学人员创业园
成立时间：2001年6月
创建单位：岳阳经济技术开发区管委会
依托主体：国家级岳阳经济技术开发区
运营机构：岳阳火炬创业服务中心
行业认定：国家级科技企业孵化器（2009年）、湖南省级留学人员创业园
地　　址：湖南省岳阳市巴陵中路创业大厦
邮　　编：414000
电　　话：86-730-8720888
邮　　箱：282423357@qq.com
网　　站：www.yykfq.gov.cn

园区名称：益阳留学人员创业园
成立时间：2007年12月
创建单位：益阳高新技术产业开发区管委会
依托主体：益阳国家高新技术产业开发区
运营机构：益阳市创业园服务中心
行业认定：湖南省级留学人员创业园
地　　址：湖南省益阳市高新区云雾山路
邮　　编：413000
电　　话：86-737-2223126，2223128
网　　站：www.yygxq.gov.cn

广东省

园区名称：留学人员广州创业园
成立时间：1999年8月
创建单位：教育部、科技部与广州开发区管委会共建
依托主体：广州开发区
运营机构：广州火炬高新技术创业服务中心
行业认定：国家级科技企业孵化器（2004年）、国家留学人员创业园示范建设试点单位（2001年）、人力资源和社会保障部与广州市人民政府共建单位（2012年）、中国留学人员创业园区孵化基地（2019年）

地　　址：广东省广州开发区揽月路80号科技创新基地综合楼7楼
邮　　编：510663
电　　话：86-20-32290476
传　　真：86-20-32299779
邮　　箱：348189368@qq.com
网　　站：www.entrepark.com

园区名称：广州市荔湾留学生科技创业园
成立时间：2002年12月
创建单位：广州市荔湾区人民政府（荔湾区科学技术局）
依托主体：广州市荔湾区生产力促进中心孵化基地
运营机构：广州市荔湾区生产力促进中心
行业认定：暂无
地　　址：广东省广州市荔湾区逢源路330号3楼
邮　　编：510000
电　　话：86-20-81377323
邮　　箱：leif1963@21cn.com

园区名称：广州市留学人员创业（海珠）基地
成立时间：2001年9月
创建单位：广州市珠海区人民政府
依托主体：广州市海珠高新技术创业服务中心孵化基地
运营机构：广州市海珠高新技术创业服务中心
行业认定：国家级科技企业孵化器（2005年）
地　　址：广东省广州市海珠区敦和路189号
邮　　编：510300
电　　话：86-20-89224165，89226132
网　　站：www.cy-center.com

园区名称：中山大学留学人员创业园
成立时间：2018年9月
创建单位：中山大学
依托主体：中山大学国家大学科技园
运营机构：广州中山大学科技园有限公司
行业认定：国家级科技企业孵化器、中国留学人员创业园区孵化基地（2020年）
地　　址：广东省广州市海珠区新港西路135号中大科技园A座1501室
邮　　编：510275
电　　话：86-20-84115999
邮　　箱：zhaoshang@sysusp.com
网　　站：www.sysusp.com

园区名称：深圳市留学生创业园
成立时间：2000年10月

创建单位：深圳市人民政府与海外留学生组织共建
依托主体：深圳国家自主创新示范区（深圳国家高新技术产业开发区）
运营机构：深圳市留学生创业园有限公司
行业认定：国家级科技企业孵化器（2008年）、人事部与深圳市人民政府共建单位（2004年）、深圳市级留学人员创业园、中国留学人员创业园区孵化基地（第一批，2018年）
地　　址：广东省深圳市南山区科苑南路3170号留学生创业大厦一期21楼2101室
邮　　编：517057
电　　话：86-755-86329000
传　　真：86-755-86329005
邮　　箱：sz86329000@163.com
网　　站：www.szchuangye.com

园区名称：深圳市留学人员（南山）创业园
成立时间：1999年9月
创建单位：深圳市南山区人民政府
依托主体：深圳市南山区科技创业服务中心孵化基地
运营机构：深圳市南山区科技创业服务中心
行业认定：国家级科技企业孵化器、深圳市级留学人员创业园
地　　址：广东省深圳市深南大道10128号南山数字文化产业基地西座2楼
邮　　编：518052
电　　话：86-755-26510931

园区名称：深圳市留学人员（龙岗）创业园
成立时间：2001年7月
创建单位：深圳市龙岗区人民政府
依托主体：深圳市龙岗区科技创业服务中心孵化基地
运营机构：深圳市龙岗区科技创业服务中心
行业认定：国家级科技企业孵化器（2015年）、深圳市级留学人员创业园（2013年）
地　　址：广东省深圳市龙岗区清林西路留学生创业园一园213室
邮　　编：518172
电　　话：86-755-28938007
邮　　箱：lgcy@vip163.com

园区名称：深圳市留学人员（宝安）创业园
成立时间：2002年10月
创建单位：深圳市宝安产业投资集团有限公司（原名深圳市宝安区产业投资服务有限公司）
依托主体：宝安桃花源科技创新园
运营机构：深圳市桃花源物业运营有限公司（原名深圳市桃花源科技创新园服务有限公司）
行业认定：国家级科技企业孵化器（2006年）、深圳市级留学人员创业园（2003年）
地　　址：广东省深圳市宝安区铁岗水库路171号
邮　　编：518101
电　　话：86-755-29748271
网　　站：www.baoanthy.cn

园区名称：深圳市留学人员（火炬）创业园
成立时间：2001年10月
创建单位：国家科技部火炬高技术产业开发中心、科技型中小企业技术创新基金管理中心与深圳市高新技术产业领导小组办公室、招商局蛇口工业区控股股份有限公司共建
依托主体：蛇口火炬创业园——北科创业大厦
运营机构：深圳招商启航投资管理有限公司（原名深圳市北科创业有限公司）
行业认定：深圳市级留学人员创业园
地　　址：广东省深圳市南山区南海大道1077号火炬创业大厦
邮　　编：518067
电　　话：86-755-26692820

园区名称：深圳市留学人员（福田）创业园
成立时间：2003年1月
创建单位：深圳市福田区人民政府
依托主体：深圳市福田区高新技术创业中心孵化基地
运营机构：深圳市福田区高新技术创业中心
行业认定：国家级科技企业孵化器（2007年）、深圳市级留学人员创业园
地　　址：广东省深圳市福田区天安数码城天安科技创业园大厦A座401室
邮　　编：518041
电　　话：86-755-83650588

园区名称：深圳市留学人员（罗湖）创业园
成立时间：2007年1月
创建单位：深圳市福田区人民政府
依托主体：深圳市罗湖区高新技术创业中心罗湖科技大厦基地
运营机构：深圳市罗湖区高新技术创业中心
行业认定：深圳市级留学人员创业园（2007年）
地　　址：广东省深圳市罗湖区太宁路85号罗湖科技大厦201室
邮　　编：518020
电　　话：86-755-25607162

园区名称：深圳市华丰（龙岗）留学生产业园
成立时间：2009年5月
创建单位：深圳市华丰世纪投资（集团）有限公司
依托主体：深圳市龙岗区宝龙工业园
运营机构：深圳市华丰世纪物业管理有限公司
行业认定：深圳市留学人员创业园（2013年）
地　　址：广东省深圳市龙岗区宝龙一路51、53号
邮　　编：518000
电　　话：86-755-89668288

园区名称：深圳市坪山区留学生创新产业园
成立时间：2011年11月

创建单位：深圳市坪山区人民政府，原名坪山新区留学生创新产业园
依托主体：深圳市坪山区科技创业服务中心孵化基地
运营机构：深圳市坪山区产业园区服务中心
行业认定：深圳市级留学人员创业园（2012年）
地　　址：广东省深圳市坪山新区金牛西路16号华瀚科技工业园内
邮　　编：518000
电　　话：86-755-28339215，28339258
邮　　箱：cx10001@126.com

园区名称：深圳市留学人员（大鹏）创业园
成立时间：2009年10月，2013年挂牌深圳市留学人员创业园
创建单位：深圳市大鹏新区管委会
依托主体：深圳国际生物谷——大鹏新区海洋生物产业园
运营机构：深圳市大鹏新区投资控股有限公司
行业认定：深圳市级留学人员创业园（2013年）
地　　址：广东省深圳市龙岗区布新村工业大道2号
邮　　编：518035
电　　话：86-755-28438833
网　　站：www.dpxq.gov.cn

园区名称：深圳市留学人员（中海信）创业园
成立时间：2010年1月，2013年挂牌深圳市留学人员创业园
创建单位：深圳市龙岗区科技创新局、深港产学研基地与中海信科技开发（深圳）有限公司共建
依托主体：中海信创新产业城（原深港中海信科技园）
运营机构：中海信创新科技孵化中心
行业认定：国家级科技企业孵化器（2013年）、深圳市级留学人员创业园（2013年）
地　　址：广东省深圳市龙岗区布吉街道布澜大道中海信创新产业城19A栋4层
邮　　编：518112
电　　话：86-755-33112288
邮　　箱：zhxgroup@zhxkg.com

园区名称：深圳市留学人员（盐田）创业园
成立时间：2013年5月
创建单位：深圳市盐田区科技创新局
依托主体：盐田区科技创业园
运营机构：深圳市盐田区投资推广服务中心（深圳市盐田区科技创业中心）
行业认定：深圳市级留学人员创业园
地　　址：广东省深圳市盐田区沙头角街道深盐路2211号现代产业服务中心6楼
邮　　编：518081
电　　话：86-755-25551160

园区名称：深圳市留学人员（龙华）创业园
成立时间：2013年8月

创建单位：银星投资集团有限公司
依托主体：深圳龙新国际孵化器
运营机构：深圳市龙新国际孵化器管理有限公司
行业认定：国家级科技企业孵化器（2016年）、深圳市级留学人员创业园（2013年）
地　　址：广东省深圳市龙华区观澜街道新澜社区观光路1301号银星科技大厦
邮　　编：518110
电　　话：86-755-23703093
邮　　箱：szlhti@szyxjt.com
网　　站：www.szyxjt.com

园区名称：深圳市光明区留学人员创业园
成立时间：2013年11月
创建单位：深圳市光明区人民政府，原名光明新区留学人员创业园
依托主体：光明高新技术产业园区
运营机构：深圳市光明区科技创新服务中心（深圳市光明区留学人员创业园管理服务中心）
行业认定：深圳市级留学人员创业园（2013年）
地　　址：广东省深圳市光明新区观光路3009号光明新区留学人员创业园2楼213
邮　　编：518107
电　　话：86-755-21389087

园区名称：深圳市龙华区留学人员（锦绣）创业园
成立时间：2014年9月
创建单位：润杨集团（深圳）有限公司，原名深圳市龙华新区留学人员（锦绣）创业园
依托主体：锦绣科学园
运营机构：深圳市锦绣大地投资有限公司
行业认定：深圳市龙华区留学人员创业园（2014年）
地　　址：广东省深圳市龙华区观澜街道大富社区虎地排村85号
邮　　编：518110
电　　话：86-755-27992939
邮　　箱：business.jinxiu@runyang.biz
网　　站：www.gspark.cc

园区名称：深圳市留学人员（天安数码城）创业园
成立时间：2007年，2015年挂牌深圳市留学人员创业园
创建单位：天安数码城（集团）有限公司
依托主体：深圳龙岗天安数码城
运营机构：深圳市龙岗天安数码新城有限公司
行业认定：深圳市级留学人员创业园（2015年）
地　　址：广东省深圳市龙岗区龙城街道黄阁路447号龙岗天安数码城
邮　　编：518172
电　　话：86-755-89911111
网　　站：lg.tianan-cyber.com

园区名称：深圳市留学人员（华源）产业园
成立时间：2012年9月，2015年挂牌深圳市留学人员创业园
创建单位：深圳市华丰世纪投资（集团）有限公司
依托主体：华源科技创新园
运营机构：深圳市宝安华丰实业有限公司
行业认定：国家级科技企业孵化器（2016年）、深圳市级留学人员创业园（2015年）
地　　址：广东省深圳市宝安区西乡宝源路168号
邮　　编：518110
电　　话：86-755-23068888
网　　站：www.yzcenter.cn

园区名称：深圳市海科兴留学生产业园
成立时间：2014年7月，2015年挂牌深圳市留学人员创业园
创建单位：深圳市坪山区人民政府与深圳市龙岗区产业投资服务集团共建
依托主体：深圳市海科兴战略新兴产业园
运营机构：深圳市海科兴留学生产业基地投资有限公司
行业认定：深圳市级留学人员创业园（2015年）
地　　址：广东省深圳市坪山区新区宝山路16号海科兴战略新兴产业园
邮　　编：518035
电　　话：86-755-28339215
邮　　箱：438396341@qq.com

园区名称：深圳市留学人员（高新奇）创业园
成立时间：2012年4月，2016年挂牌深圳市留学人员创业园
创建单位：深圳市高新奇科技股份有限公司
依托主体：深圳高新奇战略新兴产业园区
运营机构：深圳高新奇战略新兴产业园区管理有限公司
行业认定：国家级科技企业孵化器（2017年）、深圳市级留学人员创业园（2016年）
地　　址：广东省深圳市宝安区新安街道办留仙一路高新奇产业园
邮　　编：518100
电　　话：86-755-23223339
网　　站：www.gsip.com.cn

园区名称：深圳市留学人员（优创空间）创业园
成立时间：2016年4月，2016年挂牌深圳市留学人员创业园
创建单位：深圳市优创空间投资发展有限公司
依托主体：优创空间
运营机构：深圳市优创空间投资发展有限公司
行业认定：深圳市级留学人员创业园（2016年）
地　　址：广东省深圳市宝安区新安街道群辉路3号
邮　　编：518101
电　　话：86-755-33116939
邮　　箱：szdyx586@163.com

园区名称：深圳市留学人员（硅谷动力）创业园
成立时间：2003年4月，2018年挂牌深圳市留学人员创业园
创建单位：深圳市硅谷动力产业园运营有限公司
依托主体：深圳市硅谷动力产业园
运营机构：深圳市硅谷动力产业园运营有限公司
行业认定：深圳市级留学人员创业园（2018年）
地　　址：广东省深圳市龙华区泗黎路硅谷动力射频科技园三万堂
邮　　编：518110
电　　话：86-755-28159456
邮　　箱：guigudongli18@163.com
网　　站：www.svpy.com

园区名称：深圳市留学人员（福海信息港）创业园
成立时间：2016年11月，2018年挂牌深圳市留学人员创业园
创建单位：深圳市洪韦盛实业有限公司、深圳市同创汇产业发展有限公司
依托主体：福海信息港孵化器
运营机构：深圳市洪韦盛实业有限公司
行业认定：国家级科技企业孵化器（2019年）、深圳市级留学人员创业园（2018年）
地　　址：广东省深圳市宝安区福海街道桥头社区福海信息港
邮　　编：518101
电　　话：86-755-89826666

园区名称：深圳市留学人员（中加）创业园
成立时间：2017年5月，2019年挂牌深圳市留学人员创业园
创建单位：深圳市加中创新中心有限公司
依托主体：中加国际创新中心
运营机构：深圳市加中海归创新创业投资有限公司
行业认定：深圳市级留学人员创业园（2019年）
地　　址：广东省深圳市南山区粤海街道南山区高新南七道与科技南八路交汇处豪威科技大厦4楼
邮　　编：518101
电　　话：86-755-99882345
邮　　箱：info@sciinnovationcentre.com
网　　站：sciinnovationcentre.com

园区名称：深圳市留学人员（海归岛）创业园
成立时间：2019年4月
创建单位：深圳市宝安区人力资源局、科技创新局与深圳市宝安区产业投资引导基金有限公司共建
依托主体：深圳宝安人才园
运营机构：深圳市宝安区人力资源服务中心、深圳市宝安区人力资源局
行业认定：深圳市级留学人员创业园（2019年）
地　　址：广东省深圳市宝安区永和路与荔园路交会处宝安人才园6楼
邮　　编：518103
电　　话：86-755-27666916

园区名称：珠海留学人员创业园
成立时间：2003年2月
创建单位：珠海国家高新技术产业开发区管委会，原名珠海国家高新技术产业开发区留学生创业园
依托主体：珠海国家高新技术产业开发区
运营机构：珠海高新技术创新创业服务中心
行业认定：国家级科技企业孵化器、人事部与珠海市人民政府共建单位（2003年）
地　　址：广东省珠海高新区唐家湾镇港乐路1号5层507室
邮　　编：519085
电　　话：86-756-3629996
传　　真：86-756-3629998
邮　　箱：info@zhhbi.com
网　　站：www.zhuhai-hitech.gov.cn

园区名称：广东珠海旅欧留学人员创业园
成立时间：2015年6月
创建单位：广东省人力资源和社会保障厅与惠州市人民政府共建，又名横琴·澳门青年创业谷
依托主体：中国（广东）自由贸易试验区珠海横琴新区片区
运营机构：横琴金投创业谷孵化器管理有限公司
行业认定：国家级科技企业孵化器（2017年）
地　　址：广东省珠海市横琴新区环岛东路1889号
邮　　编：519085
电　　话：86-756-2992572
网　　站：www.innovalleyhq.com

园区名称：广东惠州留学人员创业园
成立时间：2003年7月
创建单位：惠州仲恺高新技术产业开发区管委会，原名仲恺高新区留学生创业园
依托主体：惠州仲恺国家高新技术产业开发区
运营机构：惠州仲恺高新区科技园有限公司
行业认定：国家级科技企业孵化器（2010年）、广东省人力资源和社会保障厅与惠州市人民政府共建单位（2015年）
地　　址：广东省惠州市仲恺高新区惠风东二路16号3栋9楼
邮　　编：516006
电　　话：86-752-7831513
网　　站：www.hzzk.gov.cn

园区名称：东莞市留学人员创业园
成立时间：2003年
创建单位：东莞松山湖高新技术产业开发区管委会，又名东莞市博士创业园、中国东莞留学人员创业园
依托主体：东莞松山湖国家高新技术产业开发区
运营机构：东莞松山湖高新技术创业服务中心（东莞市留学人员创业园管理办公室）、东莞市人力资源和社会保障局松山湖分局引才服务办
行业认定：国家级科技企业孵化器（2007年）、人力资源和社会保障部与广东省人民政府共建单位（2011年）

地　　址：广东省东莞市松山湖管委会一站式服务办事中心4层
邮　　编：523808
电　　话：86-769-22891118
邮　　箱：ljy@ssl.gov.cn

园区名称：中山留学人员创业园
成立时间：2004年9月
创建单位：中山火炬高技术产业开发区管委会
依托主体：国家中山火炬高技术产业开发区
运营机构：中山火炬高技术产业开发区创新创业中心
行业认定：国家级科技企业孵化器（2005年）、人力资源和社会保障部与广东省人民政府共建单位（2013年）、广东省人力资源和社会保障厅与中山市人民政府共建单位（2011年）、中国留学人员创业园区孵化基地（第一批，2018年）
地　　址：广东省中山市火炬开发区会展东路16号数码大厦18楼
邮　　编：528400
电　　话：86-760-85316388
传　　真：86-760-88292232
邮　　箱：1358976459@qq.com
网　　站：www.zsospp.com

广西壮族自治区

园区名称：南宁留学人员创业园
成立时间：2000年1月
创建单位：南宁高新技术产业开发区管委会
依托主体：南宁国家高新技术产业开发区
运营机构：南宁新技术创业者中心
行业认定：国家级科技企业孵化器（2001年）
地　　址：广西壮族自治区南宁市西乡塘区科园东四路5号
邮　　编：530004
电　　话：86-771-3213233，3213368

园区名称：柳州留学人员创业园
成立时间：2007年8月
创建单位：柳州市人事局与柳州高新技术产业开发区管委会共建
依托主体：柳州国家高新技术产业开发区
运营机构：柳州高新技术创业服务中心
行业认定：国家级科技企业孵化器（2003年）
地　　址：广西壮族自治区柳州市高新一路15号柳州高新区科技工业苑大楼11层
邮　　编：545006
电　　话：86-772-3998128

园区名称：桂林留学人员创业园
成立时间：2000年1月
创建单位：桂林高新技术产业开发区管委会
依托主体：桂林国家高新技术产业开发区
运营机构：桂林科技企业发展中心（原桂林科技创业服务中心）
行业认定：国家级科技企业孵化器（2000年）、国家人事部与广西壮族自治区人民政府共建单位（2001年）
地　　址：广西壮族自治区桂林市七星区高新区空明西路13-1号
邮　　编：541003
电　　话：86-773-2670907

园区名称：北海留学人员创业园
成立时间：2006年2月
创建单位：广西壮族自治区人事厅与北海市人民政府共建
依托主体：北海国家高新技术产业开发区
运营机构：北海高新技术创新创业服务中心
行业认定：国家级科技企业孵化器（2011年）
地　　址：广西壮族自治区北海市北海大道科技大厦7楼
邮　　编：536000
电　　话：86-779-2020594

海南省

园区名称：海口国家高新区留学人员创业园
成立时间：2001年12月
创建单位：海南省人事厅与海口高新技术产业开发区管委会共建
依托主体：海口国家高新技术产业开发区
运营机构：海口国家高新区创业孵化中心（海口国家高新区孵化器运营管理有限公司）
行业认定：国家级科技企业孵化器（2019年）
地　　址：海南省海口市南海大道266号海口国家高新区创业孵化中心A-201
邮　　编：570102
电　　话：86-898-68605351，68603197
邮　　箱：601109439@qq.com
网　　站：www.gxqzhyq.com

重庆市

园区名称：重庆高新区育成加速器留学人员创业园
成立时间：2003年8月
创建单位：重庆高新技术产业开发区管委会，原名重庆市留学生创业园
依托主体：重庆高新区国家自主创新示范区
运营机构：重庆高新区创新服务中心（重庆育成发展有限公司）

行业认定：国家级科技企业孵化器（2001年）、人事部与重庆市人民政府共建单位（2007年）、重庆市级留学人员创业园（2018年）
地　　址：重庆市九龙坡区经纬大道重庆国际科技企业孵化园B栋1楼
邮　　编：400039
电　　话：86-23-68652769，68624256
网　　站：gxq.cq.gov.cn

园区名称：重庆两江新区留学人员创业园
成立时间：2015年3月
创建单位：国家人力资源和社会保障部与重庆市人民政府共建
依托主体：重庆两江新区国家自主创新示范区
运营机构：重庆两江新区创新服务中心
行业认定：人力资源和社会保障部与重庆市人民政府共建单位（2015年）、重庆市级留学人员创业园（第一批，2017年）
地　　址：重庆市渝北区金渝大道66号金山大厦209室
邮　　编：401122
电　　话：86-23-67573736
网　　站：ljt.liangjiang.gov.cn

园区名称：重庆市北碚区科技创新留学人员创业园
成立时间：2017年12月
创建单位：重庆市北碚新城（大学城）建设管理委员会
依托主体：大地企业公园
运营机构：重庆市北碚区新城建设有限责任公司
行业认定：重庆市级留学人员创业园（第一批，2017年）
地　　址：重庆市北碚区冯时行路286号A座
邮　　编：400711
电　　话：86-23-68289617

园区名称：重庆渝北感知科技留学人员创业园
成立时间：2015年1月，2017年挂牌重庆市留学人员创业园
创建单位：深圳力合天使创业投资有限公司与重庆仙桃数据谷投资管理有限公司共建
依托主体：重庆感知科技孵化园
运营机构：重庆感知科技孵化器有限公司
行业认定：国家级科技企业孵化器（2017年）、重庆市级留学人员创业园（第一批，2017年）
地　　址：重庆市渝北区龙塔街道黄龙路28号朗俊中心3幢2-1
邮　　编：401120
电　　话：86-23-81804899

园区名称：重庆永川慧立方留学人员创业园
成立时间：2015年9月，2017年挂牌重庆市留学人员创业园
创建单位：重庆市永川区新城建设管委会，又名重庆（永川）互联网青创营
依托主体：重庆市永川大数据产业园

运营机构：重庆市永川软件园开发管理有限公司
行业认定：重庆市级留学人员创业园（第一批，2017年）
地　　址：重庆市永川区和顺大道799号永川大数据产业园
邮　　编：402160
电　　话：86-23-61188080

园区名称：重庆大渡口天安留学人员创业园
成立时间：2013年6月，2018年挂牌重庆市留学人员创业园
创建单位：天安数码城（集团）有限公司
依托主体：重庆天安数码城
运营机构：重庆天安梯空间企业孵化器有限公司
行业认定：重庆市级留学人员创业园（2018年）
地　　址：重庆市大渡口区春晖路街道翠柏路101号
邮　　编：400084
电　　话：86-23-68083387
网　　站：cq.tianan-cyber.com

园区名称：重庆江北高层次留学人员创业园
成立时间：2015年5月，2018年挂牌重庆市留学人员创业园
创建单位：重庆市江北区人民政府
依托主体：重庆江北高层次人才创业园
运营机构：重庆星创元企业孵化器有限公司
行业认定：重庆市级留学人员创业园（2018年）
地　　址：重庆市江北区港城东路8号华雄两江时代5号楼
邮　　编：400026
电　　话：86-23-67983825
网　　站：www.cqjbgcy.com

园区名称：重庆大学城科技创新留学人员创业园
成立时间：2018年7月
创建单位：重庆市沙坪坝区创新生产力促进中心
依托主体：重庆市沙坪坝区创新生产力促进中心科技企业孵化器
运营机构：重庆中电光谷科技产业发展有限公司
行业认定：重庆市级留学人员创业园（2018年）
地　　址：重庆市沙坪坝区西园北街4号楼创新生产力促进中心
邮　　编：401332
电　　话：86-23-61738666

四川省

园区名称：成都留学人员创业园
成立时间：1998年8月

创建单位：成都高新技术产业开发区管委会
依托主体：成都高新区国家自主创新示范区
运营机构：成都高新区创新创业服务中心
行业认定：国家级科技企业孵化器、国家留学人员创业园示范建设试点单位（第一批，2000年）、人事部与成都市人民政府共建单位（2000年）、中国留学人员创业园区孵化基地（第一批，2018年）
地　　址：四川省成都高新区天府五街200号1C栋3楼
邮　　编：610041
电　　话：86-28-85335555
传　　真：86-28-85312171
网　　站：www.cdibi.org.cn

园区名称：绵阳留学人员创业园
成立时间：2002年5月
创建单位：四川省人事厅、科技厅、教育厅与绵阳市人民政府共建
依托主体：绵阳国家高新技术产业开发区
运营机构：绵阳高新区创业服务中心
行业认定：国家级科技企业孵化器（2000年）
地　　址：四川省绵阳市高新区绵兴东路133号
邮　　编：621000
电　　话：86-816-2540097

贵州省

园区名称：贵阳留学人员创业园
成立时间：2010年2月
创建单位：贵阳高新技术产业开发区管委会
依托主体：贵阳国家高新技术产业开发区
运营机构：贵阳高新技术创业服务中心
行业认定：国家科技企业孵化器（1998年）、人力资源和社会保障部与贵州省人民政府共建单位（2015年）、中国留学人员创业园区孵化基地（2019年）
地　　址：贵州省贵阳市观山湖区阳关大道100号
邮　　编：550081
电　　话：86-851-84700588
传　　真：86-851-84877982
网　　站：www.gzibi.net

云南省

园区名称：云南留学人员创业园
成立时间：2001年9月
创建单位：昆明高新技术产业开发区管委会

依托主体：昆明国家高新技术产业开发区
运营机构：昆明高新技术产业开发区孵化器管理中心（昆明高新技术创业服务中心、云南留学人员创业园管理办公室）
行业认定：国家级科技企业孵化器（1998年）
地　　址：云南省昆明市五华区二环西路220号云南软件园产业楼501室
邮　　编：650106
电　　话：86-871-68180563
邮　　箱：ynswp@. vip. km169. com
网　　站：www. ynupp. com

园区名称：云南海归创业园
成立时间：2006年1月
创建单位：昆明经济技术开发区管理委员会
依托主体：国家级昆明经济技术开发区
运营机构：云南海归创业园科技发展有限公司
行业认定：国家级科技企业孵化器（2011年）
地　　址：云南省昆明市经济技术开发区信息产业基地春漫大道80号
邮　　编：650217
电　　话：86-871-66386416

陕西省

园区名称：西安留学人员创业园
成立时间：1998年5月
创建单位：西安高新技术产业开发区管委会
依托主体：西安国家高新技术产业开发区
运营机构：西安高新技术产业开发区创业园发展中心
行业认定：国家级科技企业孵化器（1997年）、国家留学人员创业园示范建设试点单位（第一批，2000年）、人事部与西安市人民政府共建单位（2002年）、中国留学人员创业园区孵化基地（第一批，2018年）
地　　址：陕西省西安市高新区锦业路69号瞪羚谷G座
邮　　编：710077
电　　话：86-29-81882301
传　　真：86-29-88320126
邮　　箱：xief@xdz. gov. cn
网　　站：www. xibi. com

园区名称：西安经济技术开发区留学人员创业园
成立时间：2008年8月
创建单位：西安市人事局与西安经济技术开发区管委会共建
依托主体：国家级西安经济技术开发区
运营机构：西安经济技术开发区生产力促进中心
行业认定：西安市级留学人员创业园

地　　址：陕西省西安市凤城十二路1号凯瑞大厦A座208室
邮　　编：710018
电　　话：86-29-86135117，86517914
网　　站：www.etpc.com.cn

园区名称：杨凌示范区留学人员创业园
成立时间：2000年8月
创建单位：杨凌示范区管委会
依托主体：国家级杨凌农业高新技术产业示范区
运营机构：杨凌示范区创新创业园发展有限公司（杨凌示范区创业服务中心）
行业认定：国家级科技企业孵化器（2002年）
地　　址：陕西省咸阳市杨凌示范区神农路16号创业大厦
邮　　编：712100
电　　话：86-29-87035538
网　　站：www.ylibi.com

甘肃省

园区名称：兰州留学人员创业园
成立时间：2001年12月
创建单位：甘肃省人事厅、兰州市人事局与兰州高新技术产业开发区管理委员会共建
依托主体：兰州国家高新技术产业开发区
运营机构：中国兰州留学人员创业园管理中心
行业认定：人力资源和社会保障部与甘肃省人民政府共建单位（2010年）、甘肃省级留学人员创业园（2001年）、中国留学人员创业园区孵化基地（2019年）
地　　址：甘肃省兰州市城关区雁东路102号
邮　　编：730010
电　　话：86-931-2126681
传　　真：86-931-2102012
邮　　箱：704686153@qq.com
网　　站：www.lzgxcy.com

宁夏回族自治区

园区名称：宁夏留学人员创业园
成立时间：2003年6月
创建单位：宁夏回族自治区人事厅、银川市人民政府、银川经济技术开发区管委会共建
依托主体：国家级银川经济技术开发区
运营机构：银川经济技术开发区组织人事劳动局
行业认定：宁夏回族自治区级留学人员创业园
地　　址：宁夏回族自治区银川市黄河东路创新园48号银川经济技术开发区管委会组织人事劳动局

邮　　编：750001
电　　话：86-951-5062867
邮　　箱：ycdaldj@163.com

新疆维吾尔自治区

园区名称：新疆留学人员创业园
成立时间：2015年8月
创建单位：乌鲁木齐经济技术开发区管委会
依托主体：国家级乌鲁木齐经济技术开发区（头屯河区）
运营机构：新疆留学人员创业园管理办公室
行业认定：新疆维吾尔自治区级留学人员创业园
地　　址：新疆维吾尔自治区乌鲁木齐经济技术开发区（头屯河区）喀纳斯湖北路455号新软创智大厦B座
邮　　编：830057
电　　话：86-991-3075362，3075365
传　　真：86-991-3075366
邮　　箱：409165831@qq.com

园区名称：乌鲁木齐留学人员创业园
成立时间：2002年4月
创建单位：乌鲁木齐高新技术产业开发区管委会
依托主体：乌鲁木齐国家高新技术产业开发区（乌鲁木齐市新市区）
运营机构：乌鲁木齐高新区（新市区）创业服务中心（乌鲁木齐留学人员创业园管理办公室）
行业认定：国家级科技企业孵化器（2004年）、人力资源和社会保障部与新疆维吾尔自治区人民政府共建单位（2010年）、中国留学人员创业园区孵化基地（2019年）
地　　址：新疆维吾尔自治区乌鲁木齐市天津南路682号创业大厦
邮　　编：830011
电　　话：86-991-3651366
邮　　箱：1164868298@qq.com
网　　站：www.xjidi.org.cn

第四部分

社团篇

YEARBOOK
RETURNED CHINESE SCHOLARS PIONEER
2021

欧美同学会（中国留学人员联谊会）

社团概况

欧美同学会成立于1913年，2003年增冠“中国留学人员联谊会”会名，是由中共中央书记处领导、中央统战部代管的全国性留学人员组织。

欧美同学会以邓小平理论、“三个代表”重要思想、科学发展观为指导，团结和服务海内外留学人员，继承发扬留学报国的爱国主义传统，秉持修学、游艺、敦谊、励行的理念，坚持立足国内、开拓海外，努力成为留学报国的人才库、建言献策的智囊团、开展民间外交的生力军，为全面建成小康社会、实现中华民族伟大复兴的中国梦服务，为完成祖国完全统一大业服务，为维护世界和平与促进共同发展服务。

1913年10月，在辛亥革命创立共和、建立民国的时代潮流下，欧美同学会在北京诞生，顾维钧、周诒春、詹天佑、蔡元培等知名海归为创立者和早期会员。建会之初，欧美同学会积极践行爱国思想，组织会员参与爱国民主运动、投身民族救亡和人民解放事业。

新中国成立后，欧美同学会积极争取党和政府的领导，参与了新中国成立初期重大运动，为抗美援朝捐献资金，动员海外学人冲破重重阻挠回国，参加社会主义建设事业。1982年，欧美同学会恢复活动。借助改革开放的春风，欧美同学会发挥自身优势，发起“报国计划”，组织海外留学人员服务团，服务地方经济社会发展，为改革开放和社会主义现代化建设作出了贡献。

进入21世纪后，欧美同学会积极贯彻落实党中央提出的“努力成为党联系广大留学人员的桥梁和纽带，成为党和政府做好留学人员工作的助手，成为留学人员之家”的要求，着力加强思想建设、组织建设、文化建设和会员之家建设。发挥人才智力优势，建立留学报国基地，向党和政府建言献策，做好海外高层次人才服务工作，社会影响逐渐扩大。

党中央历来重视和关心留学人员和欧美同学会工作。毛泽东同志曾在莫斯科大学发表“希望寄托在你们身上”重要讲话；周恩来同志曾多次到欧美同学会出席活动；1987年，邓小平同志为欧美同学会会刊题词；1993年，江泽民同志出席欧美同学会成立80周年庆祝大会并发表重要讲话；2003年，胡锦涛同志出席欧美同学会成立90周年庆祝大会并发表重要讲话。党的十八大以来，以习近平同志为核心的党中央高度重视欧美同学会的发展。2013年10月，习近平总书记出席欧美同学会成立100周年庆祝大会并发表重要讲话，成为欧美同学会开展工作、发挥作用的行动指南和根本遵循。2016年8月，中共中央办公厅下发《关于加强欧美同学会（留学人员联谊会）建设的意见》，进一步明确了欧美同学会新时代发展的方向。

近年来，欧美同学会深入贯彻落实习近平总书记在欧美同学会成立100周年庆祝大会重要讲话精神，努力践行留学报国人才库、建言献策智囊团、民间外交生力军的责任与使命，吸引力、凝聚力、影响力不断提高，政治性、群众性、先进性不断增强，在思想引领、组织建设、人才工作、创新创业、对外交往等方面做出了突出成绩。

欧美同学会（中国留学人员联谊会）现有42家地方组织、2家团体会员、15个国别和地区分会，个人会员突破22万人，现有常务理事125人、理事287人、海外理事35人。设有组织、宣传、联络、建言献策、团体会员、社会服务和会员活动7个专门工作委员会以及商务人士委员会、企业家联谊会、MBA协会、酒店业专家委员会、美术家协会、医师协会、金融委员会7个专业委员会，与主要留学国家的100多个海外留学人员团体建立了密切联系。

主要任务

一、学习贯彻党和政府关于留学人员工作、知识分子工作和人才工作的方针政策。

二、推动留学人员报国实践，宣传留学人员报国业绩。

三、开展咨询、信息服务和人员培训等，为促进国家和地方经济社会发展献策出力。

四、联系海外留学人员和团体，开展科技、经济、文化、教育、卫生等领域的交流与合作，组织和推动海外留学人员为国服务。

五、开展多种形式的活动，加强学术交流，丰富文化生活，增进留学人员之间的联系和友谊。

六、反映留学人员的意见和要求，维护会员的合法权益，关心会员的工作和生活，努力为留学人员服务，把本会办成留学人员之家。

七、表彰优秀留学人员，积极举荐人才。

联系方式

地　址：北京市东城区南河沿大街111号
邮　编：100006
电　话：86-10-65592511，65255269
传　真：86-10-65273621
邮　箱：wrsa_hyb@126.com
网　站：www.wrsa.net

中国技术创业协会留学人员创业园联盟

社团概况

中国技术创业协会留学人员创业园联盟成立于2008年，是在科技部（国家外国专家局）、教育部、人力资源和社会保障部、致公党中央共同指导下，由致力于支持留学人员创新创业发展的创业园和相关企事业单位、机构共同发起，以自愿方式组成的全国性行业组织，是国家级留学人员创业园服务机构。联盟在中国技术创业协会领导下开展工作，同时接受科技部外国专家服务司、科技部火炬高技术产业开发中心、科技部中国国际人才交流中心、教育部国际合作与交流司、教育部留学服务中心、人力资源和社会保障部留学人员和专家服务中心、致公党中央联络部、致公党中央留学人员委员会的业务指导和监督。

联盟践行国家创新驱动发展战略，响应大众创业万众创新号召，汇聚全国百余家留学人员创业园，以“服务、引导、协调、规范、促进、提升”为工作方针，承担国家有关部门的业务委托，重点围绕科技创业、人才引进、载体建设开展各项工作，构建起创业园区、投资机构、专家智力和海外人才创业企业、创业项目等覆盖全国的资源网络，形成了“政产学研金介用”相结合的开放协同创新机制。通过汇聚创新要素，建立空间链、技术链、资金链、服务链，加速海外人才科技成果转移转化，营造留学人员回国创新创业的良好生态环境；通过加强行业自律，促进全国留学人员创业园向着国际化、信息化、特色化、市场化、品牌化目标实现高质量发展。

近年来，联盟不断整合成员单位及各类社会资源，完善行业引导、创业活动、企业促进、研究宣传等服务工作体系。制定推进《中国留学人员创业园发展指引》和“中国留学人员创业园区孵化基地”评价体系，促进全国留学人员创业园区升级发展；每年主办全国留学人员创业园网络年会，推动园区管理创新，健全企业孵化和创业服务体系；评选表彰“中国留学人员创业园最具成长性创业企业”，树立优秀园区和企业典型；成立中留联创投资基金和海创邦股权投资基金，帮助海归企业解决资金难题；发起举办中国海归创业大赛，搭建“海创邦”创业服务一体化平台，为海外人才回国创办企业、孵化项目、转化成果、开拓市场提供支持。此外，持续开展海外人才创新创业和留学人员回国服务领域的研究工作，发布《中国留学人员创业园发展报告》《中国留学人员创业园区孵化基地竞争力报告》，编撰《中国留学人员创业年鉴》《中国留学生创业》杂志，宣传国家政策，弘扬创业文化，提升行业影响力和群体竞争力。

主要任务

一、贯彻落实党和国家的留学工作方针，以及对海外人才工作的重要部署和指示精神，做好政府与留学人员创业园区、留学人员创业企业间联系的纽带，积极推动相关政策的制定与实施，合力构建适于海外人才创新创业的优良环境。

二、完善全国留学人员创业园评价体系，开展园区评价、定级和树标杆工作，加强行业自律，提高竞争意识，引导园区实现规范化、特色化、国际化、市场化、品牌化的发展目标，进一步发挥海外人才创新创业载体的支撑作用。

三、建立全国留学人员创业园工作平台，组织全国性及区域性的行业交流研讨和考察互访，促进成员单位及全国园区间的沟通与合作，创新园区运营机制，探索行业发展方向。

四、开展留学人员创业园从业人员培训，帮助园区提升综合服务水平，建立专业化运营团队，以及相对完善的创业孵化体系、现代管理制度和工作流程，推动园区企业持续健康发展。

五、整合与协调各类创新创业优势资源，实施中国留学人员创业园“联盟孵化”工程，搭建国内国外、线上线下的技术、项目、资本的对接、合作、交流平台，形成协同网络和完整链条，实现资源的合作共享与合理利用。

六、制定实施海外人才扶持和培育计划，举办创业大赛、路演洽谈、企业评选等活动，发现优秀人才，帮助项目落地，从成果转化、市场拓展、创业投资、管理培训等方面对接各类社会资源，促进不同发展阶段的企业成长。

七、从事海外人才创新创业领域的研究，定期进行全国留学人员创业园建设情况调查统计，发布行业数据，开展咨询服务，提供政策建议，促进孵化体系和政策环境的丰富与完善。

八、搭建行业信息整合和宣传推广平台，建设网站，出版会刊，收集发布行业信息，联合战略合作媒体，为成员单位和留学人员企业提供宣传推广支持，弘扬创业文化，提升行业影响力。

联系方式

地　址：北京市海淀区中关村大街甲59号文化大厦4层401

邮　编：100080

电　话：86-10-82698998

传　真：86-10-62261247

邮　箱：lianmeng@osechina.com

网　站：www.osechina.com

中国留学人员回国服务联盟

社团概况

中国留学人员回国服务联盟成立于2011年8月，是由首批92家国内从事留学人员回国服务工作的组织发起成立，专门为留学回国人员和留学回国工作提供服务的一个开放式的非法人行业联盟组织与合作交流平台。

服务联盟以邓小平理论和“三个代表”重要思想为指导，深入贯彻落实科学发展观，坚持“支持留学、鼓励回国、来去自由”的方针，按照“拓宽留学渠道、吸引人才回国、支持创新创业、鼓励为国服务”的要求，团结各留学人员回国服务组织，整合服务资源，提高服务能力，落实具体政策，加快建设服务理念先进、服务机制健全、服务功能齐全、服务质量优良的留学人员回国服务体系，为充分开发利用留学人才资源，吸引更多优秀留学人员回国工作、创业和以多种方式为国服务提供保障。

主要任务

一、推进留学人员回国服务网络建设。以各地区各部门所属留学人员服务机构为骨干，充分发挥各服务联盟成员作用，统筹服务资源，实现资源共享，完善留学人员回国服务网络。

二、健全留学人员回国服务机构的合作机制。加强各服务联盟成员间的协调配合，推动服务联盟成员间在编制留学人才引进计划、实施重点项目、落实重要政策时，加强沟通与协调，共同营造和谐的服务工作环境。

三、建设留学人员回国服务信息平台。以中国留学人才信息网为依托，与有关服务联盟成员留学信息网相互贯通，充分利用互联网便捷、高效的特点，构建面向社会和广大海外留学人员的留学回国工作信息平台，促进留学人才、项目、政策、资金等信息资源的交流和共享。

四、组织成员单位开展相关活动。组织协调服务联盟成员单位开展区域性合作活动和跨区域的专业性交流活动；发挥服务联盟成员单位的资源优势，加强服务联盟成员单位的自身培训，通过多种途径和形式，对留学人员开展国情、政策和就业等方面的培训。

联系方式

地　址：北京市海淀区学院路30号博士后公寓办公楼
邮　编：100083
电　话：86-10-82388262，62322968，62330841
传　真：86-10-62321842
邮　箱：lxhgfw@163.com

中华全国青年联合会留学人员联谊会

社团概况

中华全国青年联合会留学人员联谊会成立于2004年12月，是由中国青年留学人员（含青年华侨华人）和留学人员社团（含华侨华人社团）自愿结成的、非营利性的社会团体。联谊会接受中华全国青年联合会的领导。

联谊会设农业科学、信息技术、生物技术、材料科学、管理科学、金融投资、商贸物流、法律、教育文化、新闻传媒、医药卫生、华侨共12个专业委员会，现有个人会员794名，其中国内会员562名、国外会员232名，主要为在本行业、领域有一定成就和影响的青年留学人员代表性人物，分布在国内各省、自治区、直辖市和香港、澳门特别行政区以及美国、加拿大、英国、法国等15个国家。现有团体会员43个，其中归国留学人员社团4个，海外留学人员社团和华人华侨社团39个。联谊会秘书处设在全国青联海外学人工作部。

联谊会广泛联系海内外青年留学人员，促进海内外青年留学人员的深入交流和不断进步，帮助青年留学人员回国创业和以多种方式为国服务，引导广大青年留学人员积极参与和投身祖国建设和社会进步事业，为实现中华民族伟大复兴贡献力量。

主要任务

一、广泛联系、团结海内外青年留学人员，大力弘扬爱国主义传统，加强青年留学人员之间及与国内社会各界的交流。

二、宣传祖国经济和社会发展成就，广开渠道，促进青年留学人员与国内各地开展人才、资金、项目、技术等合作。

三、维护青年留学人员的合法权益，为青年留学人员的成长成才和事业发展服务，举荐、宣传优秀青年留学人员。

四、会同有关方面开展青年留学人员工作，提出意见和建议，努力优化青年留学人员成长和创业环境。

五、开展中华全国青年联合会授权的其他工作。

联系方式

地　址：北京市前门东大街10号
邮　编：100005

电　话：86-10-85212680
传　真：86-10-85212680
邮　箱：gqt_1922@163.com
网　站：www.gqt.org.cn/ocss

北京市欧美同学会（北京市留学人员联谊会）

社团概况

北京市欧美同学会（北京市留学人员联谊会）成立于2017年8月，是中共北京市委领导的、以北京地区归国留学人员为主体自愿组成的、统战性的群众团体，是市委联系广大留学人员的桥梁和纽带，市委市政府做好留学人员工作的助手，也是广大留学人员之家。同学会由中共北京市委统战部代管，接受欧美同学会（中国留学人员联谊会）的业务指导。

北京市欧美同学会第一届理事会现有理事199人，海外名誉理事17人，广泛分布在教育、卫生、文化、经济、科技等多个领域。成立以来，同学会深入贯彻落实习近平总书记在欧美同学会成立100周年庆祝大会重要讲话精神，本着“修学、游艺、敦谊、励行”的宗旨，努力践行留学报国人才库、建言献策智囊团、民间外交生力军的责任与使命，广泛团结海内外学人，增进友谊，沟通信息，引进人才，开展合作，不断提高吸引力、凝聚力、影响力，不断增强政治性、群众性、先进性，努力在思想引领、组织建设、人才工作、创新创业、对外交往等方面做出突出成绩，为助力北京四个中心建设，努力把北京建设成为国际一流的和谐宜居之都，为实现中华民族伟大复兴中国梦贡献力量。

主要任务

一、学习贯彻党和政府关于留学人员工作、知识分子工作和人才工作的方针政策。

二、加强对归国留学人员的政治引领和政治吸纳，增进国情认知，坚定中国特色社会主义道路自信、理论自信、制度自信、文化自信。

三、吸引和举荐归国留学人才。建立首都归国留学人才信息库，搭建归国留学人员在京创新创业平台，发挥首都人才引进窗口和以才引才作用，拓宽首都吸引海外人才渠道。积极协助向国际组织推荐输送优秀人才。

四、围绕党和政府中心工作，整合资源，拓宽渠道，为促进国家和首都经济社会发展建言献策。

五、联系海外留学人员和留学人员团体等，开展科技、经济、文化、教育、卫生等领域的交流与合作，组织和推动海外留学人员以多种形式服务国家和首都发展。

六、开展咨询、信息服务和人员培训等多种形式的主题活动，加强学术交流，丰富文化生活，增进留学人员之间的联谊和自我服务能力。

七、发挥独特优势，按照党和国家外交工作总体部署和北京国际交往中心建设要求，加强同驻华使馆、商会协会、国际组织（机构）等的联系，积极开展民间外交工作，促进中外交流合作、友好交往和北京友城建设。

八、反映留学人员的意见和诉求，维护会员的合法权益，关心会员的工作和生活，努力为留学人员服务，把本会办成留学人员之家。

九、弘扬留学报国传统，倡导报国奉献精神，宣传海内外留学人员报国业绩，表彰、奖励优秀留学人员。

联系方式

地　址：北京市南河沿大街111号
邮　编：100006
电　话：86-10-63087702，63087701

邮　箱：bjwrsa@163.com
网　站：www.bjwrsa.org.cn

北京市侨联归国留学人员联合会

社团概况

北京市侨联归国留学人员联合会成立于2004年1月，是在北京市侨联领导下，在中国侨联及北京市委统战部的指导下，由在北京创业或工作的归国留学人员自愿组成的、自主管理的、非营利性的社会团体。留联会承认《中华全国归国华侨联合会章程》，面向北京归国留学人员。

留联会团结、教育、引导广大归国留学人员及其眷属，维护归国留学人员的合法权益，为归国留学人员在北京创业和工作服务，发挥归国留学人员的团体优势，成为北京市委、市政府联系团结广大归国留学人员的桥梁和纽带。自成立以来，留联会始终坚持党的领导，认真贯彻执行市委指示精神和市侨联各项要求，深入学习宣传贯彻党的十九大精神，积极发挥了思想政治引领作用；坚持充分发挥留学人员自身优势，为服务京津冀协同发展作出了积极努力；注重发挥留联会智力密集优势，高质量完成了数十项有关课题研究；不断加强自身建设，广泛团结侨界归国留学人员，组织规模不断壮大，全市先后有15家城区和高校留联会组织成为留联会团体会员，个人会员发展到6000余人。社会影响也不断提高，涌现了一批优秀的留学人员代表人士，受到了社会各界的广泛赞誉。

主要任务

一、做好吸引海外人才和智力工作，为实现“新北京、新奥运”的战略目标，为首都率先基本实现现代化服务。

二、面向最基层广大归国留学人员，为留学人员创业、就业、社会交往提供各种服务。

三、维护留学人员合法权益，协助政府有关部门解决留学人员实际困难。

四、关心归国留学人员的政治诉求，积极推荐表彰留学人员代表人物；弘扬创业精神，宣传推介留学人员的事迹和成就。

五、发挥北京人才与高新技术优势，组织广大会员积极参与其他省市的科技、人才交流等活动。

六、加强自身建设，积极推进留学人员工作的理论研究。

七、加强与海外留学人员、海外留学人员社团组织及新侨组织的联谊工作，推动国际交流与祖国统一进程。

联系方式

地　址：北京市西城区后英房胡同9号
邮　编：100035
电　话：86-10-82218225
邮　箱：member@rocsf.org
网　站：www.bjql.org.cn

北京海外高层次人才协会

社团概况

北京海外高层次人才协会成立于2011年12月，由北京海外学人中心和李彦宏等5位在北京的优秀海外高层次人才共同发起成立，是经北京市社会团体管理办公室核准登记的非营利性社会团体法人，接受业务主管单位、社团登记管理机关北京市民政局的业务指导和监督管理。

北京海外高层次人才协会是北京海外高层次人才联谊交流的桥梁和纽带，是促进科技与产业资源整合的人才集群，也是进一步推动北京以及北京周边地区高端人才一体化发展的枢纽型人才组织。协会的宗旨是遵守宪法、法律、法规和国家政策，遵守社会道德风尚，搭建海外高层次人才交流平台，团结、凝聚和服务在北京地区创新创业的优秀海外高层次人才，拓展渠道、整合资源、加强合作，促进海外人才的聚集和发展，充分发挥海外高层次人才的作用，服务北京的创新发展，为北京有中国特色的世界城市建设提供人才支持保障。

主要任务

一、组织海外高层次人才学习贯彻党的方针政策和国家法律法规，了解国家和北京市经济社会发展情况和海外人才相关政策。

二、广泛开展形式多样的交流联谊活动，增进北京以及与津冀地区海外高层次人才之间的联系与交流。

三、加强对海外高层次人才的联系服务，反映海外高层次人才的意愿，进一步优化高端人才的发展环境。

四、为海外高层次人才搭建学术研讨、科技联合攻关、创业合作、投融资服务、科研成果转化等服务平台。

五、发挥海外高层次人才的优势，为北京有中国特色的世界城市建设与“首都经济圈”发展建言献策。

六、开展海外高层次人才相关的研究，编辑出版刊物或书籍，组织论坛、研讨、展览等各种宣传活动。

七、通过多种渠道广泛宣传北京市的优秀海外高层次人才。

八、广泛联系海外专家组织、留学生组织和海外人才交流机构，促进会员开展国际交流合作，吸引更多优秀海外人才到北京创新创业。

联系方式

地　址：北京市西城区德外大街83号德胜国际中心B座6层

邮　编：100088

电　话：86-10-58540533，58540534

传　真：86-10-58540535

邮　箱：bota@8610hr.cn

网　站：www.8610hr.cn

天津市留学人员联谊会

社团概况

天津市留学人员联谊会成立于2005年4月，是由天津市留学海外的归国同学及海外留学人员自愿组成的群众组织，是中共天津市委领导下的人民团体，是党和政府团结联系广大留学生人员的桥梁和纽带，具有广泛群众性、高知识性、结构性和统战性。留联会接受主管单位中共天津滨海新区区委统战部和中共天津滨海高新区工委的领导和监督管理。

留联会团结和组织广大留学人员，增进友谊，交流学术，努力成为党和政府密切联系广大海内外留学人员、学者的桥梁和纽带；积极提供信息、开展服务，围绕国家人才战略，服务天津建设，促进经济社会、科学技术、教育卫生、文化体育和各项事业发展。

主要任务

一、弘扬爱国主义思想，倡导报国奉献精神，宣传留学人员的先进事迹和学术成就。

二、开展海内外学友之间的联谊活动，加强学术交流和信息沟通，丰富文化生活，增进会员联系和友谊。

三、推动海内外专家、学者及各界人士之间的联系，增进相互了解，在科技、文化、教育、经济等领域广泛开展合作。

四、组织会员发挥综合智力优势，为天津的发展献计献策，为天津企事业单位提供各类咨询、信息服务和人员培训，为各行业对外合作与交流开辟渠道。

五、联络与天津有渊源的海外学友和留学人员团体，加强他们与天津的沟通。

六、维护会员的合法权益，积极反映海内外留学人员的需求，协助解决困难和问题。

联系方式

地　址：天津市新技术产业园区华天道2号国际创业中心
邮　编：300384
电　话：86-22-27126427，60330551
传　真：86-22-27112792，60330550
邮　箱：tjtorsa@163.com

河北欧美同学会（河北留学人员联谊会）

社团概况

河北欧美同学会（河北留学人员联谊会）成立于2016年1月，是由河北省归国留学人员自愿组成的非营利性社会团体。联谊会由中共河北省委统战部管理。

联谊会紧密结合河北省改革建设实际，密切关注人才紧缺的专业和行业，开展多层次、多领域、多形式的咨询服务和智力招聘活动，为海外留学人员和用人单位牵线搭桥；有效利用现代信息工具和手段，为实施人才强省战略、建设创新型河北提供坚实的信息资源保障；营造留学人员来河北工作的良好氛围，让一切有志于来河北发展的留学人员有才可用、有业可创、有誉可享。

主要任务

一、积极宣传、贯彻执行国家和河北省有关留学人员工作的方针、政策，为各类留学人员回国工作和为国服务开展咨询，提供服务。

二、收集反映留学人员的意见、建议和要求，维护留学人员的合法权益，为留学人员创造良好的工作和生活环境。

三、积极组织多种形式的联谊活动，加强海内外留学人员之间和留学人员社团之间的信息、技术和学术交流，丰富会员文化生活，加强留学人员之间的联系与友谊。

四、宣传留学人员留学报国的业绩和贡献，动员组织在河北省的留学人员为振兴河北作出贡献。开展留学人员表彰、奖励活动。

五、受主管部门委托，组织留学人员为各级党政机关、企事业单位和非公有组织等部门开展决策咨询、信息服务和人员培训等工作，为河北省建设沿海经济社会发展强省提供智力支持和人才保障。

联系方式

地　址：河北省石家庄市维明南大街46号
邮　编：050051
电　话：86-311-88616757
传　真：86-311-88616757
邮　箱：hbzl@hebrs.gov.cn

承德市归国留学人员联谊会

社团概况

承德市归国留学人员联谊会成立于2017年8月，是由有志于为社会、地区、自身共同发展贡献力量的，有海外背景的承德籍人士或在承德工作生活的外市籍人士自愿组成的，具有国际性、知识性、联谊性、统战性的非营利群众团体。联谊会在中共承德市委统战部、承德市侨联的指导下开展工作。

联席会以“凝聚海归人才，促进海外交流，支持家乡发展，建设国际城市”为宗旨，致力于建成创新创业的排头兵、留学报国的人才库、建言献策的智囊团和民间交流的生力军，成为党和政府信赖的，有朝气、有活力、有战斗力的组织，带动更多留学人才在承德实现自身理想和人生价值。

主要任务

一、弘扬爱国主义思想，倡导报国奉献精神，宣传、分享海内外留学人员的奋斗经验和学术成就。

二、组织承德归国留学人员的联谊活动，加强承德归国留学人员的联络，提高承德归国留学人员群体的凝聚力与社会责任感。

三、依托归国留学人员国际联系广泛的特点，组织国际文化、学术、商业交流合作，提升家乡的国际影响力，服务家乡发展战略。

四、通过组织学术、商业等领域的交流活动，促进会员之间的互动和资源共享。研究和解决归国留学人员在工作、生活、创新创业等过程中遇到的问题，搭建归国留学人员与政府沟通的桥梁。

五、依托归国留学人员社会影响力较大的特点，积极组织开展正能量的社会公益活动，为家乡建设和谐社会贡献力量。

联系方式

地　址：河北省承德市双滦区御道大街与富平路交叉路口西南侧

邮　编：067101

山西欧美同学会（山西留学人员联谊会）

社团概况

山西欧美同学会成立于2008年10月，是由山西归国留学人员自愿组成的、非营利性的群众团体。2014年6月，增冠“山西留学人员联谊会”会名。同学会接受中共山西省委领导，由山西省委统战部代省委管理。

近年来，山西欧美同学会作为省委、省政府做好留学人员工作的参谋和助手，凝聚了一大批优秀留学人员，引导他们积极为山西省经济建设和社会发展建言献策，在山西振兴崛起进程中充分发挥了智囊团、人才库、生力军的作用，为山西省经济社会发展注入了新的活力。

主要任务

一、学习贯彻党和政府关于留学人员工作、知识分子工作和人才工作的方针政策。

二、弘扬爱国主义思想，倡导报国奉献精神，宣传海内外留学人员报国业绩。

三、组织会员发挥综合智力优势，为促进山西的经济社会发展献计出力。

四、开展多种形式的联谊活动，加强与海内外学友和留学人员团体的联系。

五、组织海内外留学人员，在科技、文化、教育、经济等领域广泛开展交流与合作。

六、发挥独特优势，积极开展民间外交，促进中外友好交流。

七、反映留学人员的意见和诉求，维护会员的合法权益，关心会员的工作和生活，努力为留学人员服务，把本会办成留学人员之家。

八、表彰、奖励优秀留学人员，积极举荐人才。

联系方式

地　址：山西省太原市迎泽大街329号省中小企业局10层1004室

邮　编：030001

电　话：86-351-5605919，5605910

邮　箱：omtxh@163.com

山西省海外留学归国人员创新创业协会

社团概况

山西省海外留学归国人员创新创业协会成立于2017年10月，是由山西省内外海外留学、工作归国人员以及社会各界精英自愿组成的非营利性社会组织。协会接受业务主管单位山西省归国华侨联合会的业务指导。

协会的宗旨是遵守宪法、法律、法规和国家政策，遵守社会道德风尚，团结、服务海外留学归国人员、青年才俊，发挥他们的独特优势；以服务会员、奉献社会为准则，依据章程，支持会员事业发展，维护会员合法权益；立足山西，面向全国，鼓励、引导会员为山西经济社会发展建言献策，助力山西经济社会全面发展。

主要任务

一、为会员提供政策咨询、信息交流、调研培训，支持会员开展经贸、科技等领域的交流与合作。

二、发挥桥梁纽带作用，推动会员与海内外经济科技界人士的交流与合作。

三、增进与国外工商社团的交往，为提高海归企业国际竞争力服务。

四、密切联系在山西境内的留学归国创业人员，反映他们的意见和要求，支持会员积极参与社会管理和参政议政。

五、引导会员企业增强社会责任意识，文明守法，诚信经营，支持社会公益和侨联事业。

六、加强与政府有关部门、各级侨联组织及相关团体的联系和沟通，建立相关的资源数据库和信息交流平台，不断增强服务功能，拓展服务领域，提高服务质量。

七、编辑出版发行会刊、年鉴等出版物，办好山西省海归双创协会网站。

八、承办主管部门和政府有关部门授权和委托的各项工作。

联系方式

地　址：山西省太原市迎泽大街388号山西国际大厦16层

邮　编：030001

电　话：86-351-6192967

邮　箱：sxql@shanxiql.com

网　站：www.shanxiql.com

内蒙古欧美同学会（内蒙古留学人员联谊会）

社团概况

内蒙古欧美同学会（内蒙古留学人员联谊会）成立于2015年7月，是以内蒙古自治区归国留学人员为主体，自愿组成的、统战性的群众团体。业务主管单位是内蒙古自治区党委统战部。

内蒙古欧美同学会以习近平新时代中国特色社会主义思想为指引，坚持群众性、高知性、统战性的定位，弘扬留学报国的光荣传统，充分发挥留学报国的人才库、建言献策的智囊团、开展民间外交的生力军作用，激励和引导广大留学人员不忘初心、牢记使命，发扬传统、砥砺奋进，坚定“四个自信”，树立“四个意识”，积极投身全面建成小康社会伟大实践，为“建设亮丽内蒙古，共圆伟大中国梦”作出贡献。

联系方式

地　址：内蒙古自治区呼和浩特市赛罕区敕勒川大街1号内蒙古党政办公新区综合楼

邮　编：010096

辽宁省欧美同学会（辽宁留学人员联谊会）

社团概况

辽宁省欧美同学会（辽宁留学人员联谊会）成立于2014年11月，是以辽宁省留学海外各国归国同学为主体自愿组成的群众组织，是中共辽宁省委领导下的人民团体，是党联系留学人员的桥梁和纽带。业务主管单位是中共辽宁省委统战部。

在中央启动新一轮东北老工业基地全面振兴战略之际，迫切需要更多优秀的海外留学人员来参与推动。辽宁欧美同学会将更好地组织和引导广大留学人员，凝聚智慧和力量，发挥出直接推动者、高级智囊团、外交生力军的作用，为实现辽宁全面振兴作出新贡献。

联系方式

地　址：辽宁省沈阳市和平区和平南大街45号

邮　编：110822

电　话：86-24-23128345

沈阳市欧美同学会（沈阳留学人员联谊会）

社团概况

沈阳市欧美同学会（沈阳留学人员联谊会）成立于2014年12月，是以沈阳留学海外各国归国同学为主体自愿组成的群众组织，是由中共沈阳市委领导、市委统战部代管的人民团体，是党联系留学人员的桥梁和纽带，是党和政府做好留学人员工作的助手。

沈阳市欧美同学会继承发扬留学报国的爱国主义传统，以“爱国、敬业、创新、奉献”为宗旨，团结服务海内外留学人员，沟通联系，增进友谊，交流学术，开展协作，为加快沈阳全面发展、实现老工业基地全面振兴贡献力量。

主要任务

一、团结、联络广大归国留学人员认真贯彻党的路线、方针、政策，积极参与沈阳建设，关注沈阳发展。学习贯彻党和政府关于留学人员工作、知识分子工作和人才工作的方针政策。

二、发挥会员智力优势，通过开展举办联谊、科技咨询、学术交流等活动，为广大归国留学人员搭建服务平台。

三、推动沈阳市留学人员报国实践，宣传留学人员报国业绩。

四、联系海外留学人员和留学人员团体，开展科技、经济、文化、教育、卫生等领域的交流与合作，组织和推动海外留学人员为沈阳服务。

五、开展多种形式的活动，加强内部建设，增进留学人员之间的联系和友谊。

六、反映留学人员的意见和要求，维护会员的合法权益，关心会员的工作和生活，努力为留学人员服务，成为留学人员之家。

七、表彰、奖励优秀留学人员，积极举荐人才。

联系方式

地　址：辽宁省沈阳市浑南区全运路109号

邮　编：110167

电　话：86-24-23236066

邮　箱：sysomtxh@163.com

网　站：www.syorsa.com

大连市欧美同学会（大连市留学人员联谊会）

社团概况

大连市欧美同学会（大连市留学人员联谊会）成立于2007年1月，原名大连市归国留学人员联谊会，是在大连市委统战部领导下，由工作、生活在大连市的归国留学人员自愿组成的地方性、联合性和非营利性的社会团体。2016年，经大连市机构编制委员会正式批准设立大连市欧美同学会，增冠“大连市留学人员联谊会”会名。

大连市欧美同学会弘扬留学报国的爱国主义精神，团结、宣传、服务广大留学人员，开辟引资引智引才和对外交流合作的广泛渠道，吸引、凝聚、引导广大留学人员，围绕大连市经济社会发展发挥优势作用。在新时期，将把留学人员组织建设成为留学报国的人才库、建言献策的智囊团、民间外交的生力军，依托“中国海外学子创业周”平台，健全“留学报国基地+海归创业学院”模式，为海外留学人员归国创新创业、实现留学报国梦想提供全方位的优质服务，为大连新时代“两先区”建设新征程汇聚更多的智慧和力量。

主要任务

一、广泛凝聚大连市归国留学人员，积极吸引海外留学人员。

二、适应大连市贯彻国家战略、提升核心地位的新形势，围绕全市工作大局，抓住加快“三个中心”建设的重大课题，开展调查研究，积极建言献策。

三、发挥归国留学人员联系广泛的优势，密切与海外留学人员团体、友好城市的交流交往，主动为招商引资、项目对接牵线搭桥。

四、鼓励归国留学人员在立足岗位作贡献的同时，广泛参与社会服务和公益事业，努力把联谊会建设成为归国留学人员锻炼成长的园地和摇篮。

联系方式

地　址：辽宁省大连市中山区鲁迅路278号

邮　编：116002

电　话：86-411-82758910

传　真：86-411-82750062

邮　箱：dlqloffice@163.com

丹东市留学人员联谊会

社团概况

丹东市留学人员联谊会成立于2004年12月8日，是由致公党丹东市委发起、丹东籍的留学人员和在丹东市工作的归国留学人员自愿结成的联合性、非营利性的地方社会团体。

自成立以来，在丹东市委、市政府的高度重视下，经致公党丹东市委积极协调，丹东市留学人员联谊会主动加强与全国各地欧美同学会、留学人员联谊会的联系，扩大与海内外留学人员的联络，热心为海内外留学人员服务；组织归国留学人员开展各项联谊活动，充分调动广大归国留学人员的积极性、创造性，为丹东市对外开放和经贸工作提供智力支持和储备，为推进全市经济社会发展做了大量卓有成效的工作。

联系方式

地　址：辽宁省丹东市振兴区六纬路24号608室
邮　编：118000
电　话：86-415-2127846
传　真：86-415-2121479
邮　箱：ddmjwrj@126.com

吉林省留学人员联谊会

社团概况

吉林省留学人员联谊会成立于2006年10月，是由在吉林工作的留学归国人员、在海外学习和工作并关心吉林发展的留学人员，以及热心留学事业的吉林省社会各界人士自愿组成的非营利性社会团体组织。留联会接受业务主管单位吉林省人事厅、社团登记管理机关吉林省民间组织管理局的领导和监督，业务上受欧美同学会（中国留学人员联谊会）的指导。

留联会高举留学报国旗帜，广泛团结凝聚吉林省归国留学人员，围绕中心，服务大局，充分发挥桥梁与纽带作用，积极当好党和政府的助手，采取多种形式加强与海外学人及组织的联系，努力做好留学人员工作，引导和吸引广大会员服务吉林、建设吉林，为吉林经济社会发展作出积极贡献。

主要任务

一、向省委、省政府反映留学人员的意见、建议和要求，协助省委、省政府做好留学人员服务工作，不断改善留学人员的工作、生活环境，维护留学人员的合法权益。

二、开展留学人员业绩和成果的宣传工作，组织各种形式的联谊活动，加强国内外留学人员和留学人员社会团体之间的信息交流、学术技术交流，促进不同领域留学人员之间的了解与沟通。

三、推动留学人员科技与专利成果的转化，研究成果转化的途径和方式，开辟科技成果向现实社会生产力转化的“绿色通道”，有效地开展资金、技术和人才的引进工作。

四、发挥留学人员的智囊作用，将留学人员的潜能转化为现实生产、管理能力。受政府有关部门委托，组织留学人员投入生产、管理第一线，为各级党政机关、企事业单位、非公经济组织和个人开展综合性管理及单项技术的咨询论证工作。

联系方式

地　址：吉林省长春市人民大街7988号
邮　编：130022

电　话：86-431-89997998
邮　箱：liudj999@sina.com

长春市欧美同学会（长春市留学人员联谊会）

社团概况

长春市欧美同学会（长春市留学人员联谊会）成立于2004年12月25日，是在中共长春市委统战部的指导下，由长春市归国留学人员自愿组成的群众团体。

长春市委统战部高度重视留学人员联谊会作用的发挥，支持有条件的城区和高校成立联谊会分会。同时，指导联谊会加大引才力度，开展交流交往，加强自身建设，努力把联谊会建设成为广纳人才的集聚地、收集和提供信息的智囊团、政府和人才的连心桥。联谊会结合市情，有针对性地开展了联谊交友、市情调研、专题议政、座谈交流、学术研讨、对口帮扶等工作，在经济社会建设中发挥了独特作用。

联系方式

地　址：吉林省长春市人民大街2626号341室
邮　编：130041
电　话：86-431-88776527
传　真：86-431-88776527
邮　箱：tuoliqin@changchun.gov.cn

黑龙江省欧美同学会（黑龙江省留学人员联谊会）

社团概况

黑龙江省欧美同学会成立于1998年12月，是以黑龙江省归国留学人员为主体自愿组成的群众组织。2004年7月，增冠“黑龙江省留学人员联谊会”会名。

同学会始终坚持为黑龙江经济社会发展服务，从2002年起积极参与省政府举办的“中国海外学人黑龙江（哈尔滨）创业洽谈会”，2006年起举办“海外学人龙江行”活动，成果显著。2009年起举办“留学人员龙江论坛”以及中美、中法、中俄等“中外文化发展活动周”系列活动，为龙江的发展建言献策。此外，还组织归国留学人员报国奖评选、归国留学人员科技成果事迹展等活动，支持与鼓励省内归国留学人员努力工作和创业。同学会现有20个分会和3个团体会员单位、4个专门工作委员会，会员5000人。

主要任务

一、学习、宣传并贯彻党和政府关于留学人员工作、知识分子工作和人才工作的方针政策。

二、推动留学人员报国实践，宣传留学人员报国业绩。

三、联系海外留学人员和留学人员团体，开展经济、科技、文化、教育、卫生等领域的交流与合作，努力拓宽海外留学人员与黑龙江省联系和为国服务的渠道。

四、开展咨询、信息服务和人员培训等，为黑龙江省的经济建设和社会发展献策出力。

五、开展多种形式的活动，加强学术交流，丰富文化生活，增进会员之间的联系和友谊。

六、维护会员的合法权益，关心会员的工作和生活，发挥会员的专长和作用，反映会员的建议和要求，把本会办成留学人员之家。

七、表彰、奖励优秀留学人员，积极举荐人才。

联系方式

地　址：黑龙江省哈尔滨市南岗区文敏街9号
邮　编：150001
电　话：86-451-82628104，82628220
传　真：86-451-82648814
邮　箱：hyb@horsa.org
网　站：www.horsa.org

哈尔滨市欧美同学会（哈尔滨市留学人员联谊会）

社团概况

哈尔滨市欧美同学会（哈尔滨市留学人员联谊会）成立于2004年12月，其前身是哈尔滨市留日学生联谊会和哈尔滨市归国留学生联谊会，是以哈尔滨市留学人员为主体，自愿组成的非营利性的联谊性社会团体。同学会接受业务主管单位中共哈尔滨市委统战部和社团登记管理机关的业务指导和监督管理。

哈尔滨市欧美同学会旨在发扬爱国传统，团结哈尔滨市归国留学人员和与哈尔滨有渊源关系的华侨学人，广泛联系海内外学友，促进哈尔滨市对外科学技术、经济文化交流，起到留学人员与党和政府间的桥梁和纽带作用，为繁荣哈尔滨作出贡献。

主要任务

一、弘扬爱国主义思想，倡导报国奉献精神，宣传海内外留学人员的先进事迹和学术成就。

二、推动哈尔滨市海内外留学人员和企业人士之间的联系，增进相互了解，在科技、文化、教育、经济等领域广泛开展交流与合作。

三、发挥综合智力优势，为哈尔滨市的发展提供建设性意见，为企事业单位的发展开展各类咨询、信息服务和培训。

四、联络哈尔滨海外学友和留学人员团体，广交朋友，增进友谊，促进哈尔滨市对外交流与合作。

五、维护会员的合法权益，积极反映留学人员的需求，协助解决困难和问题。

联系方式

地　址：黑龙江省哈尔滨市道里区兆麟街123号
邮　编：150010
电　话：86-451-84693198
传　真：86-451-84696365
邮　箱：zhangchangzain@sina.com

上海市欧美同学会（上海市留学人员联合会）

社团概况

上海市欧美同学会（上海市留学人员联合会）是上海市留学归国学人自愿组织的民间团体。1905年7月，复旦大学老校长李登辉在上海创立了寰球中国学生会。1913年10月，欧美同学会在北京成立。1919年6月，上海欧美同学会成立。1984年9月3日，上海市欧美同学会恢复活动。2007年12月，增冠“上海市留学人员联合会”会名。

恢复活动以来，上海市欧美同学会组织不断发展壮大。截至2019年6月30日，会员人数已突破15000人，其中海外会员800多人，“两院”院士110余名。职能从落实政策、联谊交友扩展到建言献策、举荐英才、民间外交和服务社会，性质从群众团体发展为影响更加广泛的人民团体。同学会创立了许多品牌活动，包括“中华学人与21世纪上海发展”研讨会、院士座谈会、SORSA论坛、归国留学人员理论研究班、海外留学人员回国创业培训班等。特别是近年来，同学会不断创新，积极开拓，成立研究中心，努力打造中国特色新型智库；探索建立留学报国人才库服务系统，努力团结吸引更多海内外留学人才回国服务，为振兴中华、繁荣上海作贡献。

主要任务

一、学习贯彻党和政府关于留学人员工作、知识分子工作和人才工作的方针政策。

二、加强对会员的政治引领，弘扬爱国主义传统，倡导报国奉献精神。

三、团结、发现、培养、举荐、使用优秀留学归国人员，建好留学报国人才库，服务上海经济建设重大战略目标。

四、发挥智力优势，做好建言献策智囊团，为国家和上海的经济社会发展助力。

五、发挥独特优势，积极开展民间外交，促进中外友好交流，当好民间外交生力军，为上海建设卓越的全球城市贡献力量。

六、宣传海内外留学人员报国业绩，表彰优秀留学人员，激发留学人员的家国情怀。

七、鼓励归国留学人员来沪创业，加大对归国留学人员创新创业的支持力度。

八、开展咨询、学术交流和人员培训等活动，组织海内外留学人员，在科技、文化、教育、经济等领域广泛开展交流与合作。

九、开展多种形式的联谊活动，加强与海内留学人员和留学人员团体的联系。

十、反映留学人员的意见和诉求，维护会员的合法权益，关心会员的工作和生活，努力为会员服务，把本会办成留学人员之家。

联系方式

地　址：上海市陕西北路128号5楼
邮　编：200041
电　话：86-21-62678028
传　真：86-21-62728215
邮　箱：xumeijun@china-sorsa.org
网　站：www.china-sorsa.org

上海市闵行区留学人员联谊会

社团概况

上海市闵行区留学人员联谊会成立于2004年11月，是由闵行区内留学人员自愿组成的非营利性社会团体法人，业务主管单位为闵行区人事局。

联谊会成立以来，按照自身宗旨，在团结海内外留学人员，帮助留学人员了解闵行，鼓励他们为国服务，在贯彻落实“人才强区”战略方针中发挥了积极作用，是党和政府团结联系广大留学人员的桥梁和纽带。

主要任务

一、学习、贯彻党和政府关于留学人员工作、知识分子工作的方针政策。

二、弘扬爱国主义思想，倡导报国奉献精神，宣传留学人员报国业绩。

三、组织会员发挥综合智力优势，为闵行经济社会发展建言献策。

四、反映留学人员的意见和要求，维护会员合法权益，关心会员的工作和生活，努力为留学人员服务，把本会办成留学人员之家。

五、表彰、奖励优秀留学人员，积极举荐优秀留学人员。

联系方式

地　址：上海市沪闵路6555号莘庄建设银行大楼1707室

邮　编：201100

电　话：86-21-54176205，541762056

传　真：86-21-64140775

邮　箱：mhlxslyh@yahoo.com.cn

上海市嘉定区归国留学人员联合会

社团概况

上海市嘉定区归国留学人员联合会成立于2015年7月，是由居住、工作或祖籍在嘉定的归国留学人员自愿组成的联合性的非营利性社会团体，是嘉定区加快建设科技创新中心重要承载区的现实需要，是统战部门服务留学人员的重要平台，是归国留学人员之间加强交流交往、联情联谊的有效载体。

归联会自成立以来，鼓励留学人员凝聚智慧、开拓创新、服务大局，充分发挥海归学子的作用和优势，在积极参与引才引智引资、搭建海归人士创新创业平台、加强海归人员联谊交流合作等方面作出重要贡献；组织开展一系列讲座论坛调研会、联情联谊活动以及扶贫帮困社会公益活动，取得了良好的成绩。

主要任务

一、组织广大归国留学人员学习党的方针政策、国家的法律法规，了解国家和嘉定的建设发展情况。

二、反映归国留学人员的利益要求，依法维护归国留学人员合法权益。

三、协助政府为归国留学人员在嘉定的创业、工作和生活提供支持和服务。

四、组织开展适合归国留学人员特点的科技、经贸、对外联络等活动。

五、维护嘉定归国留学人员群体形象，加强自身建设，加强与社会各界的联系与交流。

六、广泛联络海外留学人员及其团体，促进交流与合作等。

联系方式

地　址：上海市嘉定区汇源路200号613室

邮　编：201815

电　话：86-21-39966083

上海市浦东新区归国留学人员联合会

社团概况

上海市浦东新区归国留学人员联合会成立于2000年7月，是由浦东新区归国留学人员自愿组成的非营利性社会组织，是经上海市浦东新区民政局核准登记的社会团体法人。联合会接受业务主管单位浦东新区人事局和社会团体登记管理机关浦东新区民政局的业务指导和监督管理。

作为留学人员在浦东的民间组织，联合会在团结归国留学人员，联系海外留学人员和华侨华裔学者，开展协作，为留学人员回国提供帮助，为浦东科技进步、社会发展等方面作出了贡献和努力。

主要任务

一、宣传爱国主义思想，倡导报国奉献精神，介绍浦东发展现状和未来前景，宣传留学人员在浦东开发建设的先进事迹和学术成就。

二、开展多样性的海内外留学人员之间的联谊活动，加强学术和创业经验交流以及信息沟通，促进行业之间的合作。

三、推动与海外留学人员、专家、学者和企业人士之间的联系，促进相互了解和对浦东的了解，开展民间往来，在引智、科教、经济等领域广泛开展交流与合作。

四、组织会员发挥综合智力优势，为浦东的开发、开放、建设提供建设性的建议，为浦东企事业单位的发展开展信息服务和人员培训。

五、维护会员的合法权益，向有关部门反映并协助解决留学人员的困难和问题。

联系方式

地　址：上海市浦东新区松涛路563号1号楼106-112室
邮　编：201203
电　话：86-21-50800359
传　真：86-21-50800439
邮　箱：service@paros.cn
网　站：www.paros.cn

江苏省欧美同学会（江苏省留学人员联谊会）

社团概况

江苏省欧美同学会（江苏省留学人员联谊会）成立于2017年6月，是由江苏地区的归国留学人员自愿组成的，具有高知识性、群众性、统战性特点和优势的群众团体。联谊会的业务主管单位是中共江苏市委统战部。

联谊会的宗旨是把广大留学人员紧密团结在党的周围，引导留学人员加强社会服务、加强海外交流，把自身建设成为留学报国的人才库、建言献策的智囊团、开展民间外交的生力军。

联系方式

地　址：江苏省南京市鼓楼区北京西路30号同心大厦
邮　编：210024
电　话：86-25-83167055
邮　箱：jswrsa@163.com
网　站：www.jstz.org.cn

南京欧美同学会（南京留学人员联谊会）

社团概况

南京欧美同学会（南京留学人员联谊会）是由南京地区的归国留学人员自愿组成的，具有高知性、群众性、统战性特点和优势的群众团体。1919年6月，陶行知等人于南京发起成立南京欧美同学会。2005年1月，南京留学人员联谊会成立。2018年6月，增冠“南京欧美同学会”会名。联谊会的业务主管单位是中共南京市委统战部。

近年来，同学会充分发挥南京留学人员留学报国的人才库、建言献策的智囊团、民间外交的生力军的作用，努力成为党联系广大留学人员的桥梁和纽带，成为党和政府做好留学人员工作的助手，成为留学人员之家，为创新名城建设和“强富美高”新南京建设提供智力支持。

在新的历史条件下，南京欧美同学会将继续坚持“修学、游艺、敦谊、励行”的宗旨，传承南京欧美同学会留学报国、服务社会的传统，广泛团结和凝聚海内外留学人员，立足国内，放眼海外，为南京留学人员服务，以更加出彩的作为不断开创南京留学人员工作新局面。

主要任务

一、学习贯彻党和政府关于留学人员工作、知识分子工作和人才工作的方针政策。

二、弘扬爱国主义思想，倡导报国奉献精神，宣传海内外留学人员报国业绩。

三、组织会员发挥综合智力优势，为国家和南京的经济社会发展建言献策。

四、开展多种形式的联谊活动，加强与海内外学友和留学人员团体的联系。

五、开展咨询、学术交流和人员培训等活动，组织海内外留学人员在科技、文化、教育、经济等领域广泛开展交流与合作。

六、发挥独特优势，积极开展民间外交，促进中外友好交流。

七、反映留学人员的意见和诉求，维护会员的合法权益，关心会员的工作和生活，努力为留学人员服务，把本会办成留学人员之家。

八、表彰、奖励优秀留学人员，积极举荐人才。

联系方式

地　址：江苏省南京市玄武区成贤街43号2号楼

邮　编：210018

电　话：86-25-83650687

传　真：86-25-83650687

邮　箱：njwrsa@njwras.org

网　站：www.njwrsa.org.cn

无锡市欧美同学会（无锡市留学人员联谊会）

社团概况

无锡市留学人员联谊会成立于1999年12月，是以无锡市留学人员为主体所组织的非营利性的民间团体。2019年12月，增冠“无锡市欧美同学会”会名。联谊会接受中共无锡市委组织部、中共无锡市委统战部、无锡市人事局的业务指导及无锡市民政局的监督管理。

联谊会将以习近平新时代中国特色社会主义思想为指引，贯彻落实党和国家关于留学人员工作的方针政策，以凝聚留学人员力量为根本，以发挥留学人员作用为目标，以服务留学人员需求为己任，为留学人员施展才华、创业发展营造良好环境；切实发挥群众性、高知性、统战性的特点和优势，致力于成为留学报国的人才库、建言献策的智囊团、开展民间外交的生力军，成为党和政府联系广大留学人员的桥梁纽带，引导和带动广大留学人员大力弘扬留学报国光荣传统，积极投身创新创造，努力促进对外交流，为建设“强富美高”新无锡、当好全省高质量发展领跑者贡献更多智慧和力量。

主要任务

一、宣传爱国主义思想，倡导报效祖国、振兴民族的奉献精神，宣传海内外留学人员的先进事迹和学术成就。

二、促进与海内外会员、专家、学者和企业人士之间的联系，增强相互了解，开展民间往来，在科教、文化、经济等领域广泛开展交流与合作。

三、组织会员发挥综合优势，为无锡的发展提供人才和智力支持，开展各类咨询、信息服务和人员培训；联络与无锡有关的海外学友和留学人员团体，加强他们与无锡的沟通。

四、维护会员合法权益，向政府有关部门反映并协助解决海内外留学人员的困难和问题。

联系方式

地　址：江苏省无锡市解放东路888号无锡人才信息大厦4楼
邮　编：214007
电　话：86-510-82828102，82823057
传　真：86-510-82828102
邮　箱：chinawuxi530@vip.163.com

南通市欧美同学会（南通市留学人员联谊会）

社团概况

南通市欧美同学会（南通市留学人员联谊会）成立于2016年1月，是由南通地区的归国留学人员自愿组成的联合型、非营利性社会组织，是留学人员互帮互助的平台，是党联系留学人员的桥梁和纽带，是党和政府做好留学人员工作的助手。联谊会接受中共南通市委统战部、南通市民政局的业务指导和监督管理。

联谊会以邓小平理论、“三个代表”重要思想、科学发展观、习近平新时代中国特色社会主义思想为指导，团结和服务归国留学人员，继承和发扬留学报国的爱国主义传统，秉持修学、游艺、敦谊、励行的理念，增进友谊，沟通信息，交流学术，开展协作，为南通市的经济建设和社会发展服务。

主要任务

一、学习贯彻党和政府关于留学人员工作、知识分子工作和人才工作的方针政策。

二、弘扬爱国主义思想，倡导报国奉献精神，宣传海内外留学人员报国业绩。

三、组织会员发挥联系广泛、人才密集的优势，为国家和南通的经济社会发展建言献策。

四、开展多种形式的联谊活动，加强与海内外学友和留学人员团体的联系。

五、开展咨询、学术交流和人员培训等活动，组织海内外留学人员，在科技、文化、教育、经济等领域广泛开展交流与合作。

六、发挥独特优势，积极开展民间外交，促进中外友好交流。

七、反映留学人员的意见和诉求，维护会员的合法权益，关心会员的工作和生活，努力为留学人员服务，把本会办成留学人员之家。

八、表彰、奖励优秀留学人员，积极举荐人才。

联系方式

地　址：江苏省南通市崇川路58号4幢103
邮　编：226004
电　话：86-513-51015756

浙江省欧美同学会

社团概况

浙江省欧美同学会成立于2017年11月，是中共浙江省委领导、省委统战部代管的以浙江省归国留学人员为主体自愿组成的高知识性、统战性的群众团体。

同学会坚持中国共产党的领导，团结和服务海内外留学人员，继承发扬留学报国的爱国主义传统，秉持修学、游艺、敦谊、励行的理念，立足国内省内、开拓海外，努力成为留学报国的人才库、建言献策的智囊团、开展民间外交的生力军，为高水平谱写实现“两个一百年”奋斗目标的浙江篇章提供强大动力。

联系方式

地　址：浙江省杭州市西湖区省府路8号省府7号楼

邮　编：310025

电　话：86-571-81050169

邮　箱：zjwrsa@163.com

浙江省留学人员和家属联谊会

社团概况

浙江省留学人员和家属联谊会成立于1998年9月，其前身为“浙江省出国留学人员家属联谊会”，是浙江省留学人员和家属自愿组成的联谊性社会团体。2006年底，经民政厅批准正式更名。留联会主管单位为中共浙江省委统战部，在浙江省归国华侨联合会的具体指导下开展工作。

留联会的宗旨是遵守中华人民共和国宪法、有关法律、法规和政策，努力维护会员的合法权益，积极倡导会员遵守社会道德风尚；高举社会主义、爱国主义旗帜，团结和组织全省留学人员及其家属，加强联系、交流信息、增进友谊，为弘扬民族文化、早日实现祖国统一、促进家乡和祖国的繁荣昌盛作出贡献。

主要任务

一、调查了解留学人员的希望和要求，反映他们的切身问题，维护他们的正当权益。

二、为留学人员和家属提供咨询服务，协助其在浙江创业、生活等有关事宜。

三、密切与留学人员和家属的联系，传达、贯彻党和国家以及省委、省政府的有关侨务政策与对留学人员工作的方针政策，沟通思想、交流信息，增进相互之间的了解、理解和友谊。

四、发挥留学人员和家属的积极作用，促进浙江与海外经济、文化、体育、科技等方面的合作与交流。

五、配合侨务工作中心，搞好有关社会服务。

六、组织各种健康文化娱乐活动，为会员丰富业余生活服务。

七、开展有利于实现本会宗旨的各种其他活动和服务。

联系方式

地　址：浙江省杭州市下城区文晖路112号

邮　编：310004

电　话：86-571-85118535

传　真：86-571-85151007

邮　箱：zjqlwz@126.com

网　站：www.zjsql.com.cn

杭州欧美同学会（杭州留学人员联谊会）

社团概况

杭州欧美同学会（杭州留学人员联谊会）成立于2015年12月，是由中共杭州市委领导、中共杭州市委统战部负责管理，以杭州归国留学人员为主体自愿组成的、统战性的人民团体，是市委联系广大留学人员的桥梁和纽带、党委和政府做好留学人员工作的助手、广大留学人员之家。

联谊会秉持“修学、游艺、敦谊、励行”的理念，继承和发扬留学报国的爱国主义传统，团结凝聚海内外留学人员，不断加强组织建设，努力成为留学报国的人才库、建言献策的智囊团、民间外交的生力军、创业创新的孵化器，为杭州经济建设和社会发展提供人才和智力保障。

联系方式

地　址：浙江省杭州市江干区富春路188号

邮　编：310006

网　站：www.hztyzx.org.cn

宁波欧美同学会（宁波留学人员联谊会）

社团概况

宁波欧美同学会（宁波留学人员联谊会）成立于2016年10月，是以宁波地区留学归国人员为主体自愿组成的，具有高知识性、群众性、统战性特点和优势的群众团体。业务主管单位是宁波市委统战部。

同学会在市委、市政府的重视和支持下，将充分发挥好桥梁纽带作用，积极争做归国留学人员思想的引导者、事业的推动者、业绩的宣传者、权益的维护者，充分调动广大归国留学人员的积极性和创造性，为宁波加快建设现代化国际港口名城、打造东方文明之都作出新贡献。

主要任务

一、在留学人员群体中积极宣传党和政府关于留学人员工作、知识分子工作、人才工作的方针政策。

二、组织会员发挥综合智力优势，为宁波的经济社会发展建言献策。

三、积极做好引才引智工作。

四、开展咨询、学术交流和人员培训等活动，组织海内外留学人员在科技、文化、教育、经济等领域广泛开展交流与合作。

联系方式

地　址：浙江省宁波市奉化区中塔路5号

邮　编：315500

温州市留学人员和家属联谊会

社团概况

温州市留学人员和家属联谊会成立于2000年11月，由中共温州市委统战部、市侨办、市侨联共同发起创办，是温州市留学人员和家属自愿组成的联合性社会团体。留联会是经市民政局注册登记具有法人资格的社会团体。现主管单位为温州市归国华侨联合会，日常办事机构设在市侨联。

留联会自成立以来，坚持国内国外并重的原则，在夯实基层组织、打好留联会品牌、搭建招贤引智平台、拓展海外联谊、加大为留学人员和家属服务力度等方面创造性地开展工作，切实发挥好党和政府联系留学人员及其家属的桥梁和纽带作用，努力开创留联会工作新局面。

主要任务

一、调查了解留学人员的希望和要求，反映他们的切身问题，维护他们的正当权益。

二、为留学人员和家属提供咨询服务，协助其在温州创业、生活等有关事宜。

三、密切与留学人员和家属的联系，传达贯彻党和国家以及市委、市政府的有关侨务政策与对留学人员工作的方针政策，沟通思想、交流信息、增进相互之间的了解、理解和友谊。

四、发挥留学人员和家属的积极作用，促进温州与海外经济、文化、体育、科技等方面的合作与交流。

五、配合侨务工作中心，搞好有关社会服务。

六、组织各种健康文化娱乐活动，为丰富会员业余生活服务。

七、开展有利于实现本会宗旨的各种其他活动和服务。

联系方式

地　址：浙江省温州市鹿城区绣山路299号16号楼

邮　编：325000

电　话：86-577-88965226

传　真：86-577-88968632

邮　箱：lwddzw@yeah.net

网　站：www.wzsql.com

嘉兴市欧美同学会（嘉兴市留学人员联谊会）

社团概况

嘉兴市欧美同学会（嘉兴市留学人员联谊会）成立于2018年10月，是在中共嘉兴市委领导下的、以嘉兴市归国留学人员为主体自愿组成的、统战性的群众团体。

同学会坚持以习近平新时代中国特色社会主义思想为指导，按照中共嘉兴市委统战部的要求，根据“夯实基础、健全组织、立内拓外、打造品牌”的工作思路，积极探索、主动作为，积极发挥留学报国人才库、建言献策智囊团、民间外交生力军的独特作用，团结引领归国留学人员为嘉兴市高质量发展贡献智慧和力量。

主要任务

一、贯彻支持留学、鼓励回国、来去自由、发挥作用的方针，落实党和政府的留学人员政策。

二、加强对归国留学人员的政治引领和政治吸纳，增进国情认知，坚定中国特色社会主义道路自信、理论自信、制度自信、文化自信。

三、吸引和举荐归国留学人才，做好归国留学人员代表人士发现、培养、使用、管理、服务工作。

四、引导支持归国留学人员创新创业，宣传鼓励优秀归国留学人员，弘扬留学报国传统。

五、关心归国留学人员的工作、学习、生活，反映其愿望诉求，维护其合法权益。

六、加强同海外留学人员和留学人员组织联系，开展形式多样的交往交流活动等。

联系方式

地　址：浙江省嘉兴市南湖区广场路1号5号楼409室

邮　编：314033

安徽欧美同学会（安徽留学人员联谊会）

社团概况

安徽欧美同学会（安徽留学人员联谊会）成立于2018年4月，是在中共安徽省委领导下，以安徽省归国留学人员为主体自愿组成的、统战性的群众团体，是党联系广大留学人员的桥梁和纽带、党委和政府做好留学人员工作的助手，也是留学人员之家，具有群众性、高知识性、统战性的特点和优势。联谊会由中共安徽省委统战部代管，并作为欧美同学会（中国留学人员联谊会）的团体会员，接受其业务指导。

联谊会以马克思列宁主义、毛泽东思想、邓小平理论、“三个代表”重要思想、科学发展观、习近平新时代中国特色社会主义思想为指导，坚持中国共产党的领导，团结和服务安徽海内外留学人员，继承发扬留学报国的爱国主义传统，秉持修学、游艺、敦谊、励行的理念，坚持立足国内省内、开拓海外，努力成为留学报国的人才库、建言献策的智囊团、开展民间外交的生力军，为促进安徽经济社会发展和实现中华民族伟大复兴的中国梦贡献力量。

主要任务

一、学习贯彻党和政府关于留学人员工作、知识分子工作和人才工作的方针政策。

二、加强对归国留学人员的政治引领和政治吸纳，增进国情省情认知，坚定中国特色社会主义道路自信、理论自信、制度自信、文化自信。

三、推动留学人员报国实践，宣传留学人员报国业绩。

四、开展咨询、信息服务和人员培训等，为促进国家和安徽经济社会发展献计出力。

五、联系海外留学人员和留学人员团体，开展科技、经济、文化、教育、卫生等领域的交流与合作，组织和推动海外留学人员服务国家和安徽发展。

六、开展多种形式的活动，加强学术交流，丰富文化生活，增进留学人员之间的联系和友谊。

七、反映留学人员的意见和诉求，维护会员的合法权益，关心会员的工作和生活，努力为留学人员服务，把本会办成留学人员之家。

八、表彰、奖励优秀留学人员，积极举荐人才。

联系方式

地　址：安徽省合肥市包河区中山路1号
邮　编：230091
邮　箱：ahtznet@163.com
网　站：www.ahtz.gov.cn

福建省留学生同学会（福建留学人员联谊会）

社团概况

福建省留学生同学会成立于1986年，是由归国留学人员自愿组成的，以服务福建科学发展、跨越发展为工作重点的人民团体。2005年，增冠“福建留学人员联谊会”会名，是欧美同学会（中国留学人员联谊会）的首批团体会员。2016年，经中共福建省委机构编制委员会办公室批复明确为省属群团组织。同学会由中共福建省委领导，中共福建省委统战部代管。

同学会现有会员3600多名，留学国家和地区遍及五大洲50多个国家，所学专业涵盖科教文卫各门学科。会员多数已成为福建省各类院校、科研院所及企事业单位的学科带头人和骨干力量，并汇聚了一批入选“两院”院士、国家海外高层次人才引进计划、“百千万人才工程”第一、二层次人才、“长江学者”“闽江学者”、福建省“百人计划”等高层次人才，青年创新创业人才日渐增多，在福建的改革开放和现代化建设所作的贡献越来越大。

福建省留学生同学会先后成立了25个会员单位及咨询宣传、学术交流、经济工作、会员工作、对外联络、青年工作等委员会。每年均开展学术讲座、沙龙、研讨会、合唱团、舞蹈队及各种联谊交流活动，支教义诊和送医送药下乡，编印出版会刊及各种文集等上百场别具特色的活动。还与20多个海外学人团体建立了战略合作关系，创建了“6·18中国留学人员成果展”“统一战线人才·项目八闽行”“海西春雨行动”等海内外留学人员、专家学者支持福建发展的品牌活动。新时期，同学会将全面深入贯彻落实科学发展观，坚持弘扬留学报国传统，营造留学人员温暖之家，发挥留学报国人才库、建言献策智囊团、民间外交生力军的作用，为建设“机制活、产业优、百姓富、生态美”的新福建和建成社会主义现代化强国、实现中华民族伟大复兴的中国梦贡献力量。

主要任务

一、学习宣传贯彻党和政府关于留学人员工作、知识分子工作和人才工作的方针政策。

二、加强对归国留学人员的政治引领和政治吸纳，增进国情认识，坚守中国特色社会主义道路自信、理论自信、制度自信、文化自信。

三、吸引和举荐归国留学人才。建立福建省归国留学人才信息库，搭建归国留学人员在闽创新创业平台，发挥我省人才引进窗口和以才引才作用，拓宽福建省吸引海外人才渠道。

四、围绕党和政府中心工作，整合资源，拓宽渠道，为促进国家和福建省经济社会发展建言献策。

五、联系海外留学人员和留学人员团体等，开展科技、经济、文化、教育、卫生等领域的交流与合作，组织和推动海外留学人员以多种形式服务国家和我省发展。

六、开展咨询、信息服务和人员培训等多种形式的主题活动，加强学术交流，丰富文化生活，增进留学人员之间的联谊和自我服务能力。

七、发挥独特优势，积极开展民间外交工作，促进中外交流合作。

八、反映留学人员的意见与诉求，维护会员的合法权益，关心会员的工作和生活，努力为留学人员服务，把本会办成留学人员之家。

九、弘扬留学报国传统，倡导报国奉献精神，宣传海内外留学人员报国业绩，表彰、奖励优秀归国留学人员。

联系方式

地　址：福建省福州市湖东路276号同心楼20层

邮　编：350001

电　话：86-591-88016836，87532516

传　真：86-591-88016835

邮　箱：forsa5@forsa.org.cn

网　站：www.forsa.org.cn

福建省青年留学人员协会

社团概况

福建省青年留学人员协会成立于2016年12月，是经民政部门批准注册的非营利性社会团体，是在共青团福建省委指导下的年轻海归精英集聚的优质平台，独立开展全省性、联合性、非营利性社会活动。

协会以“海纳百川，归之若水，精诚团结，拼搏共进”为宗旨，成员以福建省45岁以下青年归国留学人员为主体，目前已有1500多名会员，他们分布在政界、工商界、文化艺术界、教育界、传媒界等领域，呈现出高学历特点，半数以上是硕士学历。他们通过引入国外先进经验和技术在福建创业创新，成为青年归国留学人员的一支生力军。

联系方式

地　址：福建省福州市鼓楼区东街83号中庚青年广场10楼
邮　编：350001

福州市留学生同学会

社团概况

福州市留学生同学会成立于1998年11月，是经福州市民政局正式批准具有法人资格的社团组织。同学会在中共福州市委统战部的领导下开展工作。

同学会致力于发扬爱国主义优良传统，团结福州市归国留学人员，广泛联系海外学友，增进友谊、沟通信息、交流学术、开启协作，共同为福州省会中心城市经济建设和海西发展出谋献策，贡献力量。

主要任务

一、弘扬爱国主义思想，倡导留学报国精神，宣传介绍海内外留学人员的先进事迹和学术成就。

二、促进与海外留学生、专家学者和各界人士之间的联系，增进了解，发展民间往来，在科教、文化、经济等领域开展交流合作。

三、利用留学生同学会企业家较多的优势，积极参加本市经济活动。

四、组织医务界会员到缺医少药的农村义诊及举办科普讲座等社会公益性活动。

五、维护会员的合法权益，关心他们的工作和生活情况，向有关部门反映他们的建议及意见，并协助解决他们的困难和问题。

联系方式

地　址：福建省福州市鼓楼区福飞路井尾5号福州市委统战部大楼201室
邮　编：350012
电　话：86-591-87750076
传　真：86-591-87891282
邮　箱：orsafz@163.com

厦门市欧美同学会（厦门市留学生联谊会）

社团概况

厦门市留学生联谊会成立于2000年4月，是厦门市留学归国人员自愿组成的具有独立法人资格的地方性、联合性、非营利性社会组织。2008年初，正式成为欧美同学会（中国留学人员联谊会）首批16个团体会员之一。联谊会接受业务主管单位厦门市委统战部、社团登记管理机关厦门市民政局的业务指导和监督管理。

厦门市欧美同学会的宗旨是发扬爱国主义精神，团结厦门市留学归国人员，广泛联系海内外学人，增进友谊，沟通信息，交流学术，开展协作，共同为繁荣厦门、振兴中华和统一祖国大业服务。

主要任务

一、弘扬爱国主义精神，倡导留学报国思想，宣传介绍海内外留学人员的先进事迹和学术成就。

二、开展形式多样的海内外学友之间的联谊活动，加强学术交流和信息沟通。

三、联络海外留学人员，努力拓宽他们同祖国，尤其是和厦门的联系渠道；促进海外学友、专家学者和各界人士与厦门的联系，增进互相了解，加强民间往来，在科教、文化、经济等领域广泛开展交流与合作。

四、组织会员发挥专业特长，为厦门市的经济建设和社会全面发展进行专题调查研究、出谋献策。举办各种类型的咨询、信息服务和人员培训活动。

五、维护会员的合法权益，关心他们的工作和生活情况，及时向有关部门反映他们的建议和意见，并协助解决他们的困难和问题。

六、承接政府部门委托与本会有关的事项。

联系方式

地　址：福建省厦门市白鹭洲路16号团结大厦1310室

邮　编：361004

电　话：86-592-2699024，2296646

传　真：86-592-2699024

邮　箱：axors@public.xm.fj.cn

厦门市海外联谊会

社团概况

厦门市海外联谊会创建于1988年，由厦门市各界代表人士及有关团体和关心厦门、热心于海外联谊工作、有一定代表性和社会影响的香港特别行政区同胞、澳门特别行政区同胞、台湾同胞和海外侨胞中的爱国人士自愿结成，是以高举爱国主义为旗帜，团结热爱中华民族的海内外同胞，加强联系，增进友谊，促进合作，促进厦门的繁荣与发展，为统一祖国、振兴中华服务为宗旨的社会团体。海联会接受福建省海外联谊会的指导和厦门市民政局的监督管理。

海联会自成立以来，在厦门市委、市政府的领导下，在社会各界和海内外朋友的参与和支持下，高举爱国主义旗帜，拓展活动平台和空间，与全球30多个国家和地区的50多个社团建立了密切联系，发挥了凝心聚力的作用，凸显了联谊、沟通、服务的功能，为促进厦门和海外的民间交流交往搭建了一个有效平台；为宣传中国改革开放政策，介绍厦门投资环境和城市建设发展开辟了服务阵地；为团结动员广大港澳台同胞和海外华侨华人积极参与特区经济建设发挥了纽带作用；为促进祖国和平统一架起了一座沟通和友谊的桥梁，成为厦门市一个独具特色、有社会影响的、促进海内外联谊的社会团体。

主要任务

一、联络友谊。举办形式多样的联谊活动，广泛联系港澳台同胞和海外侨胞及其团体，增进了解和友谊，促进厦门与港澳台及世界各地的联系，开拓厦门与港澳台和海外的民间交往的有效渠道，为海内外同胞开展交流和联谊提供平台和机会。

二、促进合作。宣传厦门的投资环境，团结和动员广大港澳台同胞和外籍华人支持、参与特区经济建设，积极促进厦门各界与港澳台同胞和海外华侨华人在经济、科技、文化及教育等方面的交流与合作。

三、加强沟通。向港澳台同胞和海外华侨华人介绍厦门的改革开放政策和经济建设、社会发展等方面的情况，反映海内外各界朋友对厦门经济特区建设和祖国统一事业的意见和建议。

四、热忱服务。加强与政府及社团等有关方面的联系与协调，协调联系政府部门，依靠社会各界的共识和共同配合，维护港澳台同胞和海外侨胞在祖国大陆的合法权益，排忧解难，提供服务。

联系方式

地　址：福建省厦门市思明区白鹭洲路16号团结大厦14楼
邮　编：361004
电　话：86-592-2699022
传　真：86-592-2699023
邮　箱：xofa1988@gmail.com
网　站：www.xofa.org

泉州市留学人员暨归国创业人员联谊会

社团概况

泉州市留学人员暨归国创业人员联谊会成立于2010年9月，是由泉州市留学归国人员组成的具有独立法人资格的地方性、联合性、非营利性社会组织。业务主管部门是中共泉州市委统战部，同时接受泉州市民政局的监督管理，并接受福建留学人员联谊会的业务指导。

留联会广泛联系和团结海内外泉州籍和来泉州工作、生活的留学人员及归国创业人员，继承发扬留学报国的爱国主义传统，秉持修学、游艺、敦谊、励行的理念，为家乡发展、海西建设，为全面建成小康社会和实现中华民族伟大复兴服务。留联会目前共有会员600多名，遍布泉州市高校、医院、科研院所及企事业单位，在创新创业、建言献策、民间外交、社会公益等方面取得了成效，对助推泉州经济发展发挥了重要的作用。

主要任务

一、倡导留学报国思想，宣传介绍海内外留学人员的先进事迹和学术成就。

二、开展形式多样的海内外学友之间的联谊活动，为留学人员提供科技交流、互通信息、交流感情、横向合作的渠道。

三、发挥会员的专长和智力优势，为泉州市的经济建设和社会发展进行调查研究、出谋献策，举办各种类型的咨询、信息服务和培训活动。鼓励会员利用所掌握的技术、管理、资金等资源优势，自主创业，为提升我市传统产业，发展泉州市第三产业，活跃泉州市资本、文化市场作出贡献。

四、联络海外留学人员，努力拓宽他们同泉州的联系渠道，促进海外学友、专家学者和各界人士与泉州的联系，增进了解，加强在科技、文化、经济等领域的交流合作。

五、维护会员的合法权益，收集、反映留学回国人员的意见和要求，及时向有关部门反映他们的建议和意见，协助有关部门解决留学回国人员在工作、学习、生活等方面的问题与困难。把本会办成留学人员之家。

六、举办扶困济贫活动和慈善活动，关心、帮助社会困难群体，促进社会和谐。

七、表彰、奖励优秀留学人员，积极举荐人才。

八、承接政府部门委托的有关任务。

联系方式

地　址：福建省泉州市行政中心4号楼4509
邮　编：362000
电　话：86-595-22276209
邮　箱：akonxindi@hotmail.com
网　站：www.qzlxs.com

龙岩留学人员联谊会

社团概况

龙岩留学人员联谊会成立于2010年10月，是由龙岩市留学人员为主体自愿结成的联合性、非营利性社会组织。联谊会接受上级留学生同学会、留学人员联谊会的指导，接受业务主管单位中共龙岩市委统战部和社团登记管理机关龙岩市民政局的业务指导和监督管理。

联谊会的宗旨是继承爱国主义优良传统。遵守宪法、法律、法规和国家政策，遵守社会道德风尚。团结龙岩市留学归国人员，广泛联系海内外留学人员、学人，增进友谊，沟通信息，交流学术，开展协作，共同为促进海西重要增长极服务，为促进祖国和平统一大业作贡献。

主要任务

一、弘扬爱国主义精神，倡导留学报国思想，宣传介绍海内外留学人员的先进事迹和学术成就。

二、开展形式多样的海内外学友之间的联谊活动，加强学术交流和信息沟通。

三、联络海外龙岩留学人员和留学生团体，努力拓宽他们同祖国的联系渠道；促进海外专家学者和各界人士之间的联系，增进互相了解，加强民间往来，在科教、文化、经济等领域广泛开展交流和合作。

四、组织会员发挥专业特长，为我市经济和社会全面发展出谋献策；举办各种类型的咨询、信息服务和人员培训活动。

五、维护会员的合法权益，关心他们的工作和生活情况，及时向有关部门反映他们的建议和意见，并协助解决他们的困难和问题。

联系方式

地　址：福建省龙岩市龙岩大道万阳城A栋913

邮　编：364000

电　话：86-597-2301879

传　真：86-597-2301879

邮　箱：lylxrytxh@163.com

网　站：www.lylxry.com

江西省欧美同学会（江西省留学人员联谊会）

社团概况

江西省欧美同学会（江西省留学人员联谊会）成立于2013年12月，是由江西省留学海外的归国人员自愿组成的群众团体，是在中国共产党领导下的社会团体，是党和政府联系留学人员的桥梁。联谊会接受中共江西省委统战部、江西省民政厅的业务指导和监督管理。

联谊会旨在弘扬留学报国的光荣传统，发挥留学人员作用，成为归国留学人员可以信赖的联谊之家，通过广泛团结和凝聚江西省留学人员，积极服务国家和地方经济社会发展。

联系方式

地　址：江西省南昌市红谷滩新区卧龙路999号省行政中心东8栋

邮　编：330036

电　话：86-791-88912677

网　站：www.jxtyzx.org

山东省欧美同学会（山东省留学人员联谊会）

社团概况

山东省欧美同学会（山东省留学人员联谊会）成立于2016年11月，是以山东省归国留学人员为主体自愿组成的、统战性的群众团体，由中共山东省委领导，山东省委统战部代管，是党联系留学人员的桥梁纽带、党委和政府做好留学人员工作的助手，也是广大留学人员之家。

山东省欧美同学会以邓小平理论、“三个代表”重要思想、科学发展观为指导，深入贯彻习近平总书记系列重要讲话精神，继承发扬留学报国的爱国主义传统，秉持修学、游艺、敦谊、励行的理念，团结和服务海内外留学人员，努力成为留学报国的人才库、建言献策的智囊团、开展民间外交的生力军，为加快建设经济文化强省服务，为全面建成小康社会、实现中华民族伟大复兴的中国梦凝聚智慧和力量。

主要任务

一、贯彻“支持留学、鼓励回国、来去自由、发挥作用”的方针，落实党和政府有关留学人员政策。

二、加强对留学人员的政治引领和政治吸纳，增进留学人员对国情的认知，坚定中国特色社会主义的道路自信、理论自信、制度自信、文化自信。

三、弘扬留学报国传统，推动留学人员报国实践，支持留学人员创新创业，宣传留学人员留学报国的贡献和业绩。

四、吸引和举荐留学人才，做好留学人员代表人士的发现、培养、使用、管理和服务工作，表彰、鼓励优秀留学人员。

五、联系海外留学人员组织，做好海外留学人员工作，拓宽他们与山东联系的渠道，开展经济、科技、文化、教育等领域的交流与合作。

六、开展民间对外交流，促进山东与海外的友好交往。

七、开展咨询、信息服务和人员培训等，为促进经济社会发展服务。

八、加强留学人员组织间的联系交流，开展多种形式的活动，增进本会会员之间的联系和友谊。

九、关心留学人员工作、学习、生活，反映留学人员愿望诉求，维护留学人员的合法权益。

联系方式

地　址：山东省济南市纬一路484号南楼312室
邮　编：250001
电　话：86-531-51775456
邮　箱：sdsomtxh@163.com
网　站：www.sdtzb.org.cn

济南留学人员联谊会

社团概况

济南留学人员联谊会成立于2006年4月，是山东省统战系统成立的第一个留学人员联谊会。联谊会的成立，为广泛联系和团结留学人员开辟了一条新的渠道，标志着济南市留学人员工作进入了一个新的阶段。

经过多年发展，济南留学人员联谊会已成为开展留学人员工作的有效载体，成为了解留学人员情况、反映他们真知灼见的重要渠道，成为输送留学人员代表性人物的人才库，为济南的改革、发展发挥出积极的作用。尤其是近年来，联谊会突出建言献策，突出品牌建设，突出服务“双招双引”，引导广大归国留学人员围绕省会中心工作发挥自身优势，为济南市高质量发展提供了更多要素支撑。

主要任务

一、团结济南广大留学人员，充分发挥联谊会作为党和政府联系海内外留学人员的桥梁和纽带作用，巩固和壮大爱国统一战线。

二、不断增强做好留学人员工作的责任感和使命感，积极探索新的机制，加强对留学人员代表人士的培养选拔。

三、加强自身建设，为做好留学人员工作提供保障。

四、主动进入经济主战场，倾力推进科教兴市战略的实施，为济南市改革开放和建设创新型城市作出贡献。

联系方式

地 址：山东省济南市建国小经三路37号市委统战部知识分子处
邮 编：250001
电 话：86-531-82038318
传 真：86-531-82038318
邮 箱：yaoaiyu@jn.gov.cn

青岛欧美同学会（青岛留学人员联谊会）

社团概况

青岛欧美同学会成立于2000年5月，是中国共产党领导的、以归国留学人员为主体自愿组成的、统战性的群众团体。2016年2月，增冠“青岛留学人员联谊会”会名。

青岛欧美同学会设留美、留加、留德、留英、留法、日韩、亚非、新澳等国别分会和区市、高校、园区等多个团体会员。建会20年来，继承和弘扬留学报国光荣传统，遵循“民主办会、团结立会、依章治会、实干兴会”的办会方针，紧紧围绕市委、市政府中心工作，团结和带领广大归国留学人员发挥人才智力优势，积极建言献策，开展对外交往交流，为全市经济社会发展作出了积极贡献。

联系方式

地 址：山东省青岛市市南区闽江路7号
邮 编：266072
电 话：86-532-85913402
邮 箱：qdwrsa@126.com

青岛市侨联青年归国留学人员联谊会

社团概况

青岛市侨联青年归国留学人员联谊会成立于2014年8月，是在青岛市归国华侨联合会领导下，由在青岛工作或生活的、具有海外留学经历的青年留学归国人员自愿组成，承认《中华全国归国华侨联合会章程》，独立自主开展活动的非法人侨界团体。

留联会以马克思列宁主义、毛泽东思想、邓小平理论、“三个代表”重要思想和科学发展观为指导，高举中国特色社会主义和爱国主义旗帜，团结青年留学归国人员，发挥留学归国人员的团体优势，联络海外留学人员等专业人才，为留学归国人员在青岛发展、创业服务，为青岛经济建设和社会发展、为实现中华民族伟大复兴“中国梦”以及祖国统一作出积极贡献。

主要任务

一、了解国家和青岛的建设发展情况，鼓励、引导、发挥留学人员优势，广泛联络海内外留学人员，为推进青岛加快建设幸福宜居的现代化国际城市服务。

二、向广大留学归国人员宣传党的方针政策、国家的法律法规，提高他们热爱祖国和建设祖国的热情。

三、引导留学归国人员参政议政，反映侨界的愿望要求；关心留学归国人员，向相关职能部门反映他们在工作和生活中的共性问题和困难，提出意见和建议。

四、协助政府及职能部门为青年留学归国人员在青岛创新创业、工作和生活等方面，提供支持和服务。

五、组织开展适合留学归国人员特点的科技、经贸、对外联络交流等活动，促进留学归国人员事业的发展。

六、加强自身建设，加强与社会各界的联系与交流，积极参加社会公益事业，维护青岛留学归国人员良好形象。

七、广泛联络海内外留学人员及其智力团体、经贸团体，促进交流与合作，为青岛招贤引智和招商引资服务。

八、根据需要，建立留学归国人员人才库，积极向相关部门推荐优秀留学归国人员，举荐人才。

九、做好青岛市侨联授权的其他事项。

联系方式

地　址：山东省青岛市市南区香港中路17号市府三期12楼
邮　编：266071
电　话：86-532-85912368
传　真：86-532-85912172
邮　箱：qdqlbgs@163.com
网　站：qiaolian.qingdao.gov.cn

威海市欧美同学会（威海市留学人员联谊会）

社团概况

威海市欧美同学会（威海市留学人员联谊会）成立于2017年12月，是在中共威海市委的领导、中共威海市委统战部的具体指导下，以威海地区留学海外各国归国人员为主体自愿组成的、非营利性的群众团体，是党联系留学人员的桥梁和纽带，是市委、市政府做好留学人员工作的助手，具有群众性、高知性、统战性的特点。

联谊会以邓小平理论和“三个代表”重要思想、科学发展观为指导，深入贯彻习近平总书记系列重要讲话精神，坚持科学发展观，继承发扬留学报国的爱国主义传统，秉持“修学、游艺、敦谊、励行”的理念，紧密团结威海地区归国留学人员，广泛联系海内外华人同学、学人，为振兴中华、统一祖国大业服务，为威海的经济社会发展服务。

主要任务

一、学习贯彻党和政府关于留学人员工作、知识分子工作和人才工作的方针政策。

二、推动留学人员报国实践，宣传留学人员报国业绩。

三、开展咨询、学术交流和人员培训等活动，组织海内外留学人员在科技、文化、教育、经济、人才等领域广泛开展交流与合作。

四、开展多种形式的活动，丰富文化生活，增进留学人员之间的联系和友谊。

五、发挥综合智力优势，积极开展民间外交，为国家和威海的经济社会发展建言献策。

六、反映留学人员的意见和要求，维护会员的合法权益，关心会员的工作和生活，努力为留学人员服务，把本会办成留学人员之家。

七、表彰、奖励优秀留学人员，积极举荐人才。

联系方式

地　址：山东省威海市环翠区新威路1号市政府7号办公楼201室

邮　编：264200

电　话：86-631-5225761

网　站：www.worsa.net

临沂市留学人员联谊会

社团概况

临沂市留学人员联谊会成立于2017年4月，是由在临沂工作和生活的归国留学人员和关心支持临沂市发展、热心留学事业的社会各界人士及有关单位自愿组成的地方性、联合性、非营利性社会组织。联谊会接受临沂市归国华侨联合会、临沂市民政局的业务管理和监督。

联谊会通过开展学术交流、各类咨询、信息服务和举办各种联谊活动，为留学人员创业发展、从事科研和对外合作牵线搭桥，提供服务。联谊会的成立，为加强临沂市与留学人员的联络联谊，更好地团结和引领他们施展才华、创业报国搭建了重要平台。

主要任务

一、弘扬爱国主义精神，倡导留学报国思想，宣传在临沂创业和工作的海内外留学人员的先进事迹和学术成就。

二、开展海内外学友之间的联谊活动，加强学术交流和信息沟通，丰富文化生活，增进会员联系和友谊。

三、联络海外留学人员，努力拓宽他们同祖国尤其是临沂的联系渠道；促进海外学友、专家、学者及各界人士与临沂的联系，增进互相了解，在科技、经济、文化、教育等领域广泛开展交流与合作。

四、动员会员为临沂市引进海外高层次人才牵线搭桥，鼓励和扶持海外留学归国人员来临沂创业。

五、联络与临沂有渊源的海外学友和留学人员团体，促进与临沂的沟通。

六、维护会员的合法权益，积极反映海内外留学人员的需求，协助解决困难和问题。

七、开展有利于完成本会宗旨的各种其他活动和服务。

八、承办主管部门和政府有关部门授权和委托的各项工作。

联系方式

地　址：山东省临沂市北城新区沂蒙路与智圣路交会处IFC国际金融中心6楼601

邮　编：276031

电　话：86-539-7295552

河南欧美同学会（河南留学人员联谊会）

社团概况

河南欧美同学会（河南留学人员联谊会）成立于2017年8月22日，是中国共产党领导的、以河南留学海外各国归国人员为主体自愿组成的群众性组织，是省委联系留学人员的桥梁和纽带、省委省政府做好留学人员工作的助手、河南地区留学人员之家，主管部门为河南省委统战部，接受欧美同学会（中国留学人员联谊会）的业务指导。

同学会已成立3个国别分会和1个专业委员会，分别是德奥分会、留苏（俄）分会、北美分会、法律委员会，共发展会员2000余人，团体会员17家。同学会自成立以来，先后承办了欧美同学会第六届年会暨海归创新创业郑州峰会、中国·河南招才引智创新发展大会等重大活动，打造了“聚力出彩中原海归行”“豫见学长”海归中国梦沙龙、“致敬母亲河，缅怀焦裕禄”主题教育活动、“同心助学”教育扶贫等工作品牌，吸引力、凝聚力、影响力不断扩大，在思想引领、组织建设、创新创业、人才工作、宣传交流等方面做出不少成绩。今后，河南欧美同学会将以习近平新时代中国特色社会主义思想为指导，深入学习贯彻党的十九大精神，把握新时代留学人员工作的新机遇，始终牢记团结凝聚广大留学人员的责任担当，在加强组织建设上下功夫，在发挥会员作用上多用力，在做好服务保障上求实效，团结引导更多留学人员助力中原更加出彩，努力践行留学报国人才库、建言献策智囊团、民间外交生力军的责任与使命。

主要任务

一、学习贯彻党和政府关于留学人员工作、知识分子工作和人才工作的方针政策。

二、加强对归国留学人员的政治引领和政治吸纳，增进国情认知，坚定中国特色社会主义道路自信、理论自信、制度自信、文化自信。

三、弘扬爱国主义传统，推动留学人员报国实践，宣传留学人员报国业绩，表彰、奖励优秀留学人员，积极举荐人才。

四、围绕党和政府中心工作，发挥会员专长和智力优势，整合资源、搭建平台、拓宽渠道，为促进河南经济社会发展建言献策、贡献力量。

五、开展多种形式的活动，加强学术交流，丰富文化生活，增进留学人员之间的联系和友谊。

六、加强与欧美同学会（中国留学人员联谊会）、省外留学人员组织、海外留学人员和团体的联系，开展科技、经济、文化、教育、卫生等领域的交流与合作。

七、反映留学人员的意见和诉求，维护会员的合法权益，关心会员的工作和生活，努力为留学人员服务，把本会办成留学人员之家。

联系方式

地　址：河南省郑州市金水路14号省委统战部10楼1016室
邮　编：450003
电　话：86-371-65866687
传　真：86-371-65866415
邮　箱：hnomtxhmsc@126.com
网　站：www.rootinhenan.gov.cn

洛阳市留学归国人员联谊会

社团概况

洛阳市留学归国人员联谊会成立于2015年1月，原名“洛阳留学人员联谊会”，是由洛阳市侨联主管、洛阳市留学归国人员及海外留学人员自愿组成的具有独立法人资格的地方性、联合性、非营利性群众组织。

留联会致力于加强洛阳市留学回国人员与党和政府的联系，团结联系广大留学人员为洛阳市发展多作贡献；加强与国内外及其他留学生组织的联络合作，为留学人员提供科技交流、互通信息、交流感情、横向合作的渠道；帮助留学人员回国创业发展，从留学生创业生态环境体系入手，收集、反映留学回国人员的意见和要求；协助有关部门解决留学回国人员在工作、学习、生活等方面的问题与困难，更好地发挥留学回国人员在洛阳市发展建设中的作用。

主要任务

一、弘扬爱国主义精神，倡导留学报国思想，宣传介绍海内外留学人员的先进事迹和学术成就。

二、举办形式多样的海内外学友之间的联谊活动，加强学术交流和信息沟通，丰富文化生活，增进会员联系和友谊。

三、联络海外留学人员，努力拓宽他们同祖国，尤其是和洛阳的联系渠道，促进海外学友、专家学者和各界人士与洛阳的联系，增进互相了解，加强民间往来，在科教、文化、经济等领域广泛开展交流与合作。

四、组织会员发挥综合智力优势，为洛阳市的经济建设和社会全面发展进行专题调查研究、出谋献策。举办各种类型的咨询、信息服务和人员培训活动。

五、积极动员会员为洛阳市引进海外高层次人才牵线搭桥，鼓励和扶持海外留学归国人员来我市创业，促进洛阳市高新技术产业的发展。

六、联络与洛阳有渊源的海外学友和留学人员团体，加强他们与洛阳的沟通与联系。

七、维护会员的合法权益，关心他们的工作和生活情况，及时向有关部门反映他们的建议和意见，并协助解决他们的困难和问题。

八、承接党委、政府部门委托与本会有关的事项。

联系方式

地　址：河南省洛阳市新区太康路11号4楼
邮　编：471026
电　话：86-379-63317355
传　真：86-379-63317355
邮　箱：yql2009@126.com
网　站：lyqiaolian.orgcc.com

湖北欧美同学会（湖北留学人员联合会）

社团概况

湖北欧美同学会（湖北留学人员联合会）成立于2011年4月8日，是以湖北省留学海外各国归国同学为主体自愿组成的组织。

联合会秉持“修学、游艺、敦谊、励行”的理念，以加强与海内外留学人员和留学团体的联系和交往，开展在经济、科技、文化、教育、卫生等领域的交流与合作，组织和推动海外留学人员为湖北服务等为任务，团结凝聚广大留学人员发挥独特优势，致力于建设成党和政府联系广大留学人员的桥梁和纽带，成为湖北省留学人员的温馨家园。

联系方式

地　址：湖北省武汉市武昌区洪山路16号
邮　编：430071
电　话：86-27-87824798
传　真：86-27-87824798
邮　箱：hbomtxh@126.com

湖北省留学人员联谊会

社团概况

湖北省留学人员联谊会成立于1996年，是经湖北省民政厅登记注册、挂靠湖北省人力资源和社会保障厅、同时接受湖北省委人才办及湖北省政协业务指导，与湖北相关的海内外各类留学人员以及与留学人员相关的团体自愿组成的非营利性省级公益社团组织。

联谊会以“留学人员事业发展的助推器，身心休憩的避风港，友好交流的彩虹桥”为办会宗旨，是党委政府联系海内外留学人员的桥梁和纽带。为适应新常态下湖北经济社会发展及加快海外高层次人才引进工作的需要，在省党委和政府的大力支持下，联谊会完成了由政府部门包办运营模式向“政府大力支持、留学人员自主办会”的机制性转变；由单纯的联谊组织，向接受党委和政府委托为留学人员办实事的服务型社团的使命转变。按照打造湖北省海外高层次人才公共服务平台和营造湖北省留学人员之家的要求，联谊会建立了湖北省海外引才专用网站，不断朝着机能健全、特色鲜明、高效运转、凝聚力强、富有活力、可持续发展的国内一流留学人才引进、海归双创服务窗口的目标迈进。

主要任务

一、宣传党和政府有关留学人员的方针和政策，引进海外高层次人才，动员留学回国人员团结协作、奋发图强，在各自的工作岗位上为湖北的经济建设和社会发展多作贡献。

二、以境内外培训、参会、参展、考察、洽谈等多种方式积极促进和组织会员以及湖北相关部门同国外开展科技、经济、文化、教育、卫生等领域的交流与合作，为引进国外智力、技术和资金发挥牵线搭桥作用。

三、承担湖北省委人才办和省人社厅交办的如下工作：建立湖北省引进海外高层次人才专用网站；加强与海外留学人员社团的联系与交流；创造条件，在海外设立湖北省引才联络点；组团赴海外招聘人才。

四、依法维护会员的合法权益，接受会员委托，协调与相关政府部门之间的关系，代表会员向党委政府相关部门反映会员业务活动中的问题、建议和诉求。

五、研究湖北省留学回国人员创业创新发展面临的相关问题，向党委政府提出相关改进意见和建议。

六、加强与新闻媒体的沟通和联系，及时有效引导社会舆论宣传报道留学回国人员为湖北经济建设贡献才智的先进事例，维护全省留学回国人员的整体声誉。

七、密切与中央、兄弟省市同行以及海外留学人员社团及华侨组织的交流与合作，为会员健康发展营造良好外部环境。

联系方式

地　址：湖北省武汉市武昌区八一路58号中湖军培大厦3楼
邮　编：430071
电　话：86-27-87233233，87891178
传　真：86-27-87303009
网　站：www.hbll.org.cn

武汉欧美同学会（武汉留学人员联谊会）

社团概况

武汉欧美同学会成立于1998年12月，是以武汉地区留学归国人员为主体自愿组成的群众组织，是中共武汉市委领导下的社会团体。2007年8月，增冠“武汉留学人员联谊会”会名。同学会接受中共武汉市委统战部、武汉市民政局的业务指导和监督管理。

武汉欧美同学会坚持科学发展观，继承发扬留学报国的爱国主义传统，秉持“修学、游艺、敦谊、励行”的理念，紧密团结武汉地区归国留学人员，广泛联系海内外华人同学、学人，为振兴中华、统一祖国大业服务，为武汉的经济社会发展服务。

主要任务

一、弘扬爱国主义思想，倡导留学报国精神，宣传海内外留学人员的先进事迹和学术成就。

二、举办各种活动，加强学术交流和信息沟通，增进会员联系和友谊。

三、加强与海外专家、学者和各界人士的联系，增进相互了解与合作，开展民间往来，在科技、经济、文化等领域进行交流与合作。

四、发挥会员综合智力优势，开办各类咨询、信息服务和人才培训，为武汉科技、经济和社会发展献计献策。

五、联络与武汉有渊源关系的海外学人和留学生团体，拓宽他们与武汉的联系和为国服务的渠道。

六、维护会员的合法权益，向政府有关部门反映他们的建议和要求，协助解决武汉归国留学人员的困难和问题。

联系方式

地　址：湖北省武汉市汉口沿江大道149号605室
邮　编：430032
电　话：86-27-82306250
传　真：86-27-82306250
邮　箱：worsa@vip.sina.com

湖南欧美同学会（湖南留学人员联合会）

社团概况

湖南欧美同学会（湖南留学人员联合会）成立于2009年5月，是由湖南省归国留学人员自愿组成、非营利性质、具有法人资格的群众团体，也是一个覆盖面广的高层次人才团体。

联合会以邓小平理论和“三个代表”重要思想为指导，全面贯彻落实科学发展观，团结和服务海内外留学人员，继承发扬留学报国的爱国主义传统，秉持“修学、游艺、敦谊、励行”的理念，为振兴中华和湖南发展作出贡献。

主要任务

一、弘扬爱国主义思想，倡导留学报国，宣传介绍和组织交流留学人员的优秀事迹和成就。

二、举办各种活动，加强学术交流，丰富文化生活，增进理事联系和友谊。

三、促进与海外专家学者及各界人士的相互了解与合作，开展民间友好往来，在科技、经济、文化等领域进行人才交流暨学术交流。

四、发挥理事专长，为政府及企事业单位提供咨询及中介服务，为留学人员在创办高新技术企业、合作项目、开展交流活动等方面提供服务。

五、维护理事的合法权益，关心他们的工作和生活，促进并发挥他们的专长和作用，向有关方面反映他们的建议和要求。

六、联络海外留学人员和留学生团体，努力拓宽他们与祖国联系和为国服务的渠道。

联系方式

地　址：湖南省长沙市迎宾路185号
邮　编：410011
电　话：86-731-82215613，82217095，82217219
传　真：86-731-82215749
邮　箱：hwrsa@163.com
网　站：www.hnswtzb.org

广东留学人员联谊会（广东欧美同学会）

社团概况

广东留学人员联谊会（广东欧美同学会）成立于2016年9月，是中共广东省委领导下，以广东省归国留学人员为主体，自愿组成的、统战性的群众团体。业务主管单位是中共广东省委统战部。

联谊会的宗旨是继承发扬留学报国的爱国主义传统，团结和服务海内外留学人员，努力成为留学报国的人才库、建言献策的智囊团，为振兴中华和促进广东经济社会发展服务。联谊会成立之初即拥有会员1275名，所有成员都有海外留学背景。第一届理事会有450名理事、150名常务理事。450名理事中，研究生以上学历占96.67%，正高职称占82.4%，国家级海外高层次领军人才15人，长江学者和珠江学者7人。

联谊会始终秉承留学报国的优良传统，把各项工作融入全省经济社会发展大局之中，不断增强对广大留学人员的吸引力、凝聚力和影响力，建好留学人员之家，努力成为留学报国的人才库、建言献策的智囊团，为广东率先全面建成小康社会贡献智慧和力量。

联系方式

地　址：广州市越秀区六榕路与光塔路交叉路口东南侧
邮　编：510180

广州欧美同学会（广州留学人员联谊会）

社团概况

广州欧美同学会创建于1925年，是由广州地区留学海外各国归国学友自愿组成的群众团体。2010年8月，增冠“广州留学人员联谊会”会名。同学会由中共广州市委领导，中共广州市委统战部代管。

广州欧美同学会具有悠久历史。1925年，为研究学术、交流思想、寻求救国救民之路，一群曾经饱尝异国求学艰辛的归国学者，在广州创建了广州欧美同学会。1934年，广州欧美同学会更名为“广东欧美同学会”，由会员集资、自行设计，兴建了一栋美式洋房作为永久性会址，位于广州市文德路39号。历任会长黄宪昭、韦增复、李禄超（曾任孙中山先生秘书）、陈宗南等。创办有《工程月刊》等刊物。新中国成立后，会务停顿。1984年，为团结广大留学海外的专家学者，弘扬留学报国的优良传统，由在广州工作的原广州欧美同学会老会员黎献勇、蒲蛰龙、罗明燏、罗开富、李炳熙等联名发起和倡议，向广州市人民政府和广大留学人员提出恢复“广州欧美同学会”的活动。经过两年多的筹备，于1987年6月重新恢复组织活动。

广州欧美同学会会员遍布广州地区各行各业，是一个覆盖面广的高层次人才团体，目前下设广州大学、广州医科大学、仲恺农业工程学院、广东外语外贸大学、中山大学5个高校分会，越秀、天河、番禺、海珠、南沙、黄埔、白云7个区级分会和国有企业广药集团分会，共有会员3500多名。

在新的历史条件下，广州欧美同学会将深入学习贯彻习近平新时代中国特色社会主义思想，传承留学报国的爱国主义精神，准确理解把握“人才库”“智囊团”“生力军”的使命任务，充分发挥桥梁纽带、参谋助手、“广大留学人员之家”的作用，广泛团结凝聚海内外留学人员，为推进“双统筹”、夺取“双胜利”作出积极贡献。

主要任务

一、弘扬留学报国的爱国主义精神，宣传留学人员的先进事迹和学术成就，动员海内外留学人员为报效祖国、建设广州作贡献。

二、贯彻落实党和政府有关留学人员工作的方针、政策，积极团结广大归国留学人员，配合相关部门做好留学人员工作。

三、广泛联系海内外留学人员和留学生团体，积极宣传国家有关政策和经济发展形势，协助有关部门组织引进海外留学人员和高层次人才。

四、开展多种形式的会员活动，加强对会员的教育、引导和管理，增进会员的爱国情怀，加强学术交流，增进联系和友谊。

五、发挥人才智力资源优势，开展各种咨询和信息服务，积极引导广大留学人员为广东省、广州市经济建设献计献力。

六、维护留学人员的合法权益，关心他们的工作和生活，积极反映他们的意见、建议和要求，做好留学人员服务工作。

七、加强与其他归国留学人员团体的联系，积极开展友好往来，促进留学人员工作交流合作。

联系方式

地　址：广东省广州市起义路144号

邮　编：510030

电　话：86-20-83177417

邮　箱：gzomtxh@163.com

深圳市欧美同学会（深圳市留学人员联谊会）

社团概况

深圳市欧美同学会成立于2013年12月，是由深圳地区留学回国人员自愿组成的群众团体。2014年9月，成为欧美同学会（中国留学人员联谊会）的团体会员，增冠“深圳市留学人员联谊会”会名。

同学会主要发起人有海外留学归国人员60多人，来自美、英、德、日、加等多个留学国家和地区，留学专业涵盖多种门类，分布在全市教育卫生等部门、科研院所和公司企业等单位。发起人大部分在国外取得硕士、博士学位，归国后成为所在单位的骨干力量，在各行业中发挥着重要作用。

深圳市欧美同学会将以习近平新时代中国特色社会主义思想为指导，进一步发挥群众性、高知性、统战性的特点和优势，大力弘扬留学报国的爱国主义精神，聚焦粤港澳大湾区建设，与海内外广大留学人员一道，为深圳朝着建设中国特色社会主义先行示范区的方向前行，努力创建社会主义现代化强国的城市范例贡献力量。

联系方式

地　址：广东省深圳市龙岗区清林路209号

邮　编：518172

江门市海归人员发展联合会

社团概况

江门市海归人员发展联合会成立于2014年11月，是江门五邑地区第一个在民政部门登记注册的海归社团。

联合会现拥有230多名会员，均具有海外学习、工作和生活经历。联合会的宗旨是深入宣传贯彻党和政府的归国留学人员政策，加强与海外学者友人的联系，加强在江门的留学归国人员同港澳台及海外高层次人才、在江门的各行业精英、知名企业家之间的交流互动，打造海归人员与本地区企业家联系的平台，鼓励他们积极参与江门经济建设和社会进步事业，为加快江门发展、建设幸福侨乡和实现中华民族伟大复兴中国梦服务。

联系方式

地　址：广东省江门市蓬江区建设路26号江门侨联大厦2楼

邮　编：529020

电　话：86-750-3327623

邮　箱：info_jrda@163.com

网　站：www.jrda.org.cn

梅州市留学人员发展联合会

社团概况

梅州市留学人员发展联合会成立于2015年12月，是在梅州市侨联指导下成立，由在梅州工作、生活或梅州籍具有海外留学经历，或与梅州有紧密联系的留学归国人员自愿组成的非营利性社会组织。

联合会旨在搭建广大留学回国人员资源共享、互相促进、互利共赢的平台，团结和引导广大留学人员为促进梅州经济社会发展贡献才智、发挥作用。联合会成立后，积极组织会员为梅州经济社会发展建言献策，并通过开展会员活动、加强与外市海归组织交流学习等搭建合作共赢平台，助推梅州高质量发展。

主要任务

一、引导归国留学人员参政议政。

二、反映侨界的利益要求。

三、依法维护归国留学人员合法权益。

四、为赴国外留学的学生提供咨询服务。

五、组织开展归国留学人员科技、经贸、对外联络交流等活动。

联系方式

地　址：广东省梅州市学海路世界客商中心211室

邮　编：514000

电　话：86-753-2259118

清远市归国留学人员联谊会

社团概况

清远市归国留学人员联谊会成立于2013年11月，是在清远市侨联指导下，由在清远工作或生活的、具有海外留学经历和与清远有紧密联系的归国留学人员自愿组成，独立自主开展活动的非营利性团体。

留联会秉承“招才引智，创业清远”的办会宗旨，致力于团结清远归国留学人员，联络海外留学专业人才，发挥留学人员的团体优势，为归国留学人员在清远工作、创业服务，为清远经济建设和社会发展，为实现中华民族伟大复兴和祖国统一作出贡献。

主要任务

一、了解国家和清远的建设发展情况，鼓励、引导、发挥留学人员的优势，广泛联络海内外留学人员，为推进清远经济社会转型升级、建设幸福美丽新清远服务。

二、组织广大归国留学人员学习党的方针政策、国家的法律法规，提高他们的爱国热情。

三、引导归国留学人员参政议政，反映侨界的利益要求；关心归国留学人员，就他们在工作与生活中的问题和困难，向政府及职能部门提出意见和建议；依法维护归国留学人员合法权益，推动社会经济建设和文明建设。

四、协助政府为归国留学人员在清远创业、工作和生活等方面提供帮助和服务。

五、组织开展适合归国留学人员特点的科技、教育、文化、卫生、经贸、对外联络交流等活动，促进归国留学人员事业的发展。

六、加强自身建设，加强与社会各界的联系与交流，积极参加社会公益事业，维护和提高清远归国留学人员群体形象。

七、广泛联络海内外留学人员，促进交流与合作，为清远招商引资、招才引智提供服务。

八、表彰、奖励优秀归国留学人员，积极举荐人才。

九、承接清远市政府及其职能部门委托与本会有关的事项。

联系方式

地　址：广东省清远市清远高新技术产业开发区创业一路6号A2栋9层

邮　编：511500

东莞市侨联归国留学人员联谊会

社团概况

东莞市侨联归国留学人员联谊会成立于2012年6月，是在东莞市归国华侨联合会领导下，由在东莞工作或生活的、具海外留学经历和与东莞有紧密联系的归国留学人员自愿组成，承认《中华全国归国华侨联合会章程》，是独立自主开展活动的非营利性侨界团体、东莞市侨联的团体会员。

自成立以来，联谊会团结一致，群策群力，发挥优势，认真践行“海纳百川、团结奉献”的宗旨，积极开展会务工作，在自我发展提升、服务东莞建设、参与社会服务等方面取得了可喜的进步，得到了社会各界的认同和肯定。联谊会从成立之初的600多名会员，到现在已拥有注册会员留学生2000余名，为东莞市和广东省拓展侨联工作领域、丰富侨联工作载体积累了经验。

主要任务

一、组织广大归国留学人员学习党的方针政策以及法律、法规，提高他们的爱国和建国热情。

二、引导归国留学人员参政议政，反映侨界的利益要求；关心归国留学人员，就他们在工作与生活中的问题和困难，向政府及职能部门提出意见和建议。

三、依法维护归国留学人员合法权益，推动社会经济文明建设；协助政府为归国留学人员在东莞创新创业、工作和生活等方面提供支持和服务。

四、组织开展适合归国留学人员特点的科技、经贸、对外联络交流等活动，促进归国留学人员事业的发展。

五、广泛联络海内外留学人员及其智力团体，促进交流与合作，为东莞招才引智服务。

联系方式

地　址：广东省东莞市莞城向阳路侨务楼
邮　编：523007
电　话：86-769-33229088，22227821
传　真：86-769-22221829
邮　箱：mail@dgosa.com

中山市留学回国人员联谊会

社团概况

中山市留学回国人员联谊会成立于2008年6月，是由中山市留学回国人员等自愿结成的非营利性社会组织，是市委、市政府团结、联系广大留学回国人员的桥梁和纽带。联谊会是在中山市民政局正式登记注册的社会组织，主管部门为中山市外事侨务局。

联谊的宗旨是贯彻落实党中央、国务院关于“拓宽留学渠道、吸引人才回国、支持创新创业、鼓励为国服务”的留学工作方针，团结、联络广大留学回国人员，不断完善中山市海外引智网络，成为留学回国人员之家，为加强中山市的对外交流与合作、推动中山市高层次人才队伍建设和高科技产业发展作出更多贡献。

联系方式

地　址：广东省中山市松苑路1号中山市外事侨务局国际交流部
邮　编：528400
电　话：86-760-88334455
传　真：86-760-88334455

潮州市留学人员联谊会

社团概况

潮州市留学人员联谊会成立于2012年7月，是在潮州市归国华侨联合会领导下，由在潮州工作或生活的、有海外留学经历和与潮州有紧密联系的归国留学人员自愿组成，是独立自主开展活动的非营利性侨界团体，是潮州市侨联的团体会员。

联谊会以马克思列宁主义、毛泽东思想、邓小平理论、“三个代表”重要思想和科学发展观为指导，高举中国特色社会主义和爱国主义旗帜，根据本章程，积极团结潮州市归国留学人员，发挥归国留学人员的团体优势，联络海外留学人员等专业人才，秉着“团结、互助、共进”的精神，为归国留学人员在潮州创业、发展服务，为潮州经济建设和社会发展，为实现中华民族伟大复兴和祖国完全统一作出贡献。

主要任务

一、了解国家，特别是潮州的建设发展情况，鼓励、引导、发挥留学人员优势，广泛联络海内外留学人员，为加快经济发展、建设幸福潮州作出贡献。

二、组织广大归国留学人员学习党的方针政策、国家的法律法规，提高他们的爱国爱乡热情。

三、引导归国留学人员参政议政，反映侨界的利益要求。

四、关心归国留学人员，将他们在工作与生活中的问题和困难，向政府及职能部门提出意见和建议。

五、依法维护归国留学人员合法权益，推动社会经济文明建设。

六、为有意赴国外留学的学生提供相关资讯及帮助。

七、为归国留学人员在潮州创新创业、工作和生活等方面，提供支持和服务。

八、组织开展适合归国留学人员特点的科技、经贸、对外联络交流等活动，促进归国留学人员事业的发展。

九、加强自身建设，加强与社会各界的联系与交流，积极参加社会公益事业，维护和提高潮州归国留学人员群体形象。

十、广泛联络海内外留学人员及其智力团体，促进交流与合作，为潮州招才引智服务。

十一、表彰、奖励优秀归国留学人员，积极举荐人才。

十二、承接潮州市政府及其职能部门委托与本会有关的事项。

联系方式

地　址：广东省潮州市新洋路新阳楼5号

邮　编：521000

电　话：86-18948509206

传　真：86-768-2211838

邮　箱：1292919492@qq.com

广西留学人员联谊会（广西欧美同学会）

社团概况

广西留学人员联谊会（广西欧美同学会）成立于1986年，是经中共广西壮族自治区党委批准，自治区机构编制委员会批复，归属自治区党委统战部管理的群团组织。

联谊会的宗旨是继承爱国主义传统，团结留学归国学子，广泛联系海内外学人和与广西有渊源的华裔、华侨学人，修学敦谊，相互切磋，共同为振兴中华、繁荣广西作出贡献。现有会员（含海外会员）3850人，18个分会（小组），8个专业委员会，7个海外分会。

主要任务

一、继承爱国主义思想，倡导报国奉献精神，团结和带领广大的留学人员以各种方式为广西的经济社会发展服务、为创建和谐文明社会服务，自觉把个人的利益与祖国的发展大业紧密联系在一起，为广西的发展积极建言献策。

二、引导广大会员强化感恩意识，提高社会责任感，主动关注和帮扶弱势群体，发挥人才智力优势，为建设和谐文明社会做表率。

三、开展多种多样的联谊方式，加强海内外专家、学者和企业人士之间的联系，增进相互了解，促进广西与海外在科技、文化、教育、经济等领域开展广泛的交流与合作。

四、组织会员开展各类咨询、信息服务和人才培训与交流，开展出国留学咨询与服务，开展各项为广西经济和社会发展有意义的活动。

五、通过国外的民间学术团体和留学人员组织，为广西的智力、人才、技术、资金、项目的引进做好中介服务。

六、承担政府部门委托的广西重大经济建设项目的立项、鉴定、评估任务或其他课题。

七、维护广大留学人员的合法权益，积极反映海内外留学人员的需求，协助解决他们的困难和问题。

八、举办或承办各种与广西经济建设和社会发展有关的国际、国内研讨会。

九、协助党委和政府部门做好与留学人员的沟通等工作。

十、表彰、奖励优秀留学人员，广泛宣传海内外留学人员的先进事迹和学术成就，并向有关部门积极举荐人才。

联系方式

地　址：广西南宁市滨湖路63号

邮　编：630021

电　话：86-771-5568639

传　真：86-771-5568649

邮　箱：gaors_gx@126.com

桂林欧美同学会（桂林留学人员联谊会）

社团概况

桂林欧美同学会（桂林留学人员联谊会）成立于2004年12月，是由桂林归国留学人员组成的群众团体。

桂林欧美同学会作为在党领导下的群众团体，为桂林市归国留学人员搭建起了一个交流平台，把服务桂林建设与发展同服务广大留学人员结合起来，把做好回国留学人员的工作同做好海外留学人员的工作结合起来，把发挥广大留学人员的作用同在他们中发现、培养和举荐人才结合起来，为大力推进桂林市“三个文明”作出贡献。

联系方式

地　址：广西桂林市榕湖路北路6号

邮　编：541001

电　话：86-773-2818858

传　真：86-773-2823330

邮　箱：gllx2007@126.com

海南欧美同学会

社团概况

海南欧美同学会成立于2012年5月，是以海南留学欧美各国归国同学为主体自愿组成的具有统战性、知识性、联谊性的群众组织。同学会接受中共海南省委统战部的政治领导和业务指导，在欧美同学会（中国留学人员联谊会）的指导下开展各项工作。

海南欧美同学会以邓小平理论和“三个代表”重要思想为指导，深入贯彻落实科学发展观，团结和服务归国留学人员，继承和发扬留学报国的爱国主义传统，秉持“修学、游艺、敦谊、励行”的理念，增进友谊，沟通信息，交流学术，开展协作，为海南省的经济建设和社会发展服务，为促进社会和谐和全面建设小康社会服务，为完成祖国完全统一大业和实现中华民族伟大复兴服务。

主要任务

一、学习贯彻党和政府关于留学人员工作、知识分子工作和人才工作的方针政策。

二、弘扬爱国主义传统，推动留学人员报国实践，宣传留学人员报国业绩，表彰、奖励优秀留学人员。

三、加强与欧美同学会（中国留学人员联谊会）和海外留学人员、留学人员团体的联系，参与开展科技、经济、文化、教育、卫生等领域的交流与合作，组织和推动留学人员为海南经济社会发展服务。

四、发挥会员的专长和作用，开展教育培训、学术交流、信息咨询、联谊交友、考察调研等活动，积极建言献策。

五、为海外归国留学人员来海南创业牵线搭桥。

六、反映会员的意见和要求，关心会员的工作和生活。维护会员的合法权益，努力为会员服务，把本会办成留学人员之家。

七、积极举荐人才。

联系方式

地　址：海南省海口市国兴大道69号海南广场5栋401

邮　编：570203

电　话：86-898-65359192，65220221

传　真：86-898-65359192

邮　箱：hnomtxh@hainan.gov.cn

网　站：www.hnwrsa.org.cn

海南省海外留学归国人员协会

社团概况

海南省海外留学归国人员协会成立于2019年1月，是经民政机关批准注册成立的以海归为个体的协会，主要是由在海南工作或生活的具有海外留学经历、特别是年轻一代的海外留学归国人员自愿组成，独立自主开展活动的非营利性社会团体。协会接受业务主管单位海南省归国华侨联合会、社团登记管理机关海南省民政厅的业务指导和监督管理。

协会以邓小平理论、“三个代表”和科学发展观以及习近平新时代中国特色社会主义理论为指导，在宪法、法律、法规和国家及省市有关政策允许的范围内，通过与海内外留学人员和企业、团体建立广泛的联系与合作关系，推动国际人才交流与合作，为留学人员提供自主创业信息渠道，为会员提供优质服务，为海南的人才强省战略和留学人员归国工作服务，为海南的经济、社会和文化发展作出贡献。协会现有理事会成员30人，会员人数超过700人。

主要任务

一、开展留学归国人员和社会各界精英的交流互动工作，为海南省政府有关部门、企事业单位提供人才资源信息等。

二、组织会员开展交流、创业、会议展览、人才信息咨询、合作、考察、互动、信息共享、合作推广等服务。

三、沟通、协调会员之间关系，促进社团发展。

四、维护会员的合法权益，反映会员的意见、要求和建议。

五、建立协会网站和微信公众号，及时传递会员信息，促进会员间的交流。

六、促进与社会各界以及其他社团交流合作。

七、为政府相关部门建言献策，提供人脉、信息等资源。

联系方式

地　址：海南省海口市美兰区新城国际16楼
邮　编：570100
电　话：86-895-84721580
邮　箱：hainan@hainns.org
网　站：www.orahn.com

三亚市留学人员联谊会

社团概况

三亚市留学人员联谊会成立于2019年5月，是留学归国人员自愿组成的群众组织，是党联系广大留学人员的桥梁和纽带，是党和政府做好留学人员工作的助手，也是留学人员之家。业务主管单位是中共三亚市委统战部。

联谊会以习近平新时代中国特色社会主义思想为指导，始终遵循“修学、游艺、敦谊、励行”的宗旨，传承留学报国的爱国主义精神，推动留学人员报国实践，引导海内外留学人员发挥自身优势，为海南自贸区自贸港建设、全面建成小康社会、完成祖国统一大业和实现中华民族伟大复兴贡献新的力量。

主要任务

一、学习贯彻党和政府关于留学人员工作、知识分子工作和人才工作的方针政策。
二、弘扬爱国主义传统，推动留学人员报国实践，宣传留学人员报国业绩，表彰、奖励优秀留学人员。
三、开展教育培训、学术交流、信息咨询、联谊交友、考察调研等活动。
四、为海外归国留学人员来三亚创业牵线搭桥。
五、反映会员的意见和要求，维护会员合法权益。

联系方式

地　址：海南省三亚市吉阳区万全路4号
邮　编：572002

重庆欧美同学会（重庆留学人员联谊会）

社团概况

重庆欧美同学会成立于2009年6月，是中共重庆市委领导、市委统战部代管的群众团体，是党联系广大留学人员的桥梁和纽带，党和政府做好留学人员工作的助手，广大留学人员之家。2016年底，增冠“重庆留学人员联谊会”会名，并列入群众团体序列。同学会的主管部门为中共重庆市委统战部，接受欧美同学会（中国留学人员联谊会）业务指导。

同学会目前拥有会员9800余人，已有渝中、江北、南岸、渝北、大渡口、北碚、两江新区、涪陵区、巴南、九龙坡、沙坪坝、璧山和致公党市委、市科委、重庆大学、西南大学、重庆邮电大学、重庆医科大学、重庆理工大学、重庆师范大学、重庆工商大学等21个团体会员，成立有留英、留日、留法、美加、荷比卢5个国别分会和青年委员会、金融委员会2个专门委员会，并正在推动成立澳新分会。

成立以来，重庆欧美同学会团结带领广大留学人员，高举爱国主义旗帜，传承和弘扬留学报国优良传统，广泛团结凝聚我市留学人员，围绕中心，服务大局，发挥优势，积极作为，发挥了留学报国人才库、建言献策智囊团、民间外交生力军的作用，为重庆经济社会发展作出了积极贡献。

主要任务

一、弘扬爱国主义思想，倡导留学报国精神，宣传海内外留学人员的先进事迹和学术成就。

二、举办各种活动，加强学术交流，丰富文化生活，增进海内外留学人员的联系和联谊。

三、推动海内外专家、学者和各界人士之间的联系，增进相互了解，在科技、文化、教育、经济等领域广泛开展交流与合作。

四、为海外学人回国创业兴业提供智力支持。

五、组织会员发挥综合智力优势，积极开展各类咨询、信息服务和人员培训等活动，为重庆的发展提供建设性意见。

六、联络与重庆有渊源关系的海外学人和留学人员团体，努力拓宽他们与祖国的联系和为国服务的渠道。

七、维护会员的合法权益，关心他们的工作和生活，积极反映他们的需求，协助解决困难和问题。

联系方式

地　址：重庆市江北区北滨一路359号
邮　编：400025
电　话：86-23-61866176
传　真：86-23-61866175
邮　箱：cqwrsa@163.com
网　站：www.cqwrsa.org.cn

四川欧美同学会（四川留学人员联谊会）

社团概况

四川欧美同学会（四川留学人员联谊会）成立于2015年9月，其前身是四川省留学人员联谊会，是四川省各行业留学人员及部分企事业单位自愿结成的社会团体组织。

四川欧美同学会作为连接政府、社会和留学人员的桥梁，继承和发扬留学报国的爱国主义传统，秉持修学、游艺、敦谊、励行理念，团结海内外留学人员，进一步整合四川省内留学人员资源，把服务留学人员成长发展作为工作主线，将搭建成留学人员建言献策、参政议政的智库平台，服务留学人员回四川干事创业、成长发展的创业平台，促进留学人员交流合作共进，推动海内外留学人员为四川经济社会发展建功立业。

主要任务

一、向党和政府反映留学人员的意见、建议和要求，协助党委和政府做好留学人员服务工作，不断改善留学人员的工作、生活环境，维护留学人员的合法权益。

二、开展留学人员业绩和成果宣传工作，组织各种形式的联谊活动，加强国内外留学人员之间的信息交流、学术交流，促进不同领域留学人员之间的了解与沟通。

三、加速留学人员科技与专利成果的转化，研究成果转化的途径和方式，开辟科技成果转化为现实社会生产力的“绿色通道”。

四、发挥留学人员的智囊作用，激励留学人员开展科技咨询，鼓励并组织留学人员投入生产、管理第一线，为各级党政机关、企事业单位、个体业主和农户做顾问，开展单项技术、经济咨询和综合性管理“会诊”，将留学人员的潜能转化为现实生产、管理能力。

五、加强同国内外知名留学人员和留学人员社会团体的联系，交换信息，扩大视野，有效地开展资金、技术和人才的引进工作。

联系方式

地　址：四川省成都市东二巷18号四川省人事厅509室
邮　编：610015
电　话：86-28-86763106，86627109
传　真：86-28-86627109，86765106
邮　箱：yybeauty@tom.com

成都欧美同学会（成都留学人员联谊会）

社团概况

成都欧美同学会（成都留学人员联谊会）成立于2018年9月，是以成都留学海外各国归国人员为主体自愿组成的群众组织，是中国共产党领导下的人民团体，是市委联系留学人员的桥梁和纽带，是市委、市政府做好留学人员工作的助手、成都地区留学人员之家，具有群众性、高知性、统战性的特点和优势。联谊会由中共成都市委领导、市委统战部代管，接受四川欧美同学会（四川留学人员联谊会）的业务指导。

联谊会以邓小平理论、“三个代表”重要思想、科学发展观、习近平新时代中国特色社会主义思想为指导，坚持中国共产党领导，坚持弘扬留学报国传统，以健全组织体系为基础，以扩大组织覆盖为重点，以提升组织效能为关键，充分发挥留学报国人才库、建言献策智囊团、民间外交生力军的作用，为成都市加快建设全面体现新发展理念的城市、实现新时代成都“三步走”战略目标和中华民族伟大复兴的中国梦贡献力量。

主要任务

一、学习贯彻党和政府关于留学人员工作、知识分子工作和人才工作的方针政策。

二、加强对归国留学人员的政治引领和政治吸纳，增进国情认知，坚定中国特色社会主义道路自信、理论自信、制度自信、文化自信。

三、吸引和举荐归国留学人才。建立成都归国留学人才信息库，搭建归国留学人员在蓉创新创业平台，发挥我市人才引进窗口和以才引才作用，拓宽吸引海外人才渠道。积极协助有关部门向国际组织推荐输送优秀人才。

四、围绕党和政府中心工作，整合资源，拓宽渠道，为促进成都经济社会发展建言献策。

五、联系海外留学人员和留学人员团体等，开展科技、经济、文化、教育、卫生等领域的交流与合作，组织和推动海外留学人员以多种形式服务成都发展。

六、开展咨询、信息服务和人员培训等多种形式的主题活动，加强学术交流，丰富文化生活，增进留学人员之间的联谊和自我服务能力。

七、按照党和国家外交工作总体部署和建设全国重要的对外交往中心要求，加强同驻华使馆、驻蓉领馆、商会协会、国际组织（机构）等的联系，积极开展民间外交，促进中外交流合作、友好交往和成都友城建设。

八、反映留学人员的意见和诉求，维护会员的合法权益，关心会员的工作和生活，努力为留学人员服务，把本会办成留学人员之家。

九、弘扬留学报国传统，倡导报国奉献精神，宣传海内外留学人员报国业绩，表彰、奖励优秀留学人员。

联系方式

地　址：四川省成都市高新区蜀锦路59号第三办公区
邮　编：610041
电　话：086-28-61880632
邮　箱：1845243400@qq.com
网　站：www.cdtzb.gov.cn

贵州留学人员联谊会（贵州欧美同学会）

社团概况

贵州留学人员联谊会（贵州欧美同学会）成立于2008年12月，其前身为贵州省归国留学人员联谊会（贵州欧美同学会）。

联谊会在政府与留学人员之间充分发挥了桥梁和纽带作用，为留学人员提供优质服务，并通过在国外的各种联系，为贵州引进更多人才，尤其是贵州经济社会发展急需的领导人才，在团结凝聚留学人员发挥作用方面作出新贡献，在协助党和政府开展留学人员工作方面取得新成效，在加强自身建设方面实现新突破，真正成为党联系广大留学人员的桥梁和纽带，成为党和政府做好留学人员工作的助手，成为具有广泛影响力和强大凝聚力的留学人员之家，为推进贵州经济社会历史性跨越贡献力量。

联系方式

地　址：贵州省贵阳市广胜路1号
邮　编：550002
电　话：86-851-5895140
传　真：86-851-5895140

云南省留学人员联谊会

社团概况

云南省留学人员联谊会成立于2008年12月，是由在云南省工作、生活、创业的留学人员以及从事留学人员相关工作的人员自愿结成的地方性、联合性、非营利性社会组织。联谊会接受中共云南省委统战部和云南省民政厅的工作指导和监督管理。

联谊会宣传和贯彻党的人才政策，加强党和政府与海内外留学人员的联系，通过联谊交友、开展活动、提供服务，架设党和政府与海内外留学人员联系和沟通的桥梁，为云南省留学人员搭建参政议政、建言献策、加深友谊的平台，进一步调动留学人员的积极性、创造性，开拓留学人员工作新局面，为云南省扩大开放、整合资源、加快发展、提高竞争力作出贡献。

主要任务

一、学习和宣传党的路线、方针和政策，反映留学人员的意见、建议和利益要求，沟通党和政府与海内外留学人员的联系。弘扬爱国主义精神，倡导留学报国思想，宣传介绍海内外留学人员的创业事迹和学术成就。

二、组织留学人员，围绕省委、省政府的中心工作建言献策，开展专题研究，为促进全省经济社会又好又快发展作贡献。

三、举办联谊、文化交流、社会考察和社会公益等各类活动。

四、联络海外留学人员，努力拓宽他们同祖国，尤其是和云南的联系渠道；促进海外学友、专家学者和各界人士与云南的联系，增进互相了解，加强民间往来，在科教、文化、经济等领域广泛开展交流与合作。

五、向党和政府举荐人才，反映情况，提出意见和建议。

联系方式

地　址：云南省昆明市广福路8号中共云南省委统战部
邮　编：650228
电　话：86-871-3992481，3992488
传　真：86-871-3992482
邮　箱：ynlyh@126.com
网　站：www.swtzb.yn.gov.cn

昆明留学人员联谊会

社团概况

昆明留学人员联谊会成立于1993年4月，由昆明市各行各业的留学归国人员组成，与海外相关科研院所、社会组织、高层次人才保持着密切联系，具有广泛群众性、高知识性、多元性和开放性。

联谊会在各级领导的关心下，在中共昆明市委统战部及市科协的领导下，在全体会员的积极支持与参与下，始终紧密围绕昆明市经济社会发展重点开展工作，为实施科教兴昆，人才强市，以开放促发展，促进科学技术的引进、普及与推广，为经济结构的调整作出了贡献。联谊会将抓住云南省桥头堡战略实施，扩大对外开放，以及昆明市建设中国面向西南开放的国际性区域城市的机遇，围绕党和政府的中心工作，进一步做好广大留学人员的工作，整合广大归国人员的智力与人脉资源，服务地方经济社会发展，将联谊会建设成为党和政府联系广大留学人员的桥梁和纽带，成为党和政府做好留学人员工作的助手。

联系方式

地　址：云南省昆明市呈贡新区市级行政中心7号楼135室
电　话：86-871-3192873
传　真：86-871-3192873
邮　箱：gjb@kmkp.net.cn

陕西省欧美同学会（陕西省留学人员联谊会）

社团概况

陕西省留学人员联谊会成立于1989年，是中共陕西省委领导、省委统战部主管的、以陕西地区归国留学人员为主体自愿组成的、统战性的群众团体。2018年6月，增冠“陕西省欧美同学会”会名。

联谊会作为党和政府团结、联系广大留学人员的纽带和桥梁，肩负着新时代光荣使命，秉持“修学、游艺、敦谊、励行”的理念，继承和发扬留学报国的爱国主义传统，广泛团结和凝聚海内外留学人员，积极引导留学人员为陕西经济发展、社会和谐稳定贡献力量。

近年来，联谊会积极发挥留学报国的人才库、建言献策的智囊团、开展民间外交的生力军作用，组织动员广大留学人员开展科技、经济、文化交流活动，成功举办首届陕西省归国留学人员统战工作研讨班，开展“弘扬爱国奋斗精神，建功立业新时代”系列活动，争取首批“海归小镇”落户西安，组织省内专家学者参加“第三届中法文化论坛”、首届“国际智库论坛”，以及教育扶贫、广州年会、双创峰会等各项活动，极大地增强了广大留学人员干事创业的责任感和使命感，为谱写新时代陕西追赶超越新篇章作出了贡献。

主要任务

一、学习贯彻党和政府关于留学人员工作、知识分子工作和人才工作的方针政策。

二、加强对归国留学人员的政治引领和政治吸纳，增进国情认知，坚定中国特色社会主义道路自信、理论自信、制度自信、文化自信。

三、吸引和举荐归国留学人才。建立陕西归国留学人才信息库，搭建归国留学人员在陕创新创业平台，发挥陕西省人才引进窗口和以才引才作用，拓宽吸引海外人才渠道。积极协助有关部门向国际组织推荐输送优秀人才。

四、围绕党和政府中心工作，整合资源，拓宽渠道，为促进国家和陕西省经济社会发展建言献策。

五、联系海外留学人员和留学人员团体等，开展科技、经济、文化、教育、卫生等领域的交流与合作，组织和推动海外留学人员以多种形式服务国家和陕西发展。

六、开展咨询、信息服务和人员培训等多种形式的主题活动，加强学术交流，丰富文化生活，增进留学人员之间的联谊和自我服务能力。

七、发挥独特优势，按照党和国家外交工作总体部署和要求，加强同驻华使馆、驻陕领馆、商会协会、国际组织（机构）等的联系，积极开展民间外交工作，促进中外交流合作、友好交往。

八、反映留学人员的意见和诉求，维护会员的合法权益，关心会员的工作和生活，努力为留学人员服务，把本会办成留学人员之家。

九、弘扬留学报国传统，倡导报国奉献精神，宣传海内外留学人员报国业绩，表彰、奖励优秀留学人员。

联系方式

地　址：陕西省西安市雁塔区秦电大厦14层

邮　编：710000

电　话：86-29-83691088

邮　箱：sxwrsa@163.com

网　站：www.sxwrsa.org.cn

西安欧美同学会（西安留学人员联谊会）

社团概况

西安欧美同学会（西安留学人员联谊会）成立于2016年12月，是以西安市留学人员为主体，自愿组成的非营利性的联谊性群众组织，是中共西安市委领导下的社会团体，由中共西安市委统战部负责管理。

同学会宗旨是爱国、敬业、创新、奉献。模范遵守道德风尚，广泛联系海内外学友，增进友谊、沟通联系、交流学术、开展协作，为幸福和谐西安，实现经济社会全面发展服务。

主要任务

一、学习贯彻党和政府关于留学人员工作、知识分子工作和人才工作的方针政策。

二、弘扬爱国主义思想，倡导报国奉献精神，宣传海内外留学人员报国业绩。

三、组织会员发挥综合智力优势，为西安的经济社会发展建言献策。

四、开展咨询、学术交流和人员培训，组织海内外留学人员，在科技、文化、教育、经济等领域广泛开展交流与合作，组织和推动海外留学人员为西安服务。

五、发挥独特优势，积极开展民间外交，促进中外友好交流。

六、反映留学人员的意见和诉求，维护会员的合法权益，关心会员的工作和生活，努力为留学人员服务，把本会办成留学人员之家。

七、表彰、奖励优秀留学人员，积极举荐人才。

联系方式

地　址：陕西省西安市雁塔区团结南路12号西安国际人才大厦
邮　编：710038
电　话：86-29-83290165
邮　箱：wrsa_xian@163.com

宁夏欧美同学会（宁夏留学人员联谊会）

社团概况

宁夏留学人员联谊会成立于2009年4月，是由在宁夏工作的留学人员自愿组成的非营利性的社会群众团体。业务主管单位是宁夏回族自治区党委组织部、人力资源和社会保障厅。2017年4月，增冠“宁夏欧美同学会”会名。

宁夏欧美同学会将广泛联系海内外留学人员，增进友谊，宣传宁夏，加强思想引领，筑牢共同思想基础；发挥独特优势，服务宁夏经济社会发展；加大宣传力度，营造良好创业干事氛围；争取各方支持，形成留学人员工作合力，谱写宁夏留学人员工作新篇章。

主要任务

一、向自治区党委和政府反映在宁夏留学人员的意见、建议和要求，协助党委和政府做好留学回国人员服务工作，不断改善留学回国人员的工作、生活环境，维护留学回国人员的合法权益。

二、开展留学回国人员业绩和成果宣传工作，组织各种形式的联谊活动，加强国内外留学人员之间的信息交流、学术交流，促进不同领域留学回国人员之间的了解与沟通。

三、加速留学回国人员科技与专利成果的转化，研究成果转化的途径和方式，开辟科技成果转化为现实社会生产力的“绿色通道”。

四、发挥留学回国人员与其他人才的智囊作用，激励留学回国人员开展科技咨询，鼓励并组织留学人员投入生产、管理第一线，为各级党政机关、企事业单位、个体业主和农户做顾问，开展单项技术、经济咨询和综合性管理“会诊”，将留学回国人员的潜能转化为现实生产、管理能力。

五、加强同国内外知名留学人员及留学人员社会团体的联系，交换信息，扩大视野，有效地开展资金、技术和人才的引进工作。

联系方式

地　址：宁夏银川市上海东路40号
邮　编：750001
电　话：86-951-5099081
传　真：86-951-5099100
邮　箱：nxzj2088@126.com

新疆欧美同学会（新疆留学人员联谊会）

社团概况

新疆留学人员联谊会成立于2006年7月，是由新疆维吾尔自治区党委领导的、自治区党委统战部代管的，以归国留学人员为主体自愿组成的、统战性的群众团体。2016年5月，增冠“新疆欧美同学会”会名。

联谊会以邓小平理论、“三个代表”重要思想、科学发展观、习近平新时代中国特色社会主义思想为指导，深入贯彻落实习近平总书记系列重要讲话特别是在欧美同学会成立100周年庆祝大会上的重要讲话精神，大力弘扬留学报国传统，秉持“修学、游艺、敦谊、励行”的理念，团结凝聚广大新疆籍留学人员，共同为实现新疆社会稳定和长治久安，为全面建成小康社会和实现中华民族伟大复兴中国梦服务。

联谊会的主要职责是加强对归国留学人员的政治引领和政治吸纳，吸引和举荐归国留学人才，引导支持归国留学人员创新创业，组织开展归国留学人员特色品牌活动，加强同海外留学人员和留学人员组织的联系，开展形式多样的交流活动等。自成立以来，联谊会继承和发扬留学报国的光荣传统，充分发挥桥梁、纽带作用，以“团结立会、依章治会、民主办会、实干兴会”为办会方针，创造性地开展工作，组织了丰富多样的活动，努力凝聚广大留学人员，并通过与境外合作，拓展为新疆服务的平台。

近年来，联谊会注重开展“春节联谊”“年会暨学术论坛”“同心·留学人员为民服务”三大品牌活动。经过各方努力，联谊会已经成为在新疆传播正能量和有社会影响力的人民团体。2009年5月，在自治区召开的优秀留学回国人员表彰大会上，新疆留学人员联谊会荣获“自治区留学回国人员工作特别贡献奖”。2012年10月，中央宣传部、中央统战部、教育部、国家民委和自治区党委召开主题教育活动总结表彰大会，联谊会被表彰为“热爱伟大祖国 建设美好家园”主题教育活动先进单位。

主要任务

一、学习贯彻党和政府关于留学人员工作、知识分子工作和人才工作的方针政策。

二、推动留学人员报国实践，宣传留学人员报国业绩。

三、开展咨询、信息服务和人员培训等，为促进新疆经济社会发展献策出力。

四、联系海外留学人员和留学人员团体，开展科技、经济、文化、教育、卫生等领域的交流与合作，组织和推动海外留学人员为国服务。

五、开展多种形式的活动，加强学术交流，丰富文化生活，增进留学人员之间的联系和友谊。

六、反映留学人员的意见和要求，维护会员的合法权益，关心会员的工作和生活，努力为留学人员服务，把本会办成留学人员之家。

七、表彰、奖励优秀留学人员，积极举荐人才。

联系方式

地　址：新疆乌鲁木齐市文化路38号

邮　编：830002

电　话：86-991-2391123

传　真：86-991-2391342

邮　箱：xjorsa@163.com

网　站：www.xjorsa.net

第五部分

机构篇

YEARBOOK
RETURNED CHINESE SCHOLARS PIONEER
2021

机构篇

留学人员回国服务机构信息

中国（教育部）留学服务中心

机构概况

中国（教育部）留学服务中心成立于1989年3月，是教育部直属事业单位，以事业单位法人注册。中心的前身是1964年7月成立的原高等教育部出国留学生集训办公室。1989年3月31日，在邓小平同志的提议和关怀下，国家教委留学服务中心正式成立。1998年，更名为教育部留学服务中心，对外称中国留学服务中心。

伴随着中华人民共和国成立以来留学工作的不断发展，中国（教育部）留学服务中心走过了光辉历程，取得了伟大成就，其留学服务工作在我国教育、科研、经济、文化、社会发展以及中国的对外开放和国际交流等方面，都起到了不可替代的重要作用。中心目前设有12个部门、2个直属注册企业和30个各地分中心，主要业务范围包括公派留学、自费留学、签证代理、国外宣传保障、留学人员档案管理、留学人员集体户口管理、国（境）外学历学位认证、留学人员回国就业、受理留学回国人员科研启动基金申请、中国留学人才市场、中国国际教育巡回展、留学中国教育展、来华留学毕业生联络联谊工作、回国创业政策咨询、承办“春晖杯”中国留学人员创新创业大赛以及承办其他政府项目等。

作为教育部在留学服务领域里的助手和依托，中心将不断适应中国留学事业的发展和需求，坚持服务创新，按照社会化、市场化、国际化、专业化、网络化的发展思路，努力工作，开拓进取，为配合国家实施科教兴国、人才强国战略、创新驱动发展战略作出新的更大贡献。

主要职能

一、出国留学服务

1. 为公派留学人员办理出国和出境相关手续以及延伸服务。
2. 为自费出国（境）攻读学位的留学人员提供档案保管服务。
3. 为自费出国留学人员提供有关服务。
4. 举办中国国际教育巡回展及中国留学论坛系列活动。
5. 出国留学行前培训。
6. 协助教育部整理、公布我国公民主要留学国家的部分高校名单。

二、留学回国服务

1. 国（境）外学历学位认证及相关政策咨询服务。
2. 编写《中国国（境）外学历学位认证（可）国家报告》。
3. 办理留学回国人员就业和落户手续。
4. 人才招聘与推荐。
5. 举办留学英才招聘会。
6. 留学回国人员实习基地管理。
7. 留学回国人员集体户口管理。
8. 编写《中国留学回国就业蓝皮书》。
9. 受理高层次海外留学人才身份确认申请。
10. 承办“春晖杯”中国留学人员创新创业大赛。
11. 留学人员回国创业咨询。
12. 编纂《中国留学人员创业年鉴》。
13. 受理“春晖计划”学术休假回国工作项目。

三、来华留学服务

1. 发布中国院校招生信息。
2. 留学中国教育展。
3. 来华留学招生服务。

4．提供来华留学相关政策咨询服务。
5．举办来华留学人才招聘会。
6．留华校友工作。

四、国际交流与合作

1．新加坡政府奖学金项目。
2．出国留学培训项目。
3．英国高等教育文凭项目。
4．国际通识教育课程项目。
5．中外合作办学咨询业务。
6．中外人文交流机制化活动配套项目。
7．中外学历学位互认协议相关工作。
8．联合国教科文相关工作。

五、教育外事服务

1．为我国驻外使（领）馆教育处（组）订购外宣礼品。
2．为我国驻外使（领）馆教育处（组）教育外宣工作提供支持和保障服务。
3．为留学人员订阅报刊。
4．为教育部系统因公出国团组办理护照和签证。
5．为教育外交人员及其配偶与子女办理护照和签证。

六、网络信息服务

1．中国留学网。为满足信息化、网络化办公和广大留学人员信息咨询的需要，中心在教育部的大力支持下，于1996年建立了中国留学网。经过多年来的建设和改版，该网已经建设成为中国（教育部）留学服务中心对外交流合作的窗口和服务平台。

2．驻外教育处（组）官方网站群、中国留学英才网、“春晖杯”中国留学人员创新创业大赛网、出国留学人员行前培训网、留学中国网、公派留学派出服务系统、出国留学培训项目信息管理系统、出国留学行前培训视频课程播放系统、留学存档在线服务系统、留学人员集体户口在线服务系统、国（境）外学历学位认证系统、留学回国人员就业落户在线服务系统、驻外教育处（组）在外留学人员注册服务平台、驻外教育处（组）报刊暨礼品征订系统、来华留学招生服务系统。

联系方式

地　址：北京市海淀区北四环西路56号辉煌时代大厦6层
邮　编：100080
电　话：86-10-62677800
网　站：www.cscse.edu.cn

科学技术部火炬高技术产业开发中心

机构概况

1988年，党中央、国务院正式批准实施旨在发展中国高新技术产业的指导性计划——火炬计划。1989年10月，科学技术部火炬高技术产业开发中心正式成立，负责火炬计划的具体实施，是隶属于科技部的独立事业法人单位。2006年5月，科技部对原科学技术部火炬高技术产业开发中心、科学技术部科技型中小企业技术创新基金管理中心、中国技术市场管理促进中心进行了合并重组，组建了新的科学技术部火炬高技术产业开发中心。

在科技部的指导下，火炬中心以“发展高科技，实现产业化”为己任，大胆探索，不断创新，推动了中国高新技术产业不断向前发展。30多年来，火炬中心坚持以“国家目标、地方组织、市场导向”为方针，以创新谋发展，创造性地丰富了火炬工作的内涵。通过国家高新技术产业开发区、科技企业孵化器（众创空间）、高新技术企业、技术市场、科技金融、创新型产业集群、科技型中小企业等一系列政策工具的制定和实施，在建设创新创业环境，聚集科技资源，促进技术创新与转化，加强科技和经济结合，调整产业结构，增强区域创新能力等方面，取得了卓越的成绩。“火炬”已成为中国发展高新技术产业的一面光辉旗帜。

在新的起点上，火炬中心将深入学习贯彻习近平新时代中国特色社会主义思想和十九大精神，按照科技工作“抓战略、抓规划、抓政策、抓服务”的要求，以全面加强党建工作为统领，更加注重构建创新创业生态，更加注重服务和普惠广大科技型企业，更加注重产业和区域协同创新发展，更加创造性地开展工作，更加强化工作的统筹性、实践性、普惠性，提升服务国家和地方科技创新的质量、效率和水平，补齐发展短板，做好融通、普惠和生态三篇文章，努力建设成资源融通的专业化创新创业综合服务机构。

主要职能

1．研究我国高新技术产业化及高新区发展的状况和问题、为科技部宏观决策提出建议和对策；研究提出火炬计划、国家高新区的发展规划、计划及有关政策建议。

2．研究我国技术市场发展的状况和问题，提出技术市场的发展规划及有关政策，为科技部宏观决策提出建议和对策。

3．承担火炬计划管理办公室的事务性管理工作，承担火炬计划的组织实施工作，推进高新技术产品成果商品化、产业化和国际化。

4．负责国家高新技术开发区的日常管理，为高新区的发展提供咨询与服务。

5．承担科技型中小企业技术创新基金的组织实施工作。

6．承担全国技术市场日常运行管理，以及登记、统计、培训、信息交流与技术转移等工作；联系和协调全国技术市场管理机构；开展科技成果推广和产业化咨询服务等工作。

7．研究提出科技企业孵化器发展规划、计划和有关政策建议，承担孵化器的日常管理；承担高新技术企业、国家级创业服务中心、国家留学人员创业园、技术交易机构、海外科技园、创业投资机构等的管理。

8．承担生产力促进中心、大学科技园、高新技术产业化基地、工业领域国家工程中心、国家重点新产品计划、科技兴贸行动专项等的组织实施工作。

9．承担火炬计划软件产业化工作；承担火炬计划产业化基地的管理工作。

10．研究提出高新技术产业化投融资政策建议，组织并推动科技风险投资工作。

11．承担编制《中国高新技术产品目录》及技术出口产品目录等工作。

12．负责火炬计划国家级高新区统计的专项工作，承担高新技术产业化的统计、宣传、信息交流、培训以及国际合作等工作。

13．承担科技部有关司局委托的工作。

14．承担科技部领导交办的其他工作。

联系方式

地　址：北京市西城区三里河二区甲18号
邮　编：100045
电　话：86-10-88656100
传　真：86-10-88656124
邮　箱：Mail@chinatorch.gov.cn
网　站：www.chinatorch.gov.cn

人力资源和社会保障部留学人员和专家服务中心

机构概况

人力资源和社会保障部留学人员和专家服务中心是人力资源和社会保障部直属事业单位。中心主要职责包括为留学人员回国工作、为国服务提供各种服务；负责中国博士后科学基金规划、筹集、管理工作和资金使用效益的监督和评估工作；负责博士后流动站、博士后工作站评估工作的具体组织实施；为专家队伍建设和发挥专家作用提供各种形式的服务等。

主要职能

1．为留学人员回国工作、创业、为国服务提供咨询、推介、人事代理等各种服务；承担海外高层次人才引进专项计划服务窗口工作，落实有关政策待遇；承担接受海外高层次人才自荐工作；承办留学回国人员资助经费评审的事务工作。

2．承担高层次专业技术人才选拔、培养等事务工作，为专家队伍建设和发挥专家作用提供各种形式的服务；承担国家“万人计划”服务窗口日常工作；承办边远、少数民族地区专业技术人才特殊培养工作；依托国家继续教育基地，组织开展专业技术人员继续教育活动；依托国培网网络培训管理公共服务平台开展特培学员在线教育。

3．负责中国博士后科学基金规划、筹集、管理工作和资金使用效益的监督和评估工作；负责组织博士后基金资助的评审工作；承担全国优秀博士后的评选工作；组织开展博士后学术交流、科技成果推广和博士后人才引荐工作；负责中国博士后科学基金会理事会日常工作；协调博士后联谊会活动。

4．负责博士后进出站服务窗口日常工作，指导各地博士后进出站服务工作；负责博士后流动站、博士后工作站评估工作的具体组织实施；承担博士后国际交流与合作工作；负责中国博士后网网站的建设、运营和管理以及博士后数据库建设工作；承担博士后流动站、博士后工作站设站评审事务；开展博士后管理人员业务培训和交流活动。

5．负责中国博士后科学基金资助经费的年度预算编制、拨款和使用监督；负责博士后日常经费拨款；负责政府特贴、院士津贴拨款的统计工作；参与边远、少数民族地区专业技术人才特殊培养经费预算编制、拨款。

6．编辑出版《中国博士后》杂志；承担中国博士后网、中国留学人才网和中国专家网网站的建设、运营和管理；参与建立和完善我国高层次人才信息库；承担各类高层次人才的统计工作；负责北京地区博士后公寓的日常管理工作。

7．承办人力资源和社会保障部交办的其他事项。

联系方式

地　址：北京市丰台区六里桥太平桥路46号
邮　编：100073
电　话：86-10-63361877，63368758

北京海外学人中心

机构概况

北京海外学人中心成立于2008年12月，是北京市委、市政府建立的主要面向高层次人才服务的专业机构。中心以“海纳百川，汇聚才智，搭建平台，创造价值”为宗旨，是海内外优秀人才的服务平台，是连接优秀人才与北京的纽带，是首都高层次人才服务之家。中心依托北京市委、市政府强有力的政策支持，凭借专业化、信息化、国际化的人力资源开发能力，为优秀人才提供在北京创新创业的发展空间，为北京落实建设“四个中心”战略提供人才支持保障。

主要职能

1．负责为北京市高层次人才及留学人员提供相关政策咨询、政策落实、需求受理、证件办理等“全程代理”服务工作。

2．负责北京市海外高层次人才引进、推荐与评价、激励与考核工作。

3．负责海内外人才交流与互访工作。

4．负责为在京留学归国人才提供就业、创业、政策等方面的辅导和培训；负责为创新企业和相关服务机构提供各类服务能力提升培训；负责组织相关国际化人才培训。

5．负责全市留学人员创业园、分中心的联系、服务工作；负责推进高层次人才创新创业基地建设；负责开发各类社会资源，开展与外省市相关机构的交流合作；负责北京市留创企业开办资助政策的落实。

联系方式

地　址：北京市西城区德外大街83号德胜国际中心B座6层

电　话：86-10-58540556

邮　箱：botc@8610hr.cn

网　站：www.8610hr.cn

天津市留学服务中心

机构概况

天津市留学服务中心于1993年经天津市政府批准成立，是天津市人力资源和社会保障局直属事业单位，是负责全市留学人员服务工作的专门服务机构，同时作为中国（教育部）留学服务中心天津分中心。2001年经市委、市政府批准，加挂“天津市海外人才服务中心”牌子。中心根据国家有关留学工作的方针、政策和天津市鼓励海外留学人员来津工作或为津服务的有关规定，负责天津市引进海外人才和留学服务工作。

主要职能

一、出国留学服务

1．为预备出国留学人员提供各类外语培训。

2．自费留学咨询服务工作，提供国外有关学校的信息和资料，协助联系学校、申请就读、申办签证等事宜。

二、留学回国服务

1．为各类留学人员来津工作和用人单位录用留学人员提供信息服务和双向选择服务，并根据双方需要进行重点推荐。

2．为各类留学人员短期来津讲学、学术交流、合作科研、投资考察提供牵线搭桥服务。

3．为已加入外国籍的高层次留学人才办理多次入境签证、外国人居留证。

4．为外省市来天津工作的留学回国人员办理工作接转、派遣和落户等相关手续。

5．为来天津工作、创业的留学回国人员制作并颁发《留学回国人员证书》。

6．组织天津市留学回国人员开展留学人员联谊活动。

三、留学综合服务

1．提供国家及天津市有关留学人员工作的政策、规定的咨询服务。

2．为天津市自费出国留学人员提供档案管理等服务。

3．管理天津留学人才网以及天津市留学人员数据库。

联系方式

地　址：天津市河西区友谊北路29号
邮　编：300204
电　话：86-22-24236965，28013665
网　站：www.tjtalents.com.cn

河北省专家与留学人员服务中心

机构概况

河北省专家与留学人员服务中心是2002年河北省编办批准成立的全额拨款的事业单位。2004年5月，成为中国（教育部）留学服务中心河北分中心。中心主要任务是为河北省享受津贴的专家发放国务院特殊津贴和省政府专家岗位津贴；为河北省人事厅组织的来河北省的留学人员提供各项服务，协助用人单位开展招聘留学人员活动，为留学人员就业提供信息咨询服务；受河北省人事厅委托，与河北省选派的出国培训专家签订《出国培训协议书》，并负责违约人员培训经费的收回和违约金的追缴工作；为专家开展科技活动提供信息和服务；负责河北留学人员联谊会秘书处的日常工作；开展海外高层次留学人员身份确认业务，受理教育部留学回国人员科研启动基金申请等。

主要职能

一、专家服务工作

1．为发挥河北省专家队伍的作用提供各种服务。负责专家津贴拨款统计和各类专家变化的跟踪服务工作；组织专家开展学术和联谊活动，协助专家管理处做好政府资助的专家休假工作，为人社部门组织的专家休假、学术交流等各种活动提供服务，组织开展专家和高层次人才培训工作。负责国（境）外机构在国内招聘专业人才出国（境）工作的审核、认证。

2．承担建设和完善河北省高层次人才信息库的工作。

二、津贴发放工作

1．为本省享受国务院特殊津贴专家和享受省政府岗位津贴专家发放津贴。

2．建立专家津贴发放责任制。

三、留学派出工作

1．对本省选派的出国培训人员进行外语培训。

2．为出国培训人员办理出国前和回国后的各项手续。

3．将培训人员的研究成果分类汇集出版，对研究成果进行评审奖励。

4．违约追究。

四、留学回国服务

1．为河北省人力资源和社会保障厅组织的来河北的留学人员提供各种服务。

2．负责各类留学回国人员的讲学、考察、技术交流、科技开发的组织和接待。

3．为留学人员回河北工作、创业和发挥作用提供各种中介服务。宣传和发布本省引进留学人员的优惠政策；收集、发布国内急需人才和技术需求的信息；协助用人单位招聘海外留学人员，为留学回国人员就业提供信息、咨询和服务；组织交流洽谈，为留学人员提供就业推荐、信息咨询、人事代理等各项服务；开展留学人员技术成果评价、开发、转让等服务工作。

4．承办留学回国人员科技活动择优资助经费申报的事务性工作。

5．承办河北省人力资源和社会保障厅批准或与有关部门合办的省级留学人员创业园的具体工作，帮助留创园落实国家及省制定的有关鼓励、支持留学人员回国创业的政策，为留学人员创办企业疏通渠道。

6．积极和国家人力资源和社会保障部留学人员与专家服务中心配合，拓宽留学和专家境外培训渠道。

7．接待留学人员来信、来访。

五、中国留学服务中心河北分中心服务项目

1．开展海外高层次留学人员身份确认业务。

2．受理教育部留学回国人员科研启动基金申请。

3．办理本省留学人员档案存放。

4．与中国留学网链接分中心网页。

5．建立国外学历学位认证申请材料河北验证点。

六、河北留学人员联谊会秘书处的日常工作

1．积极宣传、贯彻执行国家和本省有关留学人员工作的方针、政策。为各类留学人员回国工作和为国服务开展咨询、提供服务。

2．向上级部门收集反映留学人员的意见、建议和要求；维护留学人员的合法权益，为留学人员创造良好的学习、工作和生活环境。

3．积极组织多种形式的联谊活动，加强海内外留学人员之间和留学人员社团之间的信息、技术和学术交流，丰富会员文化生活，加强留学人员之间的联系与友谊。

4．宣传留学人员留学报国的业绩和贡献，动员组织在冀留学人员为振兴河北作贡献。开展留学人员表彰、奖励活动。

5．受主管部门委托，组织留学人员为各级党政机关、企事业单位和非公有组织等部门开展决策咨询、信息服务和人员培训等工作，为河北省建设沿海经济社会、发展强省提供智力支持和人才保障。

联系方式

地　址：河北省石家庄市维明北大街118号

邮　编：050051

电　话：86-311-88616757，88616759

传　真：86-311-88616757

邮　箱：zj87800261@163.com

山西海外人才服务中心

机构概况

山西海外人才服务中心隶属山西省人力资源和社会保障厅，为政府全民事业单位。中心依托地方各地政府、人事、财政、商务、科技、教育、企管等相关部门，本着务实、推进对外开放、促进经济发展、引导人才互动的宗旨，服务于各类海外人才（含外籍）、山西省各类企事业单位和各级政府，充分发挥观念新、思路宽、点子多、空间大、成本低的服务优势，实行融入式服务，以项目为载体、人才和企业为主体，培训、考察、讲学、中介、代理、认证兼做。

主要职能

1．贯彻执行引进海外人才的政策规定。

2．建立和管理山西海外人才项目和海外人才项目需求信息库。

3. 组织举办各类海外人才技术、项目、服务活动。
4. 牵头协调有关部门为海外人才来晋创业或工作提供服务。
5. 协助有关部门做好各级留学人员创业园的建设工作。
6. 承担驻外联络站的管理服务工作。

联系方式

地　址：山西省太原市迎泽西大街80号希望大厦7层
邮　编：030024
电　话：86-351-6177978，6179963
传　真：86-351-6177978
邮　箱：yuandingan@163.com

沈阳市留学人员服务中心

机构概况

沈阳市留学人员服务中心隶属于沈阳市人力资源和社会保障局，是负责沈阳市留学人员管理与服务工作的专门机构。其主要任务是宣传、贯彻、落实国家、省、市有关留学人员工作的方针、政策和规定；为在沈留学人员提供全方位的管理与服务；积极引进留学人员中的人才、智力、技术、资金；承办沈阳市政府和沈阳市人力资源和社会保障局委托和交办的任务；与国内外有关组织建立交流与合作等。

主要职能

1. 承担沈阳市非教育系统公费留学工作咨询、申报、选拔和派出工作。
2. 有针对性地为来沈阳留学人员和用人单位提供信息服务和双向选择服务。
3. 协助留学人员短期来沈阳进行学术交流、企业合资、项目合作等活动。
4. 为来沈阳的海外高层次留学人员进行身份认定并出具证明。
5. 定期组织在沈阳留学人员开展座谈、联谊等活动，为其提供沟通交流条件。
6. 提供国家及省、市有关留学人员的政策、规定的咨询服务。
7. 收集留学人员信息，建立留学人员信息库。
8. 通过网站发布用人单位人才需求信息和留学人员求职信息。

联系方式

地　址：辽宁省沈阳市市府大路260号1号楼240房间
邮　编：110013
电　话：86-24-22728564，23768159
传　真：86-24-23768039

大连市留学人员服务中心

机构概况

大连市留学人员服务中心是大连市人力资源和社会保障局直属事业单位，是负责全市留学人员服务工作的专门服务机构，同时作为中国（教育部）留学服务中心大连分中心。现并入大连市人才服务中心（大连市人才市场管理办公室）进行管理。

大连市人才服务中心成立于1993年9月，是大连市人力资源和社会保障局所属副局级参公管理事业单位，内设综合部、市场管理部、档案管理部、信息管理部、人事考试部、人才评价部、高级人才服务部、留学人员服务部、培训部、毕业生就业指导部10个正处级部门。主要负责全市人力资源服务机构的依法监管；全市人力资源供求信息统计、分析、预测和信息发布；企事业单位和流动人员委托保管人事档案管理，流动人员党员管理；全市人才公共服务网络信息化平台建设；全市各类人事考试及公务员录用考试和事业单位招聘工作人员考试的考务工作；全市专业技术人员职称评审、素质测评；全市专业技术人员继续教育和知识更新培训管理；全市重大经济项目、重点行业企业人才需求信息征集、发布和人才公共服务项目实施；留学归国人员招聘引进和各项管理服务工作；区市县人才服务机构的业务指导。

主要职能

1. 归国留学人员来大连工作、落户手续办理。
2. 留学回国人员国外学历认定材料审验。
3. 海外留学人员来大连工作登记及网上登录查询。
4. 归国留学人员需求信息征集发布。
5. 围绕全市重大产业项目提供全程人才公共服务。
6. 根据重点项目企业高端人才需求组织人才招聘引进等专项服务。
7. 跟踪重点项目企业人才配置和人才保障需求提供一对一服务。
8. 配合本市重点产业发展组织行业性人才资源配置专题调研。
9. 面向重点项目企业提供人才配置解决方案及工作指导。

联系方式

地　址：辽宁省大连市沙河口区联合路100号
邮　编：116021
电　话：86-411-84618663，84618798
传　真：86-411-84618883
邮　箱：dlgirc@yahoo.com.cn
网　站：www.dl-rc.com

吉林省留学回国人员和专家服务中心

机构概况

吉林省留学回国人员和专家服务中心是吉林省人力资源和社会保障厅直属事业单位，是负责吉林省留学人员、专家及博士后人员服务工作的专门服务机构，同时作为中国（教育部）留学服务中心吉林分中心。中心的主要任务是宣传、贯彻、落实国家关于留学人员、专家及博士后人员工作的方针、政策、规定；为吉林省各类留学人员、专家及博士后人员提供全方位的管理与服务；承办吉林省人力资源和社会保障厅及国家主管部门委托和交办的任务。

主要职能

一、留学人员服务工作

1. 开展重大节日慰问全省海外留学人员活动。
2. 开展为企事业单位和海外高层次人才（项目）对接活动。

3．承办留学出国业务。

4．开展留学回国人员学位学历认证及工作派遣落户服务。

二、专家及博士后人员服务工作

1．为专家队伍建设和发挥专家作用提供各种形式的服务。

2．组织专家年度异地休假（疗养）考察、健康体检工作。

3．负责全省各类专家特殊津贴的核查发放工作。

4．组织专家为基层提供智力帮扶活动。

5．承办高级专家研修班，高级专业技术职称受理申报审核、初级职称认定及备案管理。

6．负责“吉林省博士后公寓”和“长春博士后公寓”的建设、管理、维护及住寓博士后人员服务工作。

7．组织博士后人员发挥学科优势，为全省经济建设服务。

联系方式

地　址：吉林省长春市南关区人民大街7988号
邮　编：130022
电　话：86-431-89997996，85611120
传　真：86-431-89997996
邮　箱：liudj999@sina.com

黑龙江省留学人员服务中心

机构概况

黑龙江省留学人员服务中心是黑龙江省人力资源和社会保障厅直属事业单位，是负责全省留学人员服务工作的专门服务机构。其主要任务是宣传、贯彻、落实关于留学人员工作的方针、政策、规定；为黑龙江省各类留学人员提供全方位的管理与服务；积极引进海外留学人员中的人才、智力、技术、资金；承办省人事厅及国家留学人员工作主管部门委托和交办的任务；与国内外相关组织建立业务合作关系。

主要职能

一、留学回国服务

1．为各类留学人员来黑龙江工作和用人单位录用留学人员提供信息服务和双向选择服务，并根据双方需要进行重点推荐。

2．为各类留学人员短期来黑龙江讲学、学术交流、合作科研、投资考察提供牵线搭桥服务。

3．为外省市进黑龙江工作、落户的留学人员办理工作安置、落户及家属随归、随迁、随调子女上学相关手续。

4．为来黑龙江创办企业的留学人员进行身份认定并颁发证书。

5．组织留学回国人员申请留学回国人员的科研资助经费。

6．指导全省留学人员创业园建设工作。

二、留学综合服务

1．提供国家及黑龙江省有关留学人员工作的政策、规定的咨询服务。

2．管理黑龙江省留学人员档案库，为在外留学人员及部分留学回省工作的人员提供档案管理及相关服务。

联系方式

地　址：黑龙江省哈尔滨市南岗区中山路68号

邮 编：150036
电 话：86-451-87130140
传 真：86-451-87130140
邮 箱：rstwanghaiquan@163.com

上海市人才服务中心

机构概况

上海市人才服务中心（上海市回国留学人员服务中心）是在原上海市人事局所属上海市国际人才服务中心和上海市回国留学人员服务中心的基础上，整合其服务功能而成立起来的海外人才公共服务平台机构。

中心将海外留学人员、外国专家、香港专才及澳、台专业人士一起纳入服务对象范围，上海国际人才交流协会、上海市留学人员联谊会两个社团设立社团事务部，派驻在上海市人才服务中心。在原上海市工商局、市税务局、市外经委、海关、市技术监督局、市外汇管理局6个政府部门“一门式”服务的机制上，扩大市公安局、市社保局、市医保局、市外办等部门组成职能处室层面上的工作协作网络，作为海外人才服务中心的支持部门。中心自成立以来，以“一门式”服务为抓手，努力建设海外人才公共服务体系，已经初步形成海外人才专业、便捷、高效、全方位的服务网络。

主要职能

1．申办《上海市居住证》B证，同时根据需要代办《外国专家证》《外国人居住证》《外国人就业许可证》《港澳华侨暂住证》《台湾居民通行证签注》。

2．留学人员申办上海户籍手续。

3．受理留学人员申办企业的资格认定，同时根据需要代办工商局、外资委、税务局、海关、技监局、外汇管理局等相关政府部门的审批事项。

4．受理代办留学人员境外学历、学位认定事项（由国家教育部留学服务中心认定）。

5．受理留学人员回国工作求职推荐（“万名海外留学人才聚集工程”项目）。

6．受理境外专业人士来沪工作求职推荐（外国专家及港澳台专业人士、香港专业人才引进）。

7．委托受理上海国际人才交流协会、上海留学人员联谊会秘书处的相关事务性服务。

8．留学人员公寓租赁服务。

9．留学人员非专业人士配偶来沪工作求职推荐服务。

10．海外人才来沪定居工作，生活物品保管服务。

11．海外人才子女来沪就学咨询及代理服务。

12．出国（境）留学咨询服务。

13．受委托办理出国（境）培训的事务性服务。

14．留学人员企业融资咨询服务。

15．海外人才投资咨询服务。

16．海外人才法律咨询服务。

17．海外人才来沪购房、租房咨询及代理服务。

18．组织海外留学人员子女假期来沪学习中文培训服务。

19．代办飞机、火车、轮船等票务服务。

20．受理特殊需要的其他专项服务，如为各类领军人才配备行政助理服务等。

21．其他交办和委托的事务。

联系方式

地　址：上海市闸北区梅园路77号人才大厦4楼
邮　编：200070
电　话：86-21-32511599
邮　箱：hrsc@shrc.com.cn
网　站：www.shrc.com.cn

江苏省留学回国人员服务中心

机构概况

江苏省留学回国人员服务中心创建于1995年12月，与江苏省人才流动服务中心、中国（教育部）留学服务中心江苏分中心合署办公。中心以为江苏经济与社会事业发展服务、为用人单位服务、为广大留学人才和海外人才服务为宗旨，经过20多年的不断探索与努力，服务项目逐步齐全，服务功能日益完善，已经成为留学人才、海外人才为江苏服务必不可少的桥梁和纽带。

主要职能

1．组织赴国外招聘。组织有留学人才需求的单位赴国外招聘，吸纳有意为江苏服务的留学人才、海外人才。

2．设立海外联络机构。设立留学回国服务海外联络处，直接开展全方位服务，实现国内机构在外的延伸服务。

3．留学人员登记与推荐。收集留学人员信息，建立留学人员信息库，有针对性地向用人单位推荐留学人才就业。

4．留学回国政策咨询与就业指导。解答留学人员来江苏就业、创业、进行项目合作及以其他方式为江苏服务的相关政策，开展相关就业指导工作。

5．需求岗位与留学人员信息发布。不定期发布用人单位需求岗位信息和留学人员来江苏求职信息。

6．留学回国人员学历学位认证。根据中国（教育部）留学服务中心的相关规定，受理留学回国人员的学历学位认定，办理相关手续。

7．留学回国人员接受录用。办理江苏省省属企事业单位录用留学回国人员的接收手续以及身份认定。

8．留学人员人事档案保管。保管留学人员的人事档案，并围绕档案提供各类服务。

9．留学回国人员户口申报及家属子女随迁。办理留学回国人员及其家属子女的户口申报、随迁等相关手续。

10．留学回国人员社会保障代办。根据留学回国人员需要，办理社会保障事宜。

11．留学人员联谊。定期组织留学人员开展联谊、座谈等活动，提供沟通交流的条件。

12．根据留学人员需求提供其他服务等工作。

联系方式

地　址：江苏省南京市鼓楼区广州路213号
邮　编：210029
电　话：86-25-83238876
传　真：86-25-83238880
邮　箱：jshwrc@126.com

南京留学人员服务中心

机构概况

南京留学人员服务中心是直属于南京市人力资源和社会保障局的事业机构，专职从事南京地区留学人员的引进和服务工作，同时作为中国（教育部）留学服务中心南京分中心，业务上受人力资源和社会保障部、教育部的指导。其主要任务是宣传、贯彻国家关于留学人员工作的方针、政策、规定；为南京地区各类留学人员提供全方位的专业化服务；积极引进海外留学人才、智力、技术、项目和资金；承办南京市人事局委托和交办的任务；与国内外相关组织建立业务合作关系。

主要职能

1．为来南京工作的留学人员提供接待咨询，并受理学历验证申请。

2．为引进留学人员来南京工作和用人单位聘用留学人员提供信息服务，组织国内外留学人才供需洽谈活动。

3．为来南京工作的留学人员提供岗位实训、假期见习，并协助办理落户手续。

4．具体实施以技术合作和学术交流为主题的留学人员短期回国服务项目的组织与资助。

5．为留学人员在南京推广新技术、新产品举办多种形式的推介会，协助寻求合作伙伴。

6．为各类留学人员来南京创办企业、技术转让、新产品研发等提供咨询服务和政策支持。

7．负责组织留学人员申报国家、省、市等各级留学主管部门的各类资助经费申报工作。

8．负责南京留学人员协会秘书处的工作，推动并指导协会组织南京留学人员开展技术服务、技术咨询、技术转让、产品开发和其他科技和社会公益服务活动。

9．推动并指导南京留学人员创业园建设，并为各分园及成员单位提供政策支持、人才和项目信息服务、专家咨询服务、法律服务和宣传推介等专项服务。

10．管理南京国际人才智力网，通过该网站向社会各界及海内外留学人员提供各种信息服务。

联系方式

地　址：江苏省南京市北京东路63号南京人才大厦一楼服务大厅

邮　编：210008

电　话：86-25-83151722

传　真：86-25-83213166

无锡市国际人才交流服务中心

机构概况

无锡市国际人才交流服务中心隶属无锡市人力资源和社会保障局，负责为来无锡创新创业的海外高层次人才提供创新创业相关的业务支持和咨询服务，同时作为中国（教育部）留学服务中心无锡分中心，负责归国留学人员的安置。

主要职能

1．收集、处理与本市经济发展有关的国际人才供求信息。

2．受托为本市企事业单位到国外招聘高新技术人才及有关专家。

3．组织各类人员与国外有关机构、团体、工商企业和海外侨商开展智力交流、技术劳务合作。

4．为本市专业技术人员和管理人员提供外聘、外借服务。

5. 负责归国留学人员的安置。

6. 负责解决出国出境归来的专业技术人员和管理人员的重新就业。

7. 为本市的境外企业提供人才服务。

8. 为本市外商投资开发区的企事业单位提供人才服务。

9. 组织出国技术劳务强化培训。

10. 开展与对外人才交流和人才开发相关的其他服务。

联系方式

地　址：江苏省无锡市解放东路888号530大厦

邮　编：210008

电　话：86-510-82829192，81822567

邮　箱：wuxi530@126.com

网　站：ww.wxgjrc.com

浙江省专家与留学人员服务中心

机构概况

浙江省专家与留学人员服务中心（浙江省留学生工作站）是浙江省人民政府为海内外留学人员及专家提供综合服务的专门机构，隶属于浙江省人力资源和社会保障厅，为财政全额拨款的县处级事业单位，同时作为中国（教育部）留学服务中心浙江分中心。中心致力于为各类专家特别是海外高层次留学人员来浙江参加经济建设服务，努力为浙江提前基本实现现代化作出贡献。

主要职能

1. 为来浙江工作或短期服务的留学人员与专家提供咨询服务，帮助联系、落实接收单位。

2. 组织留学人员与专家开展技术咨询、技术转让、新产品开发等科技活动，为留学人员来浙江创办企业牵线搭桥，提供服务。

3. 为定居浙江或来浙江短期工作的国内外留学人员和专家提供过渡用公寓。

4. 对非教育系统回国留学人员开展科技活动提供必要的资金资助等。

5. 负责管理浙江省留学人员创业园杭州高新园区、宁波保税区园区、宁波高新区园区、温州园区、湖州园区、绍兴园区、金华园区、嘉兴园区、嘉善园区，以及宁波、台州、海宁、余姚、乐清五市博士后科技开发基地。

6. 负责管理浙江省欧美同学会、浙江省博士后联谊会的日常工作。

7. 建设浙江省留学人员与专家信息网，为留学人员和各类专家提供国家和浙江省有关政策法规、浙江投资环境、科技人才需求、技术合作项目等信息，并通过专家库、科技成果库和项目库，开展多种形式的科技服务活动。

联系方式

地　址：浙江省杭州市西湖区古翠路50号人力社保大楼

邮　编：310012

电　话：86-571-88394816

邮　箱：chl@zilx.gov.cn

网　站：www.zjrc.com

杭州市专家与留学人员服务中心

机构概况

杭州市专家和留学人员服务中心是经杭州市人民政府批准成立，专门为来杭州工作、创业、交流合作的留学人员及社会各类企事业单位提供全方位服务的机构，隶属杭州市人力资源和社会保障局。中心奉行“热情、高效、求实、创新”的服务理念，依托杭州的区位、人才、政策等综合优势，积极营造良好的创业环境。主要工作职责是负责各类专家、博士后、留学人员信息库的建设与管理；开展科技成果的宣传、推广、开发、转让等服务；为留学人员来杭州工作、创业提供相关服务；开展国际间人才交流及相关服务。

主要职能

1．开展海外高层次人才和项目引进工作。

2．承担海外高层次人才联系服务专窗职责，为海外人才提供资格认定、政策咨询、待遇落实、创新创业等服务工作。

3．承担高层次人才的选拔评价、项目评审、培养使用等事务性工作。

4．承担海外重点高校、科研院所和高层次人才联络渠道的拓展维护、海外人才引进和项目渠道建设工作。

5．开展国际间人才、项目的交流及相关服务。

6．承担各类专家和留学人员信息库的建设与管理，人员供求信息的收集、整理、储存和发布工作。

7．开展科技成果的宣传推广、开发转让等服务工作。

8．承担浙江省杭州科技创新发展研究院日常工作。

9．完成杭州市人力资源和社会保障局交办的其他任务。

联系方式

地　址：浙江省杭州市中河中路242号人力社保综合大楼2号楼
邮　编：310007
电　话：86-571-88396357
传　真：86-571-88396357
邮　箱：hzzjlx@vip.163.com
网　站：www.hzzjlx.com

宁波市海外人才服务中心

机构概况

宁波市海外人才服务中心（宁波市人才服务中心）是宁波市人力资源和社会保障局直属从事公益服务的全民事业单位，全国人才交流协会常务理事单位。现实行“四块牌子，一套班子”的工作机制，挂宁波市人才评价中心牌子，与宁波市人才服务中心、宁波市经营者人才评价推荐中心合署办公，同时作为中国（教育部）留学服务中心宁波分中心，接受教育部、人社部的业务指导。中心所属中国宁波人才市场是浙江省唯一的国家级人才市场，是浙江省四星级文明规范市场。

作为一家综合性的人力资源服务机构，宁波市人才服务中心积极致力于人力资源服务的专业化、信息化、产业化、国际化建设，服务涵盖人才招聘、派遣外包、命题评价、人事代理四大板块，业务涉及人才招聘、人才派遣、人力资源外包、中高级人才寻访、留学人才服务、命题评价、档案管理、人事代理、毕业生就业等各个领域。近年来，中心创新实施平台化战略，打造中国宁波人才市场产业孵化基地，组建平台运营实体公司，以合资、业务合作等方式引进、孵化高端人力资源服务机构，拓展高端猎头、管理咨询、评价测评、背景调查、HR管理工具、专业外包等高端人力资源服务，取得了积极成效。目前，中心已形成了较为完善的人力资源服务体系，成为长三角南翼最具影响力的人力资源配置平台，无论是市场规模、运作水平还是服务质量，均居于全国政府所属人才交流服务机构前列，先后被授予“全国人力资源和社会保障系统先进集体”“全国人力资源诚信服务示范机构”等荣誉称号。

主要职能

1．国（境）外学历学位认证。

2．为来宁波就业、落户的留学回国人员办理派遣手续。

3．发放浙江省海外高层次人才居住证——“浙江红卡”，持卡人员将在创业、投资、教育、社保、住房等各方面享受相对应的保障和服务。

4．浙江省海外高层次留学回国人才工作证办理。

5．组织海外人才网络视频见面会等对接活动，为海外人才就业、有海外人才引进需求的企事业单位提供专业服务。

6．国家、省、市海外高层次人才引进计划和留学人员择优资助等项目申报。

7．通过3315海外人才网等合作网站发布信息，加强宁波市留学人员创业园及相关单位的政策宣传，为海外留学人员提供信息渠道。

联系方式

地　址：浙江省宁波市兴宁东路228号人力资源大厦2楼服务大厅

邮　编：315000

电　话：86-574-87116274，87115191

传　真：86-574-87116274

网　站：www.nbrc.com.cn

温州市留学人员服务中心

机构概况

温州市留学人员服务中心是温州市人力资源和社会保障局直属事业单位，是温州市推进人才集聚而设立的全新高层次人才一站式服务平台，旨在促进人才公共服务创新协同发展，吸引集聚海内外高层次人才和留学人员来温州创新创业。2018年11月，挂牌“温州市高层次人才发展服务中心”。

主要职能

1．贯彻落实国家、省、市关于海内外高层次人才和留学人员的相关政策。

2．宣传温州的人才政策环境、创业环境。

3．为海内外高层次人才和留学人员提供政策、创业、投资项目的信息咨询等相关服务。

4．承接海内外高层次人才和留学人员服务管理的事务性、辅助性工作。

5．参与引进海内外高层次人才和留学人员及高新技术项目。

6．组织海内外高层次人才和留学人员开展科技服务活动。

7．开展国际间人才交流及相关服务。

8．为留学人员学历学位认证提供服务。

9．提供人才待遇申请、人才培训、人事代理、流动人才人事档案及相关服务。

10．各类专家、留学人员信息库，人才项目评审专家库以及人才、用人单位供需申报数据库的建设与管理。

联系方式

地　址：浙江省温州市鹿城区会展路1288号世界温州人家园1幢16楼

电　话：86-577-89090580

传　真：86-577-89090580

网　站：hxyc.com

安徽省专家与国际人才交流服务中心

机构概况

安徽省专家与国际人才交流服务中心是安徽省人力资源和社会保障厅直属单位。其主要负责院士和享受国务院、省政府特殊津贴专家特殊津贴发放及服务工作；参与组织本省专家的学术交流、联系、咨询和为民服务等相关活动；承担聘请外国技术和管理专家来皖工作相关服务工作；开展与引进国外智力有关的国际人才交流以及有关出国研修服务等。

主要职能

1．组织政府特殊津贴的统计、预算、核算、发放、反馈、监督。

2．专家服务基层（为民服务）的需求征集、年度计划制定、组织实施。

3．组织专家国内休假联谊、赴台技术交流考察。

4．留学人员和国际人才交流、回国创业、科研咨询、企业成果推介、政策落实等服务工作。

5．办理留学人才身份认证和海外高层次人才证明。

6．承办省“千人计划”窗口服务工作，组织落实海外高层次留学回国人才待遇。

7．办理因公出国（境）研修手续。

8．组织省内企业参加各类人才交流会。

联系方式

地　址：安徽省合肥市包河区马鞍山路509号安徽省政务大厦A区

邮　编：230061

电　话：86-551-62633393

邮　箱：anszjzx@163.com

福建省引进人才服务中心

机构概况

福建省引进人才服务中心（福建省留学回国人员工作站）是福建省人力资源和社会保障厅直属事业单位，主要承担为引进留学回国人员协调办理相关手续、落实有关优惠政策和待遇等服务性工作。中心采用“征集需求、一窗接件、并联预审、集中反馈、专员办理、统一建档”的方式，为引进人才提供“一对一、全程式、保姆式”服务。

主要职能

1．为引进高层次创业创新人才（含留学回国人员）协调办理相关手续、落实有关优惠政策和待遇、建立相关数据及海内外人才智力引进交流等服务性工作。

2．协助开展海外人才招聘会和座谈会。

3．帮助海外高层次人才和留学人员来闽创业或工作。

4．协助省内企业与国内外科研机构、专家进行对接。

5．积极为引进高层次创业创新人才建立服务绿色通道。

联系方式

地　址：福建省福州市鼓楼区思儿亭路11号专家服务中心6层

邮　编：350003

电　话：86-591-877128196

邮　箱：fujian_hcz@163.com

福建省海外人才中心

机构概况

福建省海外人才中心成立于2001年1月，是中国海峡人才市场直属事业单位，专业从事海外人才交流与智力合作服务，是福建省引进海外高层次人才的服务窗口，同时作为中国（教育部）留学服务中心福建分中心。中心经国家教育部、福建省商务厅等主管部门授权，具备开展自费留学中介、对外劳务派遣业务资质，以及开展国（境）外学历学位认证等特许经营资质。中心秉承“融汇全球才智、服务海西发展”的理念，在全球设立了10个海外引才工作联络站，搭建了海外远程视频会议系统，拥有需求信息发布与对接洽谈平台，为企事业单位提供海外、境外人才智力引进和项目对接配套服务。

主要职能

一、人才出国服务

1．出国留学服务。选送高中生、大中专毕业生以及在职的技术和管理人员赴国外留学。

2．移民出入境中介服务。为福建省公民赴境外定居、探亲、访友、继承财产和其他非公务活动提供信息介绍、法律咨询、沟通联系、境外安排、签证申办及相关服务。

3．出国考察培训服务。联系国外专家组织、国际猎头公司、国际人才中介机构，组织国内单位出国招聘，进行商务考察、项目商谈、招商引资、技术转让、专业培训等活动。

4．中外合作办学业务。开展工商管理、计算机、英语等课程的中外合作办学，培养具有国际竞争力的专门人才。

二、留学回国服务

1．留学人员学历验证服务。鉴别国外或境外颁发学位证书或高等教育文凭机构的合法性，甄别外国或境外高等教育机构颁发的学位证书或具有学位效用的高等教育文凭、证书的真实性，为经认证的外国或境外学位或高等教育文凭出具认证证书。

2．留学回国人员身份认定服务。依托福建省留学回国人员工作站，认证公派或自费留学人员以及到国外高等院校、科研机构开展合作研究的访问学者和进修人员。

3．留学人员回国创业服务。依托福建留学人员创业园管理中心，提出留学人员企业优惠政策及福建留学人员创业园园区建设发展纲要；联络海外留学人员，举办交流活动；负责福建留学人员创业园园区的日常管理和服务工作；参与福建留学人员创业园基地的开发、建设、经营和管理。

4．海外人才交流服务。为留学人员和愿意来闽工作的外籍人士与国内有关部门开展以交流学术、项目协作、科技攻关、信息沟通为主要内容的交流与合作提供优质服务。组织留学回国人员深入基层、厂矿企业，举办讲座、培训和咨询活动，解决问题。

联系方式

地　址：福建省福州市东大路36号福建人才大厦6层
邮　编：350001
电　话：86-591-87383108
传　真：86-591-87677833
邮　箱：422179358@qq.com
网　站：www.fjotic.com

厦门市留学人员管理中心

机构概况

厦门市留学人员管理中心（厦门市留学人员工作站）是厦门市政府设立的、负责全市留学回国人员工作的专门机构，隶属于厦门市人力资源和社会保障局。中心负责组织实施《厦门经济特区鼓励留学人员来厦创业工作规定》，具体行使全市留学人员工作的行政管理和服务职能，为广大海外留学人员来厦创业、工作无偿提供各种服务，包括留学人员身份认定、户口入厦、子女入学、人事关系迁入、安家费申请、生活津贴发放、教育部学历学位认证等“一站式”服务，以及接待、咨询、协调、投诉受理等服务内容。

主要职能

1. 在海内外留学生群体中宣传厦门市的人才、招商引资政策与环境。
2. 提供留学人员在境外期间的人事档案代理。
3. 创建、管理留学人员供需信息库，为留学人员来厦门创业、工作和企业的人才需求、项目需求等提供双向选择的服务平台。
4. 接受留学回国人员来厦门登记，身份认定，帮助推荐就业。
5. 协助留学回国人员科研活动资助经费的申报和进入留学人员创业园的项目资助款的申请划拨。
6. 为各类留学人员短期回国讲学、合作科研、学术交流牵线搭桥。
7. 协调相关部门落实留学人员的有关待遇。
8. 协助回国独资创办企业的留学人员办理有关手续。
9. 接受留学人员委托，协助办理在厦门有关服务项目。
10. 受厦门市人事局、厦门财政局的委托，负责厦门市留学人员专项资金的日常管理工作。

联系方式

地　址：福建省厦门市湖滨东路319号C座3楼B区
邮　编：361012
电　话：86-592-5396698，5396699
传　真：86-592-5396697
邮　箱：xmlx@xmlx.gov.cn

江西省国际人才交流和专家（留学人员）服务中心

机构概况

江西省国际人才交流和专家（留学人员）服务中心是江西省人力资源和社会保障厅直属单位，是全省性的专门从事国际间专业人才交流的事务性机构，行使江西省留学人员服务的职能。中心根据全省经济、社会发展需要，与各国、各地区的有关团体、企业、高等学校及个人建立人才交流合作关系，支持、鼓励和帮助省内有关单位、团体与国外的单位、团体发展多种联系和合作，交流经验和信息，促进国际人才交流。

主要职能

1．积极开展专家科技成果推介服务；举办高层次人才及专业技术人才研讨（修）活动；协助做好留学回国人员认证工作；协助有关部门做好专家、学者出国（境）考察的组织推荐工作和服务保障工作。

2．在专家管理处指导下，建立和完善江西省高层次人才信息库；承担留学人员和专家信息网站的具体管理和运营。

3．办理江西省专家国务院特殊津贴、江西省政府特殊津贴的发放；协助专家管理处做好江西省博士后科研流动站、企业博士后科研工作站申报的有关事务性工作；为博士后设站单位和博士后人员提供各类中介服务。

4．承担享受政府特殊津贴专家变化的跟踪服务工作；加强与留学人员和专家的联系，反映他们的意见、建议，为政府部门决策提供参考；承担职称社会化评价有关事务工作。

5．协助有关部门管理好留学人员创业园；承办专家、学者的学术交流、专业会议、科技活动的组织工作；做好人事部门组织的专家休假、学术交流等工作。

6．在专家管理处指导下，承办专家联谊会和留学回国人员联谊会日常工作。

7．承办上级交办的其他工作。

联系方式

地　址：江西省南昌市省府南一路7号
邮　编：330006
电　话：86-791-86386832
邮　箱：jiangshup@163.com

山东省回国留学人员服务中心

机构概况

山东省回国留学人员服务中心于1992年8月，经山东省人民政府批准成立，是山东省教育厅直属全额拨款的直属事业单位，同时作为中国（教育部）留学服务中心山东省分中心。

中心成立20多年来，在山东省教育厅的直接领导下，在社会各界的大力支持下，本着“服务学子、培养人才”的真诚理念，在促进教育国际交流和为山东省社会主义现代化建设事业提供人才支撑、智力支持等方面发挥了积极作用，各项工作都取得了长足发展。2000年在全省首批获得教育部、公安部、工商行政管理总局核批的留学中介服务机构资格认定以来，认真贯彻国家关于“支持留学、鼓励回国、来去自由”的留学生工作方针，为海外留学生回国安置就业以及国内学生出国留学深造提供了一流的优质服务，受到了省教育厅领导、学生及家长和社会各界的广泛好评。

主要职能

1．贯彻执行国家和本省吸引留学人员的政策和规定，承办引进海外高层次人才及留学人员来鲁服务工作。

2．办理海外留学人员来鲁就业的服务指导工作。

3．承办山东省留学人员协会秘书处的日常工作。

4．承办公费留学和自费留学的事务性工作。

5．为专家队伍建设和发挥专家作用提供各种形式的服务。

联系方式

地　址：山东省青岛市市北区福州北路129号山东留学大厦5楼505
邮　编：266034
电　话：86-531-85697706
邮　箱：shandongok@163.com
网　站：www.sscse.com

济南留学回国服务中心

机构概况

济南留学回国服务中心（济南留学回国人员工作站、济南市人才引进办公室）是济南市人力资源和社会保障局直属的全额拨款事业单位，主要负责全市海外留学回国人员和高层次急需人才的引进工作。2006年经教育部留学服务中心授权，在工作站原有业务的基础上成立中国（教育部）留学服务中心济南分中心。中心的主要任务是引进、接收、安置留学回国人员和高层次急需人才；负责来济南留学人员的身份认定、接待服务、信息咨询、政策落实等工作；负责留学人员的管理和服务工作，指导留学人员创业园区工作等。

主要职能

1．负责《济南市引进海外留学人员规定》和《济南市引进高层次急需人才规定》及其他相关政策的宣传、咨询、落实工作。
2．负责人事部留学人员科技活动项目择优资助经费及其他留学人员资助经费的申报工作。
3．宏观上协调本市留学人员创业园及海外科技人才创业基地的发展建设工作。
4．负责本市驻外工勤人员的推荐及选派工作。
5．负责为来济南工作创业的符合条件的留学回国人员申请安家费。
6．负责非教育系统公派出国申报的审核工作。
7．代办海外留学人员学历学位审验工作。

联系方式

地　址：山东省济南市龙鼎大道1号龙奥大厦5楼C区0518
邮　编：250099
电　话：86-531-66605966
传　真：86-531-66605966
邮　箱：jnlx2012@163.com

青岛市留学回国人员服务中心

机构概况

青岛市留学回国人员服务中心是青岛市人力资源和社会保障局直属事业单位，是负责全市留学人员服务工作的专门服务机构，同时作为中国（教育部）留学服务中心青岛分中心。中心的主要任务是宣传、贯彻、落实国家关于留学人员工作的方针、政策、规定；为青岛市各类留学人员提供全方位的管理与服务；积极引进海外留学人员中的人才、智力、技术、资金；承办青岛市人事局及国家留学人员工作主管部门委托和交办的任务；与国内外相关组织建立业务合作关系。

主要职能

1. 为来青岛留学人员办理学历认证的验证预审服务和派遣、安置服务。
2. 为各类留学人员来青岛工作和用人单位录用留学人员提供信息服务和双向选择服务。
3. 为各类留学人员短期来青岛讲学、学术交流、合作科研、投资考察提供牵线搭桥服务。
4. 为已加入外国籍的留学人员与外省留学人员办理《青岛市留学人员特聘工作证》相关手续。
5. 为外省市进青岛工作、落户的留学人员办理进青岛户口及家属随归、随迁、随调相关手续。
6. 为来青岛创办企业的留学人员提供相应服务。
7. 组织留学回国人员申请国家留学主管部门和青岛市设立的面向留学回国人员的科研资助经费。
8. 具体负责青岛市留学人员创业园、青岛市留学人员协会工作。

联系方式

地　址：山东省青岛市海尔路178号留学人员创业园201室
邮　编：266101
电　话：86-532-88913226
传　真：86-532-88911726
邮　箱：qdliuxuezhan@126.com

烟台市留学人员和专家服务中心

机构概况

烟台市留学人员和专家服务中心是烟台市人力资源和社会保障局直属事业单位，是负责全市留学回国人员服务工作的专门机构，同时作为中国（教育部）留学服务中心烟台分中心。

主要职能

1. 贯彻执行国家、省和市吸引留学人员政策规定，承办引进海外高层次人才及留学人员来烟台服务工作。
2. 负责留学人员来烟台就业创业指导服务工作。
3. 负责留学人员创业园区业务指导、管理服务工作。
4. 负责留学回国人员科研资助经费申报、发放和管理；提供国（境）外学历学位认证验证服务工作。
5. 为留学人员和专家队伍建设和发挥作用提供相关服务。

联系方式

地　址：山东省烟台市莱山区府后路2号20楼
邮　编：264003
电　话：86-535-6683330
邮　箱：rshbh@163.com

潍坊市留学人员和专家服务中心

机构概况

潍坊市留学人员和专家服务中心是潍坊市人力资源和社会保障局直属单位，主要负责来潍坊的留学回国人员和高层次人才服务工作。

主要职能

1．负责组织海外高层次人才创业扶持项目申报。

2．负责留学人员来潍坊创业启动支持计划评审工作。

3．承办海外高层次人才交流洽谈活动和专家服务基层活动。

4．负责高层次人才服务绿色通道建设和人才服务专员队伍建设。

5．负责市高层次人才服务区的管理运营。

6．负责海外人才工作站的建设和管理服务工作。

7．指导留学人员创业园创建工作。

8．负责办理留学回国人员报到派遣手续。

9．承办人力资源社会保障领域非政府和民间国际人才交流与合作有关事宜。

联系方式

地　址：山东省潍坊市奎文区东风东街6396阳光大厦12楼西区

邮　编：261061

电　话：86-536-8096820

邮　箱：wfrsj-hgbgs@wf.shandong.cn

河南省留学人员与专家服务中心

机构概况

河南省留学人员与专家服务中心是河南省人力资源和社会保障厅直属事业单位，是负责全省留学人员和专家服务工作的专门服务机构，同时作为中国（教育部）留学服务中心河南分中心。中心的主要任务是宣传、贯彻、落实国家关于留学人员工作的方针、政策、规定；为河南省各类留学人员和专家提供全方位的管理和服务；积极引进海外留学人员中的人才、智力、技术、资金；承办河南省人事厅及国家留学人员工作主管部门委托和交办的任务；与国内外相关组织建立业务合作关系。

主要职能

一、留学回国服务

1．为各类留学人员来豫工作和用人单位录用留学人员提供信息服务和双向选择服务，并根据双方需要进行重点推荐。

2．接收安置留学回国人员，并协调其家属安置、农转非、子女入学等工作。

3．为各类留学人员短期来豫讲学、学术交流、合作研究、投资考察提供牵线搭桥服务。

4．组织承办留学人员和高层次专业技术人才的科技成果推广和转让工作。

5．为专家队伍建设和发挥专家作用提供多种形式的服务。

6．建立留学回国人员和高层次人才信息库。

7．为来豫工作的留学人员进行身份认定并颁发证书。

8．组织留学回国人员申请国家留学主管部门和河南省设立的面向留学回国人员的科研资助经费。

9．代理教育部留学回国人员国（境）外学历学位认证、海外高层次留学人员身份认证等工作。

10．指导河南省各留学人员创业园、河南省留学人员联谊会工作。

二、留学综合服务

1．研究制定河南省留学回国人员工作的政策，并督促、检查各有关单位留学工作政策的落实情况。

2．提供国家及河南省有关留学人员工作的政策、规定的咨询服务。

3．管理“河南留学人才服务网”，通过国际互联网向社会各界及海内外留学人员提供各种信息服务及相关服务。

联系方式

地　址：河南省郑州市金水区顺河路32号9楼
邮　编：450004
电　话：86-371-66359360，66329937
传　真：86-371-66329937
邮　箱：ylxec@163.com

湖北省人才中心

机构概况

湖北省人才中心（湖北省人才市场）隶属于湖北省人力资源和社会保障厅，是政府所属的人才服务工作专门机构。湖北省人才市场由湖北省人力资源和社会保障厅创建、湖北省人才中心负责管理，是湖北省规模最大、辐射面最广、服务功能最完善的人才市场，同时作为中国（教育部）留学服务中心湖北分中心。湖北省人才市场内设湖北人才网、人才培训与评荐部、人才派遣部、国际合作部，开展的主要服务有人才招聘、人才引进、人才猎头、人才派遣、人才培训、人才留学、人才咨询、人才测评等。

主要职能

1．自费出国留学。主要开展到英国、美国、加拿大、澳大利亚、新西兰、新加坡、日本等热门国家的自费出国留学和家长探亲业务。有适合高中生、大学生、研究生在读生或毕业生申请的多层次留学项目，为学生提供咨询评估、文案制作、院校申请、代办公证、语言培训、签证申请、协助汇款、预订机票、体检指导、接机住宿、行前培训、后续跟踪等一整套全面、优质、规范的服务。

2．国（境）外学历学位认证。是中国（教育部）留学服务中心在湖北省设立的国（境）外学历学位认证申请材料验证机构。

3．留学人员就业派遣落户。依据国家留学政策及地方政府制定的促进和鼓励留学人员回国工作的相关政策和规定，为留学回国人员开具就业报到证和落户介绍信，以协助国内用人单位完善人事劳动手续，方便留学人员顺利就业。北京、上海、深圳以外地区就业的留学回国人员可以在湖北省人才市场办理手续。

联系方式

地　址：湖北省武汉市武昌区中南路14号发展大厦5楼501室国际合作部
邮　编：430071
电　话：86-27-87277473，87257917，87257705
网　站：www.jobhb.com

湖南省留学人员管理服务中心

机构概况

湖南省留学人员管理服务中心是湖南省人力资源和社会保障厅直属事业单位，是负责全省留学人员服务工作的专门服务机构，同时也是湖南省专家服务中心。中心的主要任务是宣传、贯彻、落实国家关于留学人员工作的方针、政策、规定，积极引进海外留学人员中的人才、智力、技术、资金，为来湘工作或为湘服务的各类留学人员提供全方位的管理与服务。

主要职能

1．负责湖南省留学人员创业园的有关管理服务工作。

2．负责湖南省留学人员联谊会的各项日常工作。

3．负责全省留学回国人员信息库建设工作。

4．承办引进海外留学人才、智力、技术、资金的工作，为留学回国人员来湘创业和回湘工作提供各方面的服务。

5．组织留学回国人员科技活动择优资助经费的评审、申报、下拨和资金使用情况的监督检查。

6．承办国家留学人员工作主管部门和湖南省人力资源和社会保障厅委托和交办的任务。

联系方式

地　址：湖南省长沙市天心区银杏路6号
邮　编：410004
电　话：86-731-84900402
传　真：86-731-84900403

广东省留学人员服务中心

机构概况

广东省留学人员服务中心是经教育部、公安部批准成立，由广东省人才服务局直接管理，负责办理自费出国留学业务和留学人员归国服务的专业机构；是广东省留学和回国工作、国际教育信息咨询、推介和培训服务工作的发起人；也是全国留学人员回国服务联盟发起单位之一。

自成立起，中心充分发挥从属于政府人事部门的优势，与美国、英国、澳大利亚、加拿大、新西兰、德国、法国、荷兰、瑞士、俄罗斯、新加坡、马来西亚、日本、韩国等20多个国家的3000多所著名院校和教育机构建立了合作关系，成为众多家长和学子心中首选的出国留学官方咨询机构之一，为培养和输送华南地区高层次人才拓宽了渠道。近年来，为贯彻落实省委省政府“认真做好归国人才服务，积极引进海外高科技人才”的方针政策，中心在广东省高层次人才服务专区设立海外高层次人才工作小组，为12类海外高层次人才提供便捷、高效的“一站式”服务。主要由专人负责受理引进海外高层次人才公共服务项目申请材料，承办和代办各种高层次人才的落户、就业和创业等手续，真正实现“一站式受理、一次性告知、一条龙服务”，做好高层次人才的吸纳与安置工作，为加快经济结构转型升级、建设幸福广东储备战略人才资源。

主要职能

1．办理自费出国留学业务，为学子量身定做留学方案和提供个性化服务。

2．办理人事关系调动手续或聘（录）用手续，博士后进出站手续，境内外学历学位认证及落户、居住证等相关业务，为留学回国人员提供推荐择业服务。

3．办理高新技术企业认定，申办税务登记、营业执照等。

4．办理因公（私）出国护照和港澳台通行证、多次因公（私）出入境或赴港澳台签证。

5．留学人才界定和海外高层次人才引进，办理外国专家证，为海外高层次人才提供子女入学、配偶就业、人事代理、劳动事务代理、社保医保等服务。

联系方式

地　址：广州市天河区水荫路115号天溢大厦B座310
邮　编：510075
电　话：86-20-37605769，37605768，37603212，37603135
邮　箱：gdscse@gdrc.com
网　站：www.gdscse.net

广州留学人员服务管理中心

机构概况

广州留学人员服务管理中心成立于1998年，于1999年由教育部留学服务中心广州分中心和广州回国留学人员服务管理中心合并而成，是广州市专门为留学人员和海外高层次人才提供综合服务和管理的机构，是隶属广州市人力资源和社会保障局的公益一类事业单位。2009年1月，增挂“广州海外人才服务管理中心”的牌子。

多年来，中心致力于建立政府公共服务平台，以留学回国人员急需的创业培训、就业培训、创业融资等专项活动为服务特色，打造留学人员“一站式”服务品牌，实现“一站式受理、一次性告知、一条龙服务”的链条式服务，为留学人员提供国家公派、菁英计划、安家费申请、引进入户、人才绿卡受理、优惠资格证办理、人事档案管理、就业创业指导等服务，服务留学人员超过10万人；为高层次人才提供人才认定、项目申报、人才评审、人才培训、人才奖励经费发放等服务，年服务超过1万人。

主要职能

1．贯彻落实国家、省、市关于吸引培养海外高层次人才、吸引留学人员的政策。
2．承担广州市留学回国人员服务管理的事务性、辅助性工作。
3．参与引进留学和海外高层次人才及高新技术产业项目。
4．参与高层次人才项目的评审、认定、资金发放和服务工作。
5．承担有关吸引留学人员来穗就业创业、改善留学人员在穗就业创业环境的服务工作。
6．承担广州市公派留学项目的组织实施和海外日常管理等具体工作。
7．建立管理海外高层次人才、留学人员数据库。
8．参与协调落实各类重大人才项目及推进全市重大人才工作平台建设。

联系方式

地　址：广东省广州市小北路266号北秀大厦
邮　编：510050
电　话：86-20-83517343，83567212
邮　箱：hgfwb@gz.gov.cn
网　站：www.gzscse.gov.cn

深圳市人事人才公共服务中心

机构概况

深圳市人事人才公共服务中心直属于深圳市人力资源和社会保障局，是具有法人资格的全额拨款事业单位，同时作为中国（教育部）留学服务中心深圳分中心。中心为来深圳创业的留学人员、在深圳工作的国

（境）内外专家、高级人才以及特殊人才提供个性化服务，协助解决在深圳工作、生活中有关社保、子女入学、配偶就业、居住以及相关问题；负责留学归国人员学历学位的认证代办工作等服务。

主要职能

1．受职能部门委托负责深圳市相关人才政策的具体实施工作。

2．负责为本市工作的各类国（境）外高层次人才及其用人单位提供人事人才公共服务。

3．负责深圳市高层次人才“一站式”服务平台建设。

4．负责在本市工作院士的联络、组织和相关服务工作。

5．负责本市流动人员人事档案管理及相关服务工作。

6．负责本市人才相关信息的收集、整理和分析工作。

7．受职能部门委托拟定相关人才专项资金经费预算并组织实施。

8．参与本市人才公共服务规划的研究和编制工作。

9．承担全市人力资源社会保障领域政策研究，重大决策的调研、咨询及评估等工作。

10．承担主管部门委托的其他工作。

联系方式

地　址：广东省深圳市福田区深南大道8005号深圳人才园4楼

邮　编：518040

电　话：86-755-88123601

传　真：86-755-88123605

邮　箱：rszx@hrss.sz.gov.cn

网　站：www.rsj.sz.gov.cn/tsrcfw

广西壮族自治区留学人员和专家服务中心

机构概况

广西壮族自治区留学人员和专家服务中心是广西壮族自治区人力资源和社会保障厅直属事业单位。中心的主要任务是为专家、博士后和留学人员等高层次人才培养使用提供相关服务；负责专家服务发展平台建设；承担全区博士后两站建设的日常工作；承担全区留学人员创业园区建设的有关服务工作，完善留学回国人员就业创业服务体系。

主要职能

1．承办国家和自治区称号专家推荐、选拔、发放津贴和证书等日常事务性服务工作；承担自治区专家服务基地建设和管理的事务性工作。

2．负责本区博士后日常经费、科研资助经费等专项经费的筹集、管理和使用效益的监督和评估工作；负责自治区博士后科学基金面上资助、特别资助的申报和初评工作；承担本区优秀博士后的评选工作；组织开展博士后学术交流、科技成果推广和博士后人才引荐工作。

3．负责本区博士后科研流动站、工作站（简称“博士后两站”）的评估工作；承担新设博士后两站申报材料初评工作；办理博士后进出站手续及相关日常管理事务；承担博士后联谊会秘书处日常工作和博士后两站信息简报编印工作。

4．承担中国留学人员回国服务联盟服务窗口工作；为留学人员来桂工作、创业提供咨询、推介等各种服务；承办留学回国人员科技活动择优资助经费申报、发放和使用监督评估工作；承办海外留学人员招聘活动的外联及后勤保障服务工作；承担区外专家、海外留学人员来桂考察的协调、联络和接待工作；协助政府部门做好海外留学人员及相关团体的协调管理和联络工作；指导、协调全区留学人员服务机构，配合做好各级留学人员创业园的服务工作。

5. 协助完善博士后两站、人才小高地和留学人员创业园等高层次人才载体服务保障体系。组织区内外专家赴国内外开展技术咨询和学术交流等活动；开展高层次专业人才培训活动；发布人才供求信息；协调开展与国内外学术组织的交流合作和联谊活动；组织区内外专家的休假、参观和考察等活动；参与建立和完善海内外高层次人才数据库。

联系方式

地　址：广西壮族自治区南宁市青秀区桂春路9号就业大厦318
邮　编：530000
电　话：86-771-5874778

海南省留学回国人员工作站

机构概况

海南省留学回国人员工作站是海南省人力资源开发局（海南省就业局）的内设机构，为来琼留学回国人员提供就业和创业服务。

主要职能

1. 为来琼就业或创业的留学回国人员进行身份认证。
2. 为来琼工作的留学人员和录用留学人员的用人单位提供信息和双选服务。
3. 为留学人员短期来琼讲学、学术交流、合作科研、投资考察提供牵线搭桥服务。
4. 组织留学回国人员申请国家留学主管部门设立的面向留学回国人员的科研资助经费。
5. 指导海南省海口国家高新区留学人员创业园及海南省留学回国人员联谊会工作。
6. 提供有关留学人员工作政策、规定的咨询服务。
7. 为自费留学人员、在外留学人员及部分留学回国人员提供档案管理及相关服务。

联系方式

地　址：海南省海口市白龙南路53号
邮　编：570203
电　话：86-898-65355140
传　真：86-896-65311034

重庆人才交流服务中心

机构概况

重庆市人才交流服务中心于1983年经重庆市人民政府批准成立，是重庆市人力资源和社会保障局所属处级事业单位。中心现内设部门12个，包括人事代理部、大学生工作部、国际交流与引智工作部、高层次人才服务部等。中心开展重庆市留学人员“一站式”服务，打造集留学咨询、学历认证、资料翻译、档案托管、职称评定、就业推荐、就业落户等在内的留学人员服务体系，让留学人员无论身处国内国外，都可以轻松处理留学相关事务。

主要职能

1．负责对区县（自治县）和分中心流动人员有关经办业务的指导和监督。

2．流动人员人事档案管理及相关服务。

3．承担中共重庆市社会流动人才委员会职责，负责流动党员管理教育服务。

4．承接大学生就业创业经办服务。

5．承接政府部门委托的高层次人才和“鸿雁计划”引进人才“一站式”服务等引才引智与国际人才交流服务。

6．承接人才工作研究及产业服务。

7．组织中心党组织建设和党员管理工作。

8．承担局党组确定的其他职责。

联系方式

地　址：重庆市渝北区春华大道99号人力资源服务产业园南区1号门3楼

邮　编：401120

电　话：86-23-86898650

网　站：rlsbj.cq.gov.cn

四川省留学人员服务中心

机构概况

四川省留学人员服务中心成立于2001年5月，是负责全省留学人员服务工作的专门机构，与四川省专家服务中心合署办公。中心的主要任务是宣传、贯彻、落实国家关于留学人员服务中心的方针、政策、规定；积极建立海外留学人员来川服务的渠道，搭建留学人员智力资源转化平台。

主要职能

1．为留学回国来川工作、来川创业、来川发挥作用的人员提供政策信息咨询、就业推荐、合作伙伴介绍、人事代理等各类中介服务。

2．多渠道创（合）办留学人员创业园区，为留学人员来川提供各种生活服务。

3．承办全省留学回国人员科技择优资助项目评审及经费划拨的事务性工作。

4．为海外留学人员提供国（境）外学历学位认证、四川省海外留学人员身份认证、职称认定、接收手续办理等“一站式”综合服务。

5．负责留学人员回国服务工作厅际联席会议协调办公室的工作。

6．指导四川省留学人员创业园的工作。

7．负责四川省留学人员信息化建设工作。

联系方式

地　址：四川省成都市东二巷21号

邮　编：610015

电　话：86-28-86741860

邮　箱：sclxfwzx@163.com

贵州省留学人员与专家服务中心

机构概况

贵州省留学人员与专家服务中心是贵州省人力资源和社会保障厅管理的事业单位，主要任务是为留学回国人员和各类专家来黔创业、工作提供相关服务。

主要职能

1．为留学回国人员回黔来黔创业提供服务。

2．承担留学回国人员科技活动项目择优资助经费推荐的事务性工作。

3．承担贵州省留学人员回国服务工作厅际联席会议办公室的日常工作。

4．筹备贵州省留学回国人员创业园。

5．为专家队伍建设和发挥专家作用提供服务。

联系方式

地　址：贵州省贵阳市贵州省政府大院5号楼13楼1303

邮　编：550001

电　话：86-851-6828173

传　真：86-851-6828602

陕西省国际交流与留学服务中心

机构概况

陕西省国际交流与留学服务中心（陕西省留学服务中心）是陕西省教育厅直属事业单位，是负责全省出国留学、留学回国服务的专业服务机构直属留学服务机构，承担全省教育国际交流和合作项目，负责组织开展出国留学、大中小学国际交流、研学旅行、留学人员回国派遣、落户指导等相关工作，是中国（教育部）留学服务中心设在陕西省的国（境）外学位证书和高等教育文凭的认证点。

在中国教育国际交流协会和中国（教育部）留学服务中心的指导和支持下，在陕西省教育厅的领导下，中心全面贯彻党和国家“支持留学，鼓励回国，来去自由”的留学方针，紧密配合政府教育外事工作，充分发挥组织优势及交流平台作用，积极推动全省教育对外开放，不断进行教育国际交流改革和创新，为广大留学人员、留学回国人员提供周到、快速、准确、高效的服务，促进全省教育高质量、内涵式发展，在促进中外人文交流、增进陕西同世界各国人民之间了解和友谊做了大量富有成效的工作，取得了显著成绩。

主要职能

1．宣传、贯彻、落实国家关于留学工作的方针、政策和规定，提供留学政策、海外教育制度、自费留学办理程序以及国外院校情况的咨询与服务。

2．承办省内公派留学和短期因公出访人员签证的事宜。

3．根据留学申请人的教育背景及自身条件，提供留学评估服务，指导并帮助申请人选择最适合的留学国别、留学院校及留学专业。

4．协助申请人准备签证材料、提供签证指导，并根据各国使馆要求为申请人申请签证。

5．负责陕西省境内国（境）外学历学位的认证工作，提供留学回国人员的派遣、落户工作。

6．为留学人员提供人事关系代理和档案管理工作，方便留学回国人员在国内、省内择业、创业。

7．积极宣传陕西为海外高层次人才提供的优惠政策。

8．充分发挥陕西省留学服务中心的资源优势，积极为本省留学人员创业园建设服务，加速引进海外高层次人才和高新技术项目，为西部大开发和建设西部经济强省服务。

联系方式

地　址：陕西省西安市长安南路563号陕西省教育厅机关办公楼北楼1层
邮　编：710061
电　话：86-29-87317688
传　真：86-29-87317688
邮　箱：sxscse@aliyun.com
网　站：www.sxcse.com

西安市留学人员与专家服务中心

机构概况

西安市留学人员与专家服务中心（西安留学人员工作站）隶属于西安市人力资源和社会保障局，为来西安工作和生活的留学回国人员提供政策咨询、科研经费申请、办理派遣落户手续，以及为各类海外专家提供短期回国讲学、学术交流、合作科研等各类服务。

主要职能

1．承担本市高级专家的疗养、考察和体检工作。
2．承担来西安定居的外国专家及回国专家的服务工作。
3．负责与博士后站点有关业务联系等工作。
4．为各类留学人员回国工作和国内用人单位选聘留学人员提供信息、政策咨询及各项服务。
5．为留学人员回国工作办理派遣落户手续。
6．为各类留学人员短期回国讲学、学术交流、合作科研提供中介服务。

联系方式

地　址：陕西省西安市未央区凤城八路109号6号楼
邮　编：710021
电　话：86-29-86786943
邮　箱：xaabroad@163.com

甘肃省留学人员与专家服务中心

机构概况

甘肃省留学人员与专家服务中心是甘肃省人力资源和社会保障厅直属事业单位，是负责全省留学回国人员的专门服务机构。中心的主要任务是宣传、贯彻、落实国家关于留学回国人员工作的方针、政策、规定；为留学回国人员提供全方位的管理与服务；承办、鼓励、引进海外留学人员回国来甘肃工作。

主要职能

1．研究创建留学人员创业的政策环境。

2. 办理留学人员创业园建园的审批事宜。
3. 办理与国家人事部共建留学人员创业园的申办工作。
4. 负责留学回国人员科研经费的申报工作。
5. 为留学回国人员创业园申报博士后科研工作站的工作。
6. 为留学回国人员领办、创办高新技术企业、开展学术技术交流活动提供相应的服务。
7. 指导留学回国人员联谊会活动。
8. 了解和反映留学回国人员的意见、建议和要求，协助办理留学人员的出入境手续。
9. 协助留学回国人员解决落户、住房、配偶工作、子女就业等手续。

联系方式

地　址：甘肃省兰州市城关区皋兰路78号兴业大厦607室
邮　编：730000
电　话：86-931-8410817
传　真：86-931-8410817
邮　箱：bxf@rst.gansu.gov.cn

宁夏回族自治区专家与留学人员服务中心

机构概况

宁夏回族自治区专家与留学人员服务中心是宁夏回族自治区人事厅直属事业单位，是负责全区专家和留学人员服务工作的机构。中心的主要任务是宣传、贯彻、落实国家关于留学人员工作的方针、政策、规定；为宁夏回族自治区各类留学人员提供全方位的管理与服务；积极引进海外留学人员中的人才、智力、技术、资金；承办宁夏回族自治区人事厅及国家留学人员工作主管部门委托和交办的任务；与国内外相关组织建立业务合作关系。

主要职能

1. 负责向社会提供留学人员科研成果的咨询和服务。
2. 负责和组织留学人员为地方党政机关、企事业单位重大决策提供论证咨询。
3. 负责留学回国人员科技活动资助经费的申报管理。
4. 为各类留学人员来宁夏短期讲学、学术交流、合作科研、投资考察提供牵线搭桥服务。
5. 为各类留学人员来宁夏工作和用人单位录用留学人员提供信息服务和双向选择服务，并根据双方需要进行重点推荐。
6. 负责来宁夏开展学术活动的高层次留学人才的接待工作。
7. 指导宁夏回族自治区留学人员创业园、宁夏留学人员联谊会工作。
8. 帮助留学人员解决工作、学习、生活中的困难，做好相关服务等工作。

联系方式

地　址：宁夏回族自治区银川市上海东路40号
邮　编：750001
电　话：86-951-5099017
邮　箱：nxzj2088@126.com

机构篇

中国驻外教育机构一览

馆　别	地　址	电 话/ 传 真/ 邮 箱/ 网 站
驻美国大使馆教育处	3505 International Place, N.W. Washington, D.C. 20008, U.S.A.	001-202-243-1158 001-202-243-0629 (Fax) admin@sino-education.org usa.lxgz.org.cn
驻纽约总领事馆教育组	520 12th Avenue, New York, NY 10036, U.S.A.	001-212-244-9392 001-212-564-2268 (Fax) wangxiaoyu@moe.edu.cn newyork.lxgz.org.cn
驻洛杉矶总领事馆教育组	443 Shatto Place, Los Angeles, CA 90020, U.S.A.	001-213-807-8071 001-213-807-8051 (Fax) educationsection@gmail.com losangeles.lxgz.org.cn
驻旧金山总领事馆教育组	1450 Laguna Street, San Francisco, CA 94115, U.S.A.	001-415-852-5982 001-415-852-5980 (Fax) zengyang@moe.edu.cn sanfrancisco.lxgz.org.cn
驻芝加哥总领事馆教育组	3322 West Peterson Ave., Chicago, IL 60659, U.S.A.	001-773-279-0701 001-773-279-0370 (Fax) chicagoeducation@educhicago.org chicago.lxgz.org.cn
驻加拿大大使馆教育处	396 Wilbrod Street, Ottawa, Ontario K1N 6M8, Canada	001-613-789-6312 001-613-789-0262 (Fax) studentservice@cnembedu.ca canada.lxgz.org.cn
驻多伦多总领事馆教育组	24 Admiral Road, Toronto, Ontario M5R 2L5, Canada	001-416-324-8536 001-416-324-9931 (Fax) torontoeduk@gmail.com toronto.lxgz.org.cn
驻蒙特利尔总领事馆教育组	2100 Ste-Catherine West, 8th Floor Montreal, Quebec H3H 2T3, Canada	001-514-419-6748 001-514-878-9692 (Fax) eduone@edumontreal.org montreal.lxgz.org.cn
驻温哥华总领事馆教育组	2215 Eddington Drive, Vancouver, BC, Canada V6L 2E6, Canada	001-604-732-6723 001-604-738-1801 (Fax) xiaojun@chinaeduvan.org newyork.lxgz.org.cn
驻墨西哥大使馆教育组	Av. Rio Magdalena No.172 Deleg, Alvaro Obregon, Col Tizapan, Mexico	0052-55-56160609 0052-55-56165731 (Fax) educacion.emb.china@gmail.com www.embajadachina.org.mx
驻新西兰大使馆教育处	37 Penrose Street, Woburn, Lower Hutt, Wellington 5010, New Zealand	0064-4-5868-0368 0064-4-570-2832 (Fax) paul_sun09@hotmail.com newzealand.lxgz.org.cn

续表

馆 别	地 址	电 话/ 传 真/ 邮 箱/ 网 站
驻奥克兰总领事馆教育组	8 Dromorne Road, Remuera, Auckland, New Zealand	0064-9-524-7670 0064-9-524-2919 (Fax) aucklandmoe@moe.edu.cn auckland.lxgz.org.cn
驻克赖斯特彻奇总领事馆教育组	106 Hansons Lane, Upper Riccarton, Christchurch 8041, New Zealan	0064-3-341-2255 0064-3-341-8071 (Fax) christchurch.lxgz.org.cn
驻澳大利亚大使馆教育处	6 Dalman Crescent, O'Malley, Canberra, ACT 2606, Australia	0061-2-6286-4351 0061-2-6290-1652 (Fax) eduau@edu-australia.org australia.lxgz.org.cn
驻悉尼总领事馆教育组	19 Anzac Parade, Kensington, NSW 2033, Australia	0061-2-9662-1723 0061-2-9697-3368 (Fax) www.edusyd.org
驻墨尔本总领事馆教育组	14 Selborne Road, Toorak, VIC 3142, Australia	0061-3-9827-5985 0061-3-9804-8603 (Fax) melboffice@gmail.com melbourne.lxgz.org.cn
驻布里斯班总领事馆教育组	Level 9, 79 Adelaide Street, Brisbane QLD 4000, Australia	0061-7-3210-6509 0061-7-3210-6517 (Fax) brisbane.china-consulate.org
驻阿德莱德总领事馆教育组	110 Crittenden Road, Findon, SA 5023, Australia	0061-8-8268-8806 0061-8-8268-8800 (Fax) adelaide.china-consulate.org
驻新加坡大使馆教育处	150 Tanglin Road, Singapore 247969	0065-6418-0464 0065-6418-0454 (Fax) yanzhiyong@edusg.org.cn singapore.lxgz.org.cn
驻泰国大使馆教育组	57 Ratchadaphisek Road, Bangkok 10400, Thailand	0066-2-245-2918 0066-2-245-2918 (Fax) jiaoyuzuth@163.com th.china-embassy.org
驻印度大使馆教育组	50-D, Shantipath, Chanakyapuri New Delhi-110021, India	0091-11-2611-4711 0091-11-2687-2031 (Fax) in.china-embassy.org
驻日本大使馆教育处	135-0023 日本国東京都江東区平野2-2-9	0081-3-3643-0305 0081-3-3643-0296 (Fax) japan.lxgz.org.cn
驻大阪总领事馆教育组	550-0004 日本国大阪府大阪市西区靱本町3-9-2	0081-6-6445-9486 0081-6-6445-9498 (Fax) jyz@eduosaka.org www.eduosaka.org
驻札幌总领事馆教育组	064-0913 日本国札幌市中央区南13条西23-5-1	0081-11-563-5563 0081-11-563-1818 (Fax) sapporo.china-consulate.org

续表

馆　别	地　址	电 话/ 传 真/ 邮 箱/ 网 站
驻新潟总领事馆教育组	951-8104 日本国新潟市中央区西大畑町5220-18	0081-25-228-8878 0081-25-228-8901（Fax） chinaconsul_nii_jp@mfa.gov.cn niigata.china-consulate.org
驻福冈总领事馆教育组	810-0065 日本国福冈市中央区地行浜1-3-3	0081-92-713-1121 0081-92-771-5637（Fax） jyoffice@ray.ocn.ne.jp fukuoka.lxgz.org.cn
驻长崎总领事馆教育组	852-8114 日本国长崎市桥口町10-35	0081-095-849-3311 0081-095-849-3312（Fax） nagasaki.china-consulate.org
驻韩国大使馆教育处	27, Myeong-Dong 2Gil, Jung-Gu, Seoul, Korea, 04536	0082-2-730-2068 0082-2-738-1044（Fax） jiaoyuchu@naver.com korea.lxgz.org.cn
驻朝鲜大使馆教育组	Kinmaeul-Dong, Moranbong District, Pyongyang D.P.R, Korea	0085-02-381-3013 0085-02-381-3423（Fax） kp.china-embassy.org
驻也门大使馆教育组	P.O Box 482, Al-Zubeiry Stereet, Sana'a, Yemen	00967-1-275-340 00967-1-245-168（Fax） ye.chineseembassy.org
驻以色列大使馆教育处	219 Ben Yehuda St., P.O.B.6067, Tel Aviv 61060, Israel	00972-3-602-4597 00972-3-602-4597（Fax） cneduil@outlook.com www.cnemedu.org
驻俄罗斯大使馆教育处	No.6, Ulitsa Druzhby, Moscow, Russia, 115127	007-499-951-8396 007-499-951-8400（Fax） jiaoyuchu095@163.com russia.lxgz.org.cn
驻叶卡捷琳堡总领事馆教育组	No.45, Tchaikovsky Street, Yekaterinburg, Russia, 620142	007-343-253-5782 007-343-253-5784（Fax） ekaterinburg.chineseconsulate.org
驻伊尔库茨克总领事馆教育组	No.40, Str. Karl Marx, Irkutsk, Russia, 664007	007-3952-781-434 007-3952-781-438（Fax） yerkskjyz@moe.edu.cn irkutsk.lxgz.org.cn
驻符拉迪沃斯托克总领事馆教育组	No.3, Str. Krygina, Vladivostok, Primorsky kray, Russia, 690065	007-423-249-7766 007-423-249-7459（Fax） vladivostok.china-consulate.org
驻圣彼得堡总领事馆教育组	No.134, Nab. Kanala Griboedova, St. Petersburg, Russia, 190121	007-812-644-7265 007-812-644-7265（Fax） bdbjyz@163.com stpeterburg.lxgz.org.cn

续表

馆 别	地 址	电 话/ 传 真/ 邮 箱/ 网 站
驻白俄罗斯大使馆教育组	22, Berestyanskaya Str., Minsk, The Republic of Belarus, 220071	00375-17-328-6396 00375-17-328-6396 (Fax) zbjyc@hotmail.com by.chineseembassy.org
驻乌克兰大使馆教育处	No.60, Zwelinetskaya, Kiev, Ukraine	0038-044-285-3185 0038-044-285-3185 (Fax) jiaoyuzu@cnuaedu.org ukraine.lxgz.org.cn
驻芬兰大使馆教育组	Vähäniityntie 4, Kulosaari, 00570, Helsinki, Finland	00358-9-278-5007 00358-9-2289-0128 (Fax) edse@chinemb.fi www.chinaembassy-fi.org
驻丹麦大使馆教育组	Øregårdsvaenget 5, 2900 Hellerup, Denmark	0045-3-962-3854 0045-3-962-3854 (Fax) education_denmark@moe.edu.cn dk.chineseembassy.org
驻瑞典大使馆教育处	Lidovägen 8, 115 25 Stockholm, Sweden	0046-8-5793-6442 0046-8-5793-6444 (Fax) info@lxgz.org.cn sweden.lxgz.org.cn
驻挪威大使馆教育处	Tuengen Allé 2B, 0374 Oslo, Norway	0047-2-249-4285 0047-2-249-5855 (Fax) education@chinese-embassy.no
驻西班牙大使馆教育组	Calle Arturo Soria, 108 D, 28027, Madrid, España	0034-91-388-3988 0034-91-759-9292 (Fax) xbyjy@moe.edu.cn spain.lxgz.org.cn
驻葡萄牙大使馆教育组	Rua do Pau da Bandeira, Nº 11-13, Lapa, 1200-756 Lisboa, Portugal	00351-21-392-8445 00351-21-392-8431 (Fax) ptyjyz123@moe.edu.cn pt.chineseembassy.org
驻意大利大使馆教育处	Via Bruxelles 56, 00198, Roma, Italy	0039-06-3220-275 0039-06-3250-2846 (Fax) ufficioistruzione@ambcina.cn www.chinaitalyedu.org
驻希腊大使馆教育组	Dimokratias 10, P. Psychico, 15452, Athens, Greece	0030-210-678-3823 0030-210-672-3819 (Fax) ChinaGreeceEdu@Outlook.com gr.china-embassy.org
驻保加利亚大使馆教育组	58 James Bourchier Blvd, 1407 Sofia, Republic of Bulgaria	00359-2-973-3247 00359-2-971-2005 (Fax) chnemb_bg@live.cn rs.chineseembassy.org

续表

馆 别	地 址	电 话/ 传 真/ 邮 箱/ 网 站
驻匈牙利大使馆教育组	1068 Budapest, Benczúr utca 18, Hungary	0036-1-413-3387 0036-1-413-3387 (Fax) zhongxv@hotmail.com hungary.lxgz.org.cn
驻塞尔维亚大使馆教育组	Aradska 4, 11000 Beograd, Serbia	00381-11-380-7583 00381-11-369-2684 (Fax) jiaoyuzu@edusectioninserbia.org rs.chineseembassy.org
驻罗马尼亚大使馆教育组	Sos. Nordului Nr.2, Sector 1, Bucharest, 014101, Romania	0040-21-232-1803 0040-21-232-1803 (Fax) lmnyjyz@moe.edu.cn romania.lxgz.org.cn
驻荷兰大使馆教育处	Willem Lodewijklaan 10, 2517 JT. The Hague, Netherlands	0031-70-354-1276 0031-70-351-2902 (Fax) info@nl-edu.org netherland.lxgz.org.cn
驻比利时大使馆教育处	Avenue Bel-Air 16, 1180 Bruxelles, Belgium	0032-2-771-2038 0032-2-735-9452 (Fax) jiaoyuchu.bilishi@skynet.be be.china-embassy.org
驻法国大使馆教育处	29, rue de la Glacière, 75013 Paris, France	0033-1-4408-1940 0033-1-4408-1960 (Fax) zhangying@education-ambchine.org france.lxgz.org.cn
驻爱尔兰大使馆教育组	40 Ailesbury Road, Ballsbridge, Dublin 4, Ireland	00353-1-260-3906 00353-1-219-6647 (Fax) eireducation@yahoo.com ie.china-embassy.org
驻英国大使馆教育处	50 Portland Place, London W1B 1NQ, UK.	0044-20-7612-0250 0044-20-7580-4474 (Fax) jiaoyuchu@edu-chineseembassy-uk.org england.lxgz.org.cn
驻曼彻斯特总领事馆教育组	153 Barlow Moor Road, West Didsbury Manchester, UK. M20 2YA	0044-161-710-2739 0044-161-710-2739 (Fax) huiguozm@consulateman.org manchester.lxgz.org.cn
驻贝尔法斯特总领事馆教育组	75-77 Malone Road, Belfast, Northern Ireland, UK. BT9 6SH	0044-28-9068-2499 0044-28-9068-2499 (Fax) chinaconsul_bft_uk@mfa.gov.cn belfast.china-consulate.org
驻瑞士大使馆教育处	Kalcheggweg 10, 3006 Bern, Switzerland	0041-31-951-4325 0041-31-951-4331 (Fax) jiaoyuchu@muri-be.ch swiss.lxgz.org.cn

续表

馆 别	地 址	电 话/ 传 真/ 邮 箱/ 网 站
驻捷克大使馆教育组	Pelléova 18, 160 00 Praha 6, Bubeneč, Czech Republic	00420-233-028-869 00420-233-028-868（Fax） cz602392561@163.com czech.lxgz.org.cn
驻奥地利大使馆教育处	Metternichgasse 4, 1030 Wien, Austria	00431-714-314-911 00431-714-314-911（Fax） zhiqiangzhou2018@gmail.com austria.lxgz.org.cn
驻波兰大使馆教育处	ul. Bonifraterska 1, 00-203 Warsaw, Poland	0048-22-635-8333 0048-22-831-5823（Fax） education@chinaembassy.org.pl www.chinaembassy.org.pl
驻德国大使馆教育处	Dresdener Str. 44, D-10179 Berlin, Germany	0049-30-2462-9311 0049-30-2462-9325（Fax） 03@de-moe.org www.de-moe.org
驻慕尼黑总领事馆教育组	Hofmannstraße 57，81379 München, Germany	0049-89-7244-98135 0049-89-7244-98140（Fax） 21@de-moe.org munich.china-consulate.org
驻法兰克福总领事馆教育组	Stresemannallee 19-23, D-60596 Frankfurt am Main, Germany	0049-69-7508-5522 0049-69-7508-5550（Fax） 20@de-moe.org frankfurt.china-consulate.org
驻杜塞尔多夫总领事馆教育组	Schanzenstraße 131, 40549 Düsseldorf, Germany	0049-211-9099-6396 0049-211-9099-6396（Fax） chinaconsul_dus@mfa.gov.cn dusseldorf.china-consulate.org
驻埃及大使馆教育处	No.22 Ibn Zenki St. Zamalek, Cairo, Egypt	0020-2-2736-0591 0020-2-2736-0578（Fax） jycegypt@hotmail.com eg.china-embassy.org
驻南非大使馆教育组	225 Athlone Street, Arcadia, Pretoria 0083, South Africa	0027-12-342-6566 0027-12-342-0911（Fax） nfLssf@163.com za.china-embassy.org
纽约中国留学服务中心	90 John Street, Suite 701, New York, NY 10038, U.S.A.	001-212-835-5520 001-212-248-2093（Fax） hgzm@chinesehighway.com www.chinesehighway.com
常驻联合国教科文组织代表团	1, Rue Miollis 75015 Paris, France	0033-1-4568-3456 0033-1-4219-0199（Fax） en.unesco.org
驻欧盟使团教育文化处	Boulevardde la Woluwe 100, 1200 Brussels, Belgium	0032-2-772-9572 0032-2-762-8259（Fax） www.chinamission.be

机构篇

中国驻外科技机构一览

馆 别	地 址	电 话/ 传 真/ 网 站
驻美国大使馆科技处	3505 International Place, N.W. Washington, D.C. 20008, U.S.A.	001-202-495-2239 001-202-363-4870（Fax） www.china-embassy.org
驻纽约总领事馆科技组	520 12th Avenue, New York, NY 10036, U.S.A.	001-212-244-9392 001-212-564-9443（Fax） newyork.china-consulate.org
驻洛杉矶总领事馆科技组	443 Shatto Place, Los Angeles, CA 90020, U.S.A.	001-213-807-8065 001-213-807-8019（Fax） losangeles.china-consulate.org
驻旧金山总领事馆科技组	1450 Laguna Street, San Francisco, CA 94115, U.S.A.	001-415-8525-967 001-415-8525-969（Fax） www.chinaconsulatesf.org
驻芝加哥总领事馆科技组	100 West Erie Street, Chicago, IL 60654, U.S.A.	001-312-803-0125 001-312-803-0102（Fax） www.chinaconsulatechicago.org
驻加拿大大使馆科技处	515 St. Patrick Street, Ottawa, Ontario K1N 5H3, Canada	001-613-789-3508 001-613-789-1417（Fax） ca.china-embassy.org
驻卡尔加里总领事馆科技组	Suite 100, 1011-6th Ave, SW. Calgary, Alberta, Canada T2P 0W1	001-403-264-3404 001-403-537-1286（Fax） calgary.china-consulate.org
驻多伦多总领事馆科技组	240 St. George Street, Toronto, Ontario M5R 2P4, Canada	001-416-324-6456 001-416-324-6468（Fax） toronto.china-consulate.org
驻蒙特利尔总领事馆科技组	2100 Ste-Catherine West, 8th Floor Montreal, Quebec H3H 2T3, Canada	001-514-419-6748 001-514-878-9692（Fax） montreal.chineseconsulate.org
驻温哥华总领事馆科技组	2215 Eddington Drive, Vancouver, BC, Canada V6L 2E6, Canada	001-604-731-6767 001-604-736-4343（Fax） vancouver.china-consulate.org
驻墨西哥大使馆科技组	Av. Rio Magdalena 172 Col. Tizapan, San Angel Mexico, D.F.C.P. 01090	0052-55-56160609 0052-55-5616-0460（Fax） mx.china-embassy.org
驻古巴大使馆科技组	Calle 13, No.551 Entre C.Y.D, Vedado, La Habana, Cuba	0053-7-8319-588 0053-7-8319-588（Fax） cu.china-embassy.org
驻哥斯达黎加大使馆科技组	De la Casa de Don Oscar Arias, 100m sur 50m oeste, Pavas, San Jose, Costa Rica	00506-2291-1361 00506-2220-3700（Fax） cr.china-embassy.org
驻巴西大使馆科技处	Ses-Av. Das Nacoes, Lote 51 14 Sul. Q. 813 Cep 70443-900 Brasilia-Df, Brazil	0055-61-2195-8222 0055-61-2195-8292（Fax） br.china-embassy.org

续表

馆　别	地　址	电 话/ 传 真/ 网 站
驻智利大使馆科技组	Av. Pedro de Valdivia 550 Santiago, Chile	0056-2-233-9880 0056-2-234-1129（Fax） cl.chineseembassy.org
驻新西兰大使馆科技组	2-6 Glenmore Street, Po Box 17-257, Karori, Wellington, New Zealand	0064-4-471-1598 0064-4-471-1599（Fax） nz.china-embassy.org
驻澳大利亚大使馆科技处	15 Coronationa Drive Yarralumla, Canberra, ACT 2600, Australia	0061-2-6228-3969 0061-2-6228-3994（Fax） au.china-embassy.org
驻悉尼总领事馆科技组	39 Dunblane Street, Camperdown, Sydney, NSW 2050, Australia	0061-2-8595-8050 0061-2-8595-8051（Fax） sydney.chineseconsulate.org
驻布里斯班总领事馆科技组	Level 9, 79 Adelaide Street, Brisbane QLD 4000, Australia	0061-7-3210-6509 0061-7-3210-6517（Fax） brisbane.china-consulate.org
驻印度尼西亚大使馆科技处	Jl. Mega Kuningan No.2, Jakarta Selatan 12950, Indonesia	0062-21-576-1033 0062-21-576-1264（Fax） id.china-embassy.org
驻新加坡大使馆科技组	150 Tanglin Road, Singapore 247969	0065-6418-0105 0065-6471-3603（Fax） www.chinaembassy.org.sg
驻马来西亚大使馆科技组	229 Jalan Ampang, Kuala Lumpur, Malaysia	006-03-2141-2266 006-03-2142-9368（Fax） my.china-embassy.org
驻泰国大使馆科技组	57 Ratchadaphisek Road, Bangkok 10400, Thailand	0066-2-245-7048 0066-2-245-7048（Fax） th.china-embassy.org
驻越南大使馆科技组	46 Hoang Dieu, Ba Dinh, Hanoi	0084-4-3823-5517 0084-4-3733-8064（Fax） vn.china-embassy.org
驻缅甸大使馆科技组	NO.1, Pyidaungsu Yeiktha Road, Dagon Township, Yangon	0095-1-221-280 0095-1-227-019（Fax） mm.china-embassy.org
驻印度大使馆科技处	50-D, Shantipath, Chanakyapuri New Delhi-110021, India	0091-11-2611-8577 0091-11-2611-1104（Fax） in.china-embassy.org
驻巴基斯坦大使馆科技组	Diplomatic, Enclave Ramma 4, Islamabad, Pakistan	0092-51-835-5046 0092-51-287-2830（Fax） pk.chineseembassy.org
驻日本大使馆科技处	106 日本国東京都港区元麻布3-4-33	0081-3-3403-3388 0081-3-3403-3385（Fax） www.china-embassy.or.jp

续表

馆 别	地 址	电 话/ 传 真/ 网 站
驻札幌总领事馆科技组	064-0913 日本国札幌市中央区南13条西23-5-1	0081-11-563-5563 0081-11-563-1818（Fax） sapporo. china-consulate. org
驻新潟总领事馆科技组	951-8104 日本国新潟市中央区西大畑町5220-18	0081-25-228-8971 0081-25-228-8901（Fax） niigata. china-consulate. org
驻名古屋总领事馆科技组	461-0005 日本国名古屋市东区东樱2-8-37	0081-52-932-1059 0081-52-932-1169（Fax） nagoya. china-consulate. org
驻福冈总领事馆科技组	810-0065 日本国福冈市中央区地行浜1-3-3	0081-92-713-1124 0081-92-781-8906（Fax） www. chn-consulate-fukuoka. or. jp
驻长崎总领事馆科技组	852-8114 日本国长崎市桥口町10-35	0081-095-849-3311 0081-095-849-3312（Fax） nagasaki. china-consulate. org
驻韩国大使馆科技处	54, Hyoja-Dong, Jongno-Gu, Seoul, Korea, 110-033	0082-2-738-1038 0082-2-738-1045（Fax） kr. chineseembassy. org
驻朝鲜大使馆科技组	Kinmaeul-Dong, Moranbong District, Pyongyang D. P. R, Korea	0085-02-381-3119 0085-02-381-3425（Fax） kp. china-embassy. org
驻以色列大使馆科技处	219 Ben Yehuda St., P. O. B. 6067, Tel Aviv 6350216, Israel	00972-3-544-0448 00972-3-544-0443（Fax） il. china-embassy. org
驻乌兹别克斯坦大使馆科技组	No. 79, Academician Gulomov Street（former Gogol Street）, Tashkent, Republic of Uzbekistan	0099-871-233-8088 0099-871-233-4735（Fax） uz. chineseembassy. org
驻哈萨克斯坦大使馆科技处	12, Baitasov Str. Almaty, 050010	007-717-279-3599 007-717-279-3599（Fax） kz. chineseembassy. org
驻阿拉木图总领事馆科技组	12, Baitasov Str. Almaty, Kazakhstan, 050010	007-727-270-0208 007-727-270-0208（Fax） almaty. china-consulate. org
驻俄罗斯大使馆科技处	No. 6, Ulitsa Druzhby, Moscow, Russia, 115127	007-495-951-8448 007-495-951-8452（Fax） ru. china-embassy. org
驻叶卡捷琳堡总领事馆科技组	No. 45, Tchaikovsky Street, Yekaterinburg, Russia, 620142	007-343-253-5781 007-343-253-5784（Fax） ekaterinburg. chineseconsulate. org
驻伊尔库茨克总领事馆科技组	NO. 40, Str. Karl Marx, Irkutsk, Russia, 664007	007-3952-781-435 007-3952-781-438（Fax） ekaterinburg. chineseconsulate. org

续表

馆　别	地　址	电 话/ 传 真/ 网 站
驻哈巴罗夫斯克总领事馆科技组	Stadium Of Lenin, Khabarovsk, Russia, 680028	007-4212-302-354 007-4212-302-354（Fax） khabarovsk.china-consulate.org
驻符拉迪沃斯托克总领事馆科技组	No.3, Str. Krygina, Vladivostok, Primorsky kray, Russia, 690065	007-423-230-2757 007-423-249-7459（Fax） vladivostok.china-consulate.org
驻圣彼得堡总领事馆科技组	No.134, Nab. Kanala Griboedova, St. Petersburg, Russia, 190121	007-812-714-2711 007-812-714-2711（Fax） saint-petersburg.chineseconsulate.org
驻白俄罗斯大使馆科技组	22, Berestyanskaya Str., Minsk, The Republic of Belarus, 220071	00375-17-294-7759 00375-17-294-7759（Fax） by.chineseembassy.org
驻乌克兰大使馆科技处	No.60, zwelinetskaya, Kiev, Ukraine	0038-044-253-1618 0038-044-253-0433（Fax） ua.chineseembassy.org
驻芬兰大使馆科技组	Vanha kelkkamäki 11, Kulosaari, 00570, Helsinki, Finland	00358-9-2289-0166 00358-9-2289-0128（Fax） www.chinaembassy-fi.org
驻丹麦大使馆科技处	Ahlmanns Alle 22, 2900 Hellerup, Denmark	0045-3-946-0887 0045-3-946-0888（Fax） dk.chineseembassy.org
驻瑞典大使馆科技处	Lidovägen 8, 115 25 Stockholm, Sweden	0046-8-5793-6457 0046-8-5793-6460（Fax） www.chinaembassy.se
驻挪威大使馆科技处	Tuengen Allé 2B, 0374 Oslo, Norway	0047-2-249-2922 0047-2-249-2922（Fax） www.chinese-embassy.no
驻西班牙大使馆科技处	Calle Arturo Soria 65, 28027, Madrid, España	0034-91-300-0132 0034-91-300-1081（Fax） es.chineseembassy.org
驻葡萄牙大使馆科技组	Rua do Pau da Bandeira, Nº 11-13, Lapa, 1200-756 Lisboa, Portugal	00351-21-392-8449 00351-21-392-8431（Fax） pt.chineseembassy.org
驻意大利大使馆科技处	Via Bruxelles 56, 00198, Roma, Italy	0039-06-9652-4283 0039-06-9652-4280（Fax） it.china-embassy.org
驻米兰总领事馆科技组	Via Benaco 4, 20139, Milano, Italy	0039-02-569-4976 0039-02-569-4131（Fax） milano.china-consulate.org
驻希腊大使馆科技组	Dimokratias 10, P. Psychico, 15452, Athens, Greece	0030-210-678-3843 0030-210-672-3844（Fax） gr.china-embassy.org

续表

馆 别	地 址	电 话/ 传 真/ 网 站
驻保加利亚大使馆科技组	58 James Bourchier Blvd, 1407 Sofia, Republic of Bulgaria	00359-2-971-4883 00359-2-971-3345（Fax） www.chinaembassy.bg
驻匈牙利大使馆科技组	1068 Budapest, Városligeti fasor 20-22, Hungary	0036-1-413-2422 0036-1-413-2439（Fax） www.chinaembassy.hu
驻塞尔维亚大使馆科技组	Uzicka 25, 1100 Belgrade, Serbia	00381-11-265-1630 00381-11-265-0726（Fax） rs.chineseembassy.org
驻罗马尼亚大使馆科技处	Sos. Nordului Nr.2, Sector 1, Bucharest, 014101, Romania	0040-21-232-1923 0040-21-232-1923（Fax） ro.china-embassy.org
驻荷兰大使馆科技处	Willem Lodewijklaan 10, 2517 JT. The Hague, Netherlands	0031-70-306-5077 0031-70-355-1651（Fax） nl.china-embassy.org
驻比利时大使馆科技处	439 Avenue de Tervuren, 1150 Woluwe Saint-Pierre, Bruxelles, Belgique	0032-2-771-2038 0032-2-770-2326（Fax） www.chinaembassy-org.be
驻法国大使馆科技处	20, rue Monsieur, 75007 Paris, France	0033-1-5375-8887 0033-1-5375-8904（Fax） www.amb-chine.fr
驻爱尔兰大使馆科技组	40 Ailesbury Road, Ballsbridge, Dublin 4, Ireland	00353-1-269-0038 00353-1-283-9938（Fax） ie.china-embassy.org
驻英国大使馆科技处	10 Grecille Place, London NW6 5JN, UK.	0044-20-7625-0077 0044-20-7625-0070（Fax） www.chinese-embassy.org.uk
驻瑞士大使馆科技处	Kalcheggweg 10, 3006 Bern, Switzerland	0041-31-351-5817 0041-31-351-5817（Fax） ch.chineseembassy.org
驻捷克大使馆科技处	Pelléova 18, 160 00 Praha 6, Bubeneč, Czech Republic	00420-22-3302-8866 00420-22-3302-8865（Fax） cz.china-embassy.org
驻奥地利大使馆科技处	Metternichgasse 4, 1030 Wien, Austria	00431-714-314-925 00431-714-314-925（Fax） www.chinaembassy.atx
驻波兰大使馆科技处	ul. Bonifraterska 1, 00-203 Warsaw, Poland	0048-22-831-5823 0048-22-831-5823（Fax） www.chinaembassy.org.pl
驻德国大使馆科技处	Märkisches Ufer 54, 10179 Berlin, Germany	0049-30-2758-8237 0049-30-2758-8221（Fax） de.china-embassy.org

续表

馆 别	地 址	电 话/ 传 真/ 网 站
驻埃及大使馆科技组	14 Bahgat Aly Street, Zamalek, Cairo, Egypt	0020-2-2735-6746 0020-2-2735-6746（Fax） eg.china-embassy.org
驻南非大使馆科技处	225 Athlone Street, Arcadia, Pretoria 0083, South Africa	0027-12-431-6550 0027-12-431-6517（Fax） za.china-embassy.org
常驻联合国代表团科技组	350 East 35th Street, New York, NY 10016, U.S.A.	001-212-655-6159 001-212-655-6151（Fax） www.china-un.org
驻欧盟使团科技处	Boulevardde la Woluwe 100, 1200 Brussels, Belgium	0032-2-772-9572 0032-2-770-4790（Fax） www.chinamission.be
常驻日内瓦代表团科技组	11, Chemin de Surville 1213 Petit-Lancy, Geneva, Switzerland	0041-22-879-5635 0041-22-879-5637（Fax） www.china-un.ch
驻维也纳代表团科技组	Geroldgasse 7, A-1170, Vienna, Austria	0043-1-3704-305 0043-1-3706-626（Fax） www.chinesemission-vienna.at

机构篇

中国国际人才交流协会信息

国家发展和改革委员会 主管
中国宏观经济研究院 主办
（国家发展和改革委员会宏观经济研究院）

宏观经济研究

MACROECONOMICS

本刊启事

一、本刊欢迎社会各界投稿，hongguanjingji@163.com 为本刊唯一投稿邮箱。电子版格式要求为 Word 版本，请在来信的主题里写上作者单位及姓名。如配有图表请务必在 Word 里制作，因本刊为单色版，因此图表不要用颜色来区分不同曲线。

二、本刊不接受任何中介机构来稿，审稿周期为 3 个月，3 个月后未接到本刊电话通知，作者可自行处理。本刊亦不收取任何审稿费用，作者对投稿若有疑问，务请及时与本刊编辑部直接联系，电话为：(010)63908357。

三、本刊有统一体例，凡直接引用的都要予以注释，注释需在文中标出序号，凡涉及书刊的，需标出版（刊）期和具体页码；凡涉及报纸的，需标出出版日期和具体版面；凡涉及网页的，需标出具体网址。参考文献不需要在文中标出序号，中文在前外文在后，按拼音或字母顺序排列，并且不需要标出页码。

四、本刊已许可中国学术期刊（光盘版）电子杂志社有限公司在中国知网及其系列数据库产品中以数字化方式复制、汇编、发行、信息网络传播本刊全文。该社著作权使用费与本刊稿酬一并支付。作者向本刊提交文章发表的行为即视为同意我社上述声明，如有异议，请在投稿时说明，本刊将按作者说明处理。

五、本刊 2022 年度每期定价 30 元，全年定价 360 元。凡在邮局订阅不便者，请直接到杂志社订阅。

宏观经济研究杂志社

2021 年 7 月 18 日

国家发展和改革委员会 主管
中国宏观经济研究院 主办
(国家发展和改革委员会宏观经济研究院)

MACROECONOMICS

宏观经济研究

卢倩倩 许光建 许 坤 佘欣艺：中国居民收入分配体系：演变、特征与展望
欧阳慧 李 智：适应未来发展需要的城镇化战略研究
汪亚楠 王海成 张 夏：自由贸易协定对贸易政策不确定性的影响研究

07
总第 272 期
2021

国内统一刊号：CN11-3952/F
国际标准刊号：ISSN 1008-2069
广告经营许可证：京西工商广字第 0247 号
ISSN 1008-2069
07>
9 771008 206008
邮发代号：82-791 定价：每期 30 元